BARCELONE
et la CATALOGNE

Capitale : Barcelone
Superficie : 31 950 km^2
Population : 7 millions d'habitants
Monnaie : euro
Langue officielle : catalan

Collection sous la responsabilité d'Anne Teffo

Ont contribué à l'élaboration de ce guide :

Édition	Hélène Payelle
Rédaction	Guylaine Idoux, Hervé Kerros
Cartographie	Véronique Aissani, Michèle Cana, Fabienne Renard, APEX Cartographie, DzMap Algérie
Conception graphique	Laurent Muller (couverture), Agence Rampazzo (maquette intérieure)
Relecture	Auriane Vigny
Régie publicitaire et partenariats	michelin-cartesetguides-btob@fr.michelin.com *Le contenu des pages de publicité insérées dans ce guide n'engage que la responsabilité des annonceurs.*
Remerciements	Catalunya Tourisme
Contacts	Michelin Cartes et Guides Le Guide Vert 46, avenue de Breteuil 75324 Paris Cedex 07 ✆ 01 45 66 12 34 – Fax : 01 45 66 13 75 LeGuideVert@fr.michelin.com www.cartesetguides.michelin.fr www.ViaMichelin.com

Parution 2008

Le Guide Vert,
la culture en mouvement

Vous avez envie de bouger pendant vos vacances, le week-end ou simplement quelques heures pour changer d'air ? Le Guide Vert vous apporte des idées, des conseils et une connaissance récente, indispensable, de votre destination.

Tout d'abord, **sachez que tout change**. Toutes les informations pratiques du voyage évoluent rapidement : nouveaux hôtels et restaurants, nouveaux tarifs, nouveaux horaires d'ouverture… Le patrimoine aussi est en perpétuelle évolution qu'il soit artistique, industriel ou artisanal… Des initiatives surgissent partout pour rénover, améliorer, surprendre, instruire, divertir. Mêmes les lieux les plus connus innovent : nouveaux aménagements, nouvelles acquisitions ou animations, nouvelles découvertes enrichissent les circuits de visite.

Le Guide Vert **recense** et **présente ces changements** ; il réévalue en permanence le niveau d'intérêt de chaque curiosité afin de bien mesurer ce qui aujourd'hui vaut le voyage (distingué par ses fameuses 3 étoiles), mérite un détour (2 étoiles), est intéressant (1 étoile). Actualisation, sélection et évaluation sur le terrain sont les maîtres mots de la collection, afin que Le Guide Vert soit à chaque édition le reflet de la réalité touristique du moment.

Créé dès l'origine pour **faciliter et enrichir vos déplacements**, Le Guide Vert s'adresse encore aujourd'hui à tous ceux qui aiment connaître et comprendre ce qui fait l'identité d'une région. Simple, clair et facile à utiliser, il est aussi idéal pour voyager en famille. Le symbole 🚶 signale tout ce qui est intéressant pour les enfants : zoos, parcs d'attractions, musées insolites, mais également animations pédagogiques pour découvrir les grands sites.

Ce guide vit pour vous et par vous. N'hésitez pas à nous faire part de vos remarques, suggestions ou découvertes ; elles viendront enrichir la prochaine édition de ce guide.

Anne Teffo
Responsable de la collection
Le Guide Vert Michelin

ORGANISER SON VOYAGE

COMPRENDRE LA CATALOGNE

QUAND ET OÙ PARTIR

Le pays au fil des saisons 8
Nos propositions d'itinéraires 8
Nos conseils de lieux de séjour . . . 14
Escapades à la frontière 16

À FAIRE AVANT DE PARTIR

Où s'informer ? 17
Formalités d'entrée 19
Santé 19
Se rendre en Catalogne 19
Réserver son hébergement 22
Argent 22
Qu'emporter ? 23

LA CATALOGNE PRATIQUE

Adresses utiles 24
Se déplacer en Catalogne 25
Se loger et se restaurer 28
Santé 32
La Catalogne pratique de A à Z . . . 32

À FAIRE ET À VOIR

Activités et loisirs de A à Z 36
Voyager en famille 42
Que rapporter 43
Événements 44

POUR PROLONGER LE VOYAGE

Nos conseils de lecture 48
Idées de CD 48
Quelques films 49
Pour retrouver la Catalogne 49

LEXIQUE

Français-castillan-catalan 50

NATURE ET PAYSAGES

Entre mer et montagne 54
Un climat contrasté 56
Flore et faune 57
Les enjeux environnementaux . . . 58

HISTOIRE

Une longue marche
    vers l'automonie 60
Les dates clés de la Catalogne 65

ART ET CULTURE

L'art roman 67
L'art gothique 70
Renaissance et baroque 71
Du modernisme à nos jours 73
ABC d'architecture 76
Quelques termes d'art 82
Langue et littérature 83
Quelques grandes figures
    catalanes 86

LA CATALOGNE AUJOURD'HUI

La société catalane 87
L'organisation politique
    et administrative 89
Économie 91
Des traditions profondes 93
Gastronomie 97

DÉCOUVRIR LA CATALOGNE

BARCELONE

Barri Gòtic 116
La Rambla 124
L'Eixample 132
La Ribera. 140
La façade maritime 147
Montjuïc 153
Pedralbes 159
Le Tibidabo 162
Aux alentours de Barcelone 164

SUR LES ROUTES DE CATALOGNE

Parc national d'Aigüestortes
    i Estany de Sant Maurici 170
Principauté d'Andorre 173
Balaguer 179
Berga 181
Cadaqués 183
Cambrils 186
Camprodon 188
Cardona 190
Castelló d'Empúries 192
Cervera 194
Costa Brava 197
Costa Daurada 215
Costa del Maresme 224
Parc naturel du Delta de l'Èbre . . 229
Empúries 232
Figueres 234
Gandesa 239
Gérone 243

Horta de Sant Joan 256
Lérida. 258
Manresa 263
Château de Miravet 267
Montblanc 268
Serra de Montserrat 272
Olot 276
Peralada 280
Monastère de Poblet 282
Port Aventura 289
Pyrénées catalanes 292
Reus 295
Ripoll 301
Monastère de Santes Creus 306
La Seu d'Urgell 310
Sitges. 315
Solsona 319
Tarragone. 322
Tàrrega 334
Terrassa. 337
Tortosa 340
Tremp 345
Monastère de Vallbona
    de Les Monges 350
Valls 352
Vic. 353
Vielha. 360
Vilafranca del Penedès. 366
Vilanova i la Geltrú 369

Index. 374
Cartes et plans 381
Votre avis nous intéresse 383

Cadaqués.

QUAND ET OÙ PARTIR

Le pays au fil des saisons

Le **printemps** et l'**automne** sont généralement les saisons les plus favorables à une visite.

En **été**, lorsque la chaleur est écrasante, c'est le moment de visiter les régions montagneuses qui enregistrent des températures plus fraîches ; vous pouvez également profiter des joies de la mer ou vous reposer et vous distraire dans l'une des stations balnéaires animées du littoral. Il faudra néanmoins savoir composer avec le tourisme de masse et les embouteillages permanents sur les petites routes du littoral.

En **hiver**, les amateurs de sports d'hiver se rendront dans l'une des magnifiques stations des Pyrénées catalanes. Sur la Costa Brava, certains villages comme Cadaqués ou Tossa de Mar prennent des allures nostalgiques non dénuées de charme.

Renseignements météo : www.inm.es - ℰ 906 330 003.

Météo marine : www.gencat.net/servmet/mar/previmar.htm

Un tableau des températures (maximales en caractères romains, minimales en italique) vous est proposé ci-dessous.

Nos propositions d'itinéraires

Pour ceux qui désirent réaliser un circuit en voiture de plusieurs jours, nous vous proposons neuf itinéraires, signalés sur la carte p. 10.

Vous pouvez aussi consulter la **carte des plus beaux sites**, dont vous trouverez la description dans la partie **Découvrir la Catalogne**.

ROUTE DES PYRÉNÉES ROMANES

▶ **Circuit de 2 jours au départ de Tremp (350 km)** ①

1er jour – Cet itinéraire comblera autant les amoureux de la nature que les admirateurs de l'art roman, sans oublier les adeptes des sports d'hiver. Il parcourt les vallées les plus belles et les plus isolées des Pyrénées catalanes, dans lesquelles l'attrait intrinsèque du paysage est rehaussé par de beaux exemples d'architecture romane.

Tremp, situé au point de rencontre de la plaine et de la haute montagne, est notre lieu de départ. Empruntez la route en direction de La Pobla de Segur, puis, après avoir traversé les roches calcaires formant le **défilé de Collegats**, poursuivez jusqu'à **Sort**, l'endroit parfait pour braver les eaux tumultueuses à bord d'un canoë ou d'un kayak. Vous dépasserez ensuite de ravissantes vallées abruptes comme la **vall de Llessui**. **Llavorsí** se trouve à la confluence des trois grandes vallées du Haut Noguera Pallaresa : Ferrera, Cardós et **Àneu**. En traversant cette dernière, vous gagnerez **Espot**, pittoresque petit village aux maisons aux toits d'ardoise, et porte d'entrée du **Parc national d'Aigüestortes**. Reprenez la C 13 et, si vous avez du temps, faites un détour par **Esterri d'Àneu** pour voir la ravissante église romane d'**Isil**.

2e jour – Après Esterri d'Àneu, la route traverse un imposant paysage de hauts sommets jusqu'au **col de la Bonaigua** (2 072 m), avant de pénétrer la **vall d'Arán**. **Baqueira-Beret**, célèbre station de sports d'hiver, est la première localité de cette vallée. **Salardú, Arties, Escunhau** et **Betrén** possèdent d'intéressantes églises romanes. À

Tableau des températures												
	jan.	fév.	mars	avr.	mai	juin	juil.	août	sept.	oct.	nov.	déc.
Barcelone	13	14	16	18	21	25	28	28	25	21	16	13
	6	*7*	*9*	*11*	*14*	*18*	*21*	*21*	*19*	*15*	*11*	*7*
Gérone	13	14	17	19	23	27	30	29	26	21	17	13
	2	*2*	*5*	*8*	*11*	*15*	*17*	*17*	*15*	*11*	*6*	*3*
Lérida	9	13	18	21	25	29	32	32	28	21	15	10
	1	*1*	*5*	*8*	*11*	*15*	*18*	*18*	*15*	*10*	*4*	*2*
Tarragone	13	14	15	17	20	24	26	26	25	21	17	14
	5	*6*	*8*	*10*	*13*	*17*	*20*	*20*	*18*	*14*	*9*	*6*

Vielha, on mentionnera l'église Sant Miquèu de transition romano-gothique, qui recèle le buste du Christ de Mijaran (12ᵉ s.). Puis, la route de Vielha en direction de **Pont de Suert** vous conduira à **Vilaller** et, en poursuivant vers le sud, jusqu'au croisement avec la route de la **vall de Boí**, célèbre pour son ensemble d'églises romanes lombardes, le plus beau de Catalogne. **Taüll** est le village le plus connu de la vallée. Après la visite des églises Sant Climent et Santa Maria, reprenez la route de Pont de Suert puis, de là, dirigez-vous vers La Pobla de Segur. Avant de revenir sur Tremp, à Senterada, faites un crochet vers la **vall Fosca** où vous rencontrerez de charmants petits bourgs qui recèlent, comme **Cabdella**, de belles églises romanes.

Serra del Cadí.

J. Malburet / MICHELIN

SERRA DEL CADÍ

▶ Circuit de 2 jours au départ de La Seu d'Urgell (300 km) ②

1ᵉʳ jour – Ce circuit parcourt la *comarca* pyrénéenne de la Cerdagne, encerclant l'impressionnante serra del Cadí et le **Parc naturel Cadí Moixeró**. On observe le paysage type des Pyrénées catalanes, à savoir celui d'un vaste plateau élevé entrecoupé de vertes plaines. La cathédrale Santa Maria atteste de l'importance de **La Seu d'Urgell** au Moyen Âge. La route se dirige ensuite vers le sud et longe le cours du Segre, en passant par l'étroit **Congost de Tresponts**, le petit village d'**Organyà** et l'élégante église romane de **Sant Climent de Nargó**. Puis, vous abandonnerez le cours du fleuve pour vous diriger vers l'est. Vous attend alors un beau paysage de montagnes escarpées et d'épaisses forêts de chênes et de pins sylvestres avant d'arriver à **Sant Llorenç de Morunys** pour visiter l'église Sant Llorenç, bel exemple de l'art roman lombard. Avant Berga se dresse le vénéré sanctuaire de **Santa Maria de Queralt**, reconnu comme étant le belvédère de la Catalogne, grâce aux spectaculaires panoramas qu'il dispense.

2ᵉ jour – **Berga** est le théâtre en juin de l'une des fêtes les plus populaires de la Catalogne, la *Patum de Berga*. De là, vous emprunterez la route qui traverse le lac de Baélls en direction de **Ripoll**, où vous ne manquerez pas d'admirer l'un des portails romans les plus beaux de l'Espagne tout entière. C'est à ce niveau que le circuit reprend la direction du nord. Après avoir dépassé la ville thermale de **Ribes de Freser**, vous grimperez dans un paysage montagneux tapissé de forêts et de pâturages jusqu'à

Queralbs, où un train à crémaillère inauguré en 1931 permet d'accéder au **vall de Núria**. De retour à Ribes de Freser, vous poursuivrez votre chemin par la N 152, très belle route qui passe par la station de sports d'hiver de **La Molina** avant d'atteindre **Puigcerdà**, capitale de la Cerdagne et important centre touristique. À quelque 6 km au nord, vous découvrirez **Llívia**, enclave espagnole en territoire français qui conserve dans son musée l'une des plus anciennes pharmacies d'Europe. Avant de retourner à La Seu d'Urgell, faites donc une halte à **Bellver de Cerdanya**, porte d'entrée du Parc naturel Cadí-Moixeró.

VOLCANS, LACS ET MONTAGNES

▶ Circuit de 2 jours au départ de Besalú (260 km) ③

1ᵉʳ jour – Cet itinéraire traverse l'une des plus belles régions de l'arrière-pays de la province de Gérone. Parallèlement à ses circuits touristiques, cette région possède une grande variété de paysages et une grande richesse artistique et gastronomique. Elle offre sans nul doute un parcours qui sert de contrepoint aux stations balnéaires de la côte. Le voyage débute par **Besalú**, l'un des plus beaux petits villages de la Catalogne, protégé à l'entrée par un magnifique pont fortifié du 12ᵉ s. Vous continuerez par la N 260, qui passe à côté de l'impressionnante coulée basaltique de 60 m de haut à laquelle s'accroche le village de **Castellfollit de la Roca**, jusqu'au croisement avec la C 153 qui grimpe vers la vall de Camprodón, paysage pyrénéen aux douces montagnes et abondants pâturages. La localité touristique de **Camprodon**, connue pour ses fameux biscuits et son pont médiéval, est un excellent point de départ pour la visite des pittoresques villages de **Rocabruna**

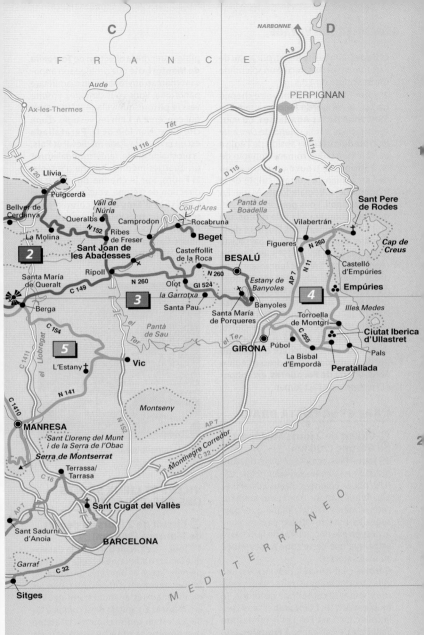

Propositions d'itinéraires

Pour de plus amples explications, consulter
la rubrique du même nom dans la partie
"Organiser son voyage / quand et où partir"
en début de guide

1   Route des Pyrénées romanes : 350 km

2   Serra del Cadí : 300 km

3   Volcans, lacs et montagnes : 260 km

4   L'art et la Costa Brava : 200 km

5   Villes et lieux saints des Prépyrénées : 300 km

6   La Catalogne méconnue : 160 km

7   Entre vignes
et monastères cisterciens : 250 km

8   La Catalogne du 19e s. : 250 km

9   Circuit de l'Èbre : 200 km

⋯   Parc naturel

et **Beget**. L'église de Beget, pur joyau de l'art roman catalan, recèle un splendide Christ sculpté du 12e s.

2e jour – En poursuivant votre chemin par la C 26, en aval du Ter, vous atteindrez **Sant Joan de les Abadesses**, où vous serez fasciné par la splendide *Descente de croix* qui préside l'abside de l'église de son monastère roman. Non loin de là, à **Ripoll**, se trouve un autre joyau de l'art roman, le portail sculpté de la magnifique collégiale Santa Maria. En quittant Ripoll, vous prendrez la N 260 qui vous conduira à la ville d'**Olot**, qui doit sa renommée dans l'histoire de la peinture à l'importante école paysagiste d'Olot, née à la fin du 19e s. et dont les représentants tirèrent leur inspiration des inquiétants paysages volcaniques du **Parc naturel de la Garrotxa**. Une promenade dans la médiévale **Santa Pau** peut être une douce alternative à l'observation de ces paysages déchirés. Avant le retour à Besalú, il conviendra de marquer une pause sur les rives du **lac de Banyoles**, où se dresse l'église **Santa Maria de Porqueres**, exceptionnel exemple de l'art roman.

L'ART ET LA COSTA BRAVA

▶ Circuit de 2 jours au départ de Gérone (200 km) ④

1er jour – L'attrait des *comarcas* de l'Ampurdan ne se limite pas à leurs splendides criques baignées d'eaux cristallines ou à leurs stations balnéaires animées l'été, ni même à leurs magnifiques paysages. La visite de l'arrière-pays sera une invitation à la découverte de la richesse artistique que cette zone a accumulée au fil des siècles.

Gérone, chef-lieu de la province, est une ville aux multiples attraits : vous pourrez y visiter la cathédrale gothique, le musée d'Art, les bains arabes ainsi que la collégiale Sant Feliu et le monastère Sant Pere de Galligants. À **Figueres**, que vous gagnerez par l'autoroute, vous vous rendrez à l'extravagant musée Dalí. Puis vous vous rapprocherez du petit village de **Vilabertrán**, né autour du magnifique monastère Santa Maria (11e-15e s.), et poursuivrez votre route jusqu'au splendide site recelant les impressionnantes ruines du monastère **Sant Pere de Rodes**, qui s'élèvent sur le flanc d'un escarpement montagneux. **Castelló d'Empúries** sera la prochaine étape où il faudra admirer le splendide portail gothique de l'église Santa Maria.

2e jour – Le circuit se poursuit vers le sud jusqu'à **Empúries**, site archéologique gréco-romain de premier plan. D'Em-

púries, prendre la direction de **Torroella de Montgrí**, cité que protège son imposant château ouvrant sur un magnifique panorama. Vous vous dirigerez ensuite vers le pittoresque village d'**Ullastret**, qui conserve à 1 km les vestiges d'une cité ibère. Non loin de là, **Peratallada** est un ravissant village médiéval et **Pals**, la prochaine étape, renferme également un quartier médiéval digne d'intérêt, El Pedró. Sur le chemin du retour en direction de Gérone, vous passerez par **La Bisbal d'Empordà**, connue pour ses faïences, puis vous bifurquerez vers **Púbol**, où vous pourrez visiter la Casa-Museu Castell Gala Dalí, château du 14e s. dont Dalí fit présent à sa femme Gala.

Port de Llafranc, sur la Costa Brava.

VILLES ET LIEUX SAINTS DES PRÉ-PYRÉNÉES

▶ Circuit de 2 jours au départ de Manresa (300 km) ⑤

1er jour – Ce circuit parcourt la Catalogne la plus traditionnelle, celle des lieux de pèlerinage et des fêtes ancestrales, tout en traversant d'imposants paysages montagneux et de monumentales villes. **Manresa**, capitale de la *comarca* du Bages, est un centre commercial animé que domine la superbe silhouette de la collégiale-basilique Santa Maria de la Seu, l'un des édifices les plus représentatifs du gothique catalan. Puis franchissez le Pont Vell pour prendre la direction de la serra et du **monastère de Montserrat**, le lieu le plus sacré de la Catalogne, enclavé dans un paysage de toute beauté. Ses courbes et son relief abrupt s'apparentent à l'œuvre monumentale d'un sculpteur audacieux ou d'un amoureux fou. Revenez sur Manresa et prenez la direction de Moià et de **L'Estany**, où une halte s'impose pour la visite du monastère Santa Maria et de son magnifique cloître aux chapiteaux délicats. **Vic**, à une vingtaine de kilomètres plus loin, fut une importante ville au Moyen Âge, comme l'attestent sa cathédrale et son magnifique musée épiscopal.

2e jour – En quittant Vic, prenez la direction de Gironella jusqu'à **Berga**, dont les rues médiévales tortueuses et escarpées sont la scène, en juin, pendant la Fête-Dieu, de l'une des fêtes majeures de la Catalogne, la *Patum de Berga*. Aux abords de Berga se dresse le vénéré sanctuaire **Santa Maria de Queralt**, d'où l'on a de spectaculaires vues. Prenez la route de L'Espunyola. Six kilomètres avant d'atteindre Solsona, vous découvrirez **Olius** et son église romane Sant Esteve, avec, en face, son curieux cimetière moderniste. **Solsona** possède une cathédrale digne d'intérêt ainsi qu'un musée épiscopal qui conserve une riche collection d'art roman et gothique. De retour à Manresa, la route traverse le village de **Cardona**, dominé par l'imposant ensemble formé par son château et la collégiale Sant Vicenç, joyau du roman lombard. Le château ouvre sur d'exceptionnelles vues de la montagne de Sel de Cardona (170 m de haut). La C 55 est le chemin du retour à Manresa.

LA CATALOGNE MÉCONNUE

▶ Circuit de 2 jours au départ de Lérida (160 km) ⑥

1er jour – L'intérieur de la province de Lérida est l'une des régions les moins connues de la Catalogne. Loin des crêtes pyrénéennes escarpées, cette terre de plaines fertiles ne manquera pas de vous surprendre avec ses petits villages médiévaux et sa riche gastronomie à base de fruits et de primeurs récoltés dans ses champs. La ville de **Lérida** domine de son emplacement privilégié les *huertas* plantées de fruits et de légumes qui s'étirent sur les rives du Segre. Après la visite du magnifique ensemble formé par La Seu Vella et la forteresse militaire de Felipe V, remontez le Segre jusqu'à la dynamique localité de **Balaguer**, présidée par l'église Santa Maria, et où chaque année en juin se tient la Festa del Transsegre, curieuse descente de la rivière sur des embarcations confectionnées par chacun.

2e jour – Vous vous dirigerez vers l'est en empruntant la route de Montgai, qui longe le cours du Sió, jusqu'à **Agramunt**. Dans cette localité qui tire sa célébrité de ses confiseries de longue tradition (les tablettes de chocolat et le turrón d'Agramunt), vous admirerez le portail ouest de l'église Santa Maria. **Cervera**, siège d'une importante université depuis le 18e s., et **Tàrrega**, connue pour sa feria du théâtre de rue, qui a lieu annuellement en septembre, sont les étapes suivantes. Au sud, quelques kilomètres plus loin, se trouvent les belles localités médiévales de **Verdú**, connue pour ses céramiques noires, et **Guimerá**, avec son ravissant quartier médiéval ponctué d'étroites ruelles et de maisons en pierre. De retour sur la N II, avant de rentrer à Lérida, une halte s'impose dans le village de **Bellpuig** pour visiter l'église Sant Nicolau, qui recèle un magnifique tombeau Renaissance, ainsi que le couvent Sant Bertomeu, également Renaissance, qui se trouve à l'extérieur de l'agglomération.

ENTRE VIGNES ET MONASTÈRES CISTERCIENS

▶ Circuit de 2 jours au départ de Reus (250 km) ⑦

1er jour – Vins et moines sont le binôme indissociable sur ce circuit qui vous offrira l'occasion de déguster quelques-uns des meilleurs crus de Catalogne, tout en découvrant l'un des ensembles de monastères cisterciens les plus beaux et les plus importants de toute l'Espagne. **Reus**, qui fut au 19e s. l'un des symboles de la prospérité et de la modernité catalanes, conserve un intéressant ensemble d'édifices modernistes, et doit également sa célébrité à ses fruits secs et à ses confiseries. À partir de Reus, la A 420 traverse un paysage fascinant avant de pénétrer les terres rougeâtres du Priorat, où naissent quelques-uns des vins rouges les plus réputés de Catalogne. À environ 25 km de Falset, en pleine serra del Montsant, se dressent les ruines de la plus ancienne chartreuse de la péninsule, **Escaladei**.

2e jour – La route, agréable, se poursuit vers le nord jusqu'au pittoresque petit village de **Siurana de Prades**. La montagne est désormais derrière vous, et on atteint la vallée du rio Francolí qui recèle le plus grand des trois monastères cisterciens du circuit : **Poblet**, fondé en 1151, est à lui seul un véritable musée d'histoire architecturale qui renferme dans le cloître et l'église ses meilleurs exemples. Depuis Poblet, et après la visite de **L'Espluga de Francolí**, vous vous rendrez au couvent de **Vallbona de les Monges**, et à sa belle église à nef unique. À nouveau en direction du sud, vous rencontrerez la cité médiévale de **Montblanc**, encerclée par ses intemporelles murailles, et arriverez à **Santes Creus**, l'autre grand monastère cistercien de Catalogne. Son cloître arbore une telle richesse décorative qu'il est considéré comme l'un des chefs-d'œuvre gothiques de la péninsule Ibérique. À Valls ensuite, vous arpenterez les ruelles du vieux quartier, et si vous y venez de décembre à mars, vous ne manquerez pas de goûter à une typique *calçotada* avant d'amorcer votre retour sur Reus.

LA CATALOGNE DU 19ᵉ S.

▶ Circuit de 3 jours au départ de Barcelone (250 km) 8

Ce circuit a tous les ingrédients attrayants d'un voyage en Catalogne : des monuments romains, des villes chargées d'histoire, des monastères romans, des édifices modernistes, de belles plages, sans oublier les bons vins et les bons *cavas* (vins mousseux ; *voir p. 99*).

1ᵉʳ et 2ᵉ jours – Après la visite de **Barcelone** le 1ᵉʳ jour, conjuguant modernité et histoire, en route pour **Sant Cugat del Vallès**. Cette localité située à 16 km au nord-ouest recèle le monastère bénédictin du même nom, magnifique exemple de transition du roman au gothique. Poursuivez jusqu'à **Terrassa**, importante localité de l'arrière-pays connue pour son ensemble d'églises préromanes et pour ses édifices modernistes. L'étape suivante est **Sant Sadurní d'Anoia**, la ville du *cava*, boisson que vous ne manquerez pas de déguster dans les célèbres caves Codorniu et Freixenet. Cette visite peut être complétée par celle du musée du Vin à **Vilafranca del Penedès**. Sur le chemin de Tarragone, arrêtez-vous pour admirer l'**arc de Barà**, élevé par les Romains.

3ᵉ jour – **Tarragone** conserve un des ensembles archéologiques romains les plus importants de la péninsule. Vous ne quitterez pas la ville sans vous être promené dans ses rues médiévales et sans avoir visité sa magnifique cathédrale. Cinq kilomètres au nord, le **mausolée romain de Centcelles** vous attend. De retour à Barcelone, la route côtière traverse d'importantes agglomérations touristiques telles que **Torredembarra** et **Vilanova i la Geltrú** avant d'atteindre la moderniste **Sitges**, joyeuse station touristique dont le Museu del Cau Ferrat, résidence du peintre Santiago Rusiñol, mérite une visite.

LE CIRCUIT DE L'ÈBRE

▶ Circuit de 2 jours au départ de Sant Carles de la Ràpita (200 km) 9

Ce circuit conjugue la douceur qui caractérise un delta avec les paysages abrupts et indomptés de la montagne. Reliant le Parc naturel de l'Èbre à la Réserve nationale des Ports de Beseit (*port* signifiant « col » en catalan), ce parcours vous transportera dans une région de toute beauté qui parvient encore à s'affranchir du tourisme de masse.

1ᵉʳ jour – Le voyage débute à **Sant Carles de la Ràpita**, important village de pêcheurs qui fait entrer le *llagostí* (crevette) dans son abondante offre gastronomique. Sant Carles est la porte d'entrée du **Parc naturel du delta de l'Èbre** (7 736 ha), qui représente l'une des plus vastes zones humides d'Europe, coupée en deux par l'Èbre. Dans le secteur nord, la principale localité est **Deltebre**, servant de point de départ pour la visite de l'île de Buda et de la pointe del Fangar. En remontant le fleuve par la rive droite, vous arrivez à la ville historique de **Tortosa**, qui conserve un patrimoine artistique digne d'intérêt (la cathédrale, le palais épiscopal, les collèges royaux, etc.).

2ᵉ jour – Vous poursuivrez par la T 301 et franchirez le fleuve en bac avant d'arriver au château de **Miravet**, l'ancienne forteresse des templiers. Au fur et à mesure de votre progression, vous pénétrez la région des vins. À **El Pinell del Brai** et à **Gandesa**, vous découvrirez de belles caves modernistes conçues par l'architecte César Martinelli. Puis de Gandesa, vous vous dirigerez vers **Horta de Sant Joan**, village de montagne situé au pied des derniers contreforts des **Ports de Beseit**, paysage d'un grand romantisme qui inspira des artistes comme Pablo Picasso ou Manuel Pallarés. Sur le chemin du retour, vous prendrez la T 330. Après avoir franchi le petit village de Prat de Comte, vous bifurquerez à droite en direction de Tortosa et de Sant Carles de la Ràpita.

Nos conseils de lieux de séjour

La Catalogne offre un large éventail de destinations touristiques urbaines, maritimes ou montagnardes. Si vous souhaitez profiter des joies de la mer dans une station animée de la côte ou d'un spectaculaire paysage dans un pittoresque et paisible village de montagne, ou encore si vous voulez vous adonner aux sports nautiques, à la randonnée ou aux sports d'aventure, la Catalogne comblera vos attentes pour vous assurer les meilleures vacances possibles.

L'innovation a de l'avenir
quand elle est toujours plus propre,
plus sûre et plus performante.

Le pneu vert MICHELIN Energy dure 25 % plus longtemps*.
Il permet aussi 2 à 3 % d'économie de carburant
et une réduction d'émission de CO_2.

* en moyenne par rapport aux pneus concurrents de la même catégorie

Une meilleure façon d'avancer

BARCELONE

Élégante, active, la deuxième ville d'Espagne est toujours à la pointe de l'innovation. Place culturelle dont la créativité ne se dément pas, toujours vibrante, Barcelone vaut assurément à elle seule une longue visite. Il faut découvrir un à un les trésors de la ville, se laisser séduire par l'architecture attachante du modernisme et par les mille et une facettes de l'art contemporain qui s'expose généreusement partout en ville.

Il faut prendre le temps de flâner sur les grandes artères commerçantes de part et d'autre du passeig de Gràcia et voir les dernières tendances de la mode dans l'incontournable El Corte Inglès.

Ensuite, on appréciera certainement un repos bien mérité au parc Güell ou dans l'environnement moderne du Port Olympique. Certains, et ils sont nombreux, ne voudront pas quitter Barcelone sans visiter ses parcs d'attractions : le Montjuïc, que l'on peut atteindre depuis la Barceloneta en empruntant un curieux téléphérique, et le Tibidabo, que l'on gagne en tramway et funiculaire.

Et puis, le soir et fort tard dans la nuit, Barcelone c'est aussi une incomparable atmosphère de fête à l'image de ce qui se vit sur la célèbre Rambla.

GÉRONE ET TARRAGONE

Gérone et Tarragone, capitales respectivement de la Costa Brava et de la Costa Daurada, sont deux autres destinations urbaines de premier plan, car elles sont d'un grand intérêt touristique et représentent un excellent point de départ pour la découverte de ces deux côtes.

LE LITTORAL

La **Costa Brava** et la **Costa Daurada** composent deux des atouts majeurs de la Catalogne. Bon nombre de visiteurs font d'ailleurs le voyage uniquement pour profiter des joies de la mer.

Côtes rocheuses et plages de galets ou de sable alternent. Natation, plongée, planche à voile, ski nautique et tous les sports de l'eau peuvent se pratiquer ici sans modération, tant la température de l'eau est idéale et le soleil rarement bouder !

Attention toutefois aux petits enfants : certaines plages peuvent présenter une assez forte déclivité. De même, pour le plus grand plaisir des plaisanciers, petites criques et ports de plaisance se succèdent tout au long de ces côtes.

LA MONTAGNE

La côte méditerranéenne est immédiatement bordée de plusieurs chaînes de montagnes parallèles qui s'étagent de 400 à près de 800 m d'altitude en bordure de la mer (serra de Montnegre, serra de les Gavarres) et de 500 à environ 1 800 m au nord-est de l'autoroute A 7 (serra de Montseny).

Cette proximité de la mer et de la montagne, boisée, rafraîchissante, fait une part du charme de la Catalogne, surtout dans sa partie nord-est.

Escapades à la frontière

Rien de plus facile que de franchir la frontière franco-catalane, en tous cas hors saison. Lors des pics de fréquentation touristique, les principales routes sont bondées, en particulier autour d'Andorre, où il est si facile de se ravitailler en tabac et boissons alcoolisées à bon compte, ou sur l'autoroute AP 7-E 15 (A 9-E 15 en France) qui relie Perpignan à Gérone et qu'utilisent tous les voyageurs à destination ou au retour de Barcelone.

N'hésitez donc pas à emprunter les itinéraires détournés. Sur le littoral, la très belle route N 260 reliant El Port de Llançà à Portbou par la côte est une merveilleuse escapade à elle seule. Dans les Pyrénées, pour rejoindre le col de Puymorens depuis la Seu d'Urgell, faites un détour par Puigcerdà plutôt que de tenter de traverser Andorre si vous ne prévoyez pas de visiter la principauté. Plus à l'ouest, vous pouvez relier Vielha à Bagnères-de-Luchon par le col del Portillón. La route est sinueuse mais vous éviterez le long détour par la N 125, également très encombrée en été.

Enfin les randonneurs seront ravis d'apprendre que les liaisons s'améliorent entre le GR 10 français, qui relie Hendaye à Banyuls via la chaîne des Pyrénées, et son voisin espagnol le GR 11. Ces deux sentiers de grande randonnée permettent de nombreuses escapades pédestres des deux côtés de la frontière.

👣 Pour découvrir plus amplement la Catalogne française (département des Pyrénées-Orientales), consultez le *Guide Vert Languedoc Roussillon*.

👣 Pour découvrir le reste de l'Espagne, consultez les Guides Verts *Espagne méditerranéenne*, *Espagne du Centre (Madrid, Castille et Estrémadure)* et *Espagne Atlantique*.

À FAIRE AVANT DE PARTIR

Où s'informer ?

OFFICES DE TOURISME

Pour organiser son voyage, rassembler la documentation nécessaire, vérifier certaines informations, s'adresser en premier lieu à l'**office de tourisme espagnol** et celui de la **Catalogne** :

En France
Office de tourisme espagnol – 43 r. Decamps - 75016 Paris - ☎ 01 45 03 82 50 - www.spain.info
Catalunya Tourisme – ☎ 01 40 46 84 85 - fax 01 44 07 16 97 - info@tourismedelacatalogne.fr - Renseignements délivrés uniquement par téléphone, fax ou e-mail.

En Belgique
Office de tourisme espagnol – R. Royale 97 - 1000 Bruxelles - ☎ 02 280 19 26 - www.tourspain.be

En Suisse
Office de tourisme espagnol – 15 r. Ami-Lévrier - 1201 Genève - ☎ 022 731 11 33 - ginebra@tourspain.es

Au Canada
Office de tourisme espagnol – 2 Bloor Street W - 34th floor - Toronto M4W 3E2 (Ontario) - ☎ (416) 961 31 31 - www.tourspain.toronto.on.ca

F. Vidal / MICHELIN

AMBASSADES ET CONSULATS

En France
Ambassade d'Espagne – 22 av. Marceau - 75008 Paris - ☎ 01 44 43 18 00 - www.ambafrance.es
Consulat général d'Espagne – 165 bd Malesherbes - 75017 Paris - ☎ 01 44 29 40 00.

En Belgique
Ambassade d'Espagne – R. de la Science 19 - 1040 Bruxelles - ☎ 02 230 03 40.
Consulat général d'Espagne – Bd du Régent 52 - 1000 Bruxelles - ☎ 02 509 87 70.

En Suisse
Ambassade d'Espagne – Kalcheweg-gweg 24 - 3000 Berne 16 - ☎ 031 352 04 12.
Consulat général d'Espagne – Marienstr. 12 - 3005 Berne - ☎ 031 356 22 20.

Au Canada
Ambassade d'Espagne – 74 Stanley Av. - Ottawa K1M 1P4 (Ontario) - ☎ (613) 747 22 52.
Consulat général d'Espagne – 1 Westmount Sq. - suite 1456 - Montreal H3Z 2P9 - ☎ (514) 935 52 35.

CENTRES ET INSTITUTIONS CULTURELS

En France
Institut Cervantes (centre culturel) – 7 r. Quentin-Bauchart - 75008 Paris - ☎ 01 40 70 92 92.
Centre d'études catalanes – 9 r. Ste-Croix-de-la-Bretonnerie - 75004 Paris - ☎ 01 42 77 65 69.

En Belgique
Centre culturel belgo-espagnol – R. des Tanneurs 74 - 1000 Bruxelles - ☎ 02 512 78 32.

LIBRAIRIES SPÉCIALISÉES

Librairie catalane Pam de Nas – 30 r. des Grands-Augustins - 75006 Paris - ☎ 01 43 54 04 84.
Librairie espagnole – 72 r. de Seine - 75006 Paris - ☎ 01 43 54 56 26.

AGENCES DE VOYAGES

Les voyagistes ont une offre de circuits relativement réduite sur la Catalogne, comparé à ce qui existe pour d'autres régions espagnoles, comme l'Andalousie. Les quelques circuits existants seront souvent des « autotours ». Vous trouverez, en revanche, de nombreuses offres de courts séjours à Barcelone ou de séjours plus longs sur la Costa Brava. De nombreux sites Internet proposent des séjours tout compris en hôtel dans de multiples points de la côte catalane.

En France

Donatello – 20 r. de la Paix - 75008 Paris - ✆ 01 44 58 30 60 - www.donatello.fr. L'Espagne à la carte avec ce spécialiste du voyage sur mesure. Pour un week-end ou un séjour longue durée, à Barcelone, Gérone, Vic ou sur la Costa Brava, bon choix d'hébergements et de prestations.

Pauli Voyages – 8 r. Daunou - 75002 Paris - ✆ 01 42 86 97 04. Week-ends et séjours de durées variables à Barcelone, avec un large choix de catégories d'hébergement.

Iberica Voyages – 26 bd Beaumarchais - 75011 Paris - ✆ 01 40 21 88 88 - www.iberica.fr. Nombreux séjours sur la Costa Brava (Roses, L'Estartit, Platja d'Aro, Tossa de Mar, Blanes…) et la Costa Daurada (Sitges, Salou…), ainsi qu'à Gérone et à Tarragone.

Clio – 27 r. du Hameau - 75015 Paris - ✆ 0 826 101 082 - www.clio.fr. Propose deux circuits culturels en Catalogne. L'un de 7 j. : « Les hauts lieux de la Catalogne romane », 3 j. en Catalogne française puis des étapes à Gérone et Barcelone, en passant par Besalú et Ripoll. L'autre de 4 j. : « Noël à Montserrat », qui permet une visite approfondie de Barcelone et une escapade à l'abbaye de Montserrat le jour de Noël.

Intermèdes – 60 r. La Boétie - 75008 Paris - ✆ 01 45 61 90 90 - www.intermedes.fr. Propose régulièrement des circuits culturels en Catalogne.

La Balaguère – Village - 65400 Arrens Marsous - ✆ 05 62 97 20 21 - www.labalaguere.com. Le voyagiste spécialiste des Pyrénées propose, depuis plusieurs années, des circuits de randonnée en Catalogne tels que Collioure-Cadaqués, Barcelone-Montserrat ou encore La Garrotxa-Cadaqués. Catalogue disponible à la **Maison des Pyrénées** (15 r. Saint-Augustin - 75002 Paris - ✆ 01 42 86 51 86).

Club Aventure – 18 r. Séguier - 75006 Paris - ✆ 0 825 306 032 - www.clubaventure.fr. Randonnées de 8 j. entre Collioure et Cadaqués. Niveau facile, environ 5h de marche par jour.

À Bruxelles

Sunjets – Antwerpselaan 12 - 1000 Bruxelles - ✆ 02 250 55 55 - www.sunjets.be. Ce broker propose quelques séjours clés en main à Barcelone.

Interhome – Av. Louise 226/228 - 1050 Bruxelles - ✆ 02 648 99 55 - www.interhome.be. Séjours balnéaires sur les côtes de Catalogne.

À Genève

Alvarez Benitez Voyages – 2 pl. Montbrillant - 1201 Genève - ✆ 022 738 66 10 - www.alvarezvoyages.com

Cristal Voyages – 14 r. Rousseau - 1201 Genève - ✆ 022 715 04 40 - www.cristal-voyages.ch. Très nombreuses offres de séjours et circuits en Espagne.

Universal Tourisme – 9 r. de Fribourg - 1201 Genève - ✆ 022 732 05 80 - www.universaltourisme.ch. Agence spécialisée sur l'Espagne et l'Amérique latine

Au Québec

Exciting Tour – 5050 Pare St. - suite 204 - Montreal H4P 1P3 - ✆ (514) 344 95 18 - www.exciting-tours.com. Offres promotionnelles pour des séjours balnéaires en hôtel.

Sultana Tours – 2015 Drummond St. - bureau 644 - Montreal H3G 1W7 - ✆ (514) 397 40 81 - www.sultanatours.com. Tour-operator spécialisé dans les destinations du pourtour méditerranéen.

Café Zurich, pl. de Catalunya à Barcelone.

SITES INTERNET

www.gencat.net – Site général de la Generalitat.

www.catalunyaturisme.com – Informations touristiques de la Generalitat de Catalunya.

www.catalunya.net – Diverses informations sur la Catalogne.

www.bcn.es – Municipalité de Barcelone.

www.barcelonaturisme.com – Office de tourisme de Barcelone.

www.cityvox.com – La rubrique « Barcelone » distille des informations complètes sur les sorties, spectacles, concerts, etc.

www.timeout.com/barcelona – Toutes les adresses de restaurants, bars et discothèques ; l'accent est mis sur les nouveautés (réactualisation tous les mois). Vous trouverez une version papier dans les kiosques barcelonais.

www.turismedelleida.com – Excellent site sur la ville de Lérida.

www.lleidatur.es – Site relatif à la province de Lérida.

http://blancas.paginasamarillas.es ; www.paginas-amarillas.es – Pour trouver une adresse en Espagne, l'équivalent de nos annuaires Pages blanches et Pages jaunes.

www.sagales.com ; www.sarfa.es ; www.transferbus.com ; www.teisa-bus.com ; www.alsinagraells.es – Horaires et tarifs des compagnies de bus en Catalogne.

www.renfe.es ; www.fgc.catalunya.net – Horaires et tarifs des transports en train de la Generalitat de Catalunya.

www.campingsonline.com ; www.vayacamping.net – Présentation des campings espagnols ; possibilité de réserver en ligne via le premier site ci-dessus.

Formalités d'entrée

DOCUMENTS IMPORTANTS

Pièces d'identité

La carte nationale d'identité en cours de validité ou le passeport (même périmé depuis moins de 5 ans) sont valables pour les ressortissants des pays de l'Union européenne, d'Andorre, du Liechtenstein, de Monaco et de Suisse.

Les mineurs voyageant seuls ont besoin d'un passeport en cours de validité. S'ils n'ont que leur carte d'identité, il est demandé une autorisation parentale sous forme d'attestation délivrée par la mairie ou le commissariat de police.

Véhicules

Pour le conducteur : permis de conduire à trois volets ou permis international. Le conducteur doit être en possession d'une autorisation écrite du propriétaire de la voiture, si celui-ci n'est pas dedans.

Outre les papiers du véhicule, il est nécessaire de posséder la carte verte d'assurance.

DOUANES

Les douanes espagnoles autorisent le passage à la frontière d'une bouteille de vin et d'une bouteille d'alcool par personne, ainsi que 200 cigarettes, ou 250 g de tabac ou 50 cigares.

La surveillance est renforcée autour d'Andorre.

ANIMAUX DE COMPAGNIE

Pour les chats et les chiens, un certificat de vaccination antirabique de moins d'un an et un certificat de bonne santé sont exigés.

Santé

ASSURANCE SANTÉ

En cas de maladie ou d'hospitalisation, vous devez être en mesure de prouver que vous êtes affilié à une caisse d'assurance maladie dans votre pays d'origine.

Procurez-vous avant le départ une **Carte européenne d'Assurance Maladie**. Celle-ci remplace les anciens formulaires E 110 et E 111, et s'obtient dans un délai de deux à trois semaines. Cette demande peut être effectuée par Internet : www.cerfa.gouv.fr

TROUSSE À PHARMACIE

Vous pourrez vous procurer tous les médicaments nécessaires en Catalogne, mais selon le type de séjour que vous envisagez, emportez une trousse avec le minimum essentiel (aspirine, pommade antiseptique, pansements, crème solaire…), en particulier si vous prévoyez une randonnée en montagne.

Dans les villages isolés des Pyrénées catalanes, les pharmacies se font plus rares. Enfin, en haute saison, particulièrement si vous êtes en camping, pensez aux répulsifs anti-moustiques.

VACCINS

Aucun vaccin particulier n'est recommandé.

Se rendre en Catalogne

EN AVION

Plusieurs compagnies assurent des vols directs entre Paris, Bruxelles, Zürich ou de nombreuses autres villes européennes, et Barcelone. Lignes régulières, vols charters, vols à prix réduit, il est préférable de s'adresser à son agence de voyages habituelle afin de connaître les conditions offertes par les compagnies aériennes.

En France, Paris, Lyon, Marseille, Nice, Bâle-Mulhouse, Bordeaux et Toulouse ont des liaisons directes et régulières avec Barcelone. L'été, Lille, Montpellier, Nantes, Rennes, Strasbourg assurent des liaisons saisonnières avec cette même ville.

En Europe, Berne, Bruxelles, Genève et Luxembourg, pour ne citer que les villes de pays francophones, offrent une liaison avec la Catalogne.

Lignes régulières

Air France

Air France assure 9 vols/j. de Paris vers Barcelone entre 6h40 et 20h05 (8 retours de Barcelone entre 7h05 et 20h30), prévoyez 1h50 de vol. Les billets « Évasion », à réserver 30 jours à l'avance pour un séjour n'excédant pas 14 jours, coûtent 146 € l'aller-retour en période estivale (comptez 229 € pour un séjour d'un mois). D'autres réductions existent si vous achetez votre billet à l'avance (42, 21 ou 14 jours). Si vous vous y prenez au dernier moment, tablez sur 450 à 860 € l'aller-retour.

Autres vols directs vers Barcelone par Air France au départ de Lyon (2 à 3 départs/j. du lun. au vend., un départ le sam. et 2 départs le dim. ; 1h20 de vol) et Bordeaux (2 vols/j. du lun. au vend., un départ le sam. ; 1h15 de vol).

Air France – 14 av. de l'Opéra - 75001 Paris - ✆ 3654 (numéro national) - www. airfrance.com

Air France en Belgique – Av. Louise 149 - boîte 31 - 10500 Bruxelles - ✆ 070 22 24 66 - www.airfrance.be

Air France en Suisse – 15 rte de l'Aéroport - 1215 Genève - ✆ 022 827 87 87 - www.airfrance.ch

Iberia

La compagnie espagnole dessert les aéroports de Barcelone (7 vols directs par j. entre 7h45 et 21h ; 1h45 de vol) et de Reus-Tarragone (tlj sf dim. à 17h ; 4h15 de vol dont 1h d'escale à Madrid). Tous les vols se font au départ d'Orly-ouest. Pour Barcelone, si vous achetez votre billet un mois à l'avance, l'aller-retour vous coûtera 139 € pour un séjour inférieur à deux semaines, et 222 € pour un billet retour utilisable un mois. Pour Reus-Tarragone, tarifs à partir de 446 € l'aller-retour.

Autres vols Iberia au départ de Toulouse, Lyon, Marseille et Bordeaux, via Madrid, et 3 vols directs depuis Nice (comptez 1h05 de vol).

Iberia en France – Terminal Orly-ouest - ✆ 0 820 075 075 - www.iberia.fr

Iberia en Belgique – Av. Louise 54 - 10500 Bruxelles - ✆ 02 548 94 91.

Vols charters

Deux compagnies relient Paris à Barcelone par 2 vols quotidiens : **Vueling**, depuis Roissy-Charles-de-Gaulle (renseignements sur www. vueling.com), qui propose un excellent rapport qualité-prix, et **Easyjet**, depuis l'aéroport d'Orly (renseignements sur www. easyjet.com).

Ryan Air – Renseignements et réservation : ✆ 0 982 682 073 - www.ryanair. com. La compagnie low-cost Ryan Air propose 2 vols/j. à destination de Gérone au départ de l'aéroport de Beauvais. Tarifs à partir de 30 €, auxquels il faut ajouter 54 € de taxes d'aéroport et 7,50 € de frais de dossier. Attention, la compagnie applique également une surtaxe pour tous les bagages excédant 15 kg, à raison de 8 €/kg supplémentaire. Au final, la facture peut être salée !

Ryan Air dessert également Gérone depuis Charleroi en Belgique et Londres en Angleterre.

Des navettes relient Paris à l'aéroport de Beauvais depuis la Porte Maillot (comptez 15 € le trajet), et celui de Gérone à Barcelone, sur le Passeig de Sant Joan (comptez 13 € le trajet).

Clickair – www.clickair.com. C'est la toute nouvelle compagnie low-cost lancée par Iberia en septembre 2006. Elle dessert Valence et Séville depuis Paris. La mise en place d'une liaison Paris-Barcelone est annoncée pour fin 2008.

Aéroports

En Catalogne

Barcelone – ✆ 932 98 38 38 - www. aena.es. L'aéroport de Barcelone-Prat se trouve à 12 km au sud de Barcelone. Il est relié au centre-ville en 40mn par bus (départ toutes les 15mn en semaine) et en 20mn par rail (départ de la gare de Sants toutes les 30mn).

Gérone – ✆ 972 18 66 00 - www.aena. es. L'aéroport se situe à Vilobí de Oñar, à 15 km au sud de Gérone. Lignes internationales low-cost.

Reus-Tarragone – ✆ 977 77 98 00. 12 km à l'ouest de Tarragone.

En France

Pour connaître les horaires, l'état des vols en cours, les accès aux aéroports, les services en aérogare : ✆ 0 892 681 515 - www.aeroportsdeparis.fr

Renseignements Roissy 24h/24 (aérogares 1 et 2) : ✆ 01 48 62 12 12 (standard) ; pour les vols : ✆ 01 48 62 22 80.

Renseignements Orly 24h/24 : ✆ 01 49 75 52 52 (standard) ; pour les vols : ✆ 01 49 75 15 15.

EN TRAIN

En attendant la mise en service du TGV Paris-Barcelone pour… 2012, on peut toujours se rendre à Barcelone par les trains de nuit.

▷ voyage

La télé comme point de départ

Partez à la rencontre
de l'inoubliable

LE DOC DE LA SEMAINE
Tous les jeudis à 20h50

Frottez-vous à d'autres cultures

J'IRAI DORMIR CHEZ VOUS
Tous les samedis à 18h45

Saisissez les plus
grands espaces

SAMEDI ÉVASION
Tous les samedis à 20h50

... ALLEZ JUSQU'AU BOUT DE VOS RÊVES

SNCF – Depuis Paris (gare d'Austerlitz), le train Talgo *Joan Miró* gagne Barcelone en voyage de nuit. Depuis Paris, Bruxelles, Genève par TGV ou autres trains, on peut rejoindre Barcelone et la Costa Brava via Lyon, Montpellier et Perpignan.

Pour les horaires et les prix, consulter les **bureaux SNCF** ou les agences de voyages. Renseignements et réservation : ℘ 3635 - www.voyages-sncf.com

Iberrail France (agence Renfe) – 57 r. de la Chaussée-d'Antin - 75009 Paris - ℘ 01 40 82 63 60. Le site Internet de la Renfe permet de consulter tous les horaires et tarifs avant le départ : www.renfe.es

En route vers le Pedraforca.

EN VOITURE

Située à l'extrémité nord-est de la péninsule Ibérique, la Catalogne est très facilement accessible depuis la France et tous les pays d'Europe.

Les cartes Michelin National n° 705 Europe, n° 734 Espagne ou n° 721 France à 1/1 000 000 permettent de composer son itinéraire. Depuis la France, le site www.ViaMichelin.fr vous propose d'étudier vos itinéraires (temps de parcours, distances, routes à suivre).

Plus détaillées, les cartes Michelin Regional n° 571 à 579 à 1/400 000 couvrent toute l'Espagne et la n° 574, plus particulièrement, la Catalogne. Cette dernière rendra service à ceux qui souhaitent éviter l'autoroute E 15 (A 9 en France et A 7 en Espagne) ou la route du littoral.

Passer les Pyrénées en traversant la principauté d'Andorre, la Cerdagne (Bourg-Madame) ou le Vallespir (col d'Ares) permet d'aborder la Catalogne par l'intérieur, et de découvrir de merveilleux sites.

EN AUTOCAR

Les principales villes européennes sont reliées à Barcelone par les services d'autocar de la compagnie Eurolines.

Se renseigner auprès des bureaux (6 bureaux à Paris et en région parisienne). Il existe 6 points de départs sur Paris (dont 1 à La Défense, 1 à Versailles et 1 porte Maillot).

Compagnie Eurolines – Gare internationale de Paris-Galliéni - 28 av. du Gén.-de-Gaulle - 93170 Bagnolet - ℘ 0 892 899 091 (0,34 €/mn) - www.eurolines.fr

Réserver son hébergement

Vous pouvez réserver la plupart des hébergements à Barcelone via le site Internet **www.barcelonaturisme.com**

Les campings de Catalogne sont référencés sur le site **www.campingsonline.com**, avec possibilité de réserver en ligne.

Les auberges de jeunesse sont sur le site **www.tujuca.com**

Sur le site **www.espagne-espagne.com**, vous pouvez effectuer des réservations de campings, hôtels, appartements et séjours partout en Espagne.

Presque systématiquement, on vous demandera de verser des arrhes lors de votre réservation et de communiquer votre numéro de carte bleue. Pensez, en haute saison, à confirmer votre réservation quelques jours avant d'arriver.

👌 Pour de plus amples informations, voir aussi la rubrique « Se loger », dans « La Catalogne pratique », pages suivantes.

Argent

DEVISES

L'Espagne a adopté l'**euro** depuis le début de l'année 2002. Les ressortissants des pays non membres de la zone euro peuvent changer leurs devises dans les aéroports, les banques, certaines gares, la plupart des hôtels et agences de voyages.

CHANGE

Vous trouverez de nombreux bureaux de change dans le centre-ville de Barcelone et les principales stations balnéaires de la Costa Brava. Les banques peuvent également changer des devises, ainsi que les grands hôtels, mais en appliquant une commission plus élevée.

VOYAGER MOINS CHER

Pour les jeunes
Turisme Juvenil de Catalunya (TUJUCA) – C/Rocafort 116-122 - 08015

Barcelone - ☎ 934 83 83 81 - www.tujuca.com

La **Carte Jeune EURO<26**, que délivrent le TUJUCA et d'autres organismes équivalents dans 27 pays, offre aux jeunes âgés de 14 à 25 ans toute une série de réductions dans les transports, pour les sorties culturelles, l'hébergement, etc.

La **carte d'étudiant** (à partir de 12 ans) donne droit également à de nombreuses réductions.

Pour les moins jeunes

Les plus de 65 ans ont droit à d'importantes réductions dans les transports, les accès aux monuments et aux spectacles. Ils bénéficient d'une réduction de 50 % dans de nombreux musées et peuvent entrer gratuitement dans les monuments du patrimoine national.

La Renfe accorde des réductions variant en fonction de la destination et de la période aux plus de 60 ans munis d'une Carte vermeil.

Qu'emporter ?

Maillots de bain et chapeau pour la côte en été, pulls chauds pour l'intérieur des terres en hiver, la Catalogne n'est pas une région trop compliquée pour faire sa valise. Aux intersaisons, prévoyez un coupe-vent, des vêtements de pluie et des chaussures montantes pour les randonnées en montagne.

Les auberges de jeunesse proposent souvent des cuisines équipées avec le matériel nécessaire. Pensez à emporter des serviettes et un duvet pour économiser la location de draps et de linge de toilette. À Barcelone, où les noctambules rentrent à toute heure, des bouchons auditifs seront d'un grand secours pour la tranquillité de vos nuits.

En été, les grands axes sont très encombrés. Une carte très détaillée vous permettra de les éviter au profit des chemins buissonniers, qui vous amèneront par ailleurs à découvrir des régions plus pittoresques.

Les voyageurs équipés d'appareils photo numériques trouveront à Barcelone et dans la plupart des grandes villes de Catalogne des cartes mémoire (ou des cafés Internet pour y graver les photos sur CD). Pour les pellicules, prévoyez des indices ISO faibles : l'*albedo* peut être élevé en bord de mer, comme en montagne par temps de neige. Un filtre polarisant limitera les reflets. Vous trouverez tous types de pellicules à Barcelone, mais faites un stock si vous pensez faire beaucoup de photos dans l'arrière-pays.

LA CATALOGNE PRATIQUE

Adresses utiles

OÙ S'INFORMER ?

Office de tourisme espagnol – Secretaría General de Turismo - calle José Lázaro Galdiano, 6 - 28036 Madrid - ℘ 913 433 500.

Turespaña (www.tourspain.es) offre un service de renseignements très complet sur les transports, l'hébergement, les loisirs sportifs et autres activités touristiques.

On peut aussi s'adresser aux services relevant de la Generalitat de Catalunya, à **Barcelone** :

Direcció General de Turisme – Passeig de Gràcia 105-4° - 08008 Barcelona - ℘ 934 849 500.

Consorci de Promoció Turística de Catalunya (Consortium pour la promotion touristique de la Catalogne) – Passeig de Gràcia 105-3° - 08008 Barcelona - ℘ 934 849 900.

> ### Bon à savoir
>
> Sur les plans de villes de ce guide, les offices de tourisme sont signalés par le symbole **🛈**. Vous trouverez l'adresse et le numéro de téléphone de l'office de tourisme dans l'encadré pratique de chaque grande ville décrite dans la partie « Découvrir la Catalogne ». Dans les chapitres se référant à des régions étendues comme la Costa Brava ou les Pyrénées catalanes, vous trouverez une ou plusieurs adresses d'information générale, toujours dans les encadrés pratiques.
>
> **Renseignements touristiques sur la Catalogne et par téléphone** :
> sur place : ℘ 906 301 282 (tlj sf w.-end et j. fériés 9h-20h) ;
> de l'étranger : ℘ (0034) 93 368 97 30.

MISES EN GARDE

Comme dans d'autres grandes villes européennes, les pickpockets sévissent à Barcelone autour des principales zones touristiques telles que la Rambla, la Sagrada Família ou encore dans le métro. La nuit, tâchez d'éviter le quartier de la plaça Réial, souvent associé à des rixes. Sur la Costa Brava, à la plage, ne laissez pas d'objets de valeur sans surveillance.

Pour garer votre voiture, privilégiez partout les parkings surveillés.

La principale recommandation concerne les voyageurs se déplaçant avec leur propre véhicule. Si la plupart des grands axes sont sûrs, des incidents sont régulièrement signalés sur les routes catalanes, notamment sur l'A 7 : agressions ou vols sur les aires d'autoroute, ou simulations d'accident pour forcer un véhicule à s'arrêter et en prendre ensuite possession sous la menace.

Même si le nombre d'incidents est plus faible chaque année, quelques consignes de bon sens restent valables lors de vos trajets routiers : ne vous arrêtez que dans des endroits fréquentés, fermez systématiquement votre véhicule et n'y laissez en vue aucun objet de valeur. Ces conseils sont également valables dans les grandes villes.

Dernier conseil : si vous devez faire appel à un dépanneur depuis une borne téléphonique au bord de la route, demandez le nom de la société qui vous dépannera ou l'immatriculation du véhicule qui doit arriver. Il est arrivé que de fausses dépanneuses partent avec des véhicules que leurs infortunés propriétaires n'ont jamais revus !

Un numéro de téléphone a été créé à l'attention des victimes : ℘ 902 200 320.

EN CAS DE PROBLÈME

Ambassades et consulats à Madrid

Ambassade de France – Salustiano Olozaga, 9 - 28001 Madrid - ℘ 914 355 560.

Consulat de France – Marqués de la Ensenada, 10 - 28004 Madrid - ℘ 913 197 188.

Ambassade de Belgique – Paseo de la Castellana, 18-6° - 28046 Madrid - ℘ 915 776 300.

Ambassade de Suisse – Núñez de Balboa 35 A-7° -28001 Madrid - ℘ 914 363 960.

Ambassade du Canada – Núñez de Balboa 35 -28001 Madrid - ℘ 914 233 250.

Consulats à Barcelone

France – Ronda Universidad, 22-4° - 08007 Barcelona - ℘ 934 878 140.

Belgique – Diputació 303-1° - 08009 Barcelona - ℘ 933 189 899.

Suisse – Gran Via de Carles III, 94-7° - 08028 Barcelona - ℘ 933 309 211.

Canada – Elisenda de Pinós, 10 - 08034 Barcelone- ℘ 932 042 700.

Perte et vol de cartes de paiement

En cas de perte ou de vol de cartes, télé-phonez immédiatement à :

Visa/Eurocard/Mastercard ℘ 933 152 512 ;

American Express ℘ 932 170 070 ;

Diners Club ℘ 933 021 428.

EN CAS D'URGENCE

Pour toute la Catalogne, composez le ℘ **112** (urgences/pompiers).

Pour les accidents de la route, composez le ℘ **088**.

Autres numéros d'urgence :

℘ **061** : urgences médicales, équivalent du SAMU en France. Vous pourrez être orientés vers le médecin ou l'hôpital le plus proche.

℘ **091** : police nationale.

℘ **092** : Guàrdia urbana.

Se déplacer en Catalogne

Si vous utilisez les bus ou les trains, votre budget ne sera pas trop sévèrement ponctionné. Les déplacements sont restés relativement bon marché.

👁 La Generalitat de Catalogne fournit un service d'information très utile sur tous les moyens de transport : **www.mobilitat.org**. Vivement conseillé.

EN AVION

Aéroports – Outre l'aéroport internatio-nal de Barcelone, la Catalogne est dotée de deux autres aéroports desservis par des lignes intérieures espagnoles.

👍 Voir p. 20 la partie consacrée aux aéro-ports de Catalogne et aux compagnies aériennes desservant la destination, dans le chapitre « À faire avant de partir ».

EN TRAIN

La **Renfe** dispose d'un vaste réseau couvrant la totalité du territoire catalan. Renseignements 24h/24 et réservations de 5h30 à 23h50 : ℘ 902 240 202 - www.renfe.es

Barcelone – Gare de Sants - pl. dels Països Catalans - ℘ 934 900 202 *(lignes intérieures)* et ℘ 934 901 122 *(lignes internationales)*.

Gérone – Carrer Barcelona, près de la pl. d'Espanya - ℘ 972 207 093.

Lérida – Pl. de l'Estació - ℘ 973 220 202.

Tarragone – Pl. de la Estació - ℘ 977 240 202.

Gare de França, Barcelone.

J. Malburet / MICHELIN

Gares vertes

Elles se trouvent à proximité de diffé-rents sites naturels. Haltes idéales pour les amateurs de randonnée, de VTT et pour tous ceux qui souhaitent partir à la découverte de la beauté de la Catalogne rurale. Renseignements gares et lignes : www.renfe.es/medio-ambiente

EN VOITURE

👍 Voir plus haut la partie sur les « for-malités », dans le chapitre « À faire avant de partir ».

Location de voitures

Possibilités de location dans les aéro-ports, les gares, les grands hôtels et les principales agences de location :

Avis – ℘ 902 248 824 - www.avis.es

Budget – ℘ 901 201 212 - www.eurorenting.org/budget/

Europcar – ℘ 902 405 020 - www.europcar.es

Hertz – ℘ 902 220 024 - www.hertz.es

👁 Attention : même si en Espagne l'âge minimum légal pour conduire est de 18 ans, la plupart des agences de location refusent de louer aux moins de 21 ans.

Réseau routier

La Catalogne dispose d'un bon réseau routier dont les deux principales auto-routes sont : la **A 2-E 90** qui assure la liaison entre Saragosse, Lérida et Barce-lone ainsi que l'autoroute de la Méditer-ranée, la **A 7-E 15**, qui relie la province de Tarragone à la frontière (La Junquera) et qui est très pratique pour gagner les localités côtières ainsi que l'intérieur de la province de Gérone.

Pour se rendre dans les Pyrénées, il existe plusieurs possibilités : au départ de Lérida, la **N 230** se dirige vers la vall d'Arán et la **C 13** va en direction de l'Andorre ; au départ de Barcelone, la principale voie de communication est la **C 17** qui dessert Vic pour aboutir à

Bon à savoir

L'Espagne a entrepris de modifier la dénomination de son réseau routier. La plupart des routes sont concernées, mais ces modifications n'étant pas encore effectives partout, nous avons préféré conserver les anciennes références routières pour cette édition.

Puigcerdà ; enfin, depuis la Costa Brava, la meilleure solution est de prendre la **N 260** qui relie les localités de Llançà, Figueres, Olot et Ripoll.

Limitations de vitesse

Autoroutes – 120 km/h pour les voitures de tourisme ; 80 km/h pour les voitures avec remorque ou caravane.

Voies rapides (non autoroutières mais à chaussées séparées) – 100 km/h pour les voitures de tourisme et 80 km/h avec remorque ou caravane.

Autres routes – 80 km/h.

Circulation en agglomération – 50 km/h.

👁 Attention à ne pas confondre autoroutes (**autopistas**) et voies rapides (**autovias**), risque d'autant plus grand que la signalisation routière de ces dernières est faite au moyen de panneaux à fond bleu, et ressemble donc à s'y méprendre à celle en usage sur les autoroutes françaises.

Taux d'alcoolémie

Le maximum autorisé est de 0,5 g/l. de sang. Attention, la loi peut changer et ce chiffre être revu à la baisse.

Panne, accident

En cas de panne et d'arrêt au bord de la route, les feux de détresse ne sont pas suffisants, **deux triangles de signalisation sont obligatoires**. Ils doivent être placés à une distance de 50 m devant et derrière le véhicule.

Assistance automobile – RACE ℰ 900 112 222 ; **RACC** ℰ 902 106 106.

Se garer en ville

Sur la Costa Brava, en haute saison, trouver à se garer tient du défi, d'autant que la police est intransigeante envers le stationnement gênant ou illicite. Néanmoins, presque toutes les localités disposent de parkings municipaux convenablement placés, dans le centre-ville ou à proximité. Les tarifs à la journée varient de 13 à 25 € selon la saison et l'emplacement.

À l'intérieur des terres, dans les villages les plus touristiques, des parkings spéciaux ont été aménagés à l'entrée et les visites se font à pied – mais même là, trouver une place peut relever de la gageure. Hors saison, il est évidemment plus facile de se garer.

Cartes routières

Pour l'ensemble de la Catalogne, utiliser la **carte Michelin Regional n° 574** au 1/400 000 ou l'**Atlas routier Michelin Espagne & Portugal**.

Inforoute

Vous obtiendrez des informations sur l'état des routes : www.dgt.es ou ℰ 902 123 505. Pour plus de précisions sur le réseau routier catalan, contacter le ℰ 938 891 642 (en espagnol uniquement).

Carburants

Les prix de l'essence – *normal* (92 octanes), *super* (97 octanes) ou *sin plomo* (sans plomb) – varient (0,95 € environ) selon les compagnies en fonction du prix maximum déterminé par le gouvernement chaque quinzaine. Il en va de même pour le *gasóleo* (diesel ; environ 0,89 €). Attention, on ne trouve pas de GPL en Espagne.

EN AUTOCAR

La Catalogne est parfaitement reliée au reste de l'Espagne ainsi qu'aux principales capitales européennes par les lignes de transport en autocar. Quelques lignes

Distances en km	Barcelone	Gérone	Lérida	Tarragone	Tortosa	Vielha
Barcelone		104	178	100	180	316
Gérone	104		255	192	272	396
Lérida	178	255		106	125	161
Tarragone	100	192	106		87	269
Tortosa	180	272	125	87		290
Vielha	316	396	161	269	290	

ViaMichelin

Clic je choisis,
clic je réserve !

RÉSERVATION HÔTELIÈRE SUR

www.ViaMichelin.com

Préparez votre itinéraire sur le site ViaMichelin
pour optimiser tous vos déplacements. Vous pouvez
comparer différents parcours, sélectionner vos étapes
gourmandes, découvrir les sites à ne pas manquer…
Et pour plus de confort, réservez en ligne votre hôtel
en fonction de vos préférences (parking, restaurant...)
et des disponibilités en temps réel auprès de 60 000
hôtels en Europe (indépendants ou chaînes hôtelières).

- *Pas de frais de réservation*
- *Pas de frais d'annulation*
- *Pas de débit de la carte de crédit*
- *Les meilleurs prix du marché*
- *La possibilité de sélectionner et de filtrer
  les hôtels du Guide Michelin*

BUCH CORPORATE - www.buchco.fr

Une meilleure façon d'avancer

locales assurent les liaisons entre les différentes localités de la Costa Brava et des Pyrénées *(pour de plus amples détails, consulter les encadrés pratiques correspondants)*.

Gares routières :

Barcelone : **Estació del Nord** – Carrer d'Alí, 80 - ℰ 902 260 606. Située à 1,5 km du centre-ville, dans un élégant bâtiment du 19e s.

Gérone – Carrer Rafael Masó, près de la gare ferroviaire - ℰ 972 212 319.

Lérida – Pl. de Saracíbar - ℰ 973 272 999.

Tarragone – Pl. Imperial Tàrraco - ℰ 977 229 126.

Se loger et se restaurer

BUDGET

Nos catégories de prix

Dans les encadrés pratiques des localités décrites, vous trouverez une sélection de restaurants et d'hébergements de divers types, allant de l'hôtel classique au camping en passant par les chambres chez l'habitant. Les renseignements concernant ces établissements sont donnés sous toutes réserves car susceptibles de changements.

Concernant les hôtels (sauf autre précision), les prix indiqués sont ceux qui nous ont été communiqués par les hôteliers pour une chambre double en basse et en haute saison. À l'intérieur des terres, en dehors des grandes villes, les prix restent stables toute l'année, en dehors de quelques événements particuliers comme les fêtes patronales ou les festivals. Lorsque le prix du petit-déjeuner n'est pas compris dans celui de la chambre, il est indiqué à la suite du symbole ⌣.

De nombreuses pensions ne proposent pas de petit-déjeuner, ce qui est signalé par l'absence du symbole ⌣.

Sauf mention contraire, les tarifs de restauration que nous indiquons dans ce guide correspondent à un repas complet (entrée, plat et dessert), service et taxes compris (hors boissons). Il est de bon ton de laisser un **pourboire** s'élevant de 5 à 10 % de la note finale.

Pour faciliter votre choix, et sans méconnaître les limites de l'exercice, nous faisons précéder le nom des établissements de symboles indiquant leurs catégories de prix *(voir le tableau ci-dessous)*.

Les cartes de crédit sont acceptées dans la plupart des établissements. Nous signalons les rares établissements où cela n'est pas le cas par le symbole ⌣.

À titre indicatif...

Afin de vous aider à préparer votre voyage, nous vous proposons des budgets indicatifs calculés en fonction des trois catégories d'établissements que nous avons établies. Chaque prix indiqué (par jour et par personne) comprend la nuit dans une chambre double, le déjeuner et le dîner.

Petits budgets – Environ 46 € : une chambre en hôtel « ⊖ », un repas léger (tapas ou menu) et un repas complet dans un restaurant simple.

Budgets moyens – Environ 81 € : une nuit en hôtel « ⊖⊖ », un repas léger (tapas ou menu) et un autre dans un restaurant de niveau moyen.

Budgets plus larges – Environ 120 € : une nuit en hôtel « ⊖⊖⊖ » (cher sans être exorbitant), tapas ou restaurant simple et un repas gastronomique dans un restaurant renommé.

Si l'hébergement à Barcelone coûte relativement cher, la restauration offre un paysage plus contrasté.

NOS CATÉGORIES DE PRIX				
	Se restaurer (prix déjeuner)		Se loger (prix de la chambre double)	
	Province	Grandes villes Stations	Province	Grandes villes Stations
⊖	14 € et moins	16 € et moins	40 € et moins	60 € et moins
⊖⊖	de 14 à 25 €	de 16 à 30 €	de 40 à 65 €	de 60 à 90 €
⊖⊖⊖	de 25 à 40 €	de 30 à 50 €	de 65 à 100 €	de 90 à 130 €
⊖⊖⊖⊖	plus de 40 €	plus de 50 €	plus de 100 €	plus de 130 €

Dans les zones touristiques comme dans les quartiers populaires en marge du centre-ville, il est encore facile de trouver des établissements proposant un menu complet, vin compris, pour moins de 10 €. Autre piste : les bars à tapas, où il est aisé de faire un repas à bon compte, au coin du comptoir.

Promue destination à la mode, la capitale catalane attire aussi une clientèle branchée, prête à dépenser pour une cuisine raffinée dans de beaux endroits, loin des bars à tapas traditionnels. Comptez de 20 à 30 € par personne (hors boissons) dans ce type d'établissement.

Tarifs réduits

Certaines chaînes hôtelières et bon nombre d'hôtels proposent des tarifs réduits le week-end. Il est également possible d'obtenir des coupons pour une ou plusieurs nuits à des prix très intéressants. Renseignez-vous à l'avance auprès des agences de voyages.

NH Hoteles – ✆ 902 115 116 (24h/24) - www.nh-hoteles.com. Offres spéciales le week-end, à partir de 180 € pour 2 nuits et 2 personnes.

Bancotel – ✆ 902 877 877 - www.bancotel.com. Chéquiers de cinq coupons, vendus exclusivement dans les agences de voyages et par l'intermédiaire de son site Internet. Hôtels de trois, quatre et cinq étoiles. Réductions très intéressantes par rapport aux prix affichés.

Halcón Viajes – ✆ 807 227 222 (renseignements et réservations) - www.halcon-viajes.es. Promotions sur certains hôtels.

Hoteles Meliá – ✆ 800 919 130 - www.solmelia.com. Carte de fidélité MAS et offres spéciales le week-end.

LE GUIDE MICHELIN ESPAÑA & PORTUGAL

Mis à jour chaque année, il recommande un large choix d'établissements avec indication de leur classe et de leur confort, de leur situation, de leur agrément, de leur équipement (piscine, tennis, golf, jardin, etc.) et de leur prix. Ce choix a été établi après visites et enquêtes sur place. Les établissements qui se distinguent par leur agrément et leur tranquillité (décor original, site, vue exceptionnelle) sont indiqués par des symboles rouges. Les localités qui disposent de tels hôtels sont repérées sur plusieurs cartes dans les pages d'introduction du guide.

Le Guide Michelin propose également une large sélection de restaurants qui permettront de découvrir et de savourer les meilleures spécialités d'Espagne. Les établissements remarquables pour la qualité de leur cuisine sont signalés par des étoiles de bonne table (une à trois étoiles).

👁 Sur la carte Michelin Regional n° 574, les soulignés rouges signalent les hôtels et restaurants sélectionnés dans Le Guide Michelin.

LES DIFFÉRENTS TYPES D'HÉBERGEMENT

Les hôtels

Le Secrétariat général de tourisme de la Generalitat de Catalunya édite chaque année un guide des hôtels (4,80 €). Ils y sont classés de une à cinq étoiles. Les prix varient selon les saisons mais aussi selon les localités. L'hébergement à Barcelone ou dans une station balnéaire de la Costa Brava peut se révéler plus élevé que dans une ville à quelques kilomètres de la côte. En règle générale, compter entre 25 et 120 € pour une chambre avec salle de bains.

Parador d'Arties.

Les paradors

Au chapitre de l'hôtellerie, les paradors de tourisme méritent une mention spéciale : la plupart sont installés dans des monuments historiques restaurés (châteaux, palais, monastères), et tous sont merveilleusement situés et pourvus de tout le confort.

Le prix moyen pour une chambre double va de 93 à 137 € (plus la TVA). Ils proposent d'intéressantes formules valables le week-end ou pour un séjour de cinq nuits.

Centrale de réservation des Paradores de Turismo – Requena, 3 - 28013 Madrid - ✆ (00 34) 902 547 979 - www.parador.es

Centrale de réservation en France – Iberrail France - 57 r. de la Chaussée-d'Antin - 75009 Paris - ✆ 01 42 81 27 27 - service.paradores@iberrail.fr

👁 Les paradors sont indiqués sur les cartes Michelin par le symbole ⌂.

Les gîtes ruraux

La Direcció General de Turisme édite annuellement un guide complet intitulé *Guía de residències y casas de pagès*. Aucune association ne centralise les réservations pour toute la Catalogne. Néanmoins, il existe un certain nombre d'associations locales et de sites Internet disposant d'une centrale de réservation.

www.turismerural.com – Répertoire exhaustif des solutions d'hébergement rural dans toute la Catalogne.

Turisme rural Girona – 📞 972 226 015 - www.gironarural.org

Associació Catalana d'Empresarios de Turisme Agrari – www.turisverd.com

Actur – 📞 973 642 256 - www.actur. com. Guide pratique des hébergements dans la Vall d'Aràn.

Auberges de jeunesse
(Albergueries de Jovent)

Les titulaires d'une carte de la Fédération internationale des Auberges de Jeunesse peuvent séjourner dans les 46 auberges réparties dans toute la Catalogne. Les prix en haute saison vont de 19,65 € à 23,45 € la nuitée (petit-déjeuner compris) pour les plus de 26 ans, et de 16,45 € à 19,75 € la nuitée (petit-déjeuner compris) pour les moins de 26 ans. Informations : 📞 (00 34 1) 934 838 341 - www.tujuca.com

Camping, caravaning

La Catalogne possède un vaste réseau de campings. Une carte des terrains est disponible auprès des offices de tourisme. La carte Michelin Regional nº 574 indique les localités possédant au moins un terrain de camping, et la Direcció General de Turisme édite chaque année un guide recensant les terrains existants.

On peut aussi se renseigner auprès de :

Federació Catalana de Càmping i Ciutats de Vacances – General Mendoza, 3 - 17002 Girona - 📞 972 20 86 67.

Associació de Càmping de Barcelona – Gran Via de les Corts Catalanes, 608 - 08007 Barcelona - 📞 934 125 955.

Associaciò de Càmping de Lleida – Av. Segre, 7 - 25007 Lleida - 📞 973 248 858.

Associaciò de Càmping de Tarragona – Monterols, 8 - 43201 Reus - 📞 977 342 784.

TAPAS ET BARS

Les prix indiqués dans les encadrés pratiques correspondent au prix moyen d'une tapa. Les tapas diffèrent d'un endroit à l'autre mais, en général, elles permettent toutes de manger à un prix raisonnable qui ne devrait pas dépasser les 18 €.

Les bars sont des grands lieux de rencontre où l'on se retrouve pour l'apéritif (**chateo**), tradition bien établie : on y boit entre amis un verre de vin en grignotant des **tapas** ou des **raciones**, hors-d'œuvre variés en petite quantité allant des olives aux calmars et aux pommes de terre à la mayonnaise. La télévision y est souvent omniprésente ainsi que les machines à sous. Ensuite, c'est l'heure du café : café noir se dit *café solo* ou **café**, café au lait *café con leche* ou *café cortado*. Après le travail vient l'heure des **tertulias** où l'on parle entre hommes de l'actualité, de politique et de football – des derniers exploits du F.C. Barcelona, ou de l'Atlético et du Real Madrid –, où l'on raconte ces plaisanteries (**chistes**) qui réjouissent tous les assistants. En fin d'après-midi, on peut aller prendre un chocolat et des **churros**, délicieux beignets torsadés, longs de 15 cm et gros comme le doigt. En été, ce sera plutôt une **horchata de chufas**, boisson rafraîchissante extraite du souchet.

Les bars et les clubs sont également très fréquentés la nuit. Peut-être n'est-il pas inutile de préciser que les doses d'alcool servies en Espagne sont très sensiblement supérieures à ce qui est ordinairement servi dans d'autres pays !

CONSTITUTION D'UN REPAS

Traditionnellement, il se compose d'un **primero** ou hors-d'œuvre *(entremés)* : crudités, charcuterie ; d'un **segundo** comprenant viande *(carne)* ou poisson *(pescado)* ; d'un **postre**, dessert comprenant fruits *(frutas)*, pâtisserie *(repostería)* ou glace *(helado)*.

De petits restaurants sympathiques proposent un menu « *de la casa* » accompagné du « *vino de la casa* » de bonne qualité et à des prix raisonnables.

Les campeurs, ou ceux qui préfèrent louer un studio ou un appartement, trouveront dans toutes les villes, et surtout sur le littoral, des traiteurs qui proposent une grande variété de spécialités, salades et légumes.

BOISSONS

L'**eau** *(agua)* naturelle est servie en carafe *(jarra)* mais on peut préférer l'eau minérale en bouteille ; dans ce cas, demander *agua mineral sin gas* (eau plate) ou *con gas* (gazeuse). Le **vin** *(vino)* peut être blanc *(blanco)*, rouge *(tinto)* ou rosé

NOUVELLES CARTES MICHELIN
Laissez-vous porter par votre imagination.

Avec les nouvelles cartes Michelin, voyager est toujours un plaisir :
- Nouveau : carte Départements à relief image satellite
- Nouveau : carte Régions en papier indéchirable
- Qualité des informations routières, mises à jour chaque année
- Richesse du contenu touristique : routes pittoresques et sites incontournables
- Maîtrise de l'itinéraire : votre route selon vos envies

www.cartesetguides.michelin.fr

MICHELIN
Une meilleure façon d'avancer

(rosado). Il peut se servir en bouteille *(botella)* mais aussi en pichet *(frasca)*. La Catalogne est la patrie du **cava**, un vin pétillant. On y élabore aussi d'excellents vins légers dans l'Empordà, blancs fruités dans le Penedès, et rouges dans le Priorat.

La **bière** *(cerveza)* est servie à la pression *(caña)* ou en bouteille *(botella)* ; les principales marques locales sont : San Miguel, Mahón, Aguila, Damm. Après un repas, on peut demander un **carajillo**, café arrosé de cognac ou de rhum.

La **sangría** peut se boire en guise d'apéritif accompagnée de quelques tapas ; le **Cuba libre**, Coca et gin *(ginebra)* ou Coca et rhum *(ron)*, se boit bien frais avec de la glace.

SPÉCIALITÉS CATALANES

En Catalogne, la cuisine est typiquement méditerranéenne. Évoquons le pain à la tomate, les poivrons rouges à l'huile, et surtout les poissons préparés avec des sauces comme l'aïoli, le **samfaina** (tomate, piment et aubergine) ou la **picada** (pignons, amandes, ail, pain grillé, pilés et allongés d'un bouillon). Parmi les charcuteries se signalent : **botifarra** (la famille des botifarres va de la saucisse crue au boudin, voire aux tripes), saucisson et *fuet* de Vic.

La grande originalité de la cuisine catalane consiste le plus souvent à associer deux, trois ou quatre des composants suivants : mouton, porc, volaille, gibier, poisson, crustacés, à l'occasion accompagnés de champignons ou d'escargots, les Catalans professant un véritable culte pour ces deux derniers. Le goût pour une cuisine où sucré et salé contrastent, héritage de la cuisine médiévale, va dans certaines régions jusqu'au mariage viande-fruits, avec les pommes et les pêches farcies, ou à l'union du chocolat avec le lapin ou les calmars. Ces alliances génèrent une cuisine proposant essentiellement des ragoûts ou des plats lentement mijotés.

Les fruits secs entrent dans la composition de nombreux plats ou se servent en fin de repas, mais peuvent également être utilisés dans l'élaboration de certaines pâtisseries : **carquinyolis** (croquignoles), **coques** (à rapprocher de la couque de certaines régions françaises).

Mais le dessert le plus répandu est la **crème catalane**, crème renversée recouverte d'une fine pellicule de sucre caramélisé.

Santé

PREMIERS SECOURS

Urgences : ✆ 112
Urgences médicales : ✆ 061

PHARMACIES

Les *farmacias* (pharmacies) ont des horaires variables. À Barcelone, la plupart restent ouvertes toute la journée. Dans le reste de la province, les officines ouvrent en général de 8h à 13h et de 16h à 19h, voire 20h.

Pour obtenir la liste des pharmacies de garde à Barcelone : ✆ 93 481 00 60.

MÉDECINS ET HÔPITAUX

Une consultation chez un médecin coûte entre 30 et 60 €, mais il n'est pas rare de voir des spécialistes demander le double. Le consulat de France à Barcelone vous fournira au besoin une liste des médecins parlant français, ainsi que des hôpitaux et leurs spécialités (également disponible sur le site Internet www.consulfrance-barcelone.org).

Les délais pour obtenir un rendez-vous peuvent être très longs.

Centre Médical de Barcelone – Avgd. Diagonal, 437 - ✆ 93 414 06 43 - www.bcm.es. Ouvert 24h/24, ce centre médical prend en charge les étrangers et les oriente au besoin vers des médecins ou hôpitaux plus spécialisés.

REMBOURSEMENTS

♿ Voir p. 19 la partie « Santé », dans le chapitre « À faire avant de partir ».

La Catalogne pratique de A à Z

ACHATS

Horaires

Les magasins sont généralement ouverts de 10h à 14h et de 17h à 20h30. Cependant, de plus en plus de commerces (grands magasins ou hypermarchés) restent ouverts à midi. Ils sont fermés le dimanche, parfois même le samedi après-midi. Dans les localités côtières les plus touristiques, pendant la saison estivale, certains magasins et boutiques ne ferment parfois qu'à minuit.

Pointures et tailles

Les mêmes qu'en France.

Marchandage

Le marchandage est peu répandu en Catalogne, sauf dans certains magasins d'antiquités et de brocante, ou dans les grandes fabriques artisanales de céramique et poterie, à condition d'acheter une quantité intéressante pour le vendeur.

ARGENT

En règle générale, il est préférable de n'avoir sur soi, outre sa carte de crédit, qu'une somme en espèces nécessaire à la vie de tous les jours.

Banques – Ouvertes du lundi au samedi de 8h30 à 14h. En été, elles sont fermées le samedi.

Distributeurs de billets – Fonctionnent notamment avec la carte Visa internationale et Eurocard Mastercard.

Cartes de crédit – Les chèques de voyage et les principales cartes de crédit internationales (dont la Carte Bleue Visa) sont acceptés dans presque tous les commerces, hôtels et restaurants. La formule Ibercheque (informations auprès d'Iberrail, ℘ 01 40 82 63 64) permet de disposer de chèques utilisables dans de nombreux hôtels ou permettant la location de voitures.

Chéquiers – Les ressortissants de la zone euro peuvent en théorie utiliser leur chéquier. En pratique, le chèque est moins répandu en Espagne qu'en France, et de nombreux commerçants ne l'acceptent pas. Par ailleurs, l'utilisation d'un chèque à l'extérieur de ses propres frontières entraîne le prélèvement d'une commission spécifique (souvent élevée) par votre banque. Renseignez-vous auprès de votre établissement bancaire avant votre départ.

ÉLECTRICITÉ

Le courant fonctionne sur du 220 volts, comme en France. Les prises ont deux fiches rondes.

HANDICAP

Cocemfe (Confederación Española de Personas con Discapacidad física y orgánica) – Luis Cabrera, 63 - 28002 Madrid - ℘ 917 443 600 - www.cocemfe.es. Fournit des renseignements sur les installations adaptées.

En Catalogne, on peut consulter la **Federación Ecom** – Gran Via de les Corts Catalanes, 562-2° - 08011 Barcelona - ℘ 934 515 550 - www.ecom.es

Les agences de voyages suivantes organisent des voyages et des séjours pour personnes handicapées :

Valinet (www.valinet.org) ; **RB Travel** (℘ 902 160 850 - www.rbtravel.es) ; **Viajes 2000** (c/Aribau, 123 - 08036 Barcelona - ℘ 933 23 96 60 - www.viajes2000.com).

HEURE LOCALE

Eté comme hiver, la Catalogne est à la même heure que Paris (GMT +1h).

HORAIRES

La matinée *(mañana)* dure jusqu'à 14h, heure à laquelle on prend le déjeuner *(almuerzo* ou *comida)*. Ensuite c'est la sieste et l'après-midi *(tarde)* commence vers 17h. Vers 20h, on pense à l'apéritif qui entame la soirée *(noche)*. Le dîner *(cena)* est servi à partir de 21h et la soirée peut se poursuivre fort tard.

Magasins

Voir à « Achats ».

Horaires de visite

Vous trouverez dans la partie « Découvrir la Catalogne » les horaires de visite et les prix des billets d'entrée aux monuments, musées, églises, etc. Tous les renseignements fournis sont donnés à titre indicatif, en raison de l'évolution incessante du coût de la vie et des variations fréquentes dans les horaires d'ouverture des monuments.

Ces renseignements s'adressent à des touristes voyageant isolément et ne bénéficiant pas de réductions. Les groupes peuvent obtenir, sur accord préalable, des conditions spéciales aussi bien pour les horaires que pour les tarifs.

N'hésitez pas à vous renseigner par téléphone avant d'entreprendre un parcours : des travaux de restauration peuvent entraîner la fermeture momentanée de certains monuments.

Généralement, les églises ne se visitent pas pendant les offices. Dans le cas où une église n'est ouverte que pendant les offices, il convient alors d'observer une attitude respectueuse.

INTERNET

Aucun problème pour se connecter à Barcelone où les cafés Internet et *locutorios* sont légion. Certains fonctionnent avec des cartes à tarifs dégressifs selon la durée de connexion, d'autres avec des pièces de 1 € à insérer au fur et à mesure (toutes les 15mn env.). Surveillez votre crédit pour ne pas être coupé ! Les auberges de jeunesse sont équipées et pratiquent un tarif similaire. Dans les grands hôtels, la connexion peut atteindre 3 ou 4 €/15mn.

Les stations balnéaires et touristiques de la côte sont bien équipées. En revanche, trouver un accès Internet dans les villages de l'arrière-pays est plus complexe. Vous pouvez tenter la bibliothèque municipale (s'il y en a une), la plupart disposant d'un accès. Quelques bureaux de poste sont également équipés, mais la connexion peut être plus lente.

JOURNAUX ET TÉLÉVISION

Principaux quotidiens nationaux : *ABC*, *El Mundo*, *El País*.

Quotidiens édités en Catalogne : *La Vanguardia*, *El Periòdico de Catalunya* et *Avui* (en catalan).

Hebdomadaires : *Cambio 16*, *El Siglo*, *Época*, *Tiempo* et *Tribuna*.

Chaînes publiques nationales : TV 1 et TV 2. Chaînes catalanes n'émettant qu'en catalan : TV 3 et Canal 33. Chaînes privées : Antena 3, Tele 5 et Canal + *(payante)*.

JOURS FÉRIÉS

Établir une liste exhaustive se révèle difficile, car la communauté autonome et chaque localité ont leurs propres jours fériés. Aussi citerons-nous seulement les jours fériés communs à toute la Catalogne :

1er janvier, 6 janvier (Épiphanie), Vendredi saint, lundi de Pâques, 1er Mai, 24 juin (Fête de la Saint-Jean), 15 août, 11 septembre (Fête de la communauté autonome), 12 octobre (Fête de la Hispanidad), 1er novembre, 6 décembre (Fête de la Constitution), 25 décembre et 26 décembre (Fête de la Saint-Étienne).

POSTE

Les bureaux de poste, signalés par le nom Correos, sont ouverts du lundi au vendredi de 8h30 à 14h30 et le samedi de 9h30 à 13h. Pour envoyer du courrier en poste restante, indiquer le nom du destinataire, *Apartado de Correos* et le nom de la ville précédé du code postal. Les timbres *(sellos)* sont aussi en vente dans les bureaux de tabac *(estancos)*.

POURBOIRE

⏱ Voir p. 28 la partie « Se loger et se restaurer », rubrique « Budget ».

TABAC

Les cigarettes sont moins chères qu'en France, moins de 3 € pour un paquet de blondes. Vous les trouverez dans les *estancos* (bureaux de tabac) ou les distributeurs équipant la plupart des bars et restaurants.

La législation anti-tabac progresse en Espagne. Une loi interdit désormais de fumer dans les lieux publics, bars et restaurants compris. Elle prévoit la création de zones « non-fumeurs » dans les grands établissements. Les endroits plus modestes doivent se déclarer soit « fumeurs », soit « non-fumeurs ». Un autocollant le signale à l'entrée.

TÉLÉPHONE

Téléphoner à l'intérieur du pays

Les cabines téléphoniques fonctionnent avec des pièces de 20 cts à 2 €, des cartes de crédit ou des cartes téléphoniques *(tarjetas telefónicas)* qui sont en vente dans les bureaux de poste et dans les *estancos* (10 €).

Pour appeler l'Espagne depuis la France, la Belgique et la Suisse, composer le 00 suivi du 34 (indicatif du pays), puis le numéro du correspondant à 9 chiffres.

Téléphoner à l'étranger

Pour appeler l'étranger depuis l'Espagne, composer le 00 suivi de l'indicatif du pays de destination (33 pour la France, 32 pour la Belgique, 352 pour le Luxembourg, 41 pour la Suisse) et du numéro du correspondant.

Numéros utiles sur place

Renseignements touristiques sur la Catalogne : ✆ 934 849 900.

Renseignements nationaux : ✆ 11818.

Renseignements internationaux : ✆ 11825.

TOILETTES

Tous les établissements publics, bars, restaurants, musées, sont équipés de toilettes à la disposition des clients et des visiteurs, en général gratuites.

Dans toutes les stations balnéaires de la Costa Brava, des toilettes publiques sont installées à proximité des plages, au moins pendant la haute saison.

Régalez-vous
à petits prix!

Découvrez
les bonnes petites tables
du guide Michelin

Ces 490 restaurants, distingués par un «Bib Gourmand» dans le guide Michelin France, vous proposent un menu complet (entrée + plat + dessert) de qualité à moins de 28 € en Province, et 35 € à Paris.

www.cartesetguides.michelin.fr

À FAIRE ET À VOIR

Activités et loisirs de A à Z

Pour accompagner le développement du tourisme sportif, un label de qualité a été créé par la Generalitat de Catalunya afin de récompenser les municipalités qui se distinguent par la qualité et l'abondance de leurs ressources sportives. En 2007, six sites ont obtenu ce label : Banyoles, Castellò d'Empúries - Empuriabrava, Vall d'Aràn, Lloret de Mar, Sort et La Seu d'Urgell.

ALPINISME

L'alpinisme, qui, dans les Pyrénées, présente, aux yeux de qui recherche l'exploit sportif, moins d'attrait que dans le massif alpin, est pratiqué dans le Ripollès et dans le Pallars, notamment sur les parois des Encantats dans la zone du Parc naturel d'Aigüestortes. **Federació Catalana d'Alpinisme i Escalada** – Rambla 41, pral. - 08002 Barcelona - ℘ 934 120 777 - www.feec. cat. Pour se renseigner sur l'alpinisme.

CANOË-KAYAK

La **descente de ravins** consiste à suivre le cours d'un torrent et combine natation et escalade dans le franchissement des obstacles naturels. Cela nécessite une bonne forme physique ainsi que la volonté de se dépasser dans l'effort,

tout en permettant de découvrir des paysages tout à fait étonnants.

Les torrents pyrénéens sont de parfaits terrains de jeux pour les amateurs de **rafting** et de ses variantes que sont l'hydrobob et l'hydrospeed, ou de **canoë-kayak**. C'est encore dans les *comarcas* du Pallars, de la vall d'Arán, de l'Urgel et de la Cerdagne que l'on trouve les torrents les plus propices, surtout au printemps, à la pratique de ces sports. Le Noguera Pallaresa, dans la vall d'Arán, est l'une des meilleures rivières d'eaux vives en Europe, et le rallye touristique international de Sort, chaque année à la mi-juillet, consacre cette réputation.

CROISIÈRES

Sur la Costa Brava, on peut effectuer de petites croisières desservant plusieurs localités ou encore des excursions maritimes pour se rendre dans différentes îles ou calanques. Une des plus intéressantes conduit aux îles Medes.

Des compagnies maritimes sont présentes dans la quasi-totalité des villes côtières.

👁 *S'adresser aux offices de tourisme et consulter l'encadré pratique de la Costa Brava, rubrique « Sports et loisirs »).*

CYCLOTOURISME ET VOIES VERTES

Les circuits de randonnée à pied ou à vélo se développent rapidement en Catalogne. À signaler, l'adaptation au cyclotourisme de voies ferrées désaffectées, les **« voies vertes »,** permettant de sortir des sentiers battus de façon ludique et agréable. Il existe pour l'instant cinq voies vertes. Vous trouverez plus de précisions sur les sites Internet suivants : www.viesverdes.org, www.terra-alta.org et www.baixebre.org.

Parallèlement, les **centres BTT** (équivalent des centres VTT existant en France), commencent à faire leur apparition. Il s'agit d'espaces en milieu naturel où sont élaborés différents circuits de difficulté variable, balisés et étudiés spécifiquement pour la pratique du VTT. Vous trouverez les informations sur le site Internet www.gencat.net/turisme/btt.

GOLF

Une trentaine de terrains sont répartis sur l'ensemble du territoire catalan mais se situent pour la plupart le long de la

---

Patrimoine mondial

Sites catalans inscrits au Patrimoine mondial de l'Unesco :

à et autour de Barcelone,
- Palau de la Música Catalana
- Hospital de Sant Pau
- œuvres d'Antoni Gaudí (Parc Güell, Palau Güell, Casa Milà, Casa Batllò, Casa Vicens, façade de la Nativité et crypte de la Sagrada Família, crypte de la Colonia Güell
- peintures rupestres de la province de Barcelona

à et autour de Tarragone,
- ensemble archéologique de Tarragone
- monastère de Poblet
- peintures rupestres de la province de Tarragona ;

ailleurs en Catalogne,
- peintures rupestres de la province de Lleida
- 9 églises romanes de la Vall de Boí.

côte, avec une plus forte densité autour de Barcelone. De création souvent récente, ils offrent une grande diversité de services, depuis la location de clubs jusqu'aux practices d'entraînement. Certains constituent même à eux seuls de véritables bases de loisirs, voire des clubs de vacances, où piscines, courts de tennis et équitation diversifient l'éventail d'activités, tandis qu'hôtels et appartements accueillent la clientèle pour des séjours d'une plus ou moins longue durée.

Au nombre de ces terrains, il convient de signaler aux amateurs la présence de trois golfs rustiques.

Federació Catalana de Golf – Aribau, 282 2a 2a - 08006 Barcelona - ℘ 934 145 262 - www.catgolf.org. Pour tout renseignement sur le golf.

PÊCHE EN EAU DOUCE

Les amateurs de pêche seront peut-être tentés par une partie dans les torrents pyrénéens où abonde la truite commune, à l'exclusion cependant des petits fleuves de la partie orientale de la province de Gérone. En revanche, ces mêmes fleuves (río Muga, río Fluvià et río Ter) sont connus pour offrir des espèces plus variées : black-bass, carpe, brochet, entre autres. L'Èbre pour sa part est plutôt le domaine des cyprinidés : barbeau et chevesne surtout, que l'on trouve aussi dans la partie basse du Segre ou du Llobregat.

La période de pêche dure du 1er samedi de mars au 31 août, mais la pêche n'est pas autorisée partout, ni tous les jours de la semaine ; il convient donc de s'informer auprès des mairies sur les sections de rivières d'accès libre ainsi que sur les jours autorisés, ceux-ci différant souvent d'une commune à l'autre. En outre, le permis ne peut être obtenu par avance depuis le territoire français et doit être pris sur place. D'un coût approximatif de 6 €, il peut être obtenu en 24h sur présentation de la carte d'identité nationale en se rendant directement à l'administration compétente, le **Departament d'Agricultura, Alimentació i Acció Rural** (adresse dans la rubrique « plongée »). Celle-ci possède un service territorial **(Servei Territorial)** dans chacune des trois autres provinces catalanes : à Gérone (av. Sant Francesc, 29 - ℘ 972 417 650), à Lérida (Camp de Mart, 35 - ℘ 973 246 650) et à Tarragone (av. Catalunya, 50 - ℘ 977 250 845) ; dans les Terres de l'Èbre (pl. Alfons XII, 7, 4t, 2a - 43500 Tortosa - ℘ 977 442 116).

PLAGES

Depuis Portbou, à la frontière française, jusqu'au delta de l'Èbre, à l'extrême sud de la Catalogne, 580 km de côtes se succèdent, dont la moitié offrent des plages de sable fin réputées.

La portion de côte la plus au nord est aussi la plus célèbre : la **Costa Brava** déroule une succession de calanques, falaises et petites plages, créant un panorama diversifié et sauvage. Les adeptes de plages sablonneuses mettront plutôt le cap sur la baie de Roses, avec 18 km de sable ! Moins spectaculaire, la **Costa del Maresme** étend jusqu'à Barcelone de petites plages enclavées entre la mer et l'autoroute. Au sud de Barcelone, la **Costa del Garraf** offre une nouvelle alternance de criques. Vous trouverez enfin la **Costa Daurada** et les vastes plages de sable ensoleillées, qui lui ont valu son nom.

Sur le sable catalan...

J. Malburet / MICHELIN

Attention, derrière le cliché touristique, les plages catalanes ne présentent pas toujours un aspect idyllique : l'été, elles peuvent être bondées, accessibles avec de longues heures d'embouteillages, en particulier sur la Costa Brava. Pour éviter ces désagréments, essayez de dénicher de petites calanques moins fréquentées. Autre astuce : sélectionnez un hôtel suffisamment proche de la plage pour vous dispenser d'utiliser la voiture.

👁 Le **Pavillon bleu**, drapeau européen des plages propres, a attribué des labels de qualité environnementale à une centaine de plages et marinas catalanes. Leur liste, réactualisée chaque année, figure sur www.blueflag.org.

Ajoutons que la Catalogne compte une soixantaine de **plages naturistes** (plus d'infos sur www.ccn-naturisme.org) et une curiosité : la plage de Sant Marti, à L'Escala (Costa Brava), est la première plage non-fumeur de Catalogne !

PLAISANCE

Du nord au sud, de la province de Gérone à celle de Tarragone, la Catalogne dispose de 46 **ports de plaisance** (embarcadères, marinas, bassins réservés, ports de plaisance) susceptibles d'accueillir les plaisanciers.

Ports de la Generalitat – C/del Dr. Roux, 59-61 - 08017 Barcelona - ☎ 932 060 930 - www.portsgeneralitat.org. Pour toute information sur les ports.

👁 La Catalogne est dotée de 5 **Stations Voile** (Estacio Nautica) offrant tout une gamme d'activités nautiques et d'hébergements associés : L'Estartit - Îles Medes (Costa Brava), Palamó - Sant Antoni de Calonge (Costa Brava), Santa Susanna (Costa del Maresme), Villanova i la Geltrú (Costa del Garraf) et Salou - Cambrils - Mont-Roig (Costa Daurada). Informations complémentaires : **Associación Española de Estaciones Náuticas** - www.encatalunya.info.

Fond sous-marin.

PLONGÉE

Les paysages sous-marins

Il n'existe pas de spectacle plus fascinant que celui du monde de la mer dont le silence est constamment zébré d'éclairs de lutte et de fuite. En Méditerranée, à une profondeur variant de 5 à 15 m selon l'exposition, les roches bien illuminées sont couvertes d'algues aux frondes rouges, vertes et ocre oscillant au gré des courants, ou en forme d'éventails ou de parasols. Dans cette épaisse couche végétale vivent les éponges rouges ou jaunes, les huîtres, les moules, les oursins, les mulets, les poulpes, des dizaines d'espèces qui consomment les algues et sont elles-mêmes consommées par d'autres espèces.

Plus bas, quand le paysage sous-marin est plongé dans la pénombre, se trouvent d'autres algues rouges abritant des colonies de faux coraux, d'ascidies, d'anémones de mer ; dans les cavités

rocheuses s'abritent la langouste, la galathée noire, la rascasse ou le mérou. À l'abri des coups de mer se développe la prairie de posidonies, où se cachent une multitude de petits poissons argentés. En dessous de 20 m, les algues calcaires et les coraux s'imbriquent, environnés sur le passage des courants par les gorgones. Dans cet enchevêtrement étrange vivent d'autres variétés d'éponges, de mollusques, de crustacés, et l'on y voit remonter roussettes et baudroies, raies et torpilles, qui évoluent en général sur les fonds détritiques.

Pratiques sous-marines

Sur les côtes catalanes, la réserve marine des îles Medes est le site idéal pour pratiquer la **plongée sous-marine**. Mais quel que soit le site choisi, il faut être en possession d'un permis délivré par la Direction générale de la marine marchande espagnole (pour la Catalogne, se renseigner auprès des **Ports de la Generalitat** - C/del Dr Roux, 59-61 - 08017 Barcelona - ☎ 932 060 930 - www.portsgeneralitat.org) ou d'un titre étranger équivalent certifié par l'un des clubs adhérant à la **Federación Española de Actividades Subacuáticas** (représentation à Barcelone : Santaló, 15-17 - 08021 Barcelona - ☎ 932 006 769 - www.fedas.es). De plus, une autorisation spéciale à caractère temporaire doit être délivrée par l'autorité locale de la Marine.

Le permis de **pêche sous-marine** est délivré par la Direcció General de Pesca Marítima relevant du **Departament d'Agricultura, Alimentació i Acció Rural** (Gran Via de les Corts Catalanes, 612-614 - 08007 Barcelona - ☎ 933 046 776), sur présentation de la carte d'identité nationale et d'un certificat médical, ainsi que de la licence de la Fédération d'activités subaquatiques.

RANDONNÉE PÉDESTRE

Moins spectaculaires que d'autres sports de pleine nature, présentant moins de risques, mais exigeant endurance et entraînement, la randonnée pédestre se pratique dans plusieurs *comarcas* de Catalogne.

Dans les Pyrénées catalanes, la randonnée en montagne voit ses nombreux adeptes converger en été vers le Parc national d'Aigüestortes. Les nombreux parcours permettent une grande variété d'excursions, la présence de refuges autorisant les itinéraires sur plusieurs jours. Si l'on veut observer gypaètes, aigles royaux, isards et loutres, il ne faut pas manquer de consacrer une ou deux journées à ce parc.

Les Pyrénées, comme les cordillères littorales, sont sillonnées de **sentiers de grande randonnée**, dont le balisage est harmonisé avec celui des autres pays d'Europe. Le réseau catalan, constitué d'une dizaine de sentiers présentant des variantes, dépasse les 3 000 km et permet une découverte différente de la nature et de petits villages méconnus.

Chaque itinéraire est minutieusement décrit dans des topoguides que l'on peut se procurer dans les librairies spécialisées ou en s'adressant à la **Federació d'Entitats Excursionistes de Catalunya** - Rambla 41, pral. - 08002 Barcelona - ✆ 934 120 777 - www.feec.

D'utiles informations peuvent être communiquées quant à la pratique de ces activités (noms et adresses de clubs, modalités pratiques, conditions d'hébergement) par les offices de tourisme des *comarcas*. La liste ci-dessous récapitule les offices des *comarcas* regroupant le plus grand nombre d'activités.

Alt Urgell – Valls d'Andorra, 33 - 25700 La Seu d'Urgell - ✆ 973 351 511 - www.laseu.org

Alt Ribagorça – Carret Caldes de Boí - 25527 Barruera - ✆ 973 694 000 - www.vallboi.com

Cerdanya – Pl. Sant Roc, 9 - 25720 Bellver de Cerdanya - ✆ 973 510 229 - www.bellver.org

Garrotxa – C/Hospici, 8 - 17800 Olot - ✆ 972 260 141 - www.turismegarrotxa.com

Pallars Jussá – Pl. de la Creu, 1 - 25620 Tremp - ✆ 973 650 005.

Pallars Jussá – Av. Verdaguer, 35 - 25500 La Pobla de Segur - ✆ 973 680 257 - www.pobladesegur.org

Pallars Sobirá – Camí de la Cabarena, s/n - 25560 Sort - ✆ 973 621 002 - www.pallarssobira.info

Ripollés – Pl. Ajuntament, 3 - 17534 Ribes de Freser - ✆ 972 727 728 - www.vallderibes.com

Vall d'Aran – Sarriulèra, 10 - 25530 Vielha - ✆ 973 640 110 - www.torism.aran.org

Vall de Camprodon – C-38 - 17867 Camprodon - ✆ 973 740 936 - www.valldecamprodon.org

SPORTS D'HIVER

La pratique du ski en Catalogne est récente. Le début du siècle ne connaissait que deux stations : La Molina et Núria, accessible uniquement par

Station (localité)	Province	Alt.	Nombre de pistes		Offices de tourisme
			alpin	fond	
Rasos de Peguera	Barcelona	1 850 2 050	9	8 km	✆ 938 211 308 www.ajberga.cat
Vall de Núria	Girona	1 964 2 252	10		✆ 972 732 020 www.valldenuria.com
La Molina	Girona	1 700 2 445	53	5 km	✆ 972 892 031 www.lamolina.com
Masella	Girona	1 600 2 535	54		✆ 972 144 000/200 www.masella.com
Vallter 2000	Girona	1 960 2 535	13		✆ 972 136 057 www.vallter2000.com
Port del Comte	Lleida	1 700 2 400	36		✆ 973 492 301 www.portdelcomte.net
Espot Esquí	Lleida	1 480 2 430	23	8,5 km	✆ 973 624 058 www.espotesqui.com
Aransa	Lleida	1 850 2 150		32 km	✆ 973 293 051 www.aranski.com
Baqueira Beret	Lleida	1 500 2 510	72	3 km	✆ 973 639 010 www.baqueira.es
Boí-Taüll Resort	Lleida	2 020 2 750	49		✆ 972 732 020 www.boitaullresort.com

chemin de fer à crémaillère. L'amélioration et le développement du réseau routier ainsi que la généralisation du ski ont généré la création de nouvelles stations, aujourd'hui au nombre de 17, disposant, en raison de leur jeunesse, d'installations de qualité. La plus réputée d'entre elles est **Baqueira Beret**, dans la vall d'Arán, où la famille royale d'Espagne séjourne chaque année. Bien que le relief pyrénéen se prête peu à la pratique du ski de fond, la Catalogne s'efforce de répondre à tous les désirs des skieurs en aménageant des stations plus spécialement destinées à cette forme de glisse ; mais elles ne disposent pas, le plus souvent, de possibilités d'hébergement sur place. **Associaciò Catalana d'Esquí i Activitats de Muntanya** – Camps i Fabrés, 3-11, 2n, 8a - 08006 Barcelona - ✆ 934 160 194 - www.catski.net. Fournit toute l'information sur les stations, plus spécialement sur l'état de la neige.
Le tableau ci-contre ne retient que les stations offrant des ressources hôtelières.

SPORTS NAUTIQUES

Voile – La Catalogne dispose de quelques plans d'eau intérieurs où l'on peut pratiquer **voile**, motonautisme ou rame. Si l'on pense en premier lieu au lac de Banyoles, aménagé pour certaines compétitions des Jeux olympiques de Barcelone, il ne faut pas omettre le superbe réservoir de Boadella, au nord-ouest de Figueres, ni ceux de Sau, au nord-est de Vic, de Oliana, au sud de La Seu d'Urgell, de Riba-roja et de Fix, sur l'Èbre.

Parcs aquatiques – Délaissant les exercices purement sportifs, on peut se laisser tenter par les activités ludiques et les spectaculaires toboggans aquatiques des 7 parcs aquatiques le long des côtes de Catalogne : Aqua Brava à Roses (www.aquabrava.com), Aquadiver à Platja d'Aro (www.aquadiver.com), Water World à Lloret de Mar (www.waterworld.es), Isla Fantasía à Vilassar de Mar (www.illafantasia.com), Marineland à Palafolls (www.marineland.es), Aquopolis à La Pineda (www.aquapolis.es) et Aqualeón à Albyana (www.aqualeon.es).

THERMALISME

Le plus souvent admirablement situées au pied d'escarpements boisés, les villes thermales offrent un cadre reposant et le charme parfois nostalgique de leur environnement soigné et fleuri. Aujourd'hui, les cures de remise en forme voisinent avec les traditionnelles cures thermales.
Les services offerts et les installations sportives font de ces stations des lieux de vacances originaux. Chacune est en outre un point de départ idéal pour des excursions en Catalogne.

Quelques stations thermales

Caldes de Boí – 1 500 m d'alt. Station thermale et de montagne proche du Parc national d'Aigüestortes.

Caldes d'Estrac – À 45 km de Barcelone, sur le littoral du Maresme. La mer, la serra de Montnegre, le golf de Llavaneras sont quelques-uns des atouts de cette station fort connue.

Caldes de Montbui – Au nord de Sabadell, à 28 km seulement de Barcelone. Station proche du Parc naturel de Sant Llorenç del Munt.

La Garriga – Au nord de Granollers, au pied de la serra de Montseny. Entre mer et montagne, La Garriga, comme Caldes de Montbui, jouit d'un microclimat particulier.

Caldes de Malavella et **Santa Coloma de Farners** – Proches de Gérone et facilement accessibles par l'autoroute A 7, ces deux stations sont au cœur d'un environnement boisé (chênes-lièges).

TOURISME ÉQUESTRE

Le tourisme équestre connaît une large diffusion sur l'ensemble de la Catalogne et peut être pratiqué dans les cordillères littorales. Plusieurs clubs proposent des excursions d'une journée ou des randonnées de plusieurs jours, tant dans les Pyrénées que dans les parcs naturels de la Garrotxa ou de les Gavarres, ou encore sur les plages de la Costa Brava (*voir les encadrés pratiques de ces sites dans la partie « Découvrir la Catalogne »*).

TRAINS TOURISTIQUES

Ferrocarrils de la Generalitat de Catalunya – ✆ 932 051 515 - www.fgc.net. Cette compagnie ferroviaire exploite les lignes touristiques suivantes : le Ferrocarril Turístic de l'Alt Llobregat (Tren del Ciment), le train à crémaillère de la Vall de Nuria (*voir p. 304*), le train à crémaillère et les funiculaires de Montserrat (*voir p. 275*), le train à vapeur de Martorell-Enllaç à Monistrol de Montserrat.

VOL LIBRE ET PARAPENTE

Vol libre et parapente se pratiquent aisément dans l'Urgel, le Pallars, la vall d'Arán et la Cerdagne. Si les premiers vols demandent le concours d'un instructeur, on apprend rapidement à reconnaître la force et la direction du vent et à déterminer l'instant le plus favorable pour s'élancer et réaliser le rêve éternel d'Icare... Renseignements auprès des offices de tourisme.

Voyager en famille

Nous avons repéré pour vous un certain nombre de sites qui intéresseront vos enfants. Vous les repérerez dans la partie « Découvrir la Catalogne » grâce au pic-togramme 🔳. Le tableau ci-dessous les recense, chaque site faisant l'objet d'une description détaillée.

Musées et monuments tendent de plus en plus à développer la visite en famille, au moyen d'audioguides junior, de parcours spécifiques et de livrets jeux.

La Generalitat de Catalunya attribue aux villes les plus adaptées aux activités en famille un label « Destinations de tourisme en famille ». Actuellement, la plupart se situent sur le littoral. Renseignements sur le site Internet www.catalunyatourisme.com.

🔳 SITES OU ACTIVITÉS À FAIRE EN FAMILLE			
Chapitre du guide	Nature	Musée	Loisirs
Barcelone/façade maritime	Plages Sant Sebastià et Nova Icária	Musée Maritime	Aquarium géant
Barcelone/Rambla		Musée de Cire	
Barcelone/Ribera		Musée du Chocolat	Zoo du parc de la Ciutadella
Barcelone/Montjuïc			Poble Espanyol
Barcelone/L'Eixample	Parc Güell		
Barcelone/Tibidabo		Musée de la Science	Parc d'attractions
Principauté d'Andorre		Musée de la Microminiature (Ordino)	
Cadaqués	Parc naturel du Cap de Creus	Casa-Museu Salvador Dalí	
Cardona		Les mines de sel	
Costa Brava	Plages		Excursion en bateau aux îles Medes ; Parc Aquatic Aqua Brava (Roses)
Costa Daurada	Plages		Aqualéon Parc (Albinyana)
Delta de l'Èbre	Excursion en bateau sur le delta		
Figueres		Musée du Jouet	
Gérone			Vol en montgolfière
Gérone			Activités nautiques au lac de Banyoles
Lérida		Musée de l'Automobile	
Miravet			Promenade en barque
Olot	Promenade dans la fageda d'en Jorda		
Port Aventura			Tout le site
La Seu d'Urgell			Parc Olímpic del Segre
Tàrrega		Musée des Jouets et des Automates (Verdú)	
Tremp	Activités nautiques au marais de Sant Antoni		
Vielha			Ski l'hiver, randonnée l'été
Vilanova i la Geltrú		Musée des Curiosités maritimes et musée du Chemin de fer	

Que rapporter

☙ Voir aussi plus haut les paragraphes « Argent » et « Achats » dans le chapitre « La Catalogne pratique ».

Si vous êtes de ces voyageurs qui aiment rapporter des souvenirs de la région qu'ils visitent, vous trouverez en Catalogne maints produits typiques à la fois originaux et créatifs. Votre choix pourra se porter sur des objets de tradition artisanale ou encore sur des produits plus actuels représentant le design catalan.

La communauté autonome a connu très tôt un important processus d'industrialisation, ce qui explique la disparition de nombreuses activités artisanales. Paradoxalement, certaines d'entre elles ont connu un large renouvellement avec la création d'écoles spécialisées qui leur ont insufflé un nouvel élan et des lignes plus novatrices.

POTERIE

La poterie en Catalogne jouit d'une longue tradition. L'influence des confréries et des corporations contribua à l'essor du métier. À **Breda**, on travaille la terre cuite depuis le 13ᵉ s. et l'aspect utilitaire d'origine a été préservé jusqu'à nos jours. À Quart, l'évolution a été encore plus importante, puisqu'on alternait entre la confection de poteries à l'usage de la cuisine et celle des pots de fleurs ou de la poterie purement décorative d'une grande originalité.

Miravet est un autre îlot de potiers de vieille tradition, célèbre pour ses mélanges de boues prélevées sur les rives de l'Èbre et d'argiles réfractaires des massifs montagneux voisins.

CÉRAMIQUE

La qualité et la beauté de la céramique catalane lui valent son immense prestige. C'est à **La Bisbal d'Empordà** que le métier eut le plus fort impact après la création de l'école de céramique de La Bisbal ; on remarquera plus particulièrement la beauté de sa céramique « fumée » et de sa cruche qui est l'un de ses produits les plus typiques. **Verdú** a également compté dans l'histoire de la céramique puisqu'il est reconnu internationalement pour la texture et le chromatisme de ses « faïences noires ». Les écoles modernes, comme l'école Massana, ont réussi à attacher à la céramique créative un authentique label de qualité. Leur travail a été d'adapter les méthodes traditionnelles à de nouveaux concepts.

BOIS

L'industrie du bois s'est révélée d'une importance cruciale dans les localités et les régions plantées de forêts. Ce fut le cas de La Cellera de Ter, la Vall del Ges (Torelló, Sant Vicenç de Torelló et Sant Pere de Torelló) et La Garriga, qui ont vu se développer toute une industrie consacrée à la fabrication artisanale de meubles. **Sant Hilari Sacalm** est l'un des endroits où le bois est travaillé de la façon la plus originale : sa première spécialité est le brûlage partiel du bois une fois tourné, procurant un résultat d'une grande beauté.

DESIGN CATALAN

C'est la marque d'identité par excellence, reconnue et admirée dans le monde entier. L'un des grands apports du design catalan a été de l'introduire dans la rue sous la forme de mobilier urbain ; ainsi tout le monde pouvait en profiter au quotidien. Mais il ne faut pas non plus oublier le vaste choix de produits utilitaires et ornementaux qui remportent le plus grand succès auprès des touristes en quête de souvenirs ou de cadeaux originaux.

TRAVAIL DU CUIR

En Catalogne, le travail du cuir jouit d'une grande tradition. Aujourd'hui, la fabrication artisanale a cédé majoritairement le pas à l'industrie. La maroquinerie catalane a obtenu un renom largement mérité qu'elle doit à sa conception et à sa qualité.

MODE

L'industrie textile catalane est sans nul doute l'une des plus importantes de l'État espagnol. La combinaison création-industrie est à l'origine du développement et du prestige de la mode catalane, qui compte dans ses rangs certains des créateurs et des marques les plus prisés actuellement (Toni Miró, Josep Font, Armand Basi, TCN, Custo, etc.).

AUTRES

On mentionnera d'autres centres importants dans le domaine des arts traditionnels comme **Olot**, célèbre pour ses belles figures religieuses et pour l'organisation d'un grand marché d'artisanat, et **Sarral**, dont l'exploitation de l'albâtre remonte à l'époque romaine.

À Barcelone, le quartier de Gràcia est l'endroit parfait pour découvrir l'immense offre de produits artisanaux catalans et pour faire ses achats : vous y donnent rendez-vous 42 ateliers artisanaux conservant la tradition de 23 métiers.

Événements

Dans cette section, nous ne prétendons pas donner une liste exhaustive de toutes les manifestations en Catalogne. Nous ne citons que les principales. Certaines dates pouvant légèrement varier, nous vous recommandons de les vérifier auprès des offices de tourisme qui vous fourniront les calendriers des fêtes. Pendant les mois d'été, la plupart des villages célèbrent la fête de leur saint patron.

Voir aussi « Des traditions profondes », dans le chapitre « La Catalogne aujourd'hui » : vous y trouverez des explications complémentaires sur la nature de certaines fêtes.

Janvier

Barcelone – « **Fira de Reis** » (le 6 janv.) : arrivée des Rois mages par bateau et défilé - www.barcelonaturisme.com

Cadaqués – « **Sol Ixent** » (le 1er) : fête du lever de soleil - www.cadaques.org

Igualada – « **Festes de Sant Antoni Abat** » (« Els Tres Tombs », le dim. précédant le 17 janv.) : bénédiction des chevaux - www.aj-igualada.net

Vilanova i la Geltrú – « **Els Tres Tombs** » (le 17 janv.) : l'une des fêtes les plus populaires de Catalogne, cavalcade avec défilé de géants, diables et dragons - www.firesifestes.com

Février

Barcelone – **Carnaval** (sem. précédant le merc. des Cendres) - www.barcelonaturisme.com

Manresa – « **Festes de la Llum** » (autour du 21 fév.) : week-end médiéval - www.festesdelallum.org

Sitges – **Carnaval** : 7 jours de festivités ; un des carnavals des plus réputés de Catalogne - www.sitgestur.com

Vilanova i la Geltrú – **Carnaval** - www.vilanova.org/carnaval

Mars

Sitges – « **Ral-li Internacional de Cotxes d'època** » : rallye international de voitures anciennes - www.sitgestur.com

Pâques

Cervera – « **Misteri de la Passió** » (chaque dim. de mars à avr.) : l'une des plus anciennes représentations théâtrales de Catalogne, mettant en scène la vie du Christ.

Tarragone – **Vendredi saint** : l'une des plus célèbres processions religieuses catalanes, avec des reconstitutions très convaincantes de la Passion - www.tarragonaturisme.cat

Verges (Costa Brava) – « **Processó de Dijous Sant** » (Jeudi saint) : impressionnante procession où figurent tous les acteurs de la Passion, certains interprétant la *Dansa de la Mort* - www.verges.net

Vic – « **Mercat del Ram** » (sam. précédant le dim. des Rameaux) : marché aux fleurs et vente d'animaux.

Avril

Barcelone – **Fête de Sant Jordi**, patron de Catalogne et « **Dia del Llibre i de la Rosa** » (le 23) : les hommes offrent une rose aux femmes qui, en retour, leur offrent un livre - www.barcelonaturisme.com

Montblanc – « **Setmana Medieval de Sant Jordi** » (autour du 23) : semaine médiévale - www.montblancmedieval.org

Montserrat – « **Festa de la Mare de Deú** » (le 27) : fête de la Vierge de Montserrat, patronne de Catalogne - www.abadiamontserrat.net

Mai

Barcelone – Début de la « **Fira de Sant Ponç** » (le 11) : vente de plantes aromatiques et médicinales - www.barcelonaturisme.com

Figueres – « **Fires i festes de la Santa Creu** » (le 3) - www.figueresciutat.com

Gérone – « **Temps de Flors** » (1re quinz.) : fête des fleurs - www.ajuntament.gi/gironatempsdeflors.cat

Lérida – **Grand-Fête** (autour du 11) : nombreux spectacles durant 5 j. (défilés de carrosses et géants, bataille de fleurs, feux d'artifices) - www.miclleida.org

Lérida – « **Aplec del Cargol** » (autour du 11) : fête de l'escargot - www.miclleida.org

Ripoll – **Fête de la laine et mariage paysan** (dim. suivant le 11 mai) : mariages à l'ancienne, tontes de mouton, bals et défilés de géants - www.ajripoll.org

Terrassa – « **Fira Modernista** » : un plongeon en 1900.

Juin

Barcelone – « **Verbena** » (nuit de la Saint-Jean, le 23) : feux et kermesses - www.barcelonaturisme.com

LE Guide Vert

Dans la même collection, découvrez aussi :

France Régionaux
- Alpes du Nord
- Alpes du Sud
- Alsace Lorraine
- Aquitaine
- Auvergne
- Bourgogne
- Bretagne
- Champagne Ardenne
- Châteaux de la Loire
- Corse
- Côte d'Azur
- Franche-Comté Jura
- Île-de-France
- Languedoc Roussillon
- Limousin Berry
- Lyon Drôme Ardèche
- Midi-Pyrénées
- Nord Pas-de-Calais Picardie
- Normandie Cotentin
- Normandie Vallée de la Seine
- Paris
- Pays Basque et Navarre
- Périgord Quercy
- Poitou Charentes Vendée
- Provence

France Villes
- Bordeaux
- Deauville
- Lille
- Lyon
- Marseille
- Montpellier
- Nantes
- Nice
- Reims
- Saint-Malo
- Strasbourg
- Toulouse

Idées de week-ends
- La France sauvage
- Les plus belles îles du littoral français
- Paris Enfants
- Promenades à Paris
- Week-ends aux environs de Paris
- Week-ends dans les vignobles
- Week-ends en Provence

Europe
- Allemagne
- Berlin
- Autriche
- Vienne
- Belgique Luxembourg
- Budapest et la Hongrie
- Bulgarie
- Croatie
- Ecosse
- Espagne Atlantique
- Espagne du Centre Madrid Castille
- Espagne Méditerranéenne Baléares
- Andalousie
- Barcelone et la Catalogne
- Angleterre Pays de Galles
- Londres
- Grèce
- Pays Bas
- Irlande
- Italie du Nord
- Italie du Sud Rome Sardaigne
- Florence et la Toscane
- Rome
- Sicile
- Venise
- Moscou Saint-Pétersbourg
- Pays Baltes
- Pologne
- Portugal
- Prague
- Roumanie
- Scandinavie
- Suisse

Monde
- Canada
- Égypte
- Maroc

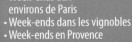

Berga – « **Patum** » (Fête-Dieu) : l'une des fêtes les plus populaires de Catalogne ; danses au rythme des *timbalers* (tambourineurs), géants et grosses têtes - www.ajberga.es

Sant Cugat del Vallès – « **Festa Major** » (le 29) : la fameuse « danse de l'Éventail et du Bouquet » est l'une des plus anciennes danses du folklore catalan - www.festamajorsantcugat.net

Sitges – « **Corpus Christi** » (Fête-Dieu) : rues décorées de tapis de fleurs au passage de la procession - www.sitges.es

Sitges – **Festival international de théâtre** - www.sitgestur.com

Solsona – « **Festa de Corpus** » (Fête-Dieu) : danses, grosses têtes et géants - www.ajsolsona.cat

Tarragone – « **Sant Joan** » (fête de la Saint-Jean, le 24) : kermesse - www.tarragonaturisme.cat

Tarragone – **Fête de la Saint-Pierre** (le 29) : fête du quartier maritime - www.tarragonaturisme.cat

Terrassa – « **Festa major** » (le 29) : tours humaines, défilés costumés et sardanes - www.terrassa.org

Juillet

Calella de Palafrugell – **Festival de Havaneras** (1er sam.) : chansons de marins interprétées dans les bateaux - www.palafrugell.net

Figueres – **Festival international de musique** - www.figuseciutat.com

Lérida – « **Festa dels fanalets de Sant Jaume** » (le 25) : défilés d'enfants vers la chapelle Santa Anna.

Lloret de Mar – « **Festes de Santa Cristina** » (le 24) : processions en mer et danses traditionnelles - www.lloret.org

Sant Feliu de Guixols – « **Festes de la Mare de Deú del Carme** » (le 16) - www.guixols.net

Sort – « **Ral-li Turístic Esportiu de la Noguera** » (mi-juil.) : compétitions nautiques - www.sort.ddl.net

Tortosa – « **Festa del Renaixement** » (pendant 4 j.) : fête de la Renaissance - www.festadelrenaixement.org

Juillet-août

Camprodon – **Festival Issac Albeniz** (musique classique).

Figueres – **Festival « Gresca a la fresca** » : musique, théâtre, danse sur la place du théâtre (gratuit) et dans différents quartiers - www.figueseciutat.com

Peralada – **Festival international de musique** au château de Peralada (opéras, récitals lyriques, danse et théâtre).

Puigcerdà – « **Festa de l'Estany** » : cavalcades et feux d'artifices.

Ripoll – **Festival international de musique** (dans le monastère et dans le cloître).

Août

Bellver de Cerdanya – « **Fira de Sant Llorenç** » (le 10) : grand marché de produits typiques des Pyrénées - www.bellver.org

Cervera – « **Aquelarre** » (dernier w.-end d'août) : fête des sorcières et danse des « diables » - www.aquelarre.org

Sitges – « **Festa de Sant Bartomeu** » (le 24) : danses et géants - www.sitgestur.com

Valls – « **Firagost** » (déb. du mois) : l'une des plus importantes foires commerciales et industrielles de Catalogne - www.cambravalls.com/firagost

Vilafranca del Penedès – « **Festa Major de Sant Feliu** » (fin du mois) : l'une des plus représentatives fêtes patronales de Catalogne, avec ses *castellers*, ses diables, ses géants, ses nains et ses sardanes - www.festamajor.info

Vilanova i la Geltrú – « **Festa Major** » (déb. du mois) : danses traditionnelles, concours de *castells* et théâtre en plein air.

Septembre

Andorre – **Fête nationale** et fête de la Vierge de Meritxell (le 8).

Barcelone – « **Festes de la Mercè** » (le 24) : tous les géants et grosses têtes de Catalogne se retrouvent avec les *correfocs* (dragons crachant le feu) pour défiler dans les rues - www.barcelonaturisme.com

Cardona – « **Festa Major i Correbou** » (autour du 2e dim.) : l'une des rares courses de taureaux de Catalogne ; sardanes - www.ajcardona.org

Castelló d'Empúries – **Fêtes médiévales** (le 11) - www.castellodempuries.net

Figueres – « **Fira del Vi** » (déb. mois) : les viticulteurs présentent le vin nouveau - www.figueseciutat.com

Lérida – « **Fira de Sant Miquel** » (le 29) : foire de produits agricoles marquant le début des fêtes d'automne - www.paeria.es/cultura

J. Balanya / MICHELIN

Fêtes del Tura à Olot.

Montblanc – **Festival international de la céramique** (dernier w.-end).

Olot – **« Festes de la Mare de Déu del Tura »** (le 8) : avec un grand bal réunissant géants, nains et grosses têtes - www.olot.org

Sant Joan de les Abadesses – **« Festa Major »** (2ᵉ dim.) : on y pratique le rituel « Ball dels Pabordes » - www.santjoandelesabadesses.com

Tarragone – **« Festes de Santa Tecla »** (le 23) : la plus grande fête tarragonaise, dix jours durant, avec les plus célèbres concours de tours humaines *(castells)* de Catalogne - www.tarragonaturisme.cat

Tàrrega – **« Fira de Teatre al Carrer »** (2ᵉ w.-end) : immense foire de théâtre de rue - www.firatarrega.com

Vilabertran – **Festival de musique** : manifestation culturelle de grand prestige, dans le monastère Santa Maria.

Octobre

L'Escala (Costa Brava) – **« Festa de l'Anxova i de la Sal »** (1ᵉʳ w.-end) : fête de l'anchois - www.lescala.org

Gérone – **« Feria de Sant Narcís »** (dernier w.-end) - www.ajuntament.gi/web

La Seu d'Urgell – **« Fira de Sant Ermengol »** (3ᵉ w.-end) : grande foire d'artisanat des Pyrénées - www.laseu.org/turisme

Sitges – **Festival international du cinéma de Catalogne** - www.sitgestur.com

Valls – **Santa Ursula** (autour du 21) : l'une des plus grandes fêtes *castelleras* de Catalogne, où s'opposent les principales équipes de *castells* locales - www.ajvalls.org

Verdú – **Fête du Vin** (w.-end le plus proche du 12).

Décembre

Barcelone – **« Fira de Santa Llúcia »** (le 13) : foire aux santons, une tradition encore très prisée en Catalogne - www.barcelonaturisme.com

Barcelone – **« Cant de la Sibil·la »** (le 24) : à l'église Santa Maria del Mar, une cérémonie liturgique de grande beauté, remontant au Moyen Âge - www.barcelonaturisme.com

Sant Pere de Riudebitlles (Vilafranca del Penedès) – **« Missa del Gall »** (le 24) : l'une des plus célèbres « messes du coq », la version catalane de la messe de minuit - www.firadelgall.com

Vielha – **« Pessebre Vivent »** (le 24) : dans cette crèche vivante, l'une des plus connues de Catalogne, les santons sont remplacés par des habitants du village - www.vielhamijaran.org

Vilafranca del Penedès – **« Fira del Gall »** (sam. précédant Noël) : la foire du coq est un marché de Noël très fréquenté.

POUR PROLONGER LE VOYAGE

Nos conseils de lecture

ART ET HISTOIRE

Catalogne romane, en 2 volumes, (Zodiaque, coll. Nuit des Temps.

Guide Gaudí « L'exaltation de Barcelone », par Xavier Güell (Guides visuels, Hazan).

Gaudí Bâtisseur visionnaire, par Philippe Thiébault (Découvertes Gallimard).

Barcelone, Art nouveau, photographies de Melba Levick, textes de Lluís Permanyer (Albin Michel).

L'Art nouveau en Catalogne, par Loyer (éd. Evergreen).

Barcelone des avant-gardes, par Brigitte Léal, Elisée Trenc (éd. F. Hazan).

77 promenades dans Barcelone, par Xavier de Coster et Martine Lécluse (Casterman, coll. Découvrir l'architecture des villes).

Dalí, par Ignacio Gómez de Liaño (Albin Michel, coll. Les Grands maîtres de l'art contemporain).

Joan Miró, par Jacques Dupin (Galerie Lelong).

La Guerre d'Espagne, par Bartolomé Bennassar (Tempus).

Les promenades de Picasso, par Jacques Perry et Jean-Marie del Moral (Chêne).

Tapiès, par Victoria Combalia Dexeus (Albin Michel, coll. Les Grands maîtres de l'art contemporain).

La Catalogne, par Fransesc Granell (PUF, coll. Que sais-je ?).

Histoire de la Catalogne, par Michel Zimmermann (PUF).

L'ABCdaire de Barcelone, par Camilla Panhard (Flammarion).

ROMANS ET ESSAIS

Carlos Liscano : *La Route d'Ithaque* (10/18).

Ramón Llull : *Principes et questions de théologie* (Cerf), *Le Livre des bêtes* (éd. Ad'hoc), *Livre de l'ami et de l'aimé* (La Différence, coll. Orphée).

Miguel Llor : *Laura* (Jacqueline Chambon).

Juan Marsé : *Boulevard du Guinardó* (Seuil), *Adieu la vie, adieu l'Amour* (10/18), *Teresa l'après-midi* (Seuil), *Des Lézards dans le ravin* (Seuil).

Baltazar Porcel : *Galop vers les ténèbres* (Actes Sud).

Carlos Ruiz Zafón : *L'Ombre du vent* (Grasset).

Joan Vinyoli : *Promenades d'anniversaire* (La Différence).

Jesús Moncada : *Les Bateliers de l'Èbre* (Le Seuil).

Salvador Espriu : *La Peau de taureau*, *Les Rochers et la Mer*, *Le Bleu* (éd. Ombre).

Joan Sales : *Gloire incertaine* (Gallimard).

Joan Perucho : *Le Hibou, histoires-presque-naturelles* (Julliard).

Manuel Vázquez Montalbán : *Le Labyrinthe grec* (10/11, Grands Détectives), *Sabotage olympique* (Christian Bourgois), *La Joyeuse Bande d'Atzavara* (Seuil), *Galindez* (Seuil), *Happy end* (éd. Complexe), *Barcelones* (Seuil).

Mercè Rodoreda : *La Place du diamant* (Gallimard / l'Étrangère), *Tant et tant de guerres* (Aralia éditions), *Comme de la soie* (Actes Sud).

Eduardo Mendoza : *Le Mystère de la crypte ensorcelée* (Le Seuil), *Le Labyrinthe aux olives* (Le Seuil), *La Ville des prodiges* (Le Seuil), *L'artiste des dames* (Le Seuil).

George Orwell : *Hommage à la Catalogne* (10/18).

À signaler pour ceux qui lisent l'espagnol, la trilogie non traduite en français de **José María Gironella** : *Los Cipreses creen en Dios*, *Un millón de muertos*, *Ha estallado la paz* (Booket). Une fresque familiale se déroulant à Gérone entre la dictature de Primo de Rivera et la victoire de Franco.

Idées de CD

Pour vous familiariser avec le répertoire traditionnel catalan, écoutez le célèbre Pep Ventura, l'un des plus célèbres compositeurs de sardanes.

Dans un registre plus politique, procurez-vous les albums des artistes de la Nova Cançó (nouvelle chanson) : Lluís Llach, Ovidi Montllor, Teresa Rebull ou Joan Manuel Serrat. La Nova Cançó s'est efforcée de dénoncer la dictature, souffrant de la censure durant de longues années.

La Catalogne a aussi ses vieux rockers, avec en tête de liste Loquillo y los Trogloditas, ou bien, plus récents, les groupes Sopa de Cabra, Els Pets, Obrint Pas, Glissando, Aramateix, Cris Juanico ou La Gossa Sorda.

Dans le registre classique, l'incontournable Montserrat Caballé, la diva barcelonaise, continue de faire rêver les foules depuis sa première apparition en 1962 à l'Opéra de Barcelone. Elle a connu un succès populaire en interpré-

Décor en céramique signé Gaudí, au parc Güell (Barcelone).

tant un hymne à Barcelone en duo avec Freddie Mercury, le chanteur du groupe britannique Queen. Après le décès de ce dernier en 1991, la chanson est devenue l'hymne des jeux Olympiques de Barcelone l'année suivante.

Enfin L'Orfeó Català, prestigieuse formation abritée par le Palau de la Música Catalana de Barcelone, est une véritable institution en Catalogne et une référence internationale.

Quelques films

Actrices, Ventura Pons, 1996.
Ami-Amant, Ventura Pons, 1998.
Gràcies per la propina, Francesc Bellmunt, 1997.
Caresses, Ventura Pons, 1997.
L'Arbre aux cerises, Marc Recha, 1999.
L'Auberge Espagnole, Cédric Klapisch, 2001.
La Ciutat cremada, Antoni Ribas, 1976.
Les Enfants perdus du Franquisme, Montse Armengou, Ricard Belis, 2002.
Pandora, Albert Lewin, 1951.
Terre et Liberté, Ken Loach, 1994.

Pour retrouver la Catalogne

MAISON DE LA CATALOGNE

Organe de promotion de la Catalogne à Paris, elle organise d'intéressantes manifestations culturelles.

Maison de la Catalogne – 4-6-8 cour du Commerce-St-André - 75006 Paris (entrée par le 130 du bd St-Germain) - ☎ 01 56 81 29 29 (informations) - ☎ 01 43 26 86 81 (espace gastronomique catalan) - www.maisondelacatalogne.com

LIBRAIRIES SPÉCIALISÉES

☝ *Voir p. 17 le chapitre « Où s'informer/ Librairies spécialisées » dans la partie « À faire avant de partir ».*

RESTAURANTS

Casa Pepe – 5 r. Mouffetard - 75005 Paris - ☎ 01 44 27 01 85 - www.lacasapepa.com - 19h-2h - menus 20/25 €, carte 25/30 € env. Ambiance de taverne et musique espagnole tous les soirs.

Jardin de Triana – 40 av. de Versailles - 75016 Paris - ☎ 01 45 27 86 68 - www.jardin-de-triana.com - 12h-15h, 19h-22h30 - fermé mi-juil.-mi-août - menu 19,50 €, carte 28/44 €. Beau cadre typiquement espagnol. Spectacles de musique et danse du mardi au samedi.

Au Derrick Catalan – 346 av. Lecourbe - 75015 Paris - ☎ 01 45 58 48 75 - www.au-derrick-catalan.com - dernier client à 23h30 - 25/40 €. Une bodega aux allures médiévales, pour se mettre au goût de la cuisine catalane, avec un beau choix de fruits de mer. Spectacles les vendredi et samedi soirs.

LEXIQUE

Français	Castillan	Catalan
MOTS USUELS		
Au revoir	Adiós	Adéu
Bonjour	Hola/buenos días	Hola/bon dia
Bonsoir	Buenas tardes/noches	Bona tarda/nit
Combien ?	Cuánto	Quant/quant val ?
Comment ?	Cómo	Com
Où ?	Dónde	On
Oui / non	Sí/no	Sí/no
Pardon	Perdón	Perdó
Quand ?	Cuando	Quan
S'il vous plaît	Por favor	Si us plau
Merci	Gracias	Gràcies
Horaires	Horarios	Horaris
Madame	Señora	Senyora
Mademoiselle	Señorita	Senyoreta
Monsieur	Señor	Senyor
Toilettes	Servicios	Serveis
LE TEMPS		
Lundi	Lunes	Dilluns
Mardi	Martes	Dimarts
Mercredi	Miércoles	Dimecres
Jeudi	Jueves	Dijous
Vendredi	Viernes	Divendres
Samedi	Sábado	Dissabte
Dimanche	Domingo	Diumenge
Aujourd'hui	Hoy	Avui
Demain	Mañana	Demà
Hier	Ayer	Ahir
Jour/nuit	Día/noche	Dia/nit
Jour férié	Festivo	Dia festiu
EN VILLE		
Avenue	Avenida	Avinguda
Centre-ville	Centro	Centre
Église	Iglesia	Església
Hôtel de ville	Ayuntamiento	Ajuntament
Jardin	Parque	Parc
Marché	Mercado	Mercat
Office de tourisme	Oficina de turismo	Oficina de turisme
Place	Plaza	Plaça
Poste	Correos	Correus
Rue	Calle	Carrer
URGENCES		
Hôpital	Hospital	Hospital
Médecin	Médico	Metge
Police	Policía	Policia
Pompiers	Bomberos	Bombers
Téléphone	Teléfono	Telèfon
HÉBERGEMENT		
Chambre simple	Habitación individual	Habitació individual
Chambre double	Habitación doble	Habitació doble
Hôtel	Hotel	Hotel
Pension	Pensión	Pensió
Salle de bains	Baño	Bany
Petit-déjeuner	Desayuno	Esmorzar

Français	Castillan	Catalan

RESTAURATION

Français	Castillan	Catalan
Addition	Cuenta	Compte
Bière	Cerveza	Cervesa
Boire	Beber	Beure
Dessert	Postre	Postres
Eau	Agua	Aigua
Entrée	Primer plato	Entrant
Fruits	Fruta	Fruita
Légumes	Verdura	Verdura
Manger	Comer	Menjar
Menu	Menú	Menú
Pain	Pan	Pa
Plat	Segundo plato	Segon plat
Poisson	Pescado	Peix
Restaurant	Restaurante	Restaurant
Viande	Carne	Carn
Vin	Vino	Vi

VISITE

Français	Castillan	Catalan
Château	Castillo, palacio	Castell
Exposition	Exposición	Exposició
Lac	Lago	Llac
Monastère	Monasterio	Monestir
Musée	Museo	Museu
Ouvert/fermé	Abierto/cerrado	Obert/tancat
Plage	Playa	Platja

DIRECTIONS ET TRANSPORTS

Français	Castillan	Catalan
Aéroport	Aeropuerto	Aeroport
À droite/à gauche	A la derecha/a la izquierda	A la dreta/a l'esquerra
Arrivée/départ	Llegada/salida	Arribada/sortida
Bateau	Barco	Vaixell
Entrée/sortie	Entrada/salida	Entrada/sortida
Essence	Gasolina	Benzina
Est/ouest	Este/oeste	Est/oest
Gare	Estación de tren	Estació
Nord/sud	Norte/Sur	Nord/sud
Péage	Peaje	Peatge
Pont	Puente	Pont
Port	Puerto	Port
Route/autoroute	Carretera/autopista	Carretera/autopista
Station-service	Gasolinera	Benzinera
Train	Tren	Tren
Voiture	Coche	Cotxe

CHIFFRES ET NOMBRES

Français	Castillan	Catalan
0	Cero	Zero
1/2	Uno/dos	Un/dos (dues)
3/4	Tres/cuatro	Tres/quatre
5/6	Cinco/seis	Cinc/sis
7/8	Siete/ocho	Set/vuit
9/10	Nueve/diez	Nou/deu
11/12	Once/doce	Onze/dotze
13/14	Trece/catorce	Tretze/catorze
15/16	Quince/dieciséis	Quinze/setze
17/18	Diecisiete/dieciocho	Disset/divuit
19/20	Diecinueve/veinte	Dinou/vint
30	Treinta	Trenta
40	Cuarenta	Quaranta
50	Cincuenta	Cinquanta
100/1 000	Cien/mil	Cent/mil

La Vall de Boí.

J. Malburet/ MICHELIN

NATURE ET PAYSAGES

Incroyablement variée, la Catalogne déroule un puzzle de paysages au nord-est de l'Espagne, sur un territoire à peine plus grand que celui de la Belgique (31 950 km²). La région est limitée à l'ouest par l'Aragon, au sud par la Communauté valencienne, à l'est par 580 km de côtes sur la mer Méditerranée et au nord par la chaîne des Pyrénées et la frontière française. Des cimes enneigées toute l'année aux immenses bancs de sable du delta de l'Èbre, des pâturages aux champs de vigne et d'oliviers, la Catalogne étire une infinité de reliefs. Climat et végétation changent parfois en l'espace de quelques kilomètres, surprenant les voyageurs qui sillonnent pour la première fois la région.

Le Pedraforca, sommet du Parc naturel Cadi-Moixero.

J. Malburet / Michelin

Entre mer et montagne

Au nord-ouest, un relief montagneux où culminent les plus hauts sommets des Pyrénées (parfois plus de 3 000 m !), au sud-est, les immenses bancs de sable du delta de l'Èbre... Entre ces deux extrêmes, le relief catalan se décline en une infinité de nuances : cimes enneigées tout au long de l'année, chaînes de montagne boisées le long du littoral, garrigues arides et rocailleuses, petites criques rocheuses et longues plages de sable fin.

En s'enfonçant dans l'arrière-pays, le voyageur découvre le relief escarpé des cordillères littorales, des massifs montagneux parallèles à la frange maritime, étirée sur 580 km. Dernier élément du puzzle catalan : les grandes plaines de Vic et Lérida, qui s'étendent à perte de vue.

UN PEU DE GÉOLOGIE

Le relief catalan doit avant tout son origine à deux grandes étapes géologiques.

Au cours de la première étape, à la fin de l'ère primaire, le massif de l'Èbre et les Baléares ont émergé des océans, lors du plissement hercynien. La seconde étape, le plissement alpin de l'ère tertiaire, a donné naissance aux Pyrénées et aux cordillères littorales. Un volcanisme localisé a entraîné la formation des reliefs plus doux de la Garrotxa : ses trente cônes volcaniques lui confèrent toujours un aspect très singulier, protégé au sein du Parc naturel de la zone volcanique de la Garrotxa *(voir p. 278)*, tandis qu'un phénomène d'effondrement a entraîné la formation des fosses tectoniques de la Cerdagne, dans les Pyrénées, et de la dépression pré-littorale.

👁 En 2004, dans un village proche de Barcelone, des scientifiques catalans ont découvert un squelette de singe hominoïde, peut-être un lointain cousin de l'Homo sapiens. Cette découverte unique daterait de 13 millions d'années !

LES PYRÉNÉES CATALANES

Entre l'Espagne et la France, les Pyrénées forment une frontière naturelle longue de 230 km, séparant la péninsule Ibérique du reste du continent européen.

Les hautes Pyrénées

Dominées par les hauts pics de la Vall d'Arán à l'ouest, les montagnes plongent vers la mer dans la zone escarpée du Cap de Creus, à l'est, près de Cadaquès et de la frontière française.

Au fil du temps, les glaciers ont modelé le relief, creusant vallées et cirques lacustres dans les roches (essentiellement gneiss, ardoises, schistes et marbres). Les torrents qui dégringolent des versants ont poursuivi ce travail d'érosion, découpant dans les roches les plus tendres de spectaculaires gorges, comme celles de Tresponts et du défilé de Collegats.

Les Pré-Pyrénées

Parallèlement aux Pyrénées s'étend un ensemble de chaînes subsidiaires, les Pré-Pyrénées. Elles forment la zone de transition avec les terres basses de la dépression centrale et perdent progressivement de l'altitude et de l'amplitude en se rapprochant de la mer. Constitués essentiellement de roches calcaires, les ensembles pré-pyrénéens les plus importants sont le massif de Montsec, les serras de Boumort, de Port del Comte, del Cadí, de Moixeró et de Pedraforca.

Un terrain de jeu naturel

Aujourd'hui, l'impressionnante chaîne montagneuse constitue une zone touristique importante. Entrecoupée de profondes vallées, elle possède de nombreuses micro-régions historiques et naturelles, à forte personnalité. Parmi elles : Arán, Ribagorça, Pallars, Alt Urgell, Cerdanya, Rippolès et Empordà.

L'exode rural a vidé certaine vallées. Les politiques régionales tentent de les réanimer, en particulier en misant sur l'essor du tourisme vert. À la beauté des paysages s'ajoutent aujourd'hui diverses possibilités de pratiques sportives : les sports d'hiver, les excursions, l'escalade, les sports d'aventure, la chasse et la pêche dans les régions où cela est autorisé.

Toponymie catalane

Cami : chemin.
Carrer : rue.
Creu : croix.
Estany : lac, étang.
Pas : passage, défilé.
Plaça : place.
Port : col.
Prat : pré, prairie.
Riu : rivière.
Serra : colline, crête, montagne.

LES TROIS CORDILLÈRES LITTORALES

Moins élevés que la grande chaîne pyrénéenne, trois massifs sont parallèles à la côte : la cordillère littorale (*cordillera litoral*) et la chaîne pré-littorale (*cordillera prelitoral*), séparées par la dépression pré-littorale (*depresión prelitoral*).

La cordillère littorale

Baptisée « cordillère catalane », elle s'étend de l'embouchure du Ter, au nord, jusqu'à Sitges, au sud. Elle culmine à 759 m d'altitude dans le massif de Montnegre et se compose d'une succession de massifs de faible altitude, parallèles à la côte.

La diversité géologique des massifs explique l'alternance de sites côtiers découpés ou au profil plus doux. Les serras plongent abruptement dans la mer au sud de la Costa de Garraf et de la Costa Brava, tandis qu'elles restent en retrait des zones littorales sableuses de la Costa del Maresme et des plages situées au sud de l'embouchure du fleuve Llobregat.

Les espaces naturels boisés de la cordillère catalane contrastent avec la concentration urbaine et démographique de la côte. Le calme et la tranquillité, à quelques kilomètres des plages bondées !

La cordillère pré-littorale

Beaucoup plus imposante, elle s'étend au sud du fleuve Ter jusqu'à la limite sud de la Catalogne, passé le delta de l'Èbre. Elle culmine à 1 709 m au Turó de l'Home. Elle inclut les serras de Montseny, de Montserrat et de Montsant, ainsi que les montagnes de Prades et le massif del Ports.

Relativement isolés, ces massifs possèdent une grande diversité morphologique et abritent plusieurs parcs naturels.

La dépression pré-littorale

Située entre les deux cordillères, elle abrite les régions les plus peuplées de Catalogne : le Gironès, la Selva, le Vallès, le Penedès et la plaine (*el Camp*) de Tarragone.

Certaines agglomérations possèdent un riche patrimoine architectural (Gérone, Tarragone, Terrassa, Vilafranca del Penedès).

La façade littorale de la province de Tarragone, connue par les voyageurs sous le nom de Costa Daurada, présente de longues plages de sable fin. Plus au sud se trouve le **delta de l'Èbre**, l'une des zones humides les plus importantes de la Méditerranée occidentale.

Hydrographie

Le fleuve le plus abondant de toute la Catalogne est l'**Èbre**, de régime pluvieux océanique ; il naît dans la cordillère Cantabrique, passe par les terres méridionales de Catalogne, se faufile à travers les précipices des montagnes du système méditerranéen et, après son passage à Tortosa, débouche sur un immense delta. C'est dans sa vaste cuvette que les eaux des grandes rivières des Pyrénées occidentales – le Segre et ses affluents, le Noguera Ribagorçana et le Noguera Pallaresa – sont recueillies.

LA PLAINE INTÉRIEURE

Elle est formée d'une série de plateformes plus ou moins travaillées par l'érosion, dont l'altitude varie de 750 m depuis la faille pré-pyrénéenne à 200 m au pied de la cordillère pré-littorale.

On y compte plusieurs bassins d'érosion comme la plaine de Vic, celle du Bages, la Conca d'Òdena ou celle de Barberà. Ces bassins sont séparés par de hauts plateaux tels la Segarra, le Moianès et le Lluçanès, ainsi que, dans la zone occidentale, par des plaines comme celles constituées par les terrasses et les dépôts d'alluvions du Segre aux environs de Lérida.

D'un point de vue touristique, cette plaine rassemble des localités attachées à leurs traditions et au remarquable patrimoine artistique ; il s'agit parfois de sièges épiscopaux (Lérida et Vic), parfois de villages aux monastères cisterciens appréciés comme ceux de Poblet, Santes Creus et Vallbona de les Monges.

Un climat contrasté

Le climat général de la Catalogne est de type méditerranéen, caractérisé par des étés secs et chauds et des hivers doux et pluvieux. Mais la diversité morphologique de la région entraîne d'importantes variations climatiques. Ne soyez pas étonné en ouvrant le journal ou en regardant la télévision : quand les vallées pyrénéennes sont noyées sous la pluie, un soleil radieux peut briller au-dessus des plages !

Soleil sur la côte

Sur le littoral, abrité entre mer et montagne, le beau temps est au rendez-vous presque toute l'année, avec des variations de température minimes (la température moyenne annuelle est de 15 °C !) et de faibles précipitations.

Vent sec venu du nord, il arrive que la tramontane (*tramuntana*) se déchaîne sur la côte ; de violentes tempêtes hivernales qui restent assez rares.

Un arrière-pays plus arrosé

Dans les montagnes du littoral, l'air maritime, chargé d'humidité, se refroidit en s'élevant, provoquant ainsi des précipitations plus abondantes que sur la côte.

Au-delà, vers l'intérieur des terres, l'influence de la mer se fait moins sensible mais les contrastes thermiques sont plus importants.

Rigueur en haute montagne

À partir de 2 000 m règne un climat de haute montagne : les hivers longs et froids s'accompagnent d'importantes précipitations (plus de 1 000 mm contre 500 sur la côte). Les températures peuvent descendre jusqu'à -5 °C sur les hauts sommets. La **Vall d'Arán** est un

lieu singulier au climat atlantique ; une forte humidité et des pluies régulières pendant toute l'année le caractérisent.

Flore et faune

La Catalogne est une petite réserve botanique et faunistique à elle toute seule ! Des marais aux hauts sommets, des plages aux plaines, les variations du relief et du climat offrent une belle diversité dans les biotopes.

La végétation méditerranéenne, abondante sur la plus grande partie du territoire, côtoie les bois de pins noirs des hautes Pyrénées et les steppes de la région de Lérida. Avec ses chamois et ses castors sur les sommets, ses langoustes et ses flamants roses près des plages, la Catalogne est habitée d'animaux à tous les étages.

Maquis et steppe

Sur la plus grande partie du territoire catalan, la faune et la flore appartiennent au **domaine méditerranéen**. Les chênes verts, les pins et les pins parasols abondent.

Dans les régions les plus arides, une végétation caractéristique de la steppe se développe, avec des maquis de chênes kermès et d'épines noires (à l'intérieur des terres) ou de lentisques, sans oublier les palmiers nains (sur le littoral).

Les sentiers protégés du Parc naturel du Cap de Creus permettent d'observer la faune caractéristique du littoral catalan : des batraciens (crapaud commun, lézard ocellé et tortue d'Hermann), des rapaces (aigle de Bonelli, faucon pèlerin et grand-duc) ou encore oiseaux marins (mouette, sterne, puffin des Baléares et cormoran huppé).

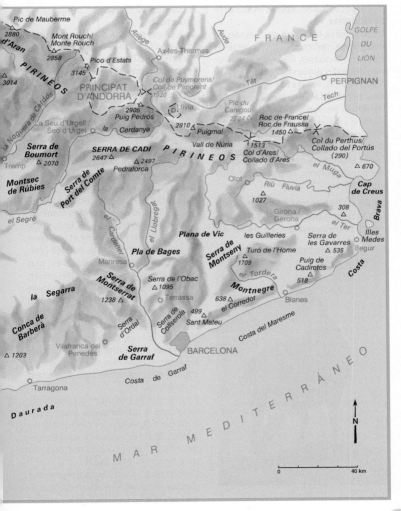

Le Parc naturel couvre également une zone sous-marine, avec des fonds d'une grande richesse.

Au royaume des pins

La moyenne montagne, entre 700 et 1 200 m d'altitude, est le domaine des chênes rouvres et des pins, les hêtres s'implantant uniquement dans les zones les plus humides.

Ces arbres boisent les contreforts des Pyrénées, le Montseny, les montagnes de Prades et le massif dels Ports. Plus haut, entre 1 000 et 2 300 m, le niveau subalpin se caractérise par la présence de bois de conifères (pins noirs et sapins) et de prés.

Des isards au sommet

Au-delà, entre 2 300 et 3 000 m, se trouve l'étage alpin. Les Pyrénées et les sommets les plus hauts du Montseny sont couverts d'une végétation de **haute montagne**, où apparaissent des espèces boréo-alpines et des prés de **fétuques**.

C'est aussi le domaine des castors et des loutres, qu'on peut observer dans les zones lacustres. Dans le Parc naturel national d'Aigüestortes i Estany de Sant Maurici, les **isards** (équivalents des chamois dans les Alpes) peuplent les tertres les plus difficiles d'accès. On y croise aussi des marmottes, des perdrix des neiges, des coqs de bruyère ou encore des rapaces.

Dans certaines hautes vallées survivent des papillons rares, en particulier dans la Vall d'Aran.

Deux riches zones humides

La Catalogne possède deux grandes zones marécageuses. Le **delta de**

Un isard, espèce endémique des Pyrénées.

J. Bildarchiv / SUNSET

l'Èbre, protégé par un parc naturel, est un site privilégié pour l'observation des oiseaux : plus de 300 espèces y nichent à l'année, rejoints par les oiseaux migrateurs selon les saisons. La richesse piscicole est aussi exceptionnelle, avec des loups, des daurades, des langoustes et des anguilles.

Moins étendu, le Parc naturel régional **Aiguamolls de l'Empordà**, sur la Costa Brava, n'en est pas moins intéressant, avec ses oiseaux aquatiques (flamant rose, martin-pêcheur, sarcelle d'été, etc.) et ses amphibiens (grenouilles et crapauds).

Les enjeux environnementaux

La Catalogne a été l'une des régions espagnoles les plus en avance dans le domaine environnemental, peut-être parce que son littoral avait déjà beaucoup souffert d'une urbanisation anarchique.

Son gouvernement, la Generalitat, a créé dès la fin des années 1980 une direction de l'environnement. Parmi les préoccupations majeures : la sauvegarde des paysages et le spectre des pénuries d'eau.

Une côte défigurée

Depuis près d'un demi-siècle, le littoral catalan a subi les assauts du tourisme, parfois dévastateur.

Au nord de Barcelone, la **Costa del Maresme** a particulièrement souffert. Elle est aujourd'hui défigurée par une fade succession de résidences secondaires, d'hôtels et de complexes commerciaux et industriels sans âme. L'ensemble est encadré par l'autoroute et une ligne de plages quasi continue, bondée l'été.

Sur la **Costa Brava**, la situation est plus contrastée, avec des portions très préservées. Classé depuis 1998, le Parc naturel du Cap de Creus est ainsi l'endroit le plus sauvage de la côte.

Malgré l'afflux de milliers de visiteurs dans ses ruelles, **Cadaquès** a réussi à conserver son authenticité, et même les constructions récentes sont l'œuvre d'architectes renommés qui respectent le style local.

En matière de pollution du littoral, la Catalogne a subi bien des avanies par le passé. Attirés par les plages dès les années 1950, les touristes ont submergé des villages côtiers pas du tout équipés pour traiter les eaux usées.

L'adoption d'un ambitieux programme d'assainissement a heureusement produit ses effets. La qualité des eaux de

Véliplanchiste au large de Salou.

baignade s'est nettement améliorée. Les rivages catalans comptent aujourd'hui une centaine de plages classées « pavillon bleu ».

Prises de conscience

Pour ne plus reproduire les erreurs du passé, le gouvernement espagnol a favorisé la mise en place de plus de 200 réserves naturelles à travers tout le pays.

La Catalogne abrite ainsi un parc national et 11 parcs régionaux. Le degré de protection varie, plus important dans un parc national, où l'environnement est littéralement « mis sous cloche ».

Mais même dans les parcs régionaux, la visite est soumise à une série de règles de base, destinées à préserver l'environnement naturel.

Plus largement, ces dernières années, la population catalane s'est plusieurs fois mobilisée pour la sauvegarde des paysages.

Un exemple récent : la création à travers les Pyrénées d'une ligne à très haute tension, destinée à connecter les réseaux français et espagnol.

Ce projet a rassemblé contre lui une forte opposition populaire, inquiète du « massacre » du territoire qu'il pouvait entraîner. Une solution de compromis est en vue.

La future ligne devrait finalement remplacer celle de 400 000 volts déjà en place depuis 1964, mais son tracé initial a été modifié afin d'éviter certaines zones naturelles protégées.

La prise de conscience semble aussi en marche dans le secteur énergétique.

En 2000, Barcelone a joué les précurseurs, obligeant les immeubles les plus gourmands en eau à s'équiper de chauffe-eau solaires. La même mesure a depuis été adoptée par de nombreuses municipalités catalanes.

La bataille de l'eau

Comme d'autres régions espagnoles, la Catalogne devra faire face ces prochaines années à des pénuries en eau de plus en plus préoccupantes, en particulier à Barcelone et dans son agglomération.

Le sujet soulève de vastes débats dans la région. Certains en appellent à un transfert des eaux du Rhône par des canalisations enterrées. Ce projet très controversé date des années 1990 et n'a pour l'instant pas abouti.

Le gouvernement central a préféré opter pour le développement des usines de dessalinisation. Le littoral méditerranéen espagnol en compte actuellement une quinzaine.

Autre sujet de discorde, un projet de détournement des eaux de l'Èbre vers les régions du sud de l'Espagne a été abandonné par le gouvernement espagnol en 2004, au soulagement de nombreuses associations écologistes qui s'étaient élevées contre ce projet.

HISTOIRE

Des temps gréco-romains jusqu'à nos jours, l'histoire catalane est une longue suite d'événements dominée par une indéniable vocation méditerranéenne, un esprit des plus entreprenants, sans compter une identité politique et culturelle profondément ancrée dès le 9e s.

R. Mamert / Michelin

L'arrivée du premier train Barcelone-Mataró en 1948.

Une longue marche vers l'autonomie

Fondée par les Grecs, tant de fois envahie et dominée – par les Romains, les Barbares, les Maures ou les Bourbons –, la Catalogne est sortie comme renforcée de cette histoire mouvementée, pétrie d'influences diverses. La région a traversé les siècles en conservant son identité propre, à la fois institutionnelle, culturelle, linguistique et politique, jusqu'à être reconnue, en juin 2006, comme une nation à part entière.

L'ANTIQUITÉ

Des comptoirs grecs...

Les Grecs sont les premiers à traverser la Méditerranée pour s'installer en Catalogne. Ils établissent un comptoir à **Roses**, un peu avant 776 av. J.-C. et fondent **Empúries** vers 575 av. J.-C.

... à la romanisation

Les Romains délogent les Grecs au 3e s. av. J.-C. et étendent leur mainmise sur la région en installant plusieurs bases militaires. La romanisation est particulièrement active à partir du 1er s. av. J.-C., quand **Tarraco** (Tarragone) devient capitale de la province romaine dite Tarraconaise.
Les Romains lèguent à la Catalogne d'une part le droit romain, sur lequel se base le droit catalan, d'autre part le latin, mère de la langue catalane.
Certains historiens pensent que le **christianisme** a été introduit dans la péninsule à Tarraco, où, selon la légende, prêcha saint Paul.

WISIGOTHS ET ARABES

Le royaume wisigoth

La décadence puis la chute de l'Empire romain ouvrent la voie à de nouveaux conquérants. Les **Barbares** envahissent la Catalogne à partir du 3e s., avec des incursions des Francs et des Alamans, le passage des Vandales et l'installation des Wisigoths. Ceux-ci s'emparent du pays et fondent le **royaume wisigoth de Toulouse** (419-507) qui s'étend de l'Aquitaine à la pointe sud de l'Espagne.
À la fin du 5e s., repoussés jusqu'aux Pyrénées par les Francs, ils exercent une domination qui se limite au royaume espagnol (507-711).

L'expansion omeyade

En **711**, les **Arabes** de la dynastie omeyade conquièrent le royaume wisigoth et s'installent en Espagne. Ils y fondent l'émirat, puis le califat de Cordoue. Cependant, leur présence est de courte durée en Catalogne, sauf dans la zone située au sud du Llobregat. Ils connaissent leur première défaite lors de la **bataille de Poitiers**, en **732**.

L'avancée franque

Repoussant l'expansion arabe, les Francs reconquièrent rapidement la Cerdagne et le comté d'Urgell, avant de reprendre le contrôle de Gérone (785) puis de Barcelone (805).

L'ÂGE D'OR CATALAN

Pour se préserver de nouvelles invasions, les Francs créent une zone tampon entre l'Empire carolingien et les Maures. Charlemagne crée la **Marche d'Espagne** (801), qui comprend, outre le Toulousain et le Nîmois, plusieurs comtés catalans (Roussillon, Cerdagne, Urgell, Barcelone, Pallars, Ribagorça, Gérone, Vic, Ausona) qui se reconnaissent vassaux des Francs. Le comté de Barcelone était le plus important de ces comtés.

Le comté de Barcelone

Éloignés des centres de pouvoir, les comtes de Barcelone vont progressivement regagner leur indépendance. **Wilfred le Poilu** (874-897), comte de Barcelone, obtient de l'empereur Charles le Chauve

l'indépendance et le droit de laisser son comté à ses descendants. Son fief comprend Barcelone et Gérone, le Capcir, le Conflent, le Fenouillèdes et le Roussillon. C'est le début de la formation politique de la Catalogne en une société féodale chrétienne.

Les siècles suivants sont marqués par la rivalité permanente entre les comtes catalans et le califat de Cordoue, jusqu'au démembrement de celui-ci en **1031**, date qui marque la **fin de la dynastie omeyade en Espagne**.

Les comtes catalans s'unissent sous la houlette du comte de Barcelone, **Ramón Berenguer IV** (1131-1162). Celui-ci obtient du pape le privilège de croisade, reconquiert Tortosa (1148) et Lérida (1149) sur les petites dynasties musulmanes locales – les *taifas* – et occupe définitivement Tarragone.

L'affirmation d'une grande puissance

Les comtes de Barcelone poursuivent leur **expansion territoriale** tout au long des **12e et 13e s.** sans systématiquement

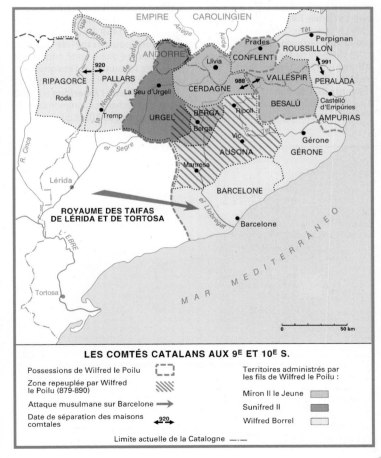

LES COMTÉS CATALANS AUX 9E ET 10E S.

Possessions de Wilfred le Poilu

Zone repeuplée par Wilfred le Poilu (879-890)

Attaque musulmane sur Barcelone →

Date de séparation des maisons comtales

Territoires administrés par les fils de Wilfred le Poilu :

Míron II le Jeune

Sunifred II

Wilfred Borrel

Limite actuelle de la Catalogne

Conquête de Majorque par Jaume Ier (MNAC, Barcelone).

R. Manent / Michelin

engager bataille. Par mariage, Ramón Berenguer IV devient roi d'Aragon (1150), créant ainsi la **royauté catalano-aragonaise**. Par le jeu des alliances et des suzerainetés, lui et son fils **Alfons Ier** (1162-1196) étendent leur influence dans le sud de la France en imposant leur règne des Pyrénées jusqu'à la frontière italienne.

L'expansion territoriale du royaume catalano-aragonais est en permanence compromise par le jeu de partages entre héritiers. La Castille formant un obstacle au sud et à l'ouest, les Catalans se tournent vers la Méditerranée. **Jaume Ier** (1213-1276) s'empare de **Majorque** (1229), de **Minorque** (1231), soumet **Ibiza** (1235), tout en se lançant dans la conquête du **royaume de Valence** (1238). En 1258, il solde la domination catalane sur les provinces occitanes françaises par le

traité de Corbeil conclu avec Louis IX (Saint Louis). Celui-ci renonce à sa suzeraineté sur les comtés catalans et Jaume Ier abandonne ses prétentions sur le Languedoc.

Désormais, la couronne aragonaise est une puissance avec laquelle il faut compter en Méditerranée, prenant pied en **Sicile** (1282), en **Sardaigne** (1323) et à **Majorque** (1343), et s'étendant même jusqu'à Naples et Athènes.

La succession castillane

Cette domination prend fin avec Martí l'Huma, qui meurt en 1410 sans héritier. Les trois couronnes réunies d'Aragon, de Majorque et de Sicile se cherchent donc un souverain. Cette succession n'est réglée qu'en **1412** par le **compromis de Caspe** : les représentants de Valence, de Catalogne et d'Aragon élisent Fernando d'Antequera, le second fils du roi Juan Ier de Castille, intronisant ainsi la **dynastie de Transtamare**.

LA DOMINATION ESPAGNOLE

L'alliance Castille-Aragon

La Catalogne entre dans une période de déclin. En **1469**, l'infant **Fernando d'Aragon** épouse **Isabel de Castille.** C'est l'amorce d'une unité entre deux puissants royaumes et l'éloignement du pouvoir de Barcelone. Parallèlement, la **découverte de l'Amérique** en **1492** déplace les échanges commerciaux de la Méditerranée à l'Atlantique.

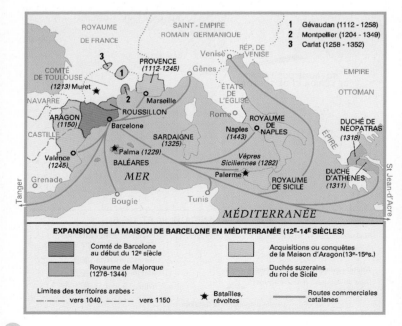

EXPANSION DE LA MAISON DE BARCELONE EN MÉDITERRANÉE (12^E-14^E SIÈCLES)

Les premières institutions politiques catalanes

Les « **Corts Catalanes** » (13e-18e s.) sont une assemblée politique convoquée et présidée par le roi. En 1283, on les institutionnalise et on les réglemente. Elles comprennent les représentants des trois classes sociales : la noblesse, le clergé et la bourgeoisie. Leurs fonctions sont législatives (lois décidées entre le roi et ses sujets), économiques (subventions accordées au souverain) et judiciaires. Entre 1218 et 1706, on les convoque 72 fois. Felipe V les supprime en 1709.

En 1359, les *Corts Catalanes* créent la **Generalitat**, un pouvoir délégué assumant la représentation de la totalité des compatriotes. Ayant un rôle politique et judiciaire, c'est sous son contrôle que les territoires catalans sont gouvernés.

En 1516, Carlos Ier d'Espagne, petit-fils de Fernando, héritier de la maison de **Habsbourg** et futur empereur **Charles Quint**, réunit les couronnes de Castille et d'Aragon.

Le temps des crises

Au cours des 16e et 17e s., les épidémies, les révoltes paysannes, les pestes, le banditisme et les incursions turques fragilisent durablement la Catalogne.

Les difficultés économiques sont de plus en plus sensibles, alors même que la pression fiscale s'alourdit. La couronne pioche dans la bourse de ses sujets pour financer les guerres hispaniques, dont la guerre de Trente Ans contre la France.

La colère gronde. En 1640, la Catalogne se soulève contre Felipe IV. C'est l'épisode sanglant du **Corpus de Sang** (1640), suivi de la guerre des Moissonneurs. En **1652**, Don Juan José d'Autriche entre à Barcelone, mettant fin à la rébellion et consacrant la domination espagnole.

En **1659**, lors de la signature du **traité des Pyrénées**, la Catalogne est amputée du Roussillon et d'une partie de la Cerdagne au profit de la France.

LA CATALOGNE : UNE PROVINCE ESPAGNOLE

La guerre de Succession

En 1700, Carlos II d'Espagne meurt sans héritier après avoir désigné Philippe d'Anjou, petit-fils de Louis XIV, comme son successeur. Les autres puissances européennes poussent l'archiduc Charles d'Autriche en avant, ce qui déclenche la **guerre de Succession d'Espagne** (1702-1717).

Les Catalans appuient la candidature de l'archiduc contre Philippe d'Anjou. Barcelone est assiégée et ne se rend qu'après une héroïque résistance le **11 septembre 1714 (fête nationale catalane)**. Felipe V, représentant de la dynastie Bourbon, l'emporte.

Après sa défaite, la Catalogne est soumise : le décret de **Nueva Planta** impose le droit castillan, supprime la Generalitat et l'Université. Le catalan est interdit en tant que langue officielle et le castillan mis en avant au quotidien.

Le rattrapage économique

Pendant la seconde moitié du 18e s., la Catalogne s'intègre peu à peu à la nation espagnole tout en s'affirmant nettement sur le plan économique. Une grande transformation économique et sociale débute : croissance de l'agriculture et de la pêche, apparition de l'industrie des indiennes (tissus en coton imprimé), ouverture du commerce au marché américain à partir de 1778, amélioration des moyens de communication, etc.

La bourgeoisie catalane se développe et pénètre le marché national. C'est le tout début de la **Catalogne industrielle** d'aujourd'hui. En 1758 est créée la *Junta de Comercio* (Conseil du commerce) pour favoriser le développement commercial, industriel et agricole de la Catalogne.

En 1833, l'apparition de la première **machine à vapeur** à Barcelone marque l'élan définitif vers l'industrialisation de la Catalogne, qui ira de pair avec l'apparition du prolétariat manufacturier.

Les guerres carlistes

La mort de Fernando VII en **1833** marque le début d'une période de crise pour la monarchie espagnole, déjà fragilisée par les guerres napoléoniennes, la Catalogne s'opposant, comme les autres provinces, à la domination française durant la **guerre d'indépendance**, de 1808 à 1814.

Les **guerres carlistes** impliquent la Catalogne à plusieurs reprises, les revendications politiques étant étroitement liées aux crises ouvrières : soulèvement de Barcelone (1835), soulèvement des artisans barcelonais contre le régent (1842), **guerre des Matiners** (1846-1849). Le général Prim, catalan, renverse Isabel II lors de la révolution de Septembre (1868).

L'instabilité politique aboutit à la proclamation de la Première République espagnole, le 11 février **1873**, et à celle de la **République catalane à Barcelone**, le 8 mars. Mais la monarchie est restaurée en 1874, avec l'accession au trône d'Alfons XII.

L'AFFIRMATION POLITIQUE DE LA CATALOGNE

La fin de la monarchie

Profitant de l'affaiblissement du pouvoir central, la Catalogne commence à s'organiser politiquement. Le premier congrès catalaniste a lieu en 1880. En **1901**, Prat de la Riba fonde la **Lliga Regionalista**. De 1901 à 1909, les mouvements ouvriers se développent. En **1909**, la reprise de la guerre du Maroc et le système de recrutement provoquant une grève générale à Barcelone, qui se transforme en une insurrection populaire, très violemment réprimée : c'est la **semaine tragique**. Après avoir enterré leurs morts, bon nombre d'ouvriers, séduits par les thèses anarchistes, fondent une grande centrale syndicale : la **Confédération nationale du travail (CNT)** restera hégémonique à l'intérieur du mouvement ouvrier catalan jusqu'à la guerre civile.

Parallèlement, en 1914, les *diputaciones* (conseillers généraux) s'associent, après des négociations avec le gouvernement de Madrid, pour former la **Mancomunitat de Catalunya**, présidée par Prat de la Riba, première ébauche d'un gouvernement autonome. Mais l'avènement de la dictature de Primo de Rivera, avec l'accord de la bourgeoisie catalane, supposa non seulement la prohibition et la persécution des organisations ouvrières, mais aussi une dure attaque contre le catalanisme culturel et politique.

En 1931, l'Espagne instaure la République. Au même moment, en Catalogne, l'ERC – parti rassemblant des formations nationalistes et fédéralistes dirigé par Francesc Francesc – proclame la **Première République catalane**. Après négociations, elle se transforme en **Generalitat** de Catalogne.

La Generalitat restaurée

Elle obtient son autonomie en 1932. Lluis Companys prend sa tête en 1934 et proclame « l'État catalan de la République fédérale espagnole ». Le gouvernement central envoie l'armée réprimer cette révolution d'octobre. Le gouvernement catalan est emprisonné et le statut d'autonomie suspendu.

En **1936**, le Front populaire remporte les élections législatives. Libéré, le gouvernement catalan reprend ses fonctions à la tête de la Generalitat restaurée. L'Espagne connaît une période

de vives tensions : les conservateurs se tournent vers l'armée, qui se soulève à l'appel du général Franco. La Catalogne s'engage dans la **guerre civile** aux côtés des Républicains, payant un lourd tribut humain lors de la bataille de l'Èbre (1938).

En 1939, l'arrivée au pouvoir du **général Franco** signe l'arrêt de mort de la Catalogne. La Generalitat est supprimée, Lluis Companys fusillé et l'usage du catalan interdit. Des centaines de milliers de Catalans choisissent l'exil, notamment en France. Dans les années 1950, la fin de l'autarcie de l'Espagne permet le redressement économique de la Catalogne. Les années 1960 sont celles du développement d'une opposition au régime, associé à un renouveau culturel.

LA CATALOGNE AUTONOME

L'autonomie retrouvée

En **1975**, la mort de Franco, qui met fin à 40 ans de dictature en Espagne, et la restauration du roi **Juan Carlos** ouvrent une ère nouvelle. En octobre 1977, Josep Tarradellas, président de la Generalitat en exil, rentre à Barcelone et prononce cette phrase célèbre : *Ja sóc aqui!* (« *me voici!* »).

En **1979**, la Catalogne obtient un **statut d'autonomie** : la région est dotée d'une institution d'autogouvernement, la **Generalitat** (voir « *La Catalogne aujourd'hui* », p. 89). En 1980, les premières élections amènent le parti nationaliste conservateur, Convergencia i Unió (CiU), au pouvoir. **Jordi Pujol** devient président de la Generalitat et le reste durant 23 ans, jusqu'aux élections de novembre 2003.

Une « nation » catalane en 2006

Avec le départ de Jordi Pujol, c'est une page de l'histoire politique de la Catalgone qui se tourne... d'autant que, contre toute attente, une coalition menée par les socialistes parvient à emporter la majorité des 135 sièges du Parlement catalan. Le secrétaire général du Parti socialiste catalan (PSC), **Pasqual Maragall**, devient alors président de la Generalitat.

Ce changement politique bouleverse la donne, d'autant qu'il est suivi, un an plus tard, par la victoire du socialiste José Luis Rodriguez Zapatero à Madrid. Or, voilà longtemps que certains partis catalans espéraient obtenir de Madrid davantage de compétences et de moyens. Il n'était pas question d'envisager cette **réforme du statut d'autonomie** sous un gouvernement conservateur, traditionnel-lement plus centralisateur.

En janvier 2006, le gouvernement central et les partis catalans parviennent à un accord global sur le futur statut d'autonomie de la Catalogne qui sera décrite comme « nation » dans son préambule. Le **19 juin 2006**, un **référendum** sur le nouveau statut d'autonomie est approuvé par 73,9 % des votants, en dépit d'un taux d'abstention supérieur à 50 % de la population catalane. Une nation est née.

Les dates clés de la Catalogne

De la fondation du premier comptoir grec en 776 av. J.-C., au dernier référendum consacrant la nation catalane, voici un petit précis à l'usage des passionnés d'histoire.

L'ANTIQUITÉ

7e s. av. J.-C. – Les **Grecs** établissent un comptoir à Roses (Rhode).

6e s. av. J.-C. – Les **Grecs** fondent la cité d'Empúries.

218 s. av. J.-C. – Les **Romains** délogent les Grecs. Début de la romanisation.

LES WISIGOTHS ET LES ARABES

4e s.-5e s – Les **Barbares** envahissent la Catalogne.

711 – Début de l'**invasion des Omeyades.**

785 – Reconquête de Gérone.

805 – Reconquête de Barcelone.

LE MOYEN ÂGE ET LE COMTÉ DE BARCELONE

801 – Création de la **Marche d'Espagne** par Charlemagne.

9e s. – **Wilfred le Poilu**, comte de Barcelone, obtient l'indépendance de plusieurs comtés catalans.

1035 – Règne des *taifas* (petites dynasties musulmanes) à Lérida et Tortosa.

12e s. – Réunion des comtés catalans sous l'hégémonie du comte de Barcelone, **Ramón Berenguer IV**.

1150 – **Ramón Berenguer IV** épouse la fille de Ramire II d'Aragon ; leur fils, **Alfons Ier**, deviendra **roi d'Aragon** et **comte de Barcelone**.

13e s. – La Catalogne et l'Aragon poursuivent leur **expansion territoriale**, jusqu'en Sicile, à Naples et Athènes.

1229 – Conquête de **Majorque** puis d'Ibiza (1235).

1232-1245 – Conquête du Pays valencien.

1282 – Conquête de la Sicile, puis de la Sardaigne (1323).

1283 – Institutionnalisation des « **Corts Catalanes** ».

1343 – **Pierre IV le Cérémonieux** annexe le royaume de **Majorque**.

1359 – Création de la **Generalitat** par les *Corts Catalanes*.

1410 – Mort sans héritier direct de Martí l'Huma, roi d'Aragon.

1412 – **Compromis de Caspe** intronisant la dynastie de Transtamare.

1442 – Conquête de Naples.

1469 – Mariage de l'infant Fernando d'Aragon avec Isabel de Castille.

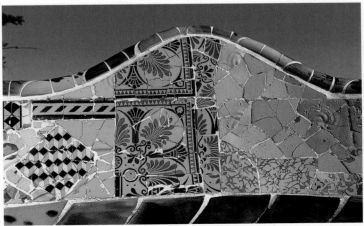

J. Malburet / Michelin

Détail en céramique d'un banc dans le parc Güell à Barcelone.

1492 – **Fin de la Reconquista** avec la prise de Grenade.
Découverte de l'Amérique.

HABSBOURG ET BOURBONS

1516 – Carlos Ier d'Espagne, futur Charles Quint, réunit les couronnes de Castille et d'Aragon.

1640-1652 – **Soulèvement** de la Catalogne contre Felipe IV.

1659 – **Traité des Pyrénées** : la Catalogne est amputée d'une partie de son territoire au profit de la France.

1702-1714 – **Guerre de Succession** : le vainqueur, Felipe V, inaugure la dynastie des **Bourbons** et soumet Barcelone à sa couronne.

18e s. – **Rattrapage économique.**

1778 – Décret instituant le libre-échange avec l'Amérique.

1792 – Publication du *Diario de Barcelona*, l'un des plus anciens journaux d'Europe.

1808-1814 – **Guerre d'indépendance.** La Catalogne s'oppose à la domination française.

1833 – Début de la **Renaixença** : période du rattrapage culturel catalan.

1846-1848 – Guerre des Matiners (deuxième guerre carliste).

1855 – **Première grève générale** en Catalogne.

1873 – Proclamation de la **Première République**.

1874 – **Restauration** des Bourbons : Alfons XII.

1888 – Exposition universelle à Barcelone.

1901 – Fondation de la « Lliga Regionalista » autour de Prat de la Riba.

LA CHUTE DE LA MONARCHIE

1909 – **Semaine tragique** (Barcelone).

1911 – Fondation de la **Confédération nationale du travail, CNT.**

1914 – La **Mancomunitat catalana** constitue un embryon de gouvernement autonome.

1919 – Grève générale à Barcelone.

1923-1930 – **Dictature de Primo de Rivera**.

14 avril 1931 – Proclamation de la **Première République catalane**, qui se transforme en **Generalitat** de Catalogne.

1931 – **Seconde République espagnole**.

1932 – **Statut d'autonomie**.

1934 – Companys prend la présidence de la Generalitat.
Révolution d'Octobre en Catalogne et dans les Asturies.

1936 – Triomphe électoral du Front populaire. Soulèvement militaire.

1936-1939 – **Guerre civile**.

1938 – Bataille de l'Èbre.

1939 – Conquête de Barcelone et de Madrid. Fin de la guerre.

1939-1975 – **Gouvernement du général Franco**.

L'AUTONOMIE

1975 – **Juan Carlos Ier**, roi d'Espagne.

1977 – Premières élections démocratiques.

Octobre 1977 – **Retour de Josep Tarradellas**, président de la Generalitat, jusqu'alors en exil.

1979 – **Statut d'autonomie**.

1980 – Premières élections autonomes : victoire du CiU (Convergencia i Unió) ; Jordi Pujol, président de la Generalitat.

1992 – **Jeux olympiques** à Barcelone.

DE NOS JOURS

2002 – Barcelone : célébration du 150e anniversaire de la naissance d'Antoni Gaudí (👆 *voir l'introduction sur Barcelone*)

Janvier 2006 – Le gouvernement et le parti nationaliste catalan (CIU, droite) parviennent à un accord global sur le futur statut d'autonomie de la Catalogne qui sera décrite comme « nation » dans son préambule.

19 juin 2006 – Référendum sur le nouveau statut d'autonomie approuvé par la majorité des Catalans.

ART ET CULTURE

Terre de carrefour entre plusieurs cultures, la Catalogne possède un patrimoine artistique et architectural particulièrement riche et original. Au fil des siècles, les différentes civilisations (romaine, barbare, musulmane) ont laissé leurs empreintes. Les styles ont évolué et se sont superposés. L'austérité romane, le flamboyant gothique, la Renaissance et le baroque – dans une moindre mesure – et surtout l'exubérance du modernisme ont marqué la région. En retour, la Catalogne a imprimé sa marque à chaque période, une autre preuve de l'extraordinaire force de son identité culturelle. Et sur cette terre pétrie d'art, où sont nés certains des plus grands artistes, il n'est pas étonnant que le design bénéficie actuellement d'une solide réputation internationale.

R. Manent / Michelin

Pantocrator de l'église Sant Climent de Taüll.

L'art roman

Le style roman catalan est l'un des plus beaux d'Europe. Des petites églises rurales aux cathédrales, la Catalogne compte plus de 2 000 édifices ! Cet art solide et équilibré est introduit dans la région au 11e s. par les grands maîtres lombards et y demeure jusqu'au milieu du 13e s. Il inspirera la construction de magnifiques monuments ainsi que la réalisation de nombreuses peintures, sculptures et objets de culte.

Avant l'art antique

La Catalogne vit la convergence de plusieurs cultures préhistoriques européennes qui laissèrent derrière elles divers exemples de peintures rupestres. L'âge des métaux vit l'édification de nombreux monuments mégalithiques. La colonisation grecque fut éphémère et se réduisit aux comptoirs de Roses et Empúries. Il en subsiste pourtant des vestiges et des pièces d'intérêt comme la statue de Asclepio.

L'HÉRITAGE ANTIQUE

Les Romains ont laissé des vestiges exceptionnels. La ville romaine d'Empúries compte des villas décorées avec de belles mosaïques.

Mais c'est sans nul doute à **Tarragone**, l'ancienne Tarraco, que l'héritage romain est le plus représentatif.

L'ancienne capitale de la province d'Hispanie citérieure (également appelée Tarraconaise) conserve des témoignages encore imposants de son passé : murailles, forums, amphithéâtre, cirque, etc., ainsi qu'un important patrimoine de sculptures et de mosaïques dans ses musées.

La profonde empreinte de la civilisation romaine s'observe surtout dans les villes de sa fondation : **Barcelone, Badalona, Gérone, Vic, Lérida, Tortosa, Mataró.**

Il ne faudra cependant pas oublier les villas et les fameux thermes (appelés *caldes*) répartis sur tout le territoire et moins encore le magnifique **mausolée de Centcelles**, près de Tarragone, avec ses belles mosaïques.

LES ARTS BARBARES

La Catalogne conserve un petit nombre d'églises d'influence wisigothique à **Barcelone, Tarragone et Terrassa** (fonts baptismaux dans le magnifique ensemble d'églises wisigothiques et romanes de l'ancien évêché d'Egara).

Vous pourrez y observer les deux éléments qui caractérisent l'art wisigothique : l'arc en fer à cheval et les bas-reliefs gravés de motifs géométriques et de compositions mêlant cercles et étoiles.

LES ARTS ARABES

De l'occupation musulmane, il ne reste que de rares témoignages, les chapiteaux de type califal du monastère de **Ripoll** et certains éléments de la crypte de la cathédrale de **Vic**.

Dès le 10e s., les musulmans édifient de petites églises aux arcs en fer à cheval (église Sant Julià de **Boada**) et aident à la construction des monastères Sant Miguel de **Cuixà** et Sant Pere de **Rodes**.

L'ART ROMAN CATALAN

Le style roman, par lequel l'art catalan s'apparente à l'art européen de l'époque – celle de la formation politique du pays –, est aussi le premier à avoir son identité propre. La Catalogne en compte plus de 2 000 exemples, depuis les petites églises rurales jusqu'aux grandes cathédrales et collégiales.

Ce style se concentre surtout en « Catalunya Vella », au nord du chemin traditionnel vers l'Aragon, par opposition à la « Catalunya Nova » – régions léridane et tarragonaise –, qui ne fut reconquise sur les musulmans qu'au milieu du 12e s.

J. Balanya / Michelin

Église romane d'Erill la Vall (Vall de Boí).

L'art préroman

Il se développe au cours du 9e et du 10e s. Sa caractéristique est l'arc en fer à cheval (dit outrepassé). L'art préroman présente quelques exemples importants, comme les premiers monastères bénédictins (première phase de **Sant Pere de Rodes**, Porta Ferrada de **Sant Feliu de Guíxols**).

Le premier art roman

Le 11e s. est marqué par l'apparition de l'influence lombarde, avec des constructions austères décorées d'arcatures aveugles, de bandes verticales accolées aux murs (appelées bandes lombardes), d'absides au typique arc en plein cintre, de nefs individualisées par des rangées de piliers massifs supportant une lourde voûte en berceau.

Les humbles clochers-murs alternent avec de belles et élégantes tours de clochers. Parmi les exemples intéressants de ce « premier art roman » : la magnifique série d'églises de la **vallée de Boí**, en pleine région pyrénéenne, l'église de **Bossóst,** les anciens monastères de **Cardona, Sant Llorenç de Munt, Breda,** ainsi que les clochers des cathédrales de **Vic** et de **Gérone**.

L'art roman pyrénéen

Les régions pyrénéennes conservent peu d'exemples d'architecture romane mais à partir du 11e s., la zone connaît une grande fièvre constructrice donnant le jour au style roman pyrénéen, à la forte personnalité, différent du style roman catalan en général et affichant une extraordinaire diversité grâce à l'existence de plusieurs écoles architecturales.

Dans les *comarcas* de l'**Alta Ribagorça** et du **Pallars Sobirà**, ainsi qu'en **Andorre**,

---

Le roman dans les musées

Les adeptes de l'art roman ne manqueront pas leur rendez-vous au Museu d'Art de Catalunya (**Barcelone**) et au Musée épiscopal de **Vic**. Ces deux institutions comptant parmi les meilleurs musées catalans recèlent des collections d'art roman d'une valeur et d'une beauté inestimables. La présentation soignée de ces sections dont l'on retiendra principalement les peintures murales, les parements d'autels et les sculptures seront pour tous vos sens un pur régal. Parmi les autres musées moins importants mais d'un intérêt indéniable, on citera : le Musée capitulaire de la cathédrale et le musée d'Art de **Gérone**, ainsi que les musées diocésains de **La Seu d'Urgell** et de **Solsona**.

le premier style roman ou architecture lombarde du 11e s. se prolonge tout au long du 12e s. avec de faibles variations. Les églises conservant une grande unité de style présentent une architecture simple agrémentée d'importants éléments décoratifs muraux et de clochers aériens avec frises d'arcatures aveugles et plusieurs étages de baies géminées.

Pour leur part, les églises de la **vall de Boí** (Santa María à Taüll, Sant Joan à Boí), et leurs clochers moins élevés, présentent des caractéristiques propres : un plan basilical à trois vaisseaux, trois absides et un toit unique sur charpente de bois.

Les églises de la **Vall d'Arán**, très semblables aux précédentes, mais surmontées d'une voûte en berceau, sont de construction plus tardive (12e-13e s.). Alors que nombre d'entre elles furent reconstruites postérieurement, elles conservent pour la plupart des éléments médiévaux parfois incorporés dans des clochers gothiques ou Renaissance (**Vielha, Betrén**).

👁 La peinture murale des Pyrénées est probablement la plus intéressante de tout l'art roman hispanique. À **Taüll**, on sera frappé par le réalisme des décors très stylisés des églises Santa Maria et Sant Climent ainsi que par leurs splendides coloris.

Le second art roman

Au 12e s. apparaît le « second art roman », avec une architecture plus complexe – nefs, transept, diverses absides, tours-lanternes, déambulatoire, etc. –, qui développe un décor sculpté de premier ordre, d'influences roussillonnaise, provençale et toulousaine dans les porches, sur les tympans des portails, dans les cloîtres.

Citons comme exemples la magnifique cathédrale de **La Seu d'Urgell**, italianisante, le cloître de la cathédrale de **Gérone**, le porche et le cloître de la cathédrale de **Tarragone**, les anciens monastères de Sant Pau del Camp (**Barcelone**), **Ripoll** (cloître et porche exceptionnels), **Sant Cugat del Vallès**, Sant Pere de Galligants (**Gérone**), **Vilabertran**, Santa Maria de l'**Estany**, les églises de **Covet**, **Terrassa** et bien d'autres.

En « Catalunya Nova », il faut distinguer au 13e s. l'école de Lérida, qui laisse apparaître dans ses décorations de sculptures d'intéressants motifs d'inspiration arabe, en particulier dans les porches : cathédrale de **Lérida, Agramunt, Gandesa**, etc.

Dans cette même région furent édifiés de grands monastères cisterciens : **Santes Creus, Poblet, Vallbona de les Monges**. Bien qu'entrepris sur le modèle roman, c'est le style gothique qui domine dans leur aspect définitif. C'est là aussi que se trouvent les principales forteresses de templiers et des ordres hospitaliers, tel le magnifique château de **Miravet**.

PEINTURE, SCULPTURE ET ARTS DÉCORATIFS

À cet important patrimoine architectural, il convient d'ajouter en premier lieu les magnifiques peintures murales des absides de Sant Climent et de Santa Maria de **Taüll**, **Boí**, **Àneu**, **La Seu d'Urgell,** etc.

👁 Toutes ces peintures murales sont conservées au musée national d'Art de Catalogne (**Barcelone**), où se trouve l'une des collections de peinture romane les plus importantes du monde.

On peut admirer bien d'autres exemples artistiques de cette époque dans les divers musées diocésains (**Vic, Gérone, La Seu d'Urgell et Solsona**).

Il ne faut pas oublier non plus les superbes parements d'autels ni les sculptures en bois – sculptures mariales, christs en majesté, descentes de croix –, certaines *in situ* et d'autres dans les musées cités. Parmi les manuscrits illustrés, on remarquera surtout le *Beatus* de **La Seu d'Urgell** et celui de **Gérone**. Au musée capitulaire de la cathédrale de Gérone est conservée la célèbre Tapisserie de la Création, magnifique broderie datant de l'époque romane.

R. Manent / Michelin

Parement d'autel, église Sant Marti d'Ix.

Retable des saints Abdon et Sennen (15e s.), dans l'église Santa Maria de Terrassa.

L'art gothique

L'art gothique catalan, qui se prolonge encore au 16e s., présente des caractéristiques propres dans un contexte européen, et subit des influences plus méditerranéennes que septentrionales. D'extérieur, les édifices se doublent d'élégance et de simplicité tandis que les grandes salles rythment souvent les intérieurs spacieux.

UN ART URBAIN

En Catalogne, l'art gothique coïncide avec une période d'extrême splendeur. Après la conquête des Baléares et du royaume de Valence, la confédération catalano-aragonaise devient l'une des grandes puissances économiques de la Méditerranée.

À cette époque apparaît une classe sociale spécifiquement urbaine, la bourgeoisie. La fièvre de la construction s'empare des villes ; on rénove églises et cathédrales et on érige de nouvelles et importantes constructions : palais royaux, maisons seigneuriales, hôpitaux, murailles, sièges d'institutions politiques et de corporations citadines, bourses de commerce, couvents des nouveaux ordres mendiants.

L'architecture gothique

Celle qui s'exprime en Catalogne possède une personnalité propre si on la compare à toutes les manifestations du même art à travers l'Europe. Plus proche des modèles du monde méditerranéen – Occitanie et Italie – que de ceux du nord, elle est caractérisée par sa forme épurée, son sens des proportions, avec une certaine préférence pour l'amplitude spatiale – et non pour l'élévation – et pour l'intégration des éléments structuraux.

L'arc brisé et la voûte d'ogives sont les éléments caractéristiques communs aux monuments gothiques. Ajoutons à cela les salles ou les nefs à arcs diaphragmes supportant la couverture de l'édifice. La chronologie s'étend du milieu du 13e s. jusqu'au 15e s., le goût pour ce style se prolongeant jusqu'au début du 16e s.

Barcelone, l'un des grands ports de la Méditerranée, résidence habituelle des souverains de la confédération, possède un éblouissant patrimoine gothique *(lire l'encadré ci contre)*.

Mais les monuments gothiques enrichissent aussi l'ensemble du pays (cathédrales, églises, monastères, châteaux, ponts, etc.).

Le gothique à Barcelone

L'éblouissant patrimoine gothique barcelonais se substitua ou masqua les constructions romaines et romanes, à tel point qu'on surnomma son centre politique le « Barri Gòtic ». À voir absolument : la cathédrale, le palais de la Generalitat – l'un des meilleurs exemples du gothique civil catalan –, une bonne partie de la mairie avec son emblématique salle des Cent, le Grand Salon du Tinell et la chapelle Sainte-Agathe du Palais royal, les anciennes Drassanes, qui constituent les chantiers navals médiévaux les mieux conservés du monde, la salle gothique de la Llotja (la Bourse de commerce), témoignage de l'importance maritime de la ville, l'hôpital de la Santa Creu, les très belles églises Santa Maria del Mar et Santa Maria del Pi, les maisons seigneuriales de la rue de Montcada, avec leurs jardins intérieurs caractéristiques, et le magnifique monastère de Pedralbes.

Dans la zone touristique de la **Costa Brava**, c'est surtout le magnifique ensemble de la ville de Gérone qui retient l'attention : la cathédrale avec sa nef la plus large de tout l'art gothique européen, le palais épiscopal, l'église Sant Feliu, les murailles, les anciens couvents et les palais. Présentent également un très grand intérêt : Castelló d'Empúries, Peralada, Torroella de Montgrí, Tossa de Mar, Blanes, Hostalric et le monastère de Vilabertran.

En **Catalogne centrale**, on remarquera surtout le monastère de Sant Cugat del Vallès, près de Barcelone, la collégiale Santa Maria de Manresa, connue sous le nom de « la Seu », le cloître de la cathédrale de Vic, et les peintures gothiques de Santa Maria de Terrassa.

Dans la zone des **Pyrénées**, le cloître et les dépendances du monastère de Sant Joan de les Abadesses, le pont de Camprodon, l'église de Vielha.

Sur les terres de **Lérida**, la magnifique cathédrale, ou Seu Vella, qui domine la ville, est le monument le plus spectaculaire, sans oublier la Paeria, ou l'hôpital Santa Maria. Ne manqueront pas non plus d'attirer l'attention : la cathédrale de Solsona, les églises de Balaguer – Santa Maria et le couvent Sant Domènec –, Cervera, Guimerà, et le monastère cistercien de Vallbona de les Monges.

En Catalogne méridionale, sur les terres de la **Costa Daurada**, sont érigés nombre de monuments de premier ordre : les cathédrales de Tarragone et de Tortosa, l'ensemble ceint de murailles de Montblanc, l'église Santa Coloma de Queralt, celles de L'Espluga de Francolí et d'Ulldecona, les grands monastères cisterciens de Santes Creus et Poblet.

La peinture gothique

Les arts plastiques, étroitement liés à l'architecture dans un premier temps, acquièrent leur individualité et s'expriment sous la forme de retables, de sépultures, de stalles et de nombreux objets d'orfèvrerie. La peinture gothique est fortement marquée par les influences européennes : après une brève période linéaire ou franco-gothique, c'est l'essor du courant italianisant (14ᵉ s.), représenté par Ferrer Bassa, très influencé par l'école de Sienne et les frères Serra, auteurs des ravissantes Madones aux manteaux recouverts de fleurs, qui utilisent des bleus ciel, des verts et rouges d'une grande transparence sur fond d'or.

Puis le courant international (15ᵉ s.), influencé par les gothiques flamand, allemand et italien, se caractérise par son graphisme nerveux, quasi calligraphique et par l'emploi de teintes planes et vibrantes. Il est représenté, entre autres, par Lluís Borrassà, qui avait un important atelier à Barcelone, le Valencien Lluís Dalmau, fervent admirateur des frères Van Eyck, Jaume Ferrer (père et fils), Bernat Martorell, auteur de la scène des *Noces de Cana* de la cathédrale de Barcelone, et Jaume Huguet.

La sculpture gothique

Dans le domaine de la sculpture, on remarquera la précision du décor, le petit répertoire d'éléments décoratifs végétaux ainsi que les hauts-reliefs ou petites têtes ornant les fenêtres, et les sculptures de miséricordes dans les cors (c'est-à-dire les parties de l'église réservées au clergé). Les noms de ses représentants sont : Aloi de Montbrai et Jaume Cascalls – tombes royales de Poblet –, Pere Joan – grand retable de la cathédrale de Tarragone – et Pere Sanglada. Leurs œuvres, comme celles des meilleurs orfèvres de l'époque, ont été conservées soit *in situ*, soit dans les musées d'art et diocésains du pays.

Renaissance et baroque

Les styles Renaissance et baroque se sont développés entre la splendeur de l'art gothique et l'éclat du modernisme. Longtemps sous-estimés, ils laissèrent néanmoins derrière eux de somptueux exemples situés essentiellement dans les grandes villes.

L'ÂGE MODERNE EN CATALOGNE

En Catalogne, Renaissance et baroque sont moins importants que l'art gothique ou le modernisme. Certains attribuent cet état de fait à la décadence politique

Patio du collège de Sant Lluís, à Tortosa.

R. Manent / Michelin

Urne, église de Sant Ermengol.

dont souffrait la région du 16e au 18e s., tandis que d'autres affirment que cette période connut un discrédit provoqué par un certain nombre d'intellectuels liés au mouvement de la Renaixença (mouvement culturel et politique de revendication d'une identité propre dans la seconde moitié du 19e s.).

En tous les cas à l'époque, il est clair que la Catalogne perd son hégémonie maritime après la découverte de l'Amérique, et que l'on assiste au transfert du pouvoir politique au centre de la péninsule avec l'avènement des Rois Catholiques. En outre, bien des monuments religieux de l'âge moderne ont été fortement endommagés ou tout bonnement détruits pendant la guerre civile. Malgré tout, le patrimoine a suffisamment de valeur et d'importance pour que l'on s'y penche réellement, et les monuments de cette période se trouvent surtout dans les zones urbanisées.

L'architecture au 16e s.

Dans certains endroits de Catalogne, la Renaissance fait un passage discret. En réalité, au 16e s., les corporations locales demeurent fidèles au gothique, comme on peut le voir dans des parties importantes du palais de la Generalitat à **Barcelone**.

Malgré tout, se dressent encore certains exemples architecturaux d'intérêt tels que le palais del Lloctinent, illustrant la transition du gothique à la Renaissance, et en particulier, la façade du palais de la Generalitat, ouvrage de Pere Blay.

À l'extérieur de Barcelone, on s'attardera sur la façade du château de **Perelada** et sur deux ouvrages commandés par Charles Quint : les splendides collèges royaux de **Tortosa** et la citadelle de **Roses**, qui

fut édifiée pour prévenir la menace d'une attaque turque.

À **Tarragone**, l'archevêque Antoni Agustí (fin du 16e s.) favorise l'essor du style Renaissance dans le diocèse. On peut d'ailleurs en admirer certains exemples magnifiques dans la cathédrale.

La sculpture au 16e s.

Au nombre des sculpteurs, le Valencien Damián Forment exécute le grand retable en marbre de l'église du monastère de **Poblet**. Le tombeau de Ramón Folc de Cardona de l'église de **Bellpuig**, réalisé par l'Italien Giovanni Merliano, mérite également d'être cité.

La peinture au 16e s.

La peinture n'assimile pas totalement la nouvelle influence italienne et se renferme sur elle-même. À **Gérone**, on mentionnera Joan Mates et le maître de San Félix, tandis que **Barcelone** est dominée par le Portugais Pere Nunyes, sans oublier le célèbre Joan de Borgonya (retable de sainte Ursule).

Les arts appliqués connaissent un essor sans précédent et produisent des œuvres prodigieuses telles que des pièces d'orfèvrerie, de grandes grilles et de richissimes broderies.`

LE BAROQUE CATALAN

L'architecture baroque

Le baroque, qui passe par Murcie et Valence avant de gagner la Catalogne, produit des églises aux splendides façades ainsi que de remarquables édifices civils.

Parmi les œuvres religieuses les plus notables : les façades des cathédrales de **Gérone**, **Tortosa** et **Solsona**, celles de l'église du monastère de **Poblet** et des églises de Betlem et de la Mercè à **Barcelone**, ainsi que celle de l'église Santa Maria de **Montblanc**, les édifices dédiés à saint Ignace de Loyola à **Manresa**, la basilique Santa Maria de **Mataró**, la chapelle Nostra Senyora de la Cinta de la cathédrale de **Tortosa** et l'église **Sant Llorenç de Morunys**.

Les bâtiments civils les plus importants sont le palau de la Virreina de **Barcelone**, l'université et l'hôtel de ville de **Cervera** ainsi que le palais épiscopal de **Solsona**.

La sculpture baroque

La sculpture religieuse s'éloigne des schémas antérieurs et acquiert un pathétisme et une force inconnus jusqu'alors. Les retables méritent une mention particulière pour leur qualité et leur nombre. Au génial Pau Costa, nous devons les splendides retables des églises Santa Maria de **Cadaqués** et d'**Arenys de Mar**, témoignant d'un travail d'une grande minutie.

DU NÉOCLASSICISME À L'ORIENTALISME

Apparus en Europe au 18e s., ces courants influencent les architectes, les peintres et les sculpteurs jusqu'au 19e s. Le néoclassicisme remet l'Antiquité au goût du jour, tandis que le romantisme propose une vision idéalisée du monde. Très à la mode, l'orientalisme est à l'origine de toute une série d'édifices hispano-mauresques.

Dans ce contexte coexistent l'architecture néoclassique et l'architecture néo-médiévale débouchant sur l'éclectisme. Dans le domaine de la peinture, c'est le paysagisme et la peinture historique qui s'imposèrent. Se détachent surtout les figures du réaliste R. Marti Alsina (1826-1894), très influencé par le naturalisme, et de Mariano Fortuny (1838-1874), dont les coloris lumineux et la technique épurée ont acquis une célébrité internationale.

Du modernisme à nos jours

Dès la seconde moitié du 19e s., la Catalogne connaît un grand essor artistique. Le modernisme, qui côtoie d'autres courants similaires tout en conservant sa personnalité propre, produit de magnifiques créations pleines d'imagination. Les premières décennies du 20e s. voient l'apparition des premiers mouvements avant-gardistes qui traversent la frontière française.

Le modernisme en ville

Outre **Barcelone**, la « capitale du Modernisme », les passionnés de ce courant ne manqueront pas les constructions modernistes de **Gérone** (Rafael Masó), **Reus** (Domènech i Montaner), **Terrassa** (Lluís Muncunill), **Manresa** (Ignasi Oms), **Lérida** (F. Morea i Gatell), **Mataró** (Puig i Cadafalch), **Canet de Mar** (Domènech i Montaner) et certains monuments singuliers comme la magnifique crypte de la Colonia Güell, œuvre de Gaudí à **Santa Coloma de Cervelló** près de Barcelone.

LE MODERNISME

Au 19e s., deux phénomènes particulièrement importants dans la vie catalane se produisent : l'affermissement de la révolution industrielle, qui donne un élan économique décisif au pays, et la **Renaixença**. Ce mouvement se développe parallèlement aux nationalismes européens influencés par le romantisme et propose une nouvelle vision de l'identité catalane.

Dans le domaine artistique, cette philosophie donne naissance au modernisme. Il est proche d'autres courants européens : Art nouveau (France et Belgique), Modern Style (Angleterre et États-Unis), Sécession (Autriche) et Jugendstil (Allemagne).

Le modernisme donne un nouveau sens esthétique et accorde une importance spéciale aux arts décoratifs et appliqués (verre, céramique, fer, métal, meubles, orfèvrerie, affiches et arts graphiques). Ce mouvement développe l'utilisation

Un trio moderniste

Trois grandes figures de l'architecture firent de Barcelone un ensemble moderniste unique en Europe : **Antoni Gaudí** (1852-1926), dont l'œuvre dépasse les limites du mouvement (Sagrada Familia, palais et parc Güell, Casa Milà – « La Pedrera » –, Casa Batlló, etc.), **Domènech i Montaner** (1850-1923), moderniste canonique (palais de la Musique catalane, Editorial Montaner et Simon – siège de la Fondation Tàpies –, Hôpital Sant Pau, château des Trois Dragons, Casa Lleó Morera, etc.) et **Puig i Cadafalch** (1867-1957) (Casa Amatller, Casa de les Punxes, Casa Quadras, etc.). Tous trois travaillèrent avec une pléiade de professionnels – architectes, ébénistes, vitriers.

Casa Batlló et Casa Amatller à Barcelone.

de nouveaux matériaux industriels tout en se présentant comme un art national associé au catalanisme politique.

L'architecture moderniste
Libérée de la ceinture de murailles qui l'opprimait, **Barcelone** dispose d'une magnifique zone d'expansion (le quadrillage de l'Ensanche). Elle devient la capitale du modernisme dès l'Exposition universelle de 1888.

L'art moderniste s'étend alors à travers toute la Catalogne, essentiellement dans les localités économiquement et démographiquement importantes, principalement sur la frange côtière, dans les zones industrialisées, les lieux de villégiature et les régions agricoles méridionales.

Les arts plastiques modernistes
Le modernisme inclut d'autres personnalités très brillantes. En **peinture**, **Ramón Casas** (1866-1932) et **Santiago Rusiñol** (1861-1931), dont les travaux sont très proches de l'impressionnisme français, sont les plus connus.

Ils sont suivis d'une deuxième génération avec des artistes comme Nonell, Mir, le jeune Picasso et Anglada Camarasa. Les musées d'Art moderne de **Barcelone**, Cau Ferrat de **Sitges** et de **Montserrat**, parmi tant d'autres, conservent de belles œuvres de ces artistes.

LE NOUCENTISME

Apparu au début du 20e s., le noucentisme se développe en réaction au modernisme. Il propose un retour aux sources classiques et méditerranéennes dans tous les domaines artistiques.

Eugeni d'Ors est l'idéologue du mouvement noucentiste (1911). Pour les arts plastiques, ce sont les peintres Torres-García, Joaquim Sunyer, le grand dessi-

nateur Xavier Nogués, le fresquiste Josep Obiols qui marquent cette époque. En sculpture, ce sont Josep Clarà, Enric Casanovas et Esteve Monegal, influencés par Aristide Maillol.

L'AVANT-GARDISME

La première vague
Initié par les peintres fauvistes et cubistes installés en Catalogne française (Matisse, Braque, Picasso...), ce courant artistique est porté en Catalogne par des artistes aussi brillants que Joan Miró (1893-1983) et Salvador Dalí (1904-1989).

Exposées pour la première fois à Barcelone en 1918 et 1925, leurs œuvres expriment le même désir de dépasser les cadres de la représentation classique et de s'affranchir de la réalité pour proposer une vision plus personnelle du monde. Jeux de couleurs et d'images construisent un univers onirique et poétique offert à la rêverie du spectateur.

Les peintres bénéficient de l'appui de riches mécènes, au premier rang desquels le marchand barcelonais Josep Dalmau. Personnage clef de la première vague avant-gardiste, il finança de nombreuses expositions, ainsi que la création de la célèbre revue dadaïste *391*.

La deuxième vague
La guerre civile et l'arrivée au pouvoir du général Franco contraignent à l'exil de nombreux artistes. L'avant-garde catalane renaît de ses cendres quelques années plus tard, grâce à un groupe de peintres constitué autour de la revue *Dau al Set* (1948-1954).

Cette deuxième vague avant-gardiste poursuit son chemin vers l'abstraction et expérimente de nouvelles techniques picturales comme les collages. Parmi ses plus grands représentants, on compte Tàpies (le plus connu sur le plan international ; une fondation à **Barcelone** porte son nom), Cuixart, Joan Ponç, Tharrats et Brossa.

Dans la seconde moitié du 20ᵉ s., les peintres avant-gardistes approfondissent leur démarche, associant divers matériaux pour sculpter la surface vierge de la toile. Inspirés par ce travail, de « jeunes » peintres, comme Miquel Barceló (né en 1957), ont acquis une renommée internationale.

L'ART CONTEMPORAIN

L'art catalan connaît au cours des années 1970 l'essor de diverses tendances picturales souhaitant dépasser l'informel qui caractérisait la décennie précédente.

Le conceptualisme catalan

L'un des mouvements les plus marquants qui se développe alors est le conceptualisme catalan. Il revendique l'emploi de nouveaux supports artistiques tels que la vidéo, l'installation et la *performance*. Les représentants les plus illustres sont, entre autres, A. Muntadas, F. Torres, R. Llimós, A. Miralda, C. Pujol et F. Abad.

Au cours des années 1980 surgit toute une série de jeunes peintres (F. Amat, F. García Sevilla, Zush, X. Grau et Miquel Barceló) qui créent une peinture de style expressionniste en rapport avec les courants internationaux du moment. Les sculpteurs ne sont pas non plus en reste avec notamment Susana Solano et S. Aguilar.

Réalisé par l'architecte américain Richard Meyer, le musée d'Art contemporain de **Barcelone** est l'un des lieux emblématiques de ces nouvelles tendances.

L'architecture

Elle connaît une période d'essor particulièrement brillante dès les années 1960, avec des artistes et architectes tels que J.A. Coderch, Bohigas-Martorell-Mackay, H. Piñón et A. Viaplana.

Cette époque de création et d'aménagement urbains atteint son apogée avec le profond remaniement de la ville de **Barcelone** pour l'accueil des jeux Olympiques en 1992. À cette occasion, divers personnages internationalement connus interviennent dans la cité barcelonaise,

notamment le catalan **Ricardo Bofill** et son équipe de Taller de Arquitectura.

Le design

La Catalogne bénéficie en ce domaine d'une reconnaissance internationale largement méritée, de part ses couleurs, ses textures, ses matières, son utilité, sa créativité et son originalité.

Les arts décoratifs catalans ont des racines historiques profondément ancrées. Au 18ᵉ s. fut fondée à Barcelone l'Escola de Nobles Arts destinée à stimuler la fabrication de nouveaux produits. Le développement définitif de la révolution industrielle s'est accompagné de l'émergence de nouvelles idées très créatives. Ainsi aux 19ᵉ et 20ᵉ s., le design n'eut de cesse d'évoluer malgré les intransigeances culturelles et le respect des techniques traditionnelles auxquels il dut se plier bien souvent.

Néanmoins, avec la fondation de centres spécifiques comme l'ADI-FAD (Agrupació de Disseny Industrial, section du Foment de les Arts Decoratives) puis, plus tard, le BCD (Barcelona Centre de Disseny), le concept de design se révéla l'emblème le plus représentatif pour définir les artistes catalans aussi importants qu'André Ricard, Miquel Milà, Óscar Tusquets et Javier Mariscal, entre autres.

La Barcelone de 1992

Avant d'accueillir les Jeux olympiques de 1992, Barcelone entreprit une large campagne de réhabilitation urbanistique et architecturale. Les meilleurs architectes locaux tels Bohigas, Martorell, Bofill et bien d'autres encore se joignirent à des professionnels étrangers de l'envergure de Meyer et Isozaki pour remodeler des quartiers entiers, recouvrir la façade maritime, créer de nouveaux centres culturels et récréatifs, et projeter la construction d'immeubles de bureaux et de logement. Les nouveaux espaces paysagers furent agrémentés par les œuvres des sculpteurs les plus en vue, comme Chillida, Oteiza, Krier ou Lichtenstein. La Barcelone de 1992 est sans conteste l'un des fleurons les plus complets du monde artistique actuel.

ABC d'architecture

Les termes espagnols, sans équivalent en français, sont indiqués en italiques dans les pages qui suivent et utilisés sous leur forme espagnole dans le guide.

Architecture religieuse

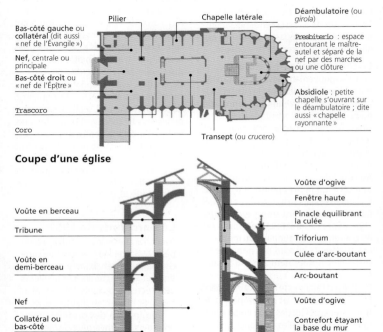

Plan de la cathédrale de BARCELONE (13ᵉ-15ᵉ s.)

Bas-côté gauche ou collatéral (dit aussi « nef de l'Évangile »)

Nef, centrale ou principale

Bas-côté droit ou « nef de l'Épître »

Trascoro

Coro

Pilier

Chapelle latérale

Transept (ou crucero)

Déambulatoire (ou girola)

Presbiterio : espace entourant le maître-autel et séparé de la nef par des marches ou une clôture

Absidiole : petite chapelle s'ouvrant sur le déambulatoire ; dite aussi « chapelle rayonnante »

Coupe d'une église

Voûte en berceau

Tribune

Voûte en demi-berceau

Nef

Collatéral ou bas-côté

Voûte d'ogive

Fenêtre haute

Pinacle équilibrant la culée

Triforium

Culée d'arc-boutant

Arc-boutant

Voûte d'ogive

Contrefort étayant la base du mur

Romane

Gothique

Retables

Les églises espagnoles sont fréquemment décorées d'un retable monumental, dit *retablo mayor* (grand retable), qui s'élève souvent jusqu'aux voûtes. Il est placé derrière le maître-autel, lui-même situé dans la *capilla mayor*.

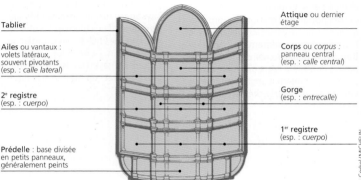

Tablier

Ailes ou vantaux : volets latéraux, souvent pivotants (esp. : *calle lateral*)

2ᵉ registre (esp. : *cuerpo*)

Prédelle : base divisée en petits panneaux, généralement peints

Attique ou dernier étage

Corps ou *corpus* : panneau central (esp. : *calle central*)

Gorge (esp. : *entrecalle*)

1ᵉʳ registre (esp. : *cuerpo*)

R. Corbel/MICHELIN

Arcs

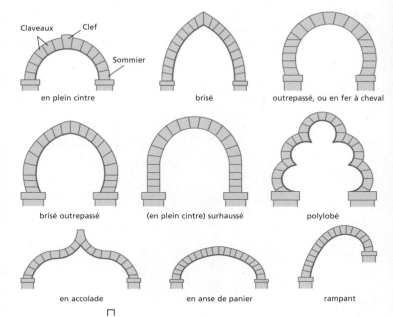

Claveaux Clef
Sommier

en plein cintre

brisé

outrepassé, ou en fer à cheval

brisé outrepassé

(en plein cintre) surhaussé

polylobé

en accolade

en anse de panier

rampant

Voûtes

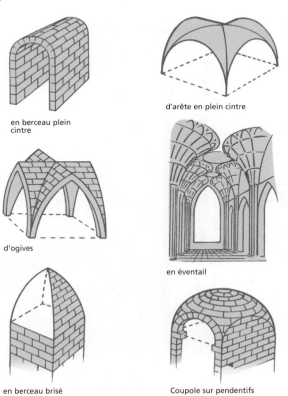

en berceau plein cintre

d'arête en plein cintre

d'ogives

en éventail

en berceau brisé

Coupole sur pendentifs

R. Corbel/MICHELIN

ESCUNHAU – portail de l'église de Sant Pere (11ᵉ-12ᵉ s.)

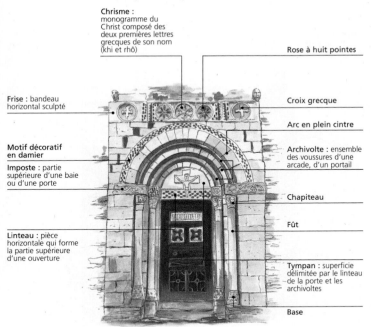

Chrisme : monogramme du Christ composé des deux premières lettres grecques de son nom (khi et rhô)

Rose à huit pointes

Frise : bandeau horizontal sculpté

Croix grecque

Arc en plein cintre

Motif décoratif en damier

Archivolte : ensemble des voussures d'une arcade, d'un portail

Imposte : partie supérieure d'une baie ou d'une porte

Chapiteau

Fût

Linteau : pièce horizontale qui forme la partie supérieure d'une ouverture

Tympan : superficie délimitée par le linteau de la porte et les archivoltes

Base

TAÜLL – église de Sant Climent (12ᵉ s.)

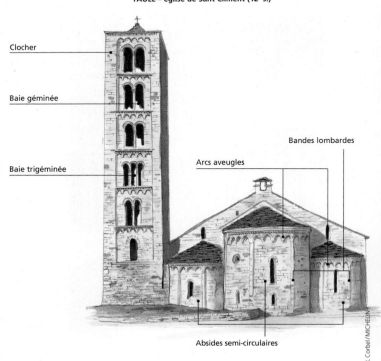

Clocher

Baie géminée

Baie trigéminée

Bandes lombardes

Arcs aveugles

Absides semi-circulaires

R. Corbel/MICHELIN

POBLET – intérieur de l'église du monastère Santa Maria (12ᵉ-14ᵉ s.)

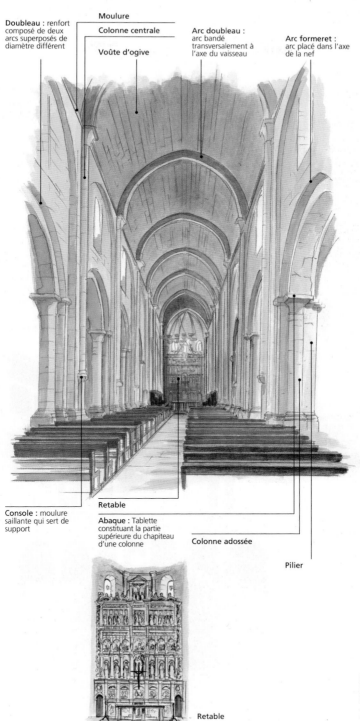

Doubleau : renfort composé de deux arcs superposés de diamètre différent

Moulure

Colonne centrale

Voûte d'ogive

Arc doubleau : arc bandé transversalement à l'axe du vaisseau

Arc formeret : arc placé dans l'axe de la nef

Console : moulure saillante qui sert de support

Retable

Abaque : Tablette constituant la partie supérieure du chapiteau d'une colonne

Colonne adossée

Pilier

Retable

TARRAGONA – Cathédrale (12ᵉ-14ᵉ s.)

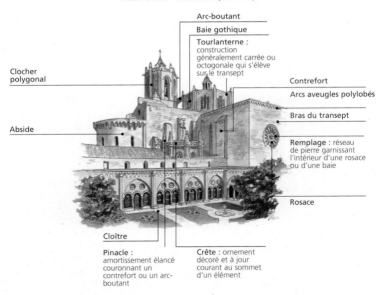

Arc-boutant

Baie gothique

Tourlanterne : construction généralement carrée ou octogonale qui s'élève sur le transept

Clocher polygonal

Contrefort

Arcs aveugles polylobés

Bras du transept

Abside

Remplage : réseau de pierre garnissant l'intérieur d'une rosace ou d'une baie

Rosace

Cloître

Pinacle : amortissement élancé couronnant un contrefort ou un arc-boutant

Crête : ornement décoré et à jour courant au sommet d'un élément

TORTOSA – Patio du collège Sant Lluís (16ᵉ s.)

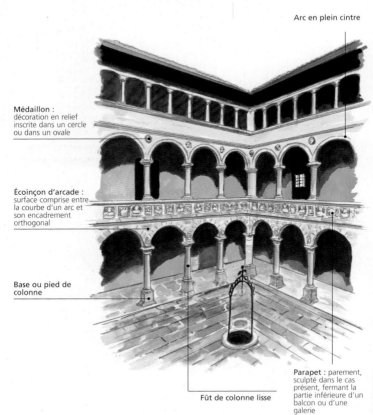

Arc en plein cintre

Médaillon : décoration en relief inscrite dans un cercle ou dans un ovale

Écoinçon d'arcade : surface comprise entre la courbe d'un arc et son encadrement orthogonal

Base ou pied de colonne

Parapet : parement, sculpté dans le cas présent, fermant la partie inférieure d'un balcon ou d'une galerie

Fût de colonne lisse

R. Corbel/MICHELIN

GIRONA – portail de la cathédrale (18ᵉ s.)

Volute

Piédestal

Console

Fleuron

Venera : motif décoratif en forme de coquille Saint-Jacques

Chapiteau composé

Fronton divisé

Soubassement

Niche servant généralement à accueillir une statue

Pilastre : pilier adossé à un mur, dans lequel il est engagé

Statue

Entablement : structure horizontale composée de moulures surmontant colonnades, pilastres et piliers

R. Corbel/MICHELIN

Quelques termes d'art

Abaque : pièce en forme de tablette qui couronne le chapiteau.

Abside : extrémité du chœur d'une église. Elle peut être semi-circulaire ou polygonale.

Absidioles : petites chapelles radiales s'ouvrant sur le déambulatoire dans une église romane ou gothique.

Ajimez : baie géminée en arc.

Alfiz : moulure rectangulaire qui encadre les arcs dans l'architecture arabe.

Almohadillado : se dit d'un bossage constitué de pierres de taille saillantes aux arêtes biseautées ou arrondies.

Arcade : ensemble constitué d'un arc et de ses supports dits jambages (ou piédroits).

Archivolte : ensemble de moulures concentriques, en retrait les unes par rapport aux autres, décorant la face externe d'un arc.

Atlante : statue masculine faisant fonction de colonne ou de pilier.

Bandes lombardes : bandes verticales de faible saillie, unies à leur sommet par de petites arcades soutenues par des corbeaux ou des modillons.

Beatus : moine asturien, auteur des *Commentaires de l'Apocalypse* à Liébana en 784. Par la suite, ce terme devient générique et désigne les copies manuscrites de l'œuvre.

Caisson : compartiment creux compris entre les solives d'un plafond, parfois décoré.

Camarín : petite chapelle en arrière de l'autel, située au premier étage, où l'on vénère généralement une statue de la Vierge précieusement vêtue.

Cariatide : statue féminine faisant fonction de colonne ou de pilier.

Chevet : partie extérieure du chœur d'une église.

Chœur : espace autour du grand autel, séparé de la nef par des marches ou une clôture.

Chrisme : monogramme du Christ formé par les deux premières lettres de Christos en grec (X et P) auxquelles on peut ajouter les lettres alpha et oméga, qui représentent le début et la fin de toutes choses.

Clef de voûte : claveau central d'un arc cintré ou pièce, souvent décorée, située à l'intersection d'une croisée d'arcs.

Console : organe en saillie supportant une corniche, un balcon, par exemple.

Contrefort : renfort de maçonnerie appliqué sur les murs extérieurs pour diminuer les effets de la poussée.

Portail de l'église romane de Sant Joan d'Isil.

J. Malburet / Michelin

Cor : partie de l'église réservée au clergé, généralement située, dans les cathédrales espagnoles, dans la partie centrale de la nef principale ; précédant l'autel, le coro peut être de plain-pied ou surélevé.

Déambulatoire : *voir Girola*.

Écoinçon : partie de mur triangulaire, comprise entre deux arcs successifs.

Estípite : pilastre en forme de pyramide tronquée dont la base est plus petite que la partie supérieure.

Gâble : fronton triangulaire aigu, typique du gothique. Il peut comporter une décoration massive ou ajourée.

Géminé : se dit de tout élément groupé par paire.

Girola : déambulatoire, galerie prolongeant les deux nefs latérales d'une église et faisant le tour du chœur.

Grotesque : décoration typique de la Renaissance qui associe des éléments végétaux, des êtres fantastiques et des animaux enlacés formant un tout.

Jambages : montants verticaux, souvent décorés, qui soutiennent un linteau ou un arc d'une porte ou d'une fenêtre.

Lanterne : construction circulaire couronnant une coupole et percée de baies pour laisser entrer la lumière.

Linteau : pièce horizontale placée au-dessus d'une baie et reliant deux jambages, piliers ou colonnes.

Mâchicoulis : parapet d'un château, en saillie, soutenu par des consoles et percé verticalement d'ouvertures.

Meneau : montant ou traverse divisant une ouverture en deux ou plusieurs compartiments.

Miséricorde : petite console visible quand les sièges des stalles sont levés, et servant aux moines à s'appuyer en donnant l'impression qu'ils sont debout.

Modillon : ornement en forme de console placé sous la saillie d'une corniche.

Narthex : vestibule précédant une basilique.

Oculus : petite fenêtre circulaire ou elliptique, dite aussi œil-de-bœuf.

Pantocrator : représentation du Christ triomphant, très fréquente au Moyen Âge, avec les Évangiles dans la main gauche et la main droite en attitude de bénédiction.

Parteluz : meneau vertical (pilier ou colonne) qui divise en deux l'ouverture ou la lumière d'un porche ou d'une fenêtre.

Pendentif : construction en triangle concave ménagée entre les arcs supportant une coupole. Cette adjonction permet de passer d'un plan carré à un plan circulaire.

Péristyle : jardin entouré de colonnes, typique des maisons grecques. On l'utilise aussi pour désigner la galerie de colonnes qui entoure un bâtiment.

Pilastre : pilier adossé contre un mur.

Pinacle : couronnement en pointe – typique du gothique – d'un contrefort, d'un arc-boutant ou de la flèche d'une tour ; il est généralement décoré, ajouré.

Plementería : ensemble de pierres qui ferment, dans les voûtes gothiques, les espaces restant entre les arcs.

Prédelle : partie inférieure d'un retable (on l'appelle aussi banc).

Stuc : mélange de plâtre ou de chaux et de prèle (il peut aussi contenir de la poudre de marbre).

Tambour : élément architectonique cylindrique ou polygonal sur lequel s'élève une coupole semi-sphérique. Chacune des pièces cylindriques qui forment le fût d'une colonne (quand il ne s'agit pas de monolithe).

Tour lanterne : tour portée sur quatre grands arcs et percée de baies éclairant l'église. Elle s'élève sur la croisée du transept.

Travée : espace compris entre deux points d'appui.

Triforium : galerie circulant au-dessus des collatéraux et s'ouvrant sur la nef centrale.

Trompe : arc diagonal bandé placé dans les angles d'une construction carrée, permettant le passage d'un plan carré à un plan polygonal. On donne aussi ce nom aux petites voûtes tronquées supportant des constructions d'angle en encorbellement.

Tympan : surface intérieure d'un fronton. Espace généralement décoré, délimité par les archivoltes et le linteau dans les porches des églises.

Venera : ornement en forme de coquille Saint-Jacques, symbole des pèlerinages de Saint-Jacques-de-Compostelle.

Voûte d'arêtes : formée par la pénétration de deux voûtes en berceau de même diamètre se coupant à angle droit.

Voûte en berceau : succession d'arcs en plein cintre le long d'un axe longitudinal.

Voûte sur croisée d'ogives : voûte soutenue par deux arcs diagonaux dits ogives se croisant perpendiculairement à la clef de voûte et dont les arêtes renforcées de nervures saillantes délimitent quatre voûtins triangulaires.

Yesería : ouvrage de plâtre. Décor habituellement sculpté ou gravé et peint.

Langue et littérature

Au 12ᵉ s., l'apparition des premières formes d'expression littéraire catalanes marque le début d'une longue histoire où se succéderont périodes de splendeur et de décadence parallèlement aux événements historiques. Ces dernières années, l'usage du catalan s'est normalisé, et le répertoire littéraire devient prometteur.

ORIGINES

Les modèles les plus anciens de littérature catalane datent du 12ᵉ s. (une traduction du *Forum Iudicum* et des homélies ont été retrouvées dans la paroisse d'Organyà).

Le catalan

Langue officielle depuis 1983, le catalan est une langue romane proche de l'occitan. D'origine lointaine, son usage s'est étendu au cours du Moyen Âge, au moment des grandes conquêtes de la royauté catalano-aragonaise. Il est aujourd'hui parlé dans toute la Catalogne, mais aussi dans la majeure partie de la Communauté de Valence, la frange située à la frontière de l'Aragon, en Andorre, aux îles Baléares et en Roussillon. Selon une étude menée en 2003 par l'Idescat, l'Institut de statistiques catalan, à la question « Quelle est votre langue ? », 49 % des Catalans répondent « le catalan » et 44 % « l'espagnol ».

L'étroite relation existant entre la Catalogne et la Provence pendant le haut Moyen Âge suppose l'adoption du provençal en tant que langue poétique.

Parmi les troubadours catalans de cette époque, on compte le créateur de la prose littéraire catalane **Ramón Llull** (1233-1315). Ne maîtrisant pas bien le latin, la langue scientifique par excellence, Ramón Llull choisit d'écrire en catalan, hissant cette langue, par la qualité de son écriture, au rang de langue littéraire à part entière.

Parmi les apports importants, on compte aussi **quatre grandes chroniques** : *El libre dels feyts*, dicté par Jaume Ier le Conquérant, la narration des faits liés au règne de Pierre III le Grand par Bernat Desclot, le récit de l'expansion catalane en Méditerranée par Ramón Muntaner (à partir de 1325) et la chronique du règne de Pierre IV le Cérémonieux, ou le Cruel, rédigée par le roi lui-même avec l'aide de Bernat Descoll et d'autres collaborateurs.

LE SIÈCLE D'OR

Le 15e s. est le siècle d'or du style lyrique catalan, très influencé par l'humanisme italien. L'une de ses figures les plus brillantes est valencienne, **Ausiàs Marc**, dont la poésie marque un tournant dans l'histoire littéraire catalane : il abandonne le provençal, la langue poétique traditionnelle, au profit du catalan.

La grande école de prosateurs est la chancellerie royale, influencée par l'humanisme, dont on remarquera en particulier **Bernat Metge**, auteur de *Lo Somni* (*Le Rêve*, 1399). Vers la même époque naît le roman chevaleresque en catalan, avec *Curial e Güelfa* (œuvre anonyme) et *Tirant lo Blanc*, œuvre du Valencien Joanot Martorell qui inspira le célèbre « El Quijote ». *L'Espill* (*Le Miroir*), de Jaume Roig, autre Valencien, peut être considéré comme le précurseur du roman picaresque espagnol du 16e s.

LA DÉCADENCE

La perte de l'hégémonie politique ainsi que la disparition de la cour et de la chancellerie entraînent pour la littérature catalane une longue période de **décadence** (16e-18e s.). Celle-ci va s'aggraver avec l'avènement des Bourbons et le décret de Nueva Planta, par lequel on cherche à imposer une uniformisation à la française aux territoires de la couronne d'Aragon, en interdisant l'usage du catalan dans la langue administrative.

LA RENAIXENÇA

La montée de la bourgeoisie commerçante et industrielle catalane et le romantisme (19e s.) sont à l'origine d'un mouvement de renouveau culturel, la **Renaixença**, engagé par **Bonaventura Carles Aribau** dans son *Oda a la Pàtria* (1833). Les grands poètes du siècle sont le prêtre **Jacint Verdaguer** (1845-1902), dont les poèmes épiques (*L'Atlàntida*, *El Canigó*) donnent une nouvelle vigueur au catalan savant à partir de son usage populaire, et **Joan Maragall** (1860-1911), dont l'œuvre éveille une forte résonance civique. **Àngel Guimerà** *(Terra Baixa)*, dramaturge de renommée mondiale, connaît une popularité considérable.

LE CATALANISME

Au 20e s., la mise en place du catalanisme politique et son accès aux institutions publiques (la Mancomunitat présidée par Prat de la Riba) permettent, pour la première fois en deux siècles, la consolidation d'une « culture officielle ». Celle-ci sera décisive pour la modernité européenne et connue sous le nom de **noucentisme**.

Le principal mentor idéologique est **Eugeni d'Ors** (1882-1954), grand essayiste et habile polémiste. Quant à **Pompeu Fabra**, il pose les bases grammaticales et lexicales du catalan moderne.

Jusqu'à la guerre civile, la littérature catalane vit une période de splendeur qu'on ne peut comparer qu'aux brillants 14e et 15e s. Il convient de mettre en évidence les poètes de la catégorie de Josep Carner, Jaume Bofill i Matas (Guerau de

Le théâtre catalan

D'ancienne tradition théâtrale, la Catalogne est le siège de nombreuses compagnies de réputation internationale. Aux côtés de Dagoll Dagom, La Cubana et Els Joglars, La Fura dels Baus est l'une des compagnies d'avant-garde les plus dynamiques de Catalogne. Après avoir imaginé la cérémonie d'ouverture des Jeux olympiques de 1992, elle s'est lancée en 2004 dans un nouveau projet d'envergure internationale. À bord du *Naumon*, un ancien navire de marine marchande, elle a sillonné durant trois ans la Méditerranée, enrôlant de nouveaux acteurs à chaque escale (Italie, Grèce, etc.) et proposant de nombreux spectacles à bord et à terre !

Els Joglars

La compagnie de théâtre Els Joglars.

Liost), Josep López Picó et Josep Sagarra, également célèbre dramaturge. Nous devons aussi un hommage à **Carles Riba**, poète lyrique, et à Joan Estelrich, tous deux créateurs de la Fondation Bernat Metge, qui se consacre à la traduction des œuvres classiques.

Les courants avant-gardistes ont trouvé un écho auprès d'écrivains tels que l'anarchisant Joan Salvat-Papasseit ou Josep Vicenç Foix, qui associe la grande tradition d'un Ausias Marc avec les tendances littéraires les plus avancées. Joan Oliver, poète et dramaturge, introduit le sens de la critique mordante et socialement engagée.

En ce qui concerne l'art de la prose, citons Caterina Albert, qui, sous le pseudonyme de **Víctor Català**, écrivit le premier grand roman moderne catalan (*Solitud*, 1906), et **Josep Pla** (1897-1981), indispensable à la connaissance de la Catalogne du 20e s.

La prohibition sévère de l'usage public de la langue catalane après la guerre civile se traduisit par un effondrement de la littérature, surtout du style narratif. La littérature catalane de l'immédiat après-guerre est celle d'auteurs exilés, tel **Mercè Rodoreda** (*La Place du diamant*, 1960).

À partir des années 1960, les attitudes de défense linguistique se multiplient et s'accompagnent d'un certain conservatisme. Parmi les nouveaux poètes, on compte surtout Josep Palau i Fabre et Joan Vinyoli, et, parmi les narrateurs,

Joan Sales (*Gloire incertaine*, 1956, le grand roman sur la guerre civile). Manuel de Pedrolo est un romancier préoccupé par la nécessité d'introduire des genres modernes face à une narration trop limitée ; Joan Fuster (*Nosaltres, els valencians*) est un brillant essayiste clairement pan-catalaniste.

LES NOUVELLES GÉNÉRATIONS

Avec l'assouplissement de la dictature, la littérature catalane reprend de la vigueur. Elle gagne peu à peu une dimension internationale grâce à des poètes comme **Gabriel Ferrater** (1922-1972), auteur du magnifique recueil *Les femmes et les jours* (1968).

Francisco González Ledesma (*Les rues de Barcelone*), **Jesús Moncada** (*Les Bateliers de l'Èbre, Frémissante mémoire*), **Quim Monzó** (*Le meilleur des mondes*), **Maria Mercè Roca** (*Basse saison, Les escaliers de Port-Bou, Un temps pour perdre, Ça ressemble à l'amour*), **Montserrat Roig** (*Le chant de la jeunesse*) et **Ferran Torrent** (*Contre les cordes*) comptent parmi les grands romanciers catalans.

Sans oublier les incontournables **Juan Goytisolo** (*Juan sans terre*), **Eduardo Mendoza** (né en 1943) qui a atteint la notoriété internationale avec *Le Labyrinthe aux olives* (1982) et **Manuel Vázquez Montalbán** (1939-2003), dont le personnage du détective désabusé, Pepe Carvalho, est l'une des grandes figures de la littérature policière.`

Quelques grandes figures catalanes

Terre féconde aux grands destins ? Au 20e s., la Catalogne a vu éclore de nombreuses personnalités de premier plan, et cela dans tous les domaines.

ARTS

✎ Voir aussi les écrivains, dans le chapitre précédent.

Salvador Dalí (1904-1989) – Célèbre peintre surréaliste *(voir p. 184, 235)*.

Joan Miró (1893-1983) – Peintre majeur de l'Art moderne *(voir p. 156)*.

Antoni Tàpies (1923) – Né à Barcelone, l'artiste commence à peindre à 23 ans. Il se lance dans l'abstraction en 1953 et réalise des « œuvres champs de bataille » empreints de graffiti, traces et glyphes. Le parcours de ce peintre majeur de la seconde moitié du 20e s. est retracé par sa fondation, créé à Barcelone en 1984.

Antoni Gaudí (1852-1926) – Célèbre architecte barcelonais *(voir « Découvrir Barcelone » » p. 105-106)*.

Ricardo Bofill (1939) – Cet architecte enfant de Barcelone a obtenu une reconnaissance internationale avec ses bâtiments post-modernes inspirés de l'époque antique. Il a créé un cabinet, Taller de Arquitectura.

Xavier Mariscal (1950) – L'un des plus célèbres designers, connu pour la mascotte des JO (« Cobi »), ses dessins animés aux héros vagabonds (*Los Garriris*). Originaire de Valence, il a fait de Barcelone sa ville adoptive.

MUSIQUE

Pau Casals (1876-1973) – Violoncelliste de génie`, également chef d'orchestre et compositeur. Né à El Vendrell (près de la Costa Daurada), il est l'un des plus grands musiciens de son temps, jouant dans les salles prestigieuses du monde entier et créant un orchestre de haut niveau à Barcelone. Il est aussi un défenseur de la démocratie et de la Catalogne : dénonçant le laxisme de la communauté internationale face au franquisme, il refuse de donner des concerts jusqu'à la mort du Caudillo. Il meurt à Porto Rico en 1973, où il s'est installé pour créer l'orchestre symphonique. *Voir aussi p. 218.*

Montserrat Caballé (1933) – Née à Barcelone, cette cantatrice soprano bien connue des amateurs d'opéra est réputée pour sa technique de bel canto. Elle se révèle en 1987 à un plus large public par son duo avec feu Freddie Mercury, du groupe de rock *Queen*. En 1992, le morceau devient l'hymne des JO de Barcelone.

Lluís Llach i Grande, dit Lluís Llach (1948) – Né à Verges, un village de la province de Girona, ce chanteur est considéré comme le fondateur de la chanson moderne catalane. Sous Franco, il chante en catalan, alors que l'usage de cette langue est interdite par la dictature. Avec son groupe Els Setze Jutges (Les seize juges), il mène la lutte politique à travers ses concerts, souvent interdits par la censure. L'artiste doit d'ailleurs s'exiler à Paris durant cinq ans. Il rentrera en Catalogne à la mort de Franco, en 1976. Après 29 albums, Lluís Llach a mis fin à sa carrière en 2006.

GASTRONOMIE

Ferran Adrià Acosta (1962) – Aussi encensé que critiqué, ce chef s'est taillé une réputation internationale en devenant le porte-drapeau de la gastronomie moléculaire. Situé sur la Costa Brava, son restaurant El Bulli (le bouledogue) sert des miniatures ultra techniques : air de carotte, olives sphériques, gingembre cuit à l'azote liquide, etc. *(voir p. 206)*.

POLITIQUE

Jordi Pujol (1930) – Figure mythique du nationalisme catalan, il est resté président de la Generalitat durant 23 ans, jusqu'à ce que les socialistes l'emportent en 2003. Emprisonné sous l'ère Franco, il est érigé à sa sortie de prison comme le symbole de toute une nation. En 1980, il devient le premier président de la Generalitat, après avoir été le chef du parti nationaliste conservateur.

Pasqual Maragall (1941) – Il est le premier socialiste à accéder à la tête de la Generalitat, en 2003. Petit-fils du célèbre poète catalan Joan Maragall *(voir p. 84)*, il a été maire de Barcelone pendant les JO 1992.

SPORTS

Joan Laporta (1941) – Cet avocat de formation est le président de l'emblématique « F. C. Barcelone » depuis 2003. Plus qu'un simple club de foot, le « Barça » est l'orgueil de toute une région. D'un côté comme de l'autre des Pyrénées, de nombreux supporters s'identifient au maillot *blau-grana*, au delà des clivages sportifs et des frontières.

LA CATALOGNE AUJOURD'HUI

Les Catalans tirent une grande fierté de leur histoire millénaire, qui leur a légué une identité forte. Les emblèmes les plus évidents en sont une langue, un drapeau et un gouvernement autonome. Mais cette nation est aussi résolument tournée vers l'avenir. La Catalogne, terre de pionniers, se révèle dans bien des aspects à la pointe de l'avant-garde espagnole.

La cathédrale de Barcelone.

J. Balanya / Michelin

La société catalane

La Catalogne a sa langue, son drapeau, sa capitale, son gouvernement, sa gastronomie, son club de football et... son peuple ! Voilà des siècles que la société catalane cultive son identité propre au quotidien.

QUI SONT LES CATALANS ?

Sept millions d'habitants

Pour la première fois de son histoire, la population catalane a franchi la barre des sept millions d'habitants en 2005. Cette croissance démographique est en partie attribuée à un accroissement de l'immigration.

La capitale, Barcelone, et ses alentours concentrent plus de 60 % de la population catalane. Selon le conseil municipal de Barcelone, la population de la capitale catalane comptait 1,6 million d'habitants en 2006. L'agglomération, elle, atteignait le chiffre de 5,3 millions d'habitants. Ce n'est toutefois pas un record démographique puisque la population barcelonaise avait déjà atteint près de deux millions d'habitants en 1979.

Mais les années 1980 et 1990 ont été marquées par la recherche d'une meilleure qualité de vie, que certains sont partis chercher dans les villes-satellites de Barcelone. Après avoir diminué progressivement, la population barcelonaise a atteint son niveau le plus bas en l'an 2000, avec 1,5 million d'habitants. Ces dernières années, la tendance s'est de nouveau inversée : de plus en plus de jeunes reviennent vers le centre-ville, un mouvement qui provoque de vives tensions sur l'immobilier.

Une immigration dynamique

Le besoin d'une main-d'œuvre à bon marché a entraîné un nouveau mouvement migratoire de grande ampleur, des ressortissants étrangers venus chercher du travail dans le bâtiment, l'hôtellerie ou les services à domicile.

Dans les années 1960 et 1970, les habitants de l'Andalousie et de l'Estrémadure sont venus s'installer en Catalogne pour faire tourner ses usines. Aujourd'hui, les immigrés arrivent d'Amérique latine, du Maghreb, et, moins nombreux, d'Europe de l'Est.

Depuis le début des années 2000, certains experts estiment le nombre de nouveaux arrivants à un demi-million. Ces dernières années, l'ampleur de cette vague migratoire a obligé le gouvernement catalan à élaborer une véritable politique d'intégration. À Barcelone, on recense 13,8 % d'immigrés.

La tauromachie, très prisée des Catalans.

VIVRE À L'HEURE CATALANE

Oui, la Catalogne est sur le même fuseau horaire que Paris ! Difficile à croire tant les habitudes de vie diffèrent. Il faudra d'abord garder à l'esprit qu'en Catalogne – comme dans toute l'Espagne –, la sieste est encore une institution. Cela vaut dans les commerces (la plupart ferment entre 13h30 et 16h30, voire 17h) mais aussi dans les musées, les écoles, les établissements de service public et les banques.

Il existe donc une sorte de décalage horaire catalan, et plus généralement espagnol. On déjeune ici bien plus tard qu'en France. Dans les restaurants, le service du midi dure de 13h à 16h, celui du soir de 21h à 23h. Dans les boîtes de nuit, n'espérez pas trouver les pistes enfiévrées avant 2h ou 3h du matin. À Barcelone, sur les Ramblas, il n'est pas rare que les noctambules aient encore à faire la queue au stand de taxi à… 8h du matin !

DES CATALANS PASSIONNÉS

La passion du foot

Le F. C. Barcelone ? « Això és més que un club » (c'est plus qu'un club). Cette maxime revient souvent à propos du « **Barça** », le diminutif utilisé par tous les Calatalans. Véritable phénomène de société, l'emblématique club de *fútbol* barcelonais a fêté son centenaire en 1999 au Nou Camp, l'un des plus grands stades de football d'Europe, avec près de 100 000 places.

Le club *blau-grana* (bleu et grenat, en rapport avec la couleur de son maillot) est le grand rival du Real de Madrid, fondé en 1902. Un match entre les deux plus grands clubs espagnols donne lieu à des discussions enflammées aux terrasses des cafés *(voir p. 86)*.

La passion de la tauromachie

Comme dans le reste de l'Espagne, la corrida est une institution populaire en Catalogne. Malgré les protestations des défenseurs des animaux, les aficionados catalans sont nombreux. Coup de tonnerre dans le monde tauromachique espagnol : en 2004, les conseillers municipaux de Barcelone et Tossa de Mar ont décidé de l'interdire.

Depuis 1988, la Catalogne était dotée d'une loi interdisant l'utilisation des animaux dans les spectacles, si cela risque de leur occasionner des souffrances. Mais la tauromachie a bénéficié d'une exception, partout où elle est une tradition. Autrement dit, partout où des arènes ont été construites, comme à Barcelone, où elles datent du 19ᵉ s. La balle est aujourd'hui dans le camp du gouvernement catalan, qui a promis de réfléchir à la question.

L'incontournable sociabilité

En Catalogne, comme ailleurs dans la péninsule, la sociabilité se manifeste beaucoup dans la rue. On aime se retrouver, en famille ou entre amis, à l'heure du *paseo* (la promenade), un peu avant le dîner. Autre option très populaire : faire la tournée des bars à tapas, pour goûter avant tout le plaisir de la convivialité.

Vous remarquerez très vite que les Espagnols utilisent spontanément le tutoiement. La connaissance de quelques mots de catalan ne pourra que favoriser le contact avec la population, qui utilise très peu le castillan.

L'organisation politique et administrative

Les Catalans revendiquent davantage d'autonomie et de moyens financiers, n'hésitant pas à porter le débat sur la scène européenne.

LE DRAPEAU CATALAN

La « **senyera** », le drapeau catalan, à quatre bandes (« barres ») verticales rouges sur fond jaune, remonte à la tradition comtale de Barcelone. Il est décrit à partir du 13e s., bien que les armes catalanes aient déjà été trouvées dans le tombeau de Ramón Berenguer II, décédé en l'an 1082. Avec Alfons Ier le Chaste, il devient l'emblème de la confédération catalano-aragonaise, puis également, ultérieurement, celui des pays rattachés au royaume d'Aragon.

Selon la légende, Charles le Chauve, roi des Francs, demanda de l'aide au comte de Barcelone, Jofré le Vieux, plus connu sous le nom de **Wilfred le Poilu**, lorsqu'il se fit attaquer par les Normands. Celui-ci répondit immédiatement à son appel. Le courage et la hardiesse de Wilfred et de ses chevaliers furent tels qu'ils réussirent à faire basculer la victoire du côté franc.

En signe de reconnaissance, le roi voulut accorder une faveur au comte catalan, dont les blessures reçues durant la bataille saignaient encore. Wilfred lui demanda des armoiries pour son bouclier, et le roi, mouillant quatre doigts de sa main droite avec le sang du blessé, dessina sur le bouclier du comte les quatre barres catalanes.

👁 Vous avez aussi remarqué le dessin d'un âne sur certaines voitures immatriculées en Catalogne ? C'est une race animale en voie d'extinction : le *burro catalàn* (l'âne catalan). Certains nationalistes voudraient que cette espèce protégée deviennent l'emblème de la région.

LA GENERALITAT

La Catalogne est l'une des 17 communautés autonomes de l'État espagnol. Les communautés autonomes sont totalement compétentes en matière notamment d'urbanisme, d'aménagement du territoire, de tourisme et d'assistance sociale, alors que le pouvoir décisionnaire en ce qui concerne la défense, la politique extérieure, la surveillance des frontières et la monnaie demeure entre les mains du seul État central.

L'institution d'auto-gouvernement est la **Generalitat**, formée par le Parlement de Catalogne, le président de la Generalitat et le gouvernement catalan. Le Parlement, élu au suffrage universel tous les quatre ans, représente le peuple catalan, élit le président parmi ses membres, élabore, discute et approuve les lois propres à la Catalogne. Le mode de représentation est celui d'une démocratie parlementaire dans laquelle le Parlement donne la responsabilité de former un gouvernement au candidat en mesure de réunir une majorité parlementaire suffisante.

Le **président** de la Generalitat, qui détient le plus haut degré de représentation de cette institution, propose, une fois élu, un gouvernement, ou conseil exécutif, dont il dirige et coordonne les actions. Le gouvernement catalan est formé de douze ministères, ou *conselleries*.

Le **Síndic de Greuges**, sorte de médiateur chargé de contrôler le fonctionnement de l'administration publique catalane afin de garantir le respect des droits et libertés du citoyen, et la **Sindicatura de Comptes**, organe chargé, lui, de contrôler la gestion économique, financière et comptable du secteur public catalan, dépendent du Parlement. L'organisation judiciaire propre culmine avec le Tribunal Superior de Justícia de Catalunya.

En ce qui concerne l'organisation territoriale, se superposent actuellement deux divisions administratives : celle de l'État, qui divise le territoire catalan en quatre provinces – Barcelone, Tarragone, Lérida et Gérone –, dotées de *diputaciones* (conseils généraux administrant les

> ### Petite histoire de la Generalitat
>
> Ses antécédents remontent à la Generalitat médiévale (14e s.), ou Diputació del General, qui était une commission permanente des Chambres (Corts). L'institution moderne a été créée en avril 1931, suite à la proclamation de la République. Son premier président fut **Francesc Macià**, populairement connu sous le nom sympathique de *l'avi* (le grand-père). En février 1939, les institutions de la Generalitat, présidée par Lluís Companys, s'exilèrent. Les présidents en exil assurèrent la continuité de la Generalitat jusqu'au retour de Josep Tarradellas, en 1977, lequel rendit cette phrase célèbre « Ja sóc aquí ! » (Me voici !).

COMARCAS

affaires locales), et celle de la Generalitat, divisée en 41 **comarcas** représentées par les *Consells Comarcals*. Les conseils généraux comme les Consells Comarcals se constituent en fonction des résultats obtenus aux élections municipales.

LES « COMARCAS »

La division actuelle de la Catalogne en *comarcas* est fondée sur un décret de 1936 approuvé par la Generalitat de l'époque républicaine ; elle répond à une série de propositions et d'études antérieures, réalisées en vue d'une décentralisation en réaction au système, trop rigide en Espagne, de division par province. Cette subdivision administrative, assimilable à un pays, est comparable par bien des points aux départements français.

Les limites des *comarcas* sont déterminées selon des critères géographiques, historiques (juridictions anciennes) et fonctionnels (marchés et services). Leurs dimensions sont variables mais, en général, les communes qui les composent ne sont pas éloignées de plus de 30 km du chef-lieu. Celui-ci concentre d'une part les établissements d'enseignement moyen, les établissements hospitaliers, les gares routières ou ferroviaires, etc. Dans ce chef-lieu se déroulent d'autre part chaque semaine les marchés.

Ainsi, des régions possédant leurs propres limites naturelles, tels l'Ampurdan, le Camp de Tarragona ou le Pallars, sont subdivisées en deux ou trois *comarcas* (Alt Empordà et Baix Empordà ; Alt Camp, Baix Camp et Tarragonès ; Pallars Jussà et Pallars Sobirà).

Il n'en demeure pas moins que les villes et les localités les plus importantes d'un point de vue économique et démographique exercent, dans le secteur des services, une influence « supracomarcale » facilitée par les moyens de communication actuels.

Administrativement parlant, la *comarca* est un organisme local dirigé par un conseil élu au suffrage indirect par les conseillers municipaux des communes qui la composent, siégeant au chef-lieu de ladite *comarca*. Actuellement, la Catalogne comprend 41 *comarcas*, de caractère et d'importance démographique très différents.

LA CATALOGNE ET L'EUROPE

Pour une Europe des régions

N'ayant aucune assurance d'obtenir plus de pouvoirs de la part du gouvernement espagnol, la Catalogne s'est lancée à l'assaut de l'Europe. En 2001, elle crée une « Convention catalane pour le débat sur le futur de l'Union européenne », qui réunit des journalistes, des universitaires et des hommes politiques. Celle-ci a remis ses conclusions en 2003, un document intitulé *80 propositions pour une nouvelle Europe*.

La Catalogne y défend une vision fédéraliste de l'Europe, tout en soulignant le rôle essentiel des régions dans la construction de l'identité européenne. Elle revendique de nouvelles compétences pour les régions européennes qui disposent déjà d'une certaine autonomie et de pouvoirs législatifs. Son principal argument : selon elle, il n'est pas juste que de petits États soient représentés au niveau européen, alors que des régions dont le poids démographique et économique est supérieur sont écartées de ces institutions.

Elle suggère donc que la future Constitution européenne prévoie la participation des « nations sans État » à l'élaboration des lois concernant la langue, la culture ou encore l'éducation. La Convention souhaite aussi obtenir le droit de vote sur ces questions dans le cadre d'un vote divisé, c'est-à-dire une répartition des voix espagnoles au Conseil européen entre chacune des 17 communautés autonomes espagnoles.

Pour une langue reconnue

L'autre cheval de bataille de la Catalogne est la reconnaissance du catalan comme langue officielle de l'Union européenne. La Convention souligne que plus de sept millions de citoyens l'utilisent couramment – en Catalogne, mais aussi dans la communauté de Valence, aux Baléares, dans la partie orientale de l'Aragon, en Andorre et dans les Pyrénées orientales –, ce qui place le catalan au dixième rang des langues européennes les plus parlées au sein de l'Union.

Économie

Le proverbe selon lequel « les Catalans transforment les pierres en pains » comporte, comme la plupart des proverbes, une part de vérité. Nous faisons ici allusion d'une part au manque de richesse en matières premières du territoire catalan et, d'autre part, à l'ardeur au travail de ses habitants. De fait, l'économie catalane est l'une des plus dynamiques d'Espagne.

UN HAUT NIVEAU DE VIE

Le niveau de vie est clairement supérieur à la moyenne nationale, en particulier dans la province de Barcelone. Ses sept millions d'habitants, soit 15 % de la population nationale, génèrent près de 20 % du PIB espagnol.

Malgré une forte densité de population (191 hab./km² contre 77,8 hab./km² pour la totalité du pays), le taux de chômage est inférieur au taux national moyen (7 % en Catalogne, 10 % en Espagne) et son parc de véhicules de particuliers représente le cinquième du parc national. Un autre indicateur majeur de l'essor de l'économie catalane concerne le volume de ses exportations qui est égal à 25 % du volume global des exportations nationales.

INDUSTRIE

L'usine de l'Espagne

La Catalogne est la **première région industrielle d'Espagne** avec trois secteurs clés : l'automobile, la chimie et le textile. Le secteur s'est surtout tourné vers les procédés de transformation manufacturière. Avec la révolution industrielle, la Catalogne s'est transformée en « usine de l'Espagne », en particulier pour la fabrication de tissus de laine et de coton ainsi que, plus tard, celle de fibres synthétiques, ou pour les industries à haute technologie : chimie, pharmacie, mécanique de précision, et, plus récemment, constructions automobiles, composants automoteurs, équipementiers, matériel ferroviaire, pétrochimie, électronique, etc.

Le TGV à Barcelone ?

Voilà 20 ans que ce projet transfrontalier est sur les rails. Les premières études pour la construction d'une ligne amenant le TGV jusqu'à Barcelone remontent à... 1986 ! En 2001, le premier tronçon (Avignon-Nîmes) est réalisé dans le sillage du TGV Méditerranée. Le deuxième tronçon, Perpignan-Figueres, est annoncé d'ici fin 2008. Le troisième, Nîmes-Montpellier, est toujours à l'étude, mais pourrait aboutir d'ici 2010. Au-delà, les échéances deviennent beaucoup plus floues. Montpellier-Perpignan devrait se réaliser en deux étapes ; Narbonne-Perpignan puis Montpellier-Narbonne, d'ici... 2020-2025. On ne parle même plus du tronçon Figueres-Barcelone ! C'est dire si la réalisation de cette ligne à grande vitesse avance à très grande lenteur.

J. Balanya / Michelin

Zone industrielle, à Martorell.

Les ressources énergétiques

La Catalogne a pu compenser son déficit permanent en ressources énergétiques par l'utilisation des cours d'eau, d'abord comme force mécanique puis, à partir de la fin du 19e s., comme énergie électrique, tirant ainsi le meilleur parti de son relief majoritairement accidenté. Durant ces dernières années, l'implantation d'un réseau de distribution en **gaz naturel** n'a cessé de se développer. Pour les années à venir, il faut espérer un développement croissant des énergies alternatives, les conditions naturelles du pays y étant propices.

L'importance de l'industrie rend l'économie catalane particulièrement vulnérable en période de crise et très dynamique en période de prospérité. Ainsi, le secteur connaît actuellement quelques difficultés. Ces trois dernières années, la région aurait perdu plusieurs milliers d'emplois, notamment en raison de délocalisations d'usines vers des pays où la main-d'œuvre est moins chère.

COMMERCE

C'est le secteur le plus important de l'économie catalane dont il est aussi, historiquement, l'une des sources, et ce depuis les débuts du Moyen Âge avec les consulats méditerranéens de la mer *(voir encadré « Le Consolat de Mar » p. 148).*

Depuis, les Catalans n'ont eu de cesse d'étendre leur influence commerciale, recherchant constamment de nouveaux marchés : au 18e s. dans le Nouveau Monde, jusqu'à nos jours, dans l'Union européenne...

Aujourd'hui, la Catalogne représente à elle seule le quart des exportations espagnoles, dont 70 % sont destinées à l'Union européenne avec, au premier rang, la France, suivie – loin derrière – de l'Allemagne, de l'Italie, du Portugal et du Royaume-Uni.

TOURISME

La Catalogne est une des premières régions touristiques d'Europe, avec près de treize millions de touristes étrangers et plus de cinq millions de touristes espagnols. Les Français sont les premiers visiteurs (plus de 50 %), suivis par les Allemands et les Belges.

L'offre touristique se situe surtout sur le littoral et à Barcelone, rendue plus attractive et accessible depuis les grands travaux des Jeux olympiques de 1992.

IMMOBILIER

Tout comme le reste de la péninsule, il s'agit d'un des secteurs les plus dépendants de la conjoncture. Il s'est développé avec les grands flux migratoires des années 1950-1960 et avec l'explosion touristique des années 1960-1970.

À Barcelone, comme dans toutes les grandes villes espagnoles, la flambée des prix de l'immobilier rend difficile l'accession au logement. En 10 ans, les prix de l'immobilier se sont accrus de 180 % sans que les salaires suivent. Bilan : de nombreux jeunes ne parviennent plus à se loger et tardent du coup à s'émanciper du foyer parental. Récemment, des milliers de jeunes dans cette situation se sont rassemblés sur les places des grandes villes – dont Barcelone –, pour réclamer la mise sur le marché locatif d'appartements vacants, qu'un rapport du ministère de l'environnement a évalués à plus de deux millions. La Generalitat de Catalogne préparerait d'ailleurs une mesure en ce sens.

AGRICULTURE

C'est un secteur peu important, même si l'agro-alimentaire s'est mis à peser plus lourd dans l'économie catalane ces dernières années.

L'agriculture s'est surtout orientée vers les cultures et les productions à grande valeur ajoutée : la floriculture et l'horticulture intensives dans le Maresme ; les vins et les vins champagnisés *(voir « les vins », p. 98)* ; l'olive « arbequina » dont on extrait une huile d'olive de grande qualité ; les fruits sucrés dans la plaine fertile de la région de Lérida ; le riz, les fruits acides et les vergers dans la région de Tortosa et dans le delta de l'Èbre ; les fruits secs dans la plaine de Tarragone et dans les régions voisines ; les céréales, les fourrages, les aliments pour bétail dans les régions de l'intérieur et de l'Ampurdan, etc.

L'extension de l'agglomération barcelonaise a entraîné un recul de l'agriculture péri-urbaine du delta du Llobregat. Elle a aussi perdu du terrain lors de la création de l'aéroport. Au nord de Barcelone, la production de légumes et de fleurs se réfugie sur les versants des collines et montagnes côtières, chassée de l'étroite plaine littorale par l'expansion des stations touristiques.

ÉLEVAGE

À l'exception de la zone pyrénéenne et pré-pyrénéenne, où une place relativement importante est donnée aux bovins et ovins, et où se maintient difficilement l'élevage traditionnel de chevaux, de mules et d'ânes (le *burro catalàn*, ou âne catalan, était célèbre), l'élevage a toujours été considéré en Catalogne comme une activité secondaire. Néanmoins, on a assisté ces dernières années à un essor important des exploitations agricoles se consacrant à l'élevage de vaches laitières, de moutons, de poulets et de lapins.

PÊCHE

Cette activité de longue tradition sur le littoral catalan se trouve limitée par la précarité écologique générale du bassin méditerranéen, ce qui a entraîné des fermetures partielles ou totales, comme dans le cas des alevins. Les 60 000 t annuelles extraites de la mer sont de toute évidence insuffisantes pour la consommation interne. Récemment, l'ostréiculture a fait son apparition dans le delta de l'Èbre où des élevages piscicoles (dorades notamment) ont été installés, tout comme sur le cours supérieur des rivières pyrénéennes (truites).

Des traditions profondes

Le folklore catalan, aux racines méditerranéennes profondément ancrées, surprend par sa variété et son originalité. Tout en partageant les mêmes traditions que d'autres régions espagnoles – certaines aussi célèbres que la sardane, les castells ou les bûchers de la Saint-Jean –, la Catalogne possède ses propres célébrations, parfois millénaires, qui reflètent la culture et la nature de ses habitants.

La masía

La *masía*, ou mas, est l'exploitation agricole traditionnelle de la Catalogne. Son origine remonte au haut Moyen Âge ; son caractère autarcique était alors d'une grande complexité. Presque toujours située dans les moyennes montagnes, à des altitudes inférieures à 1 500 m, et exceptionnellement dans des régions planes, sa production provenait des bois, des prés, des champs et des jardins qu'elle possédait.

Le centre du mas est la maison, dont l'étage principal sert de logis tandis que l'étage supérieur sert de grenier. L'étage inférieur peut avoir diverses fonctions : écurie, cave, moulin à huile, garde-manger, four, etc. Selon son importance, on trouve aussi des constructions secondaires : basses-cours, poulaillers, granges, volières, etc.

Les révoltes des campagnes du 15e s., la piraterie, le banditisme des 17e et 18e s. amenèrent la fortification des *masías* les plus importantes.

Actuellement, beaucoup de *masías* sont transformées en exploitations agricoles modernes à grand rendement. Elles se consacrent à des productions plus spécialisées, tandis que celles situées dans des zones moins fertiles ou plus montagneuses sont transformées en installations se consacrant à l'agrotourisme, en colonies de vacances ou en résidences secondaires individuelles.

FEUX, GÉANTS, CASTELLS ET… DANSES

Les fêtes populaires de la Catalogne, profondément méditerranéennes, reposent sur les fêtes du calendrier liturgique chrétien bien qu'elles conservent des racines païennes. Leur variété et leur éclat résultent de l'héritage d'une culture ancienne et de l'expression du caractère d'un peuple.

Les feux

Le feu en est l'un des éléments les plus caractéristiques. Il est présent dans les bûchers ancestraux de la nuit de la **Sant Joan** comme dans les *falles* (troncs de sapins en flammes que les jeunes gens portent en descendant la montagne en procession) pyrénéennes, présent lors des grandes solennités aux spectaculaires feux d'artifice ou lorsque les assourdissants pétards éclatent en série, présent avec les bandes de démons et d'animaux fantastiques comme le dragon ou la *mula-guita* (monstre à cou de girafe dont la gueule vomit du feu). Les célèbres fêtes de la **Patum**, par lesquelles la ville de Berga *(voir ce nom)* célèbre la Fête-Dieu, constituent une apothéose du feu.

Les géants

Les géants qui, accompagnés des pittoresques **cabezudos** (grosses têtes), défilent et dansent à travers les villages au son des chalumeaux et du tambour font aussi partie des rites habituels des plus grandes fêtes. Une autre manifestation – partagée avec plusieurs pays européens – est celle des **balls de bastons**, quadrilles de jeunes qui dansent en faisant claquer leurs bâtons au rythme de la musique.

Les castells

Les castells méritent d'être décrits plus en détail. Ils sont propres à la région du Camp de Tarragona (Reus, Tarragone, Valls qui en est le berceau) et du Penedès (El Vendrell, Vilafranca del Penedès, Vilanova i la Geltrú, Sitges). Leur vitalité est impressionnante, comme en témoigne la création récente d'équipes dans d'autres villes. Ces formations de châteaux humains, qui peuvent aller jusqu'à s'élever sur neuf étages, sont couronnées par le salut d'un enfant, l'*anxaneta*. Supportés par une solide *pinya* (groupe), ces échafaudages vivants rivalisent d'agilité pour réaliser les exercices les plus difficiles, toujours au son des chalumeaux. Ils sont de toutes les fêtes populaires, à l'occasion desquelles sont organisés des concours très appréciés.

Castell à El Vendrell.

J. Balanya / Michelin

La sardane et autres danses

La sardane est la danse traditionnelle catalane par excellence, pratiquée par tous et non pas exécutée par les seuls groupes folkloriques. Elle se danse en formant de vastes cercles où les danseurs se tiennent par la main (dans de très rares occasions, ils se tiennent simplement côte à côte, et la sardane est alors dite ouverte), et réunit des couples, constitués par la danseuse qui se trouve à la droite d'un danseur, qu'il convient de ne pas séparer. La sardane est composée de figures de durée longue ou courte combinant des pas sautés qu'il faut toujours compter, la position des mains, basses ou à hauteur des épaules, marquant les trottés courts ou longs.

La musique est interprétée par des instruments à vent aux sons particulièrement plaisants : *flabiol* (sorte de chalumeau), *tamborí* (tambourin servant à scander la mesure), *tibles* (petits hautbois au timbre champêtre), *tenores* (grands hautbois graves), qui n'existent qu'en Catalogne, auxquels s'ajoutent trompettes, *fiscornes* (puissants barytons), trombone et contrebasse, l'ensemble constituant une **cobla**, groupe de douze instruments. On danse généralement certains jours bien déterminés de la semaine, surtout le dimanche, sur de nombreuses places publiques.

D'autres danses, moins répandues et exécutées en costume typique lors de fêtes locales, s'inspirent soit des danses seigneuriales, comme la **Dansa o Gala de Castellterçol** et de Campdevànol, soit des danses populaires, comme les **balls de gitanes** du Vallès et du Penedès, qui s'accompagnent de castagnettes et de *panderetas* (tambours basques). N'oublions pas les jotas des régions de l'Èbre qui existent toujours grâce aux *esbarts dansaires*, groupes folkloriques parmi lesquels il convient de citer celui de Rubí.

LES « FESTES MAJORS »

Toute l'année se succèdent de nombreuses fêtes combinant les manifestations catalanes traditionnelles et les événements locaux. La fête du saint patron ou de la sainte patronne de chaque village ou quartier urbain constitue la **Festa major**, grande fête locale qui dure généralement trois ou quatre jours. Les rues se parent, on monte des abris en toile pour le bal, on célèbre de solennels offices religieux avec processions, on organise des défilés (*pasacarrers*) avec des géants et des grosses têtes. Mais, aussi, on joue de la musique, on installe des manèges et des attractions foraines, on organise des compétitions sportives, des sardanes ou des danses folkloriques locales, le point d'orgue étant le feu d'artifice final. L'été – notamment le jour de l'Ascension et celui de la Nativité de la Vierge – est, par essence, la période des *festes majors*. Les plus célèbres, pour la diversité de leurs spectacles, sont celles de Vilafranca del Penedès, Lérida, Sitges, Solsona, Cardona, Valls, Olot, Barcelone et son quartier de Gràcia, pour ne citer que quelques noms.

QUELQUES AUTRES FÊTES

Fêtes d'automne

Les principales fêtes attachées au calendrier liturgique sont le jour de **Todos los Santos** (Toussaint), avec l'apparition des marchands de marrons et de panellets (où sont présentés bonbons aux pignons, amandes et massepain), et la visite au cimetière. Le jour de la **Sant Martí** (saint Martin, 11 novembre), on tue le cochon et on goûte le vin nouveau dans les zones rurales.

Fêtes d'hiver

La période de **Noël** (*Navitat*) est particulièrement riche. Il existe une grande tradition de réalisation de crèches dans chaque foyer, avec des figurines sculptées qui représentent la naissance de Jésus. Ces petits personnages se vendent en même temps que la mousse et le liège à la foire de Santa Llúcia (celle de Barcelone, devant la cathédrale, est très populaire). Les enfants donnent des représentations théâtrales dites *Pastorets*, reconstitutions de l'adoration des bergers. Plus modernes, les *Pessebres*

vivents sont des crèches vivantes auxquelles participent les gens du lieu. Durant la *Nochebuena* (nuit de Noël), marquée par la *Misa del Gallo* (la messe de minuit est dite messe du coq, car c'est l'heure à laquelle le coq chante pour la première fois), le *tió*, une vieille souche placée dans les foyers pour garantir l'abondance, procure bonbons et cadeaux aux enfants. Le grand repas de Noël (*escudella i carn d'olla*, chapon ou dinde farcie, turrones et cava) fait partie des traditions ainsi que celui de la Saint-Étienne (26 décembre), au cours duquel on mange les célèbres *canelones* (cannelloni à base de bœuf émincé et de poulet). Comme dans le reste de l'Espagne, le jour des saints Innocents permet de faire beaucoup de farces et de commettre nombre de plaisanteries. La *Noche Vieja* – nuit de la Saint-Sylvestre – se fête de façon traditionnelle en mangeant, lorsque sonnent les douze coups de minuit, les douze grains de raisin destinés à donner du bonheur pendant les douze mois de l'année. Durant la nuit des Rois, au cours de cavalcades dans les rues des villes, les Mages installés en haut de somptueux carrosses jettent sur leur passage bonbons et confettis.

Les fêtes de **Sant Antoni Abad** (saint Antoine abbé, 17 janvier) correspondent à la traditionnelle bénédiction des animaux à sabots, notamment des animaux de selle. La *Cavalcade dels Tres Tombs*, avec ses chevaux couverts de fleurs et de grelots, parcourt les rues de nombreux villages.

Les fêtes de **Carnaval** ont retrouvé aujourd'hui leur ancien éclat. Bals masqués, déguisements, mascarades, batailles de bonbons, enterrement de Sa Majesté Carnaval se succèdent tandis que l'on consomme une nourriture grasse et abondante. Les carnavals de Vilanova i

La Danse de la Mort

La Danse de la Mort, qui rappelle les terribles épidémies médiévales de peste, se tient le Jeudi saint à Verges, dans la province de Gérone. Une représentation populaire de la Passion précède une procession de cinq personnages (deux hommes et trois enfants) déguisés en squelettes et qui défilent en sautillant au son du tambour. L'un d'eux brandit une faux, un autre secoue un drapeau noir, deux autres transportent des assiettes pleines de cendres et le dernier une horloge.

la Geltrú, de Solsona, de Sitges, de Reus, de Barcelone, de Platja d'Aro entre autres sont particulièrement brillants.

Fêtes de printemps

Au cours de la **Semaine sainte**, les festivités commencent le dimanche des Rameaux *(Domingo de Ramos)* par la bénédiction des palmes et des palmones – que les parrains offrent à leurs filleuls – de laurier et d'olivier. Issue du drame liturgique médiéval, la représentation de la Passion par les habitants des villes se maintient à Olesa, Esparreguera, Cervera et Ulldecona.

Les processions rassemblant corporations et confréries religieuses, avec leurs *encapuchados* (participants dont la tête est couverte d'une cagoule), leurs *pasos* (chars sculpturaux figurant des scènes de la Passion), leurs soldats romains et leurs fanfares, sont encore nombreuses, notamment à Gérone, Tarragone, Vic, Esterri d'Àneu, Mataró, Badalona ou Banyoles. La ville de Verges intègre dans sa représentation de la Passion et dans sa procession une impressionnante *Dança de la Mort* d'origine médiévale.

C'est lors de la **Pascua Florida** (Pâques fleuries), dite aussi *Pascua de Resurrecció*, que se manifeste l'une des plus anciennes traditions. Accompagnés à travers les rues et les logis de curieux instruments traditionnels, des hommes interprètent en chœur les *caramelles*, chants annonçant la fête de la Résurrection, et reçoivent en échange nourriture et argent pour le repas traditionnel du lundi. C'est encore à Pâques que les parrains offrent à leurs filleuls les **mones**, pâtisseries en forme de couronne dont la décoration faite à l'origine avec des œufs s'est peu à peu transformée en créations de chocolat plus ou moins sophistiquées représentant les visages populaires de l'actualité. Le lundi de Pâques ont lieu les « roméries », pèlerinages vers l'une des nombreuses chapelles isolées ou un sanctuaire marial.

Le 23 avril, la **fête de Sant Jordi** – saint Georges, patron de la Catalogne – nous offre une beauté particulière et de superbes coloris : on célèbre alors le *Dia del Llibre i de la Rosa* (journée du livre et de la rose), dit aussi *Dia de Sant Jordi i Dia de Cervantes*, car Cervantes mourut ce jour-là. Les hommes offrent une rose aux femmes qui, en retour, leur offrent un livre. Barcelone s'emplit de parades de roses rouges, cadeau galant ou d'amitié, et de livres (on y trouve de nombreuses nouveautés éditoriales et les auteurs y signent leurs ouvrages). La fête de Sant Jordi s'est étendue à d'autres villes. À Montblanc, on organise à cette occasion une semaine médiévale à laquelle participent les habitants avec leurs anciens outils ; on y vend des produits médiévaux et on y représente des épisodes de la légende du saint.

Au printemps, ont lieu les réminiscences de l'arbre de mai *(árbol de mayo)*, mais le jour le plus animé est celui de la **Fête-Dieu** (Corpus), avec la spectaculaire *Patum* de Berga, les tapis de fleurs de Sitges, les Enramades de Sallent et d'Arbúcies, sans oublier le populaire *Ou com balla* du cloître de la cathédrale de Barcelone.

Fêtes d'été

Le solstice d'été se fête la **nuit de la Sant Joan** (saint-Jean, nuit du 23 au 24 juin) avec des fêtes en plein air dont le feu est l'élément dominant : feux de joie, pétards, feux d'artifice. Dans le Pallars et

Géants.

J. Balanya / Michelin

Traditions rurales

Balsareny, dans la province de Barcelone, accueille la *Festa dels Traginers* ou Fête des muletiers. Elle débute par un petit-déjeuner populaire, suivi du défilé de chars et se termine par des courses de chevaux, de mules et d'ânes.

Le 23 juin, veille de la Sant Jordi, ce sont les *falles de Isil* (province de Lérida) : les jeunes du village vont dans la montagne y enflammer des branches de pin coupées un mois avant, puis les redescendent jusqu'à la place en formant un chemin de feu. Après la combustion d'un des gros troncs, la population entière se rend au cimetière.

La Fête de la laine de Ripoll (Gérone) organise des démonstrations de filature et de tonte, un festival folklorique et une noce campagnarde qui s'achève par un banquet sur la place du monastère.

la Vall d'Arán, les hommes descendent de la montagne jusqu'à la place du village avec de gros troncs enflammés *(falles)*.

Les processions maritimes pour la *Virgen del Carmen* (Vierge du Carmel le 16 juillet), le chant des *habaneras* sur la Costa Brava, les Fêtes de la moisson et des vendanges, les Fêtes du bétail, les concours de chercheurs de champignons, entre autres, achèvent le cycle.

La **Diada** (11 septembre) est la fête nationale de la Catalogne. On y commémore la résistance héroïque et la chute de Barcelone face aux forces des Bourbons en 1714. On procède à un dépôt de fleurs sur le monument de **Rafael de Casanova**, ainsi qu'à des cérémonies politiques au *Fossar de les Moreres*.

Gastronomie

À la fois variée et de grande qualité, la cuisine catalane marie les influences montagnardes et maritimes. Les gourmets la découvriront en n'hésitant pas à pousser les portes des nombreux petits établissements – traditionnels ou d'avant-garde – qui font de la préparation de plats exquis, à base de produits de première qualité et arrosés des vins les plus adaptés, tout un art.

SUR LA TABLE

Typiquement méditerranéenne, la cuisine catalane a pour élément de base l'huile d'olive et utilise de bonnes matières premières. La diversité du territoire catalan offre une grande variété de produits qui vont des excellents poissons des côtes, des escargots, des champignons, des fruits, des légumes de ses plaines agricoles au gibier ou aux fromages des zones de montagne.

Pain avec tomates et charcuterie

Simple mais indissociable du peuple catalan, le *pa amb tomàquets* (tranche de pain de pays, couverte de tomate et assaisonnée d'huile d'olive et de sel) se consomme accompagné de jambon ou de toute autre charcuterie, voire d'une omelette.

Les **charcuteries** catalanes sont célèbres pour leur qualité et leur variété. On les trouve conservées dans le sel (jambon, lard, échine), destinées à être cuisinées (saucisses et certaines variétés de *botifarres*, boudins catalans typiques), à déguster sèches (*longaniza* – saucisson de la région de Vic –, *fuet* – saucisson sec –) ou encore cuites (*botifarres* blanches – sans sang –, ou noires). Cette charcuterie, mélangée à des légumes verts, entre dans la composition de la salade catalane.

La escudella i carn d'olla

Tout à fait approprié pour les journées froides, ce plat, l'un des plus typiques de la Catalogne, est un pot-au-feu mêlant des légumes en abondance, du porc, du veau et de la poule, dont le bouillon constitue la *escudella* proprement dite et que l'on sert après le *caldo de galets*, pâte épaisse en forme d'escargot souvent utilisée dans les potages.

Légumes, escargots et champignons

Frits, l'oignon *(cebolla)*, l'ail *(ajo)* et la tomate sont les composants de base d'un grand nombre de plats catalans. Le poivron ou piment doux *(pimiento)* et l'aubergine *(berenjena)* au four donnent la *escalivada* et, frits avec la courgette *(calabacín)*, la *samfaina*. N'oublions pas les fèves *(habas)* à la catalane et le *xató*, salade d'anchois et de thon, typique de la Costa de Garraf. Les escargots *(caracoles)* et les champignons *(setas)* sont très appréciés et on les consomme seuls, en accompagnement ou en sauce : *caracoles dulces* ou *picantes, caracoles a la llauna* (escargots à la casserole), *conejo con caracoles* (lapin aux escargots), *sopa de fredolics* (potage aux petits-gris).

Poissons et fruits de mer

On les prépare aussi bien grillés ou frits qu'au court-bouillon servis avec une sauce relevée *(zarzuelas)* ou en bouilla-baisse à la tomate *(suquets)*.

Préparés au sel, au four ou à la marinière, la dorade, le bar, le mérou sont délicieux. Le *romesco* est une savoureuse sauce au vin avec de l'huile d'olive, des amandes pilées et des épices qui accompagne les poissons. L'anguille ne se trouve que dans le delta de l'Èbre.

Les langoustines de Sant Carles de la Rapità et les anchois de l'Escala et de Cadaqués sont réputés ainsi que les *espardenyes* (une variété de mollusques marins) de la Costa Brava. Le riz cuisiné avec le poisson occupe une grande place : *arroz a la cazuela, rossejat, arroz negro*, etc.

La **morue** *(bacalao)* se consomme de différentes manières : la *esqueixada* (salade à base de morue crue dessalée et émiettée), brandade, *bacalao a la llauna*, etc.

Viandes, volailles, gibiers

Les viandes de mouton, de bœuf et de veau préparées à la braise se servent avec l'aïoli, mais peuvent aussi être cuites à l'étouffée ou en fricandeau.

Le lapin *(conejo)*, souvent cuit à la braise et accompagné d'aïoli, peut être cuisiné de manière plus surprenante : *con chocolate* (au chocolat) ou *con langosta* (à la langouste).

La recette du *pollo con langosta* ou *con cigalas* (poulet à la langouste, ou aux langoustines) est également typique. Le canard *(pato)* donne de bons foies gras frais *(frescos)* dans la zone pyrénéenne et sur la Costa Brava, tandis que les magrets sont caractéristiques comme les recettes de *pato con peras* (canard aux poires), *con ciruelas* (canard aux prunes) ou *con nabos* (canard aux navets). On trouve aussi de délicieux civets ou étouffades de sanglier *(jabalí)* et de lièvre *(liebre)*.

Deux spécialités méridionales

Les **calçots**, typiques de Valls, sont une variété d'oignons doux, cuits à la braise et servis en « tuiles », qui se trempent dans la *salvitxada* (variété de *romesco*). La *calçotada*, repas où les *calçots* constituent le plat d'honneur, est accompagnée d'un second plat de *chuletas* (côtelettes) d'agneau et de *botifarres* à la braise.

La **coca de recapte** est une tranche de pain très fine, cuite au four avec des oignons, des poivrons et d'autres légumes verts, garnie d'une saucisse ou de sardines.

Charcuterie catalane.

Desserts et douceurs

Le roi des desserts est la **crème catalane** *(crema catalana)*, crème renversée nappée d'un léger voile de sucre caramélisé, sans oublier le *mel i mató*, fromage blanc au miel, les *postres de music* (avec des amandes, des noisettes et des raisins secs) et les *melocotones con vino* (pêches au vin).

En pâtisserie, on trouve aussi une grande variété de *cocas dulces* (pâtes à pain très fines cuites au four, couvertes de sucre, de cannelle et parfois de fruits secs), le *pa de pessic* (biscuit), les *panellets*, les *carquinyolis* (biscuits croquants à l'amande) et les *pastissets* (gâteaux moelleux à l'anis).

Les gourmands connaissent bien le *turrón* (sucrerie à base de caramel, d'amandes et de noisettes) et les *churros* (beignets de pâte à pain saupoudrés de sucre).

VINS

Depuis l'Antiquité, la Catalogne est une zone marquée par une importante tradition viticole, grâce à la fertilité des terres et aux conditions climatiques favorables. Ses vins sont protégés sous neuf appellations d'origine contrôlée (D.O. : *Denominación de Origen*). Son vignoble de plus de 70 000 ha produit chaque année environ 3 000 000 hl de vin. Les vins blancs, les rosés, les vins rouges et bien sûr les *cavas* offrent une gamme étendue qui vous assure du bon choix quand vous voudrez accompagner la savoureuse gastronomie catalane.

D.O. Empordà – Costa Brava – Les plus connus sont les vins rosés de grande personnalité à l'arôme délicat ; ils sont frais et faiblement alcoolisés. Il existe aussi d'excellents vins rouges fruités et légers à consommer jeunes, ainsi que de généreux vins doux.

D.O. Alella – Produit essentiellement des vins blancs, secs ou doux, fruités et aromatisés. Bons vins rouges.

D.O. Penedès – C'est la région vinicole la plus importante de Catalogne avec une production supérieure à 1 500 000 hl de vin, qui comprend des vins blancs et rosés, frais et fruités faiblement alcoolisés, des vins rouges légers, doux et veloutés, et de généreux vins doux et secs.

D.O. Conca de Barberà – Produit des vins blancs faiblement alcoolisés et à la bonne acidité, des rosés légers et des vins rouges nouveaux.

D.O. Tarragona – On y élabore des vins blancs doux et légers, des vins rouges robustes, des rosés fins et élégants et des vins liquoreux.

D.O. Priorat – On remarquera en particulier les vins rouges de couleur grenat, robustes et aromatisés, et les généreux vins blancs secs ou doux.

D.O. Terra Alta – Produit des vins blancs, forts et aromatisés, des vins rouges avec du corps et des vins vieux de plus de 15°.

D.O. Costers del Segre – Vins blancs et rosés jeunes, légers et fruités, et vins rouges avec du corps, équilibrés et aromatisés.

D.O. Pla de Bages – Vins blancs faibles en alcool, rosés légers et vins rouges à consommer jeunes.

La terre du cava

Le *cava* est un vin mousseux de qualité, élaboré selon la méthode champenoise traditionnelle.

Sa production remonte au 19e s., alors que plusieurs familles de Sant Sadurni d'Anoia s'intéressèrent à la nouvelle technique d'élaboration champenoise et à l'emploi de variétés locales de raisin blanc. En 1872, Josep Raventós, de la maison Codorniu, prépara les 3 000 premières bouteilles de *cava*.

Aujourd'hui, le *cava* est élaboré dans 160 communes à l'intérieur de sept communautés autonomes. Environ 95 % de la production espagnole de *cava*, soit 200 millions de bouteilles par an, sont d'origine catalane et proviennent plus précisément de la zone du Penedès, 40 km au sud de Barcelone.

LES VINS

Vue sur Calella de Palafrugell depuis le Cap Roig.

D. Chapuis/Michelin

Les cheminées de La Pedrera (Casa Milà).

BARCELONE★★★

Barcelona

1 503 451 HABITANTS
CARTE GÉNÉRALE B2 – CARTE MICHELIN REGIONAL Nº 574 H36 –
PLAN MICHELIN BARCELONE 1/12 000 Nº 41
PROVINCE DE BARCELONA

Située en front de mer entre les montagnes de Montjuïc et du Tibidabo, Barcelone, capitale économique et politique de la Catalogne, est sans nul doute l'une des villes les plus attrayantes et les plus cosmopolites de l'État espagnol. Les modernes et élégantes avenues de l'Eixample et de la Vila Olímpica rivalisent de beauté avec les charmantes ruelles des quartiers plus anciens. Rares sont les villes pouvant offrir une symbiose aussi parfaite entre tradition et modernité, art et histoire, ou culture et vie. Tous les sens sont en émoi à la visite de Barcelone. En arpentant la ville, vous vibrerez à la vue de surprenants édifices modernistes, de magnifiques musées et fondations d'art contemporain, de majestueuses églises gothiques, d'endroits design, de ravissantes perspectives ou de recoins captivants…

▶ **Se repérer** – Située entre les fleuves Besòs et Llobregat, et protégée à l'arrière par la serra de Collserola, la capitale de la Catalogne a su rester une agréable ville maritime à dimension humaine. Elle jouit d'un climat doux aux hivers agréables et aux étés chauds. Barcelone compte l'un des ports les plus actifs de la Méditerranée. La circulation à Barcelone est plutôt facile, que ce soit en transports en commun, très bien organisés, ou en voiture, malgré quelques points très encombrés à certaines heures, en particulier les boulevards ceignant le centre-ville. Deux périphériques, la Ronda de Dalt, au nord-ouest, et la Ronda Litoral, le long de la mer, font le tour de la ville. On pénètre dans Barcelone par l'Avinguda Diagonal ou la Gran Via de les Corts Catalanes, qui traversent toute la ville et se rejoignent à la plaça de les Glòries Catalanes, au bas du quartier de l'Eixample. Dans ce quartier, la circulation est facilitée par la largeur des avenues à 4 ou 5 files de voitures en sens unique. Le grand nombre de scooters fluidifie le trafic automobile.

▣ **Se garer** – Vous trouverez de nombreux parkings dans le centre-ville de Barcelone mais les tarifs sont élevés (de 19 à 25 € la journée). Le parking gratuit n'existant pratiquement pas, tâchez de trouver un arrangement avec un hôtel ou une pension pour vous simplifier la vie. Les parkings sont surveillés, cela vaut mieux : vols et dégradations sont fréquents à Barcelone, en particulier lorsque la voiture est immatriculée en France. Si vous ne visitez que Barcelone, la voiture constituera au final plus une gêne qu'un atout. Sachez qu'il est facile de circuler en transports en commun. Le métro fonctionne bien, il est même climatisé l'été.

👁 **À ne pas manquer** – Difficile de faire une sélection tant la richesse de Barcelone couvre une large palette. Les férus d'architecture ne manqueront ni le Paseo de Gracià et ses maisons modernistes, ni la Sagrada Família, alors que les amateurs d'art se rendront au Museu d'Art Contemporàni de Barcelona (MACBA) et au Museu Nacional d'Art de Catalunya (MNAC). Si vous en avez le temps, consacrez une soirée au Palau de la Música Catalana, pour des spectacles de qualité dans un cadre moderniste exceptionnel. Enfin n'oubliez pas de goûter à la *movída* barcelonaise dans le quartier animé de la Ribera.

🕐 **Organiser son temps** – Comptez au minimum trois jours pour faire le tour des principaux sites de la ville. Planifiez à l'avance vos visites et les trajets qu'ils supposent afin de gérer au mieux votre temps et de profiter de réductions avec la *Barcelona card*. Adaptez-vous au rythme de vie des Barcelonais : des matinées calmes, idéales pour visiter tranquillement la ville, puis des dîners tardifs pour goûter à l'ambiance des bars et restaurants.

👪 **Avec les enfants** – Côté nature, faites-leur découvrir les plages barcelonaises et les créatures fantastiques du parc Güell. Côté musées, découvrez ensemble ceux de la Science, du Chocolat, de Cire et le Musée maritime. Pour vous détendre en famille, profitez enfin de l'Aquarium géant, du zoo du parc de la Ciutadella, du Poble Espanyol et du parc d'attraction du Tibidabo.

👣 **Pour poursuivre le voyage** – Voir aussi la Costa del Maresme (au nord-est), Sitges (45 km au sud-ouest), Vilanova i La Geltrú (50 km au sud-ouest), la serra de Montserrat (50 km au nord-ouest) et Manresa (59 km au nord-ouest).

Hier et aujourd'hui

Origines

Bien que l'origine mythologique de la ville soit attribuée à Hercule, Barcelone fut une colonie romaine fondée sous l'empereur Auguste (1er s. av. J.-C.) sous le nom de **Barcino**, forme latine du nom ibère Barkeno. C'était alors un modeste village situé sur une petite butte, connue plus tard sous le nom de « Mons Taber » et aujourd'hui située au centre de la ville. Avant l'installation des Romains, la région était occupée par des Ibères, qui habitaient des bourgs parsemant la plaine située entre le Besòs et le Llobregat. Sinon que ces bourgs ont été fondés plusieurs siècles avant notre ère, on ne sait à peu près rien à leur sujet.

Attirés par la proximité de la mer et par la douceur du climat, nombre d'anciens soldats romains se retirent dans la colonie et font la prospérité de la bourgade. Les remparts édifiés au 4e s. sont le principal vestige romain.

L'époque des comtes

Après une brève domination musulmane, la ville, libérée par l'empereur Louis le Pieux, fait partie de l'Empire carolingien, se situant en limite de la Marche d'Espagne, zone frontière censée éviter une possible progression des musulmans vers le nord *(voir le chapitre « Histoire » dans « Comprendre la région »)*. La domination carolingienne se prolonge jusqu'au milieu du 10e s., moment où naît la Catalogne historique avec l'implantation définitive de la dynastie comtale à Barcelone sous le règne de Borrel II, descendant du mythique Wilfred le Poilu, premier souverain indépendant.

Après s'être imposée aux autres comtés, une période de grande splendeur commence pour la ville : les comtes bâtissent la cathédrale, le palais épiscopal, la Pía Almoina *(voir p. 117)*, toujours dans un style roman très simple mais auquel les influences mozarabes et françaises combinées donnent un aspect très personnel.

Avec **Ramón Berenguer IV**, la maison comtale de Barcelone devient maison royale, apportant à la couronne la prépondérance économique et politique. Avec le 13e s. débute une période de grande prospérité, Barcelone développant alors un important réseau commercial. Les navires transportant ses produits dominent le trafic maritime du bassin occidental méditerranéen. Ses marchands font aussi du commerce avec des contrées lointaines et les bénéfices spectaculaires qu'ils dégagent en font très vite les habitants les plus prospères de la ville *(voir Carrer de Montcada, p. 140-141)*.

La puissance de la ville, devenue dans le même temps le centre politique de la couronne d'Aragon, se reflète rapidement dans son splendide développement architectural. On commence à construire, sur les monuments romains, des édifices gothiques austères échappant pratiquement à toute influence mudéjar. Pendant ces siècles, la ville forge sa personnalité, se dotant d'organes d'autogouvernement (Consell de Cent, Generalitat). C'est dans le Barri Gòtic que se concentrent tous les organes dirigeants, civils, royaux et religieux, faisant de ce quartier le symbole de la prospérité de la ville.

Avec le règne des Rois Catholiques, la Cour quitte Barcelone et la ville entre dans une période de décadence qu'accentue la découverte du Nouveau Monde, la plupart des activités commerciales étant transférées de la Méditerranée à la façade atlantique.

La guerre de Succession

Le 11 septembre 1714, après une résistance désespérée, Barcelone doit se rendre aux troupes du nouveau roi Bourbon d'Espagne, Felipe V. La prise de la ville met fin à la guerre de Succession au cours de laquelle la Catalogne a pris le parti de l'archiduc Charles d'Autriche contre celui de Philippe d'Anjou, candidat français au trône espagnol. L'assaut de Barcelone marque la déroute politique la plus importante de l'histoire de la ville et sa reddition a pour conséquence non seulement l'abolition de ses instances dirigeantes, comme la Generalitat et le Consell de Cent, mais aussi la perte de son autonomie politique. D'autres réformes politiques suivent, comme la suppression du système légal et constitutionnel et l'interdiction d'employer la langue catalane dans les écoles et les tribunaux. C'est à cette époque qu'est créé le quartier de la Barceloneta et, pour parer à d'éventuelles rébellions, que Montjuïc est fortifié et la citadelle élevée. On interdit aux Barcelonais de construire dans un rayon de 2 km en dehors des murs, ce qui correspond à la portée des canons. Cependant, ce siècle connaît une période de croissance démographique et économique sans précédent et, vers la fin du 18e s., le nombre d'habitants de Barcelone a triplé. Surgit alors une dynamique industrielle fondée sur la production et l'exportation d'articles en coton. Pendant cette époque, Barcelone consolide sa position de premier centre industriel de la péninsule ibérique.

Théâtre national de Catalogne.

De la Barcelone industrielle à la ville actuelle

Barcelone est profondément modifiée par la révolution industrielle des 18e et 19e s. C'est alors que quelques-uns des secteurs emblématiques de la ville (les Ramblas ou la Barceloneta) acquièrent leur aspect actuel. Une période de forte croissance économique et démographique rend nécessaire la démolition des remparts (1854) et permet d'initier, avec le Plan Cerdà *(voir « L'Eixample : la modernisation de la ville », p. 132)*, un processus d'urbanisation qui transforme la ville en un important centre métropolitain. Barcelone augmente alors sa superficie en englobant les anciennes municipalités périphériques (actuels quartiers de Gràcia, Sants, Horta, Sarrià, Les Corts, Sant Andreu de Palomar, Sant Martí de Provençals).

L'Exposition universelle de 1888 permet la consolidation du modernisme, mouvement artistique impulsé par la bourgeoisie barcelonaise et largement soutenu par la ville. Avec le changement de siècle et les tentatives de l'anarchisme pour imposer son hégémonie (création de la CNT en 1911), Barcelone connaît d'impitoyables luttes politiques. Après l'Exposition universelle de 1929, la ville prend un nouveau visage, tronqué par l'explosion de la guerre civile (1936-1939). Barcelone est l'une des villes où la répression de l'après-guerre est extrêmement marquée. Néanmoins, le rattrapage économique des années 1950 lui est favorable et le contexte politique et culturel structuré lui permet d'affronter la transition démocratique. En recouvrant ses institutions et son autonomie, Barcelone retrouve également sa condition de capitale administrative et culturelle. La célébration des Jeux olympiques de 1992 favorise un important développement de grands projets d'urbanisme (remodelage de la façade maritime, refonte de la vieille ville et de Montjuïc, construction de boulevards périphériques, etc.) et d'initiatives culturelles (Centre de culture contemporaine, réhabilitation du musée d'Art de Catalogne, musée d'Art contemporain de Barcelone, installations universitaires et bien d'autres encore).

Le modernisme

Le modernisme, qui se développa entre 1890 et 1920, est la version catalane personnalisée de mouvements similaires : l'Art nouveau en France, le Modern Style en Angleterre, le Jugendstil en Allemagne. L'architecture moderniste, fruit d'une recherche liée aux possibilités des nouveaux matériaux industriels et aux techniques modernes de construction, se distingue par l'adoption de lignes sinueuses, de différents éléments décoratifs comme les vitraux et l'usage combiné du métal et de la céramique.

Les principaux édifices modernistes se trouvent dans l'Eixample (voir « Se promener » dans le chapitre de l'Eixample p. 133 ; voir aussi « Du modernisme à nos jours » dans le chapitre Art et Culture, dans « Comprendre la Catalogne »).

Les grands architectes

Antoni Gaudí i Cornet (1852-1926) – Né à Reus au sein d'une humble famille de chaudronniers, il fit ses études d'architecture à Barcelone tout en travaillant dans différents cabinets d'architectes et d'entrepreneurs. Sa production personnelle, réalisée pour l'essentiel à Barcelone, peut se diviser en quatre étapes. La première étape, qui

R. Mattès / Michelin

Les flèches de la Sagrada Familia.

va de 1878, année de l'obtention de son diplôme, jusqu'à 1882, est marquée par la communion de l'architecte avec l'idéologie coopérativiste : toutes ses œuvres ont alors un caractère urbain et social et il construit notamment l'usine de la coopérative « La Obrera Mataronense ».

L'étape suivante va de 1883, où il commence à travailler sur le projet de la Sagrada Familia, à 1900. Cette période est caractérisée par une volonté marquée de dépasser l'historicisme en faveur d'une plastique et de structures architecturales propres, deux aspects clés pour comprendre le style Gaudí. Ce sont des années d'intense activité, où il fait la connaissance d'**Eusebi Güell** et construit notamment le palais Güell (1886-1891), les pavillons Güell (1884-1887), la maison Vicens (1883-1885) et la Casa de los Botines, à León (1891-1894). Cette période le voit faire un usage emphatique, très libre et personnel, de l'art musulman et des styles gothique et baroque. C'est aussi la période où Gaudí invente un nombre considérable de systèmes et de mécanismes, montrant par là ses idées révolutionnaires en matière d'architecture, surtout en ce qui concerne la finition d'intérieurs.

De 1900 à 1917 a lieu l'étape la plus novatrice, celle où il développe un style propre et original : le parc Güell (1900-1914), la maison Milà – dite La Pedrera – (1906-1910) et la rénovation de la maison Batlló (1904-1906).

De 1918 à sa mort tragique – il périt écrasé sous un tramway –, il est obsédé par la Sagrada Familia, cherchant à harmoniser les aspects symboliques de l'église et sa future fonctionnalité.

Homme intensément religieux, son attitude face à l'architecture témoigne d'une volonté de perfection absolue et apparaît comme la justification transcendantale de son travail et de son œuvre, le tout mêlé à un sentiment nationaliste très fort. Figure de proue du complexe mouvement moderniste, il a été, sans aucun doute, le meilleur architecte catalan et l'un des artistes les plus remarquables du 19e s. Son style mêle la dextérité manuelle et une recherche architecturale s'inspirant toujours des formes de la nature.

Lluís Domènech i Montaner (1850-1923) – Cet architecte, historien et politicien barcelonais étudia à Barcelone et à Madrid, où il obtint son diplôme en 1873. C'est en 1888, à l'occasion de l'Exposition universelle, qu'il réalisa ses premières œuvres originales : l'Hôtel International et le restaurant du parc de la Ciutadella. Ses œuvres les plus importantes, au style très personnel, utilisant la brique et le fer forgé et décorées de céramique vernie polychrome et d'abondants thèmes floraux, sont le palais de la Musique catalane (1905-1908) *(voir plus loin le quartier de La Ribera)*, la maison Lleó i Morera (1905) et l'hôpital Sant Pau (1902-1912).

Ses recherches eurent surtout pour but de déterminer les caractéristiques d'un art national catalan. L'ensemble de son œuvre architecturale et sa personnalité en ont fait l'une des figures principales du modernisme.

Il adhéra successivement à différents partis politiques, fonda aussi le journal *El Poble Català*, et sut faire la part tant à l'engagement politique qu'à l'écriture, en publiant des ouvrages sur l'architecture et l'histoire de la Catalogne.

Josep Puig i Cadafalch (1867-1956) – Architecte, historien d'art et homme politique né à Mataró, il dirigea en 1895 la construction de la maison Martí, où plus tard s'installa le populaire café Els Quatre Gats. Déjà s'y manifestent les caractéristiques de son style : appropriation des formes du gothique septentrional et prédominance des arts appliqués, que l'on retrouve à Barcelone dans la maison Amatller (1900), la maison Macaya (1901) et la maison Quadras (1905), dite Casa de les Punxes.

De plus, il mena à bien plusieurs chantiers de restauration d'églises et donna un nouvel élan aux recherches archéologiques d'Empúries à travers l'Institut d'Estudis Catalans, dont il fut cofondateur et longtemps président.

Il adhéra à la Lliga de Catalunya et collabora aux hebdomadaires *La Veu de Catalunya* et *La Renaixença*, où ses articles étaient particulièrement percutants. Conseiller municipal, député provincial, il s'exila pendant la guerre civile espagnole à Paris où il poursuivit ses études sur l'art roman en Catalogne.

Barcelone pratique

Informations utiles

OFFICES DE TOURISME

👁 **Bon à savoir** – Le site Internet dédié au tourisme, www.barcelonaturisme.com est très complet. Nombreuses informations sur les manifestations, les pass et les hébergements. Dans Barcelone, divers offices de tourisme fournissent plans et documentation nécessaires. Vous pourrez vous informer sur les tours organisés ou en réserver, acheter les cartes comme Barcelona Card ou Art Ticket. Désormais, un numéro de téléphone unique pour tous les offices : 📞 932 85 38 34 (réservation hôtels, infos générales…).

Plaça Catalunya – *Pl. Catalunya, 17 (sur la place, en sous-sol)* - 9h-21h - fermé 1er janv., 25 déc. L'office de tourisme le plus complet dans le centre, toujours pris d'assaut. Évitez les heures de pointe, et passez plutôt vers 14h ou le soir.

Office du tourisme de Catalogne, Passeig de Gracià – *Pg. de Gràcia, 107* - lun.-sam. 10h-19h, dim. et j. fériés 10h-14h. Informations sur Barcelone et l'ensemble de la Catalogne, ainsi que sur les principales destinations en Espagne.

Plaça Sant Jaume I – *C/de la Ciutat, 2* - lun.-vend. 9h-20h, sam. 10h-20h, dim. et j. fériés 10h-14h - fermé 1er janv. et 25 déc.

Point d'information de la gare Barcelona-Sants – *Pl. dels Països Catalans, s/n, à l'intérieur de la gare* - de mi-juin à mi-sept. : 8h-20h ; le reste de l'année : lun.-vend. 8h-20h ; w.-end et j. fériés 8h-14h - fermé 1er janv. et 25 déc. Infos sur les trains et principales lignes catalanes. Quelques infos sur Barcelone.

Point d'information du Palau de la Virreina – *La Rambla, 99* - tlj sf dim. 11h-14h. Informations essentiellement sur les principaux événements culturels et expositions temporaires à travers la ville.

Point d'information de la Sagrada Família – *Juin-sept. : 10h-20h ; oct.-mai : 10h-16h.*

Point d'information du Monument de Colomb – *Pl. Portal de la Pau* - oct.-mai : tlj 10h-18h30 ; juin-sept. : 9h-20h30.

Cabines d'informations mobiles – Sur le Passeig de Gràcia, la Rambla, la plaça d'Espanya et autres points d'affluence touristique - 10h-20h.

Points d'information de l'aéroport – *Tlj 9h-21h - fermé 1er janv., Vend. saint, 1er Mai, 11 sept., 25 et 26 déc. Un dans chaque terminal.*

NUMÉROS UTILES

Barcelone information – 010

Urgences diverses – 112

Urgences médicales – 061

Pharmacies de garde – 934 81 00 60

Police nationale – 091

Barcelona OK – 906 301 282 (pour vous aider dans vos démarches en cas de vol)

Trains – Renfe (lignes internationales) : 934 90 11 22 ; Renfe (lignes intérieures) : 902 24 02 02

Poste centrale – 934 86 80 50

Aéroport – 932 98 38 38

Gare routière Barcelone Nord – 932 65 65 08 et 902 260 606

ARGENT ET CHANGE

Vous trouverez des **distributeurs de billets** un peu partout sur les principaux axes de la ville. Tous les campings autour de Barcelone en possèdent également.

Les principaux **bureaux de change** se trouvent à l'aéroport (8h-23h), à l'Estació de Sants (tlj sf dim. 8h-22h), à l'office de tourisme de la plaça de Catalunya (9h-21h). De plus, la plupart des banques peuvent changer des devises, ainsi que les réceptions des grands hôtels.

INTERNET

www.bcn.es : site de la municipalité, en catalan, espagnol et anglais.

www.barcelonaturisme.com : site de l'office de tourisme, en catalan, espagnol, anglais et français.

www.gencat.net : site de la Généralité proposant des informations en catalan, espagnol, anglais et français.

http://barcelona.lanetro.com : tout type de renseignement sur Barcelone.

www.barcelona-on-line.es : abondante source d'information et liens avec d'autres pages, en catalan, espagnol et anglais.

www.timeout.com/barcelona : tout

type d'information, mais en anglais seulement.

www.guiadelociobcn.es : programme hebdomadaire très complet des cinémas, spectacles, expositions, etc. En espagnol.

Transports

Les aménagements urbains entrepris lors des Jeux olympiques de 1992 ont fait de Barcelone une ville aux communications aisées. Le quadrillage de l'Eixample s'est vu complété par la construction des « Rondas », boulevards périphériques de 40 km qui décongestionnent le centre.

AÉROPORT

Il se trouve à 18 km au sud du centre-ville, à El Prat de Llobregat - ☏ 932 983 838.

Liaisons avec le centre-ville – Des **trains de banlieue** relient l'aéroport à la plaça de Catalunya *(toutes les 15mn, de 6h à 22h env.)*. Des **navettes-bus** partent toutes les 15mn environ, vers la plaça de Catalunya et la plaça d'Espanya *(env. 30mn de trajet, 3,16 €)*. En **taxi**, le trajet aéroport-centre revient environ à 24 €.

GARES FERROVIAIRES

Estació de Barcelona-Sants – *Pl. dels Països Catalans, s/n -* ☏ *934 901 122 (lignes internationales) et* ☏ *902 240 202 (lignes nationales) - www.renfe.es.* Gare de départ et d'arrivée des principales lignes nationales et internationales.

Estació de França – *Av. Marquès de l'Argentera, s/n, face au parc de la Ciutadella -* ☏ *902 240 202.* Quelques lignes internationales, notamment depuis la France (gare d'Austerlitz).

☞ Bon à savoir – Évitez les files d'attente ! De nombreux trains au départ de l'Estació de Sants marquent des arrêts en centre-ville aux gares **Passeig de Gràcia** et **Plaça de Catalunya**. Pour gagner du temps, tâchez d'attraper un train dans l'une de ces deux gares plutôt que de courir à l'Estació de Sants, un peu excentrée. En outre, vous attendrez moins pour l'achat des billets.

GARE ROUTIÈRE

Estació del Nord – *Carrer d'Ali Bei 80, au nord de l'Arc de Triomf -* ☏ *932 656 508 et 902 260 606.* La majorité des compagnies opérant à Barcelone y ont concentré leurs guichets. Départs et arrivées toutes destinations (Espagne et Europe), notamment des bus Eurolines *(voir en début d'ouvrage « Organiser son voyage ; Se rendre en Catalogne » p. 22).*

TRANSPORTS EN COMMUN

Grâce à leurs horaires et à leur prix, ils sont un moyen privilégié pour parcourir la ville. Le métro, les chemins de fer de la Generalitat de Catalunya, le « Tramvia Blau » (tramway dans la partie haute de la Diagonal), et les lignes d'autobus métropolitains permettent de rallier n'importe quel point de Barcelone.

♿ Accueil des personnes handicapées dans nombre de stations.

Titres de transports – Les **tickets** valables pour 1 unique trajet sont vendus à l'unité (1,25 €) et sont valables dans le métro et le bus.

Pour un séjour de plusieurs jours, les cartes (valables pour tout type de transport en commun) sont souvent plus avantageuses : **carte T-10** (valable pour dix voyages de 1h15, non nominative, 6,90 € pour 1 zone), **la carte T-DIA** (nombre illimité de déplacements en une journée : 5,25 € pour 1 zone, se décline également en 2 j. : 9,60 €, 3 j. : 13,70 €, 4 j. : 17,50 € et 5 j. : 20,80 €). Enfin pour les séjours longs, signalons les cartes mensuelles **T50-30** (valable 30 j. consécutifs, limitée à 50 trajets d'1h15 : 28,60 € pour 1 zone) et **T-MES** (valable 30 j. consécutifs pour un nombre de trajets illimité : 44,35 € pour 1 zone).

Si vous êtes titulaires de la Barcelona Card *(voir p. ci-contre)*, les transports sont gratuit pendant la durée de validité de la carte. Voir également ci-contre la Barcelona Bus Turístic

Métro – ☏ *933 187 074 - www.tmb.net.* Les stations de métro sont repérées sur les plans de ce guide (symbole ⊕). Le réseau compte 5 lignes : L1 (Feixa Llarga / Fondo), L2 (Paral.lel / Pep Ventura), L3 (Zona Universitària / Canyelles), L4 (Trinitat Nova / La Pau), L5 (Cornellà / Horta). Horaires des rames : dim.-jeu. 5h-0h ; ven.-sam. 5h-2h. Fréquence de 5 à 9mn selon les lignes. Notez que les rames sont climatisées l'été.

Autobus métropolitains – ☏ *932 987 000 - www.tmb.net.* Les nombreuses lignes permettent de se rendre facilement d'un point de la ville à un autre. Les bus de jour fonctionnent de 5h à 22h, quelques lignes de nuit (Nit Bus, reconnaissable au « N ») roulent entre 22h et 5h. La plupart des bus de nuit partent de la plaça de Catalunya. Un plan de bus est disponible à l'office de tourisme.

Quelques lignes utiles : la 25 relie l'hôpital de la Santa Creu et la Sagrada Familia au parc Güell ; la 24 assure la liaison entre le parc Güell et le passeig de Gràcia (La Pedrera).

Tramway – ☏ *902 193 275 - www. trambcn.com.* Dim.-jeu. 5h-0h, vend.-sam. 5h-2h. Il compte 4 lignes : T1, T2, T3 au départ de Francesc Macià respectivement jusqu'à Bon Viatge, Sant Martí de l'Em et Consell Comarcal ; la T4 relie Estació de Sant Adrià à Ciutadella i Villa Olímpica. Un plan est disponible à l'office de tourisme.

Funiculaires – Funicular de Montjuïc : Paral.lel / Parc de Montjuïc ; Funiculaire du Tibidabo : Plaça del Funicular / Tibidabo ; Funiculaire de Vallvidrera : Peu del Funicular / Vallvidrera Superior. Les cartes de transports fonctionnent pour ces trois funiculaires.

TAXI

Reconnaissables à leurs couleurs jaune et noir, les taxis constituent un moyen pratique et rapide de circuler dans Barcelone. Les taxis libres se distinguent par une lumière verte sur le toit. Vous n'aurez aucun problème pour en trouver autour des principaux sites touristiques et en centre-ville. Le soir, vous pouvez aisément changer de quartier pour 4 à 6 €. La prise en charge coûte 1,80 €.

Radio Taxi Barcelone – ☏ *933 033 033.*
Servi Taxi – ☏ *933 300 300.*
Taxis équipés pour les personnes handicapées – ☏ *934 208 088 ou 933 222 222.*

VOITURE

Même si l'on circule plutôt aisément dans Barcelone, ne comptez pas trop sur votre voiture pour la découvrir. D'une part les distances sont courtes et la ville se découvre très aisément à pied ou grâce aux transports en commun, d'autre part les parkings affichent des tarifs élevés.

Parkings

Gare routière Estació del Nord – À côté du métro Arc de Triomf ou Marina - Alí Bei, 54 - ☏ *932 658 164.* Parking vaste (2,35 €/h, 14,10 €/j.).

Parking Urquinaona – *Pl. Urquinaona, 11 -* ☏ *933 188 941 (2,50 €/h, 20 €/j.).*

Parking de Glòries – *Pl. de les Glòries Catalanes -* ☏ *932 651 047.* Un peu excentré mais plus économique (5 €/j., 20 €/ sem.).

👁 **Bon à savoir** – La police barcelonaise ne plaisante pas avec le stationnement. Si la voiture est enlevée par la fourrière, les frais de gardiennage sont calculés à l'heure. Tâchez donc de la récupérer au plus vite en téléphonant (☏ *902 364 116*).

Location de voitures

Avis – ☏ *902 13 53 31 (centrale de réservation) - www.avis.es*

Hertz – ☏ *902 40 24 02 (centrale de réservation) - www.hertz.es*

Atesa – ☏ *902 10 01 01 - www.atesa.es*

TRAINS RÉGIONAUX

Ferrocarrils de la Generalitat de Catalunya – ☏ *932 051 515 - www.fgc.es.* Ils relient la pl. d'Espanya aux villes de l'ouest de Barcelone comme Manresa ou Montserrat. Autres départ de la pl. de Catalunya pour Sant Cugat del Vallès et Terrassa.

TRANSPORTS TOURISTIQUES

Teleférico de Montjuïc – Voir l'encadré pratique de Montjuïc.

Tramvia Blau et Tibibús – Voir l'encadré pratique du Tibidabo.

Visite

HORAIRES

Musées et monuments sont en général ouverts tous les jours sauf le lundi ; les jours fériés, l'horaire d'ouverture est restreint à la demi-journée.

BILLETS COMBINÉS ET RÉDUCTIONS

Trois cartes donnent droit à différentes réductions :

Barcelona Card – *www.barcelonaturisme. com - valable 2 j. (24 €), 3 j. (29 €), 4 j. (33 €) ou 5 j. (36 €).* Permet l'accès gratuit à tous les transports en commun de Barcelone et aux principaux musées de la ville et donne droit à des réductions pour d'autres musées, des spectacles, loisirs, boutiques, bars et restaurants. Achat dans les offices de tourisme de la plaça de Catalunya et la plaça de Sant Jaume.

Barcelona Bus Turístic – Il existe dans Barcelone trois lignes de bus touristiques couvrant la plus grande partie des sites d'intérêt de la ville. Le principe est simple : vous achetez un billet pour 1 j. (19 €; enf. 11 €) ou pour 2 j. consécutifs (23 €; enf. 15 €). Achat de la carte dans les offices de tourisme ou dans les points de vente TMB. Muni de ce billet, vous montez et descendez du bus autant de fois que vous le souhaitez pendant la période de validité. Les bus circulent de 9h à 20h30 (en hiver 19h ; sf 25 déc. et 1er janv.) entre les 40 arrêts répartis dans Barcelone.

Articket – ☏ *902 101 212 - 6 mois de validité - 20 €.* Permet de visiter 7 sites touristiques majeurs : le Museu National d'Art de Catalunya, la Fundació Joan Miró, la Fundació Antoni Tàpies, le Centre de Cultura Contemporània de Barcelona, le Centre culturel Caixa Catalunya, le Museu d'Art Contemporani de Barcelona et le Museu Picasso.

Se loger

La recherche d'un hôtel à Barcelone peut se révéler ardue. En raison du grand nombre de touristes et des prix accrus, il convient de réserver sa chambre dans un délai suffisant et d'en vérifier le coût au moment de la réservation. En effet, dans la plupart des établissements, les prix augmentent en haute saison (entre le printemps et l'automne). Sachez que la plupart des pensions et petits hôtels ne proposent pas de petit-déjeuner.

Nous donnons ici un certain nombre d'adresses choisies pour leur situation, leur caractère ou leur rapport qualité-prix. Cette sélection a été répartie en trois catégories répondant à tous les budgets. Pour chacune, les hôtels sont classés dans l'ordre ascendant des prix. Sauf mention contraire, les prix indiqués correspondent aux tarifs d'une chambre double en basse et haute saison, petit-déjeuner non compris (*voir « Organiser son voyage : Hébergement » p. 28, pour l'équivalence des catégories et des prix*). Les établissements appliquent une taxe de 7 %, comprise dans les prix que nous indiquons.

BARRI GÒTIC C2

Grand rendez-vous de la jeunesse internationale, le Barri Gòtic, au cœur de Barcelone, affiche une forte concentration d'auberges de jeunesse et d'hébergement bon marché.

👁 Les hôtels sélectionnés ci-après sont positionnés sur le **plan du Barri Gòtic** p. 117, et repérables grâce à des pastilles numérotées en bleu (①). Ces numéros sont indiqués à la suite du nom de chaque établissement.

😐 **Pensio Coral** ⑨ – *Calella, 1 - Jaume I - 𝒫 933 176 841 - www. hostalcoral.com - 15 ch. : 50 €.* Bon rapport qualité-prix pour cette pension plutôt bien située, au sud de la Pl. Sant Jaume. Récemment rénovées, les chambres impeccables ont toutes un frigo.

😐 **Hostal Levante** ③ – *Bxd. de Sant Miquel, 2 - Liceu - 𝒫 933 179 565 - www. hostallevante.com - 26 ch. : 55/65 € - 7 appart. pour 4 à 9 pers. 30 €/pers.* Accueil très sympathique dans un vieux bâtiment du quartier. De grandes chambres sont réparties sur plusieurs étages autour d'une cour intérieure. Basique, mais d'un bon rapport qualité-prix.

😐 **Hotel Call** ⑦ – *Arc de Sant Ramon del Call, 4 - Liceu - 𝒫 933 021 123 - www. hotelcall.net - 26 ch. : 56 €.* Hôtel sobre et bien tenu, bénéficiant d'un bon emplacement au cœur du Barri Gòtic. Les chambres sont spacieuses et claires. Bon rapport qualité-prix pour un établissement de cette gamme. Réduction de 5 % à partir de 3 nuits.

😐😐 **Hostal Layetana** ① – *Pl. Ramon Berenguer el Gran, 2 - Jaume I - 𝒫 933 192 012 - www.hostallayetana.com - 20 ch. : 60/66 €.* Bien située au cœur du Barri Gòtic, cette pension familiale dispose de chambres propres avec ou sans salle de bains, certaines avec vue sur les murailles de la Cathédrale. Terrasse et vaste salon communs.

😐😐 **Hostal Sol i K** ⑤ – *Cervantes, 2, 2° 1a - Liceu - 𝒫 933 188 148 - www.solyk. com - 14 ch. : 75 €.* Fraîchement ouvert, enfin un hôtel central abordable qui a du style ! Moderne et lumineuse, chaque chambre est différente, décorée avec goût : poutres apparentes, tête de lit travaillée par des artistes locaux en mosaïques, skaï capitonné, bois… Avec ou sans salle de bains privée, la plupart des chambres ouvrent sur un petit balcon. Sanitaires communs impeccables et accueil attentionné. Une bonne adresse !

LA RAMBLA C2

Idéal pour être au cœur de Barcelone, le quartier des Ramblas propose de nombreux hôtels, des plus délabrés aux plus luxueux. D'une manière générale, ces établissements présentent l'inconvénient d'être bruyants de jour comme de nuit.

👁 Les hôtels sélectionnés ci-après sont positionnés sur le **plan de la Rambla** p. 125, et repérables grâce à des pastilles numérotées en bleu (①). Ces numéros sont indiqués à la suite du nom de chaque établissement.

😐 **Huespedes Fontsomera** ⑨ – *Dels Tallers, 6-8 - Catalunya - 𝒫 933 017 168 - 8 ch. : 49/59 €.* À une vingtaine de mètres de la Rambla et proche de la Pl. de Catalunya, agréable petite pension offrant un bon rapport qualité-prix. Les chambres sont bien tenues et relativement vastes pour Barcelone.

😐 **Pensió Venècia** ⑪ – *Junta de Comerç, 13 - Liceu - 𝒫 933 026 134 - 14 ch. : 60/68 €.* Dans une rue calme du Raval et proche des principaux lieux de sortie et du Barri Gòtic, une petite pension familiale aux chambres rudimentaires, équipées du minimum, mais impeccables et confortables. Nos préférées, les quatre qui s'ouvrent sur la terrasse intérieure, ensoleillée et envahie de plantes vertes.

😐😐 **Hotel Condal** ① – *Boquería, 23 - Liceu - 𝒫 933 181 882 - www.hotelcondal. es - 53 ch. : 82 € - 3 € env.* À deux pas de La Rambla, la petite rue commerçante où se trouve le Condal est un bon point de départ pour visiter la Ciutat Vella. Accueil agréable et chambres modestes avec salle de bains.

😐😐 **Hotel Continental** ③ – *Rambles, 138-2° - Catalunya - 𝒫 933 012 570 - www.hotelcontinental.com - 35 ch. : 90 €.* Dans la partie haute de La Rambla, non loin de la célèbre fontaine de Canaletes. Les chambres ont un style bien différencié. Le goût anglais domine avec la profusion des tissus et des rideaux. Certaines sont équipées d'un micro-onde.

😐😐😐 **Hotel España** ⑤ – *Sant Pau, 9-11 - Liceu - 𝒫 933 181 758 - www. hotelespanya.com - 80 ch. : 105 €.* Inauguré à la fin du 19e s., l'hôtel España est l'un des plus anciens de la ville. Installé dans un bel édifice moderniste, il compte deux salles à manger conçues par Domènech i Montaner. Cette excellente adresse sera fermée entre mars 2008 et avril 2009 en raison d'importants travaux de rénovation. Nous vous invitons à contacter la direction pour prendre connaissance des nouveaux tarifs.

😐😐😐😐 **Hotel Gaudí** ⑦ – *Nou de la Rambla, 12 - Liceu - 𝒫 933 179 032 - www.hotelgaudi.es - 73 ch. : 150 €.* Situé en face du palais Güell. Hall dans le goût moderniste. Les chambres sont spacieuses ; à noter celles des étages supérieurs dotées de terrasses d'où l'on a une vue surprenante sur la ville et les toits du palais Güell.

L'EIXAMPLE B-B-D 1-2

Côté hébergement, le très chic quartier de l'Eixample affiche une offre nettement plus dispendieuse que la vieille ville. On y trouve la plupart des hôtels de luxe de Barcelone.

👁 Les hôtels sélectionnés ci-après sont positionnés sur le **plan de l'Eixample** p. 135, et repérables grâce à des pastilles numérotées en bleu (①). Ces numéros sont indiqués à la suite du nom de chaque établissement.

🛏 **Hostal Central** ⑤ – *Ronda Universitat, 11* – Ⓜ *Catalunya* - ☎ *933 022 420* - *www.hostalcentral.net* - *16 ch. : 50/62 €*. Installées dans des appartements rénovés, les chambres avec ou sans salle de bains sont claires et propres, la plupart disposant d'un balcon. Pas de petit-déjeuner mais fruits offerts le matin. Atmosphère conviviale.

🛏🍴 **Hostal HMB** ③ – *Bonavista 21* - Ⓜ *Diagonal* - ☎ *933 682 013* - *www. hostalhmb.com* - *14 ch. : 64,20/85,60 €*. Située dans une ruelle calme, cette pension fraîchement ouverte propose des chambres modernes et confortables avec salle de bains privée, certaines avec balcon. Dispose aussi d'une vaste chambre avec terrasse pour 4 pers., idéale pour une famille (107 €). Accueil prévenant.

🛏🍴 **Hotel Paseo de Gracia** ⑪ – *Pg. de Gràcia, 102* - Ⓜ *Diagonal* - ☎ *932 155 824* - *hotelpdg@terra.es* - 📧 - *33 ch. : 80/106 €* - 🍽 *4 €*. Une affaire familiale qui tourne depuis 40 ans et dispose de chambres confortables et joliment décorées réparties entre les 6ᵉ, 7ᵉ et 8ᵉ étages. Si vous avez le choix, optez pour celles du 8ᵉ avec balcon et vue plongeante sur le Passeig. Le salon cossu aux canapés en cuir ne manque pas de charme. Une bonne adresse, réservation vivement conseillée.

🛏🍴🍴 **Hotel Urquinaona** ⑨ – *Ronda de Sant Pere, 24* - Ⓜ *Urquinaona* - ☎ *932 681 336* - *www.hotelurquinaona.es* - 📧 - *18 ch. : 95,80 €* - 🍽 *5,30 €* - *rest. 8/15 €*. Petit hôtel central attirant une clientèle jeune. Chambres fonctionnelles et très bien tenues aux murs en stuc. Sanitaires modernes, salle Internet et modeste salon où le petit-déjeuner est servi.

🛏🍴🍴 **Hesperia Carlit** ① – *Diputació, 383* - Ⓜ *Tetuán* - ☎ *935 052 600 et 902 397 398 (centrale de réservation)*, *www. hoteles-hesperia.es* - 📧 - *38 ch. : 104/124 €* - 🍽 *10,50 €*. Tout nouvel hôtel de la chaîne Hesperia qui, fidèle à son image, a très joliment réhabilité un vieil édifice moderniste et décoré les chambres avec beaucoup de soin. L'emplacement est plutôt bien trouvé, dans une partie de l'Eixample où fourmillent les petits bars et restaurants.

🛏🍴🍴🍴 **Hotel Granvía** ⑦ – *Gran Vía de les Corts Catalanes, 642* - Ⓜ *Catalunya* - ☎ *933 181 900* - *hgranvia@nnhotels.es* - 📧 - *50 ch. : 133,75 €* - 🍽 *11,45 €*. Cette ancienne résidence de banquier datant du 19ᵉ s. fut transformée en hôtel en 1936. Un charme incontestable et des prix relativement modérés.

LA RIBERA C-D 2

Idéal pour les sorties nocturnes, cet ancien quartier de pêcheurs n'a qu'une offre d'hébergement très limitée.

👁 Les hôtels sélectionnés ci-après sont positionnés sur le **plan de la Ribera** p. 142, et repérables grâce à des pastilles numérotées en bleu (①). Ces numéros sont indiqués à la suite du nom de chaque établissement.

🛏 **Pensió Ciudadela** ⑤ – *Del Comerç, 33* - Ⓜ *Barceloneta* - ☎ *933 196 203* - *www.pension-ciudadela.com* - 📧 - *6 ch. : 48/54 €*. Adresse très avantageuse pour des chambres de 3 ou 4 pers. (60 et 72 €). Les chambres doubles, avec ou sans salle de bains, sont de bonnes dimensions et l'accueil est charmant.

🛏🍴 **Hotel Hesperia Metropol** ③ – *Ample, 31* - Ⓜ *Jaume I* - ☎ *933 105 100* - *hotel@hesperia-metropol.com* - 📧 - *68 ch. : 60/180 €* - 🍽 *10,50 €*. Ce plaisant hôtel est proche du front de mer, dans une petite rue du vieux quartier, entre la Poste et la basilique de La Mercè. Ravissant vestibule dans un patio fermé. Chambres spacieuses et fonctionnelles.

🛏🍴 **Pensió 2000** ⑦ – *Sant Pere Més Alt, 6* - Ⓜ *Urquinaona* - ☎ *933 104 252* - *www.pensio2000.com* - *7 ch. : 74,90 €* - 🍽 *5 €*. Impeccablement tenue, cette pension familiale installée dans un grand appartement au calme, dispose de chambres spacieuses et claires avec ou sans salle de bains, et d'un agréable patio intérieur où est servi le petit-déjeuner. Une bonne adresse qui se remplit vite, réservez.

🛏🍴🍴 **Hotel Banys Orientals** ① – *Argenteria, 37* - Ⓜ *Jaume I* - ☎ *932 688 460* - *www.hotelbanysorientals.com* - 📧 - *43 ch. : 104 €* - 🍽 *10 €*. Cet ancien édifice restauré avec goût dissimule l'un des plus charmants hôtels design de Barcelone. Lignes épurées, parquet couleur ébène, lits à baldaquin modernes, les chambres allient confort et élégance. Son restaurant, le Senyor Parellada, est excellent.

LA FAÇADE MARITIME C-D 2-3

Le logement dans la Barceloneta ou à proximité, n'est pas plus cher que dans la vieille ville, mais plus rare. Idéal pour ceux qui souhaitent surtout profiter de la plage.

👁 Les hôtels sélectionnés ci-après sont positionnés sur le **plan de la façade maritime** p. 149, et repérables grâce à des pastilles numérotées en bleu (①). Ces numéros sont indiqués à la suite du nom de chaque établissement.

🛏 **Pensió Palacio** ⑦ – *Pg. Isabel II, 10* - Ⓜ *Barceloneta* - ☎ *933 193 609* - *10 ch. : 35/50 €*. Accueil très agréable dans cette pension discrète et bien située pour ceux qui veulent profiter de la plage et des lieux de sortie de la Ribera. Les chambres sont correctes, avec salles de bains communes ou privées. Accès Internet gratuit et petite cuisine à disposition.

Pensión Segre ⑨ – *Simon Oller, 1 -* Barceloneta - ℘ *933 150 709 - www. pensionsegre.com - 20 ch. : 50 €.* L'un des meilleurs rapports qualité-prix du quartier. Des chambres spacieuses, sobres mais bien tenues, avec ou sans salle de bains. Affiche souvent complet en été, réservation conseillée.

Hotel Folch Marina ③ – *Del Mar, 16 -* Barceloneta - ℘ *933 103 709 - marinafolchbcn@hotmail.com -* 🖃 *- 11 ch. : 60 €.* En cas d'absence, s'adresser au restaurant Perú de l'autre côté, au même niveau, sur le Passeig Joan de Borbó. Compte tenu de l'emplacement, bon rapport qualité-prix pour cet hôtel très bien tenu, aux chambres modernes et donnant sur le port. Les chambres du dernier étage ont un petit balcon.

Hotel Oasis ⑤ – *Pl. del Palau, 17 -* Barceloneta - ℘ *933 194 396 - www. hoteloasis.es - 105 ch. : 69,55/90,05 € -* 🖃 *8 €.* Les chambres sont aussi classiques que l'accueil est quelconque pour un hôtel de cette gamme. Le tout est néanmoins très bien tenu, les chambres sont confortables et les salles de bains spacieuses. Bon emplacement à deux pas du port.

Hesperia del Mar ① – *Espronceda, 6 -* Poblenou - ℘ *935 029 700 - hotel@hesperia-delmar.com -* 🖃 *- 78 ch. : 110/190 € -* 🖃 *15 €.* Situé à proximité immédiate de la mer, cet établissement dispose de parties communes très correctes et de chambres bien équipées, dont 6 suites, et dotées de mobilier moderne et fonctionnel.

En soirée

Jamboree – *Pl. Reial, 17 -* Liceu - ℘ *933 017 564 - 22h30-5h30.* Rendez-vous des musiciens et des amateurs de jazz à Barcelone.

La Paloma – *Tigre, 27 -* Universitat - ℘ *933 016 897 - jeu.-sam. 6h-9h30, 11h30-5h, dim. 6h-9h30.* Une des salles les plus populaires et les plus réputées de Barcelone. Depuis 1904, date de son ouverture, elle n'a cessé d'être la référence des nostalgiques qui dansent au rythme de son orchestre. Bonne alternative aux nombreuses discothèques actuelles.

Luz de Gas – *Muntaner, 246 -* Universitat - ℘ *932 097 711 - www.luzdegas.com - tlj sf dim. à partir de 23h.* Un ancien théâtre Belle Époque héberge ce bar fréquenté par les plus « branchés ». Un jour par semaine, spectacles musicaux divers (country, jazz, soul et salsa).

Otto Zutz – *Lincoln, 15 -* Fontana - ℘ *932 380 722 - tlj sf lun. 23h-5h.* Joue en alternance les rôles de discothèque et de salle de spectacles.

Luz de Gas – *Moll del Diposit -* Barceloneta - ℘ *934 842 326 - www. luzdegas.com - avr.-sept. : 12h-3h.* L'un des bars les plus courus pendant les mois d'été

« mouille » au port. Sa terrasse se déroule sur le quai tandis que les touristes recherchent plutôt une place à l'intérieur du séduisant bateau en bois. Musique et piste de danse.

Mojito Bar – *Moll d'Espanya-Maremàgnum, Local 059 -* Drassanes *- à partir de 17h.* L'une des adresses les plus prisées du Maremàgnum, où le choix de musique caribéenne est particulièrement soigné.

Marina Port Olympic – *Pg Maritime Port Olympic -* Ciutadela-Vila Olímpica. La marina est très vite devenue l'une des principales zones animées de Barcelone. Forte concentration d'établissements pour tous les goûts (restaurants, pubs, établissements de restauration rapide, cafés, glaciers, et bars attrayants comme le Gran Casino). Discothèques variées : à noter l'immense Luna Mora qui ne désemplit pas.

La Terrazza – *Avgd. Marquès de Comillas - -* Espanya *- ℘ 934 231 285 - www. laterrrazza.com - vend.-sam. 0h-6h de juin à sept., entrée 15-20 €.* Envie de danser à l'air libre ? Ne manquez pas l'institution estivale des noctambules barcelonais : un club à ciel ouvert au cœur du Poble Espanyol depuis 1995. Programmation musicale soignée (électro, house, funk) et ambiance festive.

Bikini – *Déu i Mata, 105 -* Maria Cristina - ℘ *933 227 254 - tlj sf lun. à partir de 23h.* Située dans l'Illa Diagonal, cette discothèque animée donne également des concerts.

Spectacles

Bon à savoir : Servicaixa – Les distributeurs de billets de La Caixa permettent de consulter la liste des spectacles à l'affiche et, pour la plupart, d'acheter des billets.

Publications – Hebdomadaire, la *Guía del Ocio* donne le programme des événements culturels à Barcelone et en Catalogne (disponible chez tous les marchands de journaux). L'Institut culturel édite chaque semestre la *Guía de los Museos de Barcelona*, mine d'informations sur les expositions, les horaires d'ouverture, les tarifs, etc. On peut trouver à l'aéroport et dans les bureaux de tourisme toute la gamme des publications éditées par le service d'Indústria, Comerç i Turisme de la Généralité de Catalogne.

Cinémas – Les séances commencent en général vers 16h et s'achèvent après minuit, une séance supplémentaire *(extra)* ayant lieu le vendredi et le samedi passé minuit. Quelques salles proposent des réductions certains jours de la semaine, généralement le lundi ou le mercredi (jour du cinéphile). Les salles de cinéma **Verdi**, **Casablanca** et **Renoir** sont bien connues, et projettent en général des exclusivités. La **Filmoteca de Catalunya** propose des cycles de films non commerciaux et des cycles consacrés à des metteurs en scène de prestige.

Théâtres – Barcelone compte de nombreuses salles réputées. Le moderne **Teatre Nacional de Catalunya**, le **Lliure**, le **Poliorama** et le **Mercat de les Flors** sont quelques-unes des salles les plus prestigieuses.

Salles de spectacle – Les grands concerts pop qui se donnent à Barcelone ont en général pour cadre le **Palau Sant Jordi**, le **vélodrome de Horta**, la **plaça de Toros Monumental** et le **Sot del Migdia**, situé au centre même de Montjuïc.

Le **Festival del Grec** commence fin juin et se prolonge jusqu'à la première semaine d'août, sur plusieurs scènes, parmi lesquelles le **Teatre Grec de Montjuïc**. Le **Festival de Tardor**, similaire au précédent mais moins connu, se déroule en automne. Le **Palau de la Música Catalana**, le **Gran Teatre del Liceu** et le tout nouveau **Auditori** sont les salles de concerts les plus importantes de Barcelone.

Plages

👁 **Bon à savoir** – Depuis 1992, six **plages de sable** ont été aménagées de part et d'autre du Port Olímpic. Surveillées et équipées en saison, elles sont l'un des atouts de Barcelone. Forte de ce succès, la mairie envisage d'aménager le littoral jusqu'à l'embouchure du Besos, au nord.

AU SUD DU PORT OLÍMPIC

👥 **Platja Sant Sebastià** – 🚇 *Barceloneta*. Centrale, plutôt familiale, bondée l'été.

Platja Barceloneta – 🚇 *Barceloneta*. À 20mn à pied des Ramblas, touristique et bondée l'été. Nombreux surfeurs.

AU NORD DU PORT OLÍMPIC

👥 **Platja Nova Icária** – 🚇 *Ciutadella*. L'une des plus prisées, des sportifs (surtout les volleyeurs) comme des familles.

Platja del Bogatell –🚇 *Poblenou/Llacuna*. Petite plage assez calme, familiale.

Platja de la Mar Bella – 🚇 *Selva de Mar*. Avec une petite zone nudiste.

Platja de la Nova Mar Bella – 🚇 *Selva de Mar/Besòs Mar*. La plus au nord, appréciée pour sa palette de sports nautiques. La moins fréquentée car la plus éloignée.

Événements

Fira de Reis (arrivée des Rois mages) – *6 janvier*. Dans l'après-midi, les Rois mages arrivent à Barcelone par bateau. Après cet étrange débarquement, en début de soirée, évolue un long défilé sur les principales artères. Au cours de cette manifestation sont distribués des bonbons.

Carnaval – *Février*. Le carnaval barcelonais dure une semaine et prend fin avec « l'enterrement de la sardine », le mercredi des Cendres.

Dia del Llibre i de la Rosa.

Sant Jordi – *23 avril*. Sant Jordi est le patron de la Catalogne. Le même jour que la Sant Jordi, date anniversaire de la mort de Cervantès, a lieu le **Jour du livre et de la rose** (Dia del Llibre i de la Rosa), qui voit traditionnellement les amoureux échanger un livre et une rose.

Fira de Sant Ponç – *Le 11 mai, dans la rue de l'Hospital*. De nombreux vendeurs proposent plantes aromatiques et médicinales, miel, confitures, etc. Cette vente marque le début de la Fira de Sant Ponç.

« Comment danse l'œuf » (Ou com balla) – *En juin, fête associée à la Fête-Dieu*. Sur le jet d'eau du cloître de la cathédrale (ainsi que dans d'autres édifices du Barri Gòtic), un œuf « danse » toute la journée sans jamais toucher le sol.

Verbena – *La veille du 24 juin, fête de Sant Joan (Saint-Jean)*. La *verbena* est une kermesse pendant laquelle Barcelone devient un « enfer » où éclatent les pétards et crépitent les feux d'artifice. Les « diables » participent au *contrefoc*, spectacle pyrotechnique très animé. Les gens envahissent les rues et la fête se prolonge jusqu'au petit matin. Par tradition, on mange la *coca* – tarte décorée de pignons, de fruits ou de crème fraîche – et on boit le *cava* (vin pétillant).

Fête nationale – *11 septembre*. Elle commémore l'entrée dans Barcelone des troupes de Felipe V.

Festes de la Mare de Déu de la Mercè – *24 septembre*. Quand tous les géants et grosses têtes de Catalogne se retrouvent avec les *correfocs* (dragons crachant le feu) pour défiler dans les rues.

Fira de Santa Llúcia – *8 décembre*. La foire de sainte Lucie permet d'acheter tous les articles de décoration et objets spécifiques à Noël. Une foire analogue se déroule devant la Sagrada Familia.

« Cant de la Sibil·la » – *24 décembre*. À l'église Santa Maria del Mar, cérémonie liturgique de grande beauté, remontant au Moyen Âge.

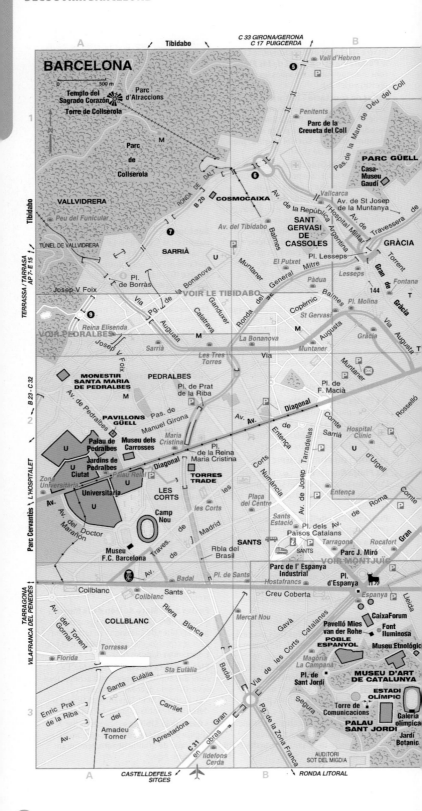

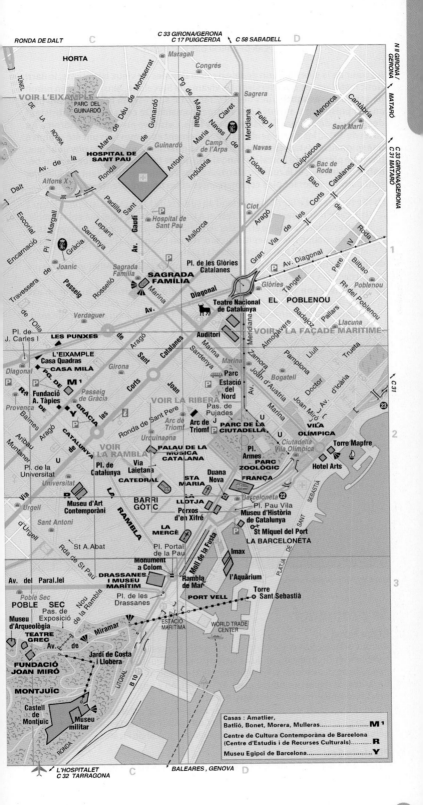

RONDA DE DALT

C 33 GIRONA/GERONA
C 17 PUIGCERDA   C 58 SABADELL

N II GIRONA / GERONA
GERONA
MATARÓ
C 33 GIRONA/GERONA
C 31 MATARÓ

HORTA

Maragall
Congrés
Sagrera
Sant Martí

VOIR L'EIXAMPLE

PARC DEL GUINARDÓ

HOSPITAL DE SANT PAU

Guinardó

Camp de l'Arpa

Navas

Clot

Bac de Roda
Catalanes

Alfons X

Hospital de Sant Pau

Pl. de Gràcia
Joanic

Sagrada Família

SAGRADA FAMÍLIA

Pl. de les Glòries Catalanes

Teatre Nacional de Catalunya

EL POBLENOU

Poblenou
Re del Poblenou

Verdaguer

Diagonal

Av. Diagonal
Glòries   Tànger
Badajoz   Pallars

Pl. de J. Carles I

LES PUNXES

Auditori

VOIR LA FAÇADE MARITIME

L'EIXAMPLE
Casa Quadras
CASA MILÀ

Diagonal

Fundació A. Tàpies

Provença

Balmes

Aribau

Muntaner

Pl. de la Universitat

Urgell

Sant Antoni

d'Urgell

St A. Abat

Rda de St Pau

Girona

PG. DE GRÀCIA

Passeig de Gràcia

CATALUNYA de

VOIR LA RAMBLA

Pl. de Catalunya

Universitat

Museu d'Art Contemporàni

BARRI GÒTIC

Corts

Joan

Ronda de Sant Pere

Urquinaona

PALAU DE LA MÚSICA CATALANA

Via Laietana

CATEDRAL

STA MARIA

LLOTJA

Porxos d'en Xifré

LA MERCÈ

Pl. Portal de la Pau

Arc de Triomf
Arc de Triomf
Pas. de Pujades

PARC DE LA CIUTADELLA

Pl. Armes
Ciutadella
Vila Olímpica

PARC ZOOLÒGIC

Duana Nova

FRANÇA

Barceloneta

Pl. Pau Vila

Museu d'Història de Catalunya

St Miquel del Port

LA BARCELONETA

Estació del Nord

VILA OLÍMPICA

Torre Mapfre

Hotel Arts

Moll de la Fusta

Imax

l'Aquàrium

RAMBLA

LA

Monument a Colom

DRASSANES I MUSEU MARÍTIM

Av. del Paral·lel

Pl. de les Drassanes

Rambla de Mar

PORT VELL

Torre Sant Sebastià

POBLE SEC

Poble Sec

Pas. de Exposició

Museu d'Arqueologia

TEATRE GREC

ESTACIÓ MARÍTIMA

WORLD TRADE CENTER

Miramar

FUNDACIÓ JOAN MIRÓ

Jardí de Costa i Llobera

MONTJUÏC

Castell de Montjuïc

Museu militar

UTORAL

B 10

PLATJA

L'HOSPITALET
C 32 TARRAGONA

BALEARES, GENOVA

Casas : Amatller, Batlló, Bonet, Morera, Mulleras........................	M¹
Centre de Cultura Contemporàna de Barcelona (Centre d'Estudis i de Recursos Culturals)...........	R
Museu Egipci de Barcelona........................	Y

Barri Gòtic★★

PLAN DE BARCELONE P. 114-115, C2

Au cœur de la ville, dans un dédale de rues bordées de vieux bâtiments, le Barri Gòtic reste l'un des quartiers les plus vivants de Barcelone. Ainsi appelé en raison de ses bâtiments gothiques des 13e, 14e et 15e s., il est, en fait, beaucoup plus ancien puisqu'on y a trouvé des vestiges romains. De cette période subsistent des parties de la muraille barcelonaise (4e s.), visibles en certains endroits. Au cours du 19e s., les monuments les plus durement endommagés ont été soumis à une soigneuse restauration, qui a donné au quartier son élégante physionomie. L'avenue piétonnière Portal de l'Àngel, qui quitte la plaça de Catalunya pour pénétrer le quartier, et la rue Portaferrissa et ses voisines, qui le relient à la Rambla, sont parmi les rues les plus commerçantes et les plus fréquentées du coin.

- **Se repérer** – Le Barri Gòtic s'étend au sud-est de la plaça de Catalunya jusqu'à la façade maritime, délimité à l'est et à l'ouest par la via Laietana et la Rambla. Quatre stations de métro en desservent les extrémités : station Catalunya (L1/L3) au nord, station Drassanes (L3) au sud, station Liceu (L3) à l'ouest sur la Rambla, et station Jaume I (L4) à l'est sur la via Laietana.

- **À ne pas manquer** – La plaça del Rei, poumon du quartier gothique, bordée par certains des plus beaux bâtiments médiévaux de la ville.

- **Organiser son temps** – Effectuez votre visite du quartier en suivant un axe nord-sud. Vous aurez ainsi moins de monde en matinée à la cathédrale, et pourrez conclure votre journée par une promenade tardive le long de la façade maritime.

Galerie néogothique de la rue del Bisbe Irurita.

S. Olivier / Michelin

Se promener

Plaça Nova

Au tout début, cette place était un des replats formés par les portes de la ville. Ici commençait l'extrême ouest du « Cardo » romain, auquel on accédait par une porte flanquée de deux tours cylindriques qui existent encore. En 1355, avec l'extension de la ville, ce replat devint une place. Le 16 août, on y célèbre la fête de saint Roch, pendant laquelle on danse les populaires sardanes.

Sur le côté, la place est fermée par la façade baroque du **Palau del Bisbe** (palais épiscopal). En face, on remarque aussi le **Collegi d'Arquitectes**, avec une frise en béton décorée de *sgraffites* (décorations architecturales) de Picasso.

Pla de la Seu

L'avenue de la Cathédrale, qui relie la plaça Nova à la via Laietana, est une large promenade – paradis des patineurs – conduisant jusqu'à l'imposant escalier de la cathédrale où s'étale la Pla de la Seu. Cette place, construite en 1421, doit sa célébrité à la fête qui y a lieu chaque 8 décembre, la « Fira de Santa Llúcia », foire très fréquentée où l'on peut acheter toutes sortes d'accessoires pour les crèches de Noël. La place est encadrée par les maisons de la Pia Almoina, de la Canonja et de l'Ardiaca.

Casa de la Canonja

L'ancienne résidence des chanoines (1546) conserve de curieux détails sculptés sur la façade et à l'intérieur. À sa droite se trouve le bâtiment de la **Pia Almoina**, institution de bienfaisance créée en l'an 1009 pour venir en aide aux pauvres de la ville. Les deux bâtiments ont été totalement réhabilités et abritent aujourd'hui le **musée Diocesà de la Pia Almoina** (musée du Diocèse de Barcelone), où sont exposés tableaux, sculptures, pièces d'orfèvrerie et vêtements à caractère religieux. Des expositions temporaires s'y déroulent également. *Accès par l'av. de la Catedral - ☏ 933 152 213 - ♿ - tlj sf lun. mat. et apr.-midi, dim. mat. - 6 € (-7 ans gratuit).*

Catedral Santa Eulalia★

Visite : 2h - ☏ 933 428 260 - www.catedralbcn.org - ♿ - apr.-midi - 5 €.

Les restes les plus anciens de la cathédrale, ou « Seu », consacrée à sainte Eulalie, patronne de la ville, furent trouvés dans le sous-sol de la rue dels Comtes. Cette première cathédrale, à demi détruite pendant l'invasion d'Almanzor (985), fut remplacée par une autre de style roman entre les années 1046 et 1058. L'édifice actuel, érigé sur le terrain jouxtant l'ancienne cathédrale romane, fut entrepris à la fin du 13ᵉ s., sous le règne de Jaume II, et achevé en 1450.

La **façade principale** et la flèche sont récentes (19ᵉ s.), mais construites selon le beau dessin gothique réalisé en 1408 par le maître Carli, ce qui explique sa décoration très française de crochets, gables et pinacles.

SE LOGER		SE RESTAURER	
Hostal Layetana	①	Agut	①
Hostal Levante	③	El Gran Café	③
Hostal Sol i K	⑤	El Pintor	⑤
Hotel Call	⑦	El Portalón	⑦
Pensio Coral	⑨	Els Quatre Gats	⑨

Intérieur★ – Les trois vaisseaux ont été réalisés selon le plus pur style gothique catalan. La légèreté et la sveltesse des piliers donnent une remarquable sensation d'élévation, intensifiée par la lumière ténue et indirecte de la lanterne, érigée non pas à la croisée comme il est habituel, mais à l'entrée du sanctuaire.

À droite de l'entrée principale se trouve la **chapelle du Saint-Sacrement** *(capella del Santíssim)*, ancienne salle capitulaire couverte par une voûte octogonale étoilée. Commencée en 1400, elle fut reconstruite au 17ᵉ s. pour recevoir le tombeau de saint Olégarius. C'est là que se trouve le Christ de Lépante (15ᵉ s.), crucifix qui, selon la tradition, ornait la proue de la galère commandée par Don Juan d'Autriche au moment de la bataille de Lépante (1571). Dans la chapelle suivante **(1)**, consacrée aux saints Côme et Damien, on peut admirer un **retable gothique** réalisé par Bernat Martorell.

La cinquième chapelle **(2)** contient le **tombeau de Raimundo de Peñafort** (14ᵉ s.), membre de l'ordre des Dominicains et l'un des saints locaux les plus vénérés.

Chevet – Sous le maître-autel et la croisée se trouve la **crypte de sainte Eulalie**★, couverte par une voûte nervurée très basse. On pourra admirer les très intéressants détails sculptés du perron, qui conduit jusqu'à la chapelle où se trouve le sarcophage de la sainte, pièce d'albâtre réalisée par des artistes toscans au 14ᵉ s. À droite du *presbyterium* (espace devant l'autel), contre un mur, se trouvent les **tombeaux (3)** des fondateurs de la cathédrale romane : Ramón Berenguer Iᵉʳ, dit le Vieux, et son épouse Almodis.

Les chapelles du déambulatoire abritent des retables gothiques et baroques, dont un chef-d'œuvre, la **Transfiguration**★, de Bernat Martorell, œuvre classique entre toutes de la peinture catalane ancienne.

Dans la branche orientale du transept, au-dessus de la porte Sant Iu (saint Yves), se trouve l'orgue monumental.

Terrasse – *Montée en ascenseur dans une chapelle du déambulatoire* **(4)** *- mat. et fin apr.-midi - fermé fêtes et j. fériés - 2,20 €.* Des passerelles métalliques, dominées par les imposantes silhouettes des tours et de la tour-lanterne de la cathédrale dispensent

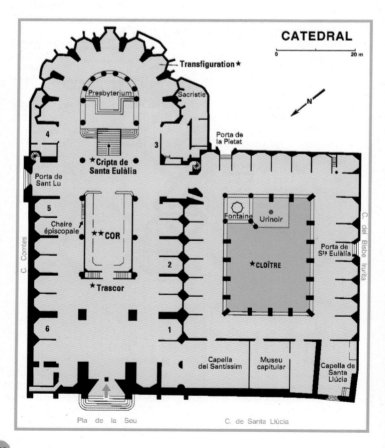

une promenade singulière ouvrant sur de splendides **vues**★★ de Barcelone, balayant les ruelles étroites de la vieille ville, les rues réticulaires de l'Eixample et de la montagne de Montjuïc, jusqu'à la façade maritime d'un côté et la serra de Collserola de l'autre.

Cor★★ – *Mat. et fin apr.-midi - fermé fêtes et j. fériés - 2 €.* La perspective du vaisseau principal est tronquée, comme dans nombre de cathédrales espagnoles, par cette enceinte fermée de murs gothiques finement sculptés. Elle présente deux rangées de stalles polychromes : celle du haut, dont les riches dossiers sont ornés d'aiguilles minutieusement travaillées, fut réalisée vers la fin du 14e s., celle du bas vers le milieu du 15e s.

En l'an 1519, à l'occasion d'une réunion de l'ordre de la Toison d'or, les dossiers furent décorés des armoiries de chaque chevalier. Chargé de cette tâche, Jean de Bourgogne réalisa l'un des ensembles

Stalles du cor de la cathédrale.

R. Manent / Michelin

héraldiques les plus extraordinaires de toute l'Europe. Il ne faut pas manquer d'admirer aussi la finesse et l'humour des scènes ornant les miséricordes des stalles.

On monte à la **chaire épiscopale** *(trona)* contiguë par un escalier en pierre rehaussé de deux ouvrages en fer forgé : une balustrade aux fleurs de lis et une porte. La chaire octogonale en bois est décorée de nombreuses figurines.

Le **trascor**★ (façade postérieure du cor) du 16e s., en marbre blanc, est l'œuvre de Bartolomé Ordóñez – qui vraisemblablement intervint dans la réalisation des stalles –, achevée après sa mort par Pierre Villar. Il présente des bas-reliefs retraçant le martyre de sainte Eulalie, vierge dont le culte s'est développé au 4e s.

Dans le bas-côté gauche, on passe devant la **chapelle de la Vierge de Montserrat (5)**, patronne de la Catalogne, connue sous le nom de « la Moreneta », dont le culte se développa autour de la montagne du même nom, où l'on créa un monastère au début du 4e s. *(voir Serra de Montserrat).* Plus loin se trouve le superbe **retable de saint Marc (6)**, patron des cordonniers.

Cloître★ – *Mat. et fin apr.-midi.* C'est l'un des endroits les plus sereins de la ville. Quatre galeries aux voûtes en croisée d'ogives servent d'écrin à un patio où palmiers, magnolias, néfliers et orangers enserrent une fontaine dédiée à Sant Jordi (saint Georges), patron de la Catalogne et de l'Aragon. L'**urinoir** du 15e s., à côté de la fontaine, apporte une touche pittoresque à cette oasis. Les chapelles des galeries ont été enrichies de grilles en fer forgé (admirer les détails floraux du 14e s.) et quelques chapelles conservent de curieux retables. Dans le mur nord est inhumé Mossén Borrá, bouffon du roi Alphonse V.

Museu capitular – *Mat. et fin apr.-midi - 1 €.* Deux somptueuses salles accueillent le musée de la Cathédrale. On y conserve quelques peintures du 15e s., telle la **Pietá** de Bartolomé Bermejo, qui reprend ici le même thème que la sculpture en bois de la porte de la Pietat. Il faut s'attarder devant la tombe de style médiéval tardif de l'archidiacre Luis Desplà et le missel de sainte Eulalie, décoré de fines miniatures.

Chapelle Santa Llúcia – Elle mérite une attention particulière, car c'est l'unique vestige de la cathédrale romane. Elle fut construite en 1268 et consacrée à sainte Lucie, patronne de la vue et de l'intelligence, sainte très estimée des Barcelonais.

Sortir de la cathédrale par la porte Santa Llúcia, située en face de la maison de l'Archidiacre.

Casa de l'Ardiaca★

Bâtie au 12e s. sur la muraille romaine, la **maison de l'Archidiacre** fut reconstruite vers la fin du 15e s. par l'archidiacre Luis Desplà pour donner plus de dignité à sa charge. Elle possède trois façades : la principale fait face à la chapelle Santa Llúcia, la deuxième regarde vers la rue del Bisbe Irurita et, la troisième, vers la place de la Seu. Ce bâtiment mêle des éléments décoratifs gothiques et Renaissance. Admirer le **petit patio intérieur**★ de forme rectangulaire, authentique havre de paix orné d'une frise en carreaux de faïence émaillée qui, quoique très postérieure (1920), s'harmonise bien avec l'ensemble. Au premier étage on trouve l'**Arxiu Històric de la Ciutat** (Archives municipales d'histoire).

Plaça de Sant Felip Neri

Cet espace tranquille est entouré de maisons Renaissance déplacées ici lors de l'ouverture de la via Laietana. Là s'élèvent l'église néoclassique du même nom, bâtie en 1752, et le curieux **museu del Calçat** (musée de la Chaussure), qui conserve, parmi d'autres curiosités, la chaussure de Colomb, de même dimension que celle que porte la fameuse statue à l'extrémité des Ramblas. *933 014 533 - tlj sf lun. mat. - 2, 50 €.*
Prendre la rue Sant Felip Neri et revenir à la rue del Bisbe Irurita par la rue Sant Sever.

Carrer del Bisbe Irurita

Après le palais épiscopal se trouve la petite **Plaça de Garriga i Bachs**. En face, on voit la porte Santa Eulàlia qui ouvre sur le cloître de la cathédrale. Le monument qui orne l'un de ses côtés, dédié aux Barcelonais morts pendant l'occupation napoléonienne, est l'œuvre du sculpteur **Josep Llimona** (1864-1934). Sur le côté droit de la rue, depuis la petite place jusqu'à la place Sant Jaume, se dresse la longue façade du Palau de la Generalitat, relié par une galerie néogothique (1929) sur voûte en étoile aux anciennes **Cases dels Canonges** (maisons des Chanoines), remarquable exemple de construction du 14e s.

Plaça Sant Jaume

Sur cette place se croisaient jadis les deux rues principales de la ville romaine : le *cardo* et le *decumano*. C'était, à l'époque, l'emplacement de l'agora. Elle conserve encore une partie de cet usage, car on y trouve les deux bâtiments qui symbolisent la grande Barcelone du 14e s. : l'hôtel de ville et le palais de la Généralité.
Palau de la Generalitat – *934 024 617 - ☝ - visite guidée les 2e et 4e dim. du mois, le mat. ; le reste du temps sur réserv. les vend. mat. et apr.-midi, sam. mat. et dim. mat. - gratuit.* La Generalitat *(voir dans « Comprendre la région : La Catalogne aujourd'hui »)* apparut au 14e s. sous la forme d'une commission du Parlement catalan constituée de deux représentants de chaque classe (clergé, noblesse et bourgeoisie urbaine), dont la mission principale consistait à percevoir les impôts. Le palais est un grand édifice à trois étages, construit au début du 14e s. dans le style gothique mais modifié ultérieurement. La **façade** sur la place Sant Jaume, érigée vers 1600 par Pere Blay, principal architecte catalan de cette période, est un bel exemple de l'architecture Renaissance.
Ajuntament – *934 027 300 - ☝ - visite guidée (30mn) le dim. mat.* L'hôtel de ville se dresse face au palais de la Généralité. Il fut construit dans le dernier tiers du 14e s. mais sa façade principale, d'un style néoclassique puriste, est postérieure (19e s.). La **façade latérale gothique** (vers 1400) sur la rue de la Ciutat est plus ancienne et plus intéressante. On peut voir à la porte une représentation en pierre de l'archange saint Raphaël ainsi que les armoiries de la ville et du roi.
L'aménagement d'origine a presque totalement disparu, car plusieurs transformations ont détruit les pièces des 16e et 17e s. On peut cependant admirer le **Saló de Cent★**, salle de réunion du Conseil des Cent, ou assemblée générale, noyau du futur conseil municipal. Si elle a subi de nombreuses modifications, elle n'en conserve pas moins une remarquable richesse ornementale.

Carrer Paradís

Cette rue doit son nom au jardin qui s'y trouvait jadis. Au n° 10, un édifice gothique accueille le Centre Excursionista de Catalunya, célèbre club d'alpinisme fondé en 1876. À ce même endroit, édifié en l'honneur d'Auguste, s'élevait le temple le plus grand de la ville, dont les vestiges sont accessibles par un patio. Quatre **colonnes**

Le « Call » de Barcelone

C'était le quartier de l'une des communautés juives les plus prospères de la Méditerranée, dont il subsiste, derrière le Palau de la Generalitat, un ensemble de ruelles aux noms évocateurs de leur passé lointain (carrer del Call, de Sant Domènech del Call, baixada de Santa Eulàlia, carrer dels Banys Nous). La présence juive à Barcelone est l'une des mieux connues d'Espagne. On sait par exemple qu'une partie importante de la population de ce ghetto était composée d'artisans, courtiers, cambistes et libraires. Nombre de ces juifs étaient de riches propriétaires d'immeubles, pas seulement dans le quartier mais aussi dans le voisinage du cimetière communautaire, situé sur la montagne de Montjuïc.

corinthiennes★, témoignage spectaculaire du passé romain de la ville, sont intégralement conservées.

La rue Paradís débouche dans la rue de la Pietat, qui encercle une partie du chevet de la cathédrale et qui est bordée à gauche par les façades gothiques des maisons des Chanoines. En face, s'ouvre la porte du cloître de la cathédrale, dite porte de la Pietat.

Rejoindre la Baixada de Santa Clara.

Plaça del Rei★★

Cette place, cadre de nombreuses activités culturelles (concerts, pièces de théâtre, etc.), est le poumon du quartier gothique. On peut y contempler d'un même regard quelques-uns des plus importants bâtiments médiévaux de la ville : au fond, le Grand Palais royal, à droite la chapelle Sainte-Agathe et à gauche le palais du Lieutenant (*Lloctinent*). Obturant quasiment la place, la maison Clariana-Padellàs (15e s.), bel exemple d'architecture civile gothique, abrite le **Museu d'Història de la Ciutat**, le musée d'Histoire de la Ville *(voir dans « Visiter » ; l'entrée du musée comprend aussi la visite de l'intérieur du Grand Palais royal, de la chapelle Sta Águeda et du salon Tinell).*

Plaça del Rei et Palau Reial Major.

Palau Reial Major – Le palais fut la demeure des comtes de Barcelone et, ultérieurement, des rois d'Aragon. L'édifice, dont la construction débuta aux 11e et 12e s. au milieu de la muraille romaine, ne cessa de s'agrandir pour atteindre vers la fin du 14e s. sa taille actuelle. Au 16e s., une aile fut occupée par le Tribunal de l'Inquisition. La façade possède une structure monumentale avec de grands arcs adossés et surbaissés, résultant de la réunion des contreforts. Au fond de ces arcs se trouve l'ancienne façade romane à triplets et rosaces gothiques. L'ensemble est dominé par le **mirador del Rei Martí**, tour de cinq étages.

Capella de Santa Águeda★★ – La chapelle palatine fut bâtie par Jaume II au 14e s. avant d'être consacrée à sainte Agathe au 17e s. *(voir dans « Visiter »).*

Palau del Lloctinent

Ce palais fut construit de 1549 à 1557 pour servir de résidence aux « lieutenants » du roi, c'est-à-dire aux vice-rois de Catalogne, après qu'eut été réalisée l'unité espagnole. Ses trois façades, la première sur la plaça del Rei, la seconde sur la Baixada de Santa Clara et la troisième sur la rue dels Comtes sont sévères et très dépouillées. Le style gothique tardif prédomine avec des éléments Renaissance, exemple typique de l'architecture du 16e s.

Par l'entrée principale, rue dels Comtes, on accède à un ravissant **patio** italianisant, avec de grands arcs au rez-de-chaussée. À l'étage, vous découvrirez une galerie toscane et un élégant escalier.

Plaça de Sant Iu

Cette toute petite place est l'un des endroits les plus fréquentés du Barri Gòtic, car il s'y passe toujours quelque chose, avec des mimes ou des musiciens qui rendent plus agréable la promenade dans les ruelles. Elle dessert la cathédrale et le **musée Frederic Marès** *(voir dans « Visiter »)*, installé depuis 1948 dans des dépendances du Palau Reial.

Poursuivre la rue dels Comtes puis s'engager dans la rue de la Tapineria.

Plaça de Ramón Berenguer el Gran

C'est une des images symboliques de l'ancienne Barcelone. Derrière la statue équestre en bronze de Ramón Berenguer III, dit le Grand, œuvre du sculpteur Josep Llimona, s'étend un espace paysager. Au fond du jardin, on voit une importante partie de la **muraille romaine** qui se prolonge vers les rues de la Tapineria et des Murallas Velles. Hautes de 18 m avec deux étages aux fenêtres en arcs semi-circulaires, trois des sept tours d'origine sont entièrement conservées. Au 13e s. les trois tours furent reliées par des voûtes afin de construire au-dessus la chapelle du Palau Reial. Au pied de ces vieux murs s'alignent quelques *cupas* romains, blocs de pierre ou de marbre portant des inscriptions.

Visiter

Museu d'Història de la Ciutat★★

⊙ *Jaume I - Plaça del Rei, s/n - ℘ 932 562 100 - www.museuhistoria.bcn.cat - ♿ - avr.- sept. : tlj tte la journée ; dim. et j. fériés mat. - reste de l'année : tlj mat. et apr.-midi, dim. et j. fériés mat. - fermé lun., 1er janv., 1er Mai, 24 juin, 25 déc. - 5 € (-7 ans et 1er sam. du mois apr.-midi gratuit).*

La maison Clariana-Padellàs (15e s.), qui accueille le musée d'Histoire de la ville, porte le nom d'une noble famille barcelonaise. Elle a été transférée, pierre par pierre, depuis son site d'origine – rue dels Mercaders – jusqu'à la plaça del Rei où elle se trouve actuellement.

La visite débute dans des salles qui nous familiarisent avec la fondation de la ville romaine, pour se poursuivre par une promenade au milieu des vestiges de l'ancienne ville romaine, découverts dans le sous-sol de la place. Ce tronçon du parcours traverse toute la place avant d'aboutir au Grand Palais royal, dont le salon du Tinell et la chapelle Santa Águeda peuvent être visités.

La ville romaine★★★ – Dans le sous-sol de la maison Clariana-Padellàs et de la plaça del Rei, on a découvert la ville romaine et wisigothique qui fut l'embryon de Barcelone (4e-7e s.). Peu de villes au monde permettent cette bizarre promenade souterraine à travers des pans de murailles, des ruelles, des maisons et des ateliers romains. Au nombre des vestiges encore visibles, signalons une fabrique de salaison, une laverie, une fabrique de vin où l'on peut voir de nombreuses amphores, ainsi qu'un intéressant ensemble épiscopal de la Barcelone wisigothique.

Du souterrain de la ville romaine on passe aux deux salles aux voûtes romanes en berceau qui faisaient partie de l'ancien palais des Comtes. On y trouve quelques sculptures, épigraphes, et bustes du 1er au 4e s. Plus loin, la salle Jaume Ier présente de grandes peintures murales gothiques (13e s.), découvertes en 1998.

Palau Reial Major – La visite se poursuit dans ce palais (11e-14e s.), ancienne résidence des comtes de Barcelone puis de la couronne d'Aragon.

Capella de Santa Águeda★★ – À vaisseau unique, cette chapelle (14e s.) est couverte d'un maillage minutieux de bois polychrome. Elle renferme le merveilleux **retable du Connétable★★** (1465) de Jaume Huguet, ainsi nommé pour avoir été commandé par le connétable Pierre de Portugal, et représentant des scènes de la vie de la Vierge et de Jésus. On remarquera sur la planche centrale l'Adoration des Rois mages, l'une des pièces dominantes de la peinture catalane, et sur la partie haute, un calvaire.

C'est par un perron latéral que l'on accède au **mirador del Rei Martí**, tour aérienne qui permet d'avoir une **vue★★** privilégiée de tout le périmètre ancien de la ville, avec la coupole de la basilique de La Mercè, au fond.

Saló del Tinell – Construit entre 1359 et 1362, c'est une grande pièce de 17 m de haut, avec une couverture à deux versants soutenue par six monumentaux arcs en plein cintre. Son nom provient du vieux mot catalan désignant la crédence où l'on gardait la vaisselle précieuse, nom qui fut élargi à la salle où se déroulaient les grands banquets. Selon la tradition, c'est là que les Rois Catholiques reçurent (1493) Christophe Colomb à son premier retour d'Amérique.

Museu Frederic Marès★

⊙ *Liceu - Plaça de Sant Iu, 5 - ℘ 932 563 500 - www.museumares.bcn.es - tlj sf lun. mat. et apr.-midi, dim. et j. fériés mat. - 3 € (-16 ans, merc. apr.-midi et 1er dim. du mois gratuit)*

L'incroyable collection du sculpteur **Frederic Marès** (1893-1991) est divisée entre le musée Frederic Marès à Montblanc *(voir ce nom)*, le musée Marès de la Punta à Arenys de Mar *(voir p. 226)*, le musée militaire de Montjuïc et ce musée, installé dans des dépendances du Palau Reial Major.

La collection du musée se répartit en deux sections :

Section sculpture – Occupant deux étages et la crypte du palais, elle est composée d'œuvres majeures de la sculpture espagnole, classées chronologiquement de l'époque ibérique jusqu'au 19e s.

Il faut remarquer l'impressionnante **collection★** de crucifix et calvaires en bois polychrome (12e au 14e s.) ainsi que celle de **Vierges à l'Enfant★** romanes et gothiques, une **Mise au tombeau★** du 16e s., composée de six personnages indépendants, et **La Vocation de saint Pierre★**, marbre du 12e s. réalisé par le maître Cabestany. On admirera la singulière expression des visages dont les yeux ovales semblent sortir des orbites.

Gabinete del coleccionista – Il expose le fruit de l'infatigable fièvre collectionneuse de son créateur qui ne manquera pas de vous laisser bouche bée. Des milliers d'objets de la vie quotidienne au 19e s. surtout, occupent les vastes salles : éventails, bijoux, peignes, gants, pipes, bagues à tabac, jeux de cartes, effets de commerce, cannes, montres, boucles, rosaires, faïences, etc.

On visite également l'**atelier** de l'artiste où sont exposées certaines de ses sculptures figuratives.

Barri Gòtic pratique

Se restaurer

El Portalón (Tapas) – *Banys Nous, 20 -* 🚇 *Liceu -* ☎ *933 021 187 -* 🖅 *- tlj sf dim. et j. fériés 9h-0h, cuisine 13h-16h, 19h30-22h30 - fermé 15 j. en août - menu 8/10 €, tapas 5/16 €, carte 15 € env.* Une des rares adresses encore authentiques du Barri Gòtic. Dans une vaste salle de pierres apparentes, tapas et plats du jour sont servis sur de petites tables bistrot. Ambiance touristique en salle, mais très catalane au bar.

El Gran Café – *Avinyó, 9 -* 🚇 *Jaume I -* ☎ *933 187 986 - www.grupcacheiro.com - tlj 13h-16h30, 19h30-0h30 - menu 12 €, carte 16/20 €.* Un grand classique barcelonais pour manger catalan. Menu avantageux à 12 € le midi (en semaine), rapport qualité-prix élevé à la carte. On paye surtout l'élégant cadre de la brasserie.

Els Quatre Gats – *Montsió, 3 bis -* 🚇 *Catalunya -* ☎ *933 024 140 - 25/35 € - tlj sf dim. 17h-2h.* Symbole de la Barcelone moderniste et bohème, ce café classique, réalisé par Puig i Cadafalch, fut le rendez-vous des artistes tels que Picasso, Casas et Utrillo. Formule du midi intéressante.

El Pintor – *Sant Honorat, 7 -* 🚇 *Jaume I -* ☎ *933 014 065 - restaurantelpintor@gruptravi.com -* 🖅 *- 26/49 €.* Cuisine variée aux saveurs catalanes dans un cadre rustique avec poutres apparentes et murs de bois brut. Très agréable.

Agut – *Gignàs, 16 -* 🚇 *Jaume I -* ☎ *933 151 709 - fermé dim. soir, lun., août - réservation conseillée - 30/35 €.* Situé près du Moll de la Fusta, dans un secteur de ruelles étroites, il nous sert depuis plus de 75 ans les meilleures recettes catalanes dans une vaste salle au charme désuet : panneaux en bois sur le corps inférieur des murs, nappes blanches…

Faire une pause

Gelateria Pagliotta – *Jaume, 1 -* 🚇 *Jaume I -* ☎ *933 105 324 - 8h-1h30.* Une belle gamme de glaces artisanales sans sucre, spécialement créée pour les diabétiques, une bonne idée !

Achats

Avinguda del Portal de l'Àngel – 🚇 *Catalunya.* L'offre y est variée, et c'est là que l'on rencontre les spécialistes des travaux d'aiguilles et de la passementerie.

Carrer de la Palla et **carrer Banys Nous** – 🚇 *Liceu.* Remarquables pour leurs commerces d'objets anciens de grande réputation.

Marché de la Plaça de la Catedral – 🚇 *Liceu.* Un marché proposant les objets anciens les plus insolites se tient ici le jeudi.

Marché de la Plaça de Sant Josep Oriol – 🚇 *Liceu.* Samedi et dimanche, vente de miroirs, meubles, tableaux et ustensiles anciens.

Boutique du Museu d'Història de la Ciutat – *Baixada de la Llibreteria -* 🚇 *Jaume I.* À ne pas manquer pour un souvenir de Barcelone.

Cereria Subirà – *Baixada de la Llibreteria, 7 -* ☎ *933 152 606 -* 🚇 *Jaume I.* Fondé en 1761 par Paulí Subirà, ce magasin de cierges et bougies, à la décoration 19e s., est le plus ancien de la ville. Grand choix de modèles et de coloris.

La Manual Alpargatera – *Avinyó, 7 -* 🚇 *Jaume I -* ☎ *933 010 172 - www.lamanual.net - 9h30-13h30, 16h30-20h.* Cet atelier et magasin d'espadrilles artisanales, fondé dans les années 1940, chausse nombre de personnalités. Combine tradition et modes avant-gardistes. Décoration à base d'objets typiques qui crée l'ambiance chaleureuse. Accepte les commandes de l'étranger.

Art Escudillers – *Escudellers, 23-25 -* 🚇 *Liceu -* ☎ *934 126 801 - 11h-23h.* Immense magasin de la vieille ville, distribué sur deux étages. Ses vitrines exhibent une multitude de faïences et autres produits artisanaux classés par région. Le choix de produits catalans est bien sûr le plus grand. Vous y trouverez aussi bien des articles d'art de la table ou de décoration de salle de bains que des accessoires pour le jardin. Au sous-sol, un coin est réservé à la vente du vin et du fameux *cava*.

La Rambla★★

PLAN DE BARCELONE P. 114-115, C 2-3

La plus célèbre des promenades barcelonaises est aussi connue sous le nom de « Las Ramblas » car sectionnée en cinq tronçons portant des noms différents. S'étendant de la plaça de Catalunya au Monument de Christophe Colomb, sur un kilomètre de long, l'artère dessine un univers entier à elle seule. Une foule dense et bigarrée s'y presse à toute heure, flânant entre les kiosques, les vendeurs d'animaux exotiques, les artistes de rue et les terrasses de cafés. La Rambla fut aménagée entre les 15e et 17e s. à l'emplacement d'un torrent dont elle tient son nom et devint, au 19e s., la promenade emblématique que l'on connaît aujourd'hui.

◗ **Se repérer** – Située entre le Barri Gòtic et le Raval, cette longue avenue étire son sillon depuis la plaça de Catalunya jusqu'au Monument de Colomb, face à la mer. L'artère se divise en cinq tronçons : la partie haute est la Rambla de Canaletes, puis elle devient Rambla dels Estudis, Rambla de les Flors, Rambla dels Caputxins et enfin Rambla de Santa Mònica, où elle rejoint la mer. Trois stations de métro la desservent du nord au sud : Catalunya (L1/L3), Liceu (L3) et Drassanes (L3).

👁 **À ne pas manquer** – Un *café con leche* sur les terrasses de la plaça Reial.

🕐 **Organiser son temps** – Prenez le temps de déambuler sur le terre-plein central réservé aux piétons, où se produisent mimes, clowns, caricaturistes… dans une ambiance très bigarrée et surtout très changeante selon l'heure à laquelle vous passez. Et attention aux pickpockets, très actifs de jour comme de nuit.

👪 **Avec les enfants** –Le Museu de Cera (musée de Cire).

La Rambla.

J. Malburet / Michelin

Se promener

Partir de la plaça de Catalunya.

Rambla de Canaletes A1

La partie haute de Las Ramblas, la plus proche de la plaça de Catalunya, s'appelle Rambla de Canaletes du fait de la présence d'une fontaine portant le même nom. La légende veut que le visiteur qui boit son eau soit assuré de revenir à Barcelone. Il n'est pas inhabituel de rencontrer dans cette partie piétonne des Ramblas de petits groupes discutant de thèmes les plus inattendus, les discussions les plus fougueuses se rapportant au football ou à la politique.

Rambla dels Estudis A 1-2

Elle doit son nom à la première université de Barcelone – El Estudio General – qui s'y élevait jadis. On la nomme aussi **Rambla dels Ocells** (oiseaux) car de nombreux moineaux nichent dans les arbres et on y trouve des marchands d'animaux exotiques. *Tourner à gauche dans la rue commerçante de Portaferrissa.*

Palau Moja A2

Cet édifice de style baroque de la fin du 18e s., où vécut le grand poète **Jacint Verdaguer** (1845-1902), a subi les influences françaises (retour à un certain classicisme et sobriété dans les lignes). Depuis sa restauration en 1982, il est devenu le siège du bureau du Patrimoine culturel de la Generalitat et des expositions temporaires s'y tiennent.

Revenir sur la Rambla et la traverser.

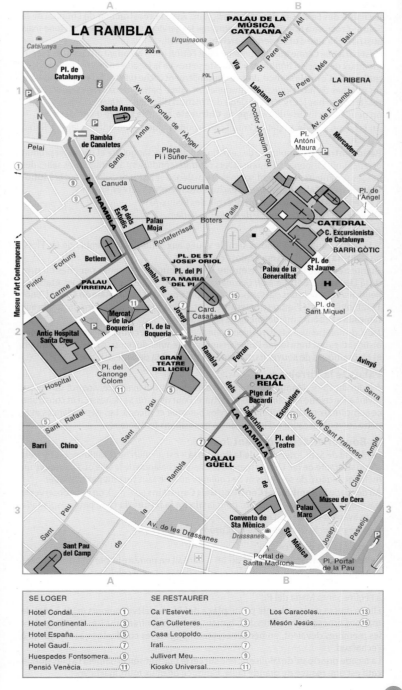

SE LOGER		SE RESTAURER			
Hotel Condal	①	Ca l'Estevet	①	Los Caracoles	⑬
Hotel Continental	③	Can Culleteres	③	Mesón Jesús	⑮
Hotel España	⑤	Casa Leopoldo	⑤		
Hotel Gaudí	⑦	Irati	⑦		
Huespedes Fontsomera	⑨	Jullivert Meu	⑨		
Pensió Venècia	⑪	Kiosko Universal	⑪		

Église de Betlem A2

Les premières crèches publiques furent organisées dans cette église de style baroque (17e et 18e s.), qui faisait partie du couvent des jésuites. Seule la monumentale façade baroque sur la rue Carme a été sauvegardée après qu'un incendie eut détruit l'intérieur en 1936. On en remarquera les grandes colonnes torses.

Reprendre la rue Carme.

Hospital de la Santa Creu A2

Ce complexe hospitalier représente l'une des plus importantes initiatives du règne de Martí Ier. Avant sa fondation (1401), les hôpitaux, dispersés dans la ville, étaient à la charge des Églises et des ordres religieux. Avec la construction de l'hôpital de la Sainte-Croix, on a non seulement regroupé les services sanitaires de Barcelone mais aussi doté la ville d'un ensemble architectural civil.

C'est par la rue Carme que l'on pénètre dans l'étroit patio accédant aux édifices monumentaux de l'ancien hôpital. Sur la droite se trouve la façade en pierres taillées de la **maison de Convalescence**, dont le dépouillement cache un vestibule aux exubérantes plinthes de mosaïque polychrome et un calme patio à deux étages de colonnes toscanes. De nos jours, c'est le siège de l'Institut d'Études Catalanes. Sur la gauche, on peut voir la façade du **collège de Chirurgie**, actuelle faculté de médecine.

Au fond, on accède au patio central correspondant actuellement aux jardins Rubio y Lluch.

Patio central★ – L'amplitude de ce patio gothique rectangulaire et paysager produit un effet impressionnant. Deux escaliers centraux conduisent aux immenses salles des étages supérieurs où étaient soignés les malades et abritant aujourd'hui la **bibliothèque de Catalogne** (à l'usage exclusif des membres), créée en 1914.

À côté se trouve l'**école Massana**, école des Beaux-Arts.

Rejoindre la Rambla au niveau de l'église de Betlem.

Rambla de les Flors A2

Si la partie haute des Ramblas semble vouée aux sonorités, la Rambla de les Flors, ou **Rambla de Sant Josep**, explose de couleurs.

Quintessence de la ville, cette étroite allée flanquée de platanes ramenés du parc de la Devesa de Gérone *(voir Gérone)* à la fin du 19e s. se faufile entre les étals des fleuristes et la foule des passants. Le très réputé peintre catalan **Ramón Casas** (1866-1932), initiateur de l'impressionnisme en Catalogne, l'immortalisa dans de nombreux tableaux et épousa même une belle fleuriste.

Jadis, de nombreux édifices religieux s'élevaient le long de ce tronçon, mais révolutions et incendies ont transformé l'allée en une longue suite de terrasses de cafés, d'hôtels et de boutiques de souvenirs, très animés pendant la période estivale.

Palau de la Virreina★ A2

À la fin du 18e s., Manuel Amat, noble barcelonais qui avait été vice-roi du Pérou, revint à Barcelone avec une grande fortune. Pour montrer sa richesse, il fit construire ce somptueux palais, mélange de styles baroque et rococo. Les dépendances et le patio servent de cadre à d'importantes expositions temporaires.

La Boqueria/Mercat de Sant Josep A2

Le Mercat de Sant Josep – ou **de la Boqueria** – est un marché traditionnel recouvert d'une structure de fer. C'est le marché le mieux achalandé de la ville où l'on trouve un mélange bigarré de senteurs et de couleurs qu'il ne faut surtout pas manquer.

Au début de la **Rambla del Centre** ou **dels Caputxins** (A-B 2-3), on peut observer le pavement dessiné par Joan Miró pour la **pla de la Boqueria** (A2), petite esplanade juste avant la façade du Liceu.

Prendre à gauche la carrer Cardenal Casañas.

Santa Maria del Pi★ A-B 2

Cette grande basilique gothique du 14e s. abritait un nombre important de chapelles et beaucoup de cérémonies privées et collectives y étaient célébrées. En effet, tout le secteur était occupé par diverses corporations dont les confréries avaient élu siège à l'église Santa Maria del Pi.

Elle se dresse sur la plaisante petite **plaça del Pi**, où s'élève toujours *(no 1)*, à côté de maisons ornées de sgraffites, le bâtiment de l'archiconfrérie du Très Pur Sang, dont les membres devaient, en pénitence, accompagner les condamnés à mort jusqu'à l'échafaud.

La façade principale de l'église donne sur cette place et son ornement le plus significatif est une **rosace** de grande taille, flanquée de deux tours inachevées.

L'**intérieur**★ présente la structure typique des églises gothiques catalanes (une seule nef et des chapelles latérales). L'absence de décoration met en valeur les éléments purement architecturaux, et le volume de la nef apporte du caractère à l'ensemble.

Plaça de Sant Josep Oriol★ B2

Devant l'imposante façade latérale de Santa Maria del Pi, cette place, très fréquentée, accueille le monument érigé à la mémoire du dramaturge **Àngel Guimerà** (1845-1924). C'est l'un des endroits les plus prisés des touristes et de la bohème, car ses terrasses sont fréquentées par des peintres, des musiciens et des poètes qui donnent une touche pittoresque à ce coin de Barcelone.

Retourner à la Rambla.

Gran Teatre del Liceu★ A2

Le théâtre a été totalement reconstruit à la suite du tragique incendie de 1994. ℰ 934 859 914 - ♿ - visite guidée (1h15) tlj à 10h -fermé j. fériés et août - 8,50 € (-10 ans gratuit).

Il fut créé au milieu du 19ᵉ s. par la société culturelle Liceu Filharmonico-Dramàtic Barcelonès, avec la participation financière de la bourgeoisie barcelonaise. Le premier bâtiment, œuvre de J. O. Mestres et M. Garriga i Roca, construit sur les terrains de l'ancien couvent des Trinitaires, fut inauguré en 1847. En 1861 un incendie le dévastait, mais en un an on le reconstruisit.

Lieu de rencontre de la bourgeoisie industrielle et financière naissante, le Liceu devint de ce fait la cible des groupes anarchistes, qui y commirent un grave attentat en 1893.

Depuis le début du 20ᵉ s., le théâtre a vu se donner la première de plusieurs œuvres des plus grands compositeurs contemporains. Les meilleures voix de tous les temps y sont passées, et les saisons de ballet ont atteint un grand prestige.

Prendre à droite la rue Nou de La Rambla.

Barcelone, terre d'opéra

La présence du Liceu a développé chez les Barcelonais un vif intérêt pour l'opéra. Quelques-uns des principaux représentants du monde lyrique sont passés par le Centre dramatique du Liceu. Parmi les plus connus, citons la soprano **Montserrat Caballé**, dont le timbre est l'un des plus puissants de la scène internationale et qui s'est notamment distinguée par son interprétation de *Lucrèce Borgia* ; **José Carreras**, dont l'admirable voix de ténor excelle dans l'exécution des œuvres de Verdi ; **Victoria de los Ángeles**, soprano à la tessiture pure et souple qui révèle toutes ses qualités dans les lieder, et **Jaume Aragall**, ténor que ses grandes facultés vocales ont spécialisé dans le répertoire italien.

Palau Güell★★ B3

Ce singulier édifice, résidence du couple Güell et de ses dix enfants, fut construit de 1886 à 1890. *Voir la description intérieure dans « Visiter ».*

Sur la **façade**★, en pierre blanche, se mêlent des symboles catalans comme le dragon et les « quatre barres » *(voir p. 89, « Le drapeau catalan »)*, ornés de motifs imaginaires et des initiales d'**Eusebi Güell**. Elle présente deux grands arcs paraboliques à l'entrée, et de magnifiques grilles en fer forgé, encadrées par deux serpents.

Revenir à la Rambla et la traverser.

Plaça Reial★★ B2

Cette grande place piétonnière fut créée entre 1840 et 1850 sur le terrain de l'ancien couvent de capucins, selon les plans de Francesc D. Molina, qui s'inspira à la fois des boulevards français et des places castillanes.

Cet harmonieux ensemble architectural est constitué de bâtiments uniformes, ponctués d'arcades. Les premiers sont ornés en haut de médaillons à l'effigie de certains grands navigateurs et explorateurs. Sur la place subsistent deux réverbères – dessinés par le jeune Gaudí – et une touffe de palmiers.

Il est devenu l'un des coins incontournables de la nuit barcelonaise. Sous les arcades fleurissent les *cervecerías* (bars à bière) et le dimanche se tient un marché aux timbres et monnaies. Ne pas oublier de visiter le **passeig Bacardí** (B2), galerie de fer et de verre très parisienne d'aspect.

La place est reliée par un passage à la **carrer de Ferran**, longue avenue commerçante qui va vers la place de Sant Jaume, et de l'autre côté à la **carrer dels Escudellers**, gagnée par l'ambiance du Barri Chino. C'est entre ces deux rues, en remontant vers la place de Sant Jaume, que se trouve la **carrer d'Avinyó**, dont les anciens bordels inspirèrent Picasso pour peindre son tableau *Les demoiselles d'Avignon* (1907). *Revenir à la Rambla.*

Pla del Teatre B3

C'est une esplanade où se dressent l'ancien théâtre Principal et le monument à la mémoire du dramaturge satirique Frederic Soler, mieux connu sous le nom de « **Pitarra** ». Caricaturistes, peintres et maîtres du tarot se sont approprié le secteur et l'ont transformé en un lieu à la fois animé et bizarre.

Rambla de Santa Mònica

Elle marque la jonction de la Rambla avec la mer. Dans cette large promenade se trouvent le **Palau Marc**, bel édifice néoclassique dont le patio intérieur couvert est le siège du département de Culture de la Generalitat, et l'ancien couvent de Santa Mònica, désormais **Centre d'Art Santa Mònica** accueillant des expositions temporaires d'art contemporain. *La Rambla, 7 - ☎ 933 162 810 - www.centredartsantamonica.net - tte la journée, dim. et j. fériés mat. - fermé lun., 1er et 6 janv., 25 déc. - gratuit.*

Derrière le palais Marc se trouve le **Museu de Cera** *(voir description dans « Visiter »).*

☝ Voir aussi la promenade de la façade maritime qui peut prolonger celle de la Rambla.

La Plaça Reial.

J. Malbure / Michelin

Visiter

AU SUD DE LA RAMBLA

Palau Güell★★ B3

🚇 *Liceu - Nou de la Rambla, 3 - ☎ 933 173 974 - fermé pour travaux jusqu'en 2009.*
Cette spectaculaire demeure fut construite par Gaudí de 1886 à 1890. Elle a beau être une œuvre de jeunesse, la résidence familiale des Güell reflète très clairement l'idée personnelle de l'architecture qu'avait Gaudí, et son désir de dépasser le style historiciste tellement en vogue à cette époque.

L'emploi innovant de matériaux (remarquez dans le hall la décoration du plancher imitant un dallage de briques), l'importance du traitement de la lumière, utilisée comme un élément d'intégration des différents espaces, l'emploi du bois pour les portes et pour les plafonds à caissons des salons principaux (à noter la beauté et la complexité surprenantes de certains) sont certaines des clefs que nous dévoile la visite de cette magnifique demeure exclusivement conçue par le génial artiste.

Le Grand **Salon central** (occupant trois étages) est sans nul doute la salle la plus remarquable avec sa superbe coupole parabolique percée de petits yeux laissant filtrer la lumière et qui évoque la voûte céleste.

Comme dans ses autres constructions, Gaudí laisse libre cours à son imagination pour la confection de la terrasse : les sols ondulent et les oniriques cheminées sont tapissées de mosaïques autour de la lanterne du grand salon.

Museu d'Art Contemporàni de Barcelona★★ (Macba) A1 sur plan p. 149

🚇 Universität - Plaça dels Àngels, 1 - ☎ 934 120 810 - www.macba.es - ♿ - tte la journée, dim. et j. fériés mat. - fermé mar. (sf j. fériés), 1er janv., 25 déc. - 4 € (-14 ans gratuit).

Barcelone a transformé son ancien **Barri Chino**, ou Raval, source d'inspiration de nombreux écrivains (voir l'œuvre de **Juan Marsé** et surtout *Izas, rabizas y colipoterras* de Camilo José Cela), en une zone regroupant les équipements culturels les plus modernes. La physionomie populaire et canaille de ce quartier portuaire a été altérée par l'apparition d'une série de constructions spectaculaires, symboles du dynamisme de la ville, dont l'exemple le plus frappant est le musée d'Art contemporain de Barcelone, réalisé par l'architecte américain Richard Meier.

Cet **édifice★★** monumental se rattache à la tradition rationaliste méditerranéenne, qui apporte sa touche personnelle à l'architecture contemporaine. À l'extérieur apparaissent des œuvres représentatives, telles *La Ola*, de Jorge Oteiza, placée devant la façade vitrée, et la peinture murale de Eduardo Chilida, *Barcelona*, visible au fond de la place que domine le musée.

Ses vastes salles blanches, dans lesquelles la lumière naturelle se glisse en préservant toutes ses nuances, sont un cadre parfait pour la **collection permanente★**, composée de quelque 1 500 œuvres de le seconde moitié du 20e s., où une place particulière est accordée aux apports catalans et aux tendances étrangères ayant particulièrement marqué l'art contemporain en Catalogne.

On y trouve des œuvres représentatives du constructivisme et de l'abstraction (*Beschwingte Bindungen*, de Paul Klee, deux extraordinaires mobiles d'Alexander Calder, le *Concetto Spaziale* de Lucio Fontana, la *Femme dans la Nuit* de Joan Miró, *Planos de color con dos maderas superpuestas*, de Joaquín Torres-García et les magnifiques variations autour de la *Desocupación no cúbica del espacio*, de Jorge Oteiza) ; des travaux d'une nature plus expérimentale (*Réserve des Suisses morts*, de Christian Boltanski, *Das Glab in den Lüften*, d'Anselm Kiefer et *Portrait*, de Muntadas), ainsi que des pièces représentatives des années 1980 (*Tríptic de Granada*, de Joan Hernández Pijuan, *Dues creus negres*, d'Antoni Tàpies, *Pintura 2* – hommage à Joan Miró – d'Alberto Refols Casamada, *Black Flower*, de José María Sicilia). Il faut également faire mention de *Saison des pluies 2* (1990), œuvre de Miquel Barceló, qui est son interprétation personnelle de la pluie en tant que symbole de la fécondité et métaphore de la régénération, et *Asociació Balnearia 2* (1987), sculpture monumentale de Susana Solano, où la robustesse du fer forgé trouve son complément dans les troncs d'arbre empilés le long du mur, créant ainsi un contraste saisissant entre la diversité de la nature et la froideur de la construction humaine.

S'y déroulent aussi de nombreuses expositions temporaires, cycles de conférences, concerts et autres activités de diffusion de l'art contemporain. La bibliothèque spécialisée est remarquable.

Centre de Cultura Contemporània de Barcelona (Cccb)

🚇 Universität - Montalegre, 5 - ☎ 933 064 100 - www.cccb.org - ♿ - tte la journée - fermé lun. (sf j. fériés), 1er janv., 25 déc. - 4 € (-16 ans et merc. gratuit).

Une partie du Macba, le Cccb et le Centre d'Études et de Ressources culturelles occupent l'ancienne Casa de la Caritat (maison de la Charité).

Le **Centre de culture contemporaine de Barcelone**, édifice remodelé par les architectes Piñón et Viaplana, associe dans son singulier **patio★** la décoration originale – réalisée à partir de sgraffites et de mosaïques reproduisant des motifs floraux – et les tendances modernes. L'élément le plus regardé est la gigantesque paroi de verre qui s'élève sur un côté et reflète les toitures de l'édifice.

Les activités de ce dynamique centre culturel sont des plus diverses : conférences, cours d'art contemporain, expositions temporaires et toute sorte de manifestations ayant un rapport avec la culture contemporaine, ainsi que des études et analyses sur les grandes métropoles urbaines.

Centre d'Estudis i de Recurses Culturals

🚇 Universität - Montalegre, 7 - ☎ 934 022 565 - ♿ - tlj tte la journée sf w.-end - fermé j. fériés. Appelé aussi Patio Manning, le Centre d'Études et de Ressources culturelles offre des services similaires et parfois complémentaires au Cccb Le patio intérieur, comprenant deux étages de colonnes et de décors de mosaïques, constitue un cadre de choix pour ce secteur consacré à la recherche et à la culture.

Sant Pau del Camp A3

Accès par la carrer de Sant Pau - Ⓜ Paral.lel.

Cette église (fin du 10e s.), qui faisait partie de l'ancien monastère bénédictin, fut pillée par Almanzor et les Almoravides et, bien plus tard, en 1908, incendiée pendant les événements de la Semaine tragique. De style roman lombard, elle est bâtie selon un plan cruciforme. La façade est décorée d'arcatures aveugles soutenues par des supports sculptés. Quelques éléments wisigoths y sont encore visibles : deux chapiteaux de marbre portant deux impostes à entrelacs sur lesquelles reposent l'archivolte et de beaux reliefs des Tétramorphes et de la Main du Très-Haut. La lanterne octogonale, de style baroque, est surmontée d'un clocher ajouré.

L'intérieur, à nef unique et voûté en berceau, présente de sobres proportions. La chapelle du Saint-Sacrement, ancienne salle capitulaire, est accessible par le bras droit du transept. Le petit **cloître★** (11e-12e s.), avec sa galerie d'arcs trilobés et ses colonnes géminées, est l'un des endroits les plus agréables de l'ensemble.

Museu de Cera (musée de Cire) B3

Pg de la Banca, 7 - Ⓜ Drassanes- 𝄞 933 172 649 - www.museocerabcn.com - juil.-août : tlj tte la journée ; reste de l'année : tlj mat. et apr.-midi - 7,50 € (-11 ans 4,50 €).

👫 Installé depuis 1973 dans un hôtel particulier du 19e s. Sur sa façade, quelques sculptures anciennes côtoient *Superman* et *C-3 P-2*, le fameux androïde de la *Guerre des Étoiles*. Plus de 360 figures reproduisent des personnages célèbres – tirés de la réalité ou de la fiction – d'époques et de domaines divers. La cafétéria Bosc de las Fades vaut le coup d'œil : il s'agit d'une grotte ténébreuse qui représente une forêt enchantée.

AU NORD DE LA RAMBLA

Santa Anna A1

Près de la Pl. de Catalunya - Ⓜ Catalunya.

Encaissée entre les maisons environnantes, cette église romane sobre et élégante appartenait autrefois à un ancien monastère dont subsiste un petit cloître aux arcs en ogive et aux fines colonnettes.

La Rambla pratique

Se restaurer

⊖ **Irati (Tapas)** – *Cardenal Casanyes, 17 -* Ⓜ *Liceu - 𝄞 933 023 084 - sagardi@sagardi. com - tapas : 1,50 €, ración : 14 €.* Une taverne basque typique, proche du Teatre del Liceu. Certaines recettes sont concoctées au barbecue.

⊖ **Mesón Jesús** – *Cecs de la Boqueria, 4 -* Ⓜ *Liceu - 𝄞 933 174 698 - menu du midi à 9 €, du soir à 13,50 € - tlj sf w.-ends et j. fériés 13h-16h, 20h-23h - fermé 15 j. en août.* Une ambiance familiale dans une salle peinte à la chaux et aux tables ornées de vichy rouge et blanc. Spécialités catalanes, menus d'un excellent rapport qualité-prix.

⊖ **Ca l'Estevet** – *Valldonzella, 46 -* Ⓜ *Universitat - 𝄞 933 024 186 - fermé dim., j. fériés -* ▤ *- menu 9,20 €, carte 20/30 €.* Situé près du Centre de culture contemporaine de Barcelone. Petit restaurant où l'on retrouve un service de type familial, Ca l'Estevet est décoré de jolis azulejos et de photographies de personnages en vue. Cuisine catalane de qualité.

⊖ **Jullivert Meu** – *Bonsuccés, 7 -* Ⓜ *Catalunya - 𝄞 933 180 343 - 13h-1h - 10/15 €.* Joli restaurant de spécialités catalanes assorties d'un grand choix de tapas. On mange sous une collection de pichets en terre cuite, et d'appétissants jambons trônent derrière le bar. Les salles, en rez-de-chaussée et à l'étage, affichent un style taverne avec leurs tables en bois et leurs pierres et poutres apparentes. Service stylé.

⊖⊖ **Kiosko Universal** – *À gauche en entrant dans la Boqueria par la Rambla -* Ⓜ *Liceu - tlj sf lun. 8h-17h -* ▱ *- 18/30 €.* Un discret comptoir rectangulaire au cœur de l'animation du marché. Assis sur de hauts tabourets, on savoure de délicieux *bocadillos* (sandwichs), des *tortillas de patatas* fondantes, des fruits de mer frais et des poissons grillés.

⊖⊖ **Can Culleteres** – *D'en Quintana, 5 -* Ⓜ *Liceu - 𝄞 933 173 022 - tlj 13h30-16h, 21h-23h - 21/30 €.* Une cuisine raffinée traditionnelle et de très bonnes spécialités ibériques dans l'un des plus vieux restaurants de Catalogne. Décoration authentique, les murs sont décorés d'azulejos. Grande cave.

⊖⊖⊖ **Los Caracoles** – *Escudellers, 14 -* Ⓜ *Liceu - 𝄞 933 023 185 - caracoles@versin. com -* ▤ *- 32/48 €.* Situé à l'angle des rues Escudellers et Nou de Sant Francesc, ce restaurant emblématique fut fondé en 1835. Les azulejos, les tonneaux de vin, les peintures et les photos qui ornent les murs lui donnent un cachet particulier. Cuisine régionale et traditionnelle.

😑😑😑 **Casa Leopoldo** – *Sant Rafael, 24 - 🚇 Liceu - 🕿 934 413 014 - fermé lun., j. fériés (soir), Sem. sainte, août - 40/50 €.* Le célèbre détective Pepe Carvalho, création de Manuel Vázquez Montalbán, est un des habitués de ce classique barcelonais. Sa décoration est faite de sujets sur le thème de la corrida, de photos dédicacées de personnalités et d'une singulière collection de bouteilles.

Faire une pause

Café de l'Opéra – *Rambla, 74 - 🚇 Drassanes - 🕿 933 177 585 - 8h30-2h.* Ce café de vieille tradition situé en pleine Rambla est l'un des endroits les plus réputés de Barcelone. Sa façade moderniste, son histoire et son ambiance 19e s.en font un lieu de visite obligé.

Pastelería Escribà – *Rambla de les Flors, 83 - 🚇 Liceu - 🕿 933 016 027.* Célèbre établissement de style moderniste (1820) installé dans un vieil entrepôt de produits alimentaires. L'ancienne maison Figueras fut héritée de père en fils jusqu'en 1920. Aujourd'hui, on y sert dans la salle du fond ou en terrasse, de délicieux gâteaux et des plats salés accompagnés d'une boisson. Bonne adresse pour une halte en pleine Rambla.

Boire un verre en soirée

Margarita Blue – *Josep Anselm Clavé, 6 - 🚇 Drassanes - 🕿 934 125 489 - 19h-3h.* Son décor bigarré (miroirs de toutes tailles et formes, objets insolites, lampes hors d'âge) en a fait un des endroits les plus courus de Barcelone. Diverses représentations ont lieu toutes les semaines. Cuisine tex-mex. Verres à petits prix servis sur fond musical.

London Bar – *Nou de la Rambla, 34 - 🚇 Liceu - 🕿 933 185 261.* Ouvert depuis 1909, il était prisé des gens du cirque. Son ambiance particulière a également attiré Hemingway, Miró et bien d'autres encore.

Glaciar – *Pl. Reial, 3 - 🚇 Liceu - 🕿 933 021 163.* Ce classique barcelonais situé sur la très fréquentée plaça Reial était autrefois le lieu de rencontre des écrivains, des artistes et autres habitués. Son agréable terrasse est un lieu de passage obligé pour ceux qui veulent prendre un verre en plein air.

Achats

Carrer del Pi – *🚇 Liceu.* Grand nombre de petits magasins spécialisés : bijouterie, articles de cadeau, layette, cartes de vœux insolites et autres.

Carrer Petritxol – *🚇 Liceu.* Concentration d'établissements divers où l'on peut acheter tout genre d'article en rapport avec les beaux-arts, de la papeterie spécialisée, des animaux en peluche de toutes les tailles, sans oublier les maquettes des bâtiments les plus remarquables de Barcelone.

Plaça Reial – *🚇 Liceu - dim. 9h-12h.* Ravissante place où se tient le marché de la philatélie et de la numismatique le dimanche matin. Point de rencontre également des collectionneurs de cartes postales anciennes, de pin's, de cartes téléphoniques. Les plus jeunes y trouveront aussi leurs images de prédilection.

Marché de la Boqueria.

La Boqueria – *Rambla, 91 - 🚇 Liceu.* Marché central installé dans un bâtiment en verre et fer de la fin du 19e s. On y trouvera les denrées d'excellente qualité, les plus variées de Barcelone.

Mercat de Sant Antoni – *Comte d´Urgell, 1 - 🚇 Sant Antoni.* Installé à l'extérieur du marché municipal du même nom, il n'ouvre que le dimanche matin. Indispensable pour les amateurs de vieux magazines, journaux d'époque, bandes dessinées, timbres-poste et toutes sortes de livres hors catalogue, à des prix très attractifs.

Boutique du Museu d´Art Contemporani de Barcelona – *Pl. dels Àngels, 1 - 🚇 Universitat.* Des créations des designers barcelonais d'avant-garde.

L'Eixample★★

PLAN DE BARCELONE P. 114-115, B-D 1-2

Né de la nécessité d'agrandir et de moderniser Barcelone, l'Eixample fut la principale vitrine de la bourgeoisie barcelonaise du 19e s. et du début du 20e s., le véritable miroir de son essor économique et culturel. Les années 1850 assistent à l'émergence de la Renaixença, mouvement littéraire directement lié à ce segment de population, qui précéda et inspira le modernisme. N'hésitez pas à parcourir les avenues tête en l'air, pour admirer la profusion des nouveaux matériaux utilisés à l'époque – céramique, verre polychrome, fer forgé –apportant une touche originale aux façades monumentales.

- **Se repérer** – Situé au nord-ouest du Barri Gòtic, le vaste quartier de l'Eixample déroule ses larges avenues du nord de la Gran Via de les Corts Catalanes (l'artère qui coupe Barcelone du nord au sud via la plaça d'Espanya), jusqu'au quartier de Gràcia. Perpendiculairement, le Passeig de Gràcia divise le quartier en Eixample Esquerra (gauche) et Eixample Dret (droite).
  Principales dessertes en métro : stations Catalunya (L1/L3), Passeig de Gràcia (L2/L3/L4) au centre, Tarragona (L3) pour l'extrémité de l'Eixample Esquerra, et Glòries (L1) pour l'extrémité de l'Eixample Dret.

- **À ne pas manquer** – La « **promenade du Modernisme** » (*Ruta del Modernisme*) présente le plus grand intérêt. Cet itinéraire, qui part du palais Güell et aboutit au parc Güell, permet, grâce à ses panneaux d'information et à la signalisation au sol (carreaux rouges), de repérer les bâtiments modernistes les plus caractéristiques de la ville. Le *Guía de la Ruta del Modernisme* contient des informations plus détaillées (en vente en librairie et dans les Centres du modernisme *(voir coordonnées dans « L'Eixample pratique »)*.

- **Organiser son temps** – Prévoyez une longue journée pour arpenter les principales curiosités du quartier de l'Eixample et munissez-vous d'une carte de transport afin de vous reposer sur quelques trajets. En dehors des visites incontournables, n'omettez pas de jeter un œil aux boutiques, en particulier les pharmacies et les boulangeries, qui ont souvent conservé leur cadre moderniste d'origine.

- **Avec les enfants** – Une promenade au Parc Güell et ses singuliers bâtiments aux allures de contes de fées.

S. Ollivier / Michelin

Banc ondulant du Parc Güell.

Comprendre

L'Eixample : la modernisation de la ville

La croissance économique du début du 19e s. avait engendré chez les Barcelonais le désir de se libérer du cercle de murailles médiévales qui empêchait le développement de leur ville. En diverses occasions, et profitant de moments de désordre, les gens avaient déjà essayé de détruire les remparts, mais on les avait aussitôt reconstruits.

Finalement, en 1851, la municipalité de Barcelone demanda officiellement que la ville cesse d'être une place forte. Trois ans plus tard, les murailles étaient abattues.

En 1859 est lancé un appel d'offres pour distribuer l'espace dans lequel la ville de Barcelone devait s'étendre. La municipalité choisit l'architecte local Antoni Rovira pour mener à bien le projet, mais le gouvernement central imposa celui de l'ingénieur **Ildefons Cerdà** (1815-1875). Alors que le plan de Rovira prévoyait des axes radiaux qui auraient fait de la vieille ville le noyau central de Barcelone, Cerdà, qui avait une réelle vision du futur et le souci d'une meilleure répartition sociale, conçut un réseau de rues de 20 m de large, parallèles à la mer, dont les carrefours avec de grandes avenues perpendiculaires s'effectueraient en chanfrein. Cet urbanisme rationnel prévoyait la construction de pâtés de maisons pourvues de jardins ouverts sur l'intérieur. Bien que les projets de Cerdà concernant les jardins n'aient pas été suivis, 50 ans après, Barcelone avait quintuplé sa superficie.

La construction de l'Eixample coïncida avec l'une des périodes les plus brillantes de la société barcelonaise. Le développement économique et industriel avait provoqué l'éclosion d'une bourgeoisie vigoureuse, dont le souci majeur était de faire de Barcelone une grande ville. Cette croissance sociale se concrétisa dans le domaine artistique par le **modernisme**, symbole visuel de l'Eixample. Flâner par ces rues savamment ordonnées, c'est découvrir la grande richesse de l'architecture moderniste avec ses nombreux bâtiments extraordinairement décorés.

Se promener

Plaça de Catalunya B2

Ce large espace laissé par la démolition des remparts est le trait d'union de la vieille ville avec l'Eixample. Aménagée en 1927 par F. de P. Nebot, elle présente d'intéressantes sculptures de Llimona et de Gargallo, et une copie de la *Deesa* de Josep Clarà, chef-d'œuvre du noucentisme *(voir dans « Comprendre la région : Du modernisme à nos jours »)*. À noter la présence du Café Zurich à un coin de la place.

Rambla de Catalunya★ A-B 2

Cette promenade qui s'étend à travers tout le secteur de l'Eixample relie la **Gran Vía de les Corts Catalanes**, avenue traversant la ville, avec l'avinguda Diagonal.

Les bâtiments démodés de cette partie très animée de la ville alternent avec les structures de fer et de verre et avec des maisons aux lignes plus modernes, composant une authentique mosaïque très variée et toujours surprenante.

Fundació Antoni Tàpies★★ A2

Aragó, 255 - ☏ 934 870 315 - www.fundaciotapies.org - ♿ - tte la journée - fermé lun., 1er et 6 janv., 25-26 déc. - 6 € (-16 ans gratuit).

Créée par l'artiste lui-même en 1984, cette fondation est installée dans le bâtiment moderniste de l'ancien **Editorial Montaner Simón★**, œuvre de Domènech i Montaner. Ce bâtiment est l'un des meilleurs exemples de la rénovation architecturale et urbaine de Barcelone à la fin du 19e s. Cette importante construction de brique rouge porte en haut de sa façade la grande sculpture de tubes d'aluminium réalisée par **Antoni Tàpies**, *Núvol i cadira (Nuage et chaise)*, emblème de la fondation représentant l'univers symbolique de l'artiste.

L'intérieur, formé de deux niveaux principaux et d'un sous-sol, est un espace imposant aux couleurs ténues éclairé d'une lumière zénithale traversant la coupole et la pyramide du toit. Les fonds du musée, essentiellement des œuvres léguées par Tàpies, constituent la collection la plus complète de l'artiste catalan et comprennent un échantillonnage de son prolifique parcours depuis 1948. Sont exposés, par roulement, plus de 300 tableaux, gravures et sculptures et, en même temps, sont organisés expositions temporaires d'art contemporain, symposiums et conférences.

Parmi les diverses œuvres, il faut remarquer celles, réalisées dans les années 1950 et 1960, qui font partie de la fameuse « serie matérica », où Tàpies s'est interrogé sur le papier mural, considéré comme miroir ou métaphore du temps. L'expressivité de cette surface

---

Le passeig de Gràcia vu par Josep Pla

« Un de ses charmes les plus évidents lui vient de son plan incliné, doux mais marqué. Les rues légèrement en pente, juste ce qu'il faut, rendent élégant le pas de ces dames, donnant à leurs mouvements une certaine grâce élancée. Dans ce sens, le Passeig de Gràcia a beaucoup fait pour la ville. »

rugueuse et informe semble mise en relief par les symboles que l'artiste y a introduits (un bout de papier et différentes lettres). Les diverses nuances de couleur s'ajoutent aux crevasses et aux plis du matériau pour créer une atmosphère dramatique.

Enfin, la bibliothèque, qui a conservé les étagères de bois éditoriales, possède un fonds exhaustif de documents sur l'art et les artistes du 20ᵉ s., outre les archives sur l'œuvre de Tàpies et une importante section consacrée aux arts et à la culture orientaux qui ont tant influencé l'œuvre du peintre.

Revenir à la plaça de Catalunya et monter par le passeig de Gràcia.

Passeig de Gràcia★★ A-B 2

À l'origine, il reliait la vieille ville au village de Gràcia, mais avec l'Eixample il est devenu la zone résidentielle de la haute bourgeoisie. De riches industriels, femmes luxueusement vêtues et politiciens reconnus se promenaient le long de cette large avenue.

Les **lampadaires★** de cette artère sont l'un des symboles de son identité. Dessinés par Pere Faqués en 1900, ils démontrent la tendance moderniste pour des matériaux tels que le fer et la céramique.

Il regroupe les plus beaux bâtiments de l'architecture caractéristique de ce changement de siècle, spécialement ceux de Gaudí, Domènech i Montaner et Puig i Cadafalch.

« La Manzana de la Discordia »★★ A2 M1

Passeig de Gràcia entre les rues Consell de Cent et Aragó.

Ce pâté de maisons doit son curieux nom, allusion au jugement mythologique de Pâris chargé d'accorder la pomme d'or à la plus belle des déesses, à un jeu de mots sur le mot « manzana » qui signifie à la fois pomme et pâté de maisons, les bâtiments qui le composent permettant aussi une comparaison – passionnée également – entre les trois architectes les plus importants du modernisme.

Casa Lleó i Morera★ – *À l'angle du passeig de Gràcia et de la rue Consell de Cent.* Ce grand édifice en pierre (1905) fut bâti par Domènech i Montaner. La décoration d'inspiration végétale se concentre sur les balustrades et autour des baies. Les éléments les plus intéressants sont la crête décorative et la niche qui couronnent l'immeuble.

Casa Amatller★ – Ce bâtiment de Puig i Cadafalch (1900) possède une belle façade avec des fresques aux motifs floraux, bordée par un pignon qui s'échelonne sur différents niveaux. Ce n'est plus le délire gaudien, mais les grandes baies vitrées gothiques – très au goût de l'architecte – et les grilles de balcons et de portails sont d'une finesse exquise.

Casa Batlló★★ – *Pg. de Gràcia, 43 - ☎ 932 160 306 - www.casabatllo.es - tte la journée - fermé 1ᵉʳ et 6 janv., 25-26 déc. - 16,50 € avec audioguide.* Œuvre magistrale de Gaudí, dans sa pleine maturité, la maison (1904-1906) présente une **façade** recouverte de disques de céramique et de verre colorés ainsi qu'un étonnant toit revêtu d'écailles. À l'époque, les singulières baies de son étage principal lui valurent le surnom de « maison des Os ou des Bâillements ». Si l'extérieur éblouit par le dynamisme et la profusion d'images et de couleurs, l'intérieur n'est pas en reste. Gaudí détruit la rectitude pour créer une œuvre d'une cohérence esthétique et d'une beauté sans pareil. Les escaliers, la toiture, les patios, les encadrements des portes et des fenêtres, l'emploi de la lumière, tout est pensé jusqu'au moindre détail, telle la pièce d'un puzzle, pour cadrer dans cet univers prodigieux qui s'inspire directement de la nature. L'ondulation des formes procure une sensation d'apaisement atteignant son point d'orgue avec le plafond en spirale du salon principal. En fin de visite, ne manquez pas les façades polychromes de la terrasse à l'arrière, avec ses balcons de fer forgé.

Les rues de l'Eixample

En 1863, **Víctor Balaguer**, écrivain connu, historien et homme politique, était chargé officiellement de choisir les noms des nouvelles rues. Interprétant parfaitement le sentiment patriotique du mouvement littéraire Renaixença, dont il était l'un des animateurs, il revendiqua noms et faits célèbres de l'histoire de la Catalogne. Ainsi, les premières rues reçurent le nom des institutions gouvernementales catalanes du Moyen Âge : Corts, Diputació, et Consell de Cent. Les suivantes furent baptisées aux noms des principales composantes du royaume d'Aragon : Aragó, Valencia, Mallorca, Provença, Rosselló, Sardenya, etc. et l'on ne manqua pas d'honorer les grandes figures de l'histoire : Balmes, Aribau, Muntaner, Casanova et bien d'autres.

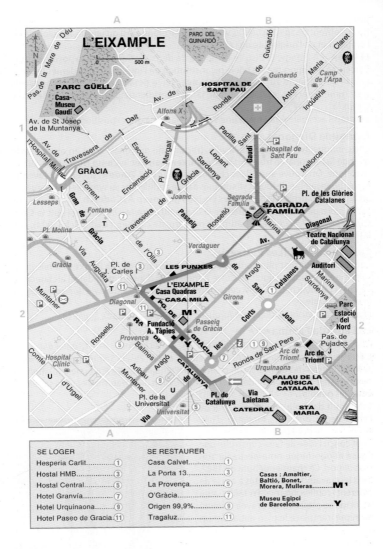

SE LOGER		SE RESTAURER	
Hesperia Carlit	①	Casa Calvet	①
Hostal HMB	③	La Porta 13	③
Hostal Central	⑤	La Provença	⑤
Hotel Granvía	⑦	O'Gràcia	⑦
Hotel Urquinaona	⑨	Origen 99,9%	⑨
Hotel Paseo de Gracia	⑪	Tragaluz	⑪

Casas : Amaltier, Baltió, Bonet, Morera, Mulleras.......... **M**¹

Museu Egipci de Barcelona.................. **Y**

👁 À côté de ces trois bâtiments emblématiques coexistent, dans la « Manzana de la Discordia », d'autres non moins significatifs tels la **Casa Ramón Mulleras** (1911), œuvre d'Enric Sagnier, ou la **Casa Bonet** de Jaume Brossà.

Casa Milà★★★ (La Pedrera) A2
Provença, 261 - 📞 902 400 973 - http://obrasocial.caixacatalunya.es - tte la journée - fermé 1ᵉʳ, 6 et 8-14 janv., 25-26 déc. - 8 € (-12 ans gratuit).

C'est l'une des plus célèbres réalisations de Gaudí. Appelé communément La Pedrera, ce bâtiment a été construit grâce au mécénat de la noble famille des Milà. Le projet initial prévoyait d'achever les façades ondulantes par un hommage à la Vierge Marie, mais Pere Milà rejeta l'idée à cause de l'atmosphère politique très tendue du début du 20ᵉ s. Gaudí quitta alors le chantier, laissant quelques cheminées inachevées.

Le bâtiment est une authentique explosion de fantaisie. Sa présence sur le passeig de Gràcia est imposante et dépasse en beauté tous les bâtiments qui l'entourent. La **façade★★** faisant montre d'une architecture pleine de subtilités rappelle le mouvement de la mer. Admirer les **grilles** des fenêtres.

Sont ouverts à la visite la terrasse et El Piso.

Terrasse★ – Les arcs paraboliques des combles ont planté un singulier espace, qui accueille l'**Espai Gaudí**, où études, maquettes, photos et films retracent la vie et l'œuvre de l'architecte. Ne manquez pas de sortir sur la surprenante terrasse pour une promenade dans une forêt magique de formes capricieuses et de volumes courbes. De là s'offrent de spectaculaires **vues★** de Barcelone ainsi qu'une image globale de l'ampleur et de l'originalité de l'édifice.

El Piso★ – À l'étage, El Piso se compose de deux sections : une exposition sur la Barcelone de l'époque et la fidèle reconstitution de l'intérieur d'une demeure bourgeoise du début du 20e s. qui présente avec force détails le mobilier, les appareils électroménagers et les ustensiles de la vie quotidienne d'une famille aisée en ce temps là.

L'entresol accueille également une salle consacrée à des expositions temporaires.

Avinguda Diagonal A-B 2

Cette longue avenue traverse la ville, traçant une diagonale d'est en ouest. Sur le haut de la Diagonal se trouvent la **cité universitaire** et le **Camp Nou**, stade du F.C. Barcelone. On trouve aussi dans ce secteur les **Torres Trade★**, situées sur l'avenue Carles III, ensemble de tours cylindriques à base ondulée, beau symbole de la nouvelle architecture barcelonaise, réalisées en 1968 par **Josep A. Coderch**.

Sur la plaça de Joan Carles I, prendre la Diagonal à droite. On passe devant la **Casa Quadras** (no 373), un beau bâtiment moderniste de Puig i Cadafalch (1904), aux influences gothiques.

Casa Terrades★ (Les Punxes) A2

Cet édifice (1905) est plus connu sous le nom de **Casa de les Punxes** en raison de sa toiture en forme d'aiguilles, autre témoignage d'ingéniosité dans l'architecture de Puig i Cadafalch. C'est dans cette œuvre que l'influence du style néogothique est le plus sensible.

Place Mossèn Jacint Verdaguer, bifurquer à gauche dans la rue de Mallorca.

La Sagrada Familia★★★ B1

☎ 932 073 031 - www.sagradafamilia.org - ♿ - tte la journée - 8 € (-18 ans 3 €).

C'est l'œuvre la plus connue d'Antoni Gaudí. Consacrée à la Sainte Famille et à saint Joseph, patron des ouvriers, son créateur prétendait qu'elle était une expiation du matérialisme du monde moderne et une expression de la fraternité et de la solidarité entre les peuples.

S'inspirant de l'église du Sacré-Cœur de Paris, Josep M. Bocabella, fondateur d'une confrérie à la dévotion de saint Joseph, avait conçu l'idée de faire construire une église néogothique pour accueillir son association. Le chantier débuta en 1882, mais les travaux furent arrêtés à cause de différents conflits internes. En 1883, Gaudí participa au projet et, après avoir terminé la crypte, remplaça le plan initial par un autre beaucoup plus ambitieux. Durant les quarante années qu'il consacra à cette œuvre, Gaudí rendit chaque jour plus complexe le caractère symbolique d'une église jusqu'à la rendre hermétique.

Ce révolutionnaire projet gaudien prévoyait un plan en forme de croix latine avec cinq vaisseaux et un transept à trois vaisseaux. Il devait y avoir trois façades : celle de la Nativité, située à l'est dans le bras droit du transept, celle consacrée à la Passion et à la Mort, dans le bras opposé, et, pour terminer, la façade de la Gloire, au sud.

La Sagrada Familia.

J. Malburet / Michelin

Les quatre tours de chaque façade symbolisaient les douze apôtres, tandis que la grande tour sur l'abside était le symbole de la Vierge. Quatre grandes tours consacrées aux évangélistes entouraient la flèche sur la croisée, symbole imposant du Christ. La nef centrale devait ressembler à une forêt de colonnes.

À la mort de Gaudí, seules avaient été réalisées la crypte, l'abside et la façade de la Nativité. Malgré de vives polémiques, les travaux pour mener à bien ce vaste projet ont repris. Josep Maria Subirachs (1927) a réalisé les sculptures très controversées de la façade de la Passion, entrée actuelle du sanctuaire.

Bien que l'intérieur en travaux présente un état assez précaire, il est possible d'accéder aux tours du bâtiment qui offrent une **vue panoramique**★★ exceptionnelle. Mais c'est la nuit, quand sa silhouette est illuminée, que la Sagrada Familia présente son aspect mystérieux et inquiétant.

La façade de la Nativité★★ – Quatre tours de 115 m de haut surmontent les trois portails de cette pompeuse façade. À gauche se trouve le portail de l'Espérance, parachevé par le symbole de Marie et des scènes de la Sainte Famille. Au centre, le portail de la Charité est décoré d'une profusion de motifs floraux ; en haut du seuil apparaît l'arbre généalogique de Jésus et son monogramme. Le portail de la Foi, avec le symbole de saint Joseph et des sculptures sur l'enfance de Jésus et la Visitation, se trouve à droite.

Crypte – On y descend par un escalier situé dans l'abside. Elle renferme le tombeau de Gaudí bien que les besoins de l'actualité ait nécessité son aménagement en musée où sont présentés des plans, des maquettes, des dessins des différentes étapes de construction et des projets non réalisés encore.

Avinguda de Gaudí B1

Elle associe les deux architectes les plus importants du modernisme : Lluís Domènech i Montaner et Antoni Gaudí. En effet, cette large allée piétonne prend naissance au pied de la façade de la Nativité et s'étend jusqu'à l'entrée de l'hôpital Saint-Paul, œuvre de Domènech i Montaner.

Hospital de Sant Pau★ B1

Le bâtiment de brique rouge construit entre 1902 et 1912 occupe une superficie de plus de 10 000 m². Dans la réalisation de cette œuvre monumentale, l'architecte avait comme collaborateurs, entre autres, les prestigieux sculpteurs **Pablo Gargallo** et **Eusebio Arnau**. Les différents pavillons sont décorés de mosaïques dont les thèmes se rapportent à la mythologie et à l'histoire de la Catalogne. Cette décoration à base de céramique vernissée est en parfaite harmonie avec les jardins où se promènent les convalescents.

Devant l'hôpital de Sant Pau, empruntez le bus n° 92 qui vous dépose à l'entrée du parc Güell.

Parc Güell★★ A1

Olot, 1 - ☏ 934 132 400 - www.bcn.cat/parcsijardins - tte la journée - gratuit.

👥 La plus connue des commandes faites par Güell à Gaudí devait être une cité-jardin qui n'a en fait jamais été réalisée comme telle.

Le parc s'ouvre sur deux singuliers bâtiments en forme de champignon, propres aux contes de fées. Un escalier présidé par un dragon composé d'ingénieuses mosaïques mène jusqu'à la **salle des Cent Colonnes**. La vue de cet ample espace, prévu pour servir de marché et qui, en réalité, n'a « que » 86 colonnes doriques très penchées, est superbe. Dans la mosaïque du toit, tout en ondulations, sont encastrés les objets les plus divers : morceaux de verre et d'assiettes, poupées de porcelaine, etc. Au-dessus de cette salle se trouve la grande place circulaire, extraordinaire **mirador** sur la ville, entourée par le célèbre et interminable **banc ondulant**★★, où la fantaisie chromatique de Gaudí semble sans limites.

La visite de cet endroit magique, où fantaisie et réalité se confondent, doit se compléter avec celle de la **Casa-Museu Gaudí**★. La maison, où vécut l'architecte de 1906 à 1926, permet d'apprécier une belle collection de meubles conçus par Gaudí. *Carretera del Carmel (Parc Güell) - ☏ 932 193 811 - www.casamuseugaudi.org - tte la journée - fermé 1er janv. - 4 €.*

Visiter

Fundació Arqueològic Clos ; Museu Egipci de Barcelona A2 Y

Passeig de Gràcia - València, 284 - ☏ 934 880 188 - www.fundclos.com - tte la journée, dim. et j. fériés mat. - fermé 1er janv., 25-26 déc. - 6 € (-16 ans 5 €).

Récemment installé dans ce nouveau bâtiment, cet intéressant musée privé possède environ 600 pièces représentatives des diverses périodes de la civilisation égyptienne, en sus de quelques pièces de la période romaine. La collection exposée selon des critères didactiques se divise par thème. Du fonds exposé, on retiendra en particulier les sarcophages, les momies et les masques funéraires qui témoignent de l'importance de la religion et de la vie d'outre-tombe dans l'esprit des Égyptiens, ainsi qu'une luxueuse collection de bijoux, et d'objets d'intérieur. Une statue de Ramsès II et deux statues de grande qualité (Ancien Empire) méritent également qu'on s'y attarde.

Palau de la Música Catalana★★ B2

🎧 Urquinaona - Sant Farncesc de Paula, 2 - ☎ 902 442 882 - http://home.palaumusica.org - visite guidée mat. (ttes les 30mn) - 9 € (-16 ans 8 €).

Ce singulier monument aux fortes connotations politiques se trouve dans l'étroite rue de Sant Pere més Alt. C'est sans aucun doute le symbole le plus marquant de la bourgeoisie catalane du début du 20e s. et l'un des chefs-d'œuvre du modernisme.

Élevé par Domènech i Montaner *(voir p. 106)* entre 1905 et 1908, il conjugue le fort sentiment nationaliste de l'époque avec une volonté culturelle nettement internationale. Siège de l'**Orfeó Català**, organisme créé en 1891 par Lluís Millet (1867-1914) pour diffuser et encourager la musique populaire catalane, c'est la plus importante salle de concerts de Barcelone.

Le bâtiment, édifié dans un secteur aux ruelles étroites, a été agrandi et transformé en 1989, et, récemment, on a réhabilité les immeubles voisins afin d'offrir une belle vision d'ensemble sur le spectaculaire **extérieur★**. Sa décoration faite de mosaïques colorées et le groupe sculpté représentant la chanson populaire – situé à l'angle supérieur de l'entrée principale – ont été réalisés par Miquel Blay.

À l'intérieur de la salle de concerts, on peut admirer les baies vitrées et l'imposante **coupole inversée★★**, en verre polychrome, véritable merveille ornementale qui apporte une certaine délicatesse à cet ensemble grandiloquent.

À gauche de la scène, un buste de **Josep Anselm Clavé** (1824-1874), musicien fondateur de nombreuses chorales populaires, symbolise la musique catalane. À droite, rappelant le fort impact de la musique de Wagner sur les cercles musicaux de Barcelone, se dresse l'extraordinaire **Chevauchée des Walkyries** à côté d'un buste de Beethoven, allusion à la musique internationale. Ces dynamiques sculptures de Gargallo sont les compléments des curieuses **silhouettes de mosaïque** et du **buste en relief**, étalage d'imagination créatrice qu'Eusebi Arnau a placé au fond de la scène. Un luxe de détails insolites parsème cet espace surprenant dont la pompeuse atmosphère est adoucie par les fauteuils travaillés, les mosaïques à peine visibles et les jeux de couleurs des vitraux.

À proximité

Teatre Nacional de Catalunya B2

Au sud de la plaça de les Glòries Catalanes - 🎧 *Glòries ou Monumental.*
Le bâtiment qui abrite ce théâtre moderne, construit par Ricardo Bofill, est une synthèse de modernité et de classicisme architectural. On y accède par un vestibule en verre conçu comme une serre, qui enferme des palmiers et d'autres espèces de plantes. La grande salle, où sont données les représentations les plus importantes, adopte la forme des amphithéâtres classiques ; on y remarquera l'élégance de l'ornementation. La petite salle, également remarquable, est destinée à accueillir d'autres spectacles et manifestations (danse, musique, etc.).

Auditori B2

🎧 *Glòries ou Monumental.*
Il fait partie, avec le Théâtre national de Catalogne *(en face)*, d'un des ensembles culturels les plus importants de Barcelone. Création de Rafael Moneo, l'Auditorium est un bâtiment aux lignes architecturales dépouillées. Son équipement moderne lui permet d'accueillir des manifestations musicales de haut niveau.

Parc de la Creueta del Coll

Mare de Déu del Coll, 89 - au nord du Parc Güell - 🎧 *Vallcarca.*
Une carrière abandonnée est devenue un parc agrémenté d'un lac artificiel où la natation est autorisée l'été. Suspendue au-dessus de l'eau, on aperçoit la monumentale sculpture en pierre *Elogio del Agua (Éloge de l'eau)* d'Eduardo Chillida.

Eixample pratique

Visiter

Les 3 Centres du Modernisme vous fourniront des renseignements sur la Ruta del Modernisme ; vous pourrez également vous y procurer le *Guía de la Ruta del Modernisme* :

Centre d'information touristique de Barcelone – *Pl. Catalunya, 17 - au sous-sol.*

Hôpital de la Santa Creu i Sant Pau – *C. Sant Antoni Maria Claret, 167.*

Pavillons Güell – *Av. de Pedralbes, 70.*

Se restaurer

Origen 99,9 % – *Enric Granados, 9 - ⊖Universitat - ☎ 934 531 120 - www. origen99.com - tlj service continu dès 12h30 - 5/10 €.* L'originalité de ce restaurant-épicerie fine est de travailler à 99,9 % des produits et recettes traditionnelles catalanes. Servies en petites portions à toute heure de la journée, c'est l'endroit idéal pour découvrir les saveurs régionales sucrées ou salées à l'occasion d'une pause. La franchise compte deux autres locaux dans le Born et à Gràcia.

La Porta 13 – *Perill, 13 - ⊖Diagonal - ☎ 932 076 428 - lun.-vend. 9h-20h30 - menus 6/9 €.* Cette bonne petite adresse du midi, éclatante de couleurs, propose deux menus simples, différents chaque jour. Bien aussi pour une pause sucrée sur fond musical (tarte maison).

O'Gràcia – *Pl. de la Revolució de Setembre de 1866, 15 - ⊖Joanic - ☎ 932 133 044 - mar.-sam. 13h-16h, 20h30-0h - fermé 26 août-11 sept. - 20/30 €.* Cette cuisine méditerranéenne d'inspiration franco-catalane propose un menu du midi (env. 10 €) d'un excellent rapport qualité-prix. Aux beaux jours, on s'installe en terrasse sur l'agréable placette de la Revolució. L'endroit est très réputé pour ses desserts.

La Provença – *Provença, 242 - ⊖Provença - ☎ 933 232 367 - restofi@terra. es - ▭ - 23,50/30 €.* Situé non loin du passeig de Gracia. Établissement agréable à la décoration soignée et gaie. Belle carte proposant des plats régionaux. Excellent rapport qualité/prix.

Tragaluz – *Pg. de la Concepció, 5 - ⊖Diagonal - ☎ 934 870 621/196 - www. grupotragaluz.com -13h-16h, 20h30-0h - 50 € env.* Sur deux étages, plus une mezzanine, ce restaurant est un agréable dédale d'escaliers et de baies vitrées donnant sur un jardin. L'ambiance très cosy et branchée annonce la nécessité d'un budget en conséquence. Au rez-de-chaussée, une carte « simplifiée » affiche un meilleur rapport qualité-prix.

Casa Calvet – *Casp, 48 - ⊖Urquinaona - ☎ 934 124 012 - fermé dim., j. fériés, Sem. sainte, 3 sem. août - ▭ - 52/67 €.* Installé dans les anciens bureaux d'une société textile, dans un très bel exemple de bâtiment moderniste conçu par Gaudí. À l'intérieur, les poutres de fer et les planchers de bois créent un cadre idéal. Cuisine méditerranéenne traditionnelle, mais créative.

Faire une pause

Laie – *Pau Claris, 85 - ⊖Diagonal - ☎ 933 027 310 - www.laie.es - lun.-sam. 10h-21h.* À l'étage d'une vaste librairie, un confortable salon de thé moderne où l'on peut faire une pause au frais en parcourant la presse du jour.

Boire un verre en soirée

Cafè Vienés – *Pg. de Gràcia, 132 - ⊖Passeig de Gràcia - ☎ 932 553 000 - www. hotelcasafuster.com -* Haut lieu de rencontres des intellectuels dans les années 1950, le café du luxueux hôtel Casa Fuster (l'un des derniers projets mis en œuvre par l'architecte Lluis Domènech i Montaner) mérite le coup d'œil. Plafond doré, colonnades en marbre rosé, la décoration allie design et modernisme. Grand choix de cafés, thés et cocktails.

Berlin – *Muntaner, 240, à l'angle de l'Avgd. Diagonal - ⊖Diagonal - ☎ 932 006 542 - lun.-merc. 10h-2h, jeu.-sam. 10h-3h, en août 17h-2h.* Ambiance de quartier conviviale dans ce petit bar aux lignes modernes et épurées. On y sirote un verre en écoutant de la bonne musique, les soirs d'été sur sa terrasse improvisée au coin de la rue.

La Fira – *Provença, 171 - ⊖Provença - ☎ 933 237 271 - tlj sf ven. 22h30-3h, w.-end 22h30-4h30.* Endroit pittoresque décoré d'automates et d'attractions foraines.

Achats

Bulevard Antiquaris – *Pg de Gràcia, 55 - ⊖Passeig de Gràcia.* Plus de 70 boutiques consacrées à la peinture et à l'ancien.

Mercat de la Concepció – *Aragó, 313 - ⊖Girona.* Marché moderne situé dans un bâtiment dernièrement réaménagé. Innombrables étals de primeurs.

Els Encants Vells – *Pl. de les Glòries Catalanes - ⊖Glòries - lun., mer., ven., sam.* Marché aux puces dans la tradition du Rastro de Madrid. Notre conseil : bien examiner les objets et marchander.

El Cortes Ingles – *Pl. de Catalunya, 14 - ⊖Catalunya - ☎ 933 063 800 - www. corteingles.es - 10h-22h.* Rien de vraiment authentique derrière l'austère façade grise, mais l'adresse est incontournable. Produits de beauté, vêtements... La version espagnole des Galeries Lafayette.

Vinçon – *Pg. de Gràcia, 96 - ⊖Diagonal - ☎ 932 156 050 - www.vincon.com - lun.-sam. 10h-20h30.* Véritable temple de l'objet design, cette enseigne barcelonaise s'étend sur 2 étages. De l'ustensile de cuisine au mobilier contemporain, de quoi dénicher des cadeaux originaux et branchés. Du 1er étage, vue insolite sur l'arrière de la Pedrera.

La Ribera ★

PLAN DE BARCELONE P. 114-115, C-D 2

En explorant ce secteur qui fut longtemps l'un des plus prospères de Barcelone, cette promenade confronte deux des mondes essentiels de l'histoire locale : les marchands, dont les grandes demeures se concentraient sur le secteur de la Ribera le plus proche de la mer, et les artisans, dont les corporations respectives avaient leurs sièges dans la partie haute du même quartier.

- **Se repérer** – Situé au nord-est du Barri Gòtic, ce quartier chic est délimité par la Ronda de Sant Pere au nord et l'Avinguda Marquès de l'Argentera au sud. L'axe principal qui permet d'y pénétrer, la carrer de la Princesa, coupe le quartier en deux entre le parc de la Citadelle et la plaça Àngel. Deux stations de métro desservent le quartier : Jaume I (L4) et Urquinaona (L1/L4) au nord.

- **À ne pas manquer** – En journée, le musée Picasso ; le soir, l'ambiance du Born.

- **Organiser son temps** – Si les touristes sont très nombreux en journée dans la carrer de Montcada, le quartier du Born dévoile son vrai visage barcelonais en fin d'après-midi et reste animé jusqu'aux petites heures de la nuit .

- **Avec les enfants** – Le zoo du Parc de la Ciutadella et le museu de la Xocolata.

La Carrer de Montcada.

J. Balanya / Michelin

Se promener

Au départ de la place Antoni Maura, suivez l'avinguda Francesc Cambó.

Mercat de Santa Catarina A2

Ouvert en 1848, le Mercat de Santa Caterina est le plus vieux marché de Barcelone. Il a été doté en 2004 d'un toit ondulant en mosaïque colorée aux motifs de fruits et légumes, réalisé par les architectes catalans Enric Miralles et Benedetta Tagliabue.

Orientez-vous vers le sud en suivant, derrière le marché, la carrer Giralt i Pellissier. Traversez la carrer de la Princesa et entrez, en face, dans la carrer de Montcada.

Carrer de Montcada ★★ B2

Le commerce maritime a joué un rôle fondamental dans l'histoire de la ville quand, aux 13e et 14e s., la marine barcelonaise dominait le trafic maritime du bassin occidental de la Méditerranée, notamment vers les Baléares, la Sardaigne, la Sicile et l'Italie méridionale.

Les familles de marchands ayant acquis un grand prestige social formèrent une solide oligarchie qui régna sur la ville jusqu'à une période récente, et la rue de Montcada fut la meilleure « vitrine » pour les parades de cette nouvelle classe sociale.

En effet, symbole de la grande expansion maritime des Catalans en Méditerranée, cette rue, qui doit son nom à la puissante et noble famille **Montcada**, réunit en un

Les Montcada

La famille Montcada (dont le nom est francisé en Moncade), qui a laissé son nom à cette rue de Barcelone, était une noble famille prétendant descendre des premiers ducs de Bavière. Au 12e s., elle avait acquis par mariage les vicomtés de Béarn et de Bigorre. Guillaume Raymond de Moncade, vicomte de Béarn et sénéchal de Catalogne, avait épousé en secondes noces une fille naturelle du roi Pierre II d'Aragon. D'autres alliances furent encore contractées avec la famille royale, la plus brillante étant, en 1322, le mariage du roi Jaume II avec Elisenda de Montcada, qui fondera plus tard le monastère Santa Maria de Pedralbes.

Lors de la conquête de l'île par les Catalans, une branche s'établit en Sicile. La branche aînée, demeurée en Espagne, y exerça les plus hautes charges.

ensemble unique hôtels particuliers et demeures aristocratiques datant pour la plupart de la fin du Moyen Âge. Son tracé rectiligne reliait le centre-ville avec le secteur du port, jadis appelé Vilanova del Mar.

Palau Berenguer d'Aguilara★ B2

Après avoir traversé la rue de la Princesa, première rue de la ville à avoir été pavée, ce palais, situé au n° 15, est le premier de ces hôtels particuliers. Cette magnifique résidence, modifiée aux 15e et 18e s., conserve un grand nombre d'éléments de l'architecture typique des demeures nobles de la Barcelone médiévale, inspirées des palais des marchands italiens.

La façade, très solennelle et peu ornée, concentre sa décoration autour des fenêtres de l'étage inférieur, et présente des balcons en fer forgé ajoutés ultérieurement.

Le **patio central★** qui comporte un escalier conduisant au niveau supérieur, ou étage noble, complète son sobre aspect avec des arcades ouvertes, des moulures décoratives et différents ustensiles (jarres à huile, vin et eau) qui rappellent le passé marchand des propriétaires. Ce palais, la **maison du baron Castellet** (n° 17) et le **Palau Meca**, édifice baroque (n° 19), hébergent le **Museu Picasso** *(voir pages suivantes dans « Visiter »).*

Palau del Marquès de Llió (n° 12) B2

Comme le palais précédent, il s'inscrit dans la typologie du gothique catalan : patio central, escalier conduisant à l'étage noble et rez-de-chaussée destiné aux dépendances. Les éléments de style qui le distinguent furent réalisés au cours d'une transformation effectuée au 18e s. Le corps supérieur de la façade présente une galerie ouverte qui servait apparemment à étendre les pièces de laine. Les fins triplets de la façade sont très typiques. Dans le **patio**, une agréable terrasse fait office de bar-restaurant. Actuellement, ce bâtiment est le siège du **Museu Tèxtil i de la Indumentària** *(voir dans « Visiter »).*

Tout proche, l'élégant **Palau Nadal**, édifice du 12e s. restauré au 18e s., accueille le **Museu Barbier-Mueller d'Art precolombi** *(voir dans « Visiter »).*

Casa Cervelló-Giudice (n° 25) B2

Cette maison, qui répond aux critères des palais gothiques catalans du 15e s. (patio et escalier desservant l'étage noble), fut habitée par la noble famille des Cervelló et, plus tard, par les Giudice, banquiers génois. L'intérieur abrite la **galerie Maeght**.

Palau Dalmases (n° 20) B2

C'est la demeure qui conserve la plus grande richesse décorative. De construction ancienne, comme en témoigne la voûte de sa chapelle de style médiéval tardif, elle a été reconstruite à la fin du 17e s., après que la famille Dalmases l'eut achetée.

La transformation du bâtiment fut étroitement suivie par les Dalmases mêmes, fabricants de tissus qui s'étaient enrichis dans le commerce du textile. Ce sont eux qui dessinèrent les **frises★** d'une grande splendeur décorant la rampe de l'escalier couvert du patio – orné de colonnes torsadées à cannelures (colonnes salomoniques) et de treilles entrelacées – et représentent des sujets mythologiques, tels l'Enlèvement d'Europe et le Char de Neptune.

Actuellement, une partie de ce bâtiment est réservée aux expositions de la **salle Montcada**.

Au bout de la rue Montcada, vous verrez sur la droite le chevet de l'église Santa Maria del Mar et sur la gauche le passeig del Born.

Santa Maria del Mar★★ B2

« ¡ Santa Maria ! » était l'un des cris de guerre de l'armée et des marins catalans. Jaume Ier jura, après la conquête de Majorque, de consacrer une cathédrale à la Vierge. Cent ans plus tard, lorsque les flottes catalanes dominaient la Méditerranée, l'église Santa Maria del Mar était construite. Si la cathédrale était le centre de l'ancienne ville comtale, Santa Maria présidait le quartier où habitaient marins et marchands, les nouveaux héros de la ville.

Construite au 14e s. avec une rapidité inhabituelle pour un édifice d'aussi grandes proportions, elle devint en peu de temps le centre spirituel du quartier. Elle est souvent appelée familièrement « la cathédrale de la Ribera », car les marins qui demeuraient dans ce quartier – la Ribera – aidèrent, malgré leurs modestes moyens, à la construction de l'église, voulant rivaliser avec les bourgeois qui finançaient alors la cathédrale. Le résultat de cette initiative populaire fut cette merveilleuse église, dont l'harmonie et l'élégance ont fait l'objet des éloges d'architectes mondialement réputés.

Extérieur★★ – C'est une des seules églises gothiques catalanes dont l'extérieur soit entièrement achevé. Ses trois façades – la principale donnant sur la place de Santa Maria, la seconde sur la rue de Santa Maria et la dernière sur l'allée du Born – sont représentatives du gothique catalan : prédominance de l'horizontalité, contreforts massifs, grand nombre de surfaces nues et piliers octogonaux.

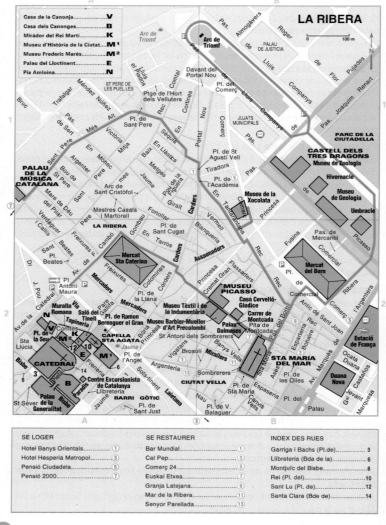

SE LOGER

Hotel Banys Orientals.............①
Hotel Hesperia Metropol.........③
Pensió Ciudadela....................⑤
Pensió 2000..........................⑦

SE RESTAURER

Bar Mundial...........................①
Cal Pep.................................③
Comerç 24.............................⑤
Euskal Etxea..........................⑦
Granja Latejana......................⑨
Mar de la Ribera.....................⑪
Senyor Parellada.....................⑬

INDEX DES RUES

Garriga i Bachs (Pl.de)..............3
Llibreteria (Bda de la)...............6
Montjuïc del Bisbe...................8
Rei (Pl. del)...........................10
Sant Lu (Pl. de).......................12
Santa Clara (Bde de).................14

La façade principale est un exemple de savoir-faire architectural. Décorée de part et d'autre des statues de saint Pierre et de saint Paul, elle présente sur son tympan un important groupe sculpté. La **rosace★** (15e s.), de style gothique flamand, flanquée de deux tours-clochers à base octogonale, est d'une qualité suprême.

L'édifice s'étend le long de la rue de Santa Maria, où s'ouvre une autre entrée. De ce côté de l'église, on peut apprécier les gargouilles des contreforts, le revers des vitraux et, avant tout, la régularité de la monumentale architecture. La porte de l'abside (entrée habituelle), située sur

Les mathématiques au service de l'harmonie

L'harmonie de Santa Maria del Mar est fondée sur des calculs précis : la nef centrale mesure 13 m et les collatéraux 6,5 m. La largeur totale de l'ensemble est égale à la hauteur des bas-côtés et la différence entre ces derniers et la nef centrale est identique à la largeur des collatéraux. Entre les contreforts de ces derniers se trouvent les chapelles disposées par groupes de trois.

l'allée du Born, bien que de style gothique, a été construite en 1542.

Intérieur★★★ – On est d'emblée frappé par la beauté de ce prodige architectural. Santa Maria del Mar réunit les deux réussites les plus importantes de l'architecture gothique catalane : épuration des formes et amplitude de l'espace.

Au lieu d'adopter la structure habituelle de corridors placés côte à côte, l'architecte conçut trois vaisseaux de grande hauteur, séparés par de sveltes piliers octogonaux. Avec cette disposition, on obtient un effet d'une grande légèreté puisque les supports intérieurs sont réduits à leur plus simple expression. Le maître-autel est entouré par une curieuse forêt de colonnes, qui se rejoignent en formant une voûte nervée. Ses dimensions procurent une indicible sensation de paix et de légèreté. Le regard se perd dans cette perspective aérienne et l'espace silencieux et troublant enveloppe le spectateur de sa solennelle immobilité. L'effet produit est encore mieux la nuit.

Bien qu'après les désordres anticléricaux de 1936 la décoration intérieure ait complètement disparu, il reste encore dans la nef des pierres portant des inscriptions associées au monde de la mer (dockers, fabricants de voiles, ou portefaix). Il n'est pas étonnant de voir le maître-autel surmonté de la sculpture votive d'une embarcation du 15e s., au pied de la Vierge à l'Enfant.

Fossar de les Moreres B2

En longeant l'église sur son flanc est, vous arriverez sur cette petite place de briques crues bordée de vieilles demeures aux façades rosées. Depuis 1999, une flamme y brûle en permanence pour honorer la mémoire des martyrs de 1714, victimes de la guerre de Succession d'Espagne.

Faites le tour complet de l'église pour goûter l'ambiance populaire de la plaça Santa Maria, et et revenez vers le passeig del Born par la carrer de les Sombreres.

Mercat del Born B2

Du 13e au 18e s., le centre de la ville se situait autour du passeig del Born avant de se déplacer sur la Rambla. Les nobles de la rue de Montcada suivaient les tournois – le mot « born » veut dire tournoi – qui se déroulaient dans le quartier et le peuple fréquentait cette promenade où se tenaient de nombreuses fêtes populaires.

Au bout de l'allée, où habituellement s'installent des étals de bazar et d'articles de cuir, est édifié le marché, œuvre de Josep Fontseré (1874). Sa structure métallique est l'un des premiers exemples d'architecture industrielle réalisés en Espagne. De récents travaux de réhabilitation ont mis au jour d'importants vestiges romains.

Tout le secteur qui l'entoure a été relancé grâce aux nombreuses galeries marchandes qui s'y sont installées.

Parc de la Ciutadella★ B 1-2

Après la longue période de résistance opposée par Barcelone au siège de Felipe V (1714), celui-ci décida de construire une citadelle d'où il pourrait dominer la ville. En 1715 débuta la construction d'un ensemble de bâtiments et de remparts, selon les innovations françaises en matière de fortifications, qui nécessita la démolition de plus de mille maisons du quartier de la Ribera : ainsi ce district marin, densément peuplé et d'une grande activité économique, fut rasé quasi complètement. La Citadelle devint, comme le château de Montjuïc, le symbole de la répression aux yeux de la population, et l'une des principales revendications du nationalisme catalan au 19e s. était sa démolition. Celle-ci intervint après la révolution libérale de 1868 et, sur l'emplacement, fut créé un parc public où, plus tard, se tint l'Exposition universelle (1888).

L'accès monumental au parc, le **passeig de Sant Joan**, fut conçu comme une longue avenue descendant du centre-ville et pénétrant à l'intérieur de l'enceinte. Cette ligne droite s'ouvre face à l'entrée du parc avec l'**Arc de Triomf**, construit pour servir de symbolique porte d'accès à l'Exposition et récemment restauré.

Castell dels Tres Dragons★★ (B1) – Ce monumental bâtiment en fer et brique rouge de style néogothique, réalisé par Domènech i Montaner en 1887 pour servir de restaurant à l'Exposition universelle, se dresse sur l'avenue dels Tells, longue promenade bordée d'arbres et de parterres fleuris. À l'extérieur, on peut remarquer les grandes fenêtres d'inspiration gothique, les créneaux de style roman et les panneaux en céramique sur lesquels sont peintes des figures allégoriques et des images fantastiques. Il héberge le **Museu de Zoologia** *(voir « Visiter »)*.

Hivernacle i Umbracle (B1) – Les deux bâtiments se font face. La **serre** est un exemple d'architecture en verre et en fer typique des débuts du 20e s. Plus significative encore est la construction de brique et son toit en bois, où poussent les espèces les plus variées de plantes tropicales. Au fond se tient le **museu de Geologia** *(voir « Visiter »)*.

Cascade★ – Construite avec la participation de Gaudí, encore étudiant en architecture, cette cascade géante est précédée par une large place circulaire. Juste à côté se trouve un petit étang où il est possible de louer des barques.

Plaça de Armes – Cet espace rectangulaire paysager au centre du parc conserve les seuls vestiges de l'ancienne forteresse : l'**arsenal**, bel édifice baroque où siège actuellement le Parlement de Catalogne et où se trouve le musée d'Art moderne, le palais du Gouverneur (transformé en école) et la chapelle.

Sur la place s'étale un étang ovale au centre duquel se trouve la sculpture, très connue, *Desconsol (Chagrin)*, œuvre de Josep Llimona.

Pour finir ce circuit, vous pouvez revenir facilement vers le Barri Gòtic par la carrer de la Princesa. Une autre option, pour parfaire votre découverte de la Ribera, consiste à explorer le lacis de ruelles qui caractérise le nord du quartier. Flânez au gré de votre inspiration, afin de rejoindre la rue Sant Pere mes Alt. Cette rue semi-piétonne vous mène agréablement vers le palais de la musique catalane.

Cascade du parc de la Ciutadella.

J. Balanya / Michelin

Visiter

PARC DE LA CIUTADELLA★ B 1-2

Museu de Zoologia★ B1

Parc de la Ciutadella, s/n - ℘ 933 196 912 - www.bcn.cat/museuciencies - tlj sf lun. tte la journée, dim. mat. - 3,50 € (-16 ans et 1er dim. du mois gratuit) billet incluant la visite du Museu de Geologia.

Il présente une large collection d'espèces de tous les groupes zoologiques. Le rez-de-chaussée, où préside un magnifique squelette de baleine, est consacré aux expositions temporaires. Au premier étage, on trouve l'exposition permanente « Sistemática del

Reino Animal », avec, entre autres, des mammifères, des oiseaux, des reptiles, des coléoptères, des lépidoptères et des mollusques. 👁 Ne manquez pas la salle des enregistrements sonores d'animaux.

Parc Zoològic★ B1 sur le plan p. 149

Parc de la Ciutadella, s/n - 📞 932 256 780 - www.zoobarcelona.com - tte la journée - fermé 25 déc. apr.-midi - 14,95 € (-12 ans 9 €).

👥 L'intérieur du « zoo » est présidé par la célèbre *Dama del paraguas (La Femme au parapluie)*, sculpture qui montre une jeune dame habillée à la mode de 1888. Parmi les diverses espèces d'animaux qui peuplent ce parc, il faut souligner les dauphins dressés.

Museu de Geologia B1

Voir Museu de Zoologia.

Collection de minéraux et de fossiles de Catalogne et d'ailleurs.

CARRER DE MONTCADA

Museu Picasso★ B2

🚇 *Jaume I - Montcada, 15 - 📞 932 563 000 - www.museupicasso.bcn.es - ♿ - tte la journée - fermé lun., 1ᵉʳ janv., 1ᵉʳ Mai, 24 juin, 25-26 déc. - 6 € (-16 ans gratuit).*

Témoignage de la relation entre l'artiste et Barcelone, ce musée est l'hommage de Picasso à la ville de ses premiers pas dans l'univers de l'art.

La section consacrée à la jeunesse de l'artiste est des plus remarquables. On y trouve des dessins de son enfance, des exercices libres et des œuvres d'inspiration académique : *La Première Communion* (1896) et *Science et Charité* (1897).

De la « période bleue », première manifestation du style personnel de Picasso, on retiendra quelques pièces intéressantes : *Los Desamparados* (1903) et *El Loco* (1904).

La série de **Las Meninas★** comprend 58 huiles, dont 44 inspirées de l'œuvre de Velázquez. Modifiant les couleurs de l'œuvre originale, Picasso utilise les gris et le noir pour symboliser le deuil ; les jaunes et les bleus lumineux ne se retrouvent qu'autour des personnages innocents, le reste baignant dans une atmosphère sombre et dramatique. L'ensemble est complété par différentes toiles consacrées au thème des *Colombes* – symbole de paix et de liberté –, quelques paysages et d'autres pièces importantes : *Portrait de Jacqueline*, *Piano*, et *L'Arlequin*.

Museu Tèxtil i de la Indumentària B2

🚇 *Jaume I - à l'intérieur du Palau del Marquès de Lliò - Montcada, 12 - 📞 933 197 603 - www.museutextil.bcn.es - ♿ - tte la journée, dim. mat. - fermé lun., 1ᵉʳ janv., 1ᵉʳ Mai, 24 juin, 25-26 déc. - 3,50 € (-16 ans et 1ᵉʳ dim. du mois gratuit), entrée combinée avec le Museu de les Arts Decoratives et le Museu de Ceràmica.*

On y trouve de remarquables exemples de tissus coptes et hispano-musulmans. Le fonds du musée est constitué essentiellement par sa magnifique collection de vêtements qui témoigne de l'évolution de l'habillement féminin du 18ᵉ s. à nos jours.

Museu Barbier-Mueller d'Art precolombi B2

🚇 *Jaume I - Montcada, 12 - 📞 933 104 516 - www.barbier-mueller.ch/barcefr.html - ♿ - tte la journée, dim. et j. fériés mat. - fermé lun., 1ᵉʳ janv., Vend. saint, 1ᵉʳ Mai, 24 juin, 25-26 déc. - 3 € (-16 ans gratuit).*

L'élégant palais Nadal présente une collection d'art précolombien, avec de curieuses pièces de grande qualité (sculptures, pièces d'orfèvrerie, céramiques et tissus). La quasi-totalité des civilisations antérieures à la Découverte y sont représentées.

CARRER DEL COMERÇ

Museu de la Xocolata (musée du Chocolat) B1

🚇 *Jaume I - Comerç, 36 - 📞 932 687 878 - www.pastisseria.com - tlj sf mar. tte la journée, dim. matin - 3,90 €.*

👥 Après une rapide introduction, le musée présente d'amusantes sculptures en chocolat réalisées par différents grands noms de la pâtisserie. Notez celle en chocolat blanc à l'effigie de Floquet de Neu (Flocon de neige), unique exemplaire au monde de gorille albinos en captivité, décédé en 2003 au zoo de Barcelone.

La salamandre colorée du Parc Güell, la Sagrada Familia ou la Casa Batlló ne sont pas moins appétissantes. L'exposition présente en parallèle les modes de fabrication et l'histoire du cacao.

À proximité

Parc Estació del Nord B1 sur plan p. 149

Almogàvers, 75 - ☻ *Arc de Triomf ou Marina.*

Il comprend toute la vaste esplanade qui entoure l'ancienne gare du Nord, reconvertie en gare routière. Une sculpture singulière en faïence bleu et blanc, de Beverly Pepper, anime cet espace et sert en même temps de toboggan « magique » pour les plus petits.

La Ribera pratique

Se restaurer

Euskal Etxea (Tapas) – *Placeta Montcada, 1-3 -* ☻ *Liceu -* ☏ *933 102 185 - jatetxeabcn@euskaletxeak.org - fermé dim. soir, de déb. août à mi-août -* ✂ ▤ *- tapas/raciónes 2,20/20 €.* Bar tout proche de l'église Santa Maria del Mar. Comptoir à l'entrée et tables au fond pour goûter tranquillement le *txacolí* et les excellentes tapas basques.

☻ **Mar de la Ribera** – *Dels Sombrerers, 7 -* ☻ *Jaume I -* ☏ *933 151 336 - tlj sf dim. et lun. midi 13h-15h45, 20h45-23h30 - fermé 15 j. en août - menu midi : 7,50 € - carte : 12/22 €.* Un peu cher à la carte, mais le menu complet du midi à 7,50 € est un régal. Au calme, dans une vaste pièce refaite, sauf son plafond en bois peint d'origine, très beaux fruits de mer du marché. Les amateurs de gambas, *chipirones* frais ou paella ont trouvé leur adresse. Formule huîtres et verre de vin en saison.

☻ **Cal Pep (Tapas)** – *Pl. de les Olles, 8 -* ☻ *Barceloneta -* ☏ *933 107 961 - tlj sf dim. et lun. midi 13h30-15h30, 20h30-23h30 - fermé en août - tapas : 5/15 €.* Un bar à tapas traditionnel devenu une institution de la ville pour ses exquises tapas élaborées selon les derniers arrivages du marché : des fruits de mer aux artichauts grillés en passant par la charcuterie de pays, on se régale au comptoir dans une atmosphère animée. Le restaurant au fond du bar, nettement plus coûteux, affiche souvent complet. Pensez à réserver et à arriver tôt si vous souhaitez atteindre le comptoir.

☻ **Bar Mundial (Tapas)** – *Pl. St Agustí Vell, 1 -* ☻ *Arc de Triomf -* ☏ *933 199 056 - mar.-dim. 13h-16h, 20h-0h - fermé les 3 premières sem. d'août - tapas : 6/18 € - planchas pour 2 pers. : 40/50 €.* Fondé en 1925 par le grand-père qui en avait fait le Q.G. de son club de boxe, ce bar populaire familial ne désemplit pas, mêlant une clientèle éclectique dans une ambiance bon enfant. Et pour cause, les rations sont généreusement servies et les tapas de mer (gambas, poulpe, coquillages…) fraîches et goûteuses. Si vous souhaitez vous asseoir à une table, il est préférable de réserver.

☻ **Granja Latejana** – *L'Espartería, 9 -* ☻ *Barceloneta -* ☏ *933 102 250 - tlj sf lun. 19h-1h - 15/35 €.* Un sol de guingois, de vieilles tables en bois, des cruchons et des bouteilles de vin un peu partout, et côté assiettes, des assortiments de fromages, de la charcuterie ou des salades composées. On recommande chaleureusement les petites saucisses pimentées flambées au rhum !

☻ **Comerç 24** – *Comerç, 24 -* ☻ *Jaume I -* ☏ *933 192 102 - comerc24@telefonica.net - fermé août, Noël - 29/49 €.* Innovation et avant-gardisme règnent dans cet établissement mi-bar mi-restaurant. Les tables sont des comptoirs et les sièges des tabourets. Cuisine informelle et créative. Menu de dégustation.

☻ **Senyor Parellada** – *Argenteria, 37 -* ☻ *Jaume I -* ☏ *933 105 094 - tlj midi et soir, fermé 25 déc. - 24,60/30 €.* Issu d'une famille de restaurateurs de *fonda* (relais de diligence), Ramón Parellada fit, il y a 25 ans, figure de pionnier lorsqu'il ouvrit cet élégant établissement au cœur du Born. Une cuisine classique et raffinée qui fait la part belle aux spécialités catalanes : *esqueixada amb escalivada* (morue aux poivrons grillés fondants), exquis agneau au four à l'ail, *paella* de viandes et poissons… Le lieu idéal pour découvrir la gastronomie régionale à un prix raisonnable. Réservation fortement conseillée le week-end.

Faire une pause

Tomo II – *Argenteria, 61 -* ☻ *Jaume I - tlj 13h30-1h.* Un glacier de poche moderne qui a eu la bonne idée de proposer des mini-cornets pour les gourmands aux petits estomacs (1 €). Délicieux sorbets artisanaux (figue, mangue, citron…).

Boire un verre en soirée

La Champanyeria – *Reina Cristina, 7 -* ☻ *Barceloneta -* ☏ *933 100 839 - tlj 15h30-22h - fermé du 13 août au 3 sept.* Entre le Born et le port Vell, un grand classique du quartier pour débuter la soirée. Habitués et touristes avisés se mêlent coude à coude sous les jambons suspendus, dans une ambiance joviale où le *cava* coule à flot à bon prix.

Achats

Boutique du Museu Tèxtil i de la Indumentària – *Montcada, 12-14 -* ☻ *Jaume I.* Livres, affiches et accessoires d'habillement.

La façade maritime★

PLAN DE BARCELONE P. 114-115, C-D 2-3

Du bas de Montjuïc jusqu'à l'embouchure du Besòs, cet espace rassemble des quartiers aux ambiances différentes : le vieux port, la Barceloneta, le port Olympique, les plages d'El Poble Nou. Si la ville a renoué avec son identité méditerranéenne, c'est grâce, en partie, à la réhabilitation de sa façade maritime : vous trouverez ici peu de visites culturelles mais des promenades agréables assurées.

- **Se repérer** – Le quartier de la Barceloneta forme une virgule dans la mer, au sud du parc de la Ciutadella. En suivant vers le nord le Passeig de la Barceloneta, longeant la plage, vous arrivez au port Olympique (repérable à ses deux gigantesques tours), au-delà duquel se trouve d'autres plages, jusqu'à la sortie de Barcelone. La ligne de bus n° 14 parcourt la façade maritime jusqu'à la Vila Olímpica (le village olympique). En métro, la station Barceloneta (L4) dessert le nord-est du quartier. Pour le port Olympique, descendez à la station Ciutadella-Vila Olímpica (L4).
- **À ne pas manquer** – La plage et le farniente.
- **Organiser son temps** – Tâchez de finir votre promenade par le superbe panorama offert par le téléphérique reliant la Barceloneta à Montjuïc.
- **Avec les enfants** – L'Aquàrium et le Museu Marítim.

Le Port Vell.

Comprendre

La réhabilitation du secteur portuaire barcelonais a débuté avec le projet urbain du **Moll de Bosch i Alsina** ou **Moll de la Fusta** (quai du Bois), promenade bordée de palmiers qui dispose d'une large terrasse surélevée.

Utilisé jusqu'au milieu du 20e s. pour stocker le bois avant l'embarquement, ce quai est devenu l'un des secteurs les plus dynamiques de la ville ; on y respire un air chargé de modernité – voir les sculptures d'artistes contemporains tels Robert Krier et Roy Lichtenstein –, qui contraste avec la paisible vision des bateaux amarrés au port et des flottilles de plaisance du club Nautique et du club Maritime.

Se promener

Partir de la plaça Portal de la Pau, en bas de la Rambla.

Les Drassanes★★ A2

Ces anciens chantiers navals, ou arsenal royal, situés à l'extrémité de la Rambla, près du monument Colomb, sont les plus importants et les plus complets de type médiéval au monde. En outre, ils constituent l'un des meilleurs exemples d'architecture civile gothique catalane.

Pendant le règne de Pierre III le Grand (v. 1240-1285), on dressa un bâtiment composé d'un patio fortifié entouré de porches et de tours de défense aux angles. Pierre IV le

Cérémonieux (1319-1387) élargit les porches est et ouest et les transforma en salles voûtées composées de huit nefs parallèles où l'on pouvait travailler sur trente galères à la fois. Vers la fin du 16e s., les chantiers devinrent propriété de la Generalitat qui y ajouta huit nefs de plus de 100 m. La découverte du Nouveau Monde marqua la prédominance de l'Atlantique sur la Méditerranée et, par voie de conséquence, la décadence des galères. Démantelées, les Drassanes furent transformées en quartier d'artillerie. Cédées par les autorités militaires à la ville, en 1936, la partie la plus ancienne abrite le **Museu Marítím** *(voir « Visiter »)*.

Monument a Colom (monument de Colomb) A2

933 025 224 - tlj tte la journée - fermé 25-26 déc. et 1er janv. - 2,30 € (-12 ans 1,50 €).
Sur la place Portal de la Pau, juste devant les Drassanes, surgit le monument érigé à la mémoire de Christophe Colomb. Construit en 1886 par Gaietà Buïgas, il commémore la réception que les Rois catholiques donnèrent en l'honneur du navigateur génois après son premier voyage en Amérique. Une grande colonne en fonte sur une base de pierre porte la statue du découvreur.

À l'époque de sa construction, cette statue représentait tout un symbole de progrès en raison du matériau utilisé, le fer. Aujourd'hui, elle est l'une des marques de l'identité de Barcelone, plus par le prestige que lui ont attribué les Barcelonais que par sa beauté. Du haut de l'étroite tour *(l'ascension est déconseillée aux personnes souffrant de vertiges ou de claustrophobie)*, 52 m plus haut, s'ouvre un beau **panorama★** de la ville.

Port Vell★ B2

Le **vieux port** est devenu un important secteur de loisirs très fréquenté. Par une moderne passerelle de bois, la **Rambla de Mar**, on gagne le Moll d'Espanya, qui réunit l'**Aquàrium** *(voir « visiter »)*, le complexe **Maremagnum**, grand centre commercial avec restaurants, terrasses animées, cinéma multisalles, bars à musique, et discothèques, et l'**IMAX**, dont le spectaculaire écran à 180° offre en trois dimensions des images de documentaires ou de concerts. *Moll d'Espanya, s/n - ℘ 932 251 111 - www.imaxintegral. com - consulter horaires - 7,50 € (matin)/11 € (après-midi et soir).*

Via Laietana B 1-2

Cette grande artère rectiligne, qui traverse la vieille ville en direction du port, fut ouverte dans la première décennie du 20e s., entraînant le déplacement ou la démolition de nombreux bâtiments importants.
Traverser la via Laietana et poursuivre par le passeig d'Isabel II.

La Llotja★ B1

À l'origine, la **Bourse de commerce** se trouvait sous un porche à l'air libre où se négociaient les marchandises parvenues au port. Les relations commerciales de Barcelone s'intensifiant, il fallut agrandir ces installations et, à la fin du 14e s., les marchands entreprirent la construction d'un vaste bâtiment, qui devint le siège du consulat de la Mer. L'imposant édifice actuel a été reconstruit à la fin du 18e s. dans le style néoclassique.

Le « Consolat de Mar »

Les marchands furent les véritables moteurs de l'économie catalane dès le 12e s. Ils nouèrent des relations avec les pays d'Afrique et du Levant, y créant des *alfondics*, dépôts dont l'implantation facilita l'expansion catalane en Méditerranée *(voir « Invitation au voyage : Histoire »)*. Mais vendre suppose une réglementation. Les commerçants d'outre-mer en vinrent bientôt à créer le consulat de la Mer, sorte d'assemblée corporative ayant pouvoir de juger n'importe quel litige du commerce maritime. Les conflits étaient résolus selon des règles élaborées par les commerçants eux-mêmes. Ce règlement, qui envisageait tous les cas de figure, y compris les règles concernant l'abordage des navires et les pertes en mer, fut rédigé dès 1258 et édité pour la première fois en 1484. Le *Llibre del Consolat de Mar* eut une influence notable sur toute la Méditerranée car il constituait le **premier traité de droit maritime** au monde.

L'institution de la Llotja se généralisa dans l'ensemble du monde méditerranéen et l'on comptait 56 consuls autour de la Méditerranée au 14e s. Valence, Palma de Majorque et Perpignan avaient des centres du même type, mais celui de Barcelone, symbole du pouvoir et de la richesse du commerce catalan, était le plus puissant et influent.

LA FAÇADE MARITIME

0   500 m

SE LOGER	
Hesperia del Mar	①
Hotel Folch Marina	③
Hotel Oasis	⑤
Pensió Palacio	⑦
Pensión Segre	⑨

SE RESTAURER	
Agua	①
Bar Daguiri	③
Can Solé	⑤
7 Portes	⑦

La façade principale sur la rue del Consolat de Mar, tout comme les façades latérales, ont été réalisées selon les tendances françaises à la grande monumentalité. Actuellement, le bâtiment est le siège de la chambre de commerce et d'industrie.

De l'édifice médiéval ne subsiste que la grande **Salle gothique★★**, dont les énormes proportions n'ont d'égale que la « loggia » de Florence. Ses trois nefs, séparées par de triples arcades en plein cintre, sont une réponse strictement méditerranéenne au gothique élancé des pays septentrionaux.

Porxos d'en Xifré B1

Après la découverte de l'Amérique, de nombreux Catalans partirent y faire fortune. Beaucoup d'entre eux, après leur réussite comme agents commerciaux ou à la tête de petites affaires, revinrent à Barcelone. Ces *indianos*, comme on les a appelés, devenus des figures influentes grâce à leur richesse ostentatoire, prirent l'habitude de se faire construire de magnifiques demeures privées à Barcelone ou dans leur village d'origine.

Ce fut le cas de **Josep Xifré i Cases** (1777-1856), marchand de son état, qui après avoir amassé une grosse fortune à Cuba, devint l'homme le plus riche de Barcelone. L'ensemble de bâtiments néoclassiques à arcades qu'il fit construire abrite actuellement un labyrinthe de magasins très fréquentés.

Continuer par l'avenue Marquès de l'Argentera.

Duana Nova B1

Le bâtiment détruit par un incendie en 1777 fut reconstruit dans un goût néoclassique aux tendances rococo. Depuis 1902, il est le siège de la préfecture.

Estació de França★ B1

Bâtie en 1929, cette énorme **structure de fer**, couverte d'un toit de verre, est toujours le point de départ de lignes ferroviaires. Elle est aussi la scène de grandes manifestations culturelles, tel le Salon annuel de la bande dessinée (Saló del Comic).

Palau de Mar B1

Sur le moll del Dipòsit se distingue nettement la silhouette massive du Palau del Mar, un ensemble d'édifices du début du 20e s. qui abritaient les anciens entrepôts généraux du port de Barcelone. Une partie héberge aujourd'hui le **Museu d'Història de Catalunya** (voir « Visiter »).

La Barceloneta★ B1

Après la démolition d'une partie du quartier de la Ribera, l'ingénieur militaire J. Martín de Cermeño projeta la construction d'un nouveau quartier qui prit avec le temps le nom de la Barceloneta. Ce secteur, formé par quinze rues longues coupées par quinze rues courtes, est habité aujourd'hui par des pêcheurs, des dockers et d'autres travailleurs du port.

L'église **Sant Miquel del Port★**, élégant édifice de 1753, préside la plaça de la Barceloneta, et est le noyau de ce quartier qui s'étend du parc de la Citadelle à la mer.

Appelé le « Naples barcelonais », il est très agréable de musarder au milieu des ruelles pittoresques inondées de soleil et des couleurs du linge flottant aux balcons, ou de s'arrêter pour goûter l'une des exquises recettes marinières que proposent restaurants et gargotes.

De la **torre de Sant Sebastià**, un **téléphérique** et une **télécabine** gagnent le flanc de Montjuïc. De ces deux moyens de transport, on a une **perspective★★** privilégiée de la Barceloneta et ses quais.

Vila Olímpica★ B1

Si la Barceloneta est un quartier qui conserve une grande partie de son charme traditionnel, la Vila Olímpica est un des secteurs les plus modernes et les mieux aménagés de la Barcelone actuelle. Construite sur la zone côtière de El Poblenou pour loger les 15 000 sportifs qui participaient aux JO de 1992, elle a apporté un grand dynamisme à toute la façade maritime.

Le projet d'aménagement est l'œuvre des architectes **Martorell**, **Bohigas** et **Mackay**, et les différents blocs d'appartements ont été confiés à des architectes locaux récompensés des prix FAD (Foment de les Arts Decoratives : Société d'encouragement aux Arts Décoratifs) d'architecture.

En outre, la Vila Olímpica possède de beaux jardins, ornés de sculptures contemporaines, de larges avenues et un singulier échantillonnage commercial et ludique.

Le nouveau **port de plaisance★★**, œuvre de l'ingénieur J.-R. de Clascà, est devenu l'une des plus importantes zones de loisirs de la ville. Aux plages réhabilitées d'El Poblenou (**Bogatell, Somorrostro, Nova Icària**) s'ajoutent de nombreux cafés-terrasses, bars et restaurants pour former un ensemble bigarré où règne une grande animation, souvent jusqu'au petit matin. Parmi les nombreux édifices de cette zone, les **deux tours**, de 153 m de hauteur, sont les plus remarquables. Ces deux gratte-ciel constituent le symbole de la volonté de progrès et de modernité de Barcelone.

La première tour abrite l'**Hotel Arts Barcelona** qui fait partie de la chaîne internationale Ritz-Carlton. Œuvre collective de plusieurs architectes américains, sa structure de fer donne une sensation de solidité doublée d'une gracilité certaine.

La **Torre Mapfre**, œuvre d'Íñigo Ortiz et Enrique León, possède également 44 étages mais ses façades en verre la différencient totalement.

Du haut de ces tours, la **vue★★★** est un véritable émerveillement ; par beau temps, il est possible de voir se profiler à l'horizon l'île de Majorque.

Visiter

Museu Marítim★ A2

⌖ Drassanes - Av. de les Drassanes, s/n - ☎ 933 429 920 - www.museumaritimbarcelona. com - tte la journée - fermé 1er et 6 janv., 25-26 déc. - 6,50 € (-17 ans 3,25 €).

👥 Les magnifiques chantiers navals, ou **arsenal royal★★**, médiévaux (voir « Les Drassanes » dans « Se promener ») sont le splendide cadre du musée. Ce dernier permet d'effectuer une fructueuse promenade à travers l'histoire de la marine catalane en proposant une visite interactive parmi des pièces de grande valeur.

Outre les collections de bateaux et de figures de proue, dans l'espace consacré à la cartographie, on remarquera le *Portulan de Gabriel de Vallseca* (1439), carte nautique de la Méditerranée qui appartint à Amerigo Vespucci.

La grande nef centrale abrite la pièce la plus spectaculaire du musée : la reproduction, grandeur nature, de la **galère royale de Don Juan d'Autriche★★**, vaisseau qui commanda les troupes chrétiennes à Lépante (1571), construite à cet endroit, dont on admirera l'ornementation sculptée et les peintures allégoriques.

Le billet d'entrée comprend également la visite du **pailebote Santa Eulàlia**. Ce trois mâts (1918) mouille au Moll de Bosch i Alsina, à gauche de la Rambla de Mar.

Aquàrium★ B2

🚇 *Drassanes - Moll d'Espanya del Port Vell, s/n - 𝄞 932 217 474 - www.aquariumbcn. com - ᕦ - tte la journée - 16 € (-12 ans 11 €).*

👫 C'est l'un des plus grands zoos marins d'Europe. Une vingtaine de bassins permettent de voir évoluer toutes les espèces méditerranéennes et des spécimens tropicaux. Au cours de la visite, on emprunte, sous le regard circonspect des requins et autres espèces méditerranéennes, l'**oceanario**, un tunnel de méthacrylate transparent long de 80 m. Un espace ludique et pédagogique à la fois, Explora, permet aux plus jeunes de participer à des activités interactives.

La Mercè★ A1

🚇 *Drassanes.*

La basilique actuelle, consacrée à la patronne de Barcelone, date de 1760. En dépit des dommages subis pendant la guerre civile, les deux façades sont parfaitement conservées. La façade principale, sur la place de la Mercè, est le seul exemple barcelonais de façade baroque légèrement courbe. Dans la rue Ample, la seconde, de style Renaissance, fut transportée jusqu'ici depuis une église voisine en 1870.

La coupole, de facture éclectique de la fin du 19e s., est surmontée par une statue monumentale de la Mare de Déu de la Mercè, visible depuis plusieurs points dans la ville.

L'intérieur, à vaisseau unique avec des chapelles latérales et un court transept, présente une riche décoration à base de revêtements de marbre et de grandes fenêtres aux jalousies très travaillées. La belle **statue★** gothique représentant la **Mare de Déu de la Mercè**, réalisée par Pere Moragues (1361), est particulièrement intéressante.

Museu d'Història de Catalunya B1

🚇 *Barceloneta - Plaça de Pau Vila, 3 - 𝄞 932 254 700 - www.mhcat.cat - ᕦ - mat. et apr.-midi, dim. et j. fériés mat. - fermé lun., 1er et 6 janv., 25-26 déc. - 3,10 € (-18 ans 2,10 €).*

Installée dans une partie du Palau del Mar, une exposition permanente propose un parcours du passé de la Catalogne allant de la préhistoire à l'époque contemporaine. D'intéressantes expositions temporaires mettant en scène divers thèmes historiques y sont présentées. Les locaux accueillent aussi le **Centre de documentation historique de Catalogne**, qui possède un riche patrimoine bibliographique et audiovisuel.

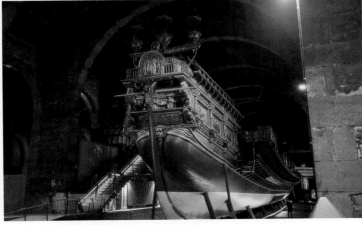

Galère royale de Don Juan d'Autriche (Musée maritime).

J. Balanya / Michelin

La façade maritime pratique

Se restaurer

⌒ **Bar Daguiri** – *Grau i Torras, 59 bajos -* ◉ *Barceloneta -* 📞 *932 215 109 - menu du jour 8,30 € - 10h-0h.* En bord de plage, cette paisible terrasse aux nappes colorées est idéale le midi lors d'une journée de farniente. Le menu du jour est rafraîchissant et digeste, composé d'une salade, sandwich et dessert. Agréable aussi au petit-déjeuner (jusqu'à 13h, formule de 2,30 à 6 €) ou pour une pause sucrée, salée ou glacée.

⌒🍽 **7 Portes** – *Passeig d'Isabel II, 14 -* ◉ *Jaume I -* 📞 *933 193 033 - reservas@7portes.com -* 🖥 *- 21,50/28,80 €.* Fondé dans le premier tiers du 19e s., ce restaurant emblématique propose des plats s'inscrivant dans la plus pure tradition catalane. Il ferme tard le soir.

⌒🍽🍽 **Can Solé** – *Sant Carles, 4 -* ◉ *Barceloneta -* 📞 *932 215 815 - www. restaurantcansole.com - 32/52 € - tlj sf dim. 13h30-16h, 20h30-23h - fermé 8-22 août.* Sur la Barceloneta, une excellente adresse, très réputée pour ses recettes de fruits de mer, traditionnelles et finement élaborées. Dans ce joli restaurant décoré d'azulejos, le service est soigné. Réservation recommandée.

⌒🍽🍽 **Agua** – *Passeig Marítim de la Barceloneta, 30 -* ◉ *Ciutadela-Vila Olímpica -* 📞 *932 251 272 - www.aguadeltregaluz. com - fermé 24 et 25 déc. -* 🖥 *- 40/50 €.* Vastes locaux décorés de meubles design et de sculptures africaines. Sa terrasse, très courue en été, est l'endroit idéal pour un dîner tranquille face à la mer. Cuisine méditerranéenne et bonnes paellas.

Faire une pause

Xiringuito Escribà – *Platja del Bogatell - Rda Litoral Mar, 42 -* ◉ *Ciutadella-Vila Olímpica -* 📞 *932 210 729 - tlj sf lun. 11h-17h, ven.-dim. 9h-23h.* Situé face à la mer dans un cadre privilégié, cette « buvette » existe depuis 1906 et est devenue un haut lieu barcelonais, attirant les foules en été. Les délicieux fruits de mer sont servis sur fond musical.

Boire un verre en soirée

Sal Café – *Pg. Marítim de la Barceloneta -* ◉ *Barceloneta -* 📞 *932 240 707 - lun.-jeu. 12h-0h, vend.-sam. 12h-2h.* Ce bar-restaurant design à la décoration seventies orange et noir, bénéficie d'un site privilégié, au bord de la plage de la Barceloneta. Pour boire un verre en fin d'après-midi ou à la nuit tombée.

Achats

Pla del Palau – ◉ *Barceloneta.* De nombreux bazars proposent autour des Porxos d'en Xifré des articles électroménagers et des appareils électroniques à des prix intéressants.

Maremagnum – *Moll d'Espanya -* ◉ *Drassanes -* 📞 *934 052 222.* Ce vaste espace diversifie les activités commerciales et de loisirs ; ses boutiques recèlent les objets les plus insolites comme les vêtements griffés.

Sports et loisirs

Las Golondrinas – 📞 *934 423 106 - www. lasgolondrinas.com.* La société Golondrinas propose des promenades en bateau. Deux possibilités au départ de El Portal de la Pau, en face du monument de Colomb : visite du port à bord d'un brise-lames *(35mn - 5 €)* ou croisière dans une embarcation de type catamaran *(2h - 10,50 € pour le port et la côte ; 8,50 € pour le grand tour du port).*

Barcelona Mar – 📞 *932 853 832 - www. barcelonaturisme.com - avr.-juin et oct. : merc. et dim. 11h ; juil.-sept. : merc. et sam. 17h30 - durée 2h - dép. du port olympique (Centre Municipal de Vela - CMV, Moll de Gregal) - 29 €.* Sortie en mer à bord d'un voilier, pour découvrir Barcelone depuis la mer et apprendre les rudiments de la navigation.

Montjuïc

PLAN DE BARCELONE P. 114-115, B-C 3

Grand parc verdoyant en surplomb du port, la colline de Montjuïc est un véritable poumon pour Barcelone, offrant, en plus de ses musées, de superbes vues sur la ville. Son usage n'a pas toujours été si pacifique : en raison de sa position stratégique, elle a été utilisée dès le Moyen Âge à des fins militaires.

▶ **Se repérer** – Culminant à 173 m entre les embouchures des fleuves Besòs et Llobregat, la « montagne des Juifs » se dresse au sud-ouest du port. On y accède par un téléphérique, le *transbordador aeri (voir « Montjuïc pratique »)*, au départ de la Torre Sant Sebastià (sur la Barceloneta) ou par le funiculaire qui monte jusqu'à mi-hauteur de la colline, au départ de la station de métro Paral.lel (L2/L3). Autre option : le bus n° 55, qui passe par la plaça d'Espanya et traverse Montjuïc jusqu'au téléphérique.

👁 **À ne pas manquer** – La fondation Joan Miró.

🕐 **Organiser son temps** – Sans être la partie la plus attrayante de Barcelone, Montjuïc concentre un grand nombre d'attractions touristiques et culturelles majeures. Une journée ne sera pas de trop pour visiter le Museu Nacional d'Art de Catalunya (MNAC), la fondation Joan Miró et vous offrir une longue promenade sur l'avinguda de Miramar. Prévoyez de bonnes chaussures pour le chemin de ronde autour du fort.

👪 **Avec les enfants** – Le Poble Espanyol et ses monuments miniatures.

Comprendre

Vers la fin du 18ᵉ s., les bizarres profils rocheux de Montjuïc – il ne faut pas oublier que beaucoup de bâtiments barcelonais furent construits avec la pierre provenant des carrières du mont – ont servi de source d'inspiration aux artistes et graveurs. C'est l'Exposition universelle de 1929 qui amena la transformation de cette montagne, dont les flancs devinrent des jardins – selon le projet du prestigieux jardinier français Forestier, assisté par Nicolau Rubió i Tudurí – et où l'on construisit d'importants édifices qui furent réhabilités pour les Jeux olympiques de 1992.

Au pied du Montjuïc, entre la plaça d'Espanya et la mer, s'étend l'ancien quartier industriel du **Poble Sec**, au milieu duquel se dressent les cheminées de la centrale thermique de la FECSA. Ce quartier est délimité par la grande **avinguda del Paral. lel**, ainsi appelée car elle passe exactement sur le parallèle 41° 44' de latitude nord. Au début du 20ᵉ s., l'avenue était un secteur de théâtres, cabarets et spectacles frivoles que l'on appelait le **Montmartre de Barcelone**.

Se promener

La plaça d'Espanya et le champ de foire

Depuis la **plaça d'Espanya**, dominée par une fontaine monumentale ornée de sculptures de **Miquel Blay** (1866-1936), on accède à l'enceinte où, chaque année, a lieu la

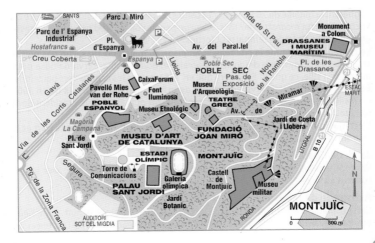

foire-exposition. Deux **tours** inspirées du campanile de Venise lui servent d'entrée. De là s'ouvre une **perspective★** spectaculaire sur l'avenue de María Cristina, aux gigantesques **fontaines lumineuses** et changeantes de Gaietà Buïgas, et sur l'escalier qui conduit au Palais national, siège du musée national d'Art de Catalogne.

Parmi les nombreux bâtiments construits à l'occasion de l'Exposition universelle, on distingue le **Pavelló Mies van der Rohe★★**, conçu pour représenter l'Allemagne par l'architecte très connu du même nom. Considéré comme l'un des modèles de l'architecture rationaliste, on peut voir dans ses installations modernes la chaise dite de Barcelone, œuvre du même Mies van der Rohe. ℰ *934 234 016 - www.miesbcn. com -* ♿ *- tte la journée - 3, 50 € (-18 ans gratuit).*

Plaça de Sant Jordi

Elle constitue un magnifique **mirador** sur l'embouchure du Llobregat et la mer. Au centre de cette place se dresse la **statue équestre de saint Georges★** (sant Jordi), imposante sculpture de bronze dans laquelle Josep Llimona se détache de la traditionnelle image triomphaliste donnée à ce saint, lui conférant une grande expressivité.

Anella Olímpica★ (Anneau olympique)

Construit pour être le cadre des principales épreuves sportives des JO de 1992, l'Anneau olympique occupe une immense esplanade sur la partie haute de la montagne.

Le stade olympique et le Palau Sant Jordi forment le cœur de cette zone totalement vouée au sport. Le **stade olympique★ (Estadi Olípic)** conserve la façade de 1929 et fut totalement remanié à l'intérieur. *Passeig Olímpic -* ℰ *934 262 089 - tte la journée (sf événement) - gratuit.*

Le **Palau Sant Jordi★★** est un singulier palais des sports couvert par une structure métallique, œuvre du grand architecte japonais Arata Isozaki. *Passeig Olímpic, s/n -* ℰ *934 262 089 - w.-end et j. fériés tte la journée - gratuit.*

👁 Les autres ouvrages intéressants sont le Pavillon de l'INEFC, l'université du sport, réalisé par l'agence de Ricardo Bofill, et la grande **tour de télécommunications**, œuvre de Santiago Calatrava qui conjugue beauté et modernisme.

Tour de télécommunications de Montjuïc.

Jardí Botánico

Av. Montanyans, 25. Situé à côté du Palacio Nacional, il possède une remarquable collection de plantes.

Château de Montjuïc

C'est en 1640 que fut bâti le premier château, au pied duquel les troupes catalanes gagnèrent la bataille du 26 janvier 1714 contre Felipe V. Détruit pendant la guerre de Succession, il fut reconstruit au 18e s. tel qu'on peut le voir aujourd'hui : une forteresse en étoile avec de larges remparts et fortins.

Le château, qui, comme la citadelle, était jusqu'au milieu du 19e s. l'un des points stratégiques du système défensif de Barcelone, pouvait aussi servir de base pour attaquer la ville, ce que fit Espartero qui, en 1842, pointa les canons vers Barcelone. Pendant longtemps, il servit également de prison militaire et c'est là qu'en 1909 on fusilla le pédagogue anarchiste **Ferrer i Guardi** puis en 1940 le président de la Generalitat, Luis Companys.

C'est maintenant un lieu de promenade aux vues exceptionnelles sur le port et la ville abritant le **Museu Militari** *(voir « Visiter »).*

Jardí de Costa i Llobera

Rte de Miramar, 1. Il s'agit du jardin exotique le plus vaste de Barcelone, avec toutes sortes d'espèces.

Avinguda de Miramar

Cette esplanade située au nord de la montagne offre – surtout la nuit – une belle **vue panoramique★** de la ville et du port avec ses bateaux éclairés. Des terrasses permettent de profiter agréablement du climat méditerranéen sans être incommodé par la chaleur. Un **téléphérique** relie, en saison, ce mirador à la tour Saint-Sébastien, située sur le port.

Teatre Grec★

Ce théâtre en plein air, entouré de beaux jardins et construit en 1929 sur le modèle de celui d'Épidaure, a comme arrière-scène le mur rocheux d'une carrière abandonnée. En été, il devient une scène exceptionnelle pour les manifestations du **Festival del Grec** *(voir « Barcelone pratique », p. 113).*

Visiter

Museu Nacional d'Art de Catalunya★★★

Parc de Montjuïc, s/n (Palau Nacional) - 𝄞 *936 220 376 - www.mnac.cat -* ♿ *- tte la journée, dim. et j. fériés mat. - fermé lun., 1ᵉʳ janv., 1ᵉʳ Mai, 25 déc. - 8,50 € (-14 ans et 1ᵉʳ dim. du mois gratuit).*

Le MNAC comprend le musée d'Art de Catalogne, le cabinet de Dessins et Gravures, le Cabinet numismatique de Catalogne et la Bibliothèque générale d'histoire de l'art. Le musée d'Art est installé au Palais national de Montjuïc, édifice monumental construit à l'occasion de l'Exposition universelle de 1929. De l'esplanade du palais, on domine la plaça d'Espanya, le champ de foire et une grande partie de la ville.

Section d'art roman★★★ – Aux 12ᵉ et 13ᵉ s., les vallées pyrénéennes virent l'essor d'un art populaire très expressif et d'une grande maturité.

La collection est spectaculaire, surtout en ce qui concerne la peinture murale, magnifiquement mise en valeur. Les fresques sont exposées dans des chapelles et de grandes salles recréant le cadre des églises de l'époque. On y remarque l'influence des mosaïques byzantines : le dessin surligné de noir, la composition en frises superposées, l'absence de perspective et les attitudes rigides. Néanmoins, les détails réalistes et expressifs font de cet art solennel une création réellement autochtone.

Les œuvres les plus remarquables sont les peintures (12ᵉ s.) provenant de l'église Sant Joan de Boí *(salle II)* représentant la lapidation de saint Étienne, le fauconnier, le Paradis et l'Enfer, les absides latérales de l'église Sant Quirce de Pedret (fin du 11ᵉ s., *salle III – voir aussi Solsona),* l'ensemble de Santa Maria de Taüll (12ᵉ s., *salle VII),* qui présente une profusion d'images présidée par une belle Épiphanie, et, pour terminer, Sant Climent de Taüll *(salle V),* dont l'abside, ornée d'un extraordinaire **Pantocrátor**, constitue l'un des chefs-d'œuvre de la peinture romane. Remarquer la volonté anti-naturaliste et la subtile géométrisation des formes.

Les beaux **parements** sont divisés en deux catégories : ceux qui sont simplement formés d'une plaque peinte, tels ceux de Sant Martí d'Ix et de la Seu d'Urgell ou celui des Apôtres, et ceux en relief, comme celui de l'église Santa Maria de Taüll. Dans les salles consacrées à la sculpture, également magnifiques, on s'attardera sur le **Pantocrátor de Battló**, un Christ en croix polychrome du 12ᵉ s.

Le musée possède également une magnifique **collection★** de chapiteaux *(salle VI),* d'orfèvrerie et d'émaux *(salle XV).*

La section se termine par les peintures de la salle capitulaire de **Sigena** (1200) *(salle XXI),* qui développent un programme iconographique complet et témoignent d'un grand changement de style avec des figures beaucoup plus naturalistes et beaucoup plus en mouvement.

Section d'art gothique★★ – L'itinéraire à travers le monde gothique catalan du 13ᵉ au 15ᵉ s. prouve l'importance de la peinture sur panneau. On remarquera les retables en pierre attribués à **Jaume Cascalls** *(salles IV et V),* une importante collection gothique internationale *(salle IX)* regroupant les plus importants peintres de Barcelone (**Guerau Gener, Joan Mates, Ramón de Mur, Joan Antigó, Bernardo Despuig** et **Jaume Cirera**). La salle XI, consacrée à **Bernardo Martorell,** met en évidence les particularités de l'artiste, qui donne une grande importance au détail et aux nuances picturales ; la fameuse *Vierge des « Consellers »* de **Luis Dalmau** se trouve également dans la salle XI. La salle XII est, elle, dédiée au grand **Jaume Huguet**. Ne pas manquer les œuvres du **maître de La Seu d'Urgell**, groupées en salle XV, ni, en fin de section, l'espace consacré à la sculpture funéraire des 14ᵉ et 15ᵉ s. *(salle XVIII).*

Legs Cambó –Dans cette collection de peinture européenne comptant une quarantaine de tableaux de grande qualité, on trouve des œuvres d'artistes de l'école de Zurbarán (magnifique nature morte), du Tintoret, de Sebastian del Piombo, Quentin de la Tour (splendides portraits), du Gréco, de Rubens, Cranach le Vieux, Goya, etc. On peut ensuite admirer les fresques peintes par **Annibale Carracci** pour la chapelle

Herrera de Rome et une salle présentant des peintures du Greco (saint Pierre et saint Paul) et du Tintoret.

Collection Thyssen-Bornemisza – Le dépôt du Musée Thyssen, exposé antérieurement dans le monastère de Pedralbes, se compose d'une soixantaine d'oeuvres (du Moyen Âge au 18ᵉ s.) à thème essentiellement religieux parmi lesquelles on retiendra diverses représentations de la Vierge à l'Enfant (14ᵉ s. et15ᵉ s.) dont **La Vierge d'Humilité★**, chef-d'œuvre de Fra Angelico aux douces tonalités mises en valeur par une extraordinaire ornementation dorée, et **La Vierge et l'enfant avec sainte Elisabeth et saint Jean** de Rubens. Belle collection de portraits du 15ᵉ au 18ᵉ s.

Collections Renaissance et baroque – De la Renaissance, arrivée tardivement en Espagne, le musée possède surtout des œuvres flamandes et italiennes. Il compte cependant quelques réalisations des artistes espagnols Ayne Bru, Pere Nunyes et Pedro Berruguete, encore influencés par le style gothique.

La peinture de la période **baroque** (17ᵉ-18ᵉ s., présentée au premier étage, s'illustre avec des œuvres de Zurbarán (*L'immaculée conception*), de Velásquez *(saint Paul)* et de Ribera *(le martyre de saint Bartolomé)*.

L'art des 19ᵉ et 20ᵉ s. – Pour le 19ᵉ s., outre les peintures de Fortuny, la période moderniste est bien représentée avec des dessins, des sculptures, du mobilier de Gaudí, Doménech i Montaner, Casas, Rusiñol. Enfin les quelques salles consacrées à l'art moderne montrent entre autres des sculptures de Gargallo et Julio González.

Fondació Joan Miró★★★

Parc de Montjuïc, s/n - ☎ 934 439 470 - www.bcn.fjmiro.es - ♿ - tte la journée, dim. et j. fériés mat. - fermé lun., 1ᵉʳ janv., 25-26 déc. - 7,50 € (-15 ans gratuit).

Joan Miró (1893-1983) est sans conteste l'une des figures de proue de l'avant-gardisme européen du 20ᵉ s. Son œuvre intègre certains des aspects de ce mouvement tout en créant un langage nouveau, très personnel, fondé sur la spontanéité et la force expressive.

Né à Barcelone, il fit des études commerciales puis entra aux Beaux-Arts. Une grave maladie, pendant sa jeunesse, le contraignit à faire un long séjour dans une ferme de la campagne tarragonaise. Installé à Paris entre 1921 et 1922, il y peint **La Masía**, tableau marquant l'abandon de la peinture figurative pour le symbolisme qui caractérise son œuvre. Le début de la guerre civile espagnole coïncide ensuite avec un retour de Miró au langage figuratif, au travers duquel il montre son rejet total des faits qui l'entouraient.

Entre 1939 et 1941, il réalise la série des vingt-trois **Constellations**, dans lesquelles il exprime son horreur de la Seconde Guerre mondiale, d'un point de vue très poétique. Les différents éléments qui font partie de ces compositions (la femme, la nuit ou le Soleil) deviendront dès lors des éléments constants de son œuvre. Dans sa maturité, on observe une prédominance pour les grands formats – logotype de la Caixa de Pensions de Catalunya – et, réalisés avec une simplicité et une élégance sans précédent, ses dessins acquièrent une grande importance.

Le langage de Miró est une recherche sur les couleurs et les symboles. Sa peinture mêle la gaieté et le tragique dans le dessein de décrire l'homme prisonnier de ses instincts. Ceci se révèle par l'utilisation systématique d'objets pointus et de symboles sexuels au milieu d'une atmosphère magique de grande poésie.

Les oiseaux, les étoiles – logotype de la Caixa de Pensions de Barcelone –, la femme et la Lune sont des symboles récurrents dans l'œuvre de l'artiste catalan car, à travers leur caractère ambivalent et mystérieux, ils renforcent la tension poétique. En raison de la profonde affection qui se dégage de ses tableaux, où l'usage de couleurs, de plans et de figures primaires évoque un état de grande pureté intérieure, on a parfois associé le nom de Joan Miró au monde des enfants.

Le **bâtiment★★** qui abrite la fondation a été construit par **Josep Lluís Sert** (1902-1983), ami personnel du peintre. C'est l'une des plus belles œuvres du rationalisme méditerranéen, dont l'architecture se caractérise par la mise en relation de l'espace intérieur et extérieur, à la recherche d'un équilibre entre paysage et bâtiment. Le traitement de la lumière, qui s'infiltre verticalement dans les salles par de larges lucarnes, est très significatif de cette attitude. En 1988, Jaume Freixa agrandit l'édifice en respectant la conception originale de Sert.

Le fonds constitué par le peintre lui-même, réunissant plus de 10 000 œuvres, tant peintures, sculptures et dessins que collages et œuvres graphiques, représente la majeure partie des collections exposées. Une petite collection d'art contemporain créée un an après la mort du peintre représente l'hommage à Miró d'artistes tels que Chillida, Saura, Duchamp, Max Ernst ou Rauschenberg.

Dans le Poble espanyol.

Depuis 1990 est exposée à la Fondation la **Fuente de Mercurio**★ d'Alexandre Calder, créée en 1937 pour le Pavillon espagnol de l'Exposition universelle de Paris et évoquant Almadén, ville où l'on trouve les mines de mercure les plus importantes du monde et qui fut l'une des plus touchées par la guerre civile.

En dernier lieu, il convient de signaler le **jardin des Sculptures**, un très agréable coin en plein air où sont exposées différentes œuvres de jeunes artistes catalans.

Outre la diffusion de l'œuvre de Joan Miró, la Fondation organise des expositions temporaires afin de diffuser l'art du 20ᵉ s. et les créations de nouveaux artistes.

Poble espanyol★

Av. Marquès de Comillas, 13 - ☏ 935 086 300 - tte la journée - 5 € (-7 ans gratuit).

👥 Cette suggestive reproduction de bâtiments caractéristiques des différentes régions espagnoles fut construite par Miquel Utrillo et Xavier Noguès pour l'Exposition de 1929. La Plaza Mayor, place aux larges arcades, où sont célébrées kermesses et fêtes folkloriques, est le noyau de ce site. Marchés majorquins, façades baroques de Valence, maisons galiciennes ou places castillanes se côtoient dans ce parcours qui reconstitue l'histoire architecturale de l'Espagne. Le remarquable **Barrio Andaluz** (Quartier andalou), où la blancheur des façades n'est altérée que par les couleurs des géraniums et des œillets, transporte le visiteur au cœur même de l'Andalousie. Il renferme des boutiques artisanales, des ateliers, ainsi que divers bars et restaurants. Ces derniers temps, le village s'est transformé en véritable centre de loisirs.

Collection d'Art contemporain★ – Est exposée l'intéressante collection particulière du collectionneur Fran Daurel, qui regroupe peintures, sculptures, gravures, dessins et céramiques. Y sont représentés nombre de grands artistes espagnols des années 1950 à nos jours (Tàpies, Saura, Equipo Crónica, Chillida, Rafols Casamada, Mompó, Broto, Barceló et bien d'autres encore), qui viennent s'ajouter aux noms de l'avant-garde historique tels que Picasso, Dalí et Miró.

Museu d'Arqueològia de Catalunya★

Passeig de Santa Madrona, 39-41 - ☏ 934 246 577 - www.mac.es - tlj sf lun. tte la journée, dim. et j. fériés matin - 2,40 € (- 16 ans gratuit).

Créé en 1935 à l'initiative de l'illustre archéologue **Pere Bosch Gimpera** (1891-1974), il fait partie d'un ensemble comprenant les musées homologues d'Empúries, Gérone, Olèrdola et Ullastret.

L'archéologie catalane possède une grande tradition, que l'on constate avec les nombreuses fouilles effectuées sur tout le territoire catalan. On peut suivre les différentes étapes de l'histoire de l'homme à travers les pièces exposées : paléolithique, néolithique, âges du bronze et du fer, monde ibérique, colonisations grecque et phénicienne, culture romaine et époque wisigothique. Les différents objets présentés (outils, amphores, mosaïques ou sculptures votives) sont caractéristiques de chacune de ces périodes. La bibliothèque spécialisée (40 000 volumes), qui offre déjà une base solide pour la recherche, est complétée par d'autres services comme **l'atelier expérimental pour aveugles**, qui apprend la reconnaissance tactile du matériau archéologique.

Museu Etnològic
Passeig de Santa Madrona, s/n - ℰ 934 246 807 - www.museuetnologic.bcn.cat - tlj sf lun. 10h-14h (11h-15h en été) en été, mar. et jeu. 10h-19h (11h-19h en été) - fermé 1er janv., Vend. saint, 1er Mai, 25-26 déc.

Construit à l'emplacement d'un petit pavillon de l'Exposition universelle, il comporte trois niveaux, deux destinés à l'exposition des collections et le troisième, en sous-sol, où se trouvent les ateliers de restauration et l'entrepôt.

La plupart des expositions sont temporaires, bien que de longue durée. Le fonds ethnologique provient de peuples indigènes d'Afrique, d'Australie, d'Amérique centrale et de certaines régions d'Asie. Malgré quelques collections précolombiennes et japonaises, la plupart des pièces appartiennent aux cultures contemporaines.

Museu Militar (Musée de l'armée)
Dans le château - ℰ - 933 298 613 - www.museomilitarmontjuic.es - tte la journée - fermé lun., 1er janv., Vend. saint, 1er Mai, 25-26 déc. - 3 € (-14 ans 1 €).

Autour de l'ancienne place d'armes sont exposées diverses collections d'armes, drapeaux historiques et uniformes.

Montjuïc pratique

Transports

Teleférico de Montjuïc – *nov.-fév. : 12h-17h30 ; de mars à mi-juin et de mi-sept. à mi-oct. : 10h30-19h ; de mi-juin à mi-sept. : 10h30-20h - ttes les 10mn - aller 5,50 € (enf. 4,25 €), AR 7,50 € (enf. 5,75 €). Il relie la* Barceloneta (départs de la Torre de Sant Sebastià) au parc de Montjuïc. Achat à bord.

Achats

Boutique de la Fondació Joan Miró – *Pl. Neptú.* Une large gamme d'objets rattachés à l'univers du génial artiste catalan.

À proximité

Parc Joan Miró
À côté des arènes, à deux pas de la plaça d'Espanya - 🚇 Tarragona.

Généralement connu sous le nom de « L'Escorxador » (l'abattoir), il se trouve à côté des arènes. C'est l'un des parcs les plus populaires auprès des touristes, attirés par l'énorme sculpture phallique de Joan Miró intitulée *Dona i ocell* (Femme et oiseau), qui s'élève 22 m au-dessus du petit bassin qui l'entoure.

Parc de l'Espanya Industrial
Rector Triadó - 🚇 Sants-Estació.

Situé à l'ouest de la gare de Sants, c'est un espace urbain très moderne. Réalisé entre 1982 et 1985, il occupe les terrains d'une ancienne usine. La partie basse possède un étang où des barques sont proposées en location pour faire quelques coups de rame. L'esplanade supérieure est dominée par dix tours surmontées de projecteurs et de miradors pour rappeler les camps de concentration de la Seconde Guerre mondiale.

Pedralbes

PLAN DE BARCELONE P. 114-115, A2

L'ancien village de Pedralbes – qui doit son nom à la profusion de pierres blanches (« pedres albes ») de la montagne – est aujourd'hui un prestigieux quartier résidentiel de Barcelone. Avec ses nombreux parcs et jardins, Pedralbes est un but de promenade idéal pour qui veut rompre avec l'agitation du centre-ville.

- **Se repérer** – Situé au nord-ouest de la plaça de Catalunya, ce quartier est relié au centre-ville par l'avinguda Diagonal, qui remonte tout droit vers la colline de Pedralbes. Le monastère Santa Maria se trouve plus haut, au bout de l'avenue Pedralbes, perpendiculaire à l'avinguda Diagonal. En métro, descendez à la station Palau Reial (L3).
- **À ne pas manquer** – Les splendides fresques murales de la chapelle Saint-Michel, dans le monastère Santa Maria de Pedralbes.
- **Organiser son temps** – Vous pouvez conjuguer une visite du quartier de Pedralbes en matinée avec une excursion au Tibidabo l'après-midi. Prenez le métro à la station Reina Elisenda, près du monastère Santa Maria, descendez à Peu del Funicular, d'où un funiculaire puis un bus vous mènent rapidement au Tibidabo.

Peintures murales de Ferrer Bassa dans la chapelle Saint-Michel du monastère de Pedralbes.

Visiter

Monastir Santa Maria de Pedralbes★★
Baixada del Monestir, 9 - ☏ 932 039 408 - avr.-sept. : tte la journée, dim. et j. fériés mat. ; reste de l'année : mat. - fermé lun., 1ᵉʳ janv., 1ᵉʳ Mai, Vend. saint, 24 juin, 25 déc. - 5 € (-16 ans gratuit).

Fondé en 1326 par la reine Elisenda de Montcada, quatrième et dernière épouse de Jaume II, il accueille depuis le 14ᵉ s. une communauté de clarisses.

La place del Monestir s'ouvre devant l'entrée de l'**église★**, spacieuse construction à nef unique et chapelles latérales, abritant le mausolée de la reine Elisenda. L'intérieur est divisé dans le sens de la longueur en deux parties dont l'une seulement se visite, l'autre, séparée par un mur et une grille, étant réservée à la communauté religieuse. Sur la façade latérale du monastère, on peut observer les contreforts de l'église et le **clocher** en forme de prisme qui a tant impressionné Le Corbusier. À droite, un escalier raide monte jusqu'à la porte fortifiée dont la tour abritait la prison du couvent.

Cloître★ – Magnifique exemple du gothique catalan du 14ᵉ s., il comporte trois niveaux. Les deux du bas, aux arcs en lancette reposant sur des colonnes cannelées, entourent un merveilleux jardin d'orangers et de palmiers. Dans la galerie du cloître sont ouvertes au public quelques cellules et dépendances.

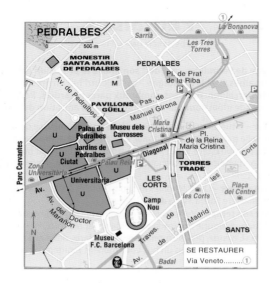

À droite de l'entrée se trouve la **chapelle Saint-Michel**, petite pièce aux parois recouvertes de **peintures murales★★★** (1346) de **Ferrer Bassa**. Cet artiste, formé à l'école italienne du « Trecento », réussit à harmoniser la méticulosité de l'école de Sienne et les volumes des maîtres toscans. Dans la partie supérieure, des scènes de la Passion du Christ entourent une composition qui a pour thème le Calvaire ; les délicates peintures de la Vierge dans la partie inférieure sont des plus belles.

Pavillons Güell★

Av. de Pedralbes, 7 - ☏ 932 045 250 - ♿ - tlj le mat. - gratuit

On admirera dans ces anciennes écuries réaménagées par Gaudí la remarquable **grille** en fer forgé décorée d'un dragon.

Palau de Pedralbes

Av. Diagonal, 686 - ⓜ Maria Cristina - Jardins : ☏ - 935 536 034 - tlj tte la journée - gratuit - Musées : ☏ -932 801 621 - tlj tte la journée sf dim. apr.-midi et lun. - fermé 1ᵉʳ janv., Vend. saint, 25 déc. - 3,50 € ou 5 € lors des expositions (- 16 ans gratuit).

Le palais inspiré des palais italiens de la Renaissance, et ceint de beaux et luxuriants jardins, fut construit entre 1919 et 1929 pour servir de demeure au roi Alfons XIII. Aujourd'hui, il est le cadre élégant et fastueux des musées des Arts décoratifs et de la Céramique.

Museu de les Artes Decoratives★ – Il nous guide par un intéressant parcours sur l'histoire des objets ménagers du Moyen Âge jusqu'à l'ère industrielle. Des coffres, des secrétaires, des chaises, des lampes, des bahuts, des flacons, permettent de se faire une idée de l'évolution des mœurs et des habitudes des hommes, ainsi que des percées technologiques.

Museu de la Ceràmica – Le musée de la Céramique réunit des pièces espagnoles qui présentent l'évolution de cet art du 13ᵉ s. à nos jours. Remarquer les collections de céramiques catalanes et valenciennes, et notamment, celles d'Alcora (18ᵉ et 19ᵉ s.). Dans la partie contemporaine, on s'attardera sur les œuvres du célèbre céramiste Llorens Artigas, à côté de celles de Picasso et de Miró.

Jardí de Pedralbes – Conçus par l'ingénieur Rubió i Tudurí, les jardins de Pedralbes étalent une large variété de bougainvillées, de cyprès, de pins et de cèdres provenant de diverses latitudes.

Camp Nou

Av. Aristide Maillol, s/n - ⓜ Collblanc - ☏ 934 963 600 - www.fcbarcelona.cat - tlj tte la journée, dim. et j. fériés matin - fermé 1ᵉʳ et 6 janv., 25 déc. - 7,50 € (- 13 ans - 6 €).

La capacité d'accueil du stade du Fútbol-Club Barcelona dépasse les 120 000 spectateurs. Ses vastes installations abritent le **musée F-C Barcelona du Barça**, où les aficionados contempleront les trophées obtenus par ce fameux club catalan tout au long de son histoire. De nombreuses photographies retraçant la rivalité séculaire avec le Real de Madrid. Il s'agit d'un des musées les plus visités de Barcelone.

El « Barça » ? « Aixó és més que un club »

Le 22 octobre 1899, un comptable d'origine suisse, Joan Camper, fit publier dans un quotidien une annonce afin de prendre contact avec les amateurs de football, sport presque inconnu encore en Espagne. Trente jours plus tard, dans un gymnase barcelonais, douze jeunes gens fondaient le Fútbol-Club Barcelona. Les membres du club, le plus important de la ville avec le RCD Espanyol, portent des maillots à bandes bleu et grenat et ses supporters sont appelés « cules », car dans le premier stade du FCB on pouvait contempler les postérieurs de 6 000 personnes assises, fait des plus inhabituels à l'époque. Depuis sa création, le « Barça », diminutif utilisé par tous les Catalans, a compté dans ses rangs les meilleurs entraîneurs et joueurs du monde, rivalisant ainsi avec son ennemi juré : le Real Madrid. Il doit son palmarès impressionnant – il a obtenu plusieurs titres de la Ligue espagnole, la Coupe de l'UEFA et la Coupe d'Europe en 1992 – non seulement à son équipe de football mais aussi à ses autres sections (basket, hand-ball, hockey sur glace), dont le renom sur le plan international est aussi grand. Le prestige du club est tel que l'on dit souvent à son propos : « Aixó és més que un club » (C'est plus qu'un club) pour mettre en évidence le fait que sa popularité l'érige en phénomène de société.

À proximité

Parc Cervantes i Roserar
Diagonal, 706 - Zona Universitaria.
Neuf hectares en pente douce, dont près de la moitié servent de cadre à une importante roseraie, qui ravira les amateurs : pas moins de 220 variétés sont représentées, pour un total de 10 000 rosiers. Pour en profiter au mieux, visitez le parc entre avril et novembre. C'est alors un lieu idéal pour se promener ou, comme le font beaucoup de Barcelonais, pratiquer la course à pied.

Pedralbes pratique

Se restaurer

Via Veneto – *Ganduxer, 10 - Maria Cristina -* 932 000 724 - *pmonje@adam.es - fermé sam. midi, dim., août -* 44,11/58,18 €. Un véritable classique : plus de trente ans d'expérience cautionnent la cuisine catalane de ce restaurant très connu. Décoration dans le style Belle Époque. Cave choisie et variée.

Achats

L'Illa Diagonal – *Diagonal, 545 - Maria Cristina.* Centre commercial dû au crayon des architectes Rafael Moneo et Ignasi de Solà-Morales : comprend un hôtel, des écoles, des palais des congrès et d'innombrables librairies, boutiques de vêtements, cadeaux, accessoires, etc.

Le Tibidabo

PLAN DE BARCELONE P. 114-115, A-B 1

Juché dans la chaîne de Collserola, le Tibidabo surplombe Barcelone à 532 mètres d'altitude. La montagne est dominé par la tour de télécommunications, dite « tour de la Collserola », dessinée par Norman Foster, devenue un point de repère pour tous les Barcelonais. C'est aussi un but de promenade apprécié, surtout le dimanche, quand les familles viennent profiter du bon air ou des joies du parc d'attraction construit à flanc de montagne. Les amoureux du modernisme pourront y compléter leur visite de Barcelone avec le temple du Sacré-Cœur, ou simplement jouir des panoramas offerts sur la capitale catalane et la Méditerranée.

▶ **Se repérer** – Posé sur les hauteurs marquant la limite nord-ouest de la ville, le Tibidabo est accessible en voiture par la très belle (et très sinueuse) route en direction de Sant Cugat de Vallès. Depuis la plaça de Catalunya, un bus spécial, le « Tibibus » vous y emmène directement mais il ne fonctionne que lorsque le parc d'attraction est ouvert. En dehors des jours d'ouverture, empruntez plutôt le *ferrocarril* (le train), qui relie la plaça de Catalunya à la station Avinguda del Tibidabo, où le bus n° 111 assure les liaisons avec le Tibidabo.

👁 **À ne pas manquer** – L'ascension au sommet du temple du Sacré-Cœur.

🕐 **Organiser son temps** – Arrivez tôt pour la visite du temple du Sacré-Cœur afin de jouir des lumières matinales sur Barcelone.

👥 **Avec les enfants** – Le parc d'attraction du Tibidabo et le CosmoCaixa (musée de la Science).

Visiter

Templo del Sagrado Corazón (Temple du Sacré-Cœur)
Pl. del Tibidabo - ☎ 934 175 686 - crypte : tlj tte la journée, accès gratuit ; temple (accès par l'ascenseur) : mat. et ap.-midi, 2 €.

Construit au début du 20ᵉ s. autour d'un ermitage, le temple du Sacré-Cœur affiche comme tous les monuments de Barcelone de cette époque un style résolument moderniste, notamment illustré par le portail de la crypte. Celle-ci fut achevée en 1909 et abrite des **fresques**★, dont se détache un ensemble représentant des anges consacrant le temple à la gloire de Dieu.

Les escaliers mènent d'abord à l'ancien ermitage, construit en 1886 près du sommet de la montagne. Empruntez ensuite l'ascenseur pour gagner, à 542 m, la plateforme encadrée par les sculptures géantes des douze apôtres. Un escalier en colimaçon grimpe enfin à la statue en bronze d'un Christ aux bras ouverts. Dominant Barcelone, elle constitue un point de repère aussi visible que la tour de Collserola voisine.

Parc d'attractions du Tibidabo
Pl. del Tibidabo, 3-4 - ☎ 932 117 942 - www.tibidabo.es - ♿ - consultez les horaires, différents chaque mois - 24 € (-120 cm 9 €), musée des automates 4 €.

👥 Situé à 532 m d'altitude dans la chaîne de Collserola, le doyen des parc d'attractions espagnols renferme également le singulier **musée des Automates**.

Du parc même comme du temple du Sacré-Cœur, on bénéficie d'une **vue panoramique**★★ extraordinaire sur la ville, la mer et les environs.

Tour de la Collserola
☎ 934 069 354 ou 932 117 942 - www.torredecollserola.com - merc.-vend. fin de matinée et fin de journée, sam.-dim. tte la journée - 5,25 €.

En contrebas du temple du Sacré-Cœur, la tour de télécommunications de Collserola fut achevée en 1992 par l'architecte britannique Norman Foster dans le cadre des grands travaux d'aménagement des Jeux olympiques. La tour elle-même culmine à 298 mètres de hauteur.

Une plateforme est accessible aux visiteurs à 115 mètres, offrant des vues panoramiques sur Barcelone et sa baie.

CosmoCaixa, Museu de la Ciència
Au pied du Tibidabo - Teodor Roviralta, 47-51 - ☎ 932 126 050 - www.cosmocaixa.com - ♿ - tlj tte la journée - fermé lun. (sf j. fériés), 1ᵉʳ et 6 janv., 25 déc. - 3 € (- 16 ans 2 €).

👥 Idéal à visiter avec les plus jeunes, ce musée moderne, logé dans un bâtiment du début du 20ᵉ s., conjugue l'intérêt scientifique et les loisirs. Les principaux attraits

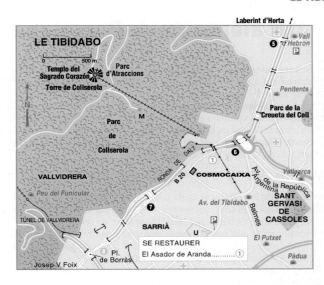

sont un pendule de Foucault, qui démontre la rotation de la terre, le planétarium et les salles consacrées à l'optique, la perception et la météorologie, où l'on peut tenter des expériences. Étonnant, l'**atelier de la haute tension** permet de voir une allumette s'enflammer seule ou les cheveux réagir sous l'effet d'une décharge électrique inoffensive.

À proximité

Parc forestal de Collserola
Rte de Vallvidriera à Sant Cugat, accès en funiculaire, station Peu del Funicular.
Vaste espace à l'extérieur de la ville où l'on peut effectuer des excursions et se tracer des itinéraires à vélo.

Laberint d'Horta
Quartier d'Horta-Guinardó - Germans Desvalls, s/n - ⊜ Mundet - 934 132 400 - ♿ - tte la journée - 2,05 € (merc. et dim. gratuit).
Peuplé tout d'abord par des paysans puis par certains groupuscules ouvriers, ce quartier se situe au pied du Collserola. Il abrite le Laberint d'Horta (au nord), ancienne propriété du 18e s. marquée par une belle maison bâtie pour le marquis d'Alfarràs selon les préférences éclectiques de l'époque. Son parc, orné de sculptures de personnages mythologiques, de niches et d'éléments d'origine arabe, présente un bucolique labyrinthe de cyprès taillés.

Le Tibidabo pratique

Transports

Tramvia Blau – *10h à 18h les w.-end et j. fériés ainsi que tlj pendant les vac. scol. 2,50 € (3,70 € AR) - achat à bord.* L'antique tramway bleu relie la station Avinguda Tibidabo à la pl. del Tibidabo.

Tibibús – Ce bus relie la plaça de Catalunya et le parc d'attractions du Tibidabo (*en sais. uniquement*).

Se restaurer

⊜⊜ **El Asador de Aranda** – *Av. del Tibidabo, 31 - station de Ferrocarrils Avinguda Tibidabo, puis tramway bleu -* ☎ *934 170 115 - fermé dim. soir -* ▤ *- environ 24 €.* Installé dans l'ancien hôtel particulier moderniste de Frare Blanc, sur le flanc du Tibidabo. Ses salons conservent tout le charme d'antan et s'enorgueillissent d'une cuisine où triomphe l'agneau de lait. Repas servis en terrasse l'été.

Faire une pause

Mirablau – *Manuel Arnús, 2 - au pied du funiculaire -* ☎ *934 185 667 - 11h-5h.* Sur le flanc du Tibidabo, à proximité du point de départ du funiculaire. Bar bien tenu et agréable terrasse ouvrant sur de magnifiques vues de Barcelone, illuminée les nuits d'été.

Aux alentours de Barcelone

CARTE GÉNÉRALE B2

Si les environs balnéaires de Barcelone, avec la Costa del Maresme ou Sitges, sont particulièrement attrayants, l'intérieur des terres recèle également quelques trésors méritant d'y consacrer un ou deux jours. Au programme, architecture religieuse, avec le monastère Sant Cugat del Vallès, ou moderniste comme à Sant Joan Despí. Vous pourrez aussi compléter votre connaissance de l'œuvre de Gaudí en visitant l'église de la Colònia Güell, où l'architecte catalan mit au point les innovations qui présidèrent par la suite à la construction, entre autres, de la Casa Batlló ou de la Sagrada Família à Barcelone.

▶ **Se repérer** – Les sites proposés se situent dans un rayon de 20 km autour de Barcelone.
À l'ouest, Sant Joan Despí et Santa Coloma de Cervelló où se trouve la Colònia Güell : les deux sites sont rapidement accessibles par la N 11. Accès à Sant Joan Despi par la ligne de tramway T3 (arrêt Sant Martí de Lerm).
Au nord-ouest, si vous souhaitez vous rendre au Monastère Sant Cugat del Vallès, nous vous recommandons de suivre la BP 1417 : ce trajet, guère plus long qu'en empruntant l'autoroute, est bien plus agréable.

👁 **À ne pas manquer** – Le grand cloître roman du monastère Sant Cugat del Vallès, l'église de la Colònia Güell.

🕐 **Organiser son temps** – Sant Joan Despí et Santa Coloma de Cervelló sont des communes voisines et peuvent être visitées en une seule journée. Nous vous conseillons de refaire étape à Barcelone avant de consacrer une seconde journée à la visite du monastère Sant Cugat del Vallès et de ses environs.

Crypte de l'église de la Colònia Güell, à Santa Coloma de Cervelló.

Découvrir

LE PATRIMOINE MODERNISTE

Sant Joan Despí★

17 km à l'ouest de Barcelone par la B 10-N 11.

Dans la banlieue de Barcelone, sur l'axe reliant Madrid à la capitale catalane, Sant Joan Despí devint, à la charnière des 19e et 20e s., l'un des lieux de villégiature privilégiés des riches Barcelonais. Il subsiste de cette époque de nombreuses demeures modernistes, regroupées dans le centre-ville.

Départ rue Jacint Verdaguer (à l'est de l'église), 1h.

Aux n°s 28 et 30 se dresse la **casa Unifamilial**, une maison à façade asymétrique décorée de mosaïques où domine le vert, et coiffée de quatre fruits, à l'image de ceux que l'on retrouve à la Sagrada Família de Barcelone.

Juste en face se trouve la **casa Rovira**, signée de l'architecte **Josep Maria Jujol i Gibert** (1879-1949), malheureusement en très mauvais état. L'ensemble affiche un style plus classique avec des images religieuses sculptées sur le fronton.

En face, la **Torre Serra Xaus** est l'œuvre du même architecte. De la façade aux formes originales se dégage une massive tour carrée aux motifs bleu et rouge évoquant des oiseaux mythiques et des motifs floraux. L'édifice trouve son écho de l'autre côté du carrefour avec la **villa Jujol** (1932), une petite maison aux allures balnéaires et au jardin planté de hauts palmiers.

Emprunter la carrer de Llobregat.

Vous débouchez sur la plaça de Catalunya, que semble écraser la **casa Can Negre**★★, sans doute l'œuvre la plus marquante de Jujol à Sant Joan d'Espí. Construite entre 1915 et 1930, elle abrite aujourd'hui le Centro de Estudis Jujol. On y retrouve toute l'influence de Gaudí sur l'architecture catalane, avec des petits bancs aux mosaïques bleues similaires à ceux du parc Güell, ou encore des formes ondulantes évoquant l'univers marin. Notez les lignes osseuses des arcs de fer forgé soutenant la terrasse.

Plus au nord, dans le passeig de Canalies, la **casa Auriga**★, conçue par l'architecte **Ignasi Mas i Morell** (1881-1953), utilise le même type de décorations que la casa Rovira. Le toit a été aménagé en large terrasse colorée.

Plus surprenante est la **Torre de la Creu**★, à nouveau signée Jujol. Cette grande tour aux formes arrondies est dominée par plusieurs niveaux de terrasses décorées de mosaïques et de ferronneries. Notez l'admirable grille en fer forgé du jardin.

Rejoignez le centre-ville en faisant un crochet par la **carrer de Montjuïc** où de nombreuses autres façades rappellent le passé moderniste de la ville, en particulier les n°s 28, 26 et 20, avec de beaux frontons caractéristiques du style.

La Colònia Güell★

À Santa Coloma de Cervelló. Quitter Sant Joan d'Espí par la C 245 en direction de Sant Boi. Sortir sur la BV 2002, puis suivre les indications jusqu'à la Colònia Güell.

La construction de la Colònia Güell, classée au Patrimoine mondial de l'Unesco en 2005, fut commencée à la fin du 19ᵉ s. sur la commune de **Santa Coloma de Cervelló**, à l'initiative d'Eusebio Güell. Ce dernier projetait d'y installer une usine textile moderne, en remplacement de celle qu'il possédait déjà à Barcelone. L'industriel souhaitait créer une véritable cité ouvrière comprenant, outre l'usine et ses bureaux, des maisons, des commerces, des équipements culturels et une église. De nombreux architectes furent appelés à travailler sur le projet, en particulier **Antoni Gaudí** auquel fut confiée la construction de l'église.

Église – ☎ 936 305 807 - visite de l'église 10h-15h sf pendant les messes (11h-13h le dim.) - 4 €. Les travaux commencent en 1908, selon un projet prévoyant deux nefs et une tour centrale de 40 m de haut. En 1914, alors que seule la nef inférieure est achevée, Eusebio Güell décide d'abandonner le projet. Gaudí aura néanmoins eu le temps de tester de nombreuses innovations architecturales, qu'il met ensuite à profit dans l'édification de la Sagrada Família à Barcelone. Notez la parfaite utilisation des formes et des matériaux qui caractérise l'architecte catalan, avec notamment les deux coquillages géants servant de bénitier, et le toit de briques éclairé par les compositions florales polychromes des vitraux. Remarquez le confessionnal aux formes ondulantes.

👁 Hormis l'église, aucun bâtiment ne se visite ; aussi est-il vivement conseillé de se rendre à l'office de tourisme où une exposition retrace les principales étapes de l'évolution de la cité. Un itinéraire *(env. 30mn)* est proposé en complément.

Le modernisme pratique

Adresses utiles

Office de tourisme de Sant Joan d'Espí – Camí del Mig, 9 - 08970 Sant Joan d'Espí- ☎ 934 806 000 - www.sjdespi.com - L'office de tourisme pourra vous remettre

une carte de la ville et des principales curiosités.

Centre d'information de la Colònia Güell – *Claudi Güell s/n - 08690 Santa Coloma de Cervelló - ☎ 936 305 807 - coloniaguell@terra.es.*

Visiter

Monestir de Sant Cugat del Vallès★★

18 km au nord-ouest par la BP 1417. ℘ 936 759 951 - www.museu.santcugat.cat - ⛽ - mat. et apr.-midi, dim. et j. fériés mat. - fermé lun., 1ᵉʳ et 6 janv., 25-26 déc. - 3 € (-16 ans gratuit).

L'**ancienne abbaye bénédictine** se trouve au cœur de la petite ville à laquelle elle a donné son nom. Cet ancien camp romain devint célèbre parce que saint-Cucufat (Cugat) et ses compagnons y subirent le martyre. Ils furent égorgés, victimes de la dernière persécution de Dioclétien. Sur la tombe du martyr, on construisit, entre le 12ᵉ et le 14ᵉ s., les bâtiments monastiques qui étaient fortifiés au départ.

De l'ancienne enceinte abbatiale demeurent encore l'église (aujourd'hui église paroissiale), le cloître et la salle capitulaire, transformée en chapelle (chapelle du Saint-Sacrement, ou del Santissím). L'ancien palais abbatial est un édifice gothique remanié au 18ᵉ s., et fait office de rectorat.

Église★ – Édifié au 12ᵉ s., ce sanctuaire à trois vaisseaux et trois absides semi-circulaires est un magnifique exemple de transition entre le roman et le gothique. La partie la plus ancienne est la tour (11ᵉ s.), décorée de bandes lombardes. La tour-lanterne érigée à la croisée et la coupole octogonale qui la couvre témoignent d'une évolution du style d'origine. D'autres modifications furent également réalisées, notamment l'adjonction de trois chapelles latérales.

La façade, unie, couronnée de créneaux et consolidée de contreforts, fut achevée peu avant 1350. Une grande rosace ajourée contraste avec les archivoltes de la porte.

On peut admirer, à l'intérieur, le beau **retable de Tous les Saints★ (1)**, du 14ᵉ s., où, sur un thème marial, l'auteur, Pere Serra, parvient à donner dynamisme et expressivité aux personnages.

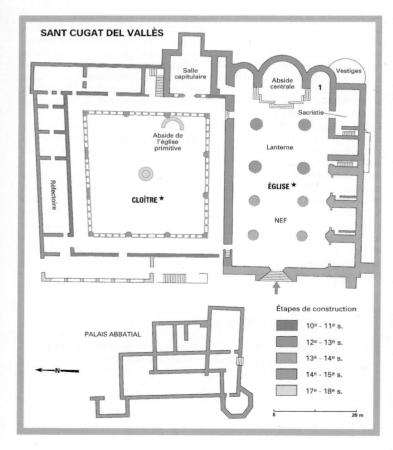

Cloître★ – Il est l'un des plus grands cloîtres romans (11e-12e s.), avec ses 144 colonnes qui encerclent le jardin. On remarquera tout particulièrement les magnifiques **chapiteaux★** du maître Arnau Cadell, reliés deux à deux par un même abaque. Plusieurs styles ornementaux y sont développés : le corinthien (à feuilles d'acanthe et figures géométriques), le figuratif (oiseaux, sirènes et animaux fantastiques) ou le tableau historié (scènes bibliques et scènes de la vie quotidienne). Le chapiteau le plus intéressant est celui du pilier d'angle nord-est, où le sculpteur s'est représenté lui-même au travail et a gravé son nom.

Dans la seconde moitié du 16e s., on ajouta une galerie supérieure, avec de belles colonnes toscanes soutenant des arcs en plein cintre.

👁 Le 29 juin, pour la fête de saint Pierre, l'une des plus anciennes danses du folklore catalan, la danse de l'éventail et du bouquet (*Ball del Ventall i Ram*) se tient à Sant Cugat del Vallès.

Barberà del Vallès

21 km au nord de Barcelone par la C 31 puis C 58 (sortie sur la N 150 en direction de Barberà del Vallès) et à 5 km de Sant Cugat del Vallès.

Barberà del Vallès est uni au sud à **Sabadell**, ville la plus peuplée du Vallès occidental, dont le passé industriel lui valut le nom de « Manchester catalane ».

Église Santa Maria de Barberà – *Pour visiter, demander la clé au gardien.* 📞 *93 711 21 01.* Elle se trouve au bout de la Ronda de Santa Maria, sur la plaça del Milenario. Bâtie au 11e s. selon un plan à nef unique et trois absides distinctes, sur le bras droit du transept s'élève une tour-clocher rectangulaire à toiture pyramidale. L'ornementation des murs – arcs et bandes lombardes – ajoute une touche d'aisance architecturale à l'effet coloriste du bossage.

Les peintures de l'abside (12e et 13e s.), d'une grande perfection et en parfait état de conservation, développent des thèmes propres au style roman.

Beget et son église romane.

SUR LES ROUTES DE CATALOGNE

CARTE MICHELIN REGIONAL ESPAGNE 574 CATALUNYA/ARAGÓN/ANDORRA

Une capitale vibrante – Barcelone – à la fois enracinée dans le passé et tournée vers le futur, des criques ourlées par la mer et des villes pétries d'histoire, des monastères cisterciens et des parcs à thèmes, des plaines fertiles et des sommets enneigés, des serras désertes et des plages animées, la Méditerranée et les Pyrénées... Rares sont les régions d'Europe à offrir une telle palette de plaisirs. La Catalogne possède aussi un solide point commun, unissant sous une même bannière tous les fragments de son formidable kaléidoscope : la culture catalane, profondément enracinée, encore vivante dans chaque ville et village, inscrite aussi dans les limites administratives et politiques d'une communauté autonome forte et moderne. Autant d'atouts propres à satisfaire le plus exigeant des visiteurs, qu'il soit épris d'art, d'histoire, de nature ou d'authenticité.

▷ **Se repérer** – Située à l'extrémité nord-est de la péninsule ibérique, la Catalogne est facilement accessible depuis la France. La solution la plus rapide consiste à prendre l'autoroute E 15 (A 9 en France et AP 7 en Espagne). Ceux qui ont plus de temps préféreront prendre la clé des champs en passant par les Pyrénées, via la principauté d'Andorre, la Cerdagne ou le Vallespir, ce qui permet d'aborder la Catalogne par l'intérieur et d'y découvrir de merveilleux sites. Une fois sur place, la voiture reste le meilleur moyen pour découvrir la région. N'oublions pas les transports en commun, qui rendent bien des services aux voyageurs non véhiculés : les réseaux de train et bus couvrent la totalité du territoire. Les distances entre les principaux centres d'intérêt sont courtes *(voir le tableau des distances p. 26)*, les routes bien entretenues. L'autoroute du littoral relie rapidement Gérone, Barcelone et Tarragone, avec de nombreuses sorties pour les principales destinations touristiques. Assurant la liaison entre Saragosse, Lérida et Barcelone, une seconde autoroute (AP 2-E 90) est tout aussi pratique à utiliser si vous n'avez que peu de temps pour vos visites. Sinon, n'hésitez pas à suivre les nombreuses petites routes départementales, beaucoup plus pittoresques.

◉ **À ne pas manquer** – Les célébrissimes Costa Brava et Costa Daurada, où alternent villages pittoresques (Cadaquès est le plus connu), côtes rocheuses et plages de sable ; les Pyrénées catalanes, dont les hauts sommets, les glaciers et les lacs dessinent une impressionnante chaîne de montagne, entrecoupée de vallées au charme plus secret (entre autres sites remarquables : les valls d'Arán et de Boí) ; Tarragone (pour son patrimoine romain) et Gérone (pour sa vieille ville) ; sans oublier les monastères, des joyaux de l'art religieux, tels Santes Creus, Poblet ou encore Sant Pere de Rodes.

◷ **Organiser son temps** – Séjours culturels et sites pétris d'histoire, escapades nature et randonnées pédestres, échappées balnéaires et loisirs nautiques... La Catalogne a de quoi séduire tous les types de visiteurs. Si le temps vous est compté, optez pour un week-end à la découverte des principaux trésors de Barcelone. Cette courte introduction devrait vous donner envie de revenir pour apprécier pleinement toutes les autres facettes de Catalogne : quelques jours de farniente au bord d'une plage des alentours de Cadaquès, un week-end de randonnée dans les Pyrénées, un circuit sur la piste des principaux sites modernistes, la route des plus grandes cathédrales catalanes, une semaine en bateau pour longer la côte catalane... Le plus difficile sera de trancher entre la variété des plaisirs !

♟ **Avec les enfants** – La Catalogne est riche en possibilités de sorties et activités en famille : plaisirs de la nature (sports de glisse dans les Pyrénées, loisirs nautiques à Barcelone, sur la Costa Brava ou la Costa Daurada), parcs d'attraction (Port Aventura), musées et curiosités naturelles bien adaptées aux plus petits *(voir le tableau récapitulatif p. 42)*.

Parc national d'Aigüestortes i Estany de Sant Maurici★★

CARTE GÉNÉRALE A1 – CARTE MICHELIN REGIONAL 574 E 32-33
SCHÉMA P. 292 : PYRÉNÉES CATALANES – PROVINCE DE LLEIDA

La beauté de ce parc de haute montagne est impressionnante, avec ses pics découpés sur l'horizon blanc et dégagé. La zone doit son nom aux nombreux torrents, marécages et chutes d'eau qui s'y trouvent, « aigües tortes » signifiant « eaux tortueuses » en catalan. On l'aura compris, l'eau est le personnage central du parc : plus de 50 lacs, ou « estanys », d'origine glaciaire, avec les rivières qui divaguent dans les prés moussus, constituent l'un des plus beaux sites des Pyrénées.

- **Se repérer** – Situé dans la haute zone pyrénéenne de la province de Lérida, à une vingtaine de kilomètres à vol d'oiseau de la ville de Vielha, Aigüestortes est le seul Parc national de Catalogne. La partie orientale – étang de Sant Maurici, serra d'Els Encantats et hautes vallées de l'Escrita et du Peguera – est accessible depuis Espot (parking à l'entrée du parc). Pour accéder à la partie occidentale – zone d'Aigüestortes et haut bassin du río de Sant Nicolau, en aval du lac de Llebreta – suivez la route de la vall de Boí puis la route de Sant Nicolau.

- **À ne pas manquer** – Une randonnée jusqu'à l'estany de Sant Maurici (4h) ; les excursions accompagnées du Centre d'information du parc (tous niveaux).

- **Organiser son temps** – Pour explorer la partie orientale du parc (notamment le lac de Sant Maurici), le bourg d'Espot constitue un bon point de chute. Vous rayonnerez sur la partie occidentale depuis les villages de la vall de Boí *(voir p. 363)*. Les randonneurs trouveront plusieurs refuges sur les sentiers balisés du parc.

- **Pour poursuivre le voyage** – Voir aussi les Pyrénées catalanes et les villages de la Vall de Boí, décrits à Vielha.

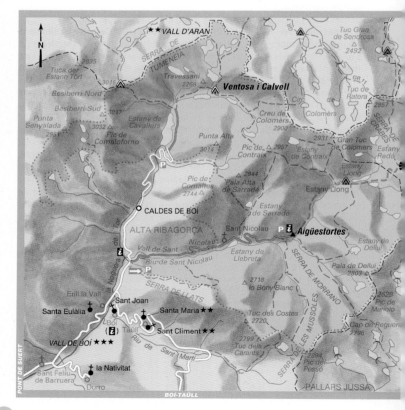

Comprendre

Les 14 119 ha du parc s'échelonnent entre 1 500 et 3 000 m d'altitude sur la cordillère axiale pyrénéenne. L'impressionnant relief d'ardoise et de granit s'est formé à l'ère primaire (il y a quelque deux cents millions d'années), émergeant du fond de la mer qui couvrait ces terres. Les convulsions telluriques combinées à l'action des glaciers ont modelé ces montagnes, dessinant des profils escarpés et des vallées profondes. La végétation – de vastes étendues de pins rouge et noir, sapins, hêtres, bouleaux – se pare, au début de l'été, mais surtout en automne, d'une magnifique symphonie de couleurs. Pendant que les vaches foulent les prairies, dans les hautes montagnes, les chamois peuplent les tertres les moins accessibles et les coqs de bruyère, les perdrix se tapissent au fond des bois.

Randonnées

AU DÉPART D'ESPOT

Estany de Sant Maurici

À l'ouest d'Espot par une route goudronnée.

Le circuit parcourt la vallée du río Escrita. Entourées de forêts, les eaux de ce miroir impressionnant – 450 m de long, 150 m de large – reflètent les pics de la serra dels Encantats.

Portarró d'Espot

Depuis le lac de Sant Maurici, 3h de marche AR par un sentier forestier.

Le chemin s'enfonce dans la vallée de Sant Nicolau où abondent les vastes prés naturels. À la hauteur du lac Redó, à la limite du pays de Pallars Sobirà, on découvre de magnifiques **panoramas★★** du secteur d'Aigüestortes.

Estany Gran

Depuis le lac de Sant Maurici, 3h de marche AR par un sentier.

À côté de ce lac, situé dans la vallée de Ratera, les torrents forment de spectaculaires

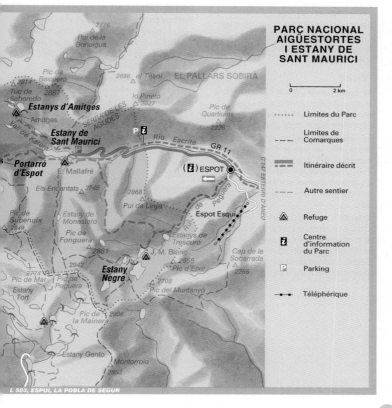

cascades. Les sommets enneigés du Bassiero (2 887 m) et du Tuc de Saboredo (2 814 m) dominent cette exceptionnelle zone de haute montagne.

Estany Negre

🐾 *Depuis Espot, compter 5h AR de marche. Par le chemin forestier qui part du lac de Sant Maurici, compter 4h AR de marche.*

La vallée du Peguera et le cirque retenant les lacs de Trescuro (très belles vues), de La Cabana et de Tort constituent un autre site d'une singulière beauté. La rivière se fond dans l'Estany Negre (étang Noir), qui doit son nom à ses eaux ténébreuses et qu'entourent les imposants sommets du Muntanyó et du pic d'Ereixe.

AU DÉPART DE BOÍ

Plaine d'Aigüestortes

🐾 *Départ du parking de la Molina, entre Boí et Caldes de Boí. Env. 4h de marche (l'hiver, assurez-vous auprès du centre d'information que le sentier ne soit pas enneigé).*

Le sentier longe le Riu Sant Nicolau, passe devant la magnifique cascade de Sant Esperit, puis débouche sur la plaine d'Aigüestortes. Marécages, ruisseaux et torrents forment en été un labyrinthe d'eau au beau milieu des prairies. Vous pouvez poursuivre jusqu'à l'estany Llong (lac, 1h30), où se trouve un refuge gardé.

Aigüestortes pratique

♿ Se reporter également à l'encadré pratique de **Vielha**, pour des informations sur les villages de la Vall de Boí.

Adresses utiles

Casa del Parc d'Espot – *Prat del Guarda, 4 - 25597 Espot – ✆ 973 624 036 - www. parcsdecatalunya.net*
Casa del Parc de Boí - Ca de Simamet – *Les Graieres, 2 - 25528 Boí - ✆ 973 696 189 - www.parcsdecatalunya.net - juin-sept. : 9h-13h, 15h30-19h ; oct.-mai : 9h-14h, 15h30-18h – fermé 1er et 6 janv., 25-26 déc.* Conseils, cartes, itinéraires en français… toutes les infos sur le parc national d'Aigüestortes.

Visite

👁 **Bon à savoir** – Avant d'entreprendre toute visite, il est conseillé de se rendre aux centres d'accueil du parc : à Boí ou à Espot *(voir coordonnées ci-dessus)*.
Les deux centres proposent des circuits d'une demi-journée ou d'une journée complète, des ascensions, des traversées, l'observation de la faune. Ils disposent également d'un service de guides interprètes et d'une présentation vidéo du parc.
Interdictions – L'accès à tout véhicule ; la chasse, la pêche, la capture des animaux, la cueillette et le ramassage de fleurs, fruits, pierres, arbres, champignons ; le dépôt d'ordures ou de mégots de cigarettes ; les feux ; le camping ; la baignade et les sports nautiques ; machines ou instruments susceptibles de gêner la quiétude des lieux ; les chiens. Enfin, ne sortez pas des sentiers balisés.

Se loger

👁 **Bon à savoir** – Il est interdit de camper dans l'enceinte du parc. Si vous partez en randonnée plusieurs jours, réservez dans l'un des 14 refuges du parc. La plupart sont ouverts de juin à septembre et durant la Semaine sainte. *Env. 12,50 €/nuit/pers. sans les repas ; 32,50 € en demi-pension.*
Refuge Ernest Mallafré – ✆ 973 250 118 - 24 pl. : 10,90 €/nuit - : 4,90 €. à 1 950 m, au pied de la serra dels Encantats, ce refuge est situé à côté du lac Sant Maurici (2h15 de marche d'Espot).
Refuge Josep Maria Blanc – ✆ 973 250 108 - www.jmblanc.com - 60 pl. : 13,50 €/nuit - 🍴 6 €. À 2 350 m, à côté de l'Estany Negre, à 3h30 de marche d'Espot.
Refuge d'Amitges – ✆ 973 250 109 - www.amitges.com - 66 pl. : 13,50 €/nuit 🍴 6 €. À 2 380 m, au bord du lac d'Amitges, à 1h30 de marche du lac Sant Maurici .
Refuge de l'Estany Llong – ✆ 973 299 545 - 47 pl. : 7 €/nuit. - 🍴 4,7 €. À 1 985 m, dans la vallée de Sant Nicolau, à 1h15 depuis Aigüestortes.
Refuge de Ventosa i Calvell – ✆ 973 297 090 - www.refugiventosa.com - 🍴 - 70 pl. : 10 €/nuit. - 🍴 6 €. À 2 220 m, à 2h de marche du barrage de Cavallers.

Principauté d'**Andorre** ★

Principat d'Andorra

78 550 ANDORRANS
CARTE GÉNÉRALE B1
CARTES MICHELIN DÉPARTEMENTS 343 G9 ET REGIONAL 574 E 34-35
SCHÉMA P. 175

Ce petit État attire comme un aimant les skieurs pour ses pentes enneigées et les consommateurs à l'affût de produits détaxés. Longtemps calée sur le paisible rythme agro-pastoral, la vie andorrane se voit aujourd'hui bouleversée par une circulation trépidante en ville et une expansion immobilière des plus anarchiques aux abords des routes. Mais, sur la majeure partie de son territoire, la principauté réserve de magnifiques paysages à ceux qui quittent villes et voitures pour oser quelques pas en montagne.

- **Se repérer** – Postée à 200 km au nord de Barcelone, cette mini principauté s'étend sur 468 km². Neuf petits kilomètres séparent l'Andorre de la capitale des Pyrénées catalanes, la Seu d'Urgell : suivre la direction de la France par la N 145 puis CG 1 jusqu'à Andorra la Vella. Cette route est prolongée par la CG 2 qui relie la principauté d'Andorre à la France via le Pas de la Casa.

- **À ne pas manquer** – Le panorama depuis le port d'Envalira, les églises romanes (particulièrement Sant Miquel d'Engolasters) et, pour les amateurs, le musée national de l'Automobile à Encamp. Détente assurée au centre Caldea *(voir « Principauté d'Andorre pratique »).*

- **Organiser son temps** – Quel que soit votre programme, il vous faudra compter avec les embouteillages, particulièrement inextricables pendant l'été. Si vous le pouvez, pour ne pas repartir trop déçu, prévoyez une petite randonnée en montagne.

- **Avec les enfants** – Le musée de la Microminiature à Ordino.

- **Pour poursuivre la visite** – Voir La Seu d'Urgell.

Le saviez-vous ?

- Les armes des Vallées (apposées sur la Casa de la Vall – *voir la description plus loin*) illustrent le régime de coprincipauté : à gauche, la mitre et la crosse d'Urgel et les quatre « pals » (bandes) de gueules de la Catalogne ; à droite, les trois « pals » du comté de Foix et les deux « vaches passantes » du Béarn. Les armes ornent aujourd'hui les plaques d'immatriculation.

- Les Andorrans sont répartis dans sept « paroisses » ou communes : Canillo, Encamp, Ordino, La Massana, Andorra la Vella, Sant Julià de Lòria et Escaldes-Engordany.

L'Andorre, pour respirer le grand air de la montagne.

Departament du Tourisme du Gouvernement d'Andorre

Comprendre

Du paréage à la pleine souveraineté – La coprincipauté d'Andorre a vécu jusqu'en 1993 sous le régime du paréage hérité du monde féodal. Dans un tel contrat, deux seigneurs voisins délimitaient leurs pouvoirs et leurs droits sur un territoire qu'ils tenaient en fief en commun. L'acte de paréage, signé en 1278 par l'évêque d'Urgel et Roger-Bernard III, comte de Foix, instituait ceux-ci comme coprinces. Les évêques d'Urgel restent toujours coprinces, mais la suzeraineté des comtes de Foix, par l'intermédiaire d'Henri IV, a été transmise au chef de l'État français.

Hymne – « Le grand Charlemagne, mon père, des Arabes me délivra. » C'est par ces mots que débute l'hymne andorran qui, fièrement, poursuit : « Seule, je reste l'unique fille de l'empereur Charlemagne. Croyante et libre, onze siècles, croyante et libre je veux être entre mes deux vaillants tuteurs et mes deux princes protecteurs. »

Le goût de la liberté – En 1993, les Andorrans se sont dotés, par référendum, d'une nouvelle Constitution conférant à la principauté sa pleine souveraineté. La langue officielle est le catalan, mais le français et l'espagnol sont également utilisés. La principauté est devenue pays membre de l'ONU. Les Andorrans sont avant tout « avides, fiers, jaloux » de leur liberté et de leur indépendance. Le conseil général tient ses sessions à la Casa de la Vall (Maison des Vallées). Il assure la représentation mixte et paritaire de la population nationale et des sept paroisses. Les Andorrans ne sont soumis ni aux impôts directs ni au service militaire ; ils bénéficient de la franchise postale en régime intérieur.

Les travaux et les jours – La vie, toute patriarcale, était naguère consacrée en grande partie à l'élevage et à la culture. Entre les hauts pâturages d'été et les hameaux, on trouve encore les *cortals* formés de granges ou bordes. Sur les soulanes subsistent des cultures en terrasses. Les plantations de tabac constituent la culture dominante dans la vallée de Sant Julià de Lòria, à 1 600 m d'altitude. Les premières voies carrossables ouvrant l'Andorre au monde extérieur ne furent créées qu'en 1913 côté espagnol et en 1931, côté français.

Circuits de découverte

VALL DEL VALIRA D'ORIENT ☐1

D'Andorra la Vella au Pas de la Casa – 30 km – environ 1h30. L'itinéraire suit la CG 2.

Andorra la Vella (Andorre-la-Vieille)

Capitale des vallées d'Andorre, la ville est une métropole du négoce, bruyante, où la circulation est dense. À l'écart des voies fréquentées par les visiteurs venus faire leurs emplettes, le noyau de la capitale andorrane a gardé ses anciennes ruelles et sa Casa de la Vall, où se discutent toujours les intérêts du pays.

Casa de les Valls (Maison des Vallées) – ✆ 829 129 - mai-oct : mat. et apr.-midi, lun. apr.-midi - reste de l'année : mat. et apr.-midi, sam. mat. - fermé dim. - gratuit.

C'est à la fois le Parlement et le Palais de justice des vallées. Le « Très Illustre Conseil général » y tient ses séances. Cette construction massive doit son allure d'ensemble à des aménagements faits au 16e s. Elle a été fortement restaurée en 1963, quand son appareil défensif a été complété par une deuxième échauguette d'angle.

Le portail s'ouvre sous de longs et lourds claveaux caractéristiques des constructions nobles aragonaises. L'intérieur doit sa noblesse à ses plafonds et à ses lambris. Au 1er étage, la salle de réception, jadis réfectoire, est ornée de peintures murales du 16e s. La salle du Conseil conserve la fameuse « armoire aux sept clés » munie de sept serrures différentes (chacune des paroisses détient une clé), abritant de précieuses archives.

Reprendre la CG 2 vers Escaldes. On quitte peu à peu l'agglomération d'Andorra la Vella, où se concentre la majorité de la population andorrane. Entrer dans Escaldes-Engordany.

Museu de Maquetas (Musée des maquettes), à Escaldes-Engordany

Av. Carlemany, 30 - ✆ 861 506 - tlj sf dim. mat. et apr.-midi, lun. matin - gratuit.

Au 3e étage du Centre d'art d'Escaldes-Engordany, dans un bâtiment des années 1930, une grande salle abrite une trentaine de maquettes réalisées par Josep Colomé.

La grande majorité de ces modèles réduits sont représentatifs de l'architecture romane en Andorre : pont de la Tosca et place Sainte-Anne à Escaldes, Casa de la Vall à Andorra la Vella, église Sant Andrea del Prat à La Massana, Casa d'Areny-Plandolit à Ordino…

Reprendre la CG 2 vers Encamp. Juste avant d'arriver, notez le bâtiment de l'ancienne Radio Andorre, flanqué d'un clocher néoroman inattendu.

Museu nacional de l'Automòbil, à Encamp

Av. Coprincep-Episcopal, 64 - ☎ 832 266 - tlj sf lun. mat. et apr.-midi, dim. et j. fériés matin - fermé Mardi gras, 16 et 17 août - 2,40 €.

Répartie sur les cinq étages d'un ancien garage, la collection offre un voyage sur plus d'un siècle d'histoire de l'automobile, avec 88 voitures, 105 vélos et 68 motos. Au rez-de-chaussée, la *Pinette*, machine à vapeur, est la plus ancienne pièce du musée (1885). Elle est entourée de modèles pimpants aux carrosseries brillantes, aux cuirs patinés, aux bois dorés ou vernis : Tipus de 1898 (le premier modèle des frères Lumière), Mercedes Simplex (1904), De Dion-Bouton (1906), Delahaye quatre cylindres (1909) ou Hispano-Suiza (1927).

Aux 1er et 2e étages stationnent des voitures de course (Soriano-Pedroso, 1922 ; Bugatti, 1923 ; Selex, 1971), d'autres automobiles de ville, des vélos (fin 19e s.) de une à quatre roues et des motocyclettes anciennes. Au sous-sol, voyez la Rolls-Royce (Phantom II, 1926), la Hotchkiss (1951), la Cadillac (1933) et, plus récentes, la Triumph TR 6 (1968), la Chevrolet (1976), la Ferrari 328 GTS (1986) ou l'étonnante Jaguar décapotable E.E (1962), fabriquée en quatre exemplaires.

Reprendre la CG 2 vers le nord.`

Canillo

À l'arrivée, un raidillon grimpe le **verrou des Bons★,** où un hameau se recroqueville sous les ruines du château qui défendait le passage et la chapelle Sant Roma.

Collée au rocher, l'église est coiffée du plus haut clocher d'Andorre. À côté se détache l'ossuaire, en blanc. Fréquent dans les pays ibériques, les cellules abritent les caveaux funéraires.

À gauche s'élève la chapelle **Notre-Dame-de-Meritxell**, sanctuaire national de la principauté, reconstruit en 1976.

Poursuivre sur la CG 2.

Église de Sant Joan de Caselles

1 km à l'est du centre de Canillo.

Isolée du village, en surplomb du Riu Valira, cette jolie église est l'un des plus beaux exemples du style roman d'Andorre, avec son clocher-tour à trois étages de baies. À l'intérieur, remarquez le retable peint, œuvre du maître de Canillo (1525), *Vie et visions apocalyptiques de saint Jean.*

Lors de la dernière restauration (1963), une **Crucifixion★** romane a été rétablie : les morceaux épars d'un Christ en stuc ont été recollés sur le mur, à leur emplacement originel, après dégagement de la fresque complétant la scène du Calvaire.

La CG 2 poursuit vers Port d'Envalira. Elle offre un point de vue sur le cirque des Pessons, qui s'épanouit au sud.

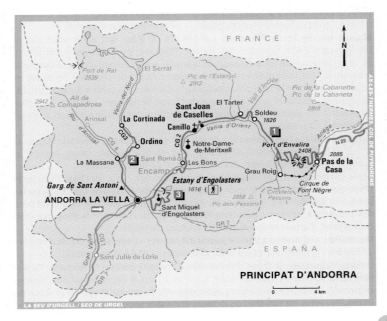

Port d'Envalira (col d'Envalira)

Le col d'Envalira peut-être fermé en cas de fortes chutes de neigne mais sa réouverture est assurée dans les 24h. Le tunnel d'Envalira permet d'éviter ce col.

Culminant à 2 408 mètres d'altitude, c'est le plus haut des cols pyrénéens. Une bonne route permet de le franchir. Elle est jalonnée de stations-service qui se disputent la vente d'essence au meilleur prix.

Le col d'Envalira offre un **panorama★★** sur les montagnes de l'Andorre, culminant à 2 942 m, à l'ouest, à la Comapedrosa.

Onduleuse et sinueuse, la CG 2 serpente à travers les montagnes avant d'atteindre le Pas de la Casa, offrant de très belles vues sur l'étang et le cirque de Font-Nègre.

Pas de la Casa

Alt. 2 085 m. Simple poste-frontière assurant la connexion avec la France, ce village, le plus élevé de la principauté, est devenu un important centre de ski. L'agglomération est principalement composée de grands complexes hôteliers et de boutiques hors taxes : il y règne tout au long de l'année une intense animation, accompagnée, en particulier l'été, d'embouteillages impressionnants.

VALL DEL VALIRA DEL NORD★ 2

D'Andorra la Vella à La Cortinada – 9 km – 30mn. Quitter Andorra la Vella au nord-est par la route CS 314. Préférez au tunnel la route qui remonte la vallée sur la rive gauche du Valira (accès depuis l'Avinguda del Pessebre).

Gorges de Sant Antoni

Depuis un pont sur le Valira del Nord, on aperçoit à droite le vieux pont en dos d'âne qu'utilisait l'ancien chemin muletier de la vallée.

Avant La Massana, tourner à gauche vers Sispony.

Casa Rull de Sispony

Carrer Major - ✆ 836 919 - tlj sf lun. mat. et apr.-midi, dim. et j. fériés matin - 2,40 €.

Distribuée sur quatre étages et seize pièces sobrement aménagées dont sept chambres, la Casa Rull figure parmi les maisons les plus riches de la paroisse de La Massana. Dans le cellier ou la cuisine, le salon ou le grenier, on découvre outils des champs, garde-manger, tonneau à vin, bât, pétrin, lessiveuse…

Par la vallée d'Arinsal, belle vue sur les sommets du groupe de la Coma Pedrosa.

Par La Massana, gagner Ordino.

Ordino

Laisser la voiture dans le village haut, sur la place près de l'église.

Bourg pittoresque dont on parcourra les ruelles en contrebas de l'église. Cette dernière a gardé de belles grilles en fer forgé et découpé, que l'on découvre encore dans plusieurs sanctuaires proches des anciennes « forges catalanes », et un étonnant retable. Centre culturel de la principauté, la ville compte plusieurs musées.

Maison-musée Areny-Plandolit – ✆ 836 908 - tlj sf lun. mat. et apr.-midi, dim. et j. fériés matin - 2,40 €. Typiquement catalane (1676) avec son balcon en fer forgé long de 18 m, cette maison fut la demeure de la famille Areny i Plandolit dont faisait partie le baron Guillem, riche maître de forges catalanes. Au rez-de-chaussée, on trouve les celliers, au 1er étage la salle principale (« salle d'armes »), la cuisine (beaux carreaux de céramique bleue et jaune au-dessus de l'évier), la chambre à coucher en alcôve attenante à une petite chapelle privée, la bibliothèque et la salle à manger au décor de style Art nouveau.

Farga Rossell (La Forge Rossell) – *Av. del Travès, s/n - Carretera general la Massana - ✆ 835 852 - www.fargarossell.ad - tlj sf lun. mat. et apr.-midi, dim. matin - fermé 1er et 6 janv., 14 mars, 1er Mai, 8 sept., 25 et 26 déc. - 3,60 € (-10 ans gratuit).*

Après un spectacle son et lumière dans la charbonnière, retraçant l'histoire du fer et l'évolution des techniques, la visite se poursuit au cœur de la forge. Construite sur les bords du Valira del Nord, la forge a utilisé sa force motrice à partir de 1846 et fut l'une des dernières à fermer ses portes en 1876. Ne ratez pas pour finir la démonstration du martinet, marteau employé pour les finitions particulières.

Museu Postal d'Andorra (Musée postal d'Andorre) – *Carrer Major, Borda del Raser - ✆ 836 908 - tlj sf lun. mat. et apr.-midi, dim. matin - 2,40 € (-10 ans gratuit).*

Un diaporama trace de façon chronologique l'histoire postale en Andorre : l'acheminement du courrier à dos de mulet, à cheval, à pied, le déploiement des chemins carrossables et le développement des transports. Au même étage, l'exposition de lettres, de cartes, de sacoches de facteurs et de sacs postaux s'articule autour d'un guichet reconstitué. Au sous-sol, collection de timbres andorrans (1928-2004) et outils divers pour la fabrication de timbres.

Museu de la Microminiatura (Musée de la Microminiature) – *Edifici Maragda -* 📞 *838 338 - tlj tte la journée, dim. matin - 4 € (-6 ans gratuit).* Dans un petit espace, au diapason de son sujet, le musée abrite des miniatures de Nikolai Siadristy (artiste originaire d'Ukraine) à contempler au microscope : la caravane (dans le chas d'une aiguille), la paix dans l'univers (composition en or, dans un pépin de raisin), la fleur... Une vidéo présente la démarche de l'artiste, inscrit contre les grands travaux architecturaux.

Museu Iconogràphic i del Christianisme (Musée iconographique et du Christianisme) – *Edifici Maragda -* 📞 *838 338 - tlj tte la journée, dim. matin - 4 € (-6 ans gratuit).* Il renferme quelque 80 icônes religieuses orthodoxes (17ᵉ -19ᵉ s.)

L'église Sant Miquel d'Engolasters.

provenant essentiellement de Russie, d'Ukraine, de Bulgarie et de Grèce : Vierge à l'Enfant, scènes évangéliques, saint Georges terrassant le dragon, sainte Élisabeth, saint Nicolas. Sculptures de Christ en bois polychromés (14ᵉ -19ᵉ s.).

La Cortinada

Site agréable. En contrebas de l'église et du cimetière à ossuaires, remarquez une ancienne maison de notable à galeries extérieures et à pigeonnier. À l'intérieur de l'**église Sant Martí**, admirez les fresques romanes et les retables baroques.
La route se poursuit vers le nord.

ESTANY D'ENGOLASTERS ③

Excursion au départ d'Escaldes – 9 km puis 30mn à pied AR. Sortir d'Escaldes, à l'est d'Andorra la Vella, par la route de France ; à la sortie de l'agglomération, prendre à droite en arrière la route de montagne d'Engolasters.

Sur le plateau de pâturages d'Engolasters, annexe sportive d'Andorra la Vella, se dresse la fine tour romane de l'**église Sant Miquel**.

Du terminus de la route, franchir la crête, sous les pins, pour redescendre aussitôt (à pied) au barrage. L'ouvrage a élevé de 10 m le niveau du lac (alt. 1 616 m), où se reflète la forêt sombre. À l'extrémité opposée se dressent les antennes de Radio Andorre, dont les émissions ont cessé depuis 1981.

Principauté d'Andorre pratique

👁 **Bon à savoir** – Les formalités d'entrée sont les mêmes que pour entrer en France. Voir « Organiser son voyage » p. 18.

Adresses utiles

Office du tourisme d'Andorre – *R. Dr-Vilanova, 13 Local C - AD 500 Andorra la Vella -* 📞 *820 214 - juin-sept. : 9h-13h, 15h-19h, dim. 10h-13h - oct.-mai : 10h-13h30, 15h-19h, sam. 9h-13h, 15h-19h, dim. fermé.*

Office du tourisme de la principauté d'Andorre – *26 av. de l'Opéra - 75001 Paris -* 📞 *01 42 61 50 55 - www.andorre.fr - tlj sf w.-end 9h-17h30 - fermé j. fériés.*

Vie quotidienne

Horaires – Ils sont assez différents de ceux pratiqués en France. À titre indicatif : déjeuner 13h30-15h30, dîner 21h-23h. Pour les magasins, voir la rubrique « Achats ».

Jours fériés – 1ᵉʳ janv., 14 mars (jour de la Constitution andorrane, 24 juin (pour la paroisse d'Andorra la Vella), 8 sept. (fête nationale), 25-26 déc.

Courrier – Les bureaux de poste sont généralement ouverts de 9h à 14h, sauf dans les grandes villes. La poste française et la poste espagnole coexistent. Pour la poste française, il existe un bureau de plein exercice à Andorra la Vella et 6 agences postales (Canillo, Encamp, Pas de la Casa, Ordino, La Massana et Sant

Julià de Lòria). Pour les relations postales avec la France, utiliser les boîtes aux lettres jaunes de type français. Attention, les timbres français ne sont pas valables : utiliser les timbres-poste andorrans.

Argent – En Andorre, certaines opérations financières (carte bleue Visa, carte 24h/24) sont possibles à la Caisse d'Épargne de la poste d'Andorra la Vella. N'ayant jamais eu de monnaie propre, la principauté d'Andorre a adopté l'euro en 2002 comme ses voisins français et espagnols. Elle n'appartient cependant par à l'Union européenne.

Indicatif téléphonique d'Andorre – 00 376.

Se loger

⊖ **Hôtel Florida** – *R. Llacuna 15 - Andorra la Vella* - ℘ *820 105 - www.hotelflorida.ad - 48 ch. : 28,08/45,24 €* ⌷. Dans une rue tranquille, établissement central dont la façade est égayée de plantes vertes. Chambres parquetées, bien équipées. Petit gymnase et sauna.

⊖⊟ **Hôtel Coray** – *C/dels caballers, 38 - Encamp* - ℘ *831 513 - fermé nov. - 85 ch. 48/64 €* ⌷ *- rest. 10,50 €.* Chambres d'ampleur satisfaisante, avec balcon. Salon de jeux et TV. Restaurant de grande capacité où cuisine et service se font en famille. Menu unique.

⊖⊟ **Hôtel Coma Bella** – *Sant Julià de Lòria - 7 km au sud-ouest d'Andorra la Vella* - ℘ *841 220 - http://hotelcomabella. andorramania.com - fermé 5-23 nov. -* 🅿 *- 30 ch. : 53,04/92,56 €* ⌷ *- rest. 12 €.* Dans la forêt de La Rabassa, cet hôtel bénéficie d'une situation particulièrement calme. Certaines chambres sont décorées de meubles actuels inspirés du style andorran, les autres sont plus fonctionnelles…

⊖⊟ **Hôtel Espel** – *Pl. Creu-Blanca 1 - Escaldes-Engordany* - ℘ *820 855 - www. hotelespel.com - fermé 2 mai-2 juin -* 🅿 *- 85 ch. : 62/92 €* ⌷ *- rest. 14 €.* L'eau thermale puisée dans les lacs souterrains d'Andorre alimente les salles de bains de cet établissement. Sympathique ambiance de quartier. Restauration simple pour échapper, le temps d'un repas, à l'effervescence de l'avenue Carlemany.

⊖⊟🍽 **Hôtel Univers** – *R. René-Baulard - Encamp* - ℘ *731 105 - www. hoteluniversandorra.com - fermé nov. - 31 ch. : 67/77 €* ⌷ *- rest. 13 €.* Situé sur les berges du Valira d'Orient et tout près du futuriste hôtel de ville, sympathique établissement aux chambres de bon confort. Dans la petite salle à manger, correctement dressée, vous dégusterez une cuisine traditionnelle bien mitonnée.

Se restaurer

⊖⊟ **La Borda Pairal 1630** – *R. Dr-Vilanova 7 - Andorra la Vella* - ℘ *869 999 - fermé dim. soir et lun. - 18,50 € déj. - 24/39 €.* Cette ex-ferme reconvertie en restaurant a conservé un cadre typique où dominent la pierre et le bois. Exposition de vieilles photos de la ville et cuisine traditionnelle.

⊖⊟🍽 **Can Benet** – *Antic carrer Major 9 - Andorra la Vella* - ℘ *828 922 - www. restaurant-canbenet.com - fermé lun. sf j. fériés - 25/40 €.* Au rez-de-chaussée, un petit espace pour se sustenter dans une ambiance familiale. À l'étage, la salle à manger au décor typiquement andorran. Cuisine traditionnelle.

⊖⊟🍽 **Borda Estevet** – *Rte de La Comella 2 - Andorra la Vella* - ℘ *864 026 - 30/44 €.* Légèrement excentrée, cette maison ancienne aux murs de pierres apparentes accueille ses convives dans plusieurs salles au cadre rustique. Dans l'assiette, cuisine pyrénéenne et nombreuses gourmandises à choisir sur le chariot des desserts.

⊖⊟🍽 **Taberna Angel Belmonte** – *R. Ciutat-de-Consuegra 3 - Andorra la Vella* - ℘ *822 460 - 30/55 €.* Un lieu agréable que ce restaurant aux airs de taverne. Beau décor où domine le bois et mise en place impeccable. Produits du terroir, poissons et fruits de mer.

⊖⊟🍽 **El Rusc** – *À La Massena - Rte d'Arinsal : 1,5 km* - ℘ *838 200 - fermé dim. soir et lun. - 35/60 €.* Dans un environnement verdoyant, belle salle à manger rustique dans laquelle dominent la pierre et le bois. Plats de saison, spécialités basques et bon choix de vins.

En soirée

Topic – *Carretera Général - Ordino* - ℘ *736 102 - www.hotelcoma.com - 8h-2h.* Venez déguster en plein air tapas, cocktails, salades, crêpes, sandwichs, bières belges à la terrasse de ce restaurant. À l'intérieur, salle climatisée où est servi un menu gastronomique.

Achats

👁 **Bon à savoir** – Les boutiques et grands magasins offrent un large choix de produits (alimentation, produits de luxe, vêtements, électronique, etc.) à des prix compétitifs. Horaires habituels d'ouverture : 9h30-13h30, 16h-20h (vac. scol. : 21h, dim. : 19h). Au retour en France, la douane contrôle la quantité et la valeur des produits achetés en Andorre non soumis aux droits et taxes : par exemple, par personne, 1,5 l d'alcool titrant plus de 22° ou 3 l d'alcool titrant moins de 22°, 300 cigarettes, 75 g de parfum, 375 ml d'eau de toilette, etc.

Sports & Loisirs

Domaine skiable de Soldeu El Tarter – Alt. 1 710-2 560 m. Les 52 pistes réparties sur 1 150 ha conviennent aux skieurs de tous niveaux. 241 canons assurent un enneigement permanent sur 32 km.

Domaine skiable du Pas de la Casa-Grau Roig – Alt. 2 050-2 640 m. Ces deux stations reliées entre elles accueillent, sur 626 ha, plus de la moitié des skieurs d'Andorre. Hormis les deux petites zones des Abelletes et de Pessons, réservées aux débutants, les 100 km de pistes de ski alpin s'adressent aux skieurs de niveau moyen à confirmé. Les surfeurs disposent d'une piste spécialement aménagée (« Coma III ») et le ski de nuit se pratique deux fois par semaine.

Caldea – ✆ 800 999 - août et vac. scol. Pâques : 9h-minuit ; reste de l'année : 9h-23h (sam. minuit) - fermé 1 sem. en mai et 1 sem. en nov. - 30,50 € pour 3h (5-12 ans 23 €), nocturne 23 € pour 2h. À 1 000 m d'altitude, puisant l'eau thermale d'Escaldes-Engordany à 68 °C, Caldea est un grand centre aquatique conçu pour le bien-être et le plaisir. L'ensemble architectural, du Français Jean-Michel Ruols, se présente sous la forme d'une gigantesque

cathédrale de verre à l'allure futuriste. L'éventail des possibilités est très large : bains indo-romains, hammam, jacuzzis, lits à bulles, marbres chauds, fontaines de brumisation, etc. Restaurant gastronomique, galerie commerciale, bar panoramique à 80 m.

Événement

Le 8 sept., jour où l'on fête la Vierge de Meritxell, a été choisi comme **fête nationale**, témoignant de l'enracinement de la foi dans le cœur des Andorrans. La messe se déroule en présence du clergé du pays et des autorités. Comme tout *aplec* (pèlerinage) catalan, elle est suivie de repas champêtres sur les prairies des alentours.

Balaguer

15 281 HABITANTS
CARTE GÉNÉRALE A2 – CARTE MICHELIN REGIONAL 574 G32 – PROVINCE DE LLEIDA

La silhouette gothique de l'église Sainte-Marie préside cette ville historique, chef-lieu de la comarca de Noguera mais aussi ancienne capitale de l'ancien comté d'Urgel. De son riche passé, cette dynamique et entreprenante ville conserve quelques sections de sa muraille arabe et son dédale de rues médiévales.

- **Se repérer** – Sise sur les deux rives du Segre, Balaguer se trouve dans une très riche zone agricole, à 2 km de la C 13 reliant Lérida et La Seu d'Urgell.
- **À ne pas manquer** – Se réfugier aux heures chaudes à l'ombre des arcades de la plaça del Mercadal ; les ruelles médiévales, en particulier la carrer del Pont (dont les arcades font face au Segre), la carrer Major et la carrer del Castillo.
- **Organiser son temps** – Si vous le pouvez, faites coïncider votre visite à Balaguer avec le marché du samedi matin, l'un des plus grands de Catalogne.
- **Pour poursuivre le voyage** – Voir aussi Lérida (27 km au sud-ouest), Tàrrega (33,5 km au sud-est) et Tremp (58 km au nord).

Visiter

Santa Maria★
Sur une butte surplombant la rivière et la ville s'érige cette ancienne collégiale (14e s.) à vaisseau unique, dont les chapelles s'encastrent entre les contreforts, selon le modèle caractéristique de l'architecture gothique catalane.
Sa construction débuta en 1351 à l'initiative de **Pierre IV le Cérémonieux**, né à Balaguer, mais ne s'acheva qu'au 16e s. À l'intérieur est conservé un beau retable gothique (14e s.) en pierre polychrome. Remarquez aussi le solide clocher de base polygonale qui flanque la façade.

Couvent Sant Domènec
Situé sur la rive droite du Segre, dans la ville nouvelle, cet ancien couvent dominicain est désormais un établissement franciscain. Construit en 1323 selon les dernières volontés du comte d'Urgel, Armengol X, l'édifice recèle un **cloître★** gothique (fin du 14e s.), parmi les plus sveltes de la Catalogne ; ce dernier se distingue par la finesse des galeries et les détails décoratifs des arcs.

Gaspar de Portolà
Militaire et explorateur, Gaspar de Portolà (1717-1786) naquit à Balaguer dont il est l'enfant le plus illustre avec l'écrivain Teresa Pàmies. Il dirigea la première expédition qui atteignit la baie de San Francisco par voie terrestre. Premier gouverneur de la Californie, il se rendit célèbre par son esprit de tolérance en matière religieuse. À l'occasion de son bicentenaire, l'état de Californie a tenu à offrir à Balaguer un monument où Portolà est immortalisé dans une attitude de défi.

Se promener

Plaça del Mercadal

En plein cœur du vieux quartier, c'est l'une des plus grandes places à arcades de Catalogne. Une fois par semaine, un important marché y dévoile la richesse agricole du pays : les beaux fruits et légumes utilisés dans la confection d'exquises recettes.

Monastère Santa Maria de les Franqueses

Au sud de la ville, il ne subsiste de cet ancien monastère cistercien pour femmes que l'église romane (12ᵉ et 13ᵉ s.), d'une grande sévérité architecturale.

Circuit de découverte

AU NORD

83 km. Prendre la C 12 en direction de Les Avellanes. Cet itinéraire vous proposera la visite de quelques exemples intéressants d'architecture romane.

Monastère Santa Maria de Bellpuig, à Les Avellanes

Sur le territoire communal de Os de Balaguer.
De cette ancienne abbaye (11ᵉ et 13ᵉ s.), convertie actuellement en séminaire mariste, il ne reste que le cloître roman à double colonnade et aux sobres chapiteaux.
Poursuivre par la C 12.

Àger

Ce pittoresque village se trouve dans une vallée au pied du Montsec. Sur une colline s'élève l'ancienne **collégiale Sant Pere★**, bel exemple roman (fin du 9ᵉ s.) à trois vaisseaux, dont l'abside est ornée de colonnes, et cloître gothique (14ᵉ et 15ᵉ s.).
La route L 904 se rapproche du nord du Pantà de Camarasa où l'on pratique divers sports nautiques. En rejoignant la C 13, se diriger vers le sud jusqu'à Sant Oïsme.

La Baronia de Sant Oïsme

La route monte en lacet par l'impressionnant **défilé d'Els Terradets★**, offrant des **vues★★** magnifiques.
Le village, au bord du marécage de Camarasa et pratiquement désert, possède une petite église romane (11ᵉ s.) à vaisseau unique et trois absides. Perchée sur un rocher, la tour circulaire de l'ancien château est conservée.

La Baronia de Sant Oïsme.

J. Malburet / Michelin

Balaguer pratique

Adresse utile

Office de tourisme – *Pl. Mercadal, 1 - 25600 Balaguer -* 𝄐 *973 446 606 - www. balaguer.net - mar.-sam. 9h30-13h30, 17h-20h, dim. et j. fériés 10h-13h30 - fermé lun.*

Se loger

🍽️🛏️ **Hotel Balaguer** – *La Banqueta, 7 -* 𝄐 *973 445 750 - 30 ch. : 61 € -* 🛏️ *6 € - rest. 9 €. Petit hôtel convivial. Simplicité des chambres peu à peu rénovées. Celles du premier étage sont particulièrement confortables (air conditionné, salles de bains modernes).*

Se restaurer

🍽️🍽️🍽️ **Cal Morell** – *Passeig Estació, 18 -* 𝄐 *973 448 009 - calmorell@s.v.t.es - fermé de mi-oct. à fin oct., lun. (sf j. fériés et veilles de fêtes) -* 🍽️ *- 34/47 €. À un jet de pierre de la gare ferroviaire, ce restaurant familial prestigieux possède un petit bar à l'entrée et une salle à manger d'allure régionale où est servie une cuisine soignée à base de produits du terroir.*

Événements

Festa del Transsegre – *Juin.* La « Fête à travers le Segre » est une curieuse compétition sportive qui consiste à descendre la rivière sur des embarcations bricolées par chacun.

Berga

16 175 HABITANTS
CARTE GÉNÉRALE B2 – CARTE MICHELIN REGIONAL 574 F35 – PROVINCE DE BARCELONA

Berga, capitale de la « comarca » du Berguedà, se trouve au pied de la chaîne du Queralt. Dans le centre historique, de tortueuses rues escarpées évoquent le passé médiéval de la ville tandis que, vers le sud, s'étire la ville moderne aux larges promenades et avenues. Ville de longue tradition commerciale, elle vit depuis longtemps de son importante industrie textile. En 1770, les frères Farguell inventèrent la « Berguedana », une machine qui révolutionna l'industrie du coton d'antan.

- ▶ **Se repérer** – Cette localité pré-pyrénéenne de la vallée du Llobregat est proche du lac de la Baélls et de la E 9 qui la relie aux Pyrénées, au nord, et à Barcelone, à 110 km au sud.

- 👁 **À ne pas manquer** – Programmez, si possible, votre passage à Berga lors de la *patum (voir l'encadré page suvante)*, qui a lieu tous les ans à l'occasion de la Fête-Dieu, entre fin mai et fin juin.

- 🕐 **Organiser son temps** – Lors des chaleurs estivales, partez de Berga tôt le matin pour visiter Santa Maria de Queralt. Vous aurez ainsi tout le loisir de vous promener et de jouir des vues sur la serra de Cadí aux heures les plus fraîches.

- 👣 **Pour poursuivre le voyage** – Voir aussi Cardona (30 km au sud-ouest), Ripoll (43 km au nord-est), Solsona (51 km au sud-ouest) et Vic (57 km au sud-est).

Visiter

La **carrer Major** est à la fois l'artère principale de la vieille ville et une rue commerçante animée. Les rues et constructions avoisinantes sont d'origine médiévale. Se dressent également quelques édifices modernistes.

Sant Quirze de Pedret★, à Cercs

2 km environ au nord-Ouest de Berga. Quitter la ville par le chemin du Pedret puis garer la voiture sur le pont de pierre.

Sant Quirze est l'un des principaux exemples de l'art préroman catalan. Notez les deux ensembles picturaux, auxquels l'église doit sa renommée, conservés par le Musée diocésain de Solsona et le musée d'Art catalan de Barcelone. La dernière restauration a rendu à l'église son aspect du 10ᵉ s., son portail (13ᵉ s.) a également été restauré et les peintures murales, qui recouvraient l'abside centrale (orant du 10ᵉ s. conservé à Solsona), ainsi que les absidioles nord et sud, ont été reproduites. Dans l'absidiole sud, la scène illustre une Vierge à l'Enfant, avec sa droite les vierges prudentes et à sa gauche les vierges sottes.

Santa Maria de Queralt★

4 km à l'ouest. Prendre la route de Sant Llorenç de Morunys puis la BV 4242 vers Rasos de Peguera. Accès par le funiculaire ou l'escalier.

« La Patum » de Berga

Au mois de juin, pendant la Fête-Dieu, a lieu « La Patum », l'une des festivités les plus populaires de Catalogne. Tout le monde danse au rythme des *timbalers* (tambourineurs) tandis qu'éclatent les pétards, et que géants et grosses têtes envahissent les rues. Si la fête, d'origine lointaine, a pour but de parodier la lutte du Bien – personnifié par l'archange saint Michel – et du Mal, elle célèbre en même temps une bataille contre les Arabes, symbolisée à un moment donné par l'assaut de la foule contre des cavaliers pour leur bloquer le passage.

La **route** traverse une pinède touffue et monte jusqu'au sanctuaire, juché à 1 024 m d'altitude. Le **panorama**★★ y est sublime. Vers le nord apparaît la chaîne du Cadí, avec les massifs de Puigllançada, le Comabona et le Pedraforca, cernés d'un écran de montagnes majestueuses. Au sud s'étend la plaine ondulée du bas Berguedan, où voisinent les terres cultivées et les usines de textile, aux silhouettes imposantes. Au fond, recouvertes d'un fin brouillard, se profilent les montagnes de Montserrat.

👁 Le dernier dimanche du mois de juin a lieu l'**aplec de Sant Pere de Madrona** (rassemblement de Saint-Pierre de Madrona), où les participants reçoivent des bouquets de fleurs sauvages et la clé du saint.

Aux alentours

Parc naturel Cadí-Moixeró★

Avant d'entreprendre la visite, passez par le Centre d'informations du parc à Bagà (voir « Berga pratique »), 20 km au nord de Berga.

🚶 Les 41 342 ha du Parc naturel sont situés entre 900 et 2 648 m d'altitude. C'est un important ensemble orographique pré-pyrénéen formé par les chaînes du Cadí et du Moixeró et les massifs du **Pedraforca**, du Tosa d'Alp et du Puigllançada, au relief escarpé très caractéristique. Les paysages et écosystèmes sont de type alpin et les bois touffus alternent avec les grandes roches calcaires.

Les deux grandes cordillères du Cadí et du Moixeró, qui s'unissent au col de Tancalaporta, forment une imposante barrière montagneuse de 30 km orientée est-ouest. Leurs flancs, notamment ceux du versant nord, forment des falaises dépassant parfois les 500 m dont les parois presque verticales enferment des vallées profondes et encaissées.

La végétation y est exceptionnelle, car les basses températures et la grande humidité qui règnent favorisent l'apparition d'espèces inhabituelles pour la zone méditerranéenne.

Le **site naturel d'intérêt national du Pedraforca**★ est un bel espace du parc en raison de ses paysages. Il comprend la vallée de Gresolet et l'abrupt massif du Pedraforca, l'une des montagnes emblématiques de la Catalogne, de grande tradition alpiniste. Sur le versant nord du Pedraforca, à la Jaça dels Prats, se trouve le refuge Lluís Estasen, étape habituelle des randonneurs de haute montagne.

Berga pratique

Adresse utile

Office du tourisme de Berga – *Àngels, 7 - 08600 Berga - 𝒫 938 211 384 - www.ajberga.es - lun.-sam. 10h-14h, 18h-20h, dim. et j. fériés 11h-14h, 18h-20h - fermé 25-26 déc., 31 déc., 1ᵉʳ janv.*

Centre d'informations du Parc naturel Cadí-Moixeró – *La Vinya, 1 - 08695 Bagà - 𝒫 938 244 151 - www.parcsdecatalunya.net - 9h-14h.* Vous y trouverez tous les renseignements sur les parcours de randonnée, leur degré de difficulté, les refuges et les guides de haute montagne.

Se loger

🛏🍴🚌 **Hotel Estel** – *Rte Sant Fruitós, 39 - 𝒫 938 213 463 - www.hotelestel.com - 🅿 - 40 ch. 74,90/89,90 € 🍽.* Hôtel convivial situé dans une des avenues à l'entrée de la ville. Sobre et fonctionnel, il met tout en œuvre pour votre confort.

Se restaurer

🍴🍴🚌 **Sala** – *Passeig de la Pau, 27 - 𝒫 938 211 185 - rest.sala@minorisa.es - fermé dim. soir, lun. - 🍽 - 34/46 €.* Restaurant moderne situé sur une promenade arborée proche du centre. Sa salle à manger, répartie sur deux niveaux et rehaussée de stuc vénitien sur les murs, invite à la dégustation de plats typiques de la région, agrémentés d'une pointe de créativité.

Cadaqués★★

2 623 HABITANTS
CARTE GÉNÉRALE C1 – CARTE MICHELIN REGIONAL 574 F39
SCHÉMA P. 202 : COSTA BRAVA – PROVINCE DE GIRONA

Ce beau village marin, dissimulé entre mer et montagne, est l'un des plus charmants de toute la Catalogne. Il est situé sur un magnifique emplacement★ sur la côte sud du cap de Creus, cette singulière péninsule qui marque le point de rencontre entre les Pyrénées et la Méditerranée. Sa silhouette immaculée que survole l'église Santa Maria, les montagnes rocheuses et les bleus de la mer et du ciel composent une image teintée d'irréalité. Ses pittoresques rues et l'ambiance bohème, qui fascinèrent tant de célèbres artistes dans la première moitié du 20ᵉ s., figurent toujours au nombre de ses principaux attraits.

- **Se repérer** – Situé à 36 km au sud de la frontière française et à 39 km à l'est de Figueres, Cadaqués est niché dans une petite baie du cap de Creus. C'est dans cette zone abrupte et presque inhabitée que se dresse le majestueux pic du Pení (613 m), montagne la plus haute de tout le littoral catalan.

- **À ne pas manquer** – Une sortie en mer dans le Parc naturel du Cap de Creus.

- **Organiser son temps** – Si Cadaqués a conservé un côté nostalgique en hiver, le centre-ville est bondé tout l'été. Prévoyez une voiture pour vous évader facilement vers les plages excentrées et faites vos réservations bien à l'avance.

- **Avec les enfants** – Le décor surréaliste de la Casa-Museu Salvador Dalí, en particulier ses jardins ; le décor naturel spectaculaire du Cap de Creus.

- **Pour poursuivre le voyage** – Voir aussi la Costa Brava et Figueres (24 km à l'ouest).

Cadaqués, un village typique de la Costa Brava.

J. Malburet / Michelin

Comprendre

Jusqu'au 19ᵉ s., Cadaqués était un village complètement isolé, qui ne fut relié à Roses que tardivement avec la construction de la **route de la Perafita★★**. Cette route d'une grande beauté offre un panorama exceptionnel sur l'Ampurdan, le golfe de Roses, la côte française et le versant de Cadaqués. Le paysage qui entoure le village est tout simplement magnifique. Des tons gris prédominent, atténués par le vert des oliviers. Les restanques, terrasses soutenues par des murs d'ardoise, ont transformé les montagnes environnantes en un immense et admirable jardin. La lumière, qui n'occulte pas les formes mais semble au contraire les souligner – Dalí ne disait-il pas que les montagnes semblaient avoir été peintes par Léonard de Vinci ?–, les vents, les maisons au lait de chaux, le goût et la beauté des produits de la mer, et bien d'autres aspects de la vie et de l'histoire de Cadaqués font que ce village soulève l'enthousiasme de ses visiteurs.

Cadaqués et les artistes

Dès la fin du 19e s., Cadaqués devint l'un des endroits les plus fréquentés par les artistes et les intellectuels. Les Pitxot – famille de peintres et de musiciens très connus en Catalogne – furent les premiers à revendiquer la beauté du site, mais celui qui a le plus contribué à la renommée universelle de Cadaqués est sans aucun doute Salvador Dalí.

Picasso fut le premier à séjourner (1910) à Cadaqués, où il peignit *Le Guitariste*, l'un de ses tableaux cubistes les plus connus. Il fut suivi vers la fin des années 1920 par quelques-uns des plus illustres membres du mouvement surréaliste : Paul Éluard et son épouse, Gala – qui devint par la suite celle de Dalí –, André Breton, René Magritte et René Crevel. Federico García Lorca et Luis Buñuel résidèrent quelque temps chez Dalí, et c'est dans les années 1930 que Man Ray et Marcel Duchamp commencèrent à fréquenter assidûment la ville dont la personnalité fut profondément marquée par la présence de ces célébrités et qui fut dès lors consacrée entièrement au monde des arts.

Se promener

2h environ – Garer la voiture et se promener à pied.

Ce qui surprend le plus à Cadaqués, c'est l'impression d'être dans un endroit très reculé. Encerclé par les montagnes, la seule issue du village est la mer. C'est justement cet isolement qui a forgé sa personnalité et celle de ses habitants, lesquels ont entretenu, jusqu'à une période récente, certains particularismes de leurs coutumes et de leur façon de parler.

Pour visiter Cadaqués, il est recommandé de flâner selon son humeur dans les ruelles pavées, étroites et pentues. Leur beauté singulière fait le charme du village. Des recoins d'un calme impressionnant contrastent avec le dynamisme des façades s'ouvrant sur la baie. La blancheur des maisons concentrées autour de l'église Santa María et le gris foncé de l'ardoise confèrent au village une extraordinaire élégance.

Les plages, toujours peuplées de petites barques, s'insèrent au fond d'anses rocheuses. La vision nocturne de la baie, avec les barques amarrées au rivage et, au sommet du village, l'église illuminée, est charmante.

Santa Maria

L'église se trouve au point culminant du centre historique, comme suspendue, flottant dans l'air. Sa silhouette, immortalisée par d'innombrables peintres, est emblématique de Cadaqués.

De style gothique tardif, sa construction fut entreprise au milieu du 16e s., bien que certaines parties aient été réalisées ultérieurement. L'austérité extérieure du bâtiment contraste avec l'intérieur, abritant un **retable★★** baroque de Pau Costa. Cette œuvre, l'une des plus remarquables du genre de toute la Catalogne, fut achevée par Joan Torras. Il s'agit d'une pièce spectaculaire, en bois doré et à l'iconographie énergique. Les éléments ornementaux – atlantes, motifs végétaux et gracieux angelots – sont admirables par la minutie avec laquelle ils ont été réalisés.

👁 Chaque année, l'église accueille le **Festival international de musique**, manifestation très fréquentée.

Museu de Geològia

🖉 972 258 800 - fermé pour travaux de rénovation.

Il occupe un casino du 19e s. et présente différentes collections de matériaux géologiques provenant de la *comarca* d'Alt Empordà.

Aux alentours

Portlligat★

2 km au nord. Cette petite baie, refuge de pêcheurs par le passé, avec ses jolies criques et un adorable port où dansent les barques, doit sa célébrité à Salvador Dalí, qui y fit construire sa maison.

Casa-Museu Salvador Dalí★ – 🖉 972 251 015 - fax 972 251 083 - pllgrups@dali-estate. org - visite sur réservation préalable par téléphone, fax ou e-mail - de mi-juin à mi-sept. : tlj tte la journée ; hors saison : fermé lun. et de déb. janv. à mi-mars - 10 € (-18 ans 8 €).

👥 Elle est composée par un labyrinthe de maisons de pêcheurs, que Dalí et son épouse, Gala, aménagèrent durant plus de quarante ans. On peut voir l'atelier du peintre, la bibliothèque, les chambres du couple, l'extraordinaire jardin, orné de sculptures surréalistes, et la piscine.

Parc naturel du cap de Creus★★

4 km au nord.

Il s'agit du premier parc à la fois maritime et terrestre de Catalogne. Des routes escarpées permettent de pénétrer dans la presqu'île du cap de Creus et d'apprécier les contrastes du paysage. La zone terrestre est d'un abord brutal à cause des profils rocheux très abrupts, qui sont néanmoins accessibles grâce à des routes et des sentiers bien entretenus.

De petites embarcations partent d'El Port de la Selva et de Cadaquès pour des promenades en mer, découvrant au passage criques et recoins d'une très grande beauté. Le phare, au point le plus élevé du parc, permet d'embrasser d'exceptionnels **panoramas★★★**.

Cadaqués pratique

Vous trouverez d'autres adresses d'hébergement et de restauration dans l'encadré pratique de la **Costa Brava**.

Adresse utile

Office du tourisme de Cadaqués – *Cotxe, 2A - 17488 Cadaquès - 972 258 315 - www.cadaques.org - oct.-mai : lun.-vend. 10h-13h, 16h-20h ; juin-sept. : 9h-21h.* À l'entrée de l'office de tourisme, un ordinateur à écran tactile donne quelques informations élémentaires sur Cadaqués, à toute heure du jour et de la nuit : transports, hébergement…

Se loger

Bon à savoir – Cadaqués compte une dizaine d'hôtels deux et trois étoiles, sans que ceux-ci défigurent le front de mer. Dans les ruelles du vieux village, on trouve également de nombreuses pensions confortables, dont les prix varient selon les saisons. Une demi-douzaine d'agences immobilières proposent des locations d'appartements *(liste à l'office de tourisme)*.

Pensió Velhi – *L'Església, 6 - Cadaqués - 972 258 470 - fermé nov.-mars - 11 ch. : 35/70 € - 6 €.* Pension familiale à l'accueil charmant, bien située, au calme, dans la vieille ville. Chambres confortables et salles de bains communes bien tenues.

Hotel Ubaldo – *Unió, 13 - Cadaqués - 972 258 125 - www.hotelubaldo.com - 26 ch. : 50/80 €.* Derrière sa sobre façade, cet hôtel dissimule une élégante décoration faite de murs blancs, de meubles qui ondulent et d'un éclairage indirect. À défaut de donner sur la mer, les chambres, qui disposent de tout le confort souhaité, ouvrent sur les ruelles du vieux Cadaqués.

Se restaurer

Bon à savoir – Tout le long du Passeig et jusqu'à la Punta des Baluard s'alignent divers types de restaurants, depuis les bars à tapas jusqu'aux restaurants familiaux haut de gamme, en passant par les pizzerias. Les menus du midi sont très abordables (moins de 15 €).

Casa Anita – *Miquel Rosset, 16 - Cadaqués - 972 258 471 - www.casa-anita.com - fermé en nov. - tlj sf lun. 13h30-15h, 20h30-22h30 - 30/35 €.* De grandes tables occupent l'espace de cette petite taverne à l'accueil chaleureux. Menu établi selon les arrivages du marché, présenté par Joan, qui conseille aussi sur les vins et *cavas*. Le restaurant de Cadaqués le plus fréquenté par les stars, si l'on en croit les photos aux murs. Incontournable !

En soirée

La Habana – *Doctor Bartomeus - Cadaqués - 972 258 689 - www.cafedelahabana. com - 21h-2h30.* À l'image de Cadaqués. Le bar des romantiques : c'est l'endroit idéal pour clore la soirée en savourant un cocktail au son des mélopées d'un chanteur local. Les prix un peu élevés sont en rapport avec l'établissement qui le mérite.

Sports et loisirs

Sotamar Diving Center – *Avgd. Caritat Serinyana, 17 - Cadaqués - 972 258 876.* Location de matériel, sorties en mer, baptêmes de plongée.

Achats

Marché – Tous les lundis à l'entrée du village, sur la carrer Riera de Sant Vincenç.

Événement

Sol Ixent – *1er janvier* - Fête du lever du soleil. *Renseignements : www.cadaques.org*

Festa Major – *Début sept.* - Bals, régates, marchés artisanaux…

Cambrils★

26 209 HABITANTS
CARTE GÉNÉRALE A3 – CARTE MICHELIN REGIONAL 574 I33
SCHÉMA P.216 : COSTA DAURADA – PROVINCE DE TARRAGONA

Ce village de pêcheurs très dynamique est devenu, à l'instar de tant d'autres villages du littoral catalan, un important centre touristique. Il n'en conserve pas moins le charme d'une localité maritime aux loisirs multiples qui se concentrent surtout autour du port. Le centre-ville est la zone la moins touchée par l'urbanisation galopante et se compose de rues étroites et pittoresques où se pressent boutiques et restaurants. La plage et le port sont bordés par une longue et plaisante promenade.

- **Se repérer** – Cambrils, l'un des grands centres touristiques de la Costa Daurada, se trouve à l'ouest du cap de Salou, à 7 km de la station balnéaire du même nom, la plus active de ce littoral.
- **À ne pas manquer** – L'ambiance coloniale et exotique du parc Samà.
- **Organiser son temps** – Rapidement accessible depuis Tarragone, Cambrils constitue une belle escapade à la journée. Prévoyez une voiture pour profiter des nombreuses curiosités aux alentours.
- **Pour poursuivre le voyage** – Voir aussi la Costa Daurada, Reus (10 km au nord), Port Aventura (10 km au nord-est) et Tarragone (18 km au nord-est).

Visiter

Museu Agrícola de Cambrils

Sindicat, 2 - ☏ 977 360 719 - juil.-août : mat. et apr.-midi, dim. et j. fériés mat. ; reste de l'année : sam. mat. et apr.-midi, dim. et j. fériés mat. - fermé lun., 1ᵉʳ et 6 janv., 1ᵉʳ Mai, 25-26 déc. - 1,20 €.

Installé dans l'ancienne cave moderniste construite par **Bernardí Martorell** en 1921, ce musée agricole présente différents outils utilisés pour l'élaboration du vin, notamment un petit moulin.

Museu Molí de Tres Eres

Via Augusta, 1 - ☏ 977 794 528 - www.cambrils.org/mhc - juil.-août : mat. et apr.-midi, dim. et j. fériés mat. ; reste de l'année : sam. mat. et apr.-midi, dim. et j. fériés mat. - fermé lun., jeu. mat., 1ᵉʳ et 6 janv., 1ᵉʳ Mai, 25-26 déc. - 1,20 € (+1,20 € mécanisme moulin).

Cet ancien moulin a été réhabilité pour accueillir une petite exposition retraçant l'histoire de la région de Cambrils. Au nombre des objets romains, on remarquera un joli lampadaire en bronze.

Aux alentours

Parc Samà★

8 km au nord. Prendre la route comarcale T 312 en direction de Montbrió del Camp. Carretera de Vinyols, s/n - ☏ 977 826 514 - tte la journée - 2,80 €.

Josep Fontseré, qui réalisa des ouvrages aussi importants que le parc de la Ciutadella et le marché du Born *(voir Barcelone)*, a construit en 1882 ce surprenant ensemble architectural pour Salvador Samà, marquis de Marianao.

C'est un endroit sans aucun rapport avec l'environnement rural où il se situe. Le visiteur sera surpris par l'existence, en plein milieu de la campagne tarragonaise, d'un magnifique lac artificiel entouré de beaux jardins plantés d'espèces tropicales et méditerranéennes les plus diverses. Une **demeure** d'aspect colonial témoigne du passé de la famille Samà à Cuba, où elle réalisa le chemin de fer reliant Marianao à La Havane.

Parc Samà.

L. Campion / Michelin

Mola de Colldejou★

23 km au sud-ouest. À partir de Mont-roig del Camp, prendre la T 323 en direction de Colldejou. Dans un virage, avant d'arriver à La Torre de Fontaubelle, quitter la voiture et continuer à pied, pendant 45mn environ, par un sentier balisé.

Du point haut (914 m) du massif, à proximité de la mer, on peut par ciel dégagé contempler un magnifique **panorama★★** sur la Costa Daurada. Du sommet, où subsistent les vestiges d'une construction arabe, on embrasse un vaste paysage. Les chaînes du Priorat d'un côté et de la Llaberia de l'autre se fondent avec le bleu de la Méditerranée. Ceux qui aiment la marche ne seront pas déçus de la promenade, la Costa Daurada offrant dès ce point un de ses visages les plus passionnants et les plus méconnus.

Mont-roig del Camp

11 km au sud-ouest. Emprunter la route N 340 en direction de Valencia, puis, à droite, la T 323.

L'une des communes les plus étendues de la *comarca* du Baix Camp, Mont-roig dispose d'un littoral moderne avec des quartiers urbanisés longeant la plage. Le village, situé dans l'arrière-pays, est flanqué des montagnes de Colldejou et de Llaberia, qui offrent un paysage exceptionnel. C'est une contrée peu peuplée mais riche de couleurs d'une grande pureté, aussi n'est-il pas surprenant que **Joan Miró** y ait longuement séjourné, laissant en témoignage de la beauté des lieux quelques tableaux aussi importants que *Mont-roig, l'église et le village* (1919) et *La Masía* (1921-1922).

La route des Peintres

En empruntant la « route des Peintres », vous pourrez voir les paysages qui enthousiasmèrent Miró, Picasso et Mir, qui vécurent un moment dans la région. Depuis Mont-roig del Camp, associé à **Joan Miró** depuis le séjour qu'il fit dans un manoir, prendre les routes T 310 puis T 311 en direction de la belle localité de Tivissa pour rejoindre Ginestar, dans la vallée de l'Èbre. Un bac assure la traversée du fleuve pour atteindre l'étonnante cité de **Miravet** *(voir ce nom)*, dont le château des Templiers environné de ruelles a inspiré plusieurs toiles de **Joaquim Mir**. De là, en suivant la route T 324 jusqu'à El Pinell de Brai, qui compte une cave moderniste, puis la T 333, on gagne **Horta de Sant Joan** *(voir ce nom)*, où, dit-on, **Pablo Picasso** et son ami Manuel Pallarés découvrirent le cubisme.

Château-monastère d'Escornalbou★★, à Riudecanyes

26 km au nord-ouest. Prendre la T 312 jusqu'à Montbrió puis la T 313 jusqu'à Riudecanyes. Puis, une route signalisée (5 km) mène au monastère. ℘ 977 834 007 - mat. et apr.-midi - fermé lun., 1er janv., 25 déc. - 2,40 € (en semaine) / 4,50 € (w-end).

Sur le territoire communal de Riudecanyes, sur un superbe **site★★** sur la colline Santa Bárbara, se trouve l'ancien monastère Sant Miquel de Escornalbou, fondé au 12e s. par le roi Alfons Ier. En 1910, après les vicissitudes les plus diverses – il subit l'abandon, la spoliation et même un tremblement de terre –, **Eduardo Todà i Güell** mena à terme un important travail de restauration des ruines du monastère afin d'y aménager son logement, lui donnant son aspect actuel.

De l'ensemble se détache l'**église★**, édifice illustrant la transition entre l'art roman et le gothique (13e et 14e s.), qui rappelle par sa sobriété et son harmonie celles de Santes Creus et de Poblet *(voir ces noms)*. Une des galeries de l'ancien **cloître** a été transformée en mirador et dispense une **vue★★** étendue sur la Costa Daurada. À l'intérieur de la résidence d'Eduardo Todà i Güell sont conservés les meubles d'origine, d'intéressants panneaux d'*azulejos* d'époques diverses (cuisine), de même qu'une partie de la riche **bibliothèque** de Todà.

Cent mètres plus haut se trouve la chapelle Santa Bárbara, qui offre de magnifiques **perspectives★** sur cette région accidentée.

Le moment idéal pour visiter cet édifice est le printemps, lorsque la végétation environnante s'épaissit. Le paysage prend alors des tons très vifs et la couleur rougeoyante caractéristique d'Escornalbou retrouve une texture spéciale.

Cambrils pratique

(b) Vous trouverez d'autres adresses dans l'encadré pratique de la **Costa Daurada**.

Adresse utile

Office de tourisme de Cambrils – *Passeig de les Palmeres, 1 - 43850 Cambrils -* ☎ *977 792 307 - www.cambrils.org.* Sur le site Internet de la ville de Cambrils, vous trouverez toutes les informations sur la ville et ses environs (histoire, culture, sport, balades, vie nocturne…). www. turcambrils.info

Se loger

◉ **Camping Cambrils Park** – *Carretera Salou-Cambrils, km1 -* ☎ *977 351 031 - www.cambrilspark.es - fermé de mi-oct. à avr. - 850 pl. : 13/41 € + taxes (adulte 6 € ; enfants 4 € ; voiture 8 €).* Camping luxueux mais aux tarifs un peu élevés. Bungalows spacieux et confortables, parcelles ombragées (évitez celles du fond, proches de la route). Les enfants apprécieront le miniparc aquatique avec des animaux géants en guise de fontaines. Les parents pourront bronzer tranquillement sur la pelouse qui entoure l'immense piscine.

◉◉ **Hotel Can Solé** – *Ramón Llull, 19 - Cambrils -* ☎ *977 36 02 36 - cansole@ wanadoo.es - fermé vac. de Noël -* ▤ *26 ch. : 55/65 € -* ☑ *5 € - rest. 14 €.* Situé au centre du village, ce petit hôtel convivial, aux chambres correctes et nettes, possède un agréable restaurant au rez-de-chaussée. L'été, sa terrasse coiffée de parasols permet de goûter à une cuisine simple.

Se restaurer

◉ **Bon à savoir** – Il serait impardonnable de ne pas goûter à la riche gastronomie locale, notamment aux hors-d'œuvre et au *menjar de tresmall* (le *tresmall* est un ensemble de trois filets de pêche), plat cuit au four, composé d'une grande variété de poissons et de fruits de mer, accompagné du traditionnel aïoli.

◉◉ **Macarrilla** – *Barques, 14 - Cambrils -* ☎ *977 36 08 14 -fermé mar., de mi-fév. à fin fév., de mi-nov. à fin nov. -* ▤ *- menus 16,05/26,75 €, carte 40 € env.* Restaurant central tenu en toute simplicité par une famille. Sa salle qui jouit d'une entrée indépendante est bien aménagée et séparée du bar. Une bonne adresse pour goûter un bon repas en se détendant.

◉◉◉ **Rincón de Diego** – *Drassanes, 7 - Cambrils -* ☎ *977 36 13 07 - fermé dim. soir, lun., de mi-déc. à mi-janv. -* ▤ *- menus 38,52/58,85 €, carte 65/75 €.* Les maîtres des lieux sont en salle et aux fourneaux, ce qui explique le sérieux de l'établissement qui s'articule autour de sa nouvelle salle à manger, de son salon privé, et d'un espace aménagé en cave. Le savoir-faire des cuisiniers et leur souci du détail les précèdent !

◉◉◉◉ **Can Bosch** – *Rambla Jaume I, 19 - Cambrils -* ☎ *977 36 00 19 - fermé dim. soir, lun., de mi-déc. à mi-janv., 1 sem. juin -* ▤ *- 40/60 €.* C'est le mariage ici de la cuisine traditionnelle avec une bonne dose de créativité actuelle. Sont servis des plats méditerranéens et des recettes de la mer où le riz, les poissons et les fruits de mer comblent les palais de sa fidèle clientèle. Salle à manger moderne décorée avec des détails avant-gardistes.

Camprodon ★

2 446 HABITANTS
CARTE GÉNÉRALE B1 – CARTE MICHELIN REGIONAL 574 F37
SCHÉMA P. 292 : PYRÉNÉES CATALANES – PROVINCE DE GIRONA

Cette importante localité pyrénéenne très touristique, berceau du grand compositeur Isaac Albéniz, offre un bel aspect avec des demeures luxueuses, des villas modernes et de larges avenues dans la partie la plus récente. Une intense vie commerciale s'y développe autour du centre névralgique de la rue de València. Voie très fréquentée, on peut y acheter les principaux produits locaux : charcuterie, pâtés et plus spécialement les fameuses galettes de Camprodon.

▶ **Se repérer** – La localité pyrénéenne se situe au confluent du Ter et du Ritort, au centre de la vallée de Camprodon, avec en toile de fond d'impressionnantes silhouettes montagneuses. On y accède facilement par la C 26 depuis Ripoll, à 43 km au sud-ouest. En continuant vers le nord sur la C 38, en direction du Coll d'Ares, la France se trouve à 17 km.

👁 **À ne pas manquer** – L'église romane de Beget, à 15 km de Camprodon.

🕐 **Organiser son temps** – Attendez si vous le pouvez d'être à Camprodon pour prévoir les achats d'un éventuel pique-nique : les épiceries du village sont réputées pour leurs spécialités du terroir.

🕯 **Pour poursuivre le voyage** – Voir aussi Ripoll (24 km au sud-ouest), Olot (30 km au sud-est) et les Pyrénées catalanes.

Visiter

Sant Pere

De l'ancien monastère bénédictin Sant Pere, il ne reste que l'**église**★ romane (12ᵉ s.), qui domine un square au centre de l'agglomération. C'est un édifice sobre, en forme de croix, avec cinq absides carrées et un élégant clocher situé sur la coupole octogonale de la croisée. À l'intérieur, la nudité des murs et les épais pilastres de la nef accentuent son austérité architecturale.

Pont Nou★ (Pont Neuf)

Photographié des centaines de fois, ce magnifique pont en dos d'âne illustre l'image emblématique de Camprodon. Construit en 1196, il subit d'importantes modifications au 14ᵉ s. Sous sa grande arche courbée coule le fleuve Ter. Les arches latérales s'étendent jusqu'aux maisons riveraines.

Passeig de Maristany

En sortant du noyau urbain en direction de Setcases, on peut voir sur la gauche cette élégante promenade plantée d'arbres où les fermes d'aspect médiéval jouxtent des bâtiments modernistes de toute beauté.

Aux alentours

Setcases

11 km au nord-ouest, le long du fleuve Ter.
Ce petit village touristique est la porte d'entrée d'une zone d'une exceptionnelle beauté. C'est ici, entre les pics de Bastiments (2 874 m) et de Costabona, sur le cirque glaciaire d'Ulldeter, que naît le fleuve Ter.
Sur le territoire communal se trouve la station de ski **Vallter 2 000** d'où, lorsque le temps le permet, on peut voir le cap de Creus et le golfe de Roses.

Circuit de découverte

VALL DE CAMPRODON ☐1

Du col d'Ares à Camprodon – 30 km. Voir le plan p. 292 (Pyrénées catalanes).
Dans la **haute vallée du Ter**, aux environs du **col d'Ares** (1 513 m), à la frontière franco-espagnole, les montagnes présentent des pentes douces et d'abondants pâturages.

Molló

L'église romane (12ᵉ s.) au joli clocher catalan est située au sommet du village (1 150 m), d'où l'on a une vue magnifique. Les montagnes sont couvertes de chênes verts aux couleurs ternes et le ciel est toujours menaçant.
Prendre une route étroite et sinueuse qui passe par Rocabruna et va jusqu'à Beget.

Rocabruna

Magnifique petit village de montagne coupé par la route, c'est un endroit idéal pour goûter la succulente cuisine de la région et découvrir, depuis l'église, un merveilleux **panorama** de cette vallée solitaire.

Beget★★

Le village se trouve dans un **site**★ singulier, au fond d'un vallon silencieux où se précipitent les eaux du Trull. Dans ses tortueuses ruelles pavées se dressent de pittoresques maisonnettes de pierre aux balcons en bois (remarquer les sympathiques petits animaux en plâtre qui décorent les façades : chats, colombes, hiboux, etc.).

L'**église**★★ de style roman (10ᵉ et 12ᵉ s.) est un vrai bijou architectural : une abside semi-circulaire, ornée d'arcatures lombardes, et un élégant clocher à quatre étages.
À l'intérieur est exposé un magnifique *Le pont de pierre de Beget.*
Christ en majesté★ (12ᵉ s.), sculpture toute en longueur et de style réaliste.
Revenir à la C 38 et prendre la direction de Camprodon.

J. Malburet / Michelin

Camprodon pratique

Adresse utile

Office du tourisme de Camprodon – *Pl. d´Espanya 1 - 17867 Camprodon -* 📞 *972 740 936 - www.elripolles.com et www. valldecamprodon.org - 10h-14h, 16h-19h, sam. 10h-14h, 16h-20h, dim. 10h-14h.*

Se loger

🛏🍽🅿 **Hotel Calitxó** – *Passatge El Serrat - Molló -* 📞 *972 740 386 - www.hotelcalitxo. com -* 🅿 *- 24 ch. : 83,46/102,72 €* 🍽 *- rest. 21 €.* Élégant édifice de style catalan entouré de jardins et prairies très soignés. Chambres sobres et confort en rapport. L'endroit idéal pour les amateurs de montagne et les sportifs.

🛏🍽🅿 **Hotel La Coma** – *Setcases -* 📞 *972 136 074 - www.hotellacoma.com -* 🅿 🏊 *- 22 ch. : 83,46/100,58 €* 🍽 *- rest. 18 € env.* Sobre hôtel de montagne installé dans un édifice à la façade en pierre et bois. Locaux soignés et accueillants comprenant un restaurant de style rustique. Clientèle de skieurs.

🛏🍽🅿 **Edelweis** – *Carretera de Sant Joan, 28 - Camprodon -* 📞 *972 740 614 - info@ edelweisshotel.net-* 🅿 *- 21 ch. : 96,60/130,30 €* 🍽*.* Établissement de style très classique disposant de jolies parties communes et de chambres confortables. Ambiance chaleureuse.

Se restaurer

🍽 **Can Jan Restaurant** – *Sant Roc, 10 - Camprodon -* 📞 *972 130 407 - canjan@ campodron.net - fermé de déb. nov. à mi-nov. - 12/39 €.* L'atmosphère joyeuse et conviviale caractérise d'emblée ce restaurant central, à la décoration en bois peint de différentes couleurs, où sont exposées les œuvres d'artistes locaux. Plats typiques de la vallée et autres recettes maison.

Achats

Cal Xec – *Isaac Albèniz, 1 - Camprodon -* 📞 *972 740 357 - www.calxec.com.* En entrant dans cette charcuterie, vous ressentirez immédiatement le désir de déguster ses produits qui embaument dans toute la maison. Ouverte depuis 1870, elle n'a eu de cesse d'accroître sa renommée et ses amateurs, grâce à la qualité de son *fuet* (saucisson sec), de ses saucisses, de ses *botifarres*, boudins catalans, et de ses *chorizos*.

Événement

Festival Issac Albeniz – *En juillet et août -* Depuis plus de 20 ans se déroule à Camprodon le festival Isaac Albéniz au monastère de Sant Pere : beaux concerts de musique classique au programme.

Cardona★

5 232 HABITANTS
CARTE GÉNÉRALE B2 – CARTE MICHELIN REGIONAL 574 G35 – PROVINCE DE BARCELONA

Cardona, petit village à l'allure médiévale et aux étroites rues à arcades, se situe au pied de la colline qui couronne l'impressionnant ensemble formé par le château et la collégiale Sant Vicenç. Dans les environs, à droite du Cardener qui traverse la ville, les sédiments salins forment l'étonnante « montagne de sel », tandis qu'à gauche se trouvent la grande plaine cultivée de Cardona et quelques oliveraies.

▶ **Se repérer** – À une centaine de kilomètres au nord-ouest de Barcelone, Cardona se situe dans la vallée du Cardener, une zone de terres calcaires, où les cultures méditerranéennes font place à un paysage pré-pyrénéen empli de forêts de hêtres et de conifères.

👁 **À ne pas manquer** – La crypte de la collégiale de Sant Vicenç.

🕐 **Organiser son temps** – Si vous prévoyez de rayonner entre Cardona et Manresa, et que vous souhaitez vous offrir une nuit au château, réservez votre chambre à l'avance au parador de Cardona *(voir l'encadré pratique)*, un château restauré dominant un site exceptionnel. Partez tôt à la découverte de la Muntanya de la Sal (« montagne de sel ») pour profiter des lueurs rasantes du matin.

👫 **Avec les enfants** – Offrez-leur un « voyage au centre de la terre » en leur faisant découvrir les galeries des mines de sel.

👣 **Pour poursuivre le voyage** – Voir aussi Solsona (20 km au nord-ouest), Berga (30 km au nord-est) et Manresa (30 km au sud-est).

Découvrir

SANT VICENÇ DE CARDONA

La collégiale et le château forment, malgré leurs traits distinctifs, une masse confuse : c'est à peine si l'on distingue où commence et où s'achève chaque construction. Du village, l'ensemble est impressionnant.

Château★

Visite guidée sur demande au ☏ 938 692 475.

Véritable citadelle se dressant sur une butte (589 m), la silhouette dorée du château domine le village et offre de merveilleuses **vues**★ sur la montagne de sel. Reconstruit au 18e s., il héberge aujourd'hui le parador de Cardona *(voir « Cardona pratique »)* mais garde quelques éléments du 11e s. : la collégiale et la fameuse **Torre de la Minyona** (tour de la Demoiselle). Selon la tradition, cette tour ronde démantelée au 18e s. servit de prison à Adélaïde, fille d'un vicomte de Cardona.

Sant Vicenç★★

☏ 938 684 169 - mat. et apr.-midi - fermé lun. 1er et 6 janv., 25-26 déc. - 2,40 € (-21 ans 1,80 €).

C'est l'un des joyaux de l'art roman lombard de Catalogne. Édifiée en 1040, la collégiale est suspendue sur un petit promontoire de couleur ocre et l'effet que produit son **exceptionnel emplacement**★ est surprenant. La façade principale, à l'ouest, est très austère et ne présente qu'une simple rosace et un porche à trois arcs. Les peintures murales des 12e et 13e s. qui décoraient ce narthex sont actuellement exposées au musée d'Art de Catalogne à Barcelone. À l'**intérieur**★, la beauté règne : les collatéraux, recouverts de voûtes d'arêtes, servent de contreforts à la nef centrale, voûtée en berceau. La magnifique abside est décorée de bandes lombardes, tandis que dans le transept s'élève une lanterne octogonale sur pendentifs.

La **crypte**★, sous le *presbyterium*, constitue à elle seule une petite église composée de trois vaisseaux, aux voûtes d'arêtes, reposant sur six gracieuses colonnes, aux chapiteaux tronconiques. Orson Welles y tourna quelques scènes du film *Vérités et Mensonges*.

On remarquera le mausolée de style Renaissance du comte Juan Ramón Folc, de Fernando Folc, duc de Cardona, et de sa femme, Francisca Manrique de Lara. Devant la collégiale se trouve un charmant cloître gothique du 16e s.

Visiter

Museu de la Sal Josep Arnau

Carrer Pompeu Fabra, 4 - ☏ 938 692 347 - mat. et apr.-midi - 2 €.

Situé dans la rue Serra i Vilaró, on y trouve une très intéressante collection de cristallisations salines et plusieurs objets en sel.

La « montagne de sel ».

Muntanya de la Sal★★ (Montagne de sel)

3 km au sud-ouest par la route de la Mine qui débute près des piscines municipales.
☏ 938 692 475 - www.salcardona.com - visite guidée août : mat. et apr.-midi ; reste de
l'année : mat., w.-end et j. fériés mat. et apr.-midi - fermé lun., du 22 déc. au 23 janv.,
16 sept., 4 déc. - 10 € (-12 ans 6 €).

Exploitée depuis l'époque romaine, la mine de sel de Cardona est une montagne haute de 170 m, comptant de nombreux gisements. Il s'agit d'un phénomène géologique unique. Quand le sel se cristallise dans ses interminables galeries (certaines atteignent 1 000 m de profondeur), il se forme d'importantes stalactites et stalagmites transparentes. La visite de l'une des galeries vous transportera dans un monde magique.

Cardona pratique

Adresse utile

Office du tourisme de Cardona – *Av. del Rastrillo - 08261 Cardona -* ☏ *938 692 798 - avr.-oct. : lun.ven. 10h-14h, 17h-19h, sam. 10h-14h, 17h-20h, dim et j. fériés 10h-14h ; nov.-mars : dim.-ven. et j. fériés 10h-14h, sam. 10h-14h, 16h-18h - fermé 25-26 déc., 1er janv., 10-11 sept.*

Se loger

Parador de Cardona – *Cardona -* ☏*938 691 275 - cardona@ parador.es -* 🄿🍽♿ *- 54 ch. : 174,41/195,81 € ☕ - rest. 23,41 €.* À son cadre privilégié dans le château médiéval qui surplombe toute la vallée, s'ajoute la décoration minutieuse à base de détails évoquant des époques révolues, comme notamment les lits à baldaquin. Excellent service.

Se restaurer

Bar Centro (Tapas) – *Pl. de la Fira, 21 - Cardona -* ☏ *938 691 135 - tapas : 3-4,50 € ; carte : 15 € env.* Grand assortiment de tapas, sandwiches et plats complets.

Événement

Festa Major i Correbou – *Autour du 2e dimanche de sept.* Cardona a conservé ce pittoresque spectacle taurin. Il se tient le dernier dimanche de septembresur la plaça de la Fira, où, pour l'occasion, des arènes sont aménagées. Également des défilés costumés et sardanes.

Castelló d'Empúries★

9 167 HABITANTS
CARTE GÉNÉRALE C1 – CARTE MICHELIN REGIONAL 574 F39
SCHÉMA P. 202 : COSTA BRAVA – PROVINCE DE GIRONA

Cette petite ville historique, qui se dresse sur un promontoire tout proche de la mer, conserve tout un réseau de ruelles anciennes ainsi qu'un riche patrimoine monumental hérité de son passé médiéval comme capitale du comté d'Ampurias du 11e au 14e s. Elle vit retirée de l'agitation qui s'est emparée des localités voisines de la Costa Brava.

- **Se repérer** – Cette localité de l'intérieur de l'Ampurdan se dresse sur la rive droite du Muga, avant qu'il ne se jette dans les eaux du golfe de Roses.
- **À ne pas manquer** – La collection de machines et outils de meunerie exposée à l'écomusée de La Farinera.
- **Organiser son temps** – Si vous êtes amateur, prévoyez suffisamment de temps pour vous offrir une promenade à cheval dans le Parc naturel d'Aigüamolls de l'Empordà.
- **Pour poursuivre le voyage** – Voir aussi la Costa Brava, Figueres (8 km à l'ouest) et Gérone (47 km au sud-est).

Visiter

Santa Maria★

La volonté des comtes de faire de Castelló un siège épiscopal explique la monumentalité de cette église appelée « la cathédrale de l'Ampurdan ». Commencée durant les premières années du 14e s., ce magnifique édifice était encore en construction au début du siècle suivant.

L'église Santa Maria.

Le plus important des éléments anciens qui la composent est le **clocher** de plan carré à cinq étages séparés de corniches en dents d'engrenage. La solide structure romane est ornée de grandes fenêtres de style gothique donnant un très joli effet visuel.

Portail★★ – C'est un ouvrage unique de l'art gothique catalan. Réalisé par Antonio Antigó (début du 14ᵉ s.), il est composé de six grandes archivoltes. Sur les jambages se trouvent les statues des douze apôtres, grandeur nature, dont certaines sont très bien conservées. Toute l'œuvre sculptée, et surtout la partie qui représente l'Adoration des Rois mages – située sur le tympan –, est d'une grande sensibilité et d'une extrême beauté.

Intérieur – La structure de la basilique, avec son chevet et ses trois vaisseaux, a été modifiée au 19ᵉ s. dans le style néogothique. La nef centrale, plus élevée que les bas-côtés dont elle est séparée par des piliers cylindriques, présente une voûte sur croisée d'ogives.

Sur le maître-autel trône un magnifique **retable**★ d'albâtre, couronné de pinacles coniques. Bien qu'il s'agisse d'une œuvre inachevée, il faut s'attarder sur les scènes de la Passion, traitées avec beaucoup de délicatesse.

Ajuntament (Hôtel de ville)

L'hôtel de ville – situé sur la plaça dels Homes – était la Bourse de mer au Moyen Âge. Récemment restaurée, c'est une construction aux murs massifs en pierre de taille avec une porte en arc d'ogive. Les arcatures romanes alternent avec des éléments gothiques.

Casa Gran

Cette ancienne ferme située dans le quartier de Puig Salner est un bel exemple d'art gothique civil (15ᵉ s.). Observer les détails décoratifs des fenêtres.

Pont Vell (Vieux Pont)

Sur l'ancien chemin de Figueres, à l'ouest de la ville, se trouve ce pont du 14ᵉ s. Malgré son état de dégradation, sa présence nous ramène à une époque où les étangs et les fleuves étaient d'importantes sources de richesses pour le comté d'Ampurias.

Aux alentours

Parc naturel Aigüamolls de l'Empordà★

Les marais (« aigüamolls ») de l'Ampurdan constituent la deuxième zone marécageuse de la Catalogne, après le delta de l'Èbre. Leur importance biologique et la beauté de leurs paysages incitèrent à la création en 1983 du parc naturel, qui s'étend sur un peu plus de 4 800 ha. Les oiseaux aquatiques (sarcelle d'été, martin-pêcheur, héron, flamant, cigogne et guêpier) y côtoient un grand nombre d'amphibiens (grenouilles et crapauds). Saules, peupliers noirs et peupliers blancs se dressent au bord des rivières et sur les lacs flottent de véritables tapis fleuris, des plantes et des renoncules aux couleurs vives.

Visite du parc : centre d'information El Cortalet – *4 km au nord de l'étang d'En Túries, sur la route de Sant Pere Pescador.* ☎ *972 45 42 22 - tlj mat. et apr.-midi - fermé 25 déc. - gratuit.*

Le centre propose divers itinéraires (magnétophones et casques disponibles pour les visites individuelles). La visite pourra également être préparée au Centre d'accueil et de récupération de la faune autochtone (Centro de Acogida y Recuperación de Fauna Autóctona).

La visite peut se faire en voiture par des sentiers balisés et des pistes non goudronnées. Le rio Muga divise le parc en deux zones. Dans la zone nord, ou Polygone 1, se trouvent les lagunes les plus importantes (Aigua Clara, Palau, Albert y Mornau) et d'abondantes rizières, tandis qu'au sud, Polygone 2, on rencontre davantage de champs cultivés et des bois sur les berges des rivières. Répartis sur l'ensemble du parc, des **observatoires ornithologiques** en constituent le principal attrait.

Castelló d'Empúries pratique

♿ Vous trouverez d'autres adresses d'hébergement et de restauration dans l'encadré pratique de la **Costa Brava**.

Adresse utile

Office du tourisme de Castelló d'Empúries – *Pl. Jaume I, s/n - 17486 Castelló d'Empúries -* ✆ *972 156 233 - www. castellodempuries.org - juin-sept. : 9h-21h; oct.-mai : 10h-14h, 16h-19h.*

Se loger

🛏🍴 **Hotel Canet** – *Pl. Joc de la Pilota, 2 - Castelló d'Empúries -* ✆ *972 250 340 - www. hotelcanet.com -* 🖥 🅿 *- 30 ch. : 60/65 € - rest.15 €.* Sur une petite place tranquille, belles chambres décorées avec goût, piscine à 50 m dans un ancien couvent ! Petit-déjeuner sur la terrasse du 4e étage avec vue sur le village. Très agréable.

Se restaurer

🍴 **Portal de la Gallada** – *Pere Estany, 14 - Castelló d'Empúries -* ✆ *972 250 152 - tlj 13h-16h, 19h30-23h; fermé le mar. hors saison - 18/40 €.* Spécialités de grillades dans une jolie bâtisse du 12e s. dotée d'une terrasse superbe embrassant une partie du Parc naturel dels Aigüamolls.

Sports et loisirs

Hípica dels Aigüamolls – *Castelló d'Empúries -* ✆ *639 787 732.* Promenades à cheval, de 1/2 h à la demi-journée.

Événement

Fêtes médiévales – *Castelló d'Empúries - autour du 11 sept.* Marché médiéval, concerts et tournoi à cheval en costume d'époque.

Cervera ★

8 942 HABITANTS
CARTE GÉNÉRALE B2 – CARTE MICHELIN REGIONAL 574 G33 – PROVINCE DE LLEIDA

Depuis l'est, la capitale de la Segarra et ses remparts se profilent sur un monticule tout en longueur, avec la tour Santa Maria dominant un paysage de terres calcaires. Les ruines des anciennes murailles de cette ville médiévale dissimulent le vieux quartier aux élégantes maisons seigneuriales présentes surtout dans la carrer Major, longue rue au tracé curviligne. Cervera possède une tradition universitaire et historique de premier plan, dont l'épisode le plus marquant est la signature dans la ville du contrat de mariage des Rois Catholiques.

- ◗ **Se repérer** – Cervera se dresse à 548 m au-dessus de l'Ondara, à 3 km de l'A 2 qui relie Lérida à Barcelone.
- ◗ **Organiser son temps** – L'office de tourisme organise des visites guidées de l'université (fondée en 1716), mais aussi de la ville ; pensez-y.
- ◗ **Pour poursuivre le voyage** – Voir aussi Tàrrega (13 km à l'ouest) et Vallbona de les Monges (42 km au sud-ouest).

Se promener

Cette promenade, qui s'articule autour de la carrer Major dans le sens nord-sud, vous permettra de découvrir les principaux attraits de la ville.

Sant Antoni

L'église est agrémentée d'une élégante façade Renaissance qu'encadrent deux colonnes diminuées soutenant des personnages féminins. À l'intérieur, la sculpture en bois du Christ de Sant Antoni (14e s.) mérite d'être mentionnée.

Université★★

En 1716, Felipe V supprima les six universités catalanes (décret du Nouveau Plan), créant comme unique centre d'études supérieures l'université de Cervera. L'ensemble fut conçu par les ingénieurs militaires François Montaigu et Alexandre de Rez en 1717, avec la participation de Francisco Soriano et Pedro Martín Cermeño. De nombreuses personnalités y ont étudié : Jaime Balmes, Manuel de Cabanyes, Milà i Fontanals, etc.

Il s'agit d'une des œuvres les plus monumentales de l'architecture civile catalane du 18ᵉ s., qui frappe par la stricte répartition des volumes. La façade extérieure (1726-1740), de style baroque, et la façade intérieure (vers 1751), avec de jolis détails ornementaux, retiennent également l'attention. L'ensemble s'ordonne autour de deux patios séparés par une magnifique **chapelle**, ou amphithéâtre, joliment décorée par le grand **retable** d'albâtre (1780-1787) de Jaime Pedró, brillante œuvre baroque.
Prendre la carrer Major.

Museu Comarcal de Cervera

Major, 115 - ℘ 973 533 917 - www.museudecervera.cat - mat. et apr.-midi, dim. et j. fériés mat. - fermé lun., 1ᵉʳ et 6 janv., 25-26 déc. - 4 € (1ᵉʳ dim. du mois gratuit).
Créé en 1914, il occupe l'ancien bâtiment (12ᵉ s.) de l'hôpital des Chevaliers de l'ordre de Saint-Jean-de-Jérusalem.

À côté des riches collections d'archéologie préhistorique, ibérique et romane, dont la pièce maîtresse est la stèle de Preixana, de l'âge du bronze, sont également exposés des peintures du 14ᵉ au 19ᵉ s. et des objets ou documents provenant de l'université de Cervera, concernant le vêtement et l'histoire.

En poursuivant la carrer Major, on dépasse le pittoresque **carreró de les Bruixes★★** (ruelle des Sorcières), avec ses nombreux arcs qui longent la muraille intérieure, et qui inspira la **fête del Aquelarre**.

Plaça Major

La Grand-Place doit également son autre nom de plaça del Blat ou del Mercadal aux céréales qui y étaient déchargées puis vendues au 14ᵉ s.

Ajuntament – Construit entre 1679 et 1688 par Francisco Puig puis agrandi en 1786, l'**hôtel de ville** constitue un exemple original d'architecture civile baroque. Sur sa splendide façade se détachent les **figures humaines★** qui, tels des atlantes, soutiennent le double balcon. Ces gracieuses sculptures constituent une représentation très riche et originale des cinq sens, de personnages du marché et de divers métiers (artisans, paysans, soldats, etc.).

Santa Maria★

Cette majestueuse basilique de style gothique catalan, qui présente trois vaisseaux voûtés sur croisées d'ogives, une abside polygonale aux chapelles rayonnantes et un fin clocher de plan octogonal, fut entreprise au 14ᵉ s. Au début du siècle suivant, le maître Colí de Maraya réalisa les beaux **vitraux** du chevet, dont la plus grande partie est conservée. Dans les chapelles radiales se trouvent les sarcophages de deux

Le village de Cervera.

D. Chapuis / Michelin

marchands, Ramón Serra et Berenguer de Castelltort. L'église recèle d'intéressantes pièces sculptées des 16e et 17e s., dont on retiendra les fonts baptismaux du maître Jacques (1568), le retable de saint André (1648) par Francisco Puig et Jacinto Reguer, et le somptueux **autel du Très Saint Mystère** (Santíssim Misteri) (1788-1810), réalisé en marbre par Jaime Padró.

Plaça del Fossar
Située derrière la basilique Ste-Marie, cette charmante place est occupée par l'église de los Dolores, l'abside de la chapelle Sant Nicolau et la galerie couverte Sant Martí.

Sant Pere el Gros
Depuis l'ancien chemin de ronde, on domine d'un côté le magnifique paysage aride qui entoure Cervera, et de l'autre la silhouette de Sant Pere el Gros, église romane (11e s.) de plan circulaire.

Cervera pratique

Adresse utile

Office du tourisme de Cervera – *Passeig Balmes, 12 - 25200 Cervera -* 🖉 *973 531 303 - juil.-15 sept. : mar.-sam. 10h30-14h, 16h30-19h, dim. et j. fériés 10h-14h ; 16 sept.-30 juin : 10h30-14h, ven. et sam. 16h30-19h, dim. et j. fériés 10h30-14h - fermé lun.*

Événements

Misteri de la Passió - *Les dimanches, de mars à avril.* Cervera développe une activité culturelle et artistique intense, comme le prouvent les très célèbres concours internationaux de musique et de chant et, plus encore, la fameuse **Passió**, où sont mis en scène des épisodes de la vie du Christ. C'est l'une des plus anciennes représentations théâtrales de Catalogne, célébrée jusqu'au concile de Trente à l'intérieur de l'église Santa Maria, plus tard dans la rue, et depuis la fin du 19e s. dans le théâtre. Des milliers de visiteurs affluent en ville pour assister à cet intéressant spectacle auquel participent près de 500 personnes.

Le Sabbat – *Le dernier week-end d'août, durant trois jours.* Cette curieuse fête, qui rassemble nombre de visiteurs, fut créée en 1978 par un groupe de jeunes de Cervera. Bien que la ville n'ait aucune tradition en matière de sorcellerie, les instigateurs du premier sabbat *(aquelarre)* souhaitèrent organiser une fête païenne afin de récupérer l'obscure ruelle des Sorcières. Au fil des ans, cette initiative des jeunes ne cessa de grandir jusqu'à devenir aujourd'hui une fête majeure. La ville se transforme littéralement en un centre ésotérique où défilent des diables (qui donnent des spectacles pyrotechniques), des passacailles, des géants, etc.

Costa Brava★★★

CARTE GÉNÉRALE C 1-2 – SCHÉMA P. 202 -
CARTE MICHELIN RÉGIONAL 574 E-F-G 38-39
PROVINCE DE GIRONA

La force du paysage, la douceur du climat, la limpidité des eaux, la luminosité du ciel dégagé par la tramontane et le charme des agglomérations maritimes, qui vivaient traditionnellement de la pêche et de l'exploitation du corail, sont au nombre des attraits de cette côte, la plus célèbre de tout le littoral catalan.

Se repérer – La Costa Brava est la dénomination que reçoit le secteur littoral le plus septentrional de la Catalogne. Elle s'étend depuis la frontière franco-espagnole jusqu'à l'embouchure du fleuve Tordera, c'est-à-dire de la localité de Portbou à celle de Blanes, soit 120 km de long. Elle correspond à la façade maritime de la province de Gérone.

L'autoroute à péage A 7, reliant Barcelone à Perpignan, traverse la Costa Brava du nord au sud. En quittant Gérone, les voies rapides C 250 et C 255 aboutissent respectivement à Sant Feliu et Palafrugell.

Si vous n'avez pas de voiture, sachez qu'il est possible de se déplacer en train, en autocar et par navettes maritimes, même si ces moyens de transport sont moins pratiques qu'un véhicule personnel (*voir « Costa Brava pratique »*).

À ne pas manquer – Les merveilles naturelles encore sauvages comme le Cap de Creus. Les villages ayant su conserver un caractère catalan, en premier lieu Cadaqués et Tossa de Mar. Les trésors encore relativement peu fréquentés de l'arrière-pays comme Peratallada.

Organiser son temps – Le meilleur moyen de profiter de la Costa Brava est de prendre une voiture et de parcourir ses différents villages.

Vous trouverez sur votre passage des lieux très variés ayant chacun son caractère et ses coutumes. Pour déguster la riche gastronomie marinière et les délicieux plats de l'arrière-pays, il est préférable d'aller dans les petites gargotes où l'on mange de succulents plats d'une authentique cuisine familiale.

Dans tous les cas, la diversité des paysages et l'animation, quel que soit l'endroit où l'on se trouve, invitent à parcourir cette bande maritime, dotée, par ailleurs, d'un excellent réseau routier.

Avec les enfants – Les plages, surtout sur la côte sablonneuse aux alentours de Roses ; une excursion en bateau aux îles Medes ; le Parc Aquatic Aqua Brava de Roses (*voir « Costa Brava pratique »*).

Pour poursuivre le voyage – Voir aussi Gérone, Figueres et la Costa del Maresme.

Calella de Palafrugell.

J. Malburet / Michelin

Comprendre

La Costa Brava – Elle doit son nom de « Côte sauvage » – inventé au début du siècle à Sant Feliu de Guíxols par le journaliste Ferran Agulló – à son tracé irrégulier et accidenté où les roches anciennes de la chaîne côtière, plongeant abruptement dans la mer, forment des falaises d'aspect aride et sauvage. Les multiples criques, cachées entre les caps saillants, abritent des pinèdes qui s'étendent jusqu'au bord de mer. Cependant, les longues plages du golfe de Roses ou les bancs de sable de Pals diversifient les paysages.

Le refuge des artistes – Il n'est pas étonnant que la beauté de ces terres ait suscité l'admiration d'importants écrivains, musiciens, peintres et photographes de la première moitié du 20e s. Et la liste des visiteurs illustres est interminable : Picasso réalisa des œuvres cubistes à Cadaqués (1910) ; Salvador Dalí transforma cette même localité en un centre artistique de grande renommée ; Marc Chagall fit de longs séjours à Tossa de Mar durant les années 1930 et l'écrivain Josep Pla fut un talentueux chroniqueur de ces beaux paysages. La fascination de tous a contribué sans nul doute à la renommée internationale de la Costa Brava.

Découvrir

Les plages

Dans le secteur de la région de la Selva, comprenant **Blanes**, **Lloret de Mar** et **Tossa**, le paysage présente un aspect sauvage. En effet, les falaises, qui atteignent par endroits une centaine de mètres de haut, plongent verticalement dans la mer, formant de petites criques qui, par leurs dimensions assez réduites, sont idéales pour profiter des vacances en famille.

La côte du Baix Empordà, qui comprend la grande baie de Palamós, révèle une beauté étonnante. Les pinèdes s'étendent partout et les eaux transparentes prennent des tonalités bleues et vertes. À **Begur**, **Palafrugell**, **Platja d'Aro** – l'un des endroits les plus fréquentés de la Costa Brava – et **Sant Feliu de Guíxols**, on peut, outre les activités de bord de mer, effectuer d'agréables excursions dans l'arrière-pays.

On trouve les paysages les plus spectaculaires de la zone à **Roses** – dont le golfe décrit une grande et lumineuse courbe de 15 km de plages de sable –, **Cadaqués** et **El Port de la Selva**. Les plages, profondes et fraîches, invitent à la location d'embarcations pour faire de petites croisières et découvrir la beauté de l'environnement.

Les ports

L'image de bateaux amarrés au bord de la mer est indissociable de celle de la Costa Brava. Les ports de plaisance, cadres de compétitions sportives et centres de nombreux loisirs, alternent avec les ports de pêche où ont lieu les criées, l'un des spectacles les plus amusants et animés qui soient.

Les ports les plus renommés se trouvent à **Empuriabrava** (5 000 points d'amarrage), **Roses** (1 100 points d'amarrage), **Palamós** et **Platja d'Aro** (près de 900 points d'amarrage) et encore **l'Estartit** (738 points d'amarrage). D'autres villages, tels l'Escala, Blanes, Llançà et El Port de la Selva, possèdent également de bonnes installations portuaires.

De plus en plus de stations développent leurs **liaisons maritimes**. Tossa de Mar, Lloret de Mar, Blanes et San Feliu de Guíxols sont désormais reliées par des navettes maritimes régulières l'été, l'occasion aussi de découvrir les facettes les plus sauvages de la Costa Brava, côté mer.

Les villages pittoresques

Les villages de la Costa Brava sont très variés et chacun offre un intérêt différent. Parmi eux, ne manquez pas le plus célèbre, **Cadaqués**, hanté par les artistes et les bohèmes, dont la diversité de paysage et l'extraordinaire personnalité se prêtent à la flânerie dans une ambiance cosmopolite et détendue.

Port de Roses.

L. Campion / Michelin

Peratallada, posé sur la roche vive, est également un village très pittoresque, comme **Begur**, le village aux maisonnettes toutes blanches et aux merveilleuses calanques, et **Pals**, où l'ensemble médiéval de El Pedró domine la mer et offre des vues sensationnelles sur la côte. Et que dire de **Tossa de Mar** dont le singulier profil des remparts captive des milliers de visiteurs ?

Les jardins

Autre spécialité de la Costa Brava, et pas des moindres : ses jardins aménagés. Plus connues pour leurs discothèques en plein air, certaines stations balnéaires abritent de petits bijoux verdoyants, où profiter d'un calme ombragé et réparateur. Entre **Lloret de Mar** et **Blanes**, vous trouverez trois jardins botaniques majeurs : Marimurtra (6 000 espèces végétales du monde entier), Pinya de Rosa (le plus grand jardin de cactus au monde), Santa Clotilde (ambiance Renaissance italienne).

Certains jardins offrent des vues exceptionnelles sur des parties protégées de la côte, invisibles autrement. C'est le cas du jardin botanique del cap Roig, à **Calella de Palafrugell**, niché sur des terrasses panoramiques en surplomb de la mer.

Les passionnés pousseront jusqu'à l'intérieur des terres pour ne pas manquer **le parc de la Devesa★**, à **Gérone** (voir ce nom), avec la plus grande plantation de platanes de Catalogne.

L'ambiance

Son animation constitue l'un des attraits de la Costa Brava, et si les possibilités de loisirs sont innombrables – des *carpas*, discothèques en plein air, et autres grandes discothèques bondées certains soirs en passant par les terrasses sur les plages – on peut cependant y trouver l'endroit tranquille que l'on recherche ou le petit coin où siroter un verre dans l'intimité.

C'est à **Lloret de Mar** que l'on trouvera l'ambiance la plus échevelée, avec les disco-pubs et les bars ouverts jusqu'au petit matin, et à **Platja d'Aro**, célèbre par ses discothèques où la « drague » est assurée d'avance. À Tossa, Roses, Blanes et Calella de Palafrugell, les bars de bord de mer sont légion, et sur les plages de Palamós, Sant Feliu de Guixols et Cadaqués, où les établissements sont plus élégants, on donne également des concerts et des spectacles en plein air.

Circuits de découverte

DE BLANES À PALAMÓS ①

51 km. Le circuit emprunte deux étroites routes côtières qui dispensent de magnifiques panoramas du littoral : la GI 682 (de Blanes à Sant Feliu) et la C 253 (de Sant Feliu à Palamós). Armez-vous de patience car leur tracé est souvent très sinueux, en particulier sur le tronçon Lloret-Sant Feliu.

Blanes★

Blanes, appelée « Blanda » à l'époque romaine, prit naissance près de l'embouchure du fleuve Tordera, entre la mer et la montagne Sant Joan. Important centre touristique, la ville s'organise autour de la rue Anselm Clavé. Entre la pointe de Santa Anna et le *tombolo* (cordon littoral) de Sa Palomera s'étend le magnifique **passeig Marítim★**, promenade qui offre une belle vue panoramique de Blanes et de sa plage, couronnée par le port de plaisance.

Sur la colline qui protège la ville à l'est se dressent les restes du château Sant Joan, auquel on peut accéder en voiture par la rue Vidal i Barraquer. Sur la partie basse de cette même colline s'élève l'église Santa Maria, édifice gothique du 14e s. contenant un beau retable baroque.

Jardin botanique Marimurtra★ – *Sur le versant sud-est du mont Sant Joan, en montant par la rue Vidal i Barraquer.* ℘ *972 330 826 - www.jbotanicmarimurtra.org - tte la journée - fermé 1er et 6 janv., 24-26 déc. - 5 €.* Créé en 1921 par l'Allemand Karl Faust en collaboration avec le botaniste Pius Font i Quer, il renferme plus de 6 000 espèces de plantes exotiques les plus diverses provenant du monde entier. Le parcours passe par des sentiers sinueux offrant de belles **vues★** de la côte et de la Cala Forcadera. Doté d'un laboratoire bien équipé, ce jardin est devenu un prestigieux centre de diffusion scientifique.

Jardin botanique Pinya de Rosa★ – *Situé au-dessus du jardin botanique Marimurtra - accès en voiture : suivre la direction Lloret de Mar et bifurquer au rond-point sur la GIV 6838 en direction de l'ermitage de Santa Cristina. Parking 1,5 km après le rond-point - ℘ 972 350 689 - tte la journée - fermé 1er et 6 janv., 24-26 déc.- 4 €.* Créé en 1945 sur le même principe que le jardin botanique Marimurtra, Pinya de Rosa est devenu le plus grand jardin de cactus au monde, avec plus de 7 000 variétés provenant des quatre coins de la planète. Son fondateur, l'ingénieur Fernando Riviere de Caralt, a consacré plusieurs décennies à l'élaboration de ce jardin d'acclimation, ouvert au public depuis une trentaine d'années.

Les sentiers courent les flancs d'une calanque vierge de constructions, menant en contrebas à un petit bassin rafraîchissant bordé de palmiers.

Joaquim Ruyra (1858-1939)

Cet écrivain, originaire de Blanes, donne une vision émue de l'univers marin de sa ville. Dans son œuvre principale, *Pinya de rosa* (1920), il restitue avec réalisme l'humeur des pêcheurs, allant jusqu'à reproduire intégralement les conversations en « dialecte salat », langage drôle et très particulier qui lui était familier.

Lloret de Mar

Ville côtière très fréquentée, Lloret a substitué à son activité maritime d'origine une énorme infrastructure hôtelière, devenant ainsi le premier centre touristique de la Costa Brava. Lieu idéal pour profiter de vacances animées, les possibilités de divertissement qu'elle offre en été sont pratiquement inépuisables. Une foule de toutes nationalités va dans les *carpas*, gigantesques discothèques de plein air, danser et se divertir au rythme des musiques à la mode. Les bars ferment leurs portes aux petites heures du jour, au moment même où s'ouvrent celles des *after hours*, qui prolongent la fête jusqu'à midi.

De sa physionomie bigarrée se détache la promenade en forme de demi-lune qui longe la plage. La fête la plus prisée est, le 24 juillet, la procession maritime de Sa Reliquia, au cours de laquelle on promène en mer, sur des barques décorées de guirlandes, l'image et les reliques de sainte Christine.

Jardins de Santa Clotilde★★ – *En sortant de Lloret de Mar en direction de Blanes - ☎ 972 364 735 - tlj sf lun. mat. et apr.-midi - mars-mai : concerts de jazz à 12h dans le jardin (se renseigner à l'accueil ou à l'office de tourisme) - 4 €.*

Voilà une oasis de tranquillité, bien rare sur cette portion de la Costa Brava ! Restaurés en 2006, les jardins de Santa Clotilde ont été aménagés en 1919 par l'architecte et paysagiste Nicolau Maria Rubió i Tudurí (1891-1981), un disciple de l'architecte français Jean-Claude Forestier. Dix ans plus tard, le duo réalisera d'ailleurs la colline de Montjuïc à Barcelone, à l'occasion de l'Exposition universelle de 1929.

Le propriétaire des jardins, le docteur Raul Roviralta, a demandé à l'architecte de s'inspirer de la Renaissance italienne. Les jardins en terrasse sont traversés d'allées et d'escaliers de brique crue tapissés de lierre. Dense au sol, la végétation s'élève grâce aux pins et cyprès. Les arbres restent cependant peu nombreux, afin de permettre au promeneur de jouir du panorama sur la côte et la mer.

Tossa de Mar★

Ce pittoresque village s'inscrit dans un environnement naturel d'une grande beauté, entre les falaises abruptes, couvertes de pins et de chênes-lièges, les belles calanques et la plage.

Le grand atout de cette ville réside dans ses extraordinaires plages de sable fin, idéales pour la baignade car peu profondes. La **Platja Gran**, située en face de Vilanova, est la plus vaste et la plus fréquentée. Derrière la vieille ville se trouve la petite plage **Cala Codolar**, véritable havre de paix. Plus près de la ville se situent les calanques **Bona**, **Pola**, **Givarola** et **Llevado**, à partir desquelles on peut visiter le phare, niché à 60 m de hauteur sur une falaise.

Au sommet du cap de Tossa, au nord de l'accueillante baie, s'étend la **vieille ville**★ (12e-14e s.). La remarquable enceinte fortifiée a gardé son périmètre d'origine, de sobres murs crénelés, et sept grosses tours à mâchicoulis, dont trois rondes.

La ville nouvelle, complexe moderne d'hôtels, d'appartements et de restaurants, s'étend parallèlement à la plage.

Museu Municipal – *Pl. Pintor Roig i Soler, 1 - ☎ 972 340 709 - www.tossademar. com/museu - juin-sept. : tte la journée, dim. et lun. mat.; reste de l'année : tlj sf lun. mat. et apr.-midi, dim. mat. - 3 € (-12 ans gratuit).* Fondé en 1935, il occupe l'ancienne maison du gouverneur, ou « batlle ». De nombreux objets trouvés lors des fouilles archéologiques effectuées sur le site de la proche villa romaine de Els Ametllers (1er-4e s.) y sont exposés.

Une importante **collection d'art contemporain**★ rassemble des œuvres d'artistes nationaux et étrangers (Chagall, André Masson, Rafael Benet, etc.) ayant séjourné à Tossa dans les années 1930.

Sant Feliu de Guíxols★

Cette ville côtière est située sur une petite baie, à l'abri des derniers contreforts de la serra de Les Gavarres. Le **passeig de la Mar**, promenade arborée parallèle à la plage, est l'artère la plus animée de la ville. Pendant les mois d'été, ses nombreuses terrasses et ses cafés d'aspect moderniste (**Casino dels Nois**) ne désemplissent pas.

Les boutiques d'artisanat du liège proposent tous les articles possibles, du simple bouchon aux objets décoratifs d'un certain intérêt artistique.

Église-monastère Sant Feliu★ – Les vestiges de cet ancien monastère bénédictin du 10e s. se trouvent sur la plaça del Monestir. Fortifié à l'origine, c'est une authentique mosaïque de styles architecturaux. Les tours del Fum et del Corn, ainsi que la **Porta Ferrada★★**, étrange portail de style préroman aux arcs outrepassés, en sont les restes les plus anciens.

L'église gothique présente trois absides polygonales et une seule nef voûtée sur croisée d'ogives. Les dépendances monastiques, remodelées au 18e s., accueillent le **Museu d'Història de la Ciutat**. 📞 972 821 575 - tlj sf lun. mat. et apr.-midi, dim. mat. - fermé 1er et 6 janv., 25 déc. - gratuit.

Chapelle Sant Elm – On prétend que c'est en contemplant le bord de mer de ce splendide mirador que le journaliste **Ferran Agulló** appela la côte « Costa Brava ». Les **vues★★** que l'on a de la corniche littorale sont impressionnantes.

Pedralta★

Situé à la limite de la commune de Castell d'Aro, ce rocher en porte-à-faux, l'un des plus grands d'Europe, est un singulier mirador sur la baie.

S'Agaró★

La construction de cet ensemble immobilier aux belles et luxueuses villas débuta dans les années 1920, selon une tendance Art nouveau adoptée par l'architecte Rafael Masó. On ajouta plus tard des constructions modernes.

Depuis le camino de Ronda, on a de charmantes **perspectives★** sur les falaises.

Platja d'Aro

Cet ensemble urbain, aménagé au seul usage des vacanciers, trouve toute son animation en été, quand ceux-ci déambulent dans ses rues, y apportant une ambiance cosmopolite et bruyante.

Palamós

Petit village ayant un dynamique port de plaisance et de pêche, Palamós, avec son choix de loisirs et de services, est l'un des endroits les plus fréquentés de la Costa Brava.

Museu de la Pesca (musée de la Pêche) – 📞 972 601 244 - www.museudelapesca. org - mat. et apr.-midi - fermé lun., 1er et 6 janv., 1er Mai, 25 et 31 déc. - 3 €. Ce musée vous embarque pour un voyage dans l'univers de la pêche et ses traditions. Passé le documentaire audiovisuel d'introduction, peu rassurant sur l'avenir de la filière, l'exposition détaille les techniques de pêche spécifiques à la Costa Brava, avec en

Tossa de Mar.

particulier la mise en scène d'une barque catalane traditionnelle, son matériel et ses outils d'entretien. La dernière partie de l'exposition présente une intéressante série de maquettes illustrant les techniques de pêche et de poses de filets.

Cova d'en Daina★ – *4 km à l'ouest de Palamós.* Une **route** calme et sinueuse pénètre dans la serra de Les Gavarres et conduit jusqu'à **Romanya de la Selva**. Après le village, au milieu d'un paisible bosquet, se trouve cet intéressant tombeau mégalithique.

DE PALAFRUGELL AUX ÎLES MEDES ②

59 km jusqu'à L'Estartit.

Cet itinéraire longe une portion du littoral avant de découvrir un certain nombre de villages et paysages de l'arrière-pays ampurdanais.

Palafrugell

Située à quelques kilomètres de la côte, Palafrugell est une ville d'une intense activité culturelle. Au début du 20e s., le travail du liège, aujourd'hui disparu, fit sa splendeur.

Berceau du prolifique écrivain **Josep Pla** (1897-1981), Palafrugell est très apprécié des visiteurs, nombreux en été, pour son atmosphère festive et son *suquet de peix*, un plat savoureux à base de poisson.

Museu del Suro (musée du Liège) – *Carrer Tarongeta, 31 - ✆ 972 307 825 - www. museudelsuro.org - de mi-sept. à mi-juin : mar.-sam. apr.-midi, dim. mat., fermé lun. ; de mi-juin à mi-sept : tlj mat. et apr.-midi - 3 € (-15 ans gratuit).* On y montre le procédé

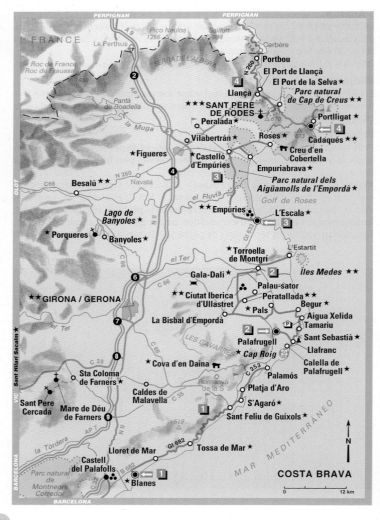

de fabrication des bouchons de liège et il est intéressant de voir les ustensiles très rudimentaires qui servaient à laver, couper et marquer les plaques de liège.
Prendre la quatre voies en direction de la côte et en suivant les panneaux « Calella ».

Calella de Palafrugell★

Comme Llafranc, cette ancienne bourgade de pêcheurs est devenue un centre touristique raffiné. Face à la mer se trouve la très populaire **carrer de les Voltes**. Dans cet espace aux arcades blanches a lieu chaque année, le premier samedi du mois de juillet, le très couru **Festival de habaneras**, où l'on boit le *cremat* (café flambé au rhum) en écoutant les mélodieuses chansons de marins.

Jardí Botànic del cap Roig★ – ℘ 972 614 582 - http://jardins.caproig.cat - tte la journée - 3 €. De ce jardin, situé en dehors de la ville, on a des **vues★★** spectaculaires de la côte. La visite s'effectue parmi plus de 1 200 espèces végétales réparties sur plusieurs terrasses en front de mer. Arbrisseaux et plantes, provenant de toutes les latitudes, emplissent de senteurs exotiques et de couleurs éclatantes ce lieu paradisiaque où des allées sont couvertes de treillis floraux, où jardins à l'aspect romantique et miradors offrent des vues impressionnantes sur les falaises. À l'intérieur, caché par une allée de peupliers, se trouve le château du cap Roig, bâtiment néogothique construit en 1924 par Nicolas Woevalsky, ancien colonel de l'armée tsariste, et sa femme Dorothy. L'aspect fantastique de cette construction de pierre oxydée couronnée d'aiguilles apporte une touche mystérieuse à l'ensemble.
Prendre la petite route côtière.

Llafranc

Les maisons de pêcheurs ont été remplacées par des résidences secondaires. Le **port de plaisance**, qui compte 140 amarres, est la principale attraction de Llafranc avec la petite plage, cadre de nombreuses activités estivales (concerts en plein air, compétitions sportives, etc.).

Phare de Sant Sebastià★

Le phare (1857), l'un des plus puissants d'Espagne, est situé sur un cap minuscule environné de falaises sauvages. L'ermitage Sant Sebastià, tout près, s'ouvre sur une belle **vue★** sur la mer.

Tamariu

Les criques Gelida, Llarga et Marquesa, d'une grande beauté, sont pratiquement vierges, grâce au tourisme sélectif qui est pratiqué dans cette zone.

Begur★

Située à 200 m au-dessus du niveau de la mer, la ville surplombe un bel ensemble de criques. Une promenade dans ses ruelles étroites permet la découverte de maisons du 18e s., généralement bien conservées, des tours de défense et de typiques maisons de pêcheurs. Sur la partie haute du village se dressent les ruines du château (16e-17e s.), d'où l'on peut contempler le pittoresque enchevêtrement des ruelles de la ville.

Les criques – *Pour y accéder, suivre les indications.* Les anciens quartiers de pêcheurs sont devenus des zones touristiques et résidentielles de grand standing parmi lesquelles il faut signaler **Aigua Xelida**, **Sa Tuna**, **Sa Riera** et **Aigüafreda**. Le paysage entourant ces lieux est spectaculaire : des montagnes abruptes couvertes de pinèdes tombant à pic dans la mer, des petites plages parsemées d'embarcations et, surtout, une vision privilégiée de la Méditerranée.
Quitter la route côtière et prendre la direction de Pals.

Pals★

Le village domine l'embouchure du Ter et possède un intéressant quartier ancien, El Pedró, bien restauré. Dans les environs s'élèvent des fermes, dont plusieurs sont fortifiées. Ces édifices typiquement ruraux contrastent avec les réalisations plus modernes : nombreux lotissements à l'usage des estivants et terrain de golf.

El Pedró★ – Cet ensemble monumental ceint d'une muraille restitue à la perfection l'atmosphère médiévale et conserve de beaux édifices parmi lesquels se détachent l'église gothique Sant Pere et la **tour des Heures**, d'où l'on découvre un magnifique **panorama**. Ses ruelles aux maisons roses sont un véritable enchantement.
Emprunter la GI 652, puis prendre à droite la C 66.

La Bisbal d'Empordà

Chef-lieu du Baix Empordà, c'est une localité dynamique et commerçante, que la poterie traditionnelle et les incomparables terres argileuses ont convertie en prestigieux centre d'artisanat.

Pals et sa tour des Heures.

Sous les populaires voûtes de ses grandes arcades s'étalent de nombreux commerces et boutiques spécialisés dans la vente d'objets de céramique.

Château-palais★ – *Pl. del Castell, s/n - ℰ 972 645 166 - tlj sf lun. mat. et apr.-midi, dim. mat. - 2 € (gratuit lors des expositions).* L'ancienne résidence des évêques de Gérone est le bâtiment le plus notoire de La Bisbal. C'est un sobre exemple d'architecture civile, où se mêlent éléments romans et gothiques, dont la récente restauration permet de faire ressortir l'extrême beauté. Une partie de l'édifice abrite les **archives historiques du pays**.

Santa Maria – Bâtie au 18e s., l'église accueille l'Aigle et le Dragon, figures mythiques du bestiaire médiéval. La façade monumentale présente certains détails décoratifs (oculi, archivoltes, colonnes galbées et gargouilles) d'une grande beauté.

Prendre la GI 651.

Peratallada★★

Assis sur des roches ravinées – d'où son nom, qui signifie « pierre taillée » –, ce village peut être considéré comme l'un des meilleurs ensembles d'architecture médiévale de l'Ampurdan.

Laisser la voiture sur le parking municipal.

Ce **village** fortifié, dont les vieilles ruelles débouchent sur la plaça Major, s'articule autour de la grande tour du château-forteresse, devenu hôtel de luxe. La **plaça de les Voltes**, dotée d'un petit portique et bordée de maisons anciennes, est l'une des images les plus caractéristiques de la localité. Pendant la période estivale, la légendaire tranquillité de Peratallada est partagée par les nombreux visiteurs.

Sant Esteve, austère bâtiment du 13e s. en dehors du village, possède un campanile ajouré, d'un modèle très répandu dans la région.

Continuer par la GI 651.

Palau-sator

Ce petit village paisible, au plan médiéval bien conservé, se transforme, le week-end et durant les vacances, en haut lieu gastronomique.

Sant Julià de Boada

Sur le territoire communal de Palau-sator s'élève ce curieux exemple d'architecture préromane (10e s.), où l'on a effectué une remarquable restauration.

Retourner à Peratallada. Après avoir dépassé le village, prendre à droite la GI 644.

Ullastret★

Un des villages les plus pittoresques de l'arrière-pays de l'Ampurdan. Ses vieilles ruelles médiévales exhalent l'odeur caractéristique de la campagne. Dans les environs, on peut acheter les produits typiques de la région.

Sant Pere – Située au centre du village, cette église est un bel exemple du style roman de l'Ampurdan, avec son plan basilical et sa décoration lombarde. Remarquer un curieux ossuaire gothique ainsi que la représentation sur les impostes de personnages et d'animaux fantastiques.

Ciutat Ibérica★★ – *1 km à l'est.* 𝒫 *972 179 058 - juin-sept. : tte la journée ; oct.-mai : mat. et apr.-midi - fermé lun. - 2,30 € (-16 ans gratuit).* L'ancienne lagune d'Ullastret, asséchée vers la fin du 19e s., a fait place à une plaine, fertile et agréable, où croissent les cyprès et les oliviers. On y trouve également les vestiges d'un oppidum ibérique, rappelant l'occupation de la région par les Grecs phocéens *(voir Empúries)*.

Les ruines de cette ancienne place forte forment un précieux témoignage archéologique, car elles permettent de reconstituer la vie de ses habitants aux 4e et 3e s. av. J.-C.

Museu Arqueològic d'Ullastret – 𝒫 *972 179 058 - www.mac.es - juin-sept. : tlj sf lun. tte la journée ; reste de l'année : tlj sf lun. mat. et apr.-midi - fermé 1er janv., 25 et 26 déc. - 1,80 € (- 16 ans gratuit).* L'ancienne chapelle Sant Andreu héberge cette section du musée d'Archéologie de Catalogne. Y sont exposées les principales découvertes faites au cours des fouilles (monnaies, récipients et ustensiles divers).
Poursuivre par la GI 644 puis prendre à droite la GI 643.

Torroella de Montgrí★

La ville s'élève au bord du Ter, au pied de la montagne du Montgrí.

Son quartier ancien garde la disposition d'un camp romain, avec deux rues principales qui se croisent sur une place bordée d'arcades.

Sant Genís – C'est un bel exemple de gothique catalan (14e s.), qui présente une monumentale façade baroque. À l'intérieur, aux lignes très sobres, on trouve une seule nef, une abside polygonale et des chapelles latérales. Chaque été, l'église accueille le **Festival international de musique**, l'un des événements musicaux les plus prestigieux de Catalogne.

Château du Montgrí – *La montée à pied par un itinéraire balisé commence au bout de la carrer Fátima. Compter 1h.* Cette imposante forteresse se dresse au sommet de la montagne du Montgrí. La solidité et l'uniformité de ses murs extérieurs font oublier qu'il s'agit d'une œuvre inachevée. Grâce à sa situation privilégiée, ce château forme un extraordinaire **belvédère★★** face au massif montagneux des Gavarres et à la mer. À quelques mètres de là se trouve le gisement archéologique du **Cau del Duc** (le repaire du duc), grotte que l'homme occupa il y a 300 000 ans. La visite au sommet du Montgrí se termine à l'**ermitage Santa Caterina**, lieu de vénération populaire situé dans la proche vallée du même nom.
La GI 641 conduit à L'Estartit, point de départ des croisières pour les îles Medes.

Îles Medes★★

Le petit archipel des îles Medes (21,5 ha de superficie), formé de sept îlots et de quelques récifs, se trouve à 1 km de la côte de l'Ampurdan ; le paysage y est de toute beauté. Prolongement en mer du massif calcaire du Montgrí, il constitue un site d'une grande richesse écologique par sa variété d'espèces et d'écosystèmes.

Du fait de sa formation karstique, il en résulte des cavités et des tunnels favorisant la végétation et la faune marines. On y dénombre plus de 1 300 espèces différentes. Cette richesse de ressources a été longtemps exploitée par les pêcheurs et, notamment, par les coralleurs qui ont, depuis le 18e s., étendu leur activité à toute la côte.

Meda Gran – L'île accuse une forte dissymétrie : tandis que son littoral oriental est découpé de hautes falaises, composées de strates calcaires, sa face ouest présente des pentes douces formées par la présence des matières molles (argiles, gypses et marnes). Près de la petite baie de l'embarcadère se dressent les deux phares, construits l'un en 1866, l'autre fonctionnant à l'énergie solaire, en 1930.

Meda Petita – Elle est séparée de Meda Gran par El Freuetó. Du côté du levant existent de nombreuses cavernes et grottes entre les falaises.

GOLFE DE ROSES : DE L'ESCALA À ROSES ③

36 km. La grande majorité de ce tronçon de frange côtière fait partie du Parc naturel Aiguamolls de l'Empordà.

L'Escala★

Cette ville touristique traditionnellement vouée à la pêche est située à l'extrême sud du golfe de Roses.

Aux environs sont édifiés de nombreux ensembles groupant villas et complexes hôteliers. Le **port** comprend un bassin de plaisance de 435 postes d'amarrage.

La ville est le lieu de naissance de l'écrivain Caterina Albert (1869-1966), qui a publié ses œuvres *(Solitud* et *Drames rurals)* sous le pseudonyme de **Victor Català**.

Empúries★★ *(voir ce nom)*

Parc naturel Aigüamolls de l'Empordà★ *(voir Castello d'Empúries)*

Castelló d´Empúries *(voir ce nom)*
Quitter Castelló d'Empúries en direction de la côte, puis suivre les panneaux « Empuriabrava ».

Empuriabrava★

Ce luxueux ensemble immobilier construit sur d'anciens marécages présente une **trame urbaine** très particulière, qui voit alterner routes goudronnées et canaux navigables, offrant une vision hors du commun : les embarcations amarrées aux portes des maisons. La marina dispose d'un port de plaisance et d'un petit aérodrome pour avions de tourisme et hélicoptères.
Reprendre la C 260 vers l'est.

Roses★

Au sud-est de l'abrupte péninsule du Cap de Creus, régnant sur le golfe du même nom, se trouve cette petite ville touristique par excellence. Située sur un magnifique port naturel, elle possède la plus importante flotte de pêche du nord de la Catalogne. Néanmoins, cette ville conserve aussi quelques beaux vestiges et propose une large gamme hôtelière, de restauration et d'équipements de loisirs. En outre, son port de plaisance accueille de nombreuses compétitions.

Citadelle★ – *Av. de Rhodes, s/n - ℘ 972 151 466 - tlj tte la journée sf lun. de sept. à juin - 3 € (-18 ans 2,50 €) - visites guidées nocturnes en juil.-août (une langue différente chaque soir) 5 €.* De style Renaissance, elle fut construite au 16e s. par ordre de Charles Quint, qui craignait quelque invasion turque. Elle se développe selon un plan pentagonal, avec de solides murs et de nombreux bastions. En dépit des destructions, l'ensemble demeure dans un bon état de conservation. La monumentale **Porta de Mar**, de style Renaissance, avec ses pilastres ornementaux adossés et sa frise à décoration végétale, est la porte d'entrée de l'enceinte fortifiée.

À l'intérieur se trouvent les ruines du monastère bénédictin Santa Maria de Roses, détruit par les Français pendant la guerre d'indépendance (1808-1814), et, en sous-sol, les vestiges de l'ancienne ville de Rhode.

Santa Maria – Les restes de cette église du 11e s. se trouvent à l'intérieur de la citadelle. La partie la mieux conservée est le très beau chevet, de type lombard. Dans l'une des absidioles, on a trouvé des traces d'une église paléochrétienne.

Dolmen de la Creu d'en Cobertella
5 km par la route qui mène à l'anse Montjoi.
C'est le plus grand monument mégalithique de Catalogne, dont la datation approximative est fixée aux débuts du troisième millénaire av. J.-C.

DE CADAQUÉS À PORTBOU [4]

52 km. Ce dernier circuit, qui parcourt la zone la plus septentrionale du littoral catalan, part de la belle péninsule du Cap de Creus pour aboutir à Portbou, non loin de la frontière française.

Cadaqués★★ *(voir ce nom)*

Portlligat★ *(voir Cadaqués)*

Parc naturel du Cap de Creus★★ (Cabo de Creus) *(voir Cadaqués)*
Retourner à Cadaqués puis prendre les petites routes en direction de l'arrière-pays (la GI 614 et la GI 613).

El Port de la Selva★
Cette commune touristique se trouve au nord de la péninsule du Cap de Creus. Le centre de la ville est composé d'un évocateur ensemble d'architecture populaire constitué de maisons blanches qui furent autrefois des maisons de pêcheurs. Actuellement, El

---

Ferran Adrià ou la cuisine « moléculaire »

Roses, petite ville à l'avant-garde de la gastronomie mondiale ? Avec son restaurant « El Bulli » (le bouledogue), ce cuisinier catalan de génie, né en 1962, s'est hissé dans le club très fermé des meilleurs cuisiniers du monde. Avec sa trentaine de plats, son menu dégustation offre le panorama d'une gastronomie hyper technicisée, dite « moléculaire ». Mais il faut être patient : succès international oblige, les réservations se prennent ici d'une année sur l'autre ! *(Voir aussi « Comprendre la région », les grandes figues catalanes).*

Port de la Selva est une station estivale où foisonnent les nouvelles constructions, les hôtels et les campings.

La pêche est une des principales activités de ce port naturel, dont le profil est l'un des plus spectaculaires de toute la Costa Brava. La largeur de sa plage, lieu de maintes compétitions sportives, les lueurs argentées de la mer et, surtout, la proximité du merveilleux monastère Sant Pere de Rodes font d'El Port de la Selva une étape à ne pas manquer.

Quitter la côte en direction de l'ouest.

Monastère Sant Pere de Rodes★★★

Laisser la voiture au parking et gagner le monastère à pied (10mn). Il est conseillé de démarrer la visite par la présentation audiovisuelle. ℘ 972 387 559 - tte la journée - fermé lun., 1ᵉʳ janv., 25-26 déc. - 3,60 € (-18 ans 2,40 €), mar. gratuit.

Sur le flanc abrupt du mont Sant Salvador de Verdera, dans un **site★★** merveilleux ayant en toile de fond le golfe du Lion et la péninsule du Cap de Creus, se dressent les ruines impressionnantes de ce monastère bénédictin. Sa construction remonte au 10ᵉ s. et son histoire est un véritable roman-feuilleton de cape et d'épée, lourd de vols, d'incendies, d'épidémies et de saccages.

Le monastère est enclavé sur une petite esplanade irrégulière, aussi les différents édifices (église, cloître et dépendances monastiques) sont-ils situés à des niveaux différents. Sur la hauteur s'élèvent les ruines du **château de Sant Salvador de Verdera**. L'ensemble est complété par les vestiges de l'ancienne localité de Santes Creus, que domine l'**église Santa Helena**.

Église★★★ – C'est une œuvre exceptionnelle, unique dans l'architecture médiévale espagnole. Elle présente une unité de construction atypique, aux influences préromanes très marquées, malgré sa construction au 11ᵉ s.

Située au nord du site, plus bas que le reste des bâtiments, elle comporte trois vaisseaux.

La nef centrale présente une voûte en berceau très haute, alors que les collatéraux, très étroits, ont des voûtes surbaissées. Les vaisseaux sont séparés par des piliers massifs, renforcés de colonnes adossées reposant sur de hauts soubassements. Les superbes **chapiteaux★** qui décorent ces colonnes ont des entrelacs et des feuilles d'acanthe délicatement sculptés, dans la lignée de quelques monuments cordouans et byzantins. Le transept a deux chapelles absidiales et une abside centrale dotée d'une crypte et d'un étroit déambulatoire auquel on accède par le bras droit du transept et d'où l'on apprécie le mieux la profondeur et l'ampleur de la nef centrale.

Clocher★★ – Magnifique exemple du roman lombard du 12ᵉ s., c'est une grande tour de plan carré (27 m de hauteur) à trois étages avec de grandes ouvertures.

Reprendre la Gl 612 et continuer vers le nord-ouest.

Llançà★

Au nord de la péninsule du Cap de Creus, entre des criques de gros sable aux eaux cristallines, se trouve Llançà. Tandis que le noyau urbain, à 1 km de la côte, est un

Le monastère Sant Pere de Rodes.

R. Manent / Michelin

L'ancienne ville de Rhode

Rhode fut fondée au 8ᵉ s. av. J.-C. par des navigateurs originaires de l'île de Rhodes, mais fut occupée plus tard par les Phocéens, qui s'étaient installés à Empúries. Quoique l'on ait depuis toujours identifié Roses avec l'ancienne Rhode, la confirmation archéologique ne fut obtenue que vers 1960. Les fouilles récentes – inachevées – ont établi que Roses fut une active colonie grecque, dont la propre monnaie (des drachmes frappés au revers de la rose des Rhodiens) eut cours de la fin du 4ᵉ s. jusqu'au 3ᵉ s. av. J.-C. La découverte d'un atelier de céramique utilisant le vernis noir a révélé que la ville vécut, pendant un certain temps, de l'exportation de ses produits dans la Méditerranée occidentale. Une inscription, trouvée à Carthage, cite le *municipium* de Rhode comme important centre de salaison de poissons.

endroit tranquille environné de vergers et de vignes, **El Port de Llançà**, au bord de la mer, est devenu un centre touristique important de la Costa Brava.

La Festa d'Hivern (Fête d'hiver), célébrée le 22 janvier, complète l'intérêt de cette ville qui produit les populaires « **llances** », bonbons typiques en forme de lance, fabriqués à base d'amandes, de farine, de beurre et de cacao.

Plaça Major – En son centre s'élève l'**arbre de la Liberté**, gigantesque platane. On peut aussi voir sur cette place animée les **ruines du clocher** de l'église romane primitive (13ᵉ s.) et le **donjon** (Torre del Homenatge), grande construction de base rectangulaire, faisant partie de l'ancien château-palais (13ᵉ et 14ᵉ s.) des abbés de Sant Pere de Rodes *(voir plus haut)*.

Sant Vicenç – Édifiée au 18ᵉ s. et située au centre de Llançà, l'église à nef unique est précédée par un perron de pierre. La façade monumentale présente un portail néoclassique.

El Port de Llançà

Le quartier maritime de Llançà est situé autour d'une petite baie ouverte sur la mer et légèrement protégée de la tramontane et des tempêtes. Le quartier, auparavant occupé par des baraques de pêcheurs, est aujourd'hui un centre bigarré de résidence et de villégiature, pratiquement aggloméré à la ville. Il compte également un important port de plaisance et, tous les jours, on peut voir les produits frais de la pêche sur les étals du marché aux poissons.

Prendre la N 260 ou la GI 612.

Port-Bou

Aux confins du Roussillon français, cet important centre touristique est aussi l'un des principaux postes frontaliers d'Espagne, notamment pour le trafic ferroviaire. Port-Bou, dont la surface bâtie est égale à celle des installations ferroviaires, n'a longtemps vécu que par la gare.

Néanmoins, cette commune moderne a d'autres atouts, et son rivage offre de surprenants paysages. D'où que l'on vienne, par la N 260 ou par la magnifique **route**★★ de Colera, la GI 612, on pourra admirer les profils rocheux les plus escarpés du littoral catalan. Hautes falaises, petites calanques vierges ou autres capricieuses formes de relief sont quelques-uns des principaux attraits de la zone la plus accidentée de la Costa Brava.

Costa Brava pratique

♿ Vous trouverez d'autres adresses d'hébergement et de restauration dans les carnets pratiques de **Cadaqués** et **Castelló d'Empúries**.

Adresses utiles

www.costabrava.org – Renseignements pratiques sur la Costa Brava.

Office du tourisme de Begur – *Av. Onze de Setembre, 5 - 17255 Begur -* ☎ *972 624 520 - www.begur.org - sept.-mai : 9h-14h, 16h-19h, sam. 10h-14h, 16h-19h, dim. 10h-14h ; juin-août : 9h-21h.*

Office du tourisme de Blanes – *Pl. Catalunya, 21 - 17300 Blanes -* ☎ *972 330 348 - www.blanes.net - 9h-19h (20h en été).* Pendant toute la saison estivale, trois points d'information supplémentaires à proximité des plages.

Office du tourisme de Calella de Palafrugell – *C/de Les Voltes, 6 - 17210 Calella de Palafrugell -* ☎ *972 614 475 - www.palafrugell.net - juil.-août : 10h-13h, 17h-21h ; avr.-juin et sept.-oct. : tlj sf dim. apr.-midi 10h-13h, 17h-20h - fermé nov.-mars.*

Office du tourisme de L'Escala – *Pl. de les Escoles, 1 - 17130 L'Escala -* ☎ *972 770 603 - www.lescala.org - été : tlj 9h-20h30, et dim. matin ; hors sais. : tlj sf dim. 9h-19h.*

Office du tourisme de Llafranc – *C/de Roger de Llúria, s/n - 17211 Llafranc -* ☎ *972 305 008 - juil.-août : 10h-13h, 17h-21h ; avr.-juin et sept.-oct. : tlj sf dim. apr.-midi 10h-13h, 17h-20h - fermé nov.-mars.*

Office du tourisme de Llançà – *Avgd. Europa 37 - 17490 Llançà -* ☎ *972 380 855 - www.llanca.net - point Informations sur le parking du port :* ☎ *972 120 944.* Demandez la liste des activités nautiques (balades en bateau, plongée sous-marine, windsurf, voile…).

Office du tourisme de Lloret de Mar – *Pl. de la Vila, 1 - 17310 Lloret de Mar -* ☎ *972 364 735 ; avgd. Vila de Blanes, 37 -* ☎ *972 365 788 - www.lloret.org/turisme - juin-sept. 9h-20h ; oct.-mai : 9h-13h, 16h-19h - fermé dim.*

Office du tourisme de Palafrugell – *C/ del Carrilet, 2 - 17200 Palafrugell -* ☎ *972 300 228 - juin-sept. : tlj 9h-21h ; reste de l'année : lun.-sam. 9h-14h, 16h-19h, dim. 10h-14h.*

Office du tourisme de Palamós – *Pg del Mar, 22 - 17230 Palamos -* ☎ *972 600 550 - www.palamos.org - été : 8h-21h30 - hiver : lun.-jeu. 8h-15h, vend. 8h-15h, 16h-19h, sam. et j. fériés 10h-14h, 16h-19h, dim. 10h-14h - fermé 24-25 déc., 6 janv., 26 juin.*

Office du tourisme de Platja d'Aro – *M. Cinto Verdaguer, 4 - 17250 Platja d'Aro -* ☎ *972 817 179 - www.platjadaro.com - été : 8h-22h ; hiver : 9h-13h, 16h-19h.*

Office du tourisme de Roses – *Avgd. de Rhode 101 - 17480 Roses -* ☎ *902 103 636 - sept.-juin : lun.-vend. 9h-18h, sam. 10h-14h, 15h-18h, dim. 10h-13h ; juin-sept. : 9h-21h.*

Office du tourisme de Sant Feliu de Guíxols – *Pl. del Mercat 28 - 17220 Sant Feliu de Guíxols -* ☎ *972 820 051 - www.guixols.net - de fin juin à mi-sept. : 10h-14h, 16h-20h ; le reste de l'année : lun.-sam. 10h-13h, 16h-19h, dim. et j. fériés 10h-14h.*

Office du tourisme de Tossa de Mar – *Av. del Pelegrí, 25 - 17320 Tossa de Mar -* ☎ *972 340 108 - www.infotossa.com - juin-sept. : lun.-sam. 9h-21h, dim. 10h-14h, 17h-20h ; reste de l'année : lun.-sam. 10h-14h, 16h-20h (19h en hiver).* De mai à oct., **une autre antenne** est ouverte à côté du parking, entre le Pg. de Mossèn Cinto Verdaguer et la plage.

Crique Sa Tuna.

Transports

Le moyen de locomotion idéal pour visiter la Costa Brava est la voiture. Les moyens de transport public fonctionnent bien mais selon des horaires restreints.

EN AUTOCAR

SARFA – ☎ *972 300 262 - www.sarfa.com.* Principale ligne d'autocars, elle relie Barcelone à Gérone et dessert, au départ des deux villes, les principales localités de la Costa Brava (Cadaqués, Figueres, Palamós, Platja d'Aro, Sant Feliu…).

EN TRAIN

Pour se rendre sur la Costa Brava, deux gares principales : Gérone et Figueres, situées sur la ligne reliant Barcelone à Portbou, à la frontière française.

Renfe – ☎ *902 24 02 02 - www.renfe.es*

Gérone – *Pl. d'Espanya -* ☎ *972 202 353.*

Figueres – *Pl. de la Estació -* ☎ *972 504 661.*

Llança – *Pl. de la Estació -* ☎ *972 380 255.*

EN BATEAU

Viajes Marítimos – ☎ *972 369 095 - www.viajesmaritimos.com - vente des billets sur la plage - 4 ou 5 dép./j. entre 9h et 17h.* Liaisons maritimes entre Tossa de Mar, Blanes, Sant Feliu et Lloret de Mar.

Dofi Jet Boats – ☎ *972 371 939 - www.dofijetboats.com.* Liaisons entre Calella au sud et Tossa de Mar.

Se loger

CIRCUIT 1 : DE BLANES À PALAMÓS

Pensió Carmen Pepi – *Sant Miquel, 10 - Tossa de Mar* - 972 340 526 - 30 ch. : 35/40 € - 4 €. Cette agréable maison s'agence autour de deux petites cours arborées, ornées d'azulejos. Salles de bains pimpantes et chambres décorées avec soin. Celles du dernier étage disposent d'une petite terrasse avec vue sur mer et château. Accueil chaleureux. Air conditionné dans quelques chambres.

Pensió Casa Buxó – *Major 18 - Sant Feliu de Guíxols* - 972 320 187 - fermé nov.-mars - 10 ch. : 50/60 €. Chambres impeccables et spacieuses, à 30 m du Passeig. Le restaurant prépare une cuisine familiale copieuse.

Hotel Mas Torrellas – *Santa Cristina d'Aro - 3 km au sud-ouest de Platja d'Aro par la C 31* - 972 837 526 - de mi-mars à mi-oct. - P - 17 ch. : 55/84,50 € - rest. 33 €. Séduisante *masía* en pierre couronnée d'une solide tour aérienne qui ouvre sur la montagne luxuriante. Véritable havre de paix. Chambres confortables et ambiance chaleureuse dans les pièces à vivre décorées dans un style rustique.

Hotel Áncora – *Josep Plà (en La Fosca) - Palamós* - 972 314 858 - hancora@teleline.es - P - 46 ch. : 73/140 € - rest. 17,65 €. Cet hôtel de bord de plage a pérennisé ses prestations au fil des ans. Niveau de confort correct dans les chambres avec salle de bains moderne. Bons équipements sportifs pour les vacanciers. Agréable terrasse en été, à l'ombre des pins.

Hotel Diana – *Pl. de España, 6 - Tossa de Mar* - 972 341 886 - www.diana-hotel.com - 21 ch. : 72/140 €. Splendide édifice moderniste proche de la mer. À l'intérieur, tout est exquis : belle hauteur de plafond, peintures à fresque et patio agrémenté d'une fontaine de marbre. Chambres confortables et mobilier de style.

Hotel Plaça – *Pl. Mercat, 22 - Sant Feliu de Guíxols* - 972 325 155 - info@hotelplaza.org - 19 ch. : 79/112 € - 3 €. Hôtel tout à fait recommandable sur les plans du site ou de son caractère moderne et fonctionnel. Chambres agréables et claires avec vue sur la place du marché, pour certaines. Jacuzzi en plein air et solarium au dernier étage.

CIRCUIT 2 : DE PALAFRUGELL AUX ÎLES MEDES

Hostal Barris – *Enginyer Algarra 51 - Pals* - 972 636 702 - P - 15 ch. : 45 € - 4 €. Chambres spacieuses et confortables, quoiqu'un peu bruyantes. Bonne adresse économique, à la sortie de la ville. L'été, bus vers les plages.

Casa rural Can Massa – *Vell - La Pera - 11 km au nord-ouest de La Bisbal de L'Empordà par la C 66* - 972 488 326 - canmassa@canmassa.com - 4 ch. : 48,15/58,85 € - 5 €. Gîte rural installé dans une ancienne maison de paysans avec ses granges et un agréable patio recouvert d'une pelouse. Chambres personnalisées, mobilier restauré et salles de bains modernisées, sans oublier le coquet salon commun avec cheminée.

Casa rural Ca l'Aliu – *Roca, 6 - Peratallada* - 972 634 061 - 7 ch. : 58/66 €. Maison située à côté des remparts de cette ravissante localité dont on distingue encore le riche patrimoine médiéval. Les chambres, mansardées pour certaines, sont décorées de meubles anciens restaurés et affichent un bon niveau de confort dans leur catégorie.

Port de la Selva.

J. Malburet / Michelin

Casa rural Casa Massanes – *Pl. de la Vila, 1 (en Fontclara) - Palau-Sator* - 972 634 235 - 4 ch. : 75 € - rest. 12 €. Jolie maison de village située au cœur de la localité qui présente la particularité de servir également de logement aux propriétaires. Pour plus d'intimité, demandez l'un des deux appartements en duplex, très lumineux, qui sont équipés chacun d'une cuisine.

Hotel Es Furió – *Foraió, 7 - Tamariu* - 972 620 036 - www.esfurio.com - mars-oct. - 8 ch. : 78/130 € - rest. 11 €. Ce sobre hôtel de taille réduite est doté de confortables chambres gaiement décorées, toutes avec terrasse. Son principal atout : la proximité d'une délicieuse crique aux eaux cristallines et la végétation de pins verts.

Hotel Sa Punta – *Pals - 6 km à l'est de Pals, sur la plage* - 972 667 376 - www.hotelsapunta.com - P - 30 ch. : 107/171,20 € - 10,70 €. Cadre d'une singulière beauté où se marient confort, élégance et bon goût. Chambres riches en détails. Les jardins extérieurs sont apaisants et ajoutent à l'élégance de l'ensemble.

Hotel Sant Roc – *Pl. Atlàntic, 2 (Barri Sant Roc) - Calella de Palafrugell* - 972 614 250 - www.santroc.com - de mi-mars à déb. nov. - P - 48 ch. : 171,84/259,58 € - 9 € - rest. 21 €. Au beau milieu des pins, faisant face à la mer, cet élégant édifice surmonté d'une tourelle est une invitation au repos. Belles chambres spacieuses. La terrasse du restaurant domine les criques aux eaux émeraude. La demi-pension est de rigueur l'été.

CIRCUIT 3 : DE L'ESCALA À ROSES

⊖ **Pensió Poch** – *Grácia 10 - L'Escala - ℘ 972 770 092 - 8 ch. : 40 €* ⊿. Petites chambres sobres ventilées par l'air marin. La proximité de la plage et du port est particulièrement agréable.

⊖ **Hotel El Roser** – *Iglesia, 7 - L'Escala - ℘ 972 770 219 - reseescala@teleline.es - 22 ch. : 46,01/58,85 € - ⊿ 7 € - rest. 12 €.* Petit hôtel de famille situé au cœur du village. Les chambres, correctes, ont la climatisation et la télévision. Cadre agréable dans l'ensemble. Une bonne alternative pour le visiteur de passage dans la région.

⊖ **Hostal Creus** – *Palmerola 10 - Roses - ℘ 972 256 371 - 19 ch. : 51/56 €* ⊿. Situé dans une impasse, au calme tout en restant à 50 m de la plage, l'hôtel, très austère au premier abord, possède des chambres spacieuses et confortables. La moitié ont leur salle de bains. Les autres, moins chères, font salle de bains commune.

⊖⊜ **Ramblamar** – *Avgd. de Rhode, 153 - Roses - ℘ 972 256 354 - info@hotelrisech. com* ▤ *- 52 ch. : 60/70 €* ⊿ *- rest. 18 €.* Cet établissement familial ouvert de la Semaine sainte à la fin oct. possède des chambres fonctionnelles d'un bon niveau de confort avec salles de bains rénovées. Proche de la mer, avec une belle vue depuis le restaurant, lumineux et doté d'une terrasse.

⊖⊜ **Hotel Mont-Mar** – *Dr. Ferran, 7 - Roses - ℘ 972 459 700 - hotelmontmar@ hotmail.com -* ▤ *- 52 ch. : 63/107 €* ⊿ *- rest. 11 €.* Petit hôtel accueillant installé dans un bâtiment moderne. Les chambres, très bien équipées, présentent un mobilier et des salles de bains modernes. Les pêcheurs créent l'ambiance, ou encore, profitez donc des nuits d'été très prisées de Roses.

⊖⊜ **Hotel Port Salins** – *Av. Fages de Climent, 10-15 - Empuriabrava - ℘ 902 454 700 - www.hotelportsalins.com -* ▣ ⊿ ▤ ♿ *- 42 ch. : 74,90/165,85 € - ⊿ 17,12 € - rest. 22/27 €.* Profitez de sa proximité du canal, si attirant avec ses barques amarrées. Le hall d'entrée lumineux présente un décor design, les chambres sont confortables et un ascenseur panoramique conduit au grenier qui abrite le solarium.

CIRCUIT 4 : DE CADAQUÉS À PORTBOU

⊖ **Carbonell** – *Major, 19 - Llançà - ℘ 972 380 209 - hotel.carbonell@teleline.es -* ▣ ⊿ ▤ ♿ *- 34 ch. : 54/60 € - rest. 16 €.* Impeccablement tenu, avec des chambres sobres, équipées du strict nécessaire.

⊖ **Hotel La Goleta** – *Pintor Terruella, 22 - El Port de Llançà - ℘ 972 380 125 - www. hotellagoleta.com -* ▣ *- 30 ch. : 55/65,26 € - ⊿ 4,50 € - rest. 15 €.* Si votre choix se porte sur cet hôtel, vous aurez la chance de dormir près du port, dans une chambre confortable et bien décorée. Toute la maison regorge d'objets et de tableaux qui lui confèrent son caractère très particulier. Ambiance familiale et bon rapport qualité/prix.

⊖ **Hotel Port Lligat** – *Av. Salvador Dalí, 1 - Port Lligat - ℘ 972 258 162 - portlligat@ intercom.es -* ▣ *- 30 ch. : 58/103 € - ⊿ 8 €.* Proche de la maison de Dalí, dans une crique pleine de barques de pêcheurs, ce bel édifice blanc et bleu est particulièrement confortable. Ici, les chambres sont toutes différentes. Si votre bourse vous le permet, demandez à avoir vue sur la mer.

⊖ **Hostal La Tina** – *Major 15 - El Port de la Selva - ℘ 972 387 149 - www.hostallatina. com -* ▤ *- 14 ch. : 60 €.* Dans une rue calme au-dessus du port, un bel hôtel doublé d'un très bon restaurant sous des voûtes en pierres apparentes. Quelques chambres ont vue sur la mer.

⊖⊜ **Porto Christo** – *Major, 59 - El port de la Selva - ℘ 972 387 062 - www. hotelportocristo.com -* ▤ ♿ *- 50 ch. : 88/162 €* ⊿ *- rest. 20 €.* Après une récente rénovation, l'établissement dispose de chambres vastes et bien fournies, avec un mobilier fonctionnel de bonne qualité. La plupart des salles de bains sont équipées d'un jaccuzi.

Se restaurer

CIRCUIT 1 : DE BLANES À PALAMÓS

⊖ **Terrasans (Tapas)** – *Ample, 1 - Blanes - ℘ 972 330 081 - tapas 1/15 € - 7h-1h.* Taverne prestigieuse où l'on vient autant prendre son petit-déjeuner que des tapas à midi. Terrasse ombragée dans un patio paisible.

⊖ **El Corsaire (Tapas)** – *Colon, 1 - Sant Feliu de Guíxols - ℘ 972 321 071 - tapas : 2/36 € - 18h-2h.* Bar à tapas creusé dans la roche et consacré à l'univers des corsaires. La décoration est un pêle-mêle de cartes, cordes, fusils marins et tabourets en agneau. En bord de route, la terrasse ouvre sur la mer. La plupart des tapas sont bon marché, mais le chef concocte également quelques *raciónes* de fruits de mer, copieuses et réputées.

⊖⊜ **Santa Marta** – *Francesc Aromir, 2 - Tossa de Mar - ℘ 972 340 472 - www. restaurantsantamarta.com - fermé mer. (sf juin et août) - menu 20/25 €, carte 35/45 €.* Agréable restaurant situé dans les murs de la vieille ville. Salle à manger conviviale et romantique. Intéressante carte offrant tout un choix de poissons et de plats de la mer. Terrasse accueillante.

⊜⊜ **Mas Pou** – *Pl. de la Mota, 4 - Palau-Sator - ℘ 972 634 125 - info@maspou.com - fermé dim. soir en hiver, lun. le reste de* *l'année, de mi-déc. à fin janv. -* ▦ *- 21,40/30 €.* Maison de village, de type mas, agrémentée d'un petit jardin à l'entrée. Salles à manger contiguës et sobres où règne la cuisine ampurdanaise. Petit musée rural installé dans un bâtiment annexe.

🍴🍷 **Can Pou** – *Pau Casals, 15 - Vidreres - 17 km au nord-ouest de Lloret de Mar par la C 63 - ☎ 972 850 014 - canpou@ctv.es - fermé dim. soir en hiver, lun. -* ▦ *- 23,50/36,50 €.* Table centenaire disposant également de chambres. Deux salles à manger aux belles poutres de bois. Ameublement régional. Spécialités de poissons grillés, de fruits de mer et de plats de riz.

🍴🍷 **S'Auguer** – *S'Auguer, 2 - Blanes - ☎ 972 351 405 - fermé mer. sf août, janv. -* ▦ *- 23,50/37,50 €.* Emplacement idéal sur une place centrale avec possibilité de stationnement face à la plage. Dans ses quatre salles aux planchers et plafonds de bois, est servie toute une gamme complète de recettes traditionnelles de la mer. Ses plats de riz régalent plus d'un touriste.

🍴🍷🛏 **El Dorado Mar** – *President Irla, 15 - Sant Feliu de Guíxols - ☎ 972 326 286 - correo@doradomar.com - fermé de mi-oct. à fin mai - menu 25,68 €, carte 25/40 €.* Ce restaurant situé dans la partie haute du village fait honneur à son nom puisque ses spécialités sont les poissons et fruits de mer. De la salle à manger, de style dépouillé, s'offre une belle vue sur la mer au travers des grandes baies.

🍴🍷🛏 **Les Panolles** – *Santa Cristina d'Aro - 5 km au nord-ouest de Sant Feliu de Guíxols par la C 65, après Santa Cristina d'Aro - ☎ 972 837 011 - lespanolles@lespanolles.com - fermé en hiver -* ▦ *- 32/45 €.* Ravissant mas en pierre (17e s.), décoré d'arcs en brique apparente. Les vieilles poutres de bois recréent un cadre rustique absolument convivial. La salle à manger privative des anciennes cuisines mérite le coup d'œil : ses murs semblent imprégnés de l'arôme des marmites d'antan.

🍴🍷🛏 **Refugi de Pescadors** – *Passeig Josep Mundet, 55 - Sant Antoni de Calonge - à la sortie de Palamós par la C 253 - ☎ 972 650 664 - www.refugidepescadors.com - fermé dim. soir, lun. sf en été, de déb. déc. à déb. janv. -* ▦ *- 32/53 €.* Établissement très populaire et bien situé en front de mer. Salle à manger spacieuse sur deux niveaux. Décoration marine à base de vieux filets. Exposition de poissons et de fruits de mer.

🍴🍷🛏 **Els Tinars** – *Llagostera - 10 km au nord-ouest de Sant Feliu de Guíxols par la C 65 - ☎ 972 830 626 - www.elstinars.com - fermé lun. soir et mar. de déb. oct. à mi-juin, de mi-janv. à déb. fév. -* ▦ *- 39,59/52,43 €.* Ferme catalane proche de la route où vous pourrez déguster une cuisine traditionnelle. Hall d'entrée soigné et salle

à manger de style régional sobrement meublée. Bon taux de fréquentation et repas d'affaires.

CIRCUIT 2 :
DE PALAFRUGELL AUX ÎLES MEDES

🍴🍷 **Can Bech** – *Major, 12 - Fontanilles - au S de Torroella de Montgrí par la C 31 - ☎ 972 759 317 - fermé de mi-déc. à mi-janv. -* ▦ *- menu 16,05 €, carte 35 € env.* Ce restaurant aménagé dans une ancienne ferme catalane est tenu par un couple fort sympathique. Vaste salle divisée en deux espaces. L'autre salle à l'entresol présente une décoration soignée de style classique. Les plats sont cuisinés avec amour.

🍴🍷 **La Riera** – *Pl. les Voltes, 3 - Peratallada - ☎ 972 634 142 - fermé mar., janv. - 30 € env.* Établissement familial et convivial. Salle à manger rustique et bon service de table. Cuisine élaborée avec le plus grand soin. La grande terrasse extérieure est l'endroit idéal pour discuter entre amis avec un bon verre de vermouth.

🍴🍷🛏 **La Xicra** – *Estret, 17 - Palafrugell - ☎ 972 305 630 - laxicra@restaurantlaxicra. com - fermé mar. soir, mer., nov. -* ▦ *- 35/65 €.* Coquet établissement décoré avec goût et force détails dans les styles classique et rustique. La salle se divise en deux espaces. Cuisine traditionnelle à base de produits frais. Les clients sont des habitués.

🍴🍷🛏 **El Far de Sant Sebastià** – *Llafranc - près du phare de San Sebastián - ☎ 972 301 639 - hotelfss@intercom.es - fermé mar. en hiver, déc.-janv. -* ▦ *- 43/69 €.* Restaurant de charme ouvrant sur de magnifiques vues sur la mer. Installé dans une ancienne auberge et un ermitage du 18e s., il bénéficie d'un cadre exceptionnel. Dans la salle très claire, sont servis des plats méditerranéens additionnés d'une pointe innovante.

🍴🍷🛏 **La Cuina de Can Pipes** – *Barri Canyelles - Mont-Ras - 1,5 km au sud de Palafrugell par la C 31 puis prendre à gauche (2 km) - ☎ 972 306 677 - cuina@canpipes.com - fermé lun. et mar. sf été (seulement le soir sf w.-end), de déb. janv. à mi-fév. -* ▦ *- menu 56 €, carte 79/84,50 €.* Excellente ferme catalane située dans une zone de vignes. Ravissant jardin arboré à l'entrée et terrasse. La salle principale est impeccable. Une autre salle est réservée aux fumeurs. La carte est assez limitée mais s'agissant d'une cuisine d'auteur, son menu gastronomique est des plus intéressants.

CIRCUIT 3 : DE L'ESCALA À ROSES

🍴 **Casa Rosendo (Tapas)** – *Sant Mori, 11 - Empuriabrava - ☎ 972 450 837 - fermé dim. en hiver -* ▦ *- tapas 3/8,50 €, raciónes 12/18 €.* Bar à tapas spécialisé dans les ingrédients ibériques et les fromages. Dans un contexte de très faible concurrence, il semble fort apprécié de la clientèle de touristes étrangers, pour la plupart. Ambiance joyeuse et détendue malgré le bruit qui règne.

➥ **Snackmar Las Golondrinas (Tapas)** – *Sant Sebastiá 63 - Roses -* 🕿 *972 153 705 - lasgolondrinas@snackmar.com - fermé le lun. et en nov.-déc. -* 🍽 *- 5/12 €.* Petit bar à tapas où vous pouvez pointer du doigt ce qui vous tente. Au bar, un poste de télévision fait défiler la carte et diffuse des images des cuisines.

➥ **Can Galàn (Tapas)** – *La Torre, 18 - Corriol de l'Usach - L'Escala -* 🕿 *972 770 140 - menus 10/12 €.* Proche de la plage, jolie petite taverne. Cuisine de la mer, grand choix de tapas.

➥ **La Taberna Gallega (Tapas)** – *Trinitat, 101 - Roses -* 🕿 *972 255 156 - www. tabernagallega.com - tapas : 4/8 €, planchas : 12/15 €.* Belle taverne aux murs couverts de coquilles Saint-Jacques et d'étoiles de mer. Grand choix de tapas avec spécialité de fruits de mer du jour. Les portions sont colossales.

➥ **La Taverna de la Sal** – *Santa Màxima, 7 - L'Escala -* 🕿 *972 776 278 - 15/25 €, menu lun.-vend. : 9,90 €.* À deux pas de la mer, vaste salle fraîche et reposante aux murs ocre où flotte une odeur d'herbes et de grillades, la spécialité de la maison.

➥➥ **La Clota** – *Port esportiu s/n -* 🕿 *972 770 827 - 17480 Roses - fermé de nov. à fév. - 28/44 €.* En front de mer, face au port, restaurant de style classique avec une riche carte de fruits de mer.

➥➥🍽 **La Gua-gua** – *Platja Canyelles Petites - Roses - 2,5 km au sud-est de Roses -* 🕿 *972 257 782 - fermé de déb. oct. à la Sem. sainte - réservation conseillée - 30/35 €.* Typique restaurant de plage servant une authentique cuisine de la mer (le *suquet de peix* – bouillabaisse – est à goûter absolument) sur la terrasse qui se déroule même sur le sable et qui ouvre sur la mer. La forte affluence des estivants reflète son attirance.

CIRCUIT ④ : DE CADAQUÉS À PORTBOU

👁 **Bon à savoir** – À **Port de la Selva**, plusieurs petits restaurants s'alignent le long du port proposant tous des tapas ou des menus du jour aux alentours de 10 €.

➥ **Els Pecadors** – *Castellà, 41 - Llançà -* 🕿 *972 380 125 - goleta@xecweb.com - fermé 9 janv.-9 fév., dim. soir et lun. sauf en été -* 🍽 *- 10/40 €.* Au milieu du port, dans un décor moderne agrémenté de touches marines, cet agréable restaurant à la cuisine ouverte dispose d'une jolie terrasse.

➥➥ **Ca l'Herminda** – *L'Illa, 7 - El Port de la Selva -* 🕿 *972 387 075 - herminda@ teleline.es - fermé lun. soir et mar. en avr.-juin -* 🍽 *- 23,50/43,90 €.* Le restaurant idéal pour manger un bon poisson à un prix raisonnable. La petite entrée est ornée d'un vivier puis la salle à manger se répartit sur plusieurs niveaux. Sa décoration de style rustique laisse apparaître les pierres aux murs.

Magasin de céramiques.

J. Malburet / Michelin

➥➥ **Garbet** – *Colera - Au nord de Llançà par la N 260 -* 🕿 *972 389 002 - www. restaurantgarbet.com - de mi-mars à mi-oct. - 28/75 €.* Établissement familial où le savoir-faire et la modestie ont gagné la confiance de la clientèle. Sa situation en bordure de plage lui vaut l'affluence d'un public d'estivants et de touristes du week-end qui choisissent de se contenter d'un verre à son vaste bar ou de se restaurer dans la salle.

➥➥🍽 **La Brasa** – *Pl. Catalunya, 6 - El Port de Llançà -* 🕿 *972 38 02 02 - fermé mar. sf en été, de mi-déc. à fin fév. -* 🍽 *- 30/45 €.* Les rideaux des fenêtres lui confèrent une allure estivale. La tranquillité qui y règne invite à se régaler sans hâte d'un poisson ou d'une viande grillée (sa spécialité). Agréable terrasse à l'abri du soleil.

Faire une pause

CIRCUIT ① : DE BLANES À PALAMÓS

La Vienesa – *Rbla. Antoni Vidal, 33 - Sant Feliu de Guíxols -* 🕿 *972 326 003.* Pâtisserie et salon de thé haut de gamme où vous pourrez déguster les typiques beignets de Sant Feliu ou encore goûter à ses délicieux chocolats et glaces. Agréable terrasse sur la voie piétonnière.

Orench – *Jaume ferrer, 2 - Blanes -* 🕿 *972 330 380.* La meilleure pâtisserie de la ville. Bon choix de chocolats, petits fours et bonbons. La succulente spécialité de la maison est le « Xoco-ter », à base d'amandes, de noix et de noisettes, le tout nappé de miel, de chocolat ou de crème pralinée.

Don Juan – *Pintor Francesc Serra, 1 - Tossa de Mar -* 🕿 *972 340 298 - de la Sem. sainte à sept. : 11h-1h.* Sans doute l'une des plus anciennes adresses de Tossa. Depuis 60 ans, on y savoure le même excellent jambon, élément principal de la décoration. Très bons vins de propriété.

En soirée

CIRCUIT ① : DE BLANES À PALAMÓS

Café Latino – *Rbla. Roma Barnès, 10 - Lloret de Mar -* 🕿 *972 366 153.* Bar séduisant et très animé. La musique latine et les cocktails faits maison sont rois.

L'endroit où l'on va aussi danser au rythme de la musique caribéenne.

Cala Banys – *Camì a Cala Banys - Lloret de Mar - ✆ 972 366 515*. L'un des bars les plus romantiques de la Costa Brava. Assez éloigné de Lloret, ce petit paradis est aussi magique la nuit qu'enchanteur le jour avec sa terrasse ombragée donnant sur une crique.

CIRCUIT ③ : DE L'ESCALA À ROSES

Quartier animé d'Empuriabrava – Le **Moxo** est l'épicentre de la vie nocturne de cette localité côtière, moderne et touristique. Il compte une vingtaine d'établissements en matière de bars, discothèques et restaurants. Le **Saloon** est spécialisé dans la musique country, tandis que le **Glass** fait dans la musique techno.

Sports et loisirs

Nautilus – *Pg Marítim 23 - L'Estartit - ✆ 972 751 489 - www.nautilus.es*. Balade aux îles Medes (1h30, 15 €/pers.) ; juil.-sept., 3 fois/sem. vers Sant Martí d'Empúries (2h30, 17 €/pers.) et 2 fois/sem. vers Cadaqués et le Cap de Creus (5h, 24 €/pers.).

Marina Princess – *Pg Marítim 34 - L'Estartit - ✆ 972 750 643 - www.marinaprincess.com* - Balades aux îles Medes (1h15, 14 €/pers.) et à Sant Martí d'Empúries (1h45, 17 €/pers.) ; vers Cadaqués, sam.-lun. (3h30, 26 €/pers.) ; vers Palamós, en été le mar. (26 €/pers.).

International diving centre – *Au bout du port - L'Escala - ✆ 972 770 077 et 610 015 920 - www.internationaldiving.com* - plongées tous niveaux aux îles Medes. Plongées confirmées autour du cap de Creus (60 €/pers.).

Mare nostrum – *Maranges, 3 - L'Escala - ✆ 972 77 37 97 - www.creuersmarenostrum.com* - Flotte de 10 bateaux dont 2 catamarans à vision sous-marine. Départs vers les îles Medes (14 €/pers.).

♣♣ Parc Aquatic Aqua Brava – *Cra. de Cadaqués - 1 km de Roses - ✆ 972 254 344 - www.aquabrava.com - de juin à mi-sept. : 10h-19h - 20 € la journée (-1,20 m : 12 €)*.

Parc aquatique réputé pour son immense piscine à vagues. Plage de sable fin, végétation tropicale.

Achats

Faïence – *La Bisbal d'Empordà*. La faïence connaît une renommée de cinq siècles dans ce village. La plus remarquable est sans nul doute la « faïence noire » des 18e et 19e s. La **carrer de l'Aigüeta** recense la plupart des boutiques spécialisées qui proposent nombre d'objets pour la maison et le jardin. À noter, El Risser, l'une des boutiques offrant le plus grand choix.

Pasteleria Sant Pere – *Pou de la Vila, 5 - Tossa de Mar - de la Sem. sainte à nov. : 9h-21h ; le reste de l'année : uniquement le matin*. Les amateurs goûteront le turrón et la tortada de Tossa, spécialité locale.

Casa Bordas – *Ctra. Orriols, s/n - L'Escala - ✆ 972 77 43 51*. Fabrique d'anchois installée dans un édifice moderne de la proche banlieue. Entreprise familiale où on trouve les fameux *boquerones*, ou anchois frais, qui sont la spécialité de la maison. À noter également ses délicieux pâtés.

Événements

Processó de Dijous Sant (Jeudi saint) – À *Verges, 12 km au sud-ouest de l'Escala*. Procession avec tous les acteurs de la Passion, suivie par cinq squelettes interprétant la Dansa de la Mort.

Festival de Havaneras – *Calella de Palafrugell, 1er samedi de juillet*. Festival très couru, où l'on boit le *cremat* (café flambé au rhum) en écoutant des chansons de marins.

Festes de la Mare de Deú del Carme – *Sant Feliu de Guíxols, 16 juil. www.guixols.net*

Festes de Santa Cristina – *Lloret de Mar, 23 juil.* Avec ses processions en mer, cette fête patronale est aussi célèbre pour ses danses traditionnelles, en particulier celle de la Morratxa.

Festa de l'Anxova i de la Sal (fête de l'anchois et du sel) – *L'Escala, 1er w.-end d'octobre*.

Costa Daurada★★

CARTE GÉNÉRALE A-B 3 – SCHÉMA P. 216-217CARTE MICHELIN REGIONAL 574 I-K 31-34
PROVINCE DE TARRAGONA

C'est sous cette belle appellation que le littoral de la province de Tarragone voit se succéder de splendides plages aux eaux calmes et peu profondes. Hiver comme été, la Costa Daurada jouit d'un climat méditerranéen doux, qui a favorisé le développement de nombreux centres touristiques. Ce « boom touristique » a d'ailleurs malheureusement altéré en certains endroits le magnifique cadre naturel. Malgré tout, les tons dorés du sable fin, dont la côte tire son nom, resplendissent sous un ciel d'un bleu si soutenu qu'il semble avoir été peint, et l'atmosphère est toujours si pure qu'elle procure une agréable sensation de paix.

- ▶ **Se repérer** – Le littoral le plus méridional de la Catalogne est orienté nord-est/sud-ouest, et s'étire sur 150 km entre Cunit et la province de Castelló.
  La Costa Daurada est desservie par un bon réseau routier. L'autoroute A 7, dite de la Méditerranée, ainsi que la N 340 longent le littoral du delta de l'Èbre à Barcelone, également équipé de liaisons ferroviaires. À l'intérieur des terres, depuis Lérida la meilleure voie de communication est l'autoroute A 2.
- 👁 **À ne pas manquer** – Les plages, parmi les plus belles de Catalogne, en particulier autour de El Vendrell.
- 🕐 **Organiser son temps** – Comptez deux journées au minimum pour visiter les principaux sites, une semaine si vous souhaitez vous reposer sur les splendides plages. N'hésitez pas à vous déplacer en train d'une station balnéaire à l'autre, ce qui vous fera gagner de précieuses heures d'embouteillages.
- 👪 **Avec les enfants** – Les plages ; l'Aqualeón Parc, à Albinyana, où les animaux sauvages se promènent en semi-liberté.
- 👶 **Pour poursuivre le voyage** – Voir aussi Port Aventura, Vilanova i La Geltrú (au nord-est), le monastère de Santes Creus, Montblanc, le monastère de Poblet, Valls et Horta de Sant Joan.

Plage d'Altafulla.

J. Malburet / Michelin

Comprendre

Des terres pleines d'attraits naturels et artistiques – Interrompue par les embouchures des fleuves Gaià, Francolí et Èbre, cette frange maritime présente un profil aux contours arrondis, peu escarpés. Bien que l'ensemble présente une réelle unité géographique, des sites tels que le delta de l'Èbre, le cap de Salou et les contours rocheux et accidentés de la région d'Altafulla se distinguent par leur grande beauté. Les principales stations balnéaires sont Calafell, Torredembarra, Altafulla et, plus particulièrement, Cambrils et Salou – avec le parc à thème de Port Aventura sur son territoire communal *(voir ce nom)*. L'intérêt de la Costa Daurada ne se limite donc pas à l'aspect attractif de ses plages, et l'on peut visiter les principaux villages côtiers et centres touristiques, ou effectuer des excursions à l'intérieur du pays. Le visiteur restera agréablement surpris de trouver, à quelques kilomètres de la côte, d'importants centres urbains (Tortosa, Reus et Valls), de remarquables ensembles monumentaux (monastères de Poblet et Santes Creus) et des espaces naturels d'une grande richesse (marais, beaux sites montagneux et épaisses forêts). Enfin, il faut souligner l'importance du chef-lieu de la province, Tarragone, une ville historique où abondent monuments et lieux de passage obligé.

Circuits de découverte

D'EL VENDRELL À CAMBRILS 1

70 km – prévoir une journée sans la visite de Reus et Tarragone.

Cet itinéraire part du pays du Baix Penedès et parcourt le Camp de Tarragona, vaste plaine côtière ceinturée par la cordillère prélittorale. L'altitude de l'ensemble montagneux s'amenuise à mesure que l'on approche de la mer pour céder la place aux

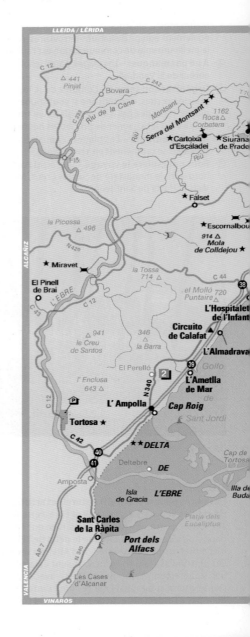

grandes plages. À l'intérieur des terres, tout promontoire permet d'apprécier en de vastes panoramas les aspects contrastés de la région.

El Vendrell

El Vendrell est une ville de l'intérieur, qui, néanmoins, comprend trois importants quartiers situés en bordure de mer : Sant Salvador, Coma-ruga et El Francás *(voir plus loin)*.

Museu Deu★ – *Pl. Nova - ☎ 977 666 308 - ♿ - tlj sf lun. mat. et apr.-midi, dim. et j. fériés mat. - fermé 1er janv., 25-26 déc. - 4,15 € (-12 ans gratuit).* Le musée se trouve sur la plaça Nova, où trône une fontaine ornée d'une sculpture à l'effigie du génial violoncelliste Pau Casals. Ce singulier musée, né de la donation de M. Deu Font, nous retrace la personnalité de ce collectionneur qui nourrit des intérêts très éclectiques. On peut encore voir son bureau et sa chambre.

Les différentes collections, fort bien présentées, rassemblent des pièces d'un indéniable intérêt : des peintures figuratives de la fin du 19e et du 20e s., des sculptures

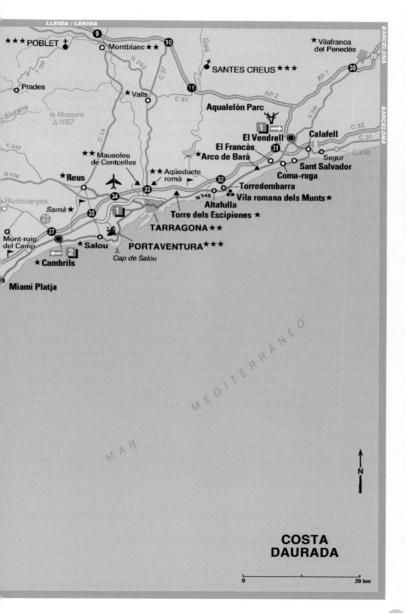

COSTA DAURADA

religieuses des 16e et 17e s. essentiellement (beau christ du 12e s.), des pièces de cristal Art nouveau, d'ivoire ainsi que nombre de tapis.

À un jet de pierre, dans la rue de Santa Anna se dressent la **maison natale de Pau Casals** *(au n° 2)* et la **Casa Museu de Ángel Guimerà** *(au n° 8)*, poète-dramaturge (1845-1924), qui nous permettent d'aller à la rencontre de ces deux grands artistes, les voisins les plus illustres d'El Vendrell. *Santa Ana - ✆ 977 665 642 - mat. et apr.-midi, dim. et j. fériés mat. - fermé lun., 1er et 6 janv., 24 juin, 26 juil., 25-26 déc. - 2 €.*
Prendre la rue Alt pour se rendre sur la plaça Vella.

Sur cette place se trouve, outre l'hôtel de ville, l'**église Sant Salvador** (18e s.), bâtiment néoclassique au clocher octogonal. À l'intérieur se trouve le précieux orgue baroque sur lequel **Pau Casals** s'initia à la musique.
Prendre la C 51, puis tourner à gauche en direction d'Albinyana.

Aqualeón Parc, à Albinyana

✆ 977 687 656 - www.aqualeon.es - de mi-juin à mi-sept. : tlj tte la journée - fermé de mi-sept. à mi-juin - 19 € (-12 ans 14 €).

👨‍👦 Dans cette réserve d'animaux en liberté, les enfants observeront avec intérêt les mouvements lents des girafes, les lions, les tigres et d'autres espèces exotiques. Pour éviter les risques inutiles, il est interdit de descendre de voiture.
Retourner à El Vendrell puis prendre la C 31 en direction du littoral.

Calafell

Cette ville est perchée sur les derniers contreforts de la chaîne littorale, non loin de la côte. Le château partiellement entouré de murailles auquel on accède par des ruelles étroites est son principal attrait. À côté se trouvent deux bâtiments emblématiques de la cité : l'ancienne **église romane** de type lombard (11e s.), avec une crypte et des vestiges de fresques, et le **comunidor**, curieuse construction destinée à conjurer les sorcières, les démons et les tempêtes.
Prendre la petite route côtière.

Sant Salvador

Le quartier côtier le plus ancien et le plus important d'El Vendrell borde sa longue plage de sable fin. De Sant Salvador ont été exportées, au 18e s., de grandes quantités d'eau-de-vie. Hors saison, comme c'est le cas dans d'autres stations balnéaires, la plupart des appartements et des villas clos lui valent cet air déserté. Pau Casals avait élu cet endroit pour y passer ses vacances d'été.

Villa Casals★ (Museu Pau Casals) – *Av. Palfuriana, 67 - ✆ 977 684 276 - www.paucasals. org - mat. et apr.-midi, dim. et j. fériés mat. - fermé lun., 1er et 6 janv., 1er Mai, 25-26 déc. - 3 € (-8 ans gratuit).* Cette villa, commandée en 1909 par **Pau Casals** (1876-1973), et actuellement transformée en musée, est consacrée à cette grande figure de la musique qui fut sans nul doute l'un des violoncellistes les plus admirés du 20e s.

La visite, avec un bel accompagnement musical, se décline par une projection de films audiovisuels *(en catalan, espagnol et anglais)* nous retraçant la vie, l'œuvre et la personnalité de ce Catalan universel. Le magnifique salon de musique, décoré de beaux tableaux de l'époque (Casas, Martí Alsina, Mir, etc.) abrite des violoncelles et des partitions ayant appartenu à l'artiste ; on assistera même à l'une de ses interprétations musicales exécutée en 1950. Tout au long de sa vie, Pau Casals est demeuré fidèle à son engagement inébranlable en faveur de la liberté, qui le contraignit à l'exil après la guerre civile. Malgré tout, il conserva jusqu'à sa mort son amour profond pour sa terre natale *(voir aussi Comprendre la région, « Quelques grandes figures catalanes »)*.

Coma-ruga

Dans le prolongement de Sant Salvador, la plage de ce quartier est l'une des plus fréquentées de la Costa Daurada. C'était autrefois une zone marécageuse riche en sources minérales. Au début du siècle, la fréquentation des bains de Coma-ruga a marqué le début du tourisme à El Vendrell.

El Francàs

C'est une grande plage, peu profonde, bordée d'hôtels et de logements formant un ensemble bigarré.
Prendre la N 340 qui longe le littoral et qui passe par l'arc de Berà.

Arc romain de Berà★

La via Augusta, axe principal de liaison entre Rome et Cadix, franchissait l'arc de Berà (1er s.) qui a subi plusieurs transformations. Cette porte monumentale possède une arche unique ; ses proportions et son agencement sont remarquables. Bâti avec des pierres de taille du pays, l'arc répond aux caractéristiques des édifices de ce genre érigés pour commémorer une victoire ou pour délimiter un point précis. Huit pilastres striés, surmontés de chapiteaux corinthiens, soutiennent l'entablement, dont la frise portait une inscription dédiée au consul Lucius Licinius Saura, qui avait financé les réformes faites au 2e s.

Torredembarra

Située sur la rive gauche du Gaià, sur un espace plat mais légèrement incliné vers la mer, cette ville touristique connut une grande prospérité au 18e s. grâce au commerce vinicole avec l'Amérique.

Le principal attrait de Torredembarra est sa longue plage de sable fin, l'une des plus fréquentées de la Costa Daurada, dont la présence a suscité l'apparition de nombreux hôtels, blocs d'appartements, restaurants et campings.

Le village proprement dit se trouve à l'écart de la plage, à l'intérieur des terres. Il est couronné par la plaça del Castell, où se dresse l'église, une grosse tour robuste et l'ancien **château** (16e s.) remanié, qui accueille aujourd'hui l'hôtel de ville. Le grand hall d'entrée, qui conserve de solides piliers et des arcs en plein cintre de style Renaissance, mérite le coup d'œil.

Altafulla

Le paysage plat et sablonneux de la Costa Daurada change quand on arrive à Altafulla. Cette bourgade côtière est protégée au nord par le promontoire dels Munts, constitué de sédiments marins et de matériaux apportés par le Gaià.

La silhouette du village, dominé par son château et son église, est très caractéristique. Les grandes maisons anciennes se concentrent dans le vieux quartier, au labyrinthe de ruelles étroites d'aspect médiéval.

Sa longue plage s'étire entre le promontoire de Els Munts et un escarpement sur le flanc duquel s'accroche le château des marquis de Tamarit. La promenade du bord de mer conserve le charme des anciennes bourgades côtières où s'alignent en front de mer des maisons basses, dont certaines servaient d'entrepôts aux pêcheurs.

Villa romaine dels Munts★ – *Sur la N 340, suivre les indications «platjes» et «Vila romana dels Munts».* ☎ *977 65 28 06 et 977 251 515 - tlj sf lun. mat. et apr.-midi, dim. mat. - fermé 1er janv., 1er Mai, mar. de Pâques, 11 Nov., 25 déc. - 1,80 € (-16 ans gratuit).*
La villa bénéficie d'un **site★★** privilégié, sur une colline doucement inclinée vers la mer, les champs cultivés couvrant le versant opposé. Construite au 1er s., elle connut sa période faste au 2e s. lorsqu'elle fut occupée par un haut dignitaire de Tarraco qui mena à bien d'importants travaux d'agrandissement et d'embellissement. À l'époque, cette résidence, alternative à la maison urbaine, possédait une vaste demeure, plusieurs jardins et deux centres thermaux, l'un près de l'habitation et l'autre sur la plage, en sus des dépendances agricoles.

Aujourd'hui, on peut voir des vestiges des chambres de la maison et du long portique en forme de L qui longe un jardin. Au nord de ce site, dans la zone rustique, se trouvaient le dépôt d'eau et la citerne, tandis qu'au sud se trouvent les anciens **thermes★**, de structure très complexe avec hypocaustes, tepidariums, frigidariums

Mosaïque des thermes de la villa romaine dels Munts (Altafulla).

et piscines. On peut imaginer sans difficulté dans quelle opulence vivaient les propriétaires de la villa.

La plupart des pièces de Els Munts étaient pavées de mosaïques polychromes et les murs étaient revêtus de peintures murales, en partie encore conservées.

Tour des Scipions★ *(voir Tarragone, « Alentours »)*

Tarragona★★ *(voir ce nom)*

Reus★ *(voir ce nom)*

Salou★

À l'ouest de Tarragone se trouve la ville côtière de Salou, centre touristique le plus actif de la Costa Daurada, dont la situation géographique à l'abri du **cap de Salou** – magnifique site à la végétation dense – est exceptionnelle. Protégée des tempêtes de l'est, elle est ouverte aux courants du sud-ouest qui ont déposé sur ses plages un sable fin et doré. Le village de pêcheurs a développé ses commerces autour de la rue de Barcelone puis s'est étendu vers l'ouest jusqu'à Cambrils et vers le nord-est, par le passeig de Jaume Ier, jusqu'à la limite de Tarragone. Cette croissance parallèle à la côte a donné à la ville son aspect de large avenue de bord de mer.

Le principal attrait touristique de Salou réside en ses plages, tantôt vastes étendues de sable, tantôt petites criques cachées derrière le cap de Salou.

L'endroit le plus fréquenté est le **passeig de Jaume Ier ★**, qui court parallèlement à l'immense plage du Levant. Cette promenade, très belle les soirs d'été, garde le souvenir des premiers touristes de Salou, qui, attirés de Reus et de Barcelone au début du siècle par un paysage et un climat exceptionnels, ont transformé l'ancien village en un centre résidentiel de grand prestige. La **Casa Bonet**, de courant moderniste, est le témoignage de cette première époque touristique.

À l'époque médiévale, la situation privilégiée de Salou avait déjà été reconnue. C'est en effet de là que Jaume Ier partit à la conquête de Majorque, événement commémoré par le **monument** élevé au roi sur la promenade qui porte son nom.

Le voyageur qui, après une journée de plage, voudra en savoir un peu plus sur cette belle ville devra y pénétrer et visiter la **Torre Vella**, vieille tour du 16e s. qui défendait la ville des attaques des pirates turcs et algériens, et qui abrite maintenant un centre culturel.

Le soir, d'une terrasse face à la mer, on pourra observer la vie nocturne de Salou, connue pour être l'une des plus vivantes et cosmopolites de toute la Costa Daurada, pendant la période estivale en particulier.

Port Aventura★★★ *(voir ce nom)*

Cambrils★ *(voir ce nom)*

DE CAMBRILS À SANT CARLES DE LA RÀPITA ②

75 km – prévoir une journée. Reprendre la N 340.

La route file à mi-chemin entre la mer, toute proche, et la cordillère littorale omniprésente sur tout le trajet. Se succèdent d'innombrables plages aux eaux limpides et transparentes.

On traverse certains centres touristiques comme **Miami Platja**, ensemble bigarré de campings et d'appartements, et **L'Hospitalet de l'Infant** et sa magnifique plage. En arrivant à **L'Almadrava**, le paysage change et les longues plages se muent en petites criques, entourées de villas. Les amateurs de motocyclisme ne manqueront pas de visiter le **circuit de Calafat**, théâtre d'importantes compétitions dans cette discipline.

Jaume Ier et la conquête de Majorque

Le roi Jaume Ier conquit Majorque en trois mois seulement. Après la victoire de Portopí, les troupes catalano-aragonaises, commandées par le roi lui-même, donnèrent l'assaut à la capitale. La suite de la campagne contre les Maures de l'intérieur de l'île ne présenta pas de grandes difficultés.

Jaume Ier revint ensuite à Majorque en réponse à l'appel de Bernardo de Santa Eugenia, son lieutenant dans l'île, pour soumettre des Sarrasins dont la résistance se prolongeait.

Et la troisième fois que le roi débarqua à la tête de ses troupes, ce fut pour la défendre d'une attaque du roi de Tunisie, qui ne se produisit jamais.

L'Ametlla de Mar

Centre touristique offrant une gamme complète de services, L'Ametlla est aussi un village qui vit de la mer et conserve le charme d'une bourgade côtière.

La pêche rythme la vie du village. L'après-midi, quand les petits bateaux de pêche amènent le poisson à la Bourse où se déroulent les ventes à la criée, le village prend un air de fête.

Une agréable promenade en corniche, protégée par une balustrade, longe une grande partie de la façade maritime de la localité.

Sur la commune, se succèdent les plages de gros sable et de galets, et dans les criques, les pinèdes, la garrigue méditerranéenne et, parfois, les oliviers descendent jusqu'au rivage, comme sur la plage du **Torrent del Pi**.

Peu après avoir traversé **El Perelló**, la route offre, si l'on regarde bien, une première vue de la plaine du delta de l'Èbre.

L'Ampolla

Du village touristique et côtier, situé au sud du **cap Roig**, et antichambre du delta de l'Èbre, on distingue le tracé si fin que les terres planes qui forment l'embouchure du fleuve dessinent sur la mer. La plage de l'Ampolla, près du cap, abrite des coins de grande beauté. Les ports de plaisance et de pêche se trouvent au centre de la localité.

Continuer puis, sur la droite, prendre la C 42.

Tortosa★ *(voir ce nom)*
Retourner à la N 340.

Delta de l'Èbre★★ *(voir ce nom)*

Sant Carles de la Ràpita

De cette importante ville touristique et côtière, on retiendra le passé historique et la curieuse géographie.

Dans la seconde moitié du 18e s., Charles III envisagea la construction d'un grand port sur le delta de l'Èbre et décida d'élever une ville appelée en son honneur Sant Carles de la Ràpita, sur l'emplacement de la Ràpita, ancien village de pêcheurs. On entreprit la construction d'**édifices néoclassiques** comme l'Esglesia Nova, ou la Glorieta, mais la mort du roi et le désordre économique et administratif de la fin du règne mirent un terme aux travaux et la grande ville portuaire demeura inachevée.

La commune de Sant Carles se découpe en deux zones bien distinctes : la partie continentale et la péninsule de la Banya, reliée aux terres du delta par l'isthme d'El Trabucador. Au sud de Sant Carles se dissimule derrière la forme courbe de la péninsule de la Banya – corne en catalan –, le **port naturel des Alfacs**, l'un des plus sûrs du littoral catalan.

Sant Carles enfin est renommé pour sa cuisine, qui fait entrer le *llagostí* (crevette) dans la préparation de délicieux apéritifs et de recettes sophistiquées.

Port de Sant Carles de la Ràpita.

R. Mareng / Michelin

Costa Daurada pratique

♿ Vous trouverez d'autres adresses d'hébergement et de restauration dans les encadrés pratiques de **Cambrils**, du **Delta de l'Èbre**, de **Reus**, de **Tortosa** et de **Tarragone**.

Adresses utiles

www.costadaurada.com – Rens. pratiques sur la Costa Daurada.

Office du tourisme de Altafulla – *Pl. dels Vents, s/n - 43893 Altafulla -* ℇ *977 650 752 - www.costadaurada.org - juin-sept. : 11h-13h, 17h-21h ; fermé d'oct. à mai.*

Office du tourisme de Calafell – *Sant Pere, 29 - La Platja de Calafell - 43820 Calafell -* ℇ *977 692 981 - www.calafell.org - été : lun.-ven. 8h-20h ; sam. 10h-14h, 17h-20h ; dim. et j. fériés 10h-14h, 18h-20h ; hiver : lun.-ven. 8h-20h ; sam., dim. et j. fériés 10h-14h - fermé 25 déc. et 1er janv.*

Office du tourisme de El Vendrell – *Av. Brisamar 1 - 43700 El Vendrell -* ℇ *977 680 010 - www.elvendrellturistic.com ; www.costadaurada.org - été : lun.-sam. 9h-14h, 16h30-20h30, dim. 10h-14h.*

Office du tourisme de Salou – *Pg Jaume I, 4 - 43840 Salou -* ℇ *977 350 102 - www.salou.org - 10h-13h30, 17h-20h30. Le site Internet de Salou offre une version française, où concocter vos vacances au jour le jour. Le site www.estacionautica. info indique les activités nautiques proposées à Salou, Cambrils et Mont-Roig del Camp.*

Office du tourisme de Sant Carles de la Ràpita – *Pl. Carles III, 13 - 42540 Sant Carles de la Ràpita -* ℇ *977 744 624 - www. turismesantcarlesdelarapita.org - 9h-15h, fermé sam.-dim. et j. fériés.*

Office du tourisme de Torredembarra – *Av. Montserrat 28 - 43830 Torredembarra -* ℇ *977 644 580 - www.torredembarra.org - lun.-vend. 8h30-14h30, sam. 9h30-13h.*

Transports

En autocar – La compagnie **Plana** dessert toutes les localités de la Costa Daurada (ℇ 977 214 475 - www.autocarsplana. com). La compagnie **Hife** possède plusieurs lignes reliant les principales stations balnéaires au reste de la Catalogne (ℇ 902 119 814 - www.hife.es). La compagnie **Hispania** a de nombreuses lignes régionales (ℇ 977 754 147). La compagnie **Mon-bus** relie toutes les heures El Vendrell à l'aéroport de Barcelone (ℇ 938 937 511).

En train – **Renfe** (ℇ 902 240 202 - www. renfe.es). La principale station de la Costa Daurada, Salou, est à 1h35 de Barcelone, 40mn de Calafell, 20mn d'Altafulla, 10mn de Tarragone, 15mn de L'Hospitalet de l'Infant et 30mn de L'Ampolla.

Visites guidées

El Vendrell – Possibilité d'un circuit culturel incluant la visite de tous les musées de la ville (8 €). Existent également un circuit Pau Casals (8 €) et un circuit Art (6 €).

Se loger

**CIRCUIT ① :
D'EL VENDRELL À CAMBRILS**

🛎 **Hotel Sant Jordi** – *Avgd. de Sant Jordi 24, Montbrió del Camp (8 km au nord-ouest de Cambrils par la T 312) -* ℇ *977 826 719 -* ✉ 🅿 *- 23 ch. : 48/64 € 🛏*. On est accueilli par une peinture murale représentant saint Georges combattant le dragon. Les chambres claires et confortables invitent à la détente, à quelques minutes des plages. Très bon rapport qualité-prix.

🛎 **Hotel Yola** – *Via Augusta, 50 - Altafulla -* ℇ *977 650 283 -* ✉ *-* 🏊 *- 39 ch. : 58/110 € 🛏 - rest. 15 € - fermé d'oct. à fin mars*. À une minute de la plage, chambres claires meublées simplement. Toutes ouvrent sur le jardinet et la petite piscine. Accueil chaleureux.

🛎 **Hotel Morros** – *Pérez Galdós, 15 - Torredembarra -* ℇ *977 640 225 - www. morros.es -* ✉ 🅿 *- 76 ch. : 58/85 € 🛏 7 €*. La proximité de la plage, à quelques mètres de distance, est son premier atout. Chambres fonctionnelles et salles de bains modernes. Son agréable terrasse face à la mer ouvre sur de spectaculaires couchers de soleil.

🛎🍽 **L'Olivera** – *Moli 14 - Albinyana (à 6 km d'El Vendrell par la C 51) -* ℇ *977 687 076 - www.lolivera.com - 7 ch. : 64/75 € 🛏*. Aménagées dans trois belles maisons mitoyennes en pierre, les chambres ont été décorées aux couleurs de la Méditerranée. Propriétaires attentifs : possibilité de petit-déjeuner au lit !

🛎🍽 **Hotel Caspel** – *Alfons V, 9 - Salou -* ℇ *977 380 207 - www.hotel-caspel.com -* 🏊 ✉ *- 95 ch. : 65/135 € 🛏 - rest. 16 €*. Hôtel de plage doté de chambres fonctionnelles, affichant un ameublement et une décoration du meilleur goût. Les espaces communs et récréatifs ne manquent pas avec notamment ses deux piscines. Un bon choix pour celui qui recherche à la fois repos, soleil et distraction.

🛎🍽 **Hotel Victoria** – *Carret. Barcelona, 98 - Segur de Calafell -* ℇ *977 162 002 - fermé de mi-déc. à déb. janv. -* 🏊 🅿 *- 32 ch. : 75/90 € 🛏 - rest. 15 €*. Malgré sa situation côtière, cet hôtel ouvre quasiment toute l'année. Les chambres sont très spacieuses malgré une certaine simplicité. Le sauna, le jacuzzi, la salle de gymnastique et la piscine chauffée sont les plus de sa prestation.

🛎🍽🍽 **Hotel Termes Montbrió** – *Nou, 38 - Montbrió del Camp - 8 km au nord-ouest de Cambrils par la T 312 -* ℇ *977 814 000 - hoteltermes@gruprocblanc.com -* 🅿 🏊 ✉ ♿ *- 206 ch. : 171/211 € 🛏 - rest. 34/37 €*. L'endroit parfait pour fuir le stress.

Cet hôtel se compose de plusieurs bâtiments du début du 20e s. qui rappellent le style de Gaudí. Entouré de jardins et d'un bois superbes, il est également doté de piscines où sont dispensés des soins thermaux. Le mariage du luxe et du confort !

CIRCUIT 2 : DE CAMBRILS À SANT CARLES DE LA RÀPITA

Hotel Del Port – *Major, 11 - L'Ametlla de Mar - ☎ 977 457 043 - info@hoteldelport. com -* ▥ *- 16 ch. : 49/69 € - ☕ 4,50 €.* Sur le port de pêche, établissement simple aux chambres modernes.

Hotel Can Quimet – *Av. Catalunya, 328 - L'Aldea - 11 km à l'ouest de Deltebre par la T 340 - ☎ 977 450 003 - www. hotelcanquimet.com - fermé vac. de Noël -* ▥ *- 25 ch. : 55 € - ☕ 3 € - rest. 10,80 €.* Hôtel intime aux chambres classiques et fonctionnelles soigneusement entretenues. Il complète son offre par un bar très couru et un restaurant doté d'une salle à manger correcte et d'un vaste salon réservé aux repas de groupes.

Hotel Llorca – *L'Hospitalet de l'Infant - ☎ 977 823 109 - hotellorca@ hotellorca.com -* 🅿 *- 15 ch. : 60/80 €.* Sur le front de mer, chambres basiques mais bien entretenues. Salle de restaurant en été, avec vue sur mer.

Hotel Pino Alto – *Urb. Pino Alto - L'Hospitalet de l'Infant - 1 km au nord-ouest - ☎ 977 811 000 - www.hotel-pinoalto.com - de mi-avr. à mi-oct. -* 🛁 ▥ *- 137 ch. : 60/142 € - rest. 15 €.* Confortable hôtel dont la conception semi-circulaire permet à la majorité de ses lumineuses chambres d'ouvrir sur la ravissante terrasse intérieure avec jardin, pelouse et vastes piscines. Mobilier fonctionnel aux tons clairs, salles de bains modernes.

La Panavera – *Pl. del Forn, 25 - Perelló - 7 km au nord de L'Ampolla - ☎ 977 490 318 - hostallapanavera@pcserveis.com -* ▥ *- 6 ch. : 95 € - ☕ 6 €.* Cette ancien moulin dispose de chambres accueillantes, bien décorées, avec du mobilier ancien restauré avec goût.

Hotel Miami Mar – *Sant Carles de la Ràpita - ☎ 977 740 351 - www. miamicanpons.com -* 🅿 🛁 ▥ *- fermé de mi-oct. à la Sem. sainte - 30 ch. : 99/165 € ☕.* Un grand classique de la région qui se modernise peu à peu. Aménagement correct et fonctionnel. Malgré une décoration quelque peu désuète, l'hôtel jouit d'un niveau de confort suffisant pour un établissement saisonnier.

Se restaurer

CIRCUIT 1 : D'EL VENDRELL À CAMBRILS

👁 Bon à savoir : les spécialités d'El Vendrell – On peut y déguster le *xató*, plat composé de scarole, de morue émiettée, de thon, d'anchois frais et

d'olives, le tout assaisonné d'une sauce aux piments forts et fruits secs grillés, proche du *romesco*. Ce plat peut être accompagné de n'importe quel vin blanc de la région du Penedès.

La Masia de l'Era – *Sant Joan, 64 - La Riera de Gaià - 18 km au sud-ouest d'El Vendrell par l'A 7 - ☎ 977 655 402 – fermé lun. (dim.-jeu. en hiver seulement midi), de mi-oct. à déb. nov. - menu 10,70 €, carte 30 € env.* Séduisante ferme catalane restaurée. Les salles sont divisées en de nombreuses petites salles décorées dans le style catalan à base d'objets anciens et d'instruments de labour. Le troisième étage, mansardé, a encore plus de charme. Service soigné et simple.

Quim Font – *Colom, 17 - Salou - ☎ 977 380 435 - quimfont@quimfont.com - fermé dim. soir (oct.-juin), lun., Noël -* ▥ *- 35/45 €.* Restaurant familial situé près de la zone animée de la plage. Son agréable salle vous invite à déjeuner dans une ambiance détendue et vivante, à l'abri du soleil si présent sur cette côte. Cuisine catalane à la carte et formules intéressantes.

Joila – *Av. Generalitat, 24 - Coma-Ruga - El Vendrell - ☎ 977 680 827 – fermé dim. soir, lun., de fin déc. à fin janv. -* ▥ *- 40 € env.* Restaurant central tenu par une famille. Doté d'une agréable terrasse et d'une cafétéria à l'entrée, il compte plusieurs salles bien meublées. Service correct. Son offre gastronomique s'articule autour de la cuisine méditerranéenne.

Albatros – *Brusel.les, 60 - Salou - ☎ 977 385 070 – fermé 2-20 janv., dim. soir et lun. sf j. fériés. -* ▥ *- 40/55 €.* Le propriétaire est aux fourneaux ! La salle du restaurant ne cesse de gagner en confort comme la cuisine qui ne cesse de s'améliorer et dont vous savourerez les recettes élaborées. Terrasse animée les nuits d'été.

El Celler de l'Arbocet – *Baix, 11 - L'Arbocet - 8 km au nord-ouest de Cambrils par la T 312 puis prendre à gauche (6 km) - ☎ 977 837 591 -* ▥ *- 45 € env.* Établissement familial et convivial installé dans une demeure vieille de plus de quatre siècles. La beauté de ce pittoresque village se reflète dans les salles qui se parent de murs en pierre rustiques et de poutres en bois. Le premier étage est préféré pour sa cheminée.

CIRCUIT 2 : DE CAMBRILS À SANT CARLES DE LA RÀPITA

Vistamar – *Del Mar, 24 - L'Hospitalet de l'Infant - ☎ 977 823 000 -* ▥ 🛁 🅿 *- fermé en octobre.* Restaurant-pizzeria juste au-dessus de la plage, avec jolie vue sur la mer et les montagnes de Vandellós. Salades, pâtes et pizzas en portions copieuses. Dans une salle attenante, buffet à midi (13,40 €).

Censals – *N-340 s/n - El Perelló - L'Ampolla (sur la N-340, km 1105) - ☎ 977*

490 059 - censals@ya.com - ▤ - 17/36 €.
Cuisine méditerranéenne et internationale
soignée dans ce restaurant de bord de
route correct. Trois salles à manger, dont
une réservée aux banquets.

⊗⊖◪ **Miami** – Av. Constitució, 37 (Hotel
Miami Park) - Sant Carles de la Ràpita -
𝒫 977 740 551 - miami@miamicanpons.
com - hiver : dim.-jeu. seulement à midi ;
fermé 2ᵉ quinz. de janv. - ▤ - 26/36 €. Ce
restaurant est sans nul doute l'endroit
pour savourer la cuisine typique de la mer
sur ce littoral. La salle à manger, bien
aménagée, possède son entrée privative
et est également gérée indépendamment
de l'hôtel. Ses paellas rencontrent un franc
succès auprès de la clientèle touristique.

⊗⊖◪☒ **Mar Blava** – Port Esportiu -
L'Hospitalet de l'Infant - 𝒫 977 820 206 -
fermé dim. soir, lun., de fin déc. à fin janv. -
▤ - 37/43 €. Petit restaurant convivial

situé sur le port de plaisance, dans un
secteur touristique entre bars et glaciers.
Sobre mais coquette, la salle affiche un
niveau de service correct et une carte
typique du marché.

Faire une pause

Jacqueline – Montserrat, 18 - El Vendrell -
𝒫 977 666 874 - On vient ici dès le matin
déguster les appétissantes pâtisseries de
la maison. Le dimanche, idéal pour
papoter autour d'une tasse de thé.

Sports et loisirs

Creuers Costa Daurada – 𝒫 977
363 167 - www.creuerscostadaurada.com.
Au départ de Salou et Cambrils, excursions
à l'Ametlla de Mar (23 à 38 €, avec ou sans
repas), au delta de l'Èbre (37 €), à la crique
Calafat (23 à 38 € avec ou sans repas), etc.
Vision sous-marine.

Costa del Maresme★

CARTE GÉNÉRALE B-C 2 – CARTE MICHELIN REGIONAL 574 H 37-38, G 38
SCHÉMA P. 226
PROVINCE DE BARCELONA

**Mer et montagne, stations balnéaires et paisibles villages de l'arrière-pays, vignes,
pinèdes et forêts de chênes sont autant de caractéristiques de cette frange côtière
catalane qui s'étend de Barcelone à la Costa Brava, dans la région de Gérone, et
qui jouit d'un climat agréable, avec des ciels dégagés et lumineux. Abritée par
la chaîne littorale, elle offre un profil rectiligne, aux longues plages, que seuls
viennent troubler quelques escarpements rocheux.**

▶ **Se repérer** – La Costa del Maresme démarre immédiatement au nord de Barcelone
et s'étend jusqu'à la Costa Brava. Le littoral s'étire sur 53 km, entre Alella, la porte
sud, et Palafolls, la porte nord.
La proximité de la capitale catalane et d'excellents moyens de communication
ont favorisé le développement du Maresme comme zone résidentielle.
Il est facile de rallier en voiture le Maresme depuis Barcelone. Les deux routes
principales sont la N II et l'autoroute A 19 qui relient Barcelone à Palafolls.

👁 **À ne pas manquer** – Une dégustation de vin blanc à Alella.

🕐 **Organiser son temps** – La façade maritime de la Costa del Maresme n'est pas la
plus séduisante de la Catalogne. N'hésitez pas à sillonner l'arrière-pays ou même
à vous y baser le temps de votre séjour.

♿ **Pour poursuivre le voyage** – Voir aussi Barcelone et la Costa Brava.

Comprendre

Sur ces terres, traversées par la via Augusta, la marche des siècles a laissé d'intéres-
santes empreintes : les nombreux châteaux qui remémorent l'époque médiévale, les
tours de défense (16ᵉ et 17ᵉ s.) attestant de l'infatigable harcèlement des pirates, les
belles églises baroques et les demeures modernistes.
Le commerce maritime fut l'une des principales bases du développement de la zone.
L'ouverture en 1848 de la **première ligne de chemin de fer** d'Espagne (Barcelone-
Mataró) amena un progrès considérable dans la région.
Les attraits touristiques, sportifs ou gastronomiques – les **fraises** du Maresme sont
excellentes – sont répartis entre les villages côtiers, dits « de Mar », et ceux de l'arrière-
pays, dits « de Munt » ou « de Dalt ».

Circuits de découverte

D'ALELLA À MATARÓ ①

20 km – compter environ 2h.

Alella

Sous l'intense luminosité de ce village estival et résidentiel poussent ses précieux vignobles, protégés par l'appellation d'origine. Alella est connu grâce à ses excellents vins : rouges, rosés et surtout blancs.

Coopérative vinicole★ – *Angel Guimerá, 62 - ☎ 935 403 842 - visite guidée (1h30- 2h) sur demande (minimum 8 pers.) - 5 €.* Œuvre de l'architecte moderniste Jeroni Martorell, ses grandes voûtes abritent les témoins de l'expansion de l'industrie vinicole. Le contraste entre les anciens fûts et les cuves métalliques modernes est frappant.

El Masnou

Ville traditionnellement vouée à la marine à voile, elle a connu un remarquable développement avec l'extension du port de plaisance qui a provoqué du même coup davantage d'intérêt pour sa plage, déjà l'une des plus fréquentées des Barcelonais. Localité toute en longueur s'étirant au pied de l'église Sant Pere, un réseau de communications diversifié en a fait une ville résidentielle dont la population gonfle l'été du fait de ses établissements de loisirs.

Vilassar de Mar

Pionnière dans la floriculture (ses plantations d'œillets datent de 1923), elle est aujourd'hui l'une des premières localités d'Espagne pour la production de fleurs et de plantes ornementales. Elle disposait par le passé d'importants arsenaux et son collège de la Marine marchande vit passer de futurs capitaines, pilotes et marins de prestige. Le **passeig Marítim**, classique et noble, avec ses palmiers et ses jardins, adopte un tracé rectiligne face à la plage de sable grossier.

Argentona

Célèbre pour ses fontaines, cette localité de l'arrière-pays est environnée d'agréables bois de chênes verts et de pins. Le centre urbain présente un aspect raffiné et élégant. Au **Museu del Càntir** se trouve une importante collection de cruches, dont l'utilisation demeure vivace dans toute la région. *Pl. de l'Església, 9 - ☎ 937 972 152 - mat. et apr.-midi, dim. mat. - fermé lun., 1ᵉʳ et 6 janv., 24 juin, 25-26 déc. - 2 € (dernier dim. du mois gratuit).*

Mataró★

Chef-lieu de la *comarca*, c'est un centre industriel actif dont le développement constant s'est effectué autour d'un nœud de communications. L'ample **passeig Marítim** constitue une agréable promenade le long de la mer. La plage, avec ses équipements de loisirs, accueille quelques organisations sportives.

À l'ouest, le **port de plaisance**, le plus important de la côte du Maresme avec sa capacité de 1 100 postes d'amarrage, voit son animation accrue par la présence d'un bassin pour bateaux de pêche, d'une cale aux grues puissantes et d'une vaste zone commerciale groupant commerces et restaurants modernes.

Port de Mataró.

L. Campion / Michelin

En centre-ville, on verra avec intérêt de nombreuses constructions modernistes, réalisées pour la plupart par Puig i Cadafalch.

Museu de Mataró – *El Carreró, 17 -* ☎ *937 582 401 - de mi-juin à mi-sept. : tte la journée ; reste de l'année : tte la journée, w.-end et j. fériés mat. et apr.-midi - fermé lun., 1ᵉʳ et 6 janv., Vend. saint, lun. de Pâques, 1ᵉʳ Mai, 27 juil., 25-26 déc. - gratuit.* Situé en plein centre, dans un curieux édifice du 16ᵉ s., le musée expose différentes découvertes archéologiques ainsi que des objets liés à l'histoire de Mataró et de la *comarca* du Maresme.

Santa Maria – L'église baroque se dresse sur le site de l'ancien forum romain. En pénétrant à l'intérieur, on est d'emblée frappé par ses dimensions. Dans la chapelle située dans le bras gauche du transept, on signalera le retable baroque de El Roser.

Ensemble archéologique Torre Llauder – *Av. Roma, s/n -* ☎ *937 981 858 - w.-end et j. fériés mat. - fermé lun., 1ᵉʳ et 6 janv., Vend. saint, lun. de Pâques, 1ᵉʳ Mai, 27 juil., 25-26 déc. - gratuit.* Situé à l'extrémité sud de la ville, ce gisement a permis de mettre au jour une ville seigneuriale du 1ᵉʳ s. av. J.-C. On identifiera sans peine les bains, les chambres ainsi que les porches.

DE CALDES D'ESTRAC À PALAFOLLS [2]

30 km – environ 2h30.

Caldes d'Estrac ou Caldetes

Ce beau village près de la mer fut à l'origine du tourisme en Catalogne à la fin du 19ᵉ s. en raison de la qualité de ses sources thermales. Les eaux chlorées de Caldes, par leur composition et leur température (39° C), favorisent le traitement de nombreuses maladies.

Arenys de Mar

L'histoire d'Arenys de Mar a toujours été centrée sur la mer. La ville, qui jouit jadis d'un grand prestige commercial, est devenue une station estivale dynamique, dont les plages de gros sable, bien entretenues, attirent un grand nombre de vacanciers. La plage la plus remarquable est celle de Cabaye qui se déploie sur plus de 500 m. Isolée par un massif montagneux de l'influence climatologique continentale, Arenys dispose d'un microclimat printanier, même en hiver.

Les immeubles résidentiels et les maisons de pêcheurs alternent avec de modernes édifices, constituant ainsi un véritable puzzle architectural. Des discothèques, des pubs et tout un ensemble de commerces consacrés aux loisirs complètent la gamme de ses équipements touristiques, auxquels il faut ajouter les fêtes de plein air qui se déroulent dans la station. Le port de plaisance, l'un des mieux équipés et l'un des meilleurs de toute la Catalogne, est le théâtre d'importantes compétitions nautiques. Il occupe la majeure partie du port mixte, fermé par le môle d'accostage des navires de pêche dont le retour donne lieu à une vente de poissons à la criée.

Santa Maria – Cette église du 16e s., à la façade baroque (18e s.), abrite le merveilleux **retable★★** de Pau Costa, œuvre de grandes dimensions où le plus petit détail fut traité avec la méticulosité propre au style baroque.

Museu Marès de la Punta – *Carrer de l'Església, 43 - ☎ 937 924 444 - tlj sf lun. mat. et apr.-midi, dim. mat. - 3 € (entrée combinée avec le Museu Mollfulleda de Mineralogía).* La dentelle aux fuseaux est, avec les *ametlles* (amandes), l'un des symboles d'Arenys. À l'hôpital Xifré, actuellement siège du musée, on peut apprécier la virtuosité et la finesse de cette activité.

Museu Mollfulleda de Mineralogía – *Carrer de l'Església, 37 - ☎ 937 924 444 - tlj sf lun. mat. et apr.-midi, dim. mat. - 3 € (entrée combinée avec le Museu Marès de la Punta).* Riche collection de minéraux.

Cimetière municipal – *☎ 937 957 750 - tlj sf lun. mat. et apr.-midi, dim. et j. fériés mat. - gratuit.* Situé en haut du chemin de La Pietat, il a été chanté par le poète **Salvador Espriu** (1913-1985) dans son livre *Cementeri de Sinera (Les Cimetières de Sinera)*. Ses allées silencieuses accueillent des **monuments funéraires** réalisés par des sculpteurs modernistes très connus.

Canet de Mar

Entouré de collines boisées, Canet dispose d'une vaste plage ensoleillée qui s'étire le long de la promenade maritime, et s'enorgueillit d'un intéressant ensemble d'édifices modernistes parmi lesquels il convient de citer la **Casa-Museu de Domènech i Montaner**. Dans la partie la plus haute de la ville se trouve le sanctuaire de la Miséricorde, lieu très fréquenté où se vénère la Vierge du même nom. *Riera Gavarra, 2 - ☎ 937 954 615 - horaires variables, en général mat. et apr.-midi, dim. mat. - 2 €.*

Sant Pol de Mar

Dans cette merveilleuse localité côtière pleine de lumière, on peut respirer les parfums de la Méditerranée. Depuis les années 1960, sa vocation résidentielle n'a fait que s'accroître bien qu'elle ait un long passé de station balnéaire. De tous les points de la localité, on peut voir la silhouette de Sant Pau, ermitage qui la domine et offre de très belles **vues** sur la mer.

Calella

Localité cosmopolite, extrêmement fébrile en été, c'est la véritable capitale touristique du Maresme. Les innombrables terrasses, restaurants, tavernes typiques, discothèques et night-clubs sont, avec sa plage de gros sable pur, ses principaux attraits pour les touristes qui, chaque été, prennent d'assaut ses rues.

Palafolls

Sur les collines qui encadrent le village, à 150 m d'altitude, s'élèvent les ruines du **château**, qui dominent la partie basse du cours du Tordera et la plaine fertile qu'il arrose. Construit entre les 12e et 15e s., il présente trois belles enceintes restaurées et une chapelle aux murs ornés de motifs décoratifs.

Costa del Maresme pratique

Adresses utiles

Office du tourisme d'Arenys de Mar – *Riera Pare Fita, 31 (Ed. Calisay) - 08350 Arenys de Mar - ☎ 93 7957 750 - été : lun.-sam. 9h-14h, jeu.-sam. 17h-21h ; dim. et j. fériés 9h30-14h - hiver : lun.-ven. 9h-14h, lun.-jeu. 17h-20h.*

Office du tourisme de Calella – *C/Sant Jaume, 23 - 08370 Calella - ☎ 937 690 559 - www.publintur.es/calella - lun.-sam. 9h-13h30, 15h-19h, j. fériés 9h-13h30 - fermé dim.*

Office du tourisme de Canet de Mar – *Ctra. N-II, s/n - 08360 Canet de Mar - ☎ 937 940 898 - été : 9h-14h, 17h-21h ; dim. 10h-14h, 17h-21h - hiver : mer.-sam. 9h-14h, dim. 10h-14h.*

Office du tourisme de Mataró - *Bureaux d'information dans les locaux de l'ajuntament - La Riera, 48 - 08302 Mataró - ☎ 937 582 100 - www.mataro.org - juil.-août : 10h-13h, 17h-20h ; dim. et j. fériés 10h-14h - sept.-juin : 10h-13h, 17h-19h ; dim. et j. fériés 10h-14h.*

Transports

En train – Renfe : *☎ 902 240 202 - www.renfe.es.* Départs de l'aéroport de Barcelone toutes les 30mn ou de la station de Sants toutes les 10mn. Compter 45mn de trajet jusqu'à Mataró. Le train longe la Costa del Maresme jusqu'à Maçanet, au-delà de Blanes, avec des arrêts à chaque station balnéaire.

En autocar – Départs depuis l'Estació Nord par la compagnie **Barcelona Bus** (*☎ 932 320 459*). 25mn de trajet jusqu'à Mataró. Le bus poursuit également jusqu'à Maçanet.

Depuis Mataró, il est possible de rejoindre en bus l'intérieur des terres, vers Granollers puis Vic (départs de la gare routière).

Se loger

CIRCUIT ① : D'ALELLA À MATARÓ

Hotel Cabrils – *Emilia Carles, 31 - Cabrils - 12 km au sud-ouest de Mataró par la C 31 - ℰ 937 532 456 - fermé de fin déc. à fin janv. -* 🅿 *- 19 ch. : 50 € - ☲ 2,50 € - rest. 9,70 €.* Petit hôtel modeste et simple. Bon rapport qualité/prix malgré la présentation et le confort quelque peu dépassés des chambres. Mobilier espagnol. Service prévenant.

Hotel Colón – *Colón, 6 - Mataró - ℰ 937 905 804 - info@hotelcolonmataro. com -* 🖼 *- 48 ch. : 69/79 € - ☲ 11 €.* Sa localisation centrale près de la plage et du port parle d'elle-même. Les chambres au mobilier et à la décoration désuets sont tout de même assez confortables. Certaines sont dotées d'une terrasse. Service agréable et prévenant.

Hotel Torino – *Pere Grau, 21 - El Masnou - ℰ 935 552 313 - hoteltorino@ ssisoft.com - fermé Noël - 13 ch. : 72/76 € - ☲ 6 € - rest. 16/21 €.* Hôtel central et familial, à la fois moderne et simple. Son petit nombre de chambres confortables et fonctionnelles fait de lui un bon choix pour profiter d'un endroit tranquille et personnel. Coquette salle à manger.

Hotel NH Ciutat de Mataró – *Camí Ral, 648 - Mataró - ℰ 937 575 522 - nhc-mataro@nh-hoteles.es -* 🖼 ♿ *- 123 ch. : 91/117 € - ☲ 11,77 € - rest. 22,50/28 €.* Édifice à la façade moderne situé dans une artère importante desservant la localité. Les chambres impeccables sont en rapport avec le style actuel de la chaîne hôtelière. Des appartements en duplex sont également proposés. Le restaurant, bien connu pour sa cuisine du marché, mérite une attention toute particulière.

CIRCUIT ② : DE CALDES D'ESTRAC À PALAFOLLS

Camping Roca Grossa – *Ctra. N 11, km 665 - Calella - ℰ 937 691 297 - www. rocagrossa.com - 400 pl. : 6,45 €/pers., enfants : 5,70 €, tente : 6,45 €, voiture : 6,45 €.* Ouvert avr.-sept. Idéal pour sa proximité avec la plage et sa facilité d'accès aux restaurants et discothèques de Calella.

Hotel Vila – *Sant Josep, 66 - Calella - ℰ 937 690 208 - www.hotelvila. com -* 🖼 *- 177 ch. : 70/90 € - rest. 13 €.* Hôtel intime doté d'un vaste hall, au plafond en bois et aux séduisantes colonnes en pierre. Ses salons méritent une mention particulière pour leur style médiéval. Certaines chambres sont plus modernes que d'autres. Très bonne cuisine.

Gran Sol (école hotelière) – *N-11 s/n - Sant Pol de Mar - ℰ 937 600 051 - gransol@euht-santpol.org -* 🖼 🅿 *- 44 ch. : 71/10 € - ☲ 9 €.* En bord de route. L'activité d'école hôtelière de cet établissement est largement compensée par des chambres fonctionnelles, toutes disposant d'une terrasse avec vue sur mer.

Se restaurer

CIRCUIT ① : D'ALELLA À MATARÓ

Can Laru – *Sant Simó, 3 - Mataró - ℰ 937 903 234 - 9 €.* Petit restaurant situé derrière l'église, doté d'une salle fraîche et conviviale. Ambiance de quartier, assiettes copieuses et produits frais.

El Celler d'en Mar – *Muralla de Sant Llorenç, 14 bxs - Mataró - ouv. uniquement le soir 20h-0h.* Une jolie salle de caractère dans l'ancienne muraille. Spécialités de viandes et poissons à la braise.

Hostal de la Plaça – *Pl. de l'Església, 11 - Cabrils - 12 km au sud-ouest de Mataró par la C 31 - ℰ 937 531 902 - info@hoteldelaplaza.com - fermé dim. soir, lun. sf j. fériés, de déb. sept. à déb. oct. -* 🖼 *- 32/45 €.* La restauration est l'activité principale de cet établissement qui propose également des chambres personnalisées d'un niveau de confort correct. Deux salles à manger au rez-de-chaussée et plusieurs salles privées au premier étage. Cuisine classique catalane.

El Celler d'Argentona – *Bernat de Riudemeya, 6 - Argentona - ℰ 937 970 269 - cellerargentona@eresmas. com - fermé dim. soir, lun. -* 🖼 *- 32/52 €.* Cette cave rustique et intime conserve deux presses du 18e s. et d'anciennes fresques de faïence aux murs. Le cadre idéal pour jouir d'une cuisine qui s'inspire du livre de recettes traditionnelles. Spécialités catalanes et plats de gibier.

El Nou Cents – *El Torrent, 21 - Mataró - ℰ 937 993 751 - restaurant@ elnou-cents.com - fermé dim., Sem. sainte, août -* 🖼 *- 36/52 €.* À la suite d'une réhabilitation complète de ses locaux, ce restaurant a acquis élégance et un haut niveau de confort. Il dispose d'un hall d'entrée, de plusieurs salles et d'une cuisine ample et moderne où sont préparés des produits de saison.

CIRCUIT ② : DE CALDES D'ESTRAC À PALAFOLLS

El Hogar Gallego – *Ànimes, 73 - Calella - ℰ 937 662 027 - fermé lun. - 48/64 €.* Le vivier à l'entrée et l'exposition de produits de la mer reflètent le type de cuisine de l'établissement. Spécialités de poissons et de fruits de mer composent le gros de la carte traditionnelle. Les salles du restaurant se distribuent sur plusieurs niveaux que dessert un ascenseur panoramique.

Hispania – *Real, 54 - Arenys de Mar - ℰ 937 910 457 - fermé dim. soir, mar., Sem. sainte, oct. -* 🖼 *- 66/85 €.* Tout proche de la route, vous pourrez vous garer sur le vaste parking extérieur. Le classicisme ponctué de détails modernes de la salle principale contraste avec la grande simplicité des deux autres. La fidélité de sa clientèle s'explique par l'excellente qualité de ses produits.

En soirée

À Mataró – La vie nocturne est localisée vers le port de plaisance et la ronda de Barceló qui en remonte.

À Calella – Grand rendez-vous des noctambules de la Costa del Maresme, Calella ne manque pas de terrasses animées en été. Bars de nuits et discothèques assurent l'ambiance toute la nuit sur le front de mer et dans les petites rues du centre. Il n'y a qu'à choisir l'ambiance qui vous va.

Achats

Miracle – *Riera, 35 - Mataró -* 937 904 443 - www.miracle.es. Située en plein centre historique, cette entreprise familiale, fondée en 1885, est célèbre pour ses pâtisseries, ses confiseries et ses cafés très recherchés. Une des spécialités originales de la maison : ses *Carrils de Mataró*, biscuits secs en forme de train qui rendent un bel hommage à la première ligne de chemin de fer espagnol, qui reliait Barcelone à Mataró à l'époque.

Parc naturel du **Delta de l'Èbre**★★
Parc natural del Delta de l'Ebre

CARTE GÉNÉRALE A3 – SCHÉMA P. 216 - CARTE MICHELIN REGIONAL 574 J-K 32
SCHÉMA : COSTA DAURADA – PROVINCE DE TARRAGONA

À son embouchure, l'Èbre forme un large delta qui constitue la zone humide la plus étendue de la Catalogne. Ses caractéristiques favorisent la présence d'une flore et d'une faune uniques en Catalogne. Le delta se compose d'une énorme quantité d'alluvions, que le fleuve arrache aux monts Cantabriques, aux Pyrénées et aux plateaux aragonais, et qu'il dépose avant de se jeter dans la mer. Sa force érosive est spectaculaire et l'aval de son cours est coloré par la vase jaunâtre et épaisse qu'il semble entraîner avec difficulté.

- **Se repérer** – Situé à l'extrême sud de la Catalogne, à 165 km de Barcelone et à 75 km de Tarragone, le delta de l'Èbre s'avance dans la mer sous la forme d'un vaste cap triangulaire.
  L'autoroute A 7 et la N 340 longent les limites du parc à l'intérieur des terres. Au départ d'Amposta, sur la N-340, deux routes de moindre importance assurent les liaisons est-ouest dans le delta : la TV-3454 via Deltebre, au nord de l'Èbre, et la TV-3403 via Sant Jaume d'Enveja, au sud. Depuis ces deux villages, vous pouvez facilement rayonner dans tout le delta.

- **À ne pas manquer** – Début mai, à l'époque de la plantation du riz, on assiste dans le delta à une explosion de fertilité.

- **Organiser son temps** – Avant d'entreprendre la visite, rendez vous dans l'un des bureaux d'accueil qui vous fournira un plan détaillé des principales curiosités (lagunes, points d'observation, etc.), ainsi que des sentiers et des routes. On trouve des offices de tourisme dans tous les villages du delta, mais ceux des toutes petites localités sont fermés hors saison. Le meilleur point de départ est certainement l'écomusée de Deltebre. Il est aisé de circuler en voiture dans le delta, mais vous pouvez également louer une bicyclette, si vous préférez un moyen de locomotion plus écologique et plus tranquille.
  L'aube et la fin de journée sont des moments privilégiés pour surprendre les oiseaux dans leur élément. De nombreuses espèces sont visibles toute l'année, même si les plus fortes densités seront observées lors des migrations. De nombreux miradors ont été installés à travers le delta, mais des jumelles vous seront d'un secours précieux.

- **Avec les enfants** – Une excursion en bateau sur le delta.

- **Pour poursuivre le voyage** – Voir aussi Tortosa et la Costa Daurada.

Comprendre

Un parc singulier

Couvrant une superficie de 7 736 ha de terres planes, le parc fut créé en 1983 afin de protéger la flore et la faune et favoriser le développement agricole de la zone. En

O. Alamany / GC (DICT)

Pointe de la Banya.

effet, les trois quarts du delta sont désormais occupés par les rizières, les exploitations maraîchères et les vergers. Plus de 300 espèces d'oiseaux ont sur ces terres leurs propres colonies en permanence et de nombreux oiseaux migrateurs y font étape lors de leurs déplacements. La richesse piscicole est aussi exceptionnelle (loups, langoustes, daurades et anguilles).

Découvrir

DE SANT CARLES DE LA RÀPITA À AMPOSTA

51 km - 1/2 journée.

Ce circuit permet de faire le tour des sites les plus intéressants du delta de l'Èbre. Si vous avez plus de temps et que vous souhaitez approfondir vos connaissances de la zone, vous pouvez loger à Deltebre puis consacrer deux jours à explorer le delta (une journée pour le sud, une journée pour le nord).

Sant Carles de la Ràpita *(voir p. 221)*

Quitter Sant Carles en direction de Poblenou del Delta, puis suivre la direction de la Casa de la Fusta.

La Casa de Fusta (Centre d'information)

℘ 977 261 022 - ♿ - *tlj mat. et apr.-midi, dim. et j. fériés mat. - fermé 25-26 déc., 1er janv. - 1,20 €.*

Installé dans un relais de chasse en bois des années 1960, le centre d'information abrite une exposition permanente sur les lagunes. La Casa de la Fusta constitue un bon point de départ pour la découverte, à pied ou à vélo, de la lagune de l'**Encanyissada**. Cette dernière est la plus vaste du delta, avec une superficie de 1 192 ha. Si vous êtes dans le delta à la bonne saison, louez une barque pour observer de plus près les nombreuses espèces d'oiseaux qui y nichent ou y transitent lors des migrations.

Poursuivre la route en direction de la lagune de la Tancada.

Moins spectaculaire que d'autres, la lagune de la **Tancada** ne doit pas être négligée : c'est un site de choix pour l'observation de flamants roses. Depuis la lagune, vous pouvez aisément vous diriger vers les salines de la **pointe de la Banya**, situées au

---

La tombée du jour sur le delta de l'Èbre

La proximité de cette masse d'eau, presque immobile, se sent constamment. Du paysage émane une extrême tranquillité. Le ciel acquiert des dimensions extra-ordinaires. Les montagnes semblent s'éloigner à mesure que les mouvements du fleuve plongent l'atmosphère dans un état de somnolence. C'est un spectacle unique : l'Èbre coule péniblement, dessinant de légers tourbillons, comme s'il voulait retarder, sous le soleil, son avancée vers la mer. La lumière, d'une douce ardeur, apporte à l'ensemble une étrange sensualité.

bout d'une langue de terre de 6 km. Le trajet peut être effectué en voiture mais le parcourir à pied permet de jouir pleinement de la beauté sauvage du site.

Poursuivez sur la côte en suivant la direction « Urbanització els Eucaliptus ». De là, revenez vers l'intérieur des terres et Sant Jaume d'Enveja via la TV-3405 puis la TV-3404.

Sant Jaume d'Enveja

Ce petit village posé sur l'Èbre est un passage incontournable pour rejoindre la partie nord du delta ou bien la route menant à l'est vers la **presqu'île de Buda**. Vous y trouverez trois embarcadères pour traverser l'Èbre. Autre option, si vous avez le temps : longez l'Èbre jusqu'à son embouchure pour découvrir par le sud la presqu'île de Buda et ses splendides panoramas. Prenez alors un bac à la presqu'île pour rejoindre l'**île de Sant Antoni**, une des zones les plus calmes et les plus sauvages du delta.

Revenir par la route T-340 jusqu'à Deltebre.

Deltebre – Ecomusée du parc naturel

Bureau d'accueil : c/Doctor Martí Buera, 22 - Deltebre - ☎ 977 489 679 - mat. et apr.-midi - 1,20 € (-8 ans gratuit).

Installé dans une maison traditionnelle, le musée est une invitation à découvrir l'habitat naturel du delta ainsi que les modes de vie traditionnels de la région (pêche, rizières et cultures maraîchères). Après l'exposition intérieure, les jardins permettent de découvrir la flore du delta.

Rive nord de l'Èbre

Depuis Deltebre, la rive nord de l'Èbre est très facilement accessible en voiture, mais la **punta del Fangar** est une spectaculaire destination de promenade à vélo à la journée : une zone désertique d'une incroyable beauté, qui se prête à l'observation des mirages. À mi-chemin, faites une pause à la **lagune del Canall Vell** pour observer les flamants qui ont l'habitude d'y nicher.

Parc naturel du Delta de l'Èbre pratique

♿ Vous trouverez d'autres adresses d'hébergement et de restauration dans l'encadré pratique de la **Costa Daurada**.

Adresses utiles

👁 **Bon à savoir** – Chaque localité du delta possède un office de tourisme avec de nombreuses informations sur le parc, notamment les itinéraires à suivre à pied ou à vélo. Les deux grands centres d'informations sont à l'**écomusée du parc** (Deltebre) et à la **Casa de Fusta** (El Poblenou del Delta) : *voir ci-dessus dans la description.*

Office du tourisme d'Amposta – *Avgd. Sant Jaume 1 - 43870 Amposta -* ☎ *977 703 453 - www.turismeamposta.org - juin-sept. : 10h-14h, 15h30-18h30, dim. et j. fériés 10h-14h ; oct.-mai : 10h-14h, fermé dim.* L'office de tourisme édite un guide en français très complet (activités sportives et culturelles, excursions). Une brochure détaille 7 routes « éco-touristiques » pour découvrir différents aspects du delta.

Office du tourisme de Sant Carles de la Ràpita – *Pl. Carles III, 13 - 42540 Sant Carles de la Ràpita - ☎ 977 744 624 - www. turismesantcarlesdelarapita.org - 9h-15h, fermé sam.-dim. et j. fériés.*

www.terresdelebre.org – Rens. pratiques sur le delta et la vallée de l'Èbre.

Transports

👁 **Bon à savoir** – L'ensemble des points les plus intéressants du delta sont facilement accessibles en voiture (ou à pied depuis un parking). Aux beaux jours, le vélo reste la manière la plus agréable de le découvrir en profitant pleinement des paysages, à votre rythme. Le circuit vélo le plus prisé est **« la route des lagunes »**, passant par la Casa de la Fusta et les lagunes de l'Encanyissada et de la Tancada (26 km au départ de la Casa de la Fusta, 45 km au départ d'Amposta).

Quelques loueurs de vélos :

Deltaventur - *voir ci-dessous « Sports et loisirs ».*

Natura & Aventura - *voir ci-dessous « Sports et loisirs ».*

L'Agrobotiga del delta de l'Ebre – *Avgd. Sant Jaume s/n - 43870 Amposta - ☎ 625 518 385 - www.lagrobotiga.com*

Lo Mas de la Cuixota – *Partida de la Cuixota, Poblenou del Delta - 43870 Amposta (juste derrière la Casa de la Fusta) - ☎ 977 261 026, www.ebre.com/estany*

Delta Natura – *C/de Unió, 76, 43877 Sant Jaume d'Enveja - ☎ 977 468 190.*

Se loger

⌂ **L'Esquerra** – *Cra. d'Amposta - Sant Jaume, km 3,2 - ☎ 977 70 05 32 - www.ebre. com/edegabriel - 4 ch. (sdb commune) : location w.-end ou sem. : 288/800 € ☺.* Une ancienne demeure au calme, qui servait jadis de refuge aux travailleurs des rizières. Cuisine équipée et salon commun. La maison peut être louée entièrement *(256 €/w.-end, 760 €/sem.)*

⌂⌂ **Mas del Tancat** – *Camí dels Panissos - Cra. d'Amposta - Sant Jaume, km 3,2 -*

© Ajuntament d'Amposta

Flamants roses.

📞 *656 901 014* - 🖼 - *5 ch. : 50 € -* 🍴 *5 € - dîner 12 €.* Jolie *massia* blanche en pleine nature, avec des chambres restaurées, une salle à manger, cheminée et terrasse.

🛏🍴🛏 **Mediterrani Blau** – *C/Eucaliptus - Urbanització Eucaliptus -* 📞 *977 479 310 - www.mediterraniblau.com -* 🖼 🅿 - *20 ch. : 68,48/95 €* 🍴. À quelques minutes de la lagune de Tancada, hôtel récent aux chambres modernes et confortables. Vue sur le camping en face. Le restaurant sert une bonne cuisine de pays dans une grande salle claire.

🛏🍴🛏 **Delta H.** – *Av. del Canal - Deltebre -* 📞 *977 480 046 - info@deltahotel.net -* 🅿 🖼 ♿ *- 24 ch. : 69/89 €* 🍴 *- rest. 16,30 €.* Sa situation en plein cœur du delta de l'Èbre lui vaut son cadre unique, dans une ravissante lagune naturelle que vous pourrez arpenter en barque. Les espaces à vivre se fondent avec la salle à manger dans un vaste vaisseau et les chambres proposent un niveau de confort moderne mais sans grand luxe.

Se restaurer

🍴 **Can Paquita** – *Ronda Pins 5 - Poble Nou del Delta -* 📞 *977 741 452 - fermé mar. en hiver.* Petit restaurant convivial fréquenté aussi bien par les touristes que les habitants du delta. Cuisine familiale et spécialités locales (paellas, riz noir, anguille…). Côté cadre, rien de bien chaleureux.

🍴🍴 **Cal Faiges** – *Ronda Pins, 13 - Poble Nou del Delta -* 📞 *977 742 703 - fermé lun. et en janv. - en hiver, ouvert seulement le midi.* Agréable salle de restaurant et patio. Spécialités de poissons et de riz.

Sports et loisirs

Deltaventur - *Avgd. del Riu s/n - Amposta -* 📞 *607 950 408 - www.deltaventur.com.* Randonnées pédestres, excursion en voilier, spéléologie ou escalade… Location de vélo (toute l'année).

Natura & Aventure - *Plaça del Cóc, 18 - Sant Carles de la Ràpita -* 📞 *977 742 987.* Visites guidées du delta de l'Èbre à pied, en vélo, en bateau. Location de vélos (toute l'année).

👥 **Croisières sur l'Ebre** – *Au dép. de Sant Carles de la Ràpita - renseignements à l'office de tourisme.* Un bateau-restaurant part tous les sam. midi pour une croisière de 4h dans le delta de l'Èbre, entre les lagunes et la punta de la Banya. Créées récemment, ces croisières devraient se multiplier.

👥 **Creuers delta de l'Ebre** – 📞 *977 480 128.* Plusieurs embarcations relient Deltebre à l'embouchure du fleuve. Cette promenade réserve de magnifiques vues de l'Èbre. Sur le trajet, on longera l'**île de Gràcia**, imposante langue de terre qui précède l'**île de Buda**, devenue actuellement une péninsule.

Santa Susana – *Embarcador de la Cava - Deltebre -* 📞 *629 204 117 - www.stasusana. com.* Depuis Deltebre, vous pouvez également naviguer jusqu'à l'embouchure de l'Èbre à bord du bateau restaurant Santa Susana.

Empúries★★

CARTE GÉNÉRALE C1 – CARTE MICHELIN REGIONAL 574 F39
SCHÉMA P. 202 : COSTA BRAVA – PROVINCE DE GIRONA

L'histoire de la Méditerranée est présente dans les ruines de ce site archéologique qui, depuis son très bel emplacement, continue à scruter les eaux bleues d'où émergèrent ses fondateurs. La colonie grecque d'Emporion (« marché ») et la ville romaine d'Emporiae furent la passerelle que les cultures classiques empruntèrent pour pénétrer l'Espagne.

▶ **Se repérer** – Empúries se trouve à 2 km de L'Escala, un ancien village de pêcheurs posté au sud du golfe de Roses, sur la Costa Brava. Ce site archéologique se trouve dans la *comarca* de l'Empordà, qui lui vaut son nom.

🕐 **Organiser son temps** – Comptez 2h pour la visite du site archéologique d'Empúries. Si vous le pouvez, allez-y en fin d'après-midi, pour profiter ensuite du coucher de soleil sur le charmant port de Sant Martí d'Empúries.

⛷ **Pour poursuivre le voyage** – Voir aussi la Costa Brava, Figueres (24 km au nord-ouest) et Gérone (39 km au sud-ouest).

Comprendre

De la ville grecque à la ville romaine – Empúries se compose de trois centres : la ville ancienne, **Paliápolis**, la ville nouvelle, **Neápolis**, et la ville romaine.

Vers 600 av. J.-C., les Phocéens, déjà établis à Marseille, créèrent, sur une petite île aujourd'hui reliée à la côte et occupée par Sant Martí d'Empúries, un port appelé Paliápolis. Peu après (550 av. J.-C.), ils prirent pied sur le rivage et fondèrent ce que l'archéologue Puig i Cadafalch nomma Neápolis.

La ville fut l'alliée de Rome durant la seconde guerre punique (218-201 av. J.-C.), et les troupes de Publius Cornelius Scipion, plus connu sous le nom de Scipion l'Africain, y débarquèrent en 218. Vers 100 av. J.-C., tirant profit du tracé de l'ancien camp militaire, les Romains fondèrent une nouvelle ville à l'ouest de Neápolis. Pendant la période républicaine, les deux villes coexistèrent indépendamment jusqu'à ce que, à l'époque d'Auguste, fût concédée aux Grecs la citoyenneté romaine.

Bien que continu, le développement d'Emporiae fut ralenti dès la fin du 1er s. av. J.-C. par la croissance d'autres villes comme Barcino, Gerunda et Tarraco. Rasée lors des invasions des Alains et des Francs, la ville déclina. Elle devint cependant siège épiscopal – on conserve les restes d'une basilique paléochrétienne (4e s.) – et capitale du comté médiéval d'Ampurias, statut qu'elle perdit au profit de Castelló d'Empúries (voir ce nom). L'invasion arabe (8e s.) acheva sa décadence.

Visiter

SITE ARCHÉOLOGIQUE

℘ 972 770 208 - www.mac.es/empuries - tte la journée - fermé 1er janv., 25 déc. - 2,40 € (-16 ans gratuit).

Neápolis

Contrairement à Paliápolis, la nouvelle ville a été totalement fouillée, mais la super-position des différentes constructions, réalisées sur une période de plus de 1 000 ans, complique la tâche des archéologues et l'interprétation des ruines. Son plan en damier, avec des rues se coupant à angle droit, occupait une superficie de 26 ha. Elle était fortifiée sur trois côtés (au sud-ouest, un large pan de muraille est conservé) et possédait une seule porte d'entrée protégée de tours.

Sur une partie haute, près du **temple d'Asclépios**, dieu de la médecine, se trouvait l'**enceinte sacrée (1)**, contenant des autels et d'importantes statues de divinités. À droite se trouvaient les **citernes (2)** d'eau potable, actuellement reconstruites, ainsi

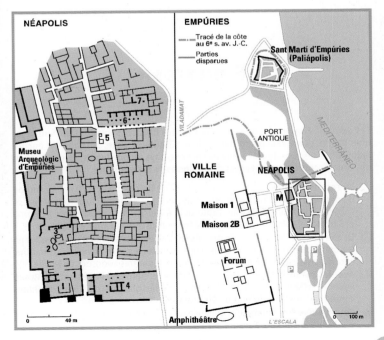

qu'une **tour de guet** (**3**). En contrebas se trouvait le **temple de Zeus Sérapis** (**4**), dont subsistent des vestiges de colonnes et l'autel central.

Sur l'**agora** (**5**), située au croisement des rues principales, on voit encore trois socles de statues. De là, une rue descend vers la mer, bordée à gauche par les ruines de la **stoa** (**6**), marché couvert qui comprenait deux allées à arcades et plusieurs boutiques. Derrière la stoa, on distingue le plan d'une **basilique paléochrétienne** (**7**) avec son abside semi-circulaire.

De vieux pavés, de vastes mosaïques et une petite partie du mur qui protégeait le port complètent cet ensemble archéologique bigarré.

Museu Arqueològic

Y sont exposés des maquettes de temples et des objets provenant des fouilles. Dans la salle I se trouvent les pièces les plus intéressantes, parmi lesquelles on remarque la mosaïque représentant *Le Sacrifice d'Iphigénie* (vitrine 40), œuvre hellénistique réalisée à Athènes ou à Antioche au 2e s. av. J.-C. avec des tesselles de marbre oriental, la mosaïque dite de *La Perdrix* (vitrine 41) et un petit masque d'acteur tragique (vitrine 39) réalisé avec des tesselles aux couleurs rougeâtres et violacées.

Ville romaine

De l'autre côté de la route, sur la colline qui domine la ville grecque, se trouve la ville romaine. Son plan rectangulaire occupe une superficie approximative de 20 ha. Les murailles qui l'entouraient ont été partiellement restaurées, mais la ville n'est pas complètement fouillée.

La **maison n° 1** (accès par l'arrière en se situant face à la mer) construite à la fin du 2e s. av. J.-C. possède un atrium à six colonnes, auquel on accède de la rue par un corridor. Au 1er s. furent ajoutés un péristyle et d'autres dépendances décorées de mosaïques aux motifs noirs sur fond blanc et des peintures murales assez mal conservées.

À côté, dans la même rue, se trouve la **maison n° 2 B.** De l'entrée, on accède à l'atrium entouré de pièces qui ont conservé leur pavement d'origine en mosaïque. Il est intéressant d'observer la technique de construction des murs édifiés sur une assise de pierre et couverts de chaux peinte à fresque. Depuis l'atrium, on gagne un péristyle à colonnes polychromes abritant un jardin central.

Le **forum**, centre de la vie civique, était constitué d'une grande place carrée entourée de portiques, d'édifices religieux (au nord) et de boutiques (au sud). Une rue également bordée de portiques mène à la porte de la ville. Derrière les murailles se trouvent les restes de l'**amphithéâtre**, modeste édifice elliptique avec un soubassement de pierre qui soutenait les gradins en bois.

Figueres ★

38 884 HABITANTS
CARTE GÉNÉRALE C1 – CARTE MICHELIN REGIONAL 574 F38
SCHÉMA P. 202 : COSTA BRAVA – PROVINCE DE GIRONA

Les noms de Figueres et de son enfant le plus illustre, Salvador Dalí, sont à jamais liés. Le génie et la personnalité de ce singulier artiste, qui habitent encore aujourd'hui les rues de cette ville de l'arrière-pays ampurdanais, en ont fait l'un des centres touristiques les plus dynamiques de la Catalogne.

▶ **Se repérer** – Situé à 154 km au nord-est de Barcelone et à 70 km au sud de Perpignan, Figueres est parfaitement desservi par de grands axes routiers qui se croisent à proximité de la ville : l'autoroute A 7 et la N II relient la France à Gérone et Barcelone, et la N 260 se dirige à la fois vers la côte et l'arrière-pays.

◷ **Organiser son temps** – Le Teatre-Museu Dalí est littéralement pris d'assaut en saison ; pensez à réserver l'avance une visite tôt le matin ou bien en nocturne, et consacrez le reste de la journée à la visite des autres curiosités de la ville.

👫 **Avec les enfants** – Pour changer du surréalisme, emmenez vos enfants au Museu de Joguets (Musée des Jouets), avec l'une des plus grandes collections de petites voitures au monde, soit plus de 4 000 modèles !

👣 **Pour poursuivre le voyage** – Voir aussi la Costa Brava, Gérone (42 km au sud) et Olot (45 km au sud-ouest).

Découvrir

L'UNIVERS DE DALÍ

Salvador Dalí, né à Figueres (1904), au sein d'une famille aisée, est devenu l'un des plus célèbres peintres surréalistes. Sa méthode « critique-paranoïaque », basée sur une vision ironique de la réalité, a été la cause de son expulsion de ce mouvement par son fondateur, André Breton. Dans ses tableaux les plus connus, *Le Grand Branleur*, *La Persistance de la mémoire*, *Leda atomique* et *Prémonition de la guerre civile*, Dalí exprime à travers des formes lénifiantes et sensuelles son univers personnel, où les connotations sexuelles, les traumatismes de son enfance et son amour pour Gala, sa femme, ont une singulière importance. Comédien-né et provocateur imprévisible, c'est à New York que s'est produit l'épisode le plus délirant de sa carrière,

Cour intérieure du musée Dalí.

passablement controversée : il s'est promené dans la rue coiffé d'une miche de pain campagnard.

Dans ses commentaires politiques très connus, il réalisa une apologie humoristique du fascisme, centrée sur les figures d'Hitler et de Franco. Dans la dernière partie de sa vie, il avait pratiquement abandonné la peinture pour se consacrer au rôle de personnage public dont les apparitions médiatiques (revues, quotidiens et télévision) étaient, presque toujours, prétexte à bouffonneries.

Teatre-Museu Dalí★★ A1

Pujada del Castell, 28 - ☏ 972 677 524 - www.salvador-dali.org - tte la journée - fermé lun. (sf juin-sept.), 1ᵉʳ janv., Vend. saint, 25 déc. - 11 € (-9 ans gratuit).

L'ancien théâtre municipal, réalisé par l'architecte néoclassique José Roca i Bros en 1850, possède une élégante architecture avec deux façades de trois corps. Jusqu'à sa destruction en 1939, il fonctionna comme un théâtre à l'italienne, avec une grande salle et un parterre en forme de fer à cheval. En 1968, on l'aménagea pour recevoir le musée Dalí, en simplifiant les espaces intérieurs et en couvrant la scène d'une immense coupole géodésique en verre, œuvre d'Emilio Pérez Piñero. Dalí décora l'ensemble d'œufs gigantesques, de choux posés sur la façade pour imiter les coquilles de la *Casa de las Conchas* à Salamanque, de lavabos et de mannequins dorés.

Visite – Le musée est à l'image de celui qui l'a créé et disait à son propos : « Ce musée ne peut être considéré comme un musée, c'est un gigantesque objet surréaliste, où tout est cohérent et rien n'échappe à mon entendement. » Dans ce monde de la déraison, de l'extravagance et de l'excentricité, Dalí donna libre cours à son imagination tant dans l'aménagement des places extérieures au musée (statues de personnages masqués, juchées sur des colonnes de pneus) qu'à l'intérieur. Le spectaculaire salon qui représente Mae West est orné d'un sofa central en forme de lèvres, d'une cheminée en forme de nez, et de cadres en forme d'yeux ; dans le grand patio, une voiture emporte des pantins qui se protègent de la pluie. À côté des toiles de Dalí, dont la série *Dalí en train de peindre Gala*, sont exposées des œuvres de Pitxot, Duchamp, Fortuny... ainsi qu'un ensemble des « académies » de Bouguereau, l'un des plus grands représentants du style pompier.

Torre Galatea★ A1

Adossé à l'ancienne tour Gorgot, cet édifice néoclassique fut décoré par Dalí. Le célèbre peintre y apporta beaucoup d'extravagance, introduisant dans l'ossature ancienne des motifs ornementaux propres à son style (couleurs criardes et objets oniriques).

Visiter

Museu de Joguets★ (Musée des Jouets) A2

Carrer de Sant Pere, 1 - ☏ 972 504 585 - juin-sept. : tte la journée ; reste de l'année : tlj sf lun. tte la journée, dim. et j. fériés mat. - tarif non communiqué.

≗≗ Le musée renferme des jouets du monde entier et de différentes époques. La collection d'automates est admirable – remarquer l'amusant orchestre – ; on s'attardera également sur les collections de marionnettes et de voitures.

Museu de l'Empordà A2

Rambla, 2 - 𝒫 972 502 305 - www.museuemporda.org - tte la journée, dim. et j. fériés mat. - fermé lun. (sf j. fériés), 1ᵉʳ et 6 janv., 25-26 déc. - 2 €.

Installé dans un édifice fonctionnel et moderne (1971), il présente diverses collections d'archéologie (art ibérique), d'art (chapiteaux romains de Sant Pere de Rodes) et d'histoire locale, ainsi qu'un important ensemble de peintures des 19ᵉ et 20ᵉ s. (Vayreda, Nonell, Sorolla, Dalí, Tàpies et Juan Ponç).

Église Sant Pere A1

Cette église fut construite à la fin du 14ᵉ s. et son unique vaisseau, simple mais d'une grande beauté, est un bon exemple de gothique catalan. L'abside polygonale, le transept et le clocher, de construction récente (1941), respectent le style de la nef et sont adaptés aux restes anciens. L'ensemble présente une intéressante unité de style malgré les différentes époques.

Château Sant Ferran★ Hors plan

Au nord-ouest par la Pujada del Castell. 𝒫 972 514 585 - www.castillosanfernando.org - de juil. à mi-sept. : tte la journée ; reste de l'année : mat. - fermé 1ᵉʳ janv., 25 déc. - 3 € (-10 ans gratuit).

Située sur un petit monticule, cette grande forteresse en forme de pentagone a été construite entre 1753 et 1766 par Juan Martín de Cermeño, avant de devenir une

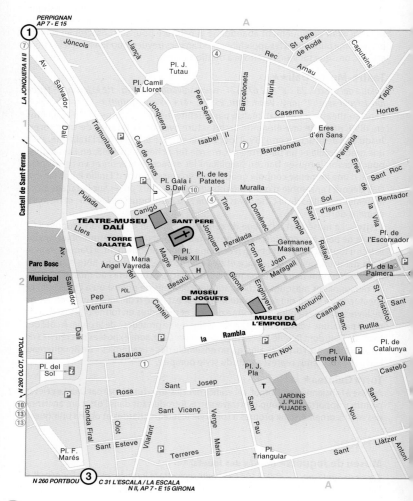

base militaire jusqu'en 1966, ce qui explique en partie son bon état de conservation. En se promenant entre les dépendances, on comprend mieux la complexité de ce type de fortifications. Contrastant avec ses dimensions impressionnantes, la place d'armes se contente, elle, d'une superficie de 12 000 m². À noter dans les **écuries★**, les abreuvoirs d'origine. Depuis son double mur d'enceinte, un fantastique **panorama★★** balaie la plaine de l'Ampurdan, avec ses champs protégés du vent par des rangées de cyprès majestueux.

Aux alentours

Vilabertran★

5 km au nord-est par la N 260. Ce petit village singulier, formé autour d'un monastère, présente un pittoresque tracé urbain, aux ruelles étroites et rectilignes, bordées de maisons anciennes, dont certaines conservent des baies gothiques d'une beauté incomparable.

Monastère Santa Maria★★ – ℘ *972 508 787 - tlj mat. et apr.-midi - fermé lun. et j. fériés - 2, 40 € (-18 ans 1,80 €) - visite guidée possible en français sur demande préalable (2,60 €).* Cet ancien monastère de chanoines augustins forme, pour sa plus grande partie et en dépit de nombreux remaniements, un remarquable et monumental ensemble roman. Il fut le théâtre du mariage de Jaume II et de Blanche d'Anjou, en 1295. Chaque année en septembre, Santa Maria perd son calme habituel pour accueillir le **Festival de musique**, manifestation culturelle de grand prestige.

Bâtie aux 11e et 12e s., l'**église★** présente un plan basilical à trois vaisseaux. C'est un édifice simple mais d'une grande beauté, avec ses piliers et leurs pilastres qui lui

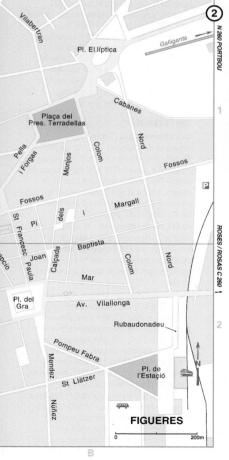

SE LOGER	
Duràn Hotel	①
Hostal San Mar	④
Hotel Los Angeles	⑦
Hotel Rural Mas Falgarona	⑩
Hotel Travé	⑬

SE RESTAURER	
Antaviana	①
El Café del Barri Vell	④
El Molí	⑦
La Borratxeria	⑩
Mas Pau	⑬

FIGUERES

0   200m

confèrent une impression de légèreté contrastant avec la solidité des murs extérieurs. Trois absides s'ouvrent sur le transept. La nef centrale est voûtée en berceau, tandis que les collatéraux sont coiffés d'une voûte surbaissée et l'abside d'une voûte en cul-de-four. À droite se dresse le **clocher**, tour élancée à trois étages, percée de fenêtres géminées et décorée de bandes lombardes.

Le **cloître★** roman (12e s.), de plan trapézoïdal, est entouré des dépendances monastiques (12e-14e s.). C'est un endroit calme, propice à la méditation. Construit selon les normes architectoniques de Cîteaux, il revêt un caractère austère. Les galeries, aux voûtes surbaissées, s'ouvrent sur des arcs en plein cintre surmontant des chapiteaux dépouillés.

Le **palais abbatial★** a été érigé par l'abbé Antonio Girgós (1410-1424). Remarquable exemple de style gothique, son aspect sobre, en parfaite harmonie avec les autres bâtiments religieux, accentue la solennité du monastère. La **façade** est percée d'un portail et de délicates baies vitrées gothiques.

Figueres pratique

Adresse utile

Office du tourisme de Figueres –Pl. del Sol, s/n - 17600 Figueres - ℰ 972 503 155 - www.figueresciutat.com - juin-sept. : sem. 10h-14h, 16h-19h, w.-end 10h-14h ; oct.-mai : tlj sf dim. 10h-15h.

Transports

Gare ferroviaire – Pl. de la Estació s/n - Figueres - ℰ 972 504 661. Figueres est relié tous les jours à Gérone (30mn) et Barcelone (1h45), au sud, ainsi qu'à Portbou (25mn) et la frontière française, au nord. **Renfe** : ℰ 902 240 202 - www.renfe.es.

Gare routière – Pl. de la Estació, 7 - ℰ 972 673 354. La compagnie **Sarfa** (ℰ 902 302 025 - www.sarfa.com) dessert Figueres au départ de Roses et de l'aéroport de Gérone (1h). La compagnie **Teisa** dessert Lladó, Olot, Banyoles (ℰ 972 204 868 - www.teisa-bus.com).

Se loger

◜ **Hostal San Mar** – Rec Arnau, 31 - Figueres - ℰ 972 509 813 - ℙ - 25 ch. : 32 € - ☐ 4 € - rest. menu 10 €. À 10mn à pied du centre-ville, l'hôtel ne paie pas de mine mais offre un excellent rapport qualité-prix : les chambres spacieuses sont équipées de salles de bains impeccables.

◜ **Hotel Los Angeles** – Barceloneta, 10 - Figueres - ℰ 972 510 661 - www.hotelangeles.com - ▤ - ℙ - 40 ch. : 52/66 € - ☐ 4 €. Bel hôtel dans une petite rue calme, proche du centre. Certaines chambres du dernier étage ont vue sur la ville. Formules demi-pension et pension complète avec le restaurant El Gallo Rojo à deux pas de l'hôtel.

◜◜ **Hotel Travé** – Rte d'Olot - Figueres - ℰ 972 500 591 - hoteltrave@infonegocio.com - ℙ - 77 ch. : 62/94 € - ☐ 7 € - rest. 16 €. Ce discret hôtel familial met à votre disposition ses chambres de style classique et confortables malgré une décoration quelque peu désuète. Restaurant soigné également.

◜◜◜ **Duràn Hotel** – Lasauca, 5 - Figueres - ℰ 972 501 250 - www.hotelduran.com - ▤ - 65 ch. : 91/117 € - ☐. En plein cœur de la ville, près du théâtre-musée Dalí, cet hôtel convivial est décoré d'une multitude de miroirs, tapis et tableaux. Chambres spacieuses et confortables. L'adresse est aussi celle d'un restaurant de renom spécialisé dans la cuisine traditionnelle catalane.

◜◜◜ **Hotel Rural Mas Falgarona** – Avinyonet de Puigventós - 4,5 km au sud-ouest de Figueres par la N 260 - ℰ 972 546 628 - email@masfalgarona.com - fermé janv. - ℙ ☒ - 11 ch. : 170/180 € ☐ - rest. menus 38/58 €, carte 60 €. Luxueux hôtel de campagne installé dans un ancien mas accueillant. La beauté de la pierre, de la terre cuite et du bois est rehaussée par la décoration minimaliste ponctuée d'œuvres d'art moderne. Magnifique jardin avec piscine.

Se restaurer

◜ **La Borratxeria (Tapas)** – C/ Jonquera, 11 - Figueres - ℰ 972 503 566 - fermé le dim. sf en août - 7h30-0h - tapas 2,10/7,60 €, menus 7/10,50 €. En dessous du musée Dalí, un bar restaurant sur deux étages, animé et très fréquenté par la jeunesse de Figueres. Grand choix de tapas, sandwichs, pizzas.

◜ **El Café del Barri Vell** – Pl. de les Patates, 7 - Figueres - ℰ 972 505 776 - tlj sf lun. 17h-2h - 10/12 €. Plats végétariens, salades ou tartines, sur une très agréable placette. Spectacles de danse ou concerts en été.

◜◜ **Antaviana** – Llers, 5 - Figueres - ℰ 972 510 377 - antaviana.rest@terra.es - fermé lun. et mar - 35/40 €. Un restaurant particulièrement reposant après les visites de musées. Dans une jolie salle décorée d'œuvres d'artistes locaux, une cuisine créative très inspirée et savoureuse accompagnée de vins de petites propriétés.

◜◜◜ **El Molí** – Pont de Molins - 6 km au nord-ouest de Figueres par la N 11 et 2 km à l'ouest de Pont de Molins - ℰ 972 529 271 - molipark@intercom.es - fermé mar. soir, mer., de mi-déc. à mi-janv. - 38 € env. Accueillant restaurant aménagé dans un vieux moulin. Décoration rustique jusque dans le détail. Vous pourrez y déguster les plats les plus typiques de l'Ampurdan. L'établissement propose également quelques chambres confortables.

⊜⊜⊜ **Mas Pau** – *Avinyonet de Puigventós - 5 km au sud-ouest de Figueres par la N 260 - ☎ 972 546 154 - maspau@ grn.es - fermé dim. soir, lun. et mar. midi (sf en été), de déb. janv. à mi-mars -* ▭ *- menu 72 €, carte 55/85 €*. Dans un mas du 16e s. restauré avec goût, décoré d'antiquités. Vous découvrirez une version plus actuelle de la cuisine catalane. Chambres également d'un grand confort.

Achats

👁 **Bon à savoir** – Les activités commerciales et ludiques à Figueres sont intenses. Les jours de marché, les places se remplissent d'étals proposant des produits artisanaux et les visiteurs déambulent sur les larges avenues. Sur la **Rambla**, agréable promenade traversant le centre ancien, se trouvent les restaurants, les salles de spectacles et les cafés les plus importants de la ville.

Événements

Festa de Santa Creu - *3 mai*. Concerts, défilés et marchés artisanaux sur la rambla.

Festival international de musique - *Juil.*

Festival Gresca a la Fresca - *Juil.-août*. Musique, théâtre, danse sur la place du théâtre (gratuit) et dans différents quartiers.

Fira del Vi - *Déb. sept*. Les viticulteurs de la région viennent présenter le vin nouveau sur la rambla.

Gandesa

3 028 HABITANTS
CARTE GÉNÉRALE A3 – CARTE MICHELIN REGIONAL 574 I31 – PROVINCE DE TARRAGONA

Associé au vin, le nom de Gandesa renvoie aussi au souvenir tragique de la plus grande bataille de la guerre civile espagnole. Entre juillet et novembre 1938, plus de 150 000 soldats et civils périrent dans la bataille de l'Èbre, opposant les troupes franquistes à l'armée gouvernementale. Centre névralgique de l'affrontement, Gandesa est depuis devenu le point de départ de la « Ruta de la Pau » (route de la paix), un circuit commémorant ces heures sombres. La ville mérite aussi un arrêt pour son centre ancien, qui présente un grand intérêt architectural avec ses maisons des 18e et 19e s.

▶ **Se repérer** – Gandesa se situe dans la province de Tarragone, à 38 km au nord de Tortosa, desservi par la C 12 puis la C 43. Au nord-est, la N 420 mène vers Reus (70 km).
La « Ruta de la Pau » (route de la paix) est un itinéraire en boucle de 74 km, reliant les lieux phares de la plus grande bataille de la guerre civile espagnole.

👁 **À ne pas manquer** – Visitez l'une des nombreuses caves de Gandesa et profitez-en pour découvrir le vin éponyme, au goût très sec.

🕐 **Organiser son temps** – Le Centre d'études de la Bataille de l'Èbre à Gandesa constitue un excellent point de départ, vous y récolterez toutes les informations et cartes nécessaires à votre découverte.

👣 **Pour poursuivre le voyage** – Voir aussi la Horta de Sant Joan, le château de Miravet et Tortosa.

Comprendre

La bataille de l'Èbre – En juin 1938, avec le succès de son offensive dans la région de Valence, Franco est en passe de réussir son pari et de couper l'Espagne en deux parties. La contre-offensive sur l'Èbre devait empêcher le général rebelle de s'emparer de la troisième grande ville du pays et redonner l'avantage aux troupes républicaines. Dans la nuit du 25 au 26 juillet, *el ejército del Ebro* franchit le fleuve en plusieurs points stratégiques et s'enfonce rapidement dans le territoire tenu par les franquistes.

En ce mois de juillet 1938, l'offensive sur l'Èbre constitue donc le dernier espoir de la République. En Catalogne, tous les hommes entre 18 et 40 ans sont mobilisés. Déserteurs et prisonniers de droit commun sont souvent amnistiés en échange de leur participation à la bataille.

Mais après les premiers et rapides succès, au cours desquels de nombreux soldats franquistes sont capturés, la désorganisation de l'intendance et le manque de munitions commencent à avoir raison des soldats gouvernementaux et des miliciens. Le général Franco, qui dans un premier temps croyait à une simple diversion, se déplace personnellement sur le front et installe son QG au cœur de la serra de Pandols.

Les franquistes reprennent l'offensive dès le 1er août, et l'initiative des opérations à partir du 15. Leur nette supériorité matérielle leur permet d'occuper de nombreuses positions sans avoir à livrer de durs combats. En septembre, la Société des nations impose le retrait des Brigades internationales, affaiblissant encore plus les Républicains. En octobre 1938, l'assaut final est lancé sur la serra de Cavalls et la bataille de l'Èbre s'achève en novembre, laissant, selon les sources, 100 000 à 150 000 morts dans les deux camps. Ce fut la plus longue et la plus importante bataille de la guerre d'Espagne.

En arrivant de Tortosa par la route, le décor dramatique et très tourmenté des terres longeant l'Èbre permet d'imaginer sans peine la difficulté des combats dans les environs, ou dans les serras voisines de Pandols ou de Cavalls.

Vue sur l'Èbre depuis le château de Miravet.

Visiter

Centro de estudis de la batalla de l'Ebre★
(Centre d'études de la Bataille de l'Èbre)
Av. de Catalunya, 3-5 - ℰ 977 42 07 60 - www.usuaris.tinet.org/cebe - lun.-sam. mat. et apr.-midi, dim. et j. fériés mat. - 3 €.
Huit salles successives évoquent l'histoire de la bataille de l'Èbre en reprenant différents thèmes : équipement des soldats, vie dans les tranchées, aviation, soins aux blessés…

La reconstitution de scénettes permet d'appréhender le quotidien des soldats, alors qu'un documentaire audiovisuel retrace l'horreur des combats.

La dernière salle, présentant les grands titres de la presse espagnole tout au long de la bataille, est particulièrement intéressante.

Cave moderniste★
℘ 977 420 017 - www.coopgandesa.com - mat. et apr.-midi, dim. et j. fériés mat. - fermé 1er janv., 25 déc. - gratuit.
Réalisée en 1919 par **Cèsar Martinell** (1888-1973), ses voûtes plates et ses arcs paraboliques sont remarquables.

Église de l'Assumpció
L'église actuelle, construite aux 17e et 18e s., correspond à une extension d'un temple roman. Il reste de l'ancien édifice le magnifique **portail★** avec cinq archivoltes soutenues par des colonnes à chapiteaux. Le mélange d'éléments romans et d'ornements d'inspiration mauresque donne à l'ensemble une splendeur particulière.

Devant ce portail se seraient mariés le prince Jaume, héritier de la couronne catalano-aragonaise, et Eléonore, fille de Ferdinand IV de Castille. Cette union paraît d'autant plus douteuse que le prince – on ne sait pour quelles raisons – renonça au trône en 1319, entra dans un ordre monastique, et qu'Eléonore épousa son frère cadet, le roi Alfons IV.

Circuit de découverte

LA RUTA DE LA PAU★ (LA ROUTE DE LA PAIX)

55 km. Ce circuit effectue une boucle autour de Gandesa et permet de découvrir les principaux sites de la Route de la Paix en une demi-journée.

Depuis le centre de Gandesa, descendre l'avinguda de Catalunya. Bifurquer à gauche au niveau de l'hôtel Piqué, puis suivre la direction de Villalba. Un peu après la borne km 5 sur la TV-7231, bifurquez sur une piste partant en épingle à cheveux et suivez-la sur 2 km.

Trincheras de Mas d'en Grau (Tranchées du Mas d'en Grau)

Ces tranchées se trouvent à proximité immédiate d'un espace de parking sommaire au milieu des arbres. La plupart des aménagements dûs à la bataille ont été rasés et il ne reste guère plus que quelques amas de pierre pour signaler les anciennes positions républicaines.

Le site offre également une très belle vue sur la vallée de Vallcanyelles.

Revenez sur vos pas jusqu'à la TV-7231 que vous empruntez. 2 km plus loin, au niveau du carrefour des Quatre-Chemins, prenez la direction de Vilalba dels Arcs. Arrêtez-vous juste après le carrefour dans un petit chemin grimpant sur la droite.

Quatre Camins de Vilalba dels Arcs

À proximité du carrefour des Quatre-Chemins a été dressée cette croix en mémoire des victimes des combats. Plus en contrebas, une allée bordée de pierres tombales s'enfonce dans les champs.

Reprenez la direction de Vilalba dels Arcs. Traversez Vilalba et suivez la direction « Els Barrancs, espai historic ». 2,5 km plus loin, quittez la route et empruntez une piste qui vous mènera aux tranchées de Vilalba.

Els Barrancs★

Bien mieux conservées que celles du Mas d'en Grau, les tranchées de Vilalba furent occupées sans combat par les franquistes après le retrait des troupes républicaines. Situées sur une crête, elles forment des réseaux sinueux parmi lesquels on peut encore déambuler pour visiter quelques postes de guet.

Revenez au carrefour des Quatre-Chemins et prenez la direction de la Fatarella (12 km).

La Fatarella★

Particulièrement bien conservée, cette agglomération perchée à flanc de colline peut donner une idée de ce à quoi ressemblaient les petits villages de montagne d'avant-guerre.

De nombreuses troupes républicaines passèrent par la route d'Asco, à proximité du village, pour aller prendre leurs positions.

Revenez à l'entrée de la Fatarella et prenez la route en direction de Mora. En vous arrêtant 500 m plus loin sur la gauche, vous aurez encore l'occasion d'aller visiter un dédale de tranchées dont un petit périmètre, incluant abris et guérites, est bien conservé.

Corbera d'Ebre★★

Redescendez la montagne sur 6 km et à la première intersection, bifurquez à droite en direction de Corbera d'Ebre, situé 7 km plus loin. Une fois dans le village, suivez les indications « Poble vell ».

L'ancien village de Corbera d'Ebre comptait 2 500 habitants avant la guerre. Il fut entièrement rasé par l'artillerie et les bombardements, incessants tout au long de la bataille. Il ne subsiste aujourd'hui que des maisons en ruines massées autour de l'église Sant Pere, dont le clocher est resté bravement dressé, bien que portant encore les terribles cicatrices du passé.

Parmi les ruines ont été disposées 26 lettres construites avec les pierres du village, chacune assortie d'un poème, et dont l'ensemble forme l'*Abecedari de la Llibertat*. Un site Internet est dédié à cette œuvre : www.elpoblevell.info/abe-cedarifra.htm

Rejoignez Gandesa à 6 km par la route principale.

La Ruta de la Pau à pied

La Route de la Paix désigne non seulement un itinéraire routier mais aussi une boucle pédestre de 74 km. Son signalement correspond à celui des PR ou des GR, assorti d'une colombe blanche. Le temps total de marche est estimé à 20h30, divisé en cinq étapes. Pour se procurer le topoguide, se reporter à l'encadré pratique ci-contre.

Aux alentours

El Pinell de Brai
10 km au sud-est de Gandesa par la C 43 puis N 230.
Dans ce village se trouve une **cave coopérative★** *(celler cooperatiu)* qui passe pour être la « cathédrale du vin ». Réalisée en 1918 par Cèsar Martinell, comme celle de Gandesa, cette cave moderniste possède de larges nefs qui s'appuient sur des arcs elliptiques. Sur la façade, une belle et divertissante frise en céramique est l'œuvre du peintre novecentiste **Xavier Nogués** (1873-1941). *℘ 977 426 234 - www.lacate-draldelvi.org - visite guidée, été : mat. et apr.-midi ; reste de l'année : mat. et apr.-midi, dim. mat. - 3,50 €.*

La Fontcalda
Les amoureux de tranquillité et de paysages spectaculaires seront séduits par ce sanctuaire au cœur de la serra de Pandols. Situé dans une petite gorge du fleuve Canaletes, il possède aussi une source thermale. En chemin, vous pouvez faire un léger détour par le point culminant de la serra, la cote 705, haut lieu de combats de la bataille de l'Èbre. Par beau temps, depuis le Monument à la Paix, la vue porte jusqu'aux contreforts pyrénéens.

Château de Miravet★ *(voir ce nom)*

Gandesa pratique

Adresse utile
Office du tourisme de Gandesa – *Avgd. de Catalunya 3 - 43780 Gandesa - ℘ 977 420 910 - lun.-sam. 10h-14h, 16h-20h, dim. 10h-14h.*
www.terresdelebre.org – Rens. pratiques sur la vallée de l'Èbre.

Transports
Bon à savoir – Mis à part ceux de la serra de Cavalls, la plupart des sites liés à la bataille de l'Èbre sont accessibles en voiture.
Gare routière – *Avgd. de Catalunya s/n - ℘ 977 421 511.* Trois bus par jour relient Gandesa à Tortosa (deux le dimanche).

Se loger
Hotel Piqué – *Avgd. de Catalunya, 68 - Gandesa - ℘ 977 420 068 - www.hotelpique. com -* ▯ 🖩 *- 50 ch. : 50 € -* ⌒ *3 € - rest. 9 €.* L'hôtel est divisé en deux parties, l'une possédant des chambres toutes neuves, fonctionnelles et bien équipées ; l'autre, moins chère, où les chambres n'ont pas encore été rénovées. Restaurant au rez-de-chaussée, petit-déjeuner à la carte.

Se restaurer
Can Manolo – *Germandad, 28 - Gandesa - ℘ 977 421 177 - mar.-dim. : 9h-0h ; fermé lun. sauf jours de fêtes - 15 €.* Dans le vieux centre de Gandesa, ce petit restaurant traditionnel concocte d'excellentes viandes *a la brasa.*

Sports et loisirs
Bon à savoir - les randonnées sur « La Ruta de la Pau » – Le Conseil comarcal de la Terra Alta, dont les locaux se trouvent à la sortie de Gandesa en direction de la Horta de Sant Joan, a édité un livret très complet sur la Route de la Paix, présentant à la fois les différents lieux d'intérêt et surtout les itinéraires de découverte en randonnées, via les PR-C-27 et 98 ou les GR-171 et 171-3. Ce carnet (disponible uniquement en catalan ou en castillan) peut également être acheté dans les librairies de Gandesa.
Natura Bike – *Carretera de Pinell - Prat de Comte - 43594 Pinell de Brai - ℘ 977 426 047 - www.naturabike.org.* Location de vélos et excursions à la journée.

Gérone★★

Girona

86 672 HABITANTS
CARTE GÉNÉRALE C2 – CARTE MICHELIN REGIONAL 574 G38
SCHÉMA P. 202 : COSTA BRAVA – PROVINCE DE GIRONA

La ville historique et monumentale de Gérone fut le siège épiscopal et l'ancienne capitale du comté médiéval du même nom. Elle bénéficie d'un site privilégié, au confluent du Ter et de l'Onyar. Ce dernier constitue l'axe de la ville, qu'il traverse entièrement. Le vieux quartier qui se dresse sur la rive droite de la rivière, sur le flanc d'une colline autrefois entourée de murailles, présente tout un réseau de charmantes rues et places et de nombreux édifices nobles. La ville moderne s'étend dans la plaine, entre la rive gauche de l'Onyar et le parc de La Devesa.

Se repérer – Située à un carrefour routier, la ville est très bien desservie : l'A 7, en provenance de la France, passe par Figueres, puis la relie à Barcelone (97 km au sud-ouest), la C 66 va à Besalú, et la C 25 assure la liaison avec Vic (79 km au sud-est). Pour gagner le littoral, vous avez le choix entre la C 66 (Palafrugell) et la C 65 (Sant Feliu de Guixols).

Se garer – Le centre historique de Gérone est en grande partie interdit aux voitures ou réservé aux riverains. Vous trouverez avantage à vous garer dans les rues en contrebas de la cathédrale, ou bien dans la partie moderne de la ville où les parkings sont nombreux. Celui de la plaça Catalunya est bien situé.

À ne pas manquer – Pour conclure votre visite de la ville, faite une promenade sur les murailles pour jouir d'une belle vue sur les toits et les clochers de Gérone.

Organiser son temps – Pour comprendre les vifs contrastes de Gérone, il faut visiter le vieux quartier avec ses belles constructions romanes et gothiques, puis se diriger vers la ville nouvelle, où les grandes pierres de taille de la cathédrale et des églises s'effacent au profit des édifices modernistes et des blocs de bureaux. Gérone est connu pour ses ponts et ses vastes avenues qui invitent à la promenade. Ces derniers temps, les rues commerçantes se sont développées à un tel point que le lèche-vitrine est devenu l'un des passe-temps favoris des Géronais.

Avec les enfants – Un vol en montgolfière au-dessus de Gérone (voir l'encadré pratique) ; les activités nautiques au lac de Banyoles.

Pour poursuivre le voyage – Voir aussi la Costa Brava, Figueres (42 km au nord) et Olot (57 km au nord-ouest).

Comprendre

Des Romains à Charlemagne

L'origine de Gérone, qui remonterait au 8e s. av. J.-C., est mal connue. Ce que l'on sait avec certitude cependant, c'est que les Romains s'y installèrent et lui attribuèrent le nom de **Gerunda**. Sa position stratégique sur le tracé de la via Augusta nécessita d'en

Maisons au bord de l'Onyar.

J. Malburet / Michelin

faire une place forte et la partie la plus élevée – zone entourant la cathédrale – fut fortifiée d'une enceinte triangulaire. De ces remparts, qui avaient pourtant résisté aux multiples assauts tout au long de l'histoire et étaient restés presque intacts jusqu'en 1895, il ne reste aujourd'hui que quelques fragments.

Avec la création d'un évêché au 5e s., la ville acquit de l'importance et, la population augmenta considérablement, des foyers d'habitation s'établirent autour d'édifices religieux hors des murs, foyers qui seront à l'origine des futurs quartiers.

La domination musulmane, dès 716, ne dura que soixante-dix ans, ce qui explique le peu de vestiges témoignant de cette présence. Libérée par Charlemagne, la ville fit partie de la Marche d'Espagne, ligne défensive de l'Empire franc, et fut la capitale d'un comté qui, en 793 puis en 827, subit les assauts des troupes musulmanes avant de se fondre quelques années plus tard dans celui de Barcelone.

La période de splendeur

Du 9e au 11e s., la riche et puissante Église de Gérone, profitant des pouvoirs conférés par les comtes, exerça une influence grandissante sur la vie politique catalane. En même temps, le quartier juif voyait ses activités se développer.

Aux 11e et 12e s., l'essor de la ville se poursuivit, marqué par la construction des quartiers bourgeois de Santa Maria, Sant Pere, Sant Feliu et du Mercadal.

En 1285, le roi de France Philippe III le Hardi, qui soutenait les prétentions de son fils Charles de Valois au trône de Sicile, engagea la « croisade d'Aragon » contre Pierre III. Il s'empara de Gérone, mais une épidémie de peste obligea les Français à se retirer.

Au 14e s., Gérone était la ville la plus peuplée de Catalogne après Barcelone, mais des événements malheureux – mauvaises récoltes, épidémies et luttes internes – ruinèrent cette prospérité économique.

La ville se releva pourtant au 16e s. mais fut à nouveau en partie détruite durant le siècle suivant. Elle fut en effet l'objet de nombreux sièges, d'abord pendant la guerre des Moissonneurs (1640-1652), puis au cours des incessants conflits avec la France.

Le redressement catalan au 18e s. permit à Gérone de retrouver la prospérité antérieure à la crise du 14e s.

Au début du 19e s., la guerre d'indépendance contre l'envahisseur napoléonien la ruina à nouveau, entraînant un retard démographique et économique auquel la répartition des terres décidée par Mendizábal mit un terme en assurant l'installation de manufactures sur les terres récupérées. De grandes usines furent alors créées et la ville assuma les idées progressistes et libérales les plus avancées.

Gérone et le judaïsme

Après Barcelone, Gérone est la ville catalane où la présence juive est la plus importante. Le prestige de son école cabalistique et le rôle des hommes qu'elle a formés se confondent avec les nombreux souvenirs qui subsistent encore.

L'ancien quartier juif, très visité, se situe dans une zone qui va du dernier tronçon de l'actuelle **carrer de la Força** jusqu'à la cathédrale. Lors de sa formation, vers le milieu du 13e s., il prit le même nom que celui de Barcelone : Call. Ce phénomène s'est reproduit dans d'autres agglomérations catalanes où les juifs se regroupèrent dans un seul et unique quartier.

La plupart des édifices de ce secteur conservent une grande partie de leur saveur ancienne, constituant un magnifique cadre où l'on peut imaginer comment se déroulait la vie d'une communauté aussi prospère que celle de Gérone. Bien que le tracé actuel des rues et ruelles ne corresponde pas à celui de l'époque médiévale et que les

La ville des sièges

C'est sous ce nom que l'on connaît la ville de Gérone, soumise à trois sièges par les troupes de Napoléon pendant la guerre d'indépendance.

Le 20 juin 1808, la ville était assiégée par l'armée française et, malgré le mauvais état des fortifications, un petit nombre de soldats soutenus par la population civile réussit à repousser les assauts. Le 22 juillet de la même année, une deuxième offensive française fut également repoussée par le peuple. La position stratégique qu'occupait Gérone sur la route de la France poussa Napoléon à assiéger de nouveau la ville en mai 1809. Le gouverneur militaire, **Álvarez de Castro** (1749-1810), mena en cette occasion la défense de la ville et, après sept mois d'une résistance qui vit Gérone perdre la moitié de sa population, le pacte de capitulation fut signé.

édifices aient subi diverses transformations lors des cinq derniers siècles, le pouvoir évocateur de l'ensemble est si fort que l'atmosphère y est chargée d'intensité et de mystère.

👁 Voir aussi le **Centre Bonastruc ça Porta** (siège du musée d'Histoire des Juifs catalans et de l'Institut d'Études juives Nahmanides) et le **musée d'Archéologie**, dans l'ancien monastère Sant Pere de Galligants *(voir plus loin)*.

La Gérone moderne

Après la destruction des remparts en 1895, fut approuvé un projet d'extension, moins ambitieux que celui de Barcelone, qui contribua cependant à améliorer l'image de Gérone. Les rénovations urbaines se succédèrent tout au long des vingt premières années du 20e s., menées par l'architecte Rafael Masó, qui réalisa de nombreux édifices pour la haute société dans la zone d'expansion de la ville. Après la guerre civile, vers 1950, la ville retrouva progressivement l'expansion économique qui devait se consolider dix ans plus tard. Cet essor, rendu possible en grande partie par le tourisme, s'accompagna de l'arrivée de nombreux immigrants et de la reprise des mouvements culturels et politiques.

Se promener

LA VIEILLE VILLE★★ (Força vella)

Une journée. Partir de l'office de tourisme, au niveau du Pont de pierre.
Les édifices de grande allure et les différents éléments architecturaux des rues et des places personnalisent fortement ce quartier de l'ancienne Gérone. Les bâtiments de pierre grise et les recoins surprenants associés à des espaces caractéristiques confèrent à ce secteur un attrait singulier. On ne peut parler de cette ville sans évoquer la rue de la Força, les abords de la cathédrale, et des rues aussi symboliques que les carrers dels Ciutadans, de Sant Domènec ou **Ballesteries**. Le conglomérat de façades et de galeries se reflétant dans les eaux de l'Onyar offre l'une des images les plus pittoresques de Gérone.

Rambla de la Llibertat★ B2

Partant du Pont de pierre, la rambla de la Llibertat est la principale voie d'entrée dans la vieille ville, et également la plus animée de Gérone. Bordée de cafés et de nombreux commerces, ses arcades évoquent l'époque médiévale, à laquelle se tenait un grand marché régional. Elle se prolonge par la carrer de l'Argenteria, beaucoup plus étroite, qui mène au pont de Sant Agustí.
Au niveau du pont, tournez d'abord à droite puis revenez en arrière par le Cort Réial jusqu'à la plaça de l'Oli.

Fontana d'Or B1

Cet édifice est connu sous ce nom depuis le 18e s. Construction romane ayant eu différentes fonctions à travers le temps, il accueille maintenant de nombreuses expositions d'art.
Revenez à la plaça de l'Oli et empruntez la carrer Peralta.

Le quartier juif B1

La carrer Peralta, prolongée par la **carrer de la Força**, traverse le « Call », l'ancien quartier juif, où se concentrait la communauté juive de Gérone avant son expulsion en 1492. Cet ensemble de hautes bâtisses en pierres apparentes est sillonné de venelles pentues et escaliers tortueux entourant l'emplacement de l'ancienne synagogue. La carrer de la Força vous mène directement à la place de la cathédrale, mais il est possible de rejoindre cette dernière par des voies détournées en choisissant de se perdre dans l'une des innombrables ruelles du « Call ».

Centre Bonastruc ça Porta *(voir Visiter)*

Pia Almoina B1 N

L'édifice qui abritait cette institution de bienfaisance (Pia Almoina signifie « Pieuse aumône ») est un magnifique exemple d'art gothique civil. Sa façade principale, très haute et ferme, donne un aperçu de la monumentalité de cette construction très sobre. C'est actuellement le siège de l'École d'architecture.

Cathédrale★ B1

🎧 972 214 426 - *lun.-vend. tte la journée, sam. mat., dim. apr.-midi - 4 € (-16 ans 1,20 €) incluant la visite du cloître et du trésor.*
La cathédrale gothique dédiée à sainte Marie se dresse au sommet de la vieille ville. Sa masse monumentale, visible comme la flèche de l'église Sant Feliu de n'importe

quel point de la ville, caractérise la vision de Gérone. Construite entre les 14e et 18e s., elle a remplacé une cathédrale romane plus ancienne dont on a conservé le clocher et le cloître. La **façade** baroque, conçue comme un énorme retable de pierre percé d'un grand oculus, est précédée d'un monumental perron qui exalte davantage, si l'on peut dire, la majesté de l'édifice.

L'intérieur★★ – Son style est puissant et sobre, et seuls s'inscrivent en creux les arcs des chapelles, ceux du triforium et les grandes fenêtres. On remarque le chœur, entouré d'un déambulatoire et de chapelles absidiales, et surtout la **nef★★**, spectaculaire par son ampleur ; c'est la plus large de l'architecture gothique européenne (22,9 m).

Le **retable★** du maître-autel (14e s.), en argent doré et bosselé, rehaussé d'émaux, retrace des scènes de la vie du Christ ; le baldaquin qui le couvre représente le ciel. Tous deux forment un des ensembles les plus raffinés de toute l'orfèvrerie catalane médiévale. Les chapelles latérales renferment de nombreuses œuvres d'art. Celle de Sant Honorat (1re à gauche en entrant par l'ouest) abrite le tombeau gothique de l'évêque Bernat de Pau (mort en 1457), constitué de trois registres superposés.

Trésor★★ – Riche en œuvres d'art de grande valeur, il recèle notamment un très bel exemplaire daté de 975 du **Beatus★★**, commentaire de l'*Apocalypse de saint Jean*, où le moine Beatus de Liébana combat la théorie de l'adoptionnisme selon laquelle le Christ était le fils adoptif de Dieu. Les enluminures frappent par leurs coloris et l'expressionnisme des illustrations, surtout celles où apparaissent des animaux fantastiques. On y reconnaît l'influence de l'art islamique ainsi que quelques vestiges de décoration wisigothique. Dans la même salle se trouvent la **Vierge de la Seu** (12e s.) et le **coffret d'Hixem II** (10e s.), bel exemple d'art califal en argent bosselé.

Les pièces les plus remarquables des salles 2 et 3 sont la statue en albâtre polychrome, œuvre de Jaume Cascalls (14e s.) et dite de Charlemagne bien que représentant Pierre le Cérémonieux, de splendides **pièces d'orfèvrerie** des 14e et 15e s., des coffres mozarabes et une bible gothique du roi de France Charles V.

La quatrième salle est occupée par la célèbre **Tapisserie de la Création★★★**, réalisée vers 1100. Œuvre unique en son genre, cette pièce brodée à la main présente des détails iconographiques d'origine juive adaptés à la religion chrétienne. Les tons rougeâtres et verdoyants prédominent, ainsi que les motifs décoratifs à base de délicates lisières géométriques. Le thème central s'inscrit dans deux cercles concentriques dont le plus petit entoure un Christ en majesté (Pantocrator) curieusement représenté sans barbe, car identifié à la seconde personne de la Trinité.

R. Manent / Michelin

Tapisserie de la Création.

Autour, entre les deux cercles, s'ordonnent huit secteurs représentant les étapes de la création du monde. Les angles sont occupés par les quatre vents cardinaux.

Cloître★ – De forme trapézoïdale, il fut construit au 12e s. La tour de Charlemagne (11e s.), magnifique clocher de cinq étages aux décorations lombardes, domine sa double rangée de colonnes. Aux angles et au milieu de chaque galerie, de belles frises représentent des scènes de la Genèse. Remarquer la sérénité des visages et le détail des draperies.

Sant Feliu★ B1

La collégiale était à l'origine un martyrium dédié à saint Félix. L'église actuelle fut construite sur des bases romanes en plusieurs étapes. La magnifique abside et ses fenêtres sont gothiques, comme le clocher tronqué – une des images les plus caractéristiques de la vieille ville – et les voûtes intérieures. La façade principale, orientée vers l'ouest, est de style baroque. On y remarquera le **Christ gisant**, grandeur nature, œuvre du maître Aloi (14e s.), l'ensemble de **sarcophages paléochrétiens★** (3e et 4e s.) encastrés dans les murs de l'abside et, entre la chapelle Sant Narcís et le maître-autel, la remarquable peinture baroque, anonyme, ayant pour thème le « miracle des mouches ».

Banys Àrabs★ (Bains arabes) *(voir Visiter)*

Monastère Sant Pere de Galligants★ *(voir Visiter)*

Sant Nicolau B1

Cette chapelle funéraire du 12e s. fait face à Sant Pere de Galligants. Malgré sa petite taille, elle est d'une grande beauté plastique. Le chevet, formé de trois absides disposées en forme de trèfle et d'une lanterne octogonale, est totalement inhabituel en Catalogne.

Passeig Arqueològic B1

Face aux Bains arabes, des escaliers mènent aux jardins aménagés au pied des remparts. Là s'ouvre une promenade tranquille en contre-haut de la vallée du Ter. Nombreux sont les visiteurs qui transitent par cet agréable endroit où l'on peut, assis sur un banc, profiter de la vue qu'offrent les alentours de Gérone.

Rejoignez ensuite le **jardin des Alemanys**. Situé au pied des murailles, il offre un petit havre de paix en retrait des circuits touristiques.

Université B1 U

Le rectorat d'université, la faculté de lettres et la bibliothèque universitaire ont été récemment établis dans un magnifique ensemble joliment réhabilité et adossé aux murailles. Celui-ci est formé par l'ancien **couvent Sant Domènec**, (B1) édifice gothique à nef unique avec six travées de voûtes ogivales, dont l'intérieur possède une décoration baroque, et par l'ancien Estudi General de Girona ou **Edifici de les Àligues** (maison des Aigles – B1), de style Renaissance.

Longez l'université jusqu'à atteindre les murailles, et descendez 50 m pour en trouver l'accès.

Passeig de la Muralla B2

Le chemin des murailles offre une vue d'ensemble sur les toits de Gérone, dominés par les deux clochers de Santa Maria et de Sant Feliu. Vous pouvez les suivre vers le nord pour revenir à la cathédrale, ou vers le sud pour rejoindre la plaça Catalunya et la ville moderne.

LA VILLE MODERNE

Une demi-journée.

Dans la partie la plus moderne de la ville, on trouve des édifices d'un remarquable intérêt architectural. Les plus significatifs, la **Farinera** (minoterie) **Teixidor** (A2) et la **Casa Ensesa** *(sortir au sud-ouest de Gérone)*, furent conçus par **Rafael Masó** (1880-1935), architecte influencé par la Sécession de Vienne qui évolua vers une esthétique de style 1900.

Parc de la Devesa★ A1

Situé entre le Güell, l'Onyar et le Ter, il s'étend sur près de 40 ha et constitue la plantation de platanes la plus importante de Catalogne. C'est de ce parc que proviennent les platanes qui ombragent aujourd'hui la Rambla de Barcelone. Il a été l'objet de magnifiques descriptions et chants de la part des poètes les plus fameux. Espace d'agrément citadin, La Devesa a eu, tout au long de son histoire, diverses fonctions : terrain militaire, lieu de célébrations sportives et populaires et, actuellement, zone de loisirs pour les Géronais.

Les ponts de Gérone

Une ville baignée par quatre rivières possède, logiquement, de nombreux ponts. Construits aux 19e et 20e s., leur intérêt n'est pas seulement d'assurer le passage entre la vieille ville et la ville moderne, mais aussi de témoigner du passé industriel de la ville. L'un des plus importants est celui de Les Peixateries Velles (Vieilles Pêcheries), dont l'armature métallique, œuvre de la compagnie Gustave Eiffel, débouche sur la Rambla de la Llibertat, haut lieu du commerce et des loisirs, aux galeries en forme d'arcades.

Hospice A2

C'est l'architecte castillan Ventura Rodríguez qui a conçu cet édifice sévère de plan quadrangulaire (17e s.). Il abrite actuellement les services culturels les plus importants de la ville : la bibliothèque publique et la maison de la culture.

Hospital Santa Caterina A2

Fermé pour travaux de restauration - renseignements au 𝄐 972 203 834.

Cet édifice baroque présente une façade néoclassique très élégante et austère. L'ancienne pharmacie (17e et 18e s.) a été transformée en **musée**.

Visiter

DANS LA VIEILLE VILLE

Museu d'Art★★ B1

Pujada de la Catedral, 12 - ℰ 972 203 384 - www.museuart.com - ♿ - mat. et apr.-midi, dim. et j. fériés mat. - fermé lun., 1ᵉʳ et 6 janv., 25-26 déc. - 2 € (-18 ans gratuit).

Installé dans le Palais épiscopal, il présente un panorama complet de l'art à Gérone, du préroman au 20ᵉ s. Dans ses diverses salles, on trouve des expositions monographiques, entre autres sur la céramique, le verre, l'orfèvrerie et l'art liturgique, et des zones réservées aux expositions temporaires.

Section d'art roman (salles 1 à 4) – Le musée possède un intéressant ensemble de pièces datant de cette période. On remarquera l'**autel d'argent** provenant de Sant Pere de Rodes (10ᵉ s.) et la **poutre de Cruïlles★** (12ᵉ et 13ᵉ s.), en bois polychrome, qui était certainement la poutre principale d'un baldaquin. On y voit une procession de moines bénédictins peinte avec un souci du détail propre à la miniature.

Section d'art gothique (salles 5 à 8) – La richesse économique de Gérone détermina l'enracinement de l'art gothique dans la région plus qu'ailleurs en Catalogne. Un exemple de l'essor de ce style est donné par le martyrologe (14ᵉ s.) provenant du monastère de Poblet et ainsi nommé parce que ses miniatures soignées sur fond d'or décrivent les souffrances des martyrs. La **Vierge de Palera**, du début du 15ᵉ s., retient par l'originalité de son visage. La sérénité habituelle des figures gothiques est remplacée ici par un léger sourire qui n'est pas sans rappeler celui de *La Joconde* de Léonard de Vinci. Dans la salle du trône se détache d'un magnifique ensemble le **retable de Sant Miquel de Cruïlles★★** (15ᵉ s.), d'une très grande richesse chromatique. Il fut réalisé par **Lluís Borrassà**, principal représentant du gothique international en Catalogne, dont le style se caractérise par l'utilisation de tons orangés. Dans cette

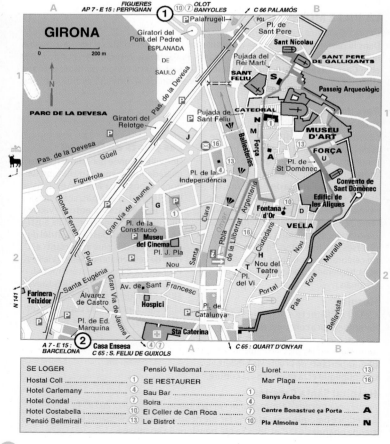

SE LOGER	Pensió Viladomat	16	Lloret	13
Hostal Coll	SE RESTAURER		Mar Plaça	16
Hotel Carlemany	4	Bau Bar	1		
Hotel Condal	7	Boira	4	Banys Àrabs	S
Hotel Costabella	10	El Celler de Can Roca	7	Centre Bonastruc ça Porta	A
Pensió Bellmirail	13	Le Bistrot	10	Pla Almoina	N

même salle se trouve le **retable de Púbol★** (1437), réalisé par Bernat Martorell dans le même style gothique international. Il s'agit d'une pièce de grande dimension à l'iconographie luxueuse et aux coloris très riches.

Section d'art Renaissance (salles 9 à 12) – Au 16e s., la faible activité artistique catalane a mis en valeur l'œuvre de deux peintres bien représentés dans ce musée : **Jean de Bourgogne** et Pedro Mates.

Le premier, probablement d'origine française et plus connu sous le nom de Juan de Borgoña pour avoir travaillé en Espagne, où la décoration de la cathédrale de Tolède demeure son œuvre majeure, est l'auteur du magnifique **retable de Sant Feliu**, provenant de l'ancienne collégiale du même nom. Dans cette œuvre importante imprégnée d'influence italienne apparaissent déjà les caractéristiques fondamentales de la Renaissance (formes dynamiques, couleurs lumineuses, compositions en perspective). Jean de Bourgogne commence avec ce retable un mouvement que suivra son disciple Pedro Matas, peintre prolifique qui assimila totalement les nouveaux courants de la Renaissance. Dans le **retable de Segueró**, une de ses œuvres les plus significatives, l'artiste aborde des scènes de l'Ancien et du Nouveau Testament avec une brillante maîtrise.

Section d'art baroque (salles 14 et 15) – Parmi le peu d'œuvres baroques se détache une statue polychrome (17e s.) représentant saint Roch en pèlerin. Le costume est enrichi d'une ornementation florale très voyante et colorée.

Section d'art des 19e et 20e s. (salles 16 à 18) – Les courants paysagistes du 19e s. sont bien représentés avec diverses œuvres de Ramón Martí i Alsina (1826-1894) et Joaquim Vayreda (1843-1894), tous deux dans une tradition réaliste très enracinée en Catalogne. Parmi les tableaux du 20e s., on retiendra ceux de Santiago Rusiñol (1861-1931), peintre symboliste qui a très bien su capter la beauté de Gérone.

Banys Àrabs★ (Bains Arabes) B1 S

Carrer Ferrán El Católico, s/n - ☏ 972 213 262 - avr.-sept. : tte la journée, dim. et j. fériés mat. ; reste de l'année : mat. - fermé 1ᵉʳ et 6 janv., 27 mars, 25-26 déc. - 1,60 €.

L'édifice fut construit à la fin du 12e s. sur le modèle des bains musulmans médiévaux. Disposées en ligne, cinq salles étaient destinées à des fonctions différentes : l'**apoditerium**, salle de repos spacieuse qui faisait office de vestiaire, renferme un bassin octogonal entouré de huit colonnes soutenant la lanterne ; le **frigidarium**, ou salle de bains froids ; le **tepidarium**, ou salle tiède, où il était possible de se reposer de la chaleur ou du froid intenses ; le **caldarium**, ou salle chaude, destiné aux bains chauds. À l'extérieur de l'édifice et creusée dans le sous-sol se trouve la chaudière.

Monastère Sant Pere de Galligants★ B1

☏ 972 204 637 - tlj sf lun. mat. et apr.-midi, dim. mat ; - fermé 1ᵉʳ janv., 25-26 déc. - 2,30 € *(-14 ans gratuit).* Cet ancien monastère bénédictin est l'un des exemples les plus remarquables de l'architecture romane catalane. Il se trouvait à l'origine en dehors de la ville, mais y fut inclus après l'extension des murailles au 14e s.

Église★ – L'édifice présente un plan basilical à trois vaisseaux et un transept. Les vaisseaux sont séparés par des pilastres soutenant des arcs semi-circulaires. La nef centrale comporte une voûte en berceau alors que les bas-côtés sont voûtés en quart de berceau. Les quatre absides du transept donnent à l'aspect extérieur de cette église celui d'une forteresse, impression que renforce la présence du clocher quadrangulaire à deux étages de fenêtres d'arcatures lombardes, qui servait autrefois de tour de guet et de défense.

La **façade** principale, orientée vers l'ouest et terminée par une grande rosace à huit arcs et de 3,5 m de diamètre, possède un très beau portail comprenant cinq archivoltes et soutenu par des colonnes striées. Les chapiteaux qui le décorent représentent des animaux mythologiques et de belles stylisations végétales.

Adossé au mur sud, le **cloître** rectangulaire, également de style roman, est formé d'un petit patio encadré d'une double colonnade. Les **chapiteaux** sont ornés tantôt d'animaux mythologiques ou de motifs végétaux, tantôt de scènes du Nouveau Testament comme la Fuite en Égypte ou l'Adoration, tantôt de scènes de la vie quotidienne. Il est curieux de ne pas trouver d'allusions à l'Ancien Testament.

Museu Arqueològic – L'église, le cloître, la galerie sur cloître et l'ancienne sacristie de Sant Pere de Galligants abritent ce remarquable musée. Les fouilles effectuées dans la province ont notamment produit une très belle collection de stèles et de pierres tombales hébraïques (13e et 14e s.), trouvées dans l'ancien cimetière de la communauté juive de Gérone, et le magnifique **tombeau des saisons★** (sepulcre de les estaciones, 4e s.) provenant d'Empúries *(voir ce nom),* exposé dans la sacristie.

Centre Bonastruc ça Porta B1 A
Carrer Força, 8 - $\mathscr{C}$ 972 216 761 - tlj tte la journée, dim. mat. - fermé 1er et 6 janv., 25-26 déc.
- 2 € (-16 ans gratuit), audioguide 4 €.

Siège du musée d'Histoire des Juifs catalans et de l'Institut d'Études juives Nahmanides, situé à l'emplacement de l'ancienne synagogue du 15e s.

DANS LA VILLE MODERNE

Museu del Cinema A2
Sèquia, 1 - $\mathscr{C}$ 972 412 777 - www.museudelcinema.cat - &. - tte la journée - fermé lun.,
1er et 6 janv., 25-26 déc. - 4 € (-16 ans gratuit).

Constitué à partir de la collection de Tomás Mallol, ce musée original fait revivre
les débuts du cinéma grâce à des inventions, des projections et des mises en scène
variées. Des premières silhouettes mobiles jusqu'aux charmantes lanternes magiques,
le visiteur découvrira les merveilles et la nostalgie d'une époque où l'absence de
moyens techniques était compensée par une imagination exubérante.

Aux alentours

Casa-Museu Castell Gala Dalí★, à Púbol
16 km à l'est. Quitter Gérone par la C 66 en direction de La Bísbal d'Empordà puis tourner à
droite vers Púbol. Dans le village, laisser la voiture au parking municipal (gratuit) et pren-
dre l'une des ruelles montant au château. $\mathscr{C}$ 972 488 655 - www.salvador-dali.org - tte la
journée - fermé lun. (sf de mi-juin à mi-sept.), 1er janv., 25 déc. - 6 € (-9 ans gratuit).

En 1970, **Salvador Dalí** offrit à son épouse **Elena Diakanoff**, connue sous le nom
de Gala, le château (14e s.) des barons de Púbol. L'artiste s'impliqua totalement dans
la décoration comme l'atteste la grande quantité d'ornements liés à son monde
intérieur (peintures, sculptures et autres objets). Après la mort de Gala, Dalí demeura
pendant deux ans au château où il fut gravement blessé lors de l'incendie de la
chambre qu'il occupait.

La visite est pleine de surprises. Dans une ambiance surréaliste, on découvre les objets
les plus insolites, tous marqués par la dévotion que le peintre portait à son épouse. Au
premier étage, le plafond de la **salle des Blasons** (Escudos) est décoré d'une immense
fresque où apparaissent des visages d'anges, un cheval blanc et la Lune.

La salle 3 fut la chambre de Gala. Dans la salle 5, des doigts constituent les pièces
d'un étonnant jeu d'échecs. Au deuxième étage, dans l'ancienne réserve (salle 7),
les robes de Gala voisinent avec les dessins réalisés par Coco Chanel, Pierre Cardin,
Christian Dior et Dalí lui-même.

Au sous-sol (salle 11), dans une atmosphère solennelle, repose Gala auprès de diverses
sculptures et d'une girafe desséchée.

Un agréable jardin est orné de sculptures d'éléphants tout à fait dans l'esprit des
œuvres de Dalí et d'un bassin où se multiplie un buste de Wagner.

Circuits de découverte

ROUTE DE GÉRONE À OLOT
60 km. Quitter Gérone au nord-ouest, puis prendre la C 66 vers le nord.

Banyoles★
Sise sur la rive droite du lac de Banyoles, dans un beau cadre naturel, la ville du même
nom remonte à la fondation (9e s.) de l'ancien **monastère bénédictin Sant Esteve**.
Aux 13e et 15e s., elle devint une importante cité médiévale comme l'attestent les
nombreuses œuvres d'art de l'époque, encore conservées. Le 19e s. verra l'émergence
des premiers touristes attirés par les eaux médicinales de la **Font Pudosa**.

Santa Maria dels Turers – Cette élégante construction gothique (14e s.) présente
des détails décoratifs d'une grande finesse. On s'attardera sur les beaux **vitraux** et
les archivoltes du portail principal. À l'intérieur, on remarquera l'ampleur de la nef
unique, agrémentée d'une belle abside gothique.

Museu Arqueològic Comarcal★ – *Placeta de la Font, 11 -* $\mathscr{C}$ *972 572 361 - tlj sf lun.*
mat. et apr.-midi, dim. mat. - 3 € (gratuit -16 ans) billet combiné avec le musée Darder.
Installé dans le bâtiment de la **Pia Almoina★** (14e s.), qui recèle une salle gothique
et la Sala Mayor, aux peintures murales, le musée expose d'importants restes archéologiques retrouvés dans la *comarca*. Parmi eux, réplique de la très célèbre **mâchoire
de Banyoles**, vestige humain du paléolithique inférieur, mis au jour en 1887. À noter
également les objets du paléolithique supérieur, extraits des grottes de Serinyà.

Museu Darder - Espai d'Interpretació de l'Estany – *Pl. dels Estudís, 2 - ✆ 972 574 467 - ♿ - tlj sf lun. mat. et apr.-midi, dim. mat. - fermé vac. de Noël - 3 € (-16 ans gratuit) billet combiné avec le musée archéologique.* C'est le zoologiste Francesc Darder, initiateur du zoo de Barcelone, qui fonda en 1916 ce curieux musée où l'on peut voir diverses collections de crânes humains, d'oiseaux empaillés et d'insectes exotiques. À l'étage, une exposition est consacrée au lac de Banyoles.

Plaça Major – Sur cette belle place à arcades (13e s.) se tient un important marché tous les mercredis.

Monastère Sant Esteve – Cet édifice néoclassique recèle encore la porte gothique de l'église et le retable, également gothique, de la **Mare de Déu de l'Escala**, œuvre de Joan Antigó, mieux connu sous le nom de Maître de Banyoles.

Une route goudronnée en direction du sud-ouest conduit au lac.

Lac de Banyoles★

Le lac de Banyoles, flanqué à l'ouest par les contreforts de la serra de Rocacorba, domine une large plaine où cohabitent les bois de chênes verts et de chênes roux avec de grands champs cultivés. Il s'étale sur plus de 2 000 m de long et 235 m de large. Outre la beauté de son paysage, il présente un grand intérêt écologique car c'est le lieu de rendez-vous de nombreuses espèces protégées. La pêche sportive, l'aviron et le triathlon disposent à Banyoles, qui fut site olympique pendant les Jeux de Barcelone en 1992, d'un cadre magnifique et important.

Par une route de 8 km qui longe le lac, on atteint la commune de Porqueres, sur la rive ouest.

Santa Maria, à Porqueres★

Située dans une agréable zone jardinée, l'église est un exceptionnel exemple de l'art roman. Son portail, orné de beaux chapiteaux, dissimule sa nef unique, séparée de l'abside par un grand arc, où sont sculptés de curieux personnages.

Reprendre la C 66.

Serinyà

Ce village rural se trouve au nord du Pla de Banyoles. L'**église Sant Andreu** est un remarquable exemple d'architecture romane (13e s.) avec une porte ornée d'archivoltes.

Les très importants **gisements archéologiques**★ situés dans la périphérie comprennent notamment un splendide ensemble du paléolithique moyen et supérieur avec de remarquables grottes (Cova dels Encantats, Cova del Mollet). *✆ 972 593 310 - tlj tte la journée - fermé lun. (sf mi-juil.-mi-sept.) - 4 € (- 6 ans gratuit).*

Besalú★★

Situé dans une large vallée traversée par le río Fluvià, ce village fut du 10e au 12e s. la capitale du comté de Besalú. Son **centre historique**★★ est l'un des plus riches ensembles romans de Catalogne. On y voit des restes de murailles, plusieurs constructions médiévales ornées de belles fenêtres géminées et un beau **pont fortifié**★ d'origine romane, commencé au 12e s. et restauré à plusieurs reprises.

J. Malburet / Michelin

Église Santa Maria, à Porqueres.

Sant Pere★ – Cette église romane (11e s.) faisait partie d'un monastère bénédictin. Construite selon un plan à trois vaisseaux, elle présente un curieux **déambulatoire**, formé de cinq arcs soutenus par quatre paires de colonnes. Les chapiteaux, minutieusement travaillés, dénotent l'influence de l'Italie du Nord.

Admirer sur la façade la belle ouverture centrale entourée de reliefs sculptés, entre autres de lions et de motifs floraux.

Casa Llaudes – Située à l'extrémité de la place Sant Pere, elle possède un beau patio, sur le modèle des cloîtres romans.

« Mikwa » – *Visite guidée sur demande à l'office de tourisme ☏ 972 591 240 - 1,30 €.* La maison médiévale des ablutions et des bains (12e s.) est située dans l'ancien quartier juif, aux rues étroites et tortueuses.

Sant Vicenç – Ce bâtiment (12e et 13e s.) fait la transition entre le style roman et le style gothique. Outre une élégante abside et deux absidioles, l'église présente sur ses portails de remarquables éléments décoratifs (colonnes, chapiteaux, reliefs et archivoltes).

Se diriger vers le nord en direction de Beuda.

Le pont fortifié de Besalú.

Beuda

Ce petit village recèle d'intéressants exemples d'art roman dont on retiendra plus particulièrement la très belle église du prieuré de **Sant Sepulcre de Palera** (11e s.), située au bord de la route avant d'accéder au village.

Retourner à Besalú et prendre la N 260 en direction d'Olot.

Castellfollit de la Roca★

La route ménage une vue spectaculaire du village, situé à l'intérieur du **Parc naturel de la zone volcanique de la Garrotxa** *(voir Olot)* et qui se dresse sur une coulée basaltique de 60 m de hauteur. Au centre de la **vieille ville**, noyau d'origine médiévale anciennement fortifié, s'élève l'**église Sant Salvador**.

Olot★ *(voir ce nom)*

DANS LA RÉGION DES SOURCES

86 km. Quitter Gérone par le sud-ouest, puis prendre la N 11 en direction du sud ; au bout de 12 km, bifurquer à gauche.

Au sud de Gérone s'étend une zone où abondent les sources d'eaux minérales.

Caldes de Malavella

Cette ville doit sa célébrité aux abondantes sources d'eaux minérales médicinales (58 et 60 °C). Bien que connues dès l'époque romaine, leur exploitation systématique ne date que du 19e s., à l'instar des grandes stations thermales européennes.

Les eaux bicarbonatées de Caldes, vendues dans toute l'Espagne, sont commercialisées sous les noms de Vichy Catalán, Imperial et Sant Narcís.

Actuellement, les seuls établissements de cure encore en exercice sont les thermes Prats et les thermes Vichy Catalán. Ceux-ci furent conçus (1898) dans le style néo-islamique par l'architecte moderniste **Gaietà Buïgas**.

Reprendre la N 11, revenir 5 km en arrière puis emprunter à gauche la C 25.

Santa Coloma de Farners★

Le berceau du grand poète **Salvador Espriu** (1913-1985) se trouve au pied de la serra de Les Guilleries. Au beau milieu de la trame urbaine apparaît le parc Sant Salvador et sa célèbre fontaine. Sa spécialité est la *teula*, variété de gaufre.

Sanctuaire de la Mare de Déu de Farners – *À 4 km du parc Sant Salvador, par une piste accidentée et non revêtue.* Au milieu d'une agréable esplanade boisée de pins et de chênes verts se trouve cet ermitage roman, remarquable par son abside, de dimensions réduites, et son beau parvis au toit en bois. À quelques mètres, sur une petite butte, se dressent les ruines du **château de Farners**, édifié au 11e s.

Sant Pere Cercada – *À 10 km du parc Sant Salvador, par la même piste d'accès que pour le sanctuaire.* Cette intéressante construction romane à abside trilobée est érigée dans une magnifique **enclave★** au milieu d'un bois aussi paisible que touffu. L'intérieur, bien préservé, se caractérise par la sobriété de ses lignes.

Retourner à Santa Coloma de Farners et reprendre la C 25. Au bout de 15 km, tourner à droite.

Sant Hilari Sacalm★

Dissimulée dans la serra de Les Guilleries, Sant Hilari jouit d'un agréable climat estival. Sur son territoire, extrêmement boisé, jaillissent de nombreuses sources (Font Picant et Font Vella). À l'automne, le village accueille un grand nombre de chasseurs et d'amateurs de champignons.

Gérone pratique

Adresse utile

Office de tourisme – *Rambla de la Llibertat, 1 - 17004 Gérone -* ℘ *972 226 575 - www.ajuntament.gi - lun.-vend. 8h-20h, sam. 8h-14h, 16h-20h, dim. et j. fériés 9h-14h.*

Transports

Aéroport – *Vidobi d'Onyar - 12 km de Gérone -* ℘ *972 18 66 00.*

Gare ferroviaire – *Pl. de Espanya.* Chaque jour, plusieurs trains relient Gérone et Barcelone (environ 50mn). **Renfe :** ℘ *902 240 202 - www.renfe.es*

Gare routière – *Près de la gare ferroviaire -* ℘ *972 212 319.* Plusieurs compagnies assurent les trajets Figueres-Gérone et Barcelone-Gérone : **Sarfa** (℘ *902 302 025 - www.sarfa.com*), **Barcelona Bus** (℘ *932 320 459*), **Teisa** (℘ *972 204 868 - www.teisa-bus.com*). Les bus sont moins fréquents que les trains, le trajet dure environ 1h20 pour Barcelone et 30mn pour Figueres.

Location de voiture – Les principaux loueurs sont présents à l'aéroport et à la gare.

Avis – ℘ *902 135 331 (centrale de réservation) - www.avis.es.* **Hertz** – ℘ *902 402 402 (centrale de réservation) - www.hertz.es.* **Atesa** – ℘ *902 100 101 - www.atesa.es*

Se loger

À GÉRONE

 Hostal Coll – *Hortes, 24 -* ℘ *972 203 086 -* *- 8 ch. : 40 € -* *2 €.* Chambres simples et propres, dotées de balcons et de petites salles de bains fonctionnelles. Relativement calme malgré son emplacement dans la ville moderne, dans le coude d'une rue piétonne.

 Pensió Viladomat – *Dels Ciutadans, 5 -* ℘ *972 203 176 - pensionviladomatgirona@ yahoo.es -* *- 8 ch. dont 4 avec salle de bains privée : 56 €.* Bien placée pour la découverte de la vieille ville, cette sympathique pension bien tenue propose des chambres simples, agréables et spacieuses. À Pâques et en été, réservez bien à l'avance.

 Hotel Condal – *Joan Maragall, 10 -* ℘ *972 204 462 - www.hotelcondalgirona. com -* *- 38 ch. : 65 €.* Une adresse tout à fait conseillée pour son bon emplacement dans une rue très commerçante du centre-ville. Installé dans un bâtiment bourgeois, l'hôtel possède des chambres dont il faut souligner la propreté et la clarté, malgré des salles de bains un peu désuètes. Une grande partie des chambre a été rénovée récemment.

 Pensió Bellmirail – *Bellmirall, 3 -* ℘ *972 204 009 - www.grn.es/bellmirall -* *-7 ch. : 65/75 € -* *-fermé janv.-fév.* En haut de la vieille ville, à deux pas de la cathédrale, une ancienne demeure rénovée et décorée avec goût, bénéficiant d'une petite cour et d'une confortable salle commune. Toutes les chambres sont vastes, décorées différemment et bien équipées. La pension est très demandée, réservez à l'avance.

 Hotel Costabella – *Av. de Francia, 61 -* ℘ *972 202 524 - www.hotelcostabella. com -* *- 47 ch. : 98 € -* *- rest. 12 €.* Malgré une certaine distance qui le sépare du centre historique, cet hôtel d'allure moderne propose un niveau d'équipement complet et actuel. Sols en marbre et mobilier classique. Professionnalisme et amabilité du personnel.

😷🛏🛏 **Hotel Carlemany** – *Pl. Miquel Santaló, 1 - ℘ 972 211 212 - www. carlemany.es* - 🖥 ⚙ *- 90 ch. : 126/144 € - ☕ 10 € - rest. 29,50/34,50 €.* Cet énorme cube en verre qui s'élève au cœur de Gérone abrite un grand hôtel parfaitement équipé et doté de chambres spacieuses et lumineuses, meublées dans un style moderne. Salles de bains très bien équipées.

AUX ALENTOURS

😷 **Hostal Fabrellas** – *Major, 14 - Caldes de Malavella - ℘ 972 470 046 - www. hostalfabrellas.com* - 🖥 *- 39 ch. : 37/49 € - ☕ 4,65 €.* Dans une rue calme, un peu au-delà de l'église, une pension aux chambres spacieuses et fraîches (quelques-unes ont l'air conditionné), simples et confortables.

😷🛏 **Hotel L'Ast** – *Passeig Dalmau, 63 - Banyoles - ℘ 972 570 414 - www.hotelast. com* - 🏊 🅿 *- 27 ch. : 75 € ☕.* Grâce à sa proximité du lac, cet hôtel intime permet de jouir de la tranquillité et de la beauté du site. Malgré leur sobriété, les chambres n'en demeurent pas moins confortables. Bon rapport qualité/prix. Service agréable.

😷🛏🛏 **Casa rural Mas Salvanera** – *Maià de Montcal - 6 km au nord-est de Besalú - ℘ 972 590 975 - salvanera@salvanera.com* - 🅿 🏊 *- 8 ch. : 125/145 € ☕.* Accueillant petit hôtel de campagne installé dans une *masía* (17e s.) totalement réhabilitée. Décoré de meubles anciens, il conserve la chaleur d'antan. La bibliothèque ou le salon avec cheminée invitent à la détente.

Se restaurer

À GÉRONE

😷 **Bau Bar** – *Pl. de la Catedral, 8 - ℘ 972 485 007 - tlj. sf dim. : 7h30-18h30, sam. : 10h30-16h30 - env. 10-12 € à la carte.* Un cadre agréable (une ancienne salle voûtée), une décoration signée par un collectif d'architectes de Gérone et une très bonne cuisine méditerranéenne.

😷 **Lloret** – *Pl. de la Independència, 14 - ℘ 972 213 671 - tlj 13h-16h, 20h-0h, fermé sam. soir et dim. - 10/25 €.* Repas à l'extérieur sous les arcades de la place ou dans la salle avec vue sur l'Onyar et ses maisons colorées. Cuisine traditionnelle. Menus copieux 13-15 €. Comptez 20 à 25 € si vous préférez à la carte.

😷 **Le Bistrot** – *Pujada Sant Domènec, 4 - ℘ 972 218 803 - tlj 13h-16h, 19h-1h - menus 13/16 €, carte 25 € env.* Le restaurant est doté d'une agréable terrasse à l'intersection des deux escaliers menant à l'église Sant Martí Sacosta. Savoureux plats de viande et poisson mais peu de plats froids l'été.

😷🛏🛏 **Boira** – *Pl. de la Independència, 17 - ℘ 972 203 096* - 🖥 *- 35/45 €.* Sous les arcades de la place, c'est l'endroit à la mode où se retrouve la jeunesse de Gérone. Parfait pour manger des tapas dans un cadre moderne qui offre, à l'arrière, une vue inoubliable sur les maisons qui se reflètent dans les eaux de l'Onyar.

😷🛏🛏 **Mar Plaça** – *Pl. de la Independència, 3 - ℘ 972 205 962 - fermé lun., 1 sem. janv.* - 🖥 *- 50/80 €.* Dans ses deux salles à manger sobrement décorées et meublées dans un style classique est servie une cuisine de la mer, à base de produits choisis. Service soigné.

😷🛏🛏🛏 **El Celler de Can Roca** – *Rte Taialà, 40 - ℘ 972 22 21 57 - fermé dim., lun., fin déc. à mi-janv., de déb. juil. à mi-juil.* - 🖥 *- 69/92 €.* Cuisine hautement créative et personnelle. Un pur régal, à goûter absolument, si vous en avez la possibilité. Trois frères dirigent de main de maître cet élégant établissement.

AUX ALENTOURS

😷🛏 **Can Roca** – *Av. Carlos de Fortuny, 1 - Esponellà - 10 km au nord de Banyoles par la GI 554 - ℘ 972 597 012 - canrocarestaurant @yahoo.es - fermé dim. soir (sf été), mar., de déb. mars à mi-mars, de mi-sept. à fin sept.* - 🖥 *- 23,50/35,50 €.* Restaurant convivial situé à l'entrée de la ville. Sa carte, intéressante, propose des plats régionaux, en particulier des viandes. Excellent rapport qualité/prix.

😷🛏 **Can Kiku** – *Pl. Major, 1 - Lladó - 11 km à l'est de Besalú par la N 260 puis prendre à gauche sur 3 km - ℘ 972 565 104 - fermé lun. en été, mer. en hiver, de déb. janv. à mi-janv.* - 🖥 *- 27/36 €.* Grand classique de Gérone. Sous des arcades avec balustrade en pierre, ce restaurant central propose des plats maison inspirés de la gastronomie catalane, dans un cadre à la fois chaleureux et simple, décoré avec des détails rustiques.

😷🛏🛏 **Quatre Estacions** – *Passeig de la Farga, 5 - Banyoles - ℘ 972 573 300 - fermé dim. soir, lun.* - 🖥 *- 30/35 €.* Restaurant d'allure classique bien meublé et bien tenu. Vous pourrez y déguster une cuisine catalane simple, mais bien présentée et réalisée comme il se doit.

😷🛏🛏 **Can Xapes** – *Mossèn Jacint Verdaguer, 5 - Cornellà del Terri - 15 km au nord-ouest de Gérone par la C 66 - ℘ 972 594 022 - fermé dim., lun., août, Noël* - 🖥 *- 47 € env.* Petit restaurant central et convivial largement reconnu pour la qualité des produits qu'il cuisine. Locaux parfaitement entretenus. Cuisine catalane.

😷🛏🛏🛏 **Els Fogons de Can Llaudes** – *Prat de Sant Pere, 6 - Besalú - ℘ 972 590 858 - fermé mar. (sf j. férié), nov.* - 🖥 *- 59 €.* Ce restaurant est une des surprises gastronomiques que réserve la Catalogne à son visiteur. Installé dans une ancienne chapelle romane, il sert une cuisine innovante en utilisant des produits de la région. Bonne carte des vins. Vivement recommandé.

Une petite pause

Bar l'Arc – *Pl. de la Catedral, 9 - Girona -* ℰ *972 203 087 - été : jeu.-sam. 10h-2h (1h dim. et merc.) ; hiver : jeu.-sam. 11h-2h (minuit dim., mar., merc.).* Merveilleusement situé au pied du monumental escalier qui mène à la cathédrale. Pour boire un verre ou grignoter un sandwich.

Café Royal – *Pl. de la Independència, 1 - 8h-1h.* Agréable terrasse sous les arcades pour siroter une *horchata* ou un *granissat*. Joli décor en briques rouges à l'intérieur.

En soirée

Parc de la Devesa – *Juin-sept. : 23h-4h.* Dans le parc de La Devesa se concentrent trois grands bars où l'on peut prendre un verre en plein air. Le **Glops** est doté d'une immense terrasse et d'un espace réservé aux orchestres ; le **Barenostrum** possède un vaste comptoir et un coin où sont installés nombre de tables de billard américain et de baby-foot ; enfin, le **Nummunit** présente un mobilier original, des fauteuils design et une immense fresque représentant les maisons bordant l'Onyar.

Achats

👁 **Bon à savoir** – Les principales rues commerçantes sont la **carrer de Santa Clara**, qui est piétonne, la **carrer Nou** et la **carrer Argenteria**. La **carrer de la Força** héberge quelques magasins d'antiquités et de design (mobilier et joaillerie). Dans la **carrer Ballesteries** se trouvent un certain nombre de petits commerces typiques.

Marchés – Les mardis et samedis en été, au parc de la Devesa. Le marché le plus intéressant est celui qui se tient sur le

Pont de Pedra (pont de pierre) tous les samedis (sauf l'été). Les artisans de Gérone et des villages voisins viennent y exposer leurs produits.

Gluki – *Argenteria, 26 - Gérone -* ℰ *972 221 013.* Chocolatier et confiseur depuis 1880 ; la famille Gluki utilise les meilleures matières premières pour l'élaboration artisanale de tous ses produits. Olot se réserve la fabrication du chocolat. C'est l'occasion d'acheter un cadeau original puisque les boîtes de chocolats, décorées dans des thèmes différents, sont à elles seules de véritables œuvres d'art.

La Xixonenca – *Argenteria, 8 - Gérone -* ℰ *972 220 938.* L'endroit idéal pour acheter le fameux *turrón* de Jijona, de délicieux bonbons et glaces, tous de fabrication artisanale. Agréable terrasse dans la rue.

Sports et loisirs

👥 **Vols Rosell** – *Avgd. de Jaume I, 3 - Gérone -* ℰ *972 206 291 - www.volsrosell. com.* Vols en montgolfière au-dessus de Gérone et du massif des Gavarres.

Événements

Temps de Flors (le Temps des fleurs) – *Première quinzaine de mai.* La vieille ville s'habille de fleurs, et c'est également l'occasion de visiter des venelles ou des cours fermées aux visiteurs le reste de l'année.

Feria de Sant Narcís – *Le dernier week-end d'octobre ou le premier de novembre.* Animations dans le parc de la Devesa, grande foire, défilés, tours humaines (*castellers*)… Une des plus grandes fêtes de ce type en Catalogne, en l'honneur du saint patron de Gérone.

Horta de Sant Joan★★

1 241 HABITANTS
CARTE GÉNÉRALE A3 – CARTE MICHELIN REGIONAL 574 J30 – PROVINCE DE TARRAGONA

Horta de Sant Joan est une commune de montagne qui s'échelonne sur une petite croupe, occupant un site magnifique à l'abri des derniers contreforts des Ports de Beseit. Depuis les vignobles étendus à ses pieds, on observe les plus beaux paysages. Là, la pureté de l'air et le relief capricieux des montagnes entourant Horta éveillent une sensation particulière, la même que transmet le fameux tableau « Horta d'Ebre ou de Sant Joan », peint par Picasso en 1909.

▶ **Se repérer** – Situé à 37 km au nord-ouest de Tortosa, dans la province de Tarragone, Horta est tout proche des frontières de la province de Teruel. Éloigné des grands axes de communication, il se dresse dans une zone paisible. Pour y accéder depuis Tortosa, suivez la C 12 vers le nord (16 km), puis prenez à gauche la N 230 (6 km). Au premier croisement, tournez à gauche sur la T 333 (13 km). Enfin, bifurquez à droite sur la TV 3341 (2 km).

🕐 **Organiser son temps** –Profitez des premières heures de la matinée pour partir en randonnée (à pied ou à vélo), et prenez le temps, en soirée, de parcourir les bucoliques vergers sillonnés de petits sentiers.

🖐 **Pour poursuivre le voyage** – Voir aussi Gandesa (32 km au nord-est), Miravet (35 km au nord-est) et Tortosa (36 km au sud-est).

Le village.

J. Balanya / Michelin

Se promener

La partie haute du village est un sinueux ensemble de magnifiques rues médiévales, à arcades parfois, et de places isolées comme les places de Sant Salvador ou de l'Église. Sur la plaça de la Iglesia se dressent l'édifice Renaissance de l'hôtel de ville et l'**église** gothique **Sant Joan Baptista** du 14e s.

La montagne Santa Bárbara, aux pittoresques grottes et chapelles érémitiques, est digne d'intérêt. Une simple promenade suffit à gagner le sommet (795 m), où s'offre une belle **vue**. Mais on peut se contenter de visiter le **couvent de la Máre de Déu dels Ángels**, ancien monastère franciscain du 16e s., dont l'église fut construite par les templiers au 13e s. Il subsiste une partie du cloître, de forme carrée avec cinq arcs de chaque côté.

On peut enfin aller au **Berenador** (buvette), aire de pique-nique reliée au village par une piste forestière en bon état.

Visiter

Centre Picasso★

☎ 977 435 330 - www.centrepicasso.cat - tte la journée (sf quelques j. fériés, seulement mat.) - fermé lun., 8 sept., 25 déc. - 2,50 €. Installé dans un ancien hôpital Renaissance, il recèle d'intéressantes œuvres du maître, qui séjourna à Horta à deux reprises. La première, en 1898, pour répondre à l'invitation de son ami **Manuel Pallarés**, et la seconde, en 1909, avec Fernande Olivier, sa femme. Picasso sut restituer la rigoureuse beauté du site.

Ecomuseu dels Ports

☎ 977 435 686 - www.elsports.org - tlj mat. et apr.-midi, dim. matin - 2 € (-12 ans gratuit).

Au premier étage, les conditions de vie et de travail dans la région sont relatées à travers une courte exposition et un documentaire audiovisuel de 30mn. Le second étage offre une vue panoramique sur les alentours.

Aux alentours

PARC NATURAL DELS PORTS★★

Culminant à 1 447 m au Mont Caro, le massif dels Ports est découpé de nombreuses failles. Les rivières ont creusé dans le calcaire des gorges spectaculaires, petit paradis pour les amateurs de canyoning et de spéléologie.

Au nord du parc, les blocs arrondis des Roques d'en Benet se prêtent à la pratique de l'escalade. De nombreux sentiers (pédestres ou VTT) sillonnent le Parc dels Ports. Les plus sportifs peuvent suivre le **GR 171**, qui le traverse du nord au sud en partant de Prat de Comte *(12 km à l'est de La Horta par la T 330 et la T 333)* et qui croise le GR7.

À VTT, un bel itinéraire permet de découvrir le sud du parc jusqu'au mont Caro. Long de 70 km (dénivelé de 2 150 m), il est réservé aux bons cyclistes. Le point de départ se situe à Fredes *(à environ 90 km de L'Horta, repartez à Tortosa et là, empruntez la T 331 à Vinallop, la TP 3311 jusqu'à La Sénia, puis la CV 105 et la CV 106)*. Le chemin n'étant que partiellement balisé, ne partez pas sans carte détaillée !

Roques d'en Benet★★

3 km au sud-est par un chemin forestier. Ces blocs monolithiques de forme arrondie, visibles depuis une grande partie de la Terra Alta, sont le point de départ d'une excursion, possible aussi en voiture, aux Ports de Beseit.

Ports de Beseit★

8 km au sud. À partir des Roques d'en Benet, prendre un chemin de terre.

Ce massif de roche calcaire relie la cordillère prélittorale aux chaînes ibériques. Il s'étend à travers toute la *comarca*, à la confluence de l'Aragon, de Valence et de la Catalogne. Entre ces montagnes abruptes, coupées de défilés et de ravins, s'enfoncent des chemins étroits, parfois impraticables. Le paysage est exceptionnel. Les vents violents qui soufflent à cette altitude supérieure à 1 000 m ont ciselé les blocs granitiques, leur donnant des formes capricieuses. À part quelques buissons résistants et le pin rouge, très commun dans ces régions montagneuses, toute présence végétale a disparu. Les seuls occupants de la zone sont la chèvre hispanique, les sangliers (la Réserve nationale de chasse des cols de Tortosa-Beseit protège les deux espèces) et les vautours. Quand la nuit tombe, il devient difficile de s'orienter et il est préférable de quitter ces lieux qui prennent un aspect inquiétant.

Horta de Sant Joan pratique

Adresse utile

Office du tourisme de Horta – *Pl. Catalunya, s/n - 43596 Horta de Sant Joan - ☎ 977 435 043 - www.terra-alta.org - été : mer., dim. et j. fériés 10h-14h30, jeu.-sam. 10h-14h30, 17h-20h30, fermé lun.-mar. - hiver : mer. 10h-14h30, jeu. sam. 10h-13h30, 17h-18h30, fermé dim.-mar. et j. fériés.*

Se loger

⌧ **Hotel Miralles** – *Av. de la Generalitat, 19 - Horta de Sant Joan - ☎ 977 435 114 - info@hotelmiralles.com - fermé Noël -* ▣ *-* ♿ *- 48 ch. : 72 € -* ▭ *- rest. 8,50 €.*

Hôtel familial situé au centre de cette petite agglomération pleine de charme. Chambres sobres et fonctionnelles. Un bon choix pour celui qui aspire au repos dans une région de beaux paysages naturels. Vaste restaurant.

Se restaurer

⌧ **Mas del Cigarrer** – *Ctra de Bot a Horta de Sant Joan, s/n - ☎ 977 435 153 - www.masdelcigarrer.net -* ▱ *- fermé lun.-mer. et jeudi soir (sf juil.-août) - 24 €.* Le restaurant est aménagé dans une bâtisse neuve, mais à l'aide de matériaux anciens. Grande salle claire et accueillante. Cuisine de marché copieuse et savoureuse (spécialité de viandes grillées au feu de bois).

Lérida★

Lleida

124 709 HABITANTS
CARTE GÉNÉRALE A2 – CARTE MICHELIN REGIONAL 574 H31 – PROVINCE DE LLEIDA

Lérida s'étend pour la plus grande partie sur la rive gauche du Segre. Sa silhouette est dominée par la petite colline où s'élève, comme une apparition, la Seu Vella. Terre de passage, la ville a subi au cours des siècles invasions, guerres et occupations diverses, notamment celle des Arabes entre les 8e et 12e s. Ceux-ci y ont laissé d'importants témoignages de la civilisation musulmane, ont perfectionné les canaux d'irrigation romains et introduit l'importante tradition horticole qui se maintient encore. La Suda, ancienne forteresse arabe où les comtes de Barcelone s'établirent au 13e s, fut détruite par les explosions de 1812 et 1936. Au pied des remparts qui ont subsisté se trouvent aujourd'hui de très beaux jardins, d'où l'on domine la ville, la plaine fertile du Segre et les contreforts de la chaîne de la Llena.

- ▷ **Se repérer** – Lérida, situé dans une plaine fertile consacrée aux arbres fruitiers, est le chef-lieu de l'unique province catalane qui n'ait pas d'accès à la mer. Important nœud de communication, la ville est reliée à Barcelone (170 km au sud-est) par l'autoroute A 2 et la N 240. La C 12 mène à Tortosa (120 km), la C 13 à Tremp (85 km) et la N 230 à Pont de Suert (120 km).

- ▣ **Se garer** – Le parking Lasa, proche de l'office de tourisme, est convenablement placé par rapport au centre-ville.

- 👁 **À ne pas manquer** – Prenez le temps de faire le tour à pied de la Seu Vella pour jouir des beaux panoramas. À l'office de tourisme, vous trouverez une carte détaillant ces différents circuits pédestres.

- 🕑 **Organiser son temps** – Renseignez-vous à l'office de tourisme pour connaître la date d'ouverture du musée de Lérida, qui rassemblera de nombreuses collections aujourd'hui dispersées dans différents monuments. En attendant son inauguration, certains sites présentés dans ce guide risquent d'être fermés aux visites ou vidés de leurs contenu.

- 👫 **Avec les enfants** – Le musée de l'Automobile.

- ♨ **Pour poursuivre le voyage** – Voir aussi Balaguer (27 km au nord-est) et Tàrrega (44 km à l'est).

Découvrir

LA SEU★★ A1

Pour grimper à La Seu depuis la place Sant Joan, emprunter l'escalier mécanique puis l'ascenseur (payant), situé légèrement sur la gauche.

La vieille cathédrale et la forteresse militaire de Felipe V forment l'un des ensembles monumentaux les plus importants de Catalogne. Il doit à son **site**★ privilégié, au-dessus du Segre, son rôle stratégique que les différents habitants de Lérida lui conférèrent. Son histoire, néanmoins, fut assez chaotique. Lors de la guerre des Moissonneurs (1640), les troupes françaises rasèrent la ville médiévale qui s'étendait sur la colline.

La Seu Vella★★★ A1

♒ 973 230 653 - ♿ - mat. et apr.-midi - fermé lun., 1er et 6 janv., 25-26 déc. - 2,40 € (-21 ans 1,80 €), mar. gratuit.

Selon la tradition, elle fut érigée sur le point culminant de la ville, la Roca Mitjana, sur l'emplacement de l'ancienne mosquée. Les travaux commencèrent en 1203 et elle fut consacrée en 1278. Le campanile octogonal, dans l'angle sud-ouest du cloître, fut ajouté à la fin du 14e s. En 1707, quand les troupes de Felipe V occupèrent Lérida, la cathédrale fut transformée en forteresse et servit de caserne jusqu'en 1949.

Église★★ – Chef-d'œuvre de l'école romane de Lérida, c'est un bâtiment essentiellement roman, même s'il présente de nombreuses caractéristiques d'époque gothique. L'union des deux styles est très réussie avec la lanterne octogonale à grandes baies gothiques. Son plan est celui d'une basilique à trois vaisseaux avec un large transept et cinq absides, dont deux seulement sont d'origine.

À la différence des édifices romans, l'intérieur de la Seu Vella est magnifiquement éclairé, ce qui met en valeur sa belle décoration sculptée. Les **chapiteaux**★ historiés sont remarquables par leur variété : dans le transept et les absides, ils sont décorés

La Seu Vella.

de motifs appartenant à l'Ancien Testament alors que le Nouveau Testament inspire l'ornementation de la nef principale et des collatéraux. À l'extérieur, l'influence mauresque et celle de l'école de Toulouse (seconde moitié du 10e s.) sont sensibles dans la décoration des portes de Els Fillols (les Filleuls, bas-côté sud) et de la Anunciata (transept sud), au-dessus de laquelle s'ouvre une délicate rosace. Les chapiteaux des deux portes, très fins, évoquent les stucs arabes.

Cloître★★ – Ce sont probablement des raisons topographiques qui expliquent l'étrange situation de ce cloître en contrebas de l'église. Initié en 1278, il ne fut achevé qu'au 14e s. On est d'emblée frappé par sa taille puis par la beauté des remplages des fenêtres, tous différents. La galerie sud, splendide mirador sur la ville et ses environs, s'ouvre sur la façade principale, rappelant la disposition des mosquées précédées d'un patio ou le narthex des églises romanes. Alors que l'ensemble est gothique (14e s.), on retrouve des influences islamiques dans la décoration à thème végétal des **chapiteaux★** et des frises.

À l'angle sud-ouest se trouve le **clocher★★**, une tour de 60 m de hauteur qui constitue l'un des meilleurs exemples gothiques de Catalogne. Si vous en avez le courage, vous pouvez entreprendre l'ascension des 238 marches menant au sommet : la récompense est un magnifique **panorama★**, portant jusqu'à la chaîne pyrénéenne.

Visiter

Museu de Lleida A2
Sant Crist, 1 - www.museudelleida.cat - ℰ *973 283 075 - oct-mai : 10h-19h, dim et j.fériés 10h-14h ; juin-sept : 10h-20h , dim et j. fériés 10h-14h - fermé lun. - 3 € (-12 ans gratuit).*
Le musée, installé dans un nouveau bâtiment, a ouvert ses portes fin 2007 et présente l'art de la région de la préhistoire au 18e s. Il regroupe les collections d'art sacré de l'ancien Musée diocésain (Palau Episcolpal), une collection archéologique provenant d'un institut d'études, une collection numismatique et d'autres objets conservés auparavant dans le trésor de la cathédrale.
En parcourant ses salles, on y remarquera les vases et autres ustensiles, datant de l'âge du bronze, trouvés dans le site archéologique de Genó à Aitona ; l'ensemble wisigothique de Bovalar, dont un remarquable baptistère, et les pièces d'un jeu d'échecs en cristal de roche de la période fatimide (11e s.). Le Moyen Âge est aussi bien représenté avec des devants d'autel romans, des éléments sculptés provenant de la cathédrale, les peintures murales de la Pia Almoina (une institution de bienfaisance), des peintures gothiques de l'atelier des Ferrer et des sculptures du 14e s. de l'école de Lleida. Citons aussi un ensemble de tapisseries flamandes.

Église de Sant Martí★ A1
Momentanément fermée.
C'est l'une des plus anciennes églises de Lérida ; élevée au 12e s., c'est au 15e s. qu'elle connut sa période de splendeur et d'importants remaniements, avant d'amorcer une période de déclin au 17e s., en devenant une caserne, puis une prison au 19e s. Sa nef accueille des expositions temporaires.

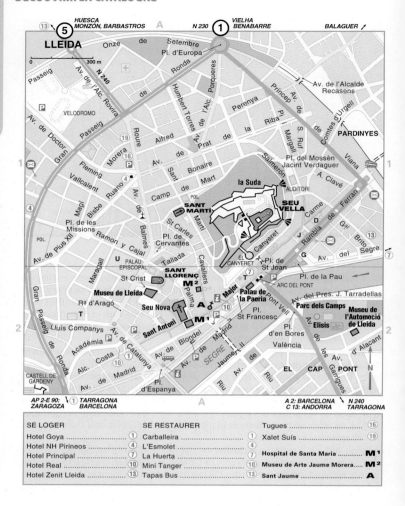

SE LOGER		SE RESTAURER		Tugues	16
Hotel Goya	1	Carballeira	1	Xalet Suís	19
Hotel NH Pirineos	4	L'Esmolet	4	Hospital de Santa Maria	M1
Hotel Principal	7	La Huerta	7	Museu de Arte Jaume Morera	M2
Hotel Real	10	Mini Tanger	10	Sant Jaume	A
Hotel Zenit Lleida	13	Tapas Bus	13		

Palau de la Paeria A2

Ce remarquable édifice du 13e s. abrite l'hôtel de ville. Sur la **façade principale★** s'ouvrent cinq triplets gothiques aux arcs en plein cintre. Vers 1868 une façade néo-classique fut construite à l'arrière.

Dans les sous-sols, qui durant des siècles ont servi de prison municipale, se trouve le **Museu de la Paeria**, consacré à l'archéologie et à l'histoire locales. *℘ 973 700 394 - tlj mat. et apr.-midi, dim. et j. fériés mat. - gratuit.*

Chapelle Sant Jaume A2 A

Au croisement des carrers Major et Cavallers, cet oratoire gothique date du 15e s.

Hospital de Santa Maria A2 M1

Pl. Catedral, s/n - ℘ 973 271 500 - & - tlj sf lun. mat. et apr.-midi, dim. mat. - fermé 1er et 6 janv., 1er Mai, 25-26 déc. - gratuit.

Bâti au 15e s., il possède un lumineux **patio★** intérieur, d'influence Renaissance. Depuis 1942, c'est le siège de l'**Institut d'Estudis Llerdencs**, qui renferme une bibliothèque complète. À ne pas manquer, le retable de la chapelle de l'ancien hôpital Santa Maria, chef-d'œuvre baroque.

La Seu Nova A2

La nouvelle cathédrale est un sobre édifice néoclassique (18e s.), dont les trois vaisseaux égaux, séparés par des piliers striés à chapiteaux corinthiens, présentent des culs-de-four. Elle possède un simple atrium bordé de trois arcades sur lequel s'ouvrent les deux clochers. Les murs extérieurs, très austères, sont décorés de pilastres adossés.

Sant Llorenç★ A2

Commencée dans un style roman tardif au 13e s., cette église possède néanmoins de nombreux éléments gothiques, comme son clocher élancé et ses parfaites ogives qui séparent la nef centrale des collatéraux. Elle renferme les imposants retables gothiques de sainte Lucie, saint Pierre et saint Laurent, auquel on a attribué un grand blason représentant quelques scènes de sa vie.

Museo de Arte Jaume Morera A2 M2

Carrer Major, 31 (Edifici Casino) - ℘ 973 700 419 - tlj sf lun. mat. et apr.-midi, dim. mat. - fermé 1er et 6 janv., 15 août, 25-26 déc. - gratuit.

Autrefois installé dans l'ancien couvent dominicain du Roser, le musée expose des œuvres de Jaume Morera et d'artistes locaux du 19e s.

Museu de l'Automoció de Lleida A2

Santa Cecília, 22 - devant les Camps Elisis - ℘ 973 21 19 92 - www.museudelautomocio-delleida.cat - tlj sf lun. 11h-14h, 17h-20h, dim. et j. fériés : 11h-14h - gratuit.

À proximité des Camps Elisis, dans un ancien hangar, cette collection réunit une cinquantaine de véhicules, voitures, motos ou engins agricoles, témoignant de l'évolution technique au cours du 20e s.

Aux alentours

La Roca dels Moros★, à El Cogul

25 km au sud par la N 11 en direction de Tarragone, puis la C-12 en direction de Flix. Prendre la sortie L-700 en direction de El Cogul - ℘ 93 424 65 77 - juin-sept. : lun.-sam. mat. et apr.-midi, dim. mat. ; oct.-mai : lun.-sam. mat. et apr.-midi - gratuit.

Sur le flanc d'une roche dominant le chemin ont été découvertes en 1908 des peintures rupestres représentant 42 silhouettes d'êtres humains et d'animaux, datant du paléolithique et du néolithique. Une dizaine sont encore nettement observables, tandis que les autres sont quasiment effacées.

Il est recommandé de venir en matinée, lorsque le soleil illumine le flanc de la roche et rend les scènes de chasse préhistoriques plus visibles.

El Moli d'Espigol★, à Tornabous

Rejoindre Tornabous et suivre les indications « Centre Vall », puis Jaciment « moli d'Espigol » - ℘ 934 24 65 77/973 31 29 60 - tlj tte la journée - gratuit.

Ce site archéologique classé au Patrimoine mondial de l'Unesco après sa découverte en 1970 est un vestige unique d'urbanisme ibérique. Cette localité s'est développée à partir du 5e s. av. J.-C. et atteindra, dans les cinq siècles suivants, une importance commerciale, politique et stratégique de premier ordre. Le plan architectural, particulièrement bien conservé, permet de déambuler dans les anciennes rues, bordées des vestiges de fondations de maisons et de canaux de canalisation.

Commencez votre visite par le centre d'interprétation historique, qui vous livrera tous les éléments nécessaires à la compréhension du site.

Lérida pratique

Adresse utile

Office du tourisme de Lérida – *Major, 31 bis - 25007 Lleida - ℘ 902 250 050 - www.lleidatur.es et www.turismedelleida. cat - lun.-sam. : 10h-14h et 16h-19h ; dim. : 10h-13h30.* Un second office de tourisme est ouvert face à la gare, plaça Ramón Berenguer IV (*℘ 973 248 840*).

Transports

Gare ferroviaire – *Pl. Ramón Berenguer IV - ℘ 902 240 202 - www.renfe.es.* Plusieurs trains relient quotidiennement Lérida à Barcelone (2h45) et à Tarragone (1h30).

Gare routière – *Pl. de Saracíbar - ℘ 973 268 500.* **Alsina Graells** (*℘ 973 274 470 - www.alsinagraells.com*), dessert Barcelone et les pricipales villes des Pyrénées (Vielha, Tremp, Sort, La Seu d'Urgell, Puigcerdà). **Vibasa** (*℘ 902 101 363 - www. vibasa.es*) relie Lérida à Tarragone.

Se loger

Hotel Goya – *Alcalde Costa, 9 - Lérida - ℘ 973 266 788 - 18 ch. : 44,94 €.* Ce petit hôtel très accueillant se trouve dans un quartier central très animé, proche de la zone commerçante. Il n'est pas luxueux mais ses chambres sont très fonctionnelles, claires et impeccables. Excellent rapport qualité/prix.

Hotel Principal – *Pl. Paeria, 7 - Lérida - ℘ 973 230 800 - www.hotelprincipal.net - 50 ch. : 52/58 € - 6 €.* Situé à deux pas du précédent, il propose des chambres modernes, meublées simplement, fraîches l'été. Accueil sympathique.

Hotel Zenit Lleida – *General Brito, 21 - Lérida -* 973 229 190 - lleida@zenithoteles.com - 68 ch. : 56/132 € - 9 € - rest. 12 €. Cette chaîne hôtelière offre un bon niveau de confort et de modernité. La décoration allie le bois et le cristal. Le restaurant propose une excellente cuisine traditionnelle.

Hotel NH Pirineos – *Gran Passeig de Ronda, 63 - Lérida -* 973 273 199 - nhpirineos@nh-hoteles.es - 92 ch. : 64/128 € - 12,30 € - rest. 20 €. Tranquille établissement à la façade moderne et actuelle. Ses chambres lumineuses et très confortables sont en ligne avec le niveau de prestation de la chaîne NH : parquets, linge soigné et nombreux accessoires dans les salles de bains. Service prévenant.

Hotel Real – *Av. de Blondel, 22 - Lérida -* 973 239 405 - hotreal.lleida@eizana.com - 58 ch. : 80 € - 8,45 €. Sa situation centrale au pied de la zone monumentale de La Seu Vella est son meilleur atout. Pour leur catégorie, les chambres sont correctes et confortables. Les salles à vivre sont réduites et la prestation est un peu juste. Prix en rapport. Accord avec le parking Lasa (réductions la nuit pour les clients).

Se restaurer

Mini Tanger (Tapas) – *Ramón Soldevila, 4 - Lérida -* 973 266 013 - fermé sam. soir (de déb. août à mi-sept.), dim. et j. fériés le reste de l'année - 6,10/12,20 €. Impeccable établissement très couru, consacré presque exclusivement aux tapas. Plusieurs tables sont à votre disposition pour savourer les préparations.

Tugues – *Av. Rovira Roure, 5 - Lérida -* 973 248 766 - 8h30-14h30, 17h-21h, dim. 8h-14h30 - 8/12 €. Maison très connue à Lérida pour la qualité de ses gâteaux, de ses chocolats et de sa charcuterie. Pour déguster ses spécialités en les accompagnant d'un verre de vin de la région, il est conseillé de réserver. Ses délicieux escargots sont le plat le plus demandé.

L'Esmolet (Tapas) – *Pl. de Ricard Vinyes, 3 - Lérida -* 973 221 812 - 11/18 €. Bar à tapas chaleureux à la déco tout en bois, où les habitants aiment se retrouver autour de grandes tartines frottées à la tomate.

Tapas Bus (Tapas) – *Enric Farreny, 36 - 2 km au nord-ouest de Lérida par la N 240 -* 973 238 560 - fermé dim. soir, lun., de déb. août à mi-août - menu 18,50 €, tapas 4,20/13,10 €, carte 19/35 €. Original établissement dont la façade reproduit un autobus anglais à grande échelle, décoré avec beaucoup de goût. Les deux niveaux sur rue font office de bar

à tapas, tandis que le restaurant se trouve au sous-sol. Carte informelle à prix très étudiés.

La Huerta – *Av. Tortosa, 9 - Lérida -* 973 242 413 - restlahuerta@wanadoo.es - 30/40 €. Un classique à Lérida qui soigne et perpétue la tradition gastronomique de la région en servant des plats typiques et ses viandes cuites à la braise. Sa salle à manger toute simple est présidée par un grill ouvert à la vue de tous.

Xalet Suís – *Av. Alcalde Rovira Roure, 9 - Lérida -* 973 235 567 - fermé de mi-janv. à fin janv., de mi-août à fin août - 34/41 €. Ce restaurant a l'allure extérieure d'une maisonnette suisse aux fenêtres en bois. Salle coquette et très bien aménagée avec de la vaisselle décorée et de beaux détails ornementaux. Il doit son succès au service personnalisé.

Carballeira – *Butsenit - 3,5 km au S/O de Lérida par la rte de Saragosse -* 973 272 728 - fermé dim. soir, lun., 1 sem. janv., Sem. sainte, de fin juil. à mi-août - 53/74 €. Ce restaurant sert une excellente cuisine galicienne dont les fruits de mer sont le point d'orgue. Il doit son succès à la qualité de ses produits, à ses plats copieux et à ses recettes très réussies.

En soirée

Zeke – *Prat de la Riba, 42 -* 973 225 551 - fermé dim. Ce magnifique bar vous invite à déguster des vins catalans et des crus d'autres régions espagnoles en les accompagnant d'une assiette de fromage ou de charcuterie. Un grand comptoir en acajou expose une jolie collection de bouteilles. Les clients peuvent discuter à bâtons rompus dans une ambiance très plaisante. La seule ombre au tableau : la tombée de la nuit attire les foules et la place se rait rare.

Achats

Bon à savoir – Les magasins sont concentrés dans les rues **Major** et Sant Antoni. Au **parc dels Camps Elisis** et sur les places de Sant Joan, de la Paeria et de la Catedral ont lieu des foires et de nombreuses manifestations folkloriques.

Bodegas Raïmat – *14 km au nord-ouest de Lérida par la N 240 - Raïmat -* 973 724 000 - visite guidée sur réservation : lun.-jeu. 9h-12h, 14h30-17h, vend. 9h-12h, w.-end à 10h30, 11h30, 12h30 - 3 €. Une excellente adresse pour celui qui désire connaître le processus d'élaboration des vins d'appellation contrôlée Costers del Segre, dans une propriété de plus de 1 500 ha de vignobles qui fabrique le fameux cava « Raïmat Brut ». Les visiteurs sont reçus dans un cadre très moderne totalement vitré, agrémenté d'un joli étang.

Événements

Grand-Fête de Lérida – *Autour du 11 mai.* En mémoire du martyr de Sant Anastasi, soldat romain né dans la ville au 4e s., de nombreux spectacles animent la ville durant cinq jours. Ne manquez pas le défilé des carrosses, mené par le dragon emblématique de la ville, Lo Marraco, et le couple de géants le plus ancien de Catalogne, Marco Antonio et Cleopatra. Le dernier jour, spectaculaire bataille de fleurs et magnifique feu d'artifice tiré sur les rives du Segre. Le 14 mai a lieu la Fête des Maures et des chrétiens, avec des centaines de personnes costumées qui défilent dans les rues.

Aplec del Cargol de Lérida (fête de l'escargot) – *Fin mai*. La plus importante fête de la ville : 12 tonnes d'escargots sont consommées en trois jours par quelque 12 000 personnes, dans une ambiance très festive.

Festa dels fanalets de Sant Jaume – *25 juil*. Défilés d'enfants portant des lanternes pour rappeler la légende selon laquelle saint Jacques arrivant en Espagne ôta une épine de son pied à la lueur d'une lanterne portée par un ange.

La Sant Miquel – *29 sept*. La foire aux produits agricoles de la Saint-Michel marque le début des fêtes d'automne. Théâtre, danse et cirque sont à l'honneur pendant quatre jours. Pour la nuit du Bestiari i Foc (« bêtes et feu »), le dragon Lo Marraco est à la tête d'un spectaculaire défilé d'animaux tout droit sortis du folklore catalan.

Manresa ★

70 343 HABITANTS
CARTE GÉNÉRALE B2 – CARTE MICHELIN REGIONAL 574 G35 – PROVINCE DE BARCELONA

Manresa est un grand centre industriel et une ville pleine de vie et de mouvement. Dans le centre-ville, dominé par l'imposante silhouette de la cathédrale, les usines semblent se confondre avec les couvents. Ce curieux mélange résume très bien l'esprit de la ville, où des traditions ancestrales cohabitent avec une vie commerciale extrêmement riche. Elle conserve de remarquables édifices modernistes, tels ceux situés dans la rue del Arquitecte Oms, le casino ou encore la Casa Jorba, un grand magasin.

▸ **Se repérer** – Capitale de la *comarca* du Bages et de la Catalogne centrale, la « Minorisa » romaine se dresse sur la rive gauche du Cardener et sur différentes collines, ou *puigs* (Puigcardener, Puig Mercadal, Puig de Sant Bartomeu, etc.). En voiture, l'accès est facile depuis Barcelone (66 km au sud) par la C 16. Il existe aussi des liaisons en train et en bus (env. 1h de trajet) depuis la capitale catalane.

◉ **À ne pas manquer** – Une excursion sur le chemin médiéval de la Sèquia.

◔ **Organiser son temps** – L'histoire de Manresa est très liée à celle d'Ignace de Loyola. L'office de tourisme propose un circuit de découverte sur ce thème, un excellent moyen de découvrir la ville.

⛾ **Pour poursuivre le voyage** – Voir aussi le monastère de Montserrat (22 km au sud), Terrassa (32 km au sud-est), Cardona (32 km au nord-ouest), Vic (52 km au nord-est) et Barcelone (66 km au sud).

Intérieur de la basilique Santa Maria.

Comprendre

Saint Ignace de Loyola (1491-1556) – L'histoire de Manresa est associée à la vie du saint qui y vécut quelques mois. Page et officier des Rois Catholiques, Ignace de Loyola, après avoir reçu une blessure au cours du siège de Pampelune, connut huit mois de convalescence, durant lesquels, par ses lectures, il se rapprocha de la religion. En 1522, après avoir séjourné à Arantzazu et à Montserrat, il se retira huit mois dans une grotte de Manresa pour faire pénitence et rédiger ses fameux **Exercices spirituels**. En 1528, il se rendit à Paris, où il décida de se consacrer à l'évangélisation. Il fut ordonné prêtre en 1537 et fonda en 1540, à Rome, la **Compagnie de Jésus** dont le pape Paul II approuva les statuts. Il fut canonisé en 1622.

Les « Bases » de Manresa – Les 25, 26 et 27 mars 1892 se tint à Manresa la première assemblée de l'Union catalane, présidée par l'architecte Lluís Domènech i Montaner *(voir p. 106)*. On y approuva 17 articles qui jetaient les bases d'une éventuelle constitution régionale catalane.

Les nombreuses compétences exécutives, législatives et judiciaires réclamées par le projet prévoyaient notamment que le catalan soit la seule langue officielle en Catalogne, même dans les relations avec l'État espagnol, et que seuls les Catalans aient accès aux charges publiques exercées sur le territoire.

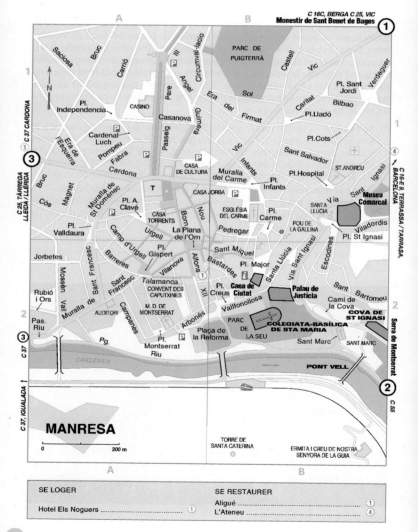

MANRESA

SE LOGER	
Hotel Els Noguers	①

SE RESTAURER	
Aligué	①
L'Ateneu	④

Visiter

Basilique-Collégiale Santa Maria★★ B2
☏ 938 721 512 - mat. et apr.-midi - 1 €.

Celle que les Manresanais appellent « La Seu » domine la ville depuis la plate-forme stratégique de Puigcardener, révélant la pureté de ses lignes architecturales.

La construction de cet édifice, l'un des plus représentatifs de l'art gothique catalan, commença en 1322 sous la maîtrise de Berenguer de Montagut. Les travaux se prolongèrent jusqu'à la fin du 16e s. mais la façade principale, néogothique, ne fut réalisée qu'en 1915.

L'**intérieur★★**, sans transept et présentant un déambulatoire dans l'enceinte polygonale de l'abside, est exceptionnel. La disposition originale des contreforts met en valeur la grandeur de la nef centrale (18,5 m de large), l'une des plus vastes d'Europe. Deux rosaces circulaires et une trentaine de grandes baies à vitraux polychromes historiés, aux dimensions surprenantes pour la Catalogne, donnent à la Seu une solennité et une luminosité exceptionnelles. À l'extérieur s'élancent les 18 arcs-boutants doubles.

Autour du cloître de style Renaissance subsistent quelques arcs romans (11e s.) avec des colonnes et des chapiteaux très primitifs qui faisaient partie du portique.

Dans la **crypte**, sous le maître-autel, se trouvent les reliques de saint Maurice, de saint Fructuoso et de sainte Inés, patrons de la ville. La décoration en marbre, œuvre de Jaime Padró, constitue l'un des meilleurs ensembles de l'art baroque académique.

La collégiale recèle des pièces aussi remarquables que le monumental **polyptique du Saint Esprit★**, plus grand retable gothique de Catalogne. Réalisé en 1394 par Pere Serra sur commande de la corporation des tanneurs, il porte sur la **prédelle** un magnifique tableau représentant le Saint Enterrement, de Luis Borrassà. Remarquez aussi le **retable de saint Marc★**, d'Arnau Bassa (1346), l'une des œuvres les plus représentatives du courant italianisant dans la peinture gothique catalane (observez la scène des trois cordonniers à l'ouvrage).

Museu Històric – Outre une importante collection d'objets liturgiques du 10e au 20e s., on expose au trésor un splendide **parement d'autel★** brodé à Florence par Geri Lapi (14e s.).

Santa Cova★★ ou Cova de Sant Ignasi B2
Camí de la Cova, s/n - ☏ 938 751 579 - mat. et apr.-midi - donation (église), 1 € (grotte).

De la Sainte Grotte, dite aussi grotte de saint Ignace, partent les **routes Ignaciennes**, parcours touristiques qui mémorent le séjour du saint à Manresa.

Après la canonisation de saint Ignace, cette cavité formée par l'érosion du Cardener fut décorée de fastueuses sculptures de Juan et Francisco Grau (retable d'albâtre du maître-autel), José Sunyer (médaillons d'albâtre) et du jésuite aragonais Miguel Sesé, auteur de stucs très originaux.

À côté fut construite une **église★** (18e s.), typique de l'architecture jésuite. L'exubérante façade baroque contraste avec la simplicité décorative et l'équilibre des lignes de l'intérieur. De part et d'autre du maître-autel, adossées aux pilastres entre les chapelles, on voit les statues de saint Ignace et d'autres saints qui furent membres de la Compagnie de Jésus (François-Xavier, François de Borgia, Louis de Gonzague, etc.).

Une **galerie★** relie l'église à la Sainte Grotte. Sa pompeuse décoration composée d'abondants marbres, stucs, mosaïques, vitraux et métaux, fut réalisée dans un style d'inspiration Renaissance entre 1915 et 1918. La structure et plusieurs détails sont l'œuvre du jésuite Martín Coronas. On remarque quelques sculptures de bronze de José Llimona et certains hauts-reliefs de Juan Flotats, représentant des scènes de la vie de saint Ignace relatives aux *Exercices spirituels*.

Sur le côté gauche de l'église se dresse un grand **édifice néoclassique moderne** (19e s.) qui abrite le couvent jésuite.

Museu Comarcal B1
Via Sant Ignasi, 40 - ☏ 938 741 155 - vend.-sam. 10h-14h, 17h-20h, dim. et fêtes 10h-14h, lun.-jeu. sur RV.

Situé dans le bâtiment de l'ancien collège Saint-Ignace, il réunit une exceptionnelle **collection d'art baroque**. D'autre sections sont consacrées à l'art médiéval, à l'archéologie et à la peinture moderne.

Pont Vell★ B2

Malgré toutes ses restaurations, ce pont est l'un des symboles les plus typiques de Manresa. Il possède la silhouette classique en dos d'âne des ponts médiévaux de tradition romaine, avec l'arc central plus élancé et les sept autres en dégradé symétrique.

Casa de la Ciutat B2

Édifice de deux étages construit au 18e s., sa façade principale présente un grand blason de la ville. À l'intérieur se trouve la **salle du Conseil municipal**, où furent rédigées les fameuses « Bases » de Manresa.

Palau de Justícia B2

Remarquable exemple d'architecture civile baroque, il fut restauré à plusieurs reprises.

Aux alentours

Monastère Sant Benet de Bages★★, à Sant Fruitós de Bages

8 km au nord par la N 141. 🕿 *938 722 290 - www.monstbenet.com - tte la journée - 9 € (visite médiévale).*

Cette ancienne abbaye bénédictine fondée au 10e s. a été remaniée à plusieurs reprises au point qu'elle offre aujourd'hui un témoignage architectural sur les périodes romane, gothique, baroque et moderniste. L'ensemble est extraordinaire ; les vieilles pierres forment un contraste délicat avec la frondaison du paysage et l'ensemble prend tout son éclat en automne.

Aujourd'hui, Sant Benet est devenu un centre touristique où l'on trouve un musée (le monastère à proprement parler), un centre de congrès avec hôtel et restaurant et un centre de recherche en technologie culinaire.

La partie qui se visite comprend l'église, le cloître, la salle haute (au-dessus du cloître) et le cellier. À travers des projections multimedia, on découvre plus de mille ans d'histoire du lieu. L'**église** est un bel exemple roman du 12e s., avec une abside libre et deux autres construites en saillie sur les murs du transept. Le clocher de base pré-romane est une tour massive. Le **cloître★** est l'un des plus caractéristiques de l'art roman catalan (13e s.). Ses arcs sont soutenus par une double rangée de colonnes aux chapiteaux soigneusement sculptés (motifs végétaux et scènes bibliques, mythologiques et allégoriques).

Au 19e s., le monastère est racheté par la mère du peintre moderniste **Ramón Casas** (1866-1932) qui transforme les lieux en résidence d'été. Le témoignage de son passage est évoqué à travers un itinéraire « sensoriel » où images, sons et odeurs font la part belle à la collection d'arts décoratifs du monastère.

👁 Un tout nouveau bâtiment abrite la Fondation Alicia, centre international de recherche en technologie culinaire et de divulgation des bonnes habitudes alimentaires placé sous la direction du célèbre cuisinier Ferran Adrià. C'est dans ce cadre que les visiteurs pourront assister à une démonstration de cuisine expérimentale *(entrée indépendante de la visite du monastère).*

Igualada

28 km au sud-ouest par la C 37.

Située sur la rive droite du fleuve Anoia, Igualada est une active ville commerçante, qui doit sa renommée à l'industrie textile et à sa maroquinerie. Au centre de la ville, la Rambla de Sant Isidre regroupe de nombreux commerces.

Igualada compte de remarquables édifices modernistes disséminés dans toute la ville. Le plus intéressant est l'**Asilo del Santo Crist**, réalisé par Rubió i Bellver en 1931.

Santa Maria – Édifiée au 17e s., l'église ne comporte qu'un vaisseau à chapelles latérales et abrite un somptueux **retable** baroque (1718) réalisé par José Sunyer et Jacinto Moretó. En partie détruite en 1936, sa restauration fut dirigée par l'architecte César Martinell. La plupart des statues, les panneaux aux bas-reliefs, les colonnes de pierre et la base en marbre sont d'origine mais l'ossature en bois a été reconstruite.

Couvent Sant Agustí – Son harmonieux **cloître** Renaissance (15e s.), aux arcs en plein cintre et colonnes d'ordre toscan, est remarquable.

Museu comarcal d'Anoia – *Dr. Joan Mercader, s/n -* 🕿 *938 046 752 - juil.-août : mat. ; reste de l'année : mat. et apr.-midi, dim. et j. fériés mat. - fermé lun., 1er janv., 25 déc. - 3,40 €.* Il est installé dans l'ancienne usine textile Cal Boyer, rue Sant Nicolau. La section la plus remarquable est consacrée à l'artisanat du cuir. Y sont exposés différents outils traditionnels et d'autres objets ayant trait à ce travail. Une collection de maroquins du 15e au 19e s., des besaces du 16e s. et quelques selles sont particulièrement intéressantes.

Manresa pratique

Adresse utile

L'office de tourisme et le point d'information se complètent, l'un étant fermé l'après-midi, l'autre le w.-end.

Office du tourisme de Manresa – *Via de Sant Ignasi 40, bxs - 08240 Manresa -* ℘ *938 784 090 - lun.-vend. 9h-14h, w.-end 10h-14h, 17h-20h.*

Point d'information – *Pl. Major 1 - 08240 Manresa -* ℘ *938 782 301 - www. ajmanresa.cat - lun.-vend. 9h-14h, 16h-19h.*

Se loger

☺ **Hotel Els Noguers** – *Rte C 55, km 29 -* ℘ *938 743 258 -* 🅿 🍽 ♿ *- 30 ch. 74,90 €* ☕ *- rest. 12 €.* Édifice moderne aux chambres fonctionnelles et modernes, équipées de salles de bains au goût du jour. Bar-cafétéria lumineux. Idéal pour un moment de détente en voyage.

Se restaurer

👁 **Bon à savoir** – Manresa a deux spécialités gastronomiques : le *bacalao a la manresana* (ragoût de morue avec des épinards, des raisins secs, des pignons, des prunes et des œufs durs) et le *conejo a la manresana* (lapin avec des champignons, de l'eau-de-vie et de la cannelle).

☺ **L'Ateneu** – *Les Piques, 1-3 -* ℘ *938 768 478 - fermé dim. et lun. soir -* *menus : 9,70/18,70 € ; carte : 20/24 €.* Bien situé, ce restaurant est installé dans une ancienne demeure rénovée. Agréable jardin pour déjeuner s'il ne fait pas trop chaud.

☺☺🛍 **Aligué** – *Barriada El Guix 8 - sur la rte de Vic -* ℘ *938 732 562 - aligue@ restaurantaligue.es - fermé dim. soir, lun. soir, de mi-août à fin août -* 🍽 *- 35/46 €.* Restaurant convivial qui voit ses efforts récompensés grâce à la bonne fréquentation du public. Il compte deux salles, l'une classique et l'autre plus fonctionnelle. Formule et menu gastronomique suggestif.

Événement

Festa de la Llum – *Autour du 21 février.* La fête de la Lumière célèbre un événement qui aurait eu lieu le 21 février 1345 : une énigmatique lumière provenant de Montserrat éclaira la ville. Ce fait serait à l'origine des travaux d'aménagement de La Sèquia, qui permirent d'acheminer l'eau du Llobregat jusqu'à Manresa. Le week-end précédant la fête, Manresa redevient médiévale, accueillant artisans, artistes de rue et conteurs. Le jour de la fête, un spectacle son et lumière raconte le miracle.

Festes de Sant Antoni Abat (Fêtes de saint Antoine abbé) – *Dimanche précédant le 17 janvier, Igualada.* Bénédiction des animaux domestiques.

Château de **Miravet** ★

MIRAVET : 799 HABITANTS
CARTE GÉNÉRALE A3 – CARTE MICHELIN REGIONAL 574 I31 – PROVINCE DE TARRAGONA

Imposant et hautain, le château de Miravet, meilleur exemple d'architecture militaire laissé par les templiers en Catalogne, se dresse sur une butte de 220 m dominant le petit village et les eaux calmes de l'Èbre. Son emplacement stratégique lui valut le rôle majeur qu'il joua à l'époque médiévale.

- ▶ **Se repérer** – Cette petite localité se trouve dans l'arrière-pays de la Costa Daurada, l'Èbre (qui se traverse en barque) la sépare de la C 12 qui prend la direction de Tortosa et du delta de l'Èbre.
- 👁 **À ne pas manquer** – L'achat des fameuses poteries de Miravet, chez l'un des artisans locaux.
- 👪 **Avec les enfants** – Une promenade en barque sur l'Èbre depuis l'embarcadère situé en contrebas du château.
- ⏱ **Pour poursuivre le voyage** – Voir aussi Horta de Sant Joan (35 km au sud-ouest), Tortosa (38 km au sud), Gandesa (27 km à l'ouest) et la Costa Daurada.

Visiter

Château★

℘ *977 407 368 - mat. et apr.-midi - fermé lun. (sf j. fériés), 1er janv., 25 déc. - 2,40 €.*
Cette singulière forteresse d'origine arabe fut rénovée par les templiers, auxquels elle fut cédée en 1153. Quand, au début du 14e s., le pape Clément V décida d'abolir cet ordre, à la demande de Philippe IV le Bel, les templiers catalans se réfugièrent à Miravet. Le roi catalan Jaume II assiégea le château durant plus de dix mois jusqu'à la capitulation des chevaliers du Temple, en décembre 1308.

Sa **visite** est un voyage dans le temps jusqu'à l'époque des templiers. Par des passages cachés à l'intérieur des murs, on accède aussi bien à la salle d'armes qu'à n'importe quelle tour de guet. Ces belvédères offrent un magnifique **panorama** sur l'Èbre qui se resserre au passage de la serra du Cardó.

Village

Miravet conserve une certaine saveur médiévale, que l'on goûte pleinement en flânant dans ses ruelles tortueuses. En quittant la ville médiévale, on atteindra le **quartier des potiers**, où se fabriquent des objets en terre argileuse de la région, comme les typiques cruches de Miravet.

À la belle saison, il faut savourer les fruits délicieux que donnent les champs de cette rive de l'Èbre.

Aux alentours

Móra d'Èbre

11 km au nord par la T 324.

Cette ville, située sur la rive droite de l'Èbre et capitale de la Ribera d'Èbre, est un important noyau commerçant, dont le marché, chaque vendredi, est le plus fréquenté de la région. Son pittoresque quartier ancien est un labyrinthe de ruelles étroites.

Circuit de découverte

RUTA DE LA PAU★

55 km au départ de Gandesa (voir ce nom).

Château de Miravet pratique

Adresse utile

Office du tourisme de Miravet – *Pl. Major, 1 - 43747 Castillo de Miravet -* ✆ *977 407 134 - mai-juin, sept. : 10h30-14h, juil. août 10h30-14h, 17h-20h30, fermé lun. sf en* août ; oct.-avr. : 11h-13h, 16h-18h, dim. et j. fériés 10h-14h, 16h-18h, fermé lun. (sf férié), 24-31 déc.

Sports et loisirs

👫🚣 **Promenades en barque** – Au départ du village, sur le fleuve que l'on peut aussi traverser (« pas de barca ») sur un bac menant à la route C 12.

Montblanc★★

6 632 HABITANTS
CARTE GÉNÉRALE A2 – CARTE MICHELIN REGIONAL 574 H33
PROVINCE DE TARRAGONA

Cette ravissante ville fortifiée domine, depuis son emplacement privilégié, un paysage de terres fertiles (vignobles et amandiers), et de collines tapissées de pinèdes, avec en toile de fond les montagnes. Les fermes environnantes apportent une touche humaine à cette contrée dépeuplée, où il n'est pas rare de trouver un vieux moulin sur le passage du Francoli. Le charme secret de Montblanc réside à l'intérieur de ses murailles. Il semblerait que le temps se soit figé dans ses rues tortueuses. À chaque détour de rue, le visiteur découvre monuments et coins pittoresques. Chaque pierre évoque une page de son histoire et chaque édifice montre la grandeur artistique de la ville.

▶ **Se repérer** – Située sur une petite colline (350 m) près de la confluence des rivières Francoli et Anguera, la ville de Montblanc est bien desservie : l'autoroute AP 2 et la N 240 la relient à Lérida (65 km au nord-ouest) et plusieurs routes départementales se rendent dans les localités situées au nord et au sud.

👁 **À ne pas manquer** – La vue depuis les murailles.

🕯 **Pour poursuivre le voyage** – Voir aussi le monastère de Poblet (10 km à l'ouest), Valls (15 km au sud-est), le monastère de Vallbona de les Monges (21 km au nord-ouest), Reus (29 km au sud), le monastère de Santes Creus (31 km à l'est) et Tarragone (36 km au sud-est).

La citadelle de Montblanc.

Comprendre

La ville de Montblanc s'édifiait à l'origine entre les fleuves Anguera et Francolí sur un site appelé d'abord Duesaigües, puis Vila-Salva. En 1163, le roi Alfons Ier ordonna son transfert vers le monticule de Santa Barbara, de l'autre côté de la rivière, afin de créer une cité forte et dynamique en mesure de s'opposer aux seigneurs féodaux. En peu de temps, la ville s'agrandit, et on y construisit des églises, des couvents, de belles maisons, des bains publics et un château.

La communauté juive y était florissante et, jusqu'au 14e s., obtint des monarques de nombreux privilèges, telle l'autorisation de s'habiller à leur manière et de créer leur cimetière. En 1489, lorsque l'Inquisition entra dans la ville, les Juifs partirent vers Minorque.

Le 14e s. vit la période la plus faste de la ville, qui tenait ses propres foires tout en étant le centre de grands événements politiques. En effet, les rois Jaume II en 1307, Alfons III en 1333 et Pierre III en 1370 y réunirent les Corts *(voir p. 63)*.

En 1387, le roi Joan Ier créa, en faveur de son frère Martí, le **duché de Montblanc**. Le titre de duc de Montblanc devint l'apanage des héritiers de la couronne catalano-aragonaise et passa ensuite aux mains de la maison d'Autriche, qui le conserva jusqu'en 1700.

Les épidémies de la fin du 15e s. anéantirent la population et la ville entra dans une période de décadence qui dura jusqu'au 18e s. Au 19e s., une fois surmontés les dommages de la guerre de Succession (1714), la ville retrouva son dynamisme.

Se promener

L'ENCEINTE FORTIFIÉE

Une journée de visite.

L'ensemble, composé de rues sinueuses, d'escaliers abrupts et d'arcades qui relient les maisons les unes aux autres, est surprenant. On peut difficilement oublier la silhouette de la ville fortifiée et ses puissants créneaux. Les plus belles pages de l'histoire médiévale de la Catalogne ont été écrites dans ces rudes paysages de pierres.

Les murailles (muralles)

Leur érection fut ordonnée par Pierre le Cérémonieux au 14e s. et le chantier, où travaillèrent les habitants de Montblanc et d'autres villages voisins, fut confié au frère Guillermo de Guimerá.

Jusqu'au 15e s., l'enceinte demeura en bon état, mais les guerres contre Joan II et celle des Moissonneurs causèrent les premiers dommages, que la guerre de Succession aggrava. Actuellement, seuls les deux tiers de l'enceinte d'origine sont en parfait état. Il s'agit d'une construction de 1 500 m de long dont les 32 tours carrées à créneaux renforcent l'aspect défensif. Des quatre portes que comptait l'enceinte, il n'en reste que deux : celle de Sant Jordi au sud, et celle de Bover au nord-est.

Plaça Major 2

Cette place est le centre névralgique de la ville. Ses **arcades** recèlent nombre de boutiques et de cafés qui installent leur terrasse les soirées d'été. Parmi les édifices qui encerclent la place, on remarquera l'hôtel de ville et la maison gothique des Desclergue.

Santa Maria★★ 1

Juchée sur une butte (100 m) d'où l'on domine toute la ville, Santa Maria est le symbole du grand prestige atteint autrefois par Montblanc. L'intérieur – un seul vaisseau avec onze chapelles latérales entre les contreforts – semble être conçu pour une cathédrale. L'abside, ample et solennelle, a une belle ligne. La façade primitive, considérée comme la partie la plus réussie du bâtiment, fut détruite en 1651. La façade actuelle, inachevée, de style baroque, est composée de trois corps avec les images des apôtres et du Père Éternel. On y conserve d'intéressantes œuvres d'art, tels le somptueux **orgue★★** de 1607, l'un des plus importants de Catalogne, le retable gothique de saint Bernard et saint Barnabé, en pierre polychrome (14e s.), un élégant ostensoir en argent, et de nombreuses enluminures du 15e s.

Casa Alenyà 2

Cette demeure gothique (14e s.) est l'une des surprises que recèle le quartier ancien. Les lignes austères de l'enceinte fortifiée cèdent la place à une architecture élancée, très agréable à voir.

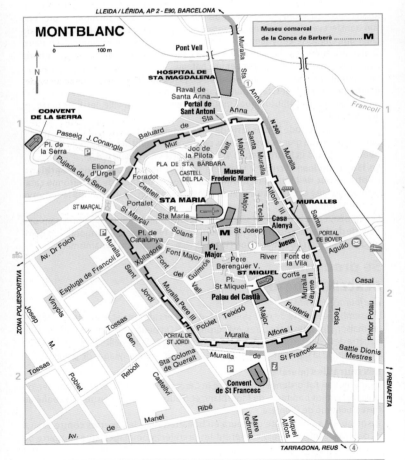

SE LOGER		SE RESTAURER	
		El Molí del Mallol	①
Fonda dels Àngels	①	Les Espelmes	④

Carrer dels Jueus 2
Cette rue est l'un des rares témoignages de la prospérité du quartier juif d'antan.

Sant Miquel★ 2
Cette petite église, construite au 13e s., a été le témoin des événements les plus passionnants de l'histoire de Montblanc. Ses murs ont été le cadre de quatre états généraux (1307, 1333, 1370, 1414) et d'importants congrès ecclésiastiques.

Malgré cela, Sant Miquel conserve un air dépouillé et accueillant. La simplicité de sa façade romane se retrouve à l'intérieur, réalisé dans un style gothique aux lignes fines et équilibrées.

Palau del Castlà 2
Ce palais était la demeure du représentant du roi et, au 15e s., au rez-de-chaussée se trouvait la prison.

Visiter

Museu d'Art Frederic Marès 1
Pedrera, 2 - ☎ 977 860 349 - www.mccb.es - visite guidée sur réservation, horaires et tarifs variables.

Installé récemment dans l'édifice dit de la Presó Nova (prison) (1890), le musée expose des pièces de la magnifique collection Marès *(voir p. 122 et p. 286)*. Les peintures et sculptures religieuses du 16e au 19e s. y sont remarquables, tout comme les splendides sculptures en bois du 14e s.

L'installation d'un musée d'Histoire naturelle est prévue à l'intérieur de l'édifice.

Museu comarcal de la Conca de Barberà★ 2 M
Josa, 6 - ☎ 977 86 03 49 - www.mccb.es - tlj sf lun. mat. et apr.-midi, dim. et j. fériés mat. - 2,40 € (-18 ans 1,50 €).

Ce musée, installé dans une maison du 17e s. qui appartenait à la famille Josa, contient d'importants vestiges archéologiques et ethnographiques de la région. On remarque la singulière collection de flacons en céramique venant d'une pharmacie de Montblanc (18e s.).

Convent de la Serra★ 1
Cet ancien couvent de clarisses, fondé par la princesse byzantine Irène Lascaris, deuxième épouse du comte Arnaud Roger, se trouve à l'ouest de Montblanc sur une petite colline depuis laquelle on contemple un splendide **panorama**. On ne compte pas les papes et les rois qui ont protégé ce sanctuaire abritant la *Mare de Déu de la Serra*, œuvre en albâtre du 15e s., l'une des images de la Vierge les plus populaires et les plus vénérées.

Hospital Santa Magdalena★ 1
Il se trouve près de l'ancienne route de Lérida et l'élément le plus remarquable en est le **cloître** (15e s.), de transition gothique-Renaissance. Malgré sa taille réduite, l'effet architectural est formidable et la verticalité du rez-de-chaussée, aux colonnes striées et arcs en ogive, s'interrompt subitement à l'étage.

Pont Vell 1
Le **Vieux Pont** relie le quartier de El Raval au couvent de la Mercè. Construit au 12e s., il compte quatre grands arcs et contreforts latéraux, ornés d'éléments sculptés.

Convent de Sant Francesc 2
Cet ancien couvent servait, avant de disparaître, de fabrique d'alcool. Il ne reste plus que l'église, édifice de style gothique (14e s.), où l'on remarque encore quelques éléments romans, telle la porte en plein cintre. L'édifice, couvert d'une voûte à lancettes, est d'un plan très simple : une nef à abside hexagonale et quatre chapelles latérales.

Museu Molins de la Vila
À 1 km de la localité en direction de Prenafeta. Rte de Montblanc à Prenafeta - ☎ 977 860 349 - www.mccb.es - visite guidée sur réservation, horaires et tarifs variables.

Le musée, avec ses deux moulins, permet d'appréhender le fonctionnement des moulins hydrauliques. Le plus grand se nomme le molí de la Volta (14e s.), tandis que le plus ancien est le molí Xiquet (13e s.).

Montblanc pratique

Adresse utile

Office du tourisme de Montblanc – *Antiga Església de Sant Francesc - 43400 Montblanc - ℘ 977 861 733 - www.montblancmedieval.org - lun.-sam. 10h-13h30, 15h-18h30, dim. et j. fériés 10h-14h - fermé 25 et 26 déc. et 1er janv.* **Visites guidées de la ville** en juil.-août les sam. et dim. sur réservation (5 €) avec dégustation de *cava* à la coopérative.

Se loger

⊖ **Fonda dels Àngels** – *Pl. Els Àngels, 1 - Montblanc - ℘ 977 860 173 - fermé de déb. sept. à mi-sept., vac. de Noël - ⊟ - 9 ch. : 40 € - ⊇ 4,30 € - rest. 21 € env.* Cette petite pension de famille est installée au cœur du quartier juif dans une maison gothique qui a conservé une délicate fenêtre en ogive. Chambres simples et agréables. Son restaurant fréquenté par une clientèle locale sert des recettes maison.

Se restaurer

👁 **Bon à savoir** – La région a deux spécialités : les vins blancs (appellation d'origine Conca del Barberá) très appréciés, et, surtout, les *merlets* et *montblanquins*, délicieuses friandises à base d'amandes et de sucre.

⊖🍽 **Les Espelmes** – *Fontscaldes - 5 km au sud-est de Montblanc par la N 240 - ℘ 977 601 042 - espelmes@cconline.es - fermé mer., juil. - ⊟ - 20/35 €.* Séduisant établissement qui sait conjuguer la beauté de son cadre avec la qualité de la cuisine traditionnelle catalane. Il compte trois salles à manger parfaitement aménagées et une terrasse ouvrant sur un merveilleux panorama.

⊖🍽 **El Molí del Mallol** – *Muralla Santa Anna, 2 - ℘ 977 860 591 - mallolrestauracio@molimallol.com - fermé dim. soir, lun. soir - ⊟ - menu 19,60 €, carte 30/60 €.* Le restaurant est installé dans un ancien moulin. La salle spacieuse est coiffée de grands arcs en plein cintre en brique apparente. Vous pourrez y déguster une cuisine typiquement catalane.

Événements

Semaine médiévale – *23 avr.* Les rues de la ville sont le cadre magnifique de la Semaine médiévale, où l'on représente la légende de saint Georges.

Festival international de la céramique – *Dernier w.-end de sept.* De nombreux artistes travaillent sur place et des milliers d'œuvres sont exposées.

Serra de **Montserrat**★★

CARTE GÉNÉRALE B2 – CARTE MICHELIN REGIONAL 574 H35 – PROVINCE DE BARCELONA

Ses énormes roches et solides conglomérats éocènes, sculptés par l'érosion du vent et de l'eau, font de cette montagne un site d'une beauté impressionnante. Ses abruptes roches ruiniformes rappellent des silhouettes humaines, des objets inanimés et des animaux de toute sorte. « El Centinela » (la Sentinelle), « Las Agujas » (les Aiguilles) et « El Loro » (le Perroquet) sont quelques-uns des noms dont la fantaisie populaire a baptisé les roches fantastiques de Montserrat. Source d'inspiration de musiciens (Wagner y situa l'action de son opéra « Parsifal »), de poètes (Verdaguer y écrivit le célèbre poème « Virolai »), de géographes et de voyageurs, le « Monte Serrado » (mont Fermé) est, en outre, le centre de dévotion marial le plus important de Catalogne.

▶ **Se repérer** – Le massif de Montserrat se trouve entre les dépressions pré-littorale et centrale de la Catalogne, sur un axe perpendiculaire qui descend des Pyrénées jusqu'à la Méditerranée. Les deux villes principales sont Manresa, à 22 km au nord, et Terrassa, à 19 km à l'est. Toutes deux sont d'importants pôles industriels à l'intérêt touristique limité et contrastent avec la fréquentation de la serra de Montserrat.

Il est conseillé d'arriver par l'ouest, la route N IIᴬ offrant de belles **vues**★★ de la montagne où s'élancent des dents rocheuses, capricieusement alignées d'est en ouest. Depuis le nord, on obtient aussi une belle et captivante image. Pour accéder directement au téléphérique de Montserrat, il faut emprunter la route C 55 et la prendre près de Monistrol de Montserrat.

🅿 **Se garer** – Le parking du monastère a une capacité d'accueil très limitée ; mieux vaut choisir de laisser sa voiture à la gare du train à crémaillère ou à celle du téléphérique (parkings aménagés). *Voir « Montserrat pratique » pour l'accès.*

👁 **À ne pas manquer** –Le beau panorama depuis Sant Jeroni, le point culminant de la serra à 1 236 m d'altitude.

🕐 **Organiser son temps** – Si vous passez à Montserrat hors saison, choisissez un jour de semaine plutôt que le week-end où le site est très fréquenté.

♿ **Pour poursuivre le voyage** – Voir aussi Manresa, Terrassa et Barcelone.

Visiter

Le monastère

🖉 938 777 701 - www.montserratvisita.com - ♿ - tte la journée - gratuit.

Au 9ᵉ s., les moines bénédictins de Ripoll reçurent du comte Wilfred un des cinq ermitages existant sur la montagne de Montserrat. En 1025, l'**abbé Oliba** créa une petite communauté qui acquit bientôt une grande importance. Au 12ᵉ s., l'ancien édifice roman fut transformé et agrandi dans le style gothique, devenant une florissante abbaye qui s'émancipa de Ripoll en 1410. Mais c'est au 15ᵉ s. que Montserrat connut son heure de gloire : l'érudition des moines, la richesse de la communauté, le nombre et la ferveur des pèlerins témoignent de l'importance acquise par le monastère. Quand Giuliano della Rovere, futur pape **Jules II**, savant et mécène de la Renaissance, en fut abbé, Montserrat s'enrichit de nombreuses œuvres d'art, pièces d'orfèvrerie et tapis. Mais en 1812 les Français pillèrent et détruisirent l'abbaye. C'est pourquoi les bâtiments actuels – réalisés aux 19ᵉ et 20ᵉ s. (la façade de l'église ne fut achevée qu'en 1968) – n'offrent que peu d'intérêt artistique. Au fond de l'**église** (15ᵉ s.), obscure mais fastueusement décorée, se trouve la Vierge noire.

La Moreneta★★ – Cette statue repose sur le maître-autel de l'église et, pour la voir de près, il faut accéder à une niche par la chapelle du collatéral droit. Il s'agit d'un très bel exemple de sculpture romano-catalane (fin du 12ᵉ s.), qui, selon la légende, fut trouvée par des bergers dans une des grottes de la montagne. Sa couleur noire, qui est à l'origine de son nom, est attribuée à diverses causes : la fumée des cierges, la réaction chimique du vernis ou l'oxydation du bois. Sainte patronne de la Catalogne et symbole du catalanisme, la Moreneta est vénérée par les nombreux pèlerins qui, après l'avoir priée, allument un cierge en son honneur.

👁 Les différents offices religieux célébrés dans la basilique sont accompagnés de beaux chants grégoriens et les cérémonies de Pâques et Noël revêtent une grande solennité. Créée au 12ᵉ s., l'**Escolania** est l'une des plus anciennes chorales d'enfants au monde. Les cinquante garçons qui la composent chantent tous les jours (sauf le samedi) le Virelai et le Salve à 13h (12h le dimanche et fêtes religieuses), les Vêpres, le motet polyphonique et le Salve Montserratina à 18h45.

Museu de Montserrat – *🖉 938 777 777 - tte la journée - visite audioguidée - 6,50 €.* C'est dans un bâtiment dessiné par Josep Puig i Cadafalch en 1929 que sont rassemblées cinq collections. La première, consacrée à l'archéologie moyenne-orientale (Mésopotamie, Égypte, Grèce, Terre Sainte et Chypre), présente, entre autres, un sarcophage égyptien du 13ᵉ s. av. J.-C. La 2ᵉ collection rassemble des œuvres de toutes les époques sur le thème de la représentation de la Vierge de Montserrat, tandis

La serra.

que le Trésor permet de découvrir des objets liturgiques du 15e au 20e s. Enfin, deux importantes collections de peintures recèlent des œuvres classiques du 13e au 18e s. (El Greco, Tiepolo, Caravaggio...) et des œuvres modernes des 19e et 20e s. (artistes catalans : Picasso, Dalí, Tàpies... ;impressionnistes : Monet, Sisley, Degas, Pissarro ; et encore Chagall, Braque, Rouault, etc.).

Ermitages et belvédères

Dès la fin du 9e s., il existait à Montserrat treize ermitages situés aux endroits les plus élevés de la montagne. Ces ermitages, organisés en trois groupes distincts portant des noms bibliques et de pénitents du désert – Tabor, Thèbes et Thébaïde –, subsistèrent jusqu'à l'occupation de l'armée napoléonienne (début du 19e s.). Bien qu'ils soient désormais à l'abandon, ils constituent un but d'agréables promenades en raison de la beauté des sites.

Ermitage de La Trinitat – 🚶 *45mn à pied*. Cet ermitage se trouve au milieu d'une plaine bucolique à l'abri des montagnes de « El Elefante » (l'Éléphant), « La Preñada » (la Femme enceinte) et « La Momia » (la Momie).

Sant Jeroni★★ – 🚶 *On y accède par une piste forestière (1h30)*. Depuis le mirador, situé sur le point le plus élevé du massif (1 236 m), s'offrent de magnifiques vues **panoramiques★★** des Pyrénées et de la côte catalane.

Ermitage Santa Cecilia – 🚶 *4h30 à pied depuis Sant Jeroni*. Jusqu'au 16e s., ce fut un monastère bénédictin sans atteindre, cependant, l'importance de celui de Santa Maria. La belle **église★** romane comporte trois vaisseaux, trois absides ornées de bandes lombardes et un simple clocher asymétrique.

Santa Cova★ – 🚶 *1h à pied*. Le début du parcours suit un chemin de croix jalonné dont les stations sont des **œuvres modernistes** (Josep Llimona et Antoni Gaudi). La promenade aboutit à la **sainte Grotte** (Santa Cova) où serait apparue l'image de la Vierge. C'est l'un des sites les plus fréquentés du sanctuaire et l'on observe de belles **vues★** sur la vallée du Llobregat.

Sant Miquel★ – 🚶 *30mn depuis le monastère, ou 1h depuis la gare du funiculaire de Sant Joan*. De cet endroit, on aperçoit la silhouette du monastère, tapie dans un impressionnant amphithéâtre rocheux.

Sant Joan – 🚶 *30mn depuis la gare du funiculaire de Sant Joan*. Beau panorama de l'ermitage Sant Onofre suspendu à une roche.

Montserrat pratique

Adresse utile

Office de tourisme de Montserrat – *Pl. de la Creu, face aux funiculaires -* 938 777 701 - www.montserratvisita.com - www.abadiamontserrat.net - juin-sept : tlj 9h-18h45, w.-end : 9h-19h45 ; oct.-mai : 9h-17h50. *Entre autres informations, on y trouve les topoguides des randonnées (plusieurs niveaux de difficulté).*

Transports

Bon à savoir – Se garer à Montserrat est un calvaire compte tenu de la capacité d'accueil limitée du parking. Si vous venez en voiture, arrivez le plus tôt possible.

Accès au monastère en train à crémaillère – *Depuis la gare de Monistrol Villa jusqu'au monastère - 15mn de trajet -* 902 312 020 - www.cremalllerademontserrat.com - tlj tte la journée - 2,60 € AR.

Accès au monastère en téléphérique – *Depuis la gare de Monistrol Aeri jusqu'au monastère - 5mn de trajet -* 932 377 156 - www.aeridemontserrat.com - mat. et apr.-midi - 8 € AR.

Billets combinés – Le billet **TransMonserrat** inclut le métro depuis la plaça d'Espanya (Barcelone), le billet de train jusqu'à Monistrol de Montserrat, le train à crémaillère et le téléphérique jusqu'au monastère, et enfin l'accès à l'espace audiovisuel *(19,50 €)*. Le billet **Tot Montserrat** propose la même chose avec en plus l'accès au funiculaire de Sant Joan, un repas (self-service) et l'entrée au musée *(32,50 €)*.

Se loger

Bon à savoir – Vous trouverez trois types d'hébergement à Montserrat même, mais toutes les réservations se font à l'office de tourisme (938 777 701/777 - reserves@larsa-montserrat.com). *Attention, ces hébergements affichent vite complet :* outre l'hôtel traditionnel *(voir ci-après)*, vous trouverez le **camping Sant Miquel** *(ouv. de la Semaine sainte à nov.)*, à 10mn à pied du monastère. Autre option : les

cellules **Abat Marcet**, des appartements pour 2 à 4 pers. *(46 à 83 €)*, aux tarifs dégressifs selon la durée du séjour.

Hotel Abat Cisneros – *Pl. Monestir - Montserrat -* 938 777 701 - reserves@larsa-montserrat.com - - 56 ch. : 46/80 € - rest. 21,50 €. *Installé dans le monastère, à l'intérieur d'un édifice historique qui servit de gîte aux pèlerins depuis le Moyen Âge, cet hôtel invite à la détente et à la paix intérieure. Chambres réactualisées. Une salle à manger chaleureuse a été aménagée dans les anciennes écuries.*

Hotel Can Missé – *Amadeu Vives, 9 - Collbató - 3,5 km au sud de Montserrat par la B 112 -* 937 779 061 - canmisse@infodisc.es - fermé vac. de Noël - 11 ch. : 77/86 € - rest. 11,50 €. *Ample demeure située dans un village très proche du Parc naturel de Montserrat. Les locaux conservent leur style rustique d'origine malgré une restauration complète. Chambres confortables, chaleureuses salles à vivre et parties communes où le bois domine.*

Se restaurer

Bon à savoir – De la Sem. sainte à nov., un self-service situé à l'entrée du site permet de se restaurer *(service de 12h à 16h)*, ainsi qu'une cafétéria postée un peu plus loin *(service de 12h à 20h)*. Le soir, le seul restaurant ouvert est celui de l'hôtel Abat Cisneros.

El Cingle – *Pl. Major - Vacarisses - au nord-est de Montserrat -* 938 359 125 - elcingle@elcingle.com - dim.-mer. seulement déj. - menu 87 €, carte 50/60 €. *Ses deux salles accueillantes sont ornées de tableaux modernes. La salle extérieure, surmontée d'un auvent en bois, donne sur la serra. La propriétaire des lieux est aux fourneaux, et c'est avec la plus grande maîtrise et son savoir-faire qu'elle nous présente sa carte actuelle et créative.*

Événement

Fête de la Vierge de Montserrat – *27 avril.* Fête religieuse célébrant la patronne de Catalogne.

Olot★

31 271 HABITANTS
CARTE GÉNÉRALE C1 – CARTE MICHELIN REGIONAL 574 F37
SCHÉMA P. 292-293 : PYRÉNÉES CATALANES – PROVINCE DE GIRONA

Chef-lieu de la « comarca » et ville de grande tradition agricole et artisanale, Olot est nichée dans un cadre d'une singulière beauté, au milieu de volcans en sommeil, d'épais bois et de vallées cultivées. La zone urbaine, que protège le cratère du Montsacopa, conserve un petit noyau ancien (15e s.) non loin de la plaça Major.

▶ **Se repérer** – Olot est situé dans le **Parc naturel de la zone volcanique de la Garrotxa** *(voir « Aux alentours »)*, à l'intersection de trois petites vallées formées par le rio Fluvià. Pour venir en voiture depuis Barcelone (150 km au sud), le plus rapide est d'emprunter l'A7 jusqu'à Gérone (sortie n° 6) puis la C 66. Vous pouvez aussi quitter l'autoroute avant (sortie n° 9), et suivre la C 63, plus sinueuse mais plus jolie. Si vous venez de Vic, prenez la C 152 (45 km) ou la C 153 (60 km). De Figueres, empruntez la N 260 (31 km) puis rejoignez la C 66 (22 km). En train, les gares d'accès les plus proches se trouvent à Ripoll (35 km à l'ouest par la C 26) et Gérone (50 km au sud-est par la C 66). Des bus assurent des liaisons quotidiennes avec Barcelone, Gérone, Vic et Figueres.

👁 **À ne pas manquer** – La vue dominante sur la ville et ses environs depuis le sommet du volcan de Montsacopa.

🕐 **Organiser son temps** – Il existe un circuit au départ de Gérone jusqu'à Olot, que l'on peut faire en sens inverse à partir d'Olot *(voir Gérone)*.

👫 **Avec les enfants** – La forêt de la Fageda d'en Jorda.

🌅 **Pour poursuivre le voyage** – Voir aussi Camprodon (28 km au nord-ouest), Ripoll, Figueres et Gérone.

L'école d'Olot

Le **paysage★★** qui entoure la ville est exceptionnel. Le relief accidenté, couvert de bois touffus, contraste avec les vallées soigneusement labourées. Occultées par les brumes, de façon imperceptible, les roches volcaniques virent du noir au gris, puis au bleu, et deviennent enfin rougeâtres, au fur et à mesure qu'avance la journée. La beauté si singulière de cet environnement naturel fit naître, à la fin du 19e s., l'importante école paysagiste d'Olot. Elle débuta avec **Joaquín Vayreda** (1843-1894), adepte du paysagisme réaliste de l'école de Barbizon et admirateur de Constable, et connut un remarquable élan avec la création en 1883 de l'**École publique de dessin**, qui réunit des artistes de toute la Catalogne (Modesto Urgell, Josep Armet, Josep Lluis Pellicer, etc.). C'est ainsi que, même au 20e s., plusieurs peintres et écrivains, adeptes du mouvement Art nouveau, ont continué à exalter ce merveilleux pays.

Visiter

Sant Esteve★ B1

L'église fut construite entre 1750 et 1763 d'après les plans de l'ingénieur militaire Blas de la Trinxeira. C'est une ample bâtisse néoclassique dont la façade et le perron d'accès sont de style baroque. À l'intérieur, on peut admirer le beau baldaquin du maître-autel et les chapelles des Douleurs et du Rosaire, **El Roser**, qui abrite un retable baroque (17e s.), l'un des plus anciens dans son genre, œuvre de Pau Costa, et la monumentale et étonnante toile du Greco, *Le Christ portant la croix* (1605).

Casa Solà-Morales★ B1

L'architecte moderniste Domènech i Montaner reconstruisit ce singulier édifice entre 1915 et 1916 et conserva les somptueux intérieurs du 18e s. La **façade★** moderniste, avec ses balustrades au rez-de-chaussée, ses jardinières et sa belle loggia à l'étage supérieur, est décorée de fresques et de sculptures réalisées par Eusebio Arnau. Admirer les fines silhouettes féminines qui soutiennent les grilles de l'entrée principale.

Museu comarcal de la Garrotxa★ B1

☎ 972 279 130 - tlj mat. et apr.-midi, dim. et j. fériés matin - 3 € (-18 ans gratuit).

Ce musée comprend deux sections : celle de sciences naturelles, la Casal dels Volcans, est installée dans la Torre d'en Castanys *(voir ci-après)*, tandis que l'autre se trouve dans l'ancien hospice, construction néoclassique du 18ᵉ s. due à Ventura Rodriguez. Celle-ci présente notamment une **collection de peintures et dessins★★** d'artistes catalans (19ᵉ et 20ᵉ s.), ainsi qu'un échantillon des arts décoratifs et populaires.

On remarquera les nombreuses productions de l'école d'Olot (les frères Vayreda, José Berga, Modesto Urgell et Juan Llimona), les diverses sculptures de Miquel Blay et José Clarà – enfants de la ville – et le célèbre tableau *La Càrrega (La Charge)*, de Ramón Casas.

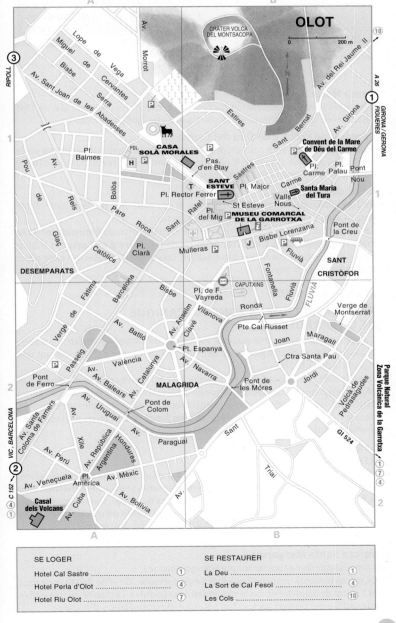

SE LOGER		SE RESTAURER	
Hotel Cal Sastre	①	La Deu	①
Hotel Perla d'Olot	④	La Sort de Cal Fesol	④
Hotel Riu Olot	⑦	Les Cols	⑩

Les terres volcaniques du Parc naturel de la Garrotxa.

Santa Maria del Tura B1

Cet ancien sanctuaire reconstruit par l'architecte barcelonais Francesc Mas en 1763 ne conserve, de son ancienne décoration, que les fresques de la coupole.

Couvent de la Mare de Déu del Carme B1

Fondé à la fin du 16ᵉ s., ce couvent possède une belle église, réalisée en partie par le maître Enrique Julià. L'élément le plus important est le **cloître★** Renaissance (1603) de deux niveaux, œuvre de Lázaro Cisterna.

Casal dels Volcans A2

Av. Santa Coloma, s/n - ℘ 972 279 130 - mat. et apr.-midi, dim. et j. fériés mat. - fermé lun., 1ᵉʳ janv., 25-26 déc. - 3 € (1ᵉʳ dim. du mois gratuit).

Ce musée, qui est en même temps le centre d'information du **Parc naturel de la zone volcanique de la Garrotxa**, se trouve dans la **Torre d'en Castanys**, édifice néo-palladien réalisé par Josep Fontseré (1854). On y trouve une collection géologique très complète de la région.

Aux alentours

PARC NATUREL DE LA ZONE VOLCANIQUE DE LA GARROTXA★

C'est le meilleur exemple de paysage volcanique de Catalogne. Il s'étend à travers la haute vallée du Fluvià jusqu'à Castellfollit de la Roca *(voir p. 252)*, couvrant une superficie de 11 300 ha.

Trente cônes volcaniques de type strombolien, quelques cratères d'explosion et plus de vingt coulées de lave basaltique lui confèrent un aspect très singulier. Outre l'intérêt géologique, on y trouve une végétation riche et variée – plus spécialement dans la **Réserve naturelle de la Fageda d'en Jordà** –, ainsi qu'un paysage d'une grande beauté qui inspira l'importante école de peinture d'Olot.

Santa Pau★

9,5 km au sud-est par la GI 524.

De la route, on peut voir sur la droite ce charmant village juché sur une petite colline, au beau milieu du Parc naturel. De sa silhouette de pierres se détache le **château**, dont la façade principale s'ouvre sur la **place à arcades** du village, connue sous le nom de Firal dels Bous (bœufs), et bordée également de l'église paroissiale Santa Maria (15ᵉ-16ᵉ s.). Santa Pau est une invitation à la promenade dans ses rues évocatrices. Laissons le mystère agir...

Volcan Santa Margarida

4 km au sud de Santa Pau par une piste non goudronnée.

Ce volcan présente un magnifique état de conservation. Un cône de 110 m de haut et 1 200 m de diamètre en fait le plus grand de la Garrotxa. Le cratère, encore visible aujourd'hui, est couvert sur tout son pourtour d'une végétation abondante.

Volcan El Croscat★

2,5 km à l'ouest de Santa Pau par la GI 524. Ce volcan fut le dernier de toute la zone à se manifester il y a environ 11 500 ans. Il est recouvert d'une spectaculaire surface rugueuse, composée de blocs de lave et d'importantes protubérances qui sont en réalité de gigantesques bulles de gaz solidifiées.

La Fageda d'en Jordà★

Cette forêt vieille de plusieurs milliers d'années se dresse sur une coulée de lave du **volcan del Croscat**. Essentiellement constituée de hêtres, elle abrite quelques chênes, là où le soleil parvient à percer la canopée. Au printemps, renoncules et anémones fleurissent le sous-bois alors que les irrégularités du sol formé de roche volcanique créent des dépressions dépassant fréquemment les 15 m, contribuant à la création d'un décor envoûtant et unique.

Olot pratique

Adresses utiles

Office de tourisme d'Olot – *C/Hospici 8 - 17800 Olot -* ℘ *972 260 141 - www.olot.org - lun.-sam. 9h-14h (10h sam.), 17h-19h, dim. et j. fériés 11h-14h.*

PARC NATUREL DE LA GARROTXA

Centre de Can Jordà (Casal dels Volcans) – *Av. Sta Coloma, s/n - 17800 Olot -* ℘ *972 266 202/012 - lun.-sam. 9h-14h, 16h-18h, dim. 10h-14h.* Toutes sortes d'informations pratiques (état des routes, prévisions météo, services divers, etc.).

Centre de Can Serra – *Carreterra d'Olot a Santa Pau - 17811 Sta Pau -* ℘ *972 195 074.* Pour des informations sur La Fageta d'en Jordà.

Can Passavent – *17800 Olot -* ℘ *972 195 094.* Pour des renseignements sur le volcan del Croscat.

Patronato de Turisme de Santa Pau – *Pl. Major - 17800 Olot -* ℘ *972 680 349 - 12h-18h, dim. 11h-15h, j. fériés 12h-18h - fermé mardi, 25 déc., 1er et 6 janv.*

Se loger

Hotel Perla d'Olot – *Avgd. Santa Coloma 97 -* ℘ *972 262 326 - www.laperlahotels.com -* **P** *- 30 appt. : 34/38 € ⌂ - menu 12,50 €.* Près de la Casal dels Volcans, appartements fonctionnels et confortables avec service d'hôtel.

Hotel Riu Olot – *Rte de Santa Pau -* ℘ *972 269 444 - hotel.olot@riu.com -* **P** ⌂ **& *- 32 ch. : 93/98 € ⌂.* L'hôtel dispense de magnifiques vues sur les montagnes, idéal pour les amateurs d'espaces verts et paisibles tout en étant à proximité de la ville.

Hotel Cal Sastre – *Cases Noves, 1 - Santa Pau - 9,5 km au sud-est d'Olot par la GI 524 -* ℘ *972 680 049 - www.calsastre.com - fermé fév. - 10 ch. : 112/121 € ⌂.* Quel bon accueil ! Un peu éloignée du centre, la petite maison possède un jardin soigné et des chambres décorées avec soin : meubles anciens et poutres en bois.

Se restaurer

Spécialités – La Garrotxa offre quelques-uns des mets catalans les plus typiques, tels l'**escudella i carn d'olla** et la **botifarra amb mongetes**. Également réputés : saucisses, saucissons, boudins et quelques desserts, tels les *cocas de chicharrones* et les *biscotes*, à base d'œuf et de citron.

La Sort de Cal Fesol – *Del Pont, 23 - Santa Pau -* ℘ *972 680 256 - tlj 13h-16h, fermé vend. et janv.-fév. - 12/16 €.* Restaurant sympathique décoré de haricots géants naïfs, dont la spécialité est… le haricot de Santa Pau. Bons plats et prix très corrects.

La Deu – *Ctra Le Deu Sur, 2 km -* ℘ *972 261 004 - la_deu@grn.es - fermé dim. et jours fériés en soirée -* 🖾 *- menus 11/16 € ; carte 30 €.* Restaurant familial au service correct et présentant une carte complète des spécialités locales.

Les Cols – *Mas Les Cols - sur la rte de La Canya -* ℘ *972 269 209 - lescols@interbook.net - fermé dim., lun. soir, mar. soir et j. fériés, de fin juil. à mi-août -* 🖾 *- 60 € env.* Une vieille maison en pierre héberge plusieurs salles à manger bien meublées. Ce restaurant sert une cuisine dont il faut souligner la qualité des produits choisis. Service correct.

Achats

Bon à savoir – Olot est réputé pour sa production d'images religieuses et de santons, essentiellement vendus dans les boutiques de la **carrer Major**.

Marché – Le grand marché hebdomadaire se tient le lundi matin le long du Passeig d'en Blay et du Passeig Bisbe Guillamet, l'occasion de goûter aux spécialités, dont le *tortell à l'anis* (brioche en couronne parfumée à l'anis) et la *coca de llardons*.

Événement

Festa de la Mare de Déu del Tura – *Olot - 8 sept.* Bal réunissant géants, nains et grosses têtes voit la participation du *Lligamosques*.

Peralada★

1 558 HABITANTS
CARTE GÉNÉRALE C1 – CARTE MICHELIN REGIONAL 574 F39 – SCHÉMA P. 202 : COSTA BRAVA
PROVINCE DE GIRONA

Au nord de Figueres, le charmant village de Peralada est situé au milieu d'un extraordinaire paysage de vignes qui fait oublier la mer toute proche. Entouré de murailles médiévales, il possède un intéressant noyau ancien, fait de petites places au plan irrégulier et de ruelles étroites, où abondent les magasins d'antiquités. Chaque été, son château sert de cadre à un prestigieux festival international de musique.

- **Se repérer** – Cette localité de l'arrière-pays ampurdanais est sise sur une petite colline, à 7 km au nord-est de Figueres. En suivant la N 260, vous rejoindrez Port de Llança. Des bus assurent des liaisons quotidiennes avec Figueres (15mn de trajet).
- **À ne pas manquer** – Chiner dans les magasins d'antiquités autour du château.
- **Organiser son temps** – Si vous comptez visiter le Musée du Château puis le cloître, achetez à l'office de tourisme le billet combiné (5,40 €). Autre option : la visite guidée de la ville *(40mn, 1,50 €/pers.)*.
- **Pour poursuivre le voyage** – Voir aussi Figueres, Gérone (47 km au sud-ouest) et la Costa Brava (à l'est).

© Castell de Peralada

Le château de Peralada.

Visiter

Château★

Cette ancienne demeure des vicomtes de Rocabertí est une véritable mosaïque de styles architecturaux. Les transformations successives, dues aux utilisations diverses du château, ont fait que les éléments décoratifs de styles Renaissance et gothique se dissimulent parmi les détails néo-médiévaux réalisés au 19e s.

Les jardins et le lac, qui s'ouvre devant la belle façade Renaissance orientée à l'ouest, lui confèrent un air de château français.

Un célèbre casino loge également au château.

Convento del Carme★

C'est en face du château des vicomtes, sur des terrains légués par eux, à l'intérieur des remparts que fut érigé le **carmel** (16e s.), bel exemple de gothique catalan. Il possède une belle église polygonale et des chapelles entre les contreforts (1400). Le cloître (14e s.) est d'une grâce incomparable.

Museu del Castell de Peralada★ – ℘ 972 538 840 - visite guidée dép. ttes les h de déb. juil. à mi-sept. : 10h-12h, 16h-20h ; de mi-sept. à fin juin : 10h-12h, 16h30-18h30 - fermé lun., l'apr.-midi dim. et j. fériés - 3 € (-10 ans gratuit). Les dépendances du couvent accueillent, depuis 1923, différentes collections de sculptures gothiques et de chapiteaux romans. À l'intérieur de l'église, on s'attardera sur un **chapiteau★** du portail du monastère Sant Pere de Rodes, attribué au maître Cavestany. Parmi les collections du couvent, on mentionnera les 2 500 pièces de la **collection de verre★★**, depuis l'ancienne Égypte jusqu'au 19ᵉ s. Le couvent héberge aussi la **bibliothèque du château**, qui compte plus de 80 000 volumes, dont nombre d'incunables et de précieuses éditions de **Don Quichotte**, et, dans les caves, un **musée du Vin**.

Au 13ᵉ s.

Natif de Peralada, le grand chroniqueur catalan **Ramón Muntaner** (1265-1336) décrit dans sa célèbre **Crónica** l'incendie provoqué en 1285 par les Almogávares, l'un des épisodes les plus marquants de l'histoire locale.

Centro de Sant Domènec

Pl. Peixateria, 6 - ℘ 972 538 840 - tlj sf lun. mat. et apr.-midi - 3 €.

Outre l'office de tourisme, ce centre abrite une exposition sur la *comarca* de l'Ampurdan (culture, nature, gastronomie, etc.), et une autre consacrée à la Peralada médiévale, qui retrace, avec l'aide de Ramón Muntaner et par la projection d'un documentaire, l'incendie qui fit rage dans la ville au 13ᵉ s. Le cloître roman est également digne d'intérêt.

Cloître Sant Domènec★ – Ce cloître est tout ce qui reste du couvent fondé par les augustins au 11ᵉ s. Il s'agit du plus important monument roman (12ᵉ s.) de la ville dont la structure architecturale est très rudimentaire. L'iconographie des chapiteaux – scènes de la Bible, bestiaire, animaux fantastiques et motifs végétaux – a un caractère populaire très poussé.

Monastère de **Poblet**★★★

CARTE GÉNÉRALE A2 – CARTE MICHELIN REGIONAL 574 H33 – PROVINCE DE TARRAGONA

Ce monastère, protégé derrière les montagnes de Prades, dans un beau site boisé où l'on entend les échos des nombreuses sources, est l'ensemble architectural le plus important et le mieux conservé de l'art cistercien. Le paysage environnant est une vraie merveille. Le bois de Poblet, au sud-ouest, théâtre d'importantes chasses royales, est un massif forestier à la végétation épaisse. Aux alentours de l'abbaye, près d'un petit ruisseau, se dressent, blancs et élancés, les célèbres peupliers de Poblet, qui donnent leur nom au monastère – Poblet, « populetum » en latin, veut dire peupleraie. La sensation de calme et de spiritualité rend plus compréhensibles les idéaux cisterciens.

- ▶ **Se repérer** – Situé dans la province de Tarragone, entre Lérida (63 km au sudouest) et Reus (39 km au nord), ce spectaculaire ensemble cistercien perdu en pleine nature est facilement accessible en voiture : de Lérida, suivre la N 240 vers le sud (57 km), puis tourner à droite sur la T 700, en direction de L'Espluga de Francolí. De Reus, suivre la N 240 en direction de Lérida et bifurquez à gauche sur la T 700.
- 👁 **À ne pas manquer** – Le cloître avec ses combinaisons d'architectures romane et gothique.
- 🕐 **Organiser son temps** – Si vous prévoyez de visiter également les monastères de Vallbona de les Monges et de Santes Creus, pensez à acheter le billet combiné.
- 👣 **Pour poursuivre le voyage** – Voir aussi Montblanc (10 km à l'est), Valls (25 km au sud-est), le monastère de Vallbona de les Monges (31 km au nord-ouest), le monastère de Santes Creus (41 km au sud-est).

Au milieu du cloître, le lavabo qui servait aux ablutions des moines.

Comprendre

Le lieu de retraite spirituelle des rois

L'histoire de Poblet remonte à l'an 1151. En effet, après la reconquête de la Catalogne, le comte Ramón Berenguer IV céda à l'**abbaye** française **de Fontfroide**, près de Narbonne, une terre sur la Conca de Barberà pour y établir un monastère cistercien. La première communauté à s'y installer, en 1153, était composée de douze moines. Le système économique, établi sur l'exploitation fermière, s'appuyait sur l'acquisition de droits seigneuriaux portant sur différents villages.

Grâce aux donations des rois et de la noblesse, le monastère, au moment de sa plus grande splendeur (14ᵉ s.), outre le droit de nommer les maires d'une dizaine de bourgades, avait juridiction sur sept baronnies et soixante-dix villages.

Les premiers protecteurs du monastère furent les rois de la couronne catalano-aragonaise. Lorsque la cour se déplaçait de Saragosse à Barcelone, Poblet était, avec

Santes Creus *(voir ce nom)*, une de ses étapes préférées. Les monarques firent de cette abbaye leur lieu de retraite spirituelle et, plus tard, avec Pierre III le Cérémonieux, Poblet devint le panthéon de la dynastie.

Il perdit de son importance à partir du 16e s. et une série d'événements acheva de le ruiner : la guerre d'indépendance, la suppression des ordres religieux pendant la période constitutionnelle (1820-1823), et, enfin, la loi de 1835, qui décréta la vente des biens ecclésiastiques. La restauration de Poblet fut réalisée à l'initiative du diplomate et grand argentier **Eduardo Todà i Güell** (1855-1941), qui créa en 1930 le Patronato de Poblet. Peu après la guerre civile, en 1940, l'abbé général de l'ordre de Cîteaux rétablit la vie monastique. Actuellement, une trentaine de moines maintiennent les idéaux cisterciens et font de Poblet un important centre spirituel.

Visiter

℘ 977 870 254 - www.larutadelcister.info - mat. et apr.-midi - fermé 1er et 6 janv., Jeu. et Vend. saints, 26 déc. - 5 €.

L'ensemble, érigé entre les 12e et 18e s., constitue un véritable musée architectural. Réalisés selon plusieurs styles, les bâtiments de Poblet sont un modèle d'une pure et grande simplicité.

L'idéal de tout monastère cistercien était de créer un petit univers, un milieu où la discipline, l'ordre et la sécurité étaient au service de Dieu et de ses serviteurs, les moines. Poblet obéit à cet archétype, raison pour laquelle il possède trois parties bien différenciées.

La première enceinte, fortifiée, était consacrée aux activités du monastère (jardins, terrains cultivés, dépôts, ateliers, logements pour les paysans et ouvriers, etc.). Dans la deuxième se trouvaient les dépendances nécessaires aux relations entre le monastère et le monde extérieur, et la troisième enceinte, enserrée dans une muraille défensive, était le lieu de clôture monastique abritant les éléments de grande valeur artistique.

PREMIÈRE ENCEINTE

Porte de Prades

On accédait à la première enceinte, protégée par une muraille de 5 m de haut et 2 km de long, par cette porte en forme d'arc en plein cintre uniquement décorée d'une image de la Vierge, patronne du monastère.

Une fois passé la porte, à gauche se trouve la maison (1531) destinée au moine-portier, avec un petit patio où l'on peut voir le blason de l'abbé Lerín et de belles décorations de chapiteaux.

Chapelle Sant Jordi★★

La merveilleuse chapelle Saint-Georges, bâtie par ordre d'Alfons V le Magnifique après la conquête de Naples en 1443, se trouve à droite des dépendances agricoles (forge, écuries et logements des ouvriers).

Malgré sa taille réduite – 9 mètres de long par 5 de large –, c'est l'un des bâtiments les plus remarquables de Poblet. La voûte intérieure en berceau brisé témoigne du degré de perfection atteint par l'architecture gothique tardive. À l'extérieur, les éléments décoratifs, fins et délicats, produisent un bel effet. Admirez notamment l'écu du roi couronné par le dragon, détail qui se répète dans tout le monastère.

DEUXIÈME ENCEINTE

Porte dorée

En face de la chapelle Saint-Georges se trouve la porte où le cortège royal descendait de cheval pour, sous un dais, être conduit jusqu'à la grande église. Cette porte doit son nom à Felipe II, qui, à l'occasion de sa visite en 1564, fit dorer les plaques de bronze couvrant les vantaux.

Bien qu'entreprise au milieu du 15e s., la construction ne s'acheva probablement qu'à la fin du siècle, comme l'atteste la présence des armoiries d'Aragon et de Catalogne, de Sicile et de Castille en usage durant les règnes de Joan II et de Ferdinand le Catholique. Ce dernier fit une dernière visite à Poblet, accompagné de toute sa famille, après la conquête de Grenade et la découverte du Nouveau Monde (1492).

La porte, avec ses créneaux et ses mâchicoulis, est un bel exemple d'architecture militaire. L'intérieur est une agréable pièce aux sièges de pierre, au-dessus desquels il y eut deux fresques représentant des épisodes de la création du monastère.

Plaça Major★

Après la Porte dorée, on parvient à cette place irrégulière bordée de très intéressants bâtiments, telle, à gauche, la **chapelle Santa Caterina** (12e s.), œuvre d'une grande simplicité architecturale à laquelle sont accolés les bâtiments destinés à la menuiserie, l'hospice pour les pèlerins et les magasins. À droite apparaissent les vestiges du Palais abbatial (16e s.) et la grande **croix en pierre** de l'abbé Guimerà, de même époque. À l'extérieur de cette deuxième enceinte, dans la zone des jardins, se trouve le Nouveau Palais de l'abbé (16e et 17e s.), relié à la troisième enceinte par un passage couvert.

C'est de la plaça Major que l'on a la meilleure vision de l'aspect monumental de Poblet. Là, au milieu de cet immense espace, le visiteur peut regarder à loisir, face à lui, la grande muraille qui entoure le monastère, et les deux constructions les plus emblématiques de Poblet : la façade baroque de l'église et la Porte royale.

TROISIÈME ENCEINTE

Pierre IV le Cérémonieux fit construire, à partir de 1336, la muraille qui enserre le monastère proprement dit. Cette imposante fortification, aux dimensions extraordinaires (608 m de long, 11 m de haut et 2 m de large), est dotée de créneaux, d'un chemin de ronde et de treize tours.

Façade baroque de l'église

Il était rare qu'une église cistercienne possédât une façade vers l'extérieur. Poblet n'échappait pas à la règle, mais le duc de Cardona, au 17e s., en fit construire une donnant accès au narthex de la grande église.

Sur le corps central apparaissent, entre les colonnes, les statues de saint Benoît et de saint Bernard. Au-dessus de la porte architravée, dans une niche, se trouve une statue de la Vierge. Cinquante ans après sa construction, en 1720, on perça des deux côtés deux oculi encadrés de doubles colonnes torsadées à cannelures, d'architraves et de hauts pinacles. Quoique bien structuré, cet ensemble détonne avec l'aspect austère de Poblet.

Porte royale★

C'est par là que l'on franchit la troisième enceinte, à l'intérieur de laquelle se trouvent les dépendances monastiques. Celles-ci ne sont pas situées au sud, selon la coutume appliquée dans tous les monastères, mais au nord, en raison, paraît-il, de la proximité des montagnes.

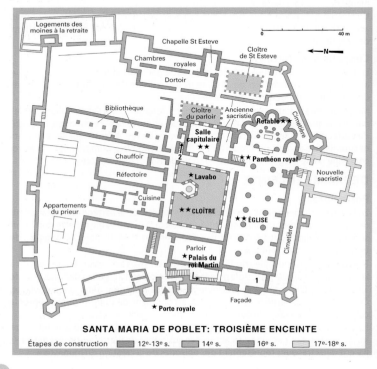

SANTA MARIA DE POBLET: TROISIÈME ENCEINTE

Étapes de construction ▮ 12e-13e s. ▮ 14e s. ▮ 16e s. ▮ 17e-18e s.

Le monument, de grandes dimensions, est en parfait état de conservation. Son aspect austère et seigneurial est renforcé par le peu d'ornements qu'il présente : les armoiries de Pierre IV, les « quatre barres » (aujourd'hui il n'y en a plus que trois), et une inscription latine qui dit : « Cette construction fut entreprise au temps de Pierre, roi d'Aragon ».

Les deux magnifiques tours qui l'encadrent, les mâchicoulis et les meurtrières lui donnent un aspect plus proche de la porte d'un château que de celle d'un monastère.

Palais du roi Martin★

Après la Porte royale apparaissent à droite les escaliers qui conduisent à ce beau palais de style gothique flamand. Martí l'Huma (Martin l'Humain) le fit construire en 1392, sur l'aile ouest du cloître, mais sa mort le laissa inachevé. Il faut remarquer l'élégance des grandes fenêtres à ogives, apportées de Gérone. La partie extérieure est décorée d'arcs fins trilobés qui brisent la monotonie du mur et contrastent avec les ajours des fenêtres.

Parloir

Cet ancien dortoir des convers (14e s.), puis pressoir, se trouve dans la partie inférieure du Palais du roi Martin.

C'est une vaste pièce où les voûtes se fondent sans supports dans les murs.

Cellier★

Au sous-sol du dortoir des vieux moines se trouve le magnifique cellier gothique (13e s.), voûté sur croisée d'ogives retombant sur des piliers octogonaux. Sa simplicité est sa principale réussite artistique. Il a été aménagé en salle de concert.

Cloître★★

On parvient au cloître par un hall rectangulaire, dont les arcs de la voûte sur croisée d'ogives reposent sur des consoles ornées de l'écusson de l'abbé Ponce de Copons. Grand bâtisseur, il voulut en laisser un témoignage et fit sculpter, sur toutes les œuvres qu'il fit exécuter, un écusson avec une coupe, symbole de son nom.

Le cloître est un superbe exemple de transition du roman au gothique : la galerie romane adossée à l'église est voûtée dans le style ogival gothique, qui domine dans les trois autres galeries.

En le parcourant dans toute son ampleur (40 m x 35 m), on peut admirer la belle simplicité de l'architecture cistercienne. Les arcs trilobés et polylobés, dans les galeries gothiques, créent un beau contraste avec l'austérité de l'aile romane. Les beaux **chapiteaux★** ornés de motifs végétaux et géométriques sont dignes d'intérêt.

Le **lavabo★**, fondamental pour les ablutions quotidiennes des moines, est de style roman. À l'intérieur, une fontaine en marbre à trente jets laisse couler de fins filets d'eau qui résonnent dans le silence.

Cuisine

Située au nord du cloître, c'est un espace monumental voûté sur croisée d'ogives. On y voit les fourneaux pour les grandes marmites en cuivre, une cheminée latérale, des moulins en pierre et le tour qui servait pour passer les plats dans le réfectoire attenant.

Réfectoire et chauffoir

Bâti au 12e s., le réfectoire, face au lavabo du cloître, est toujours utilisé. C'est une salle rectangulaire (33,5 m x 8,25 m), dont la grande voûte à ogives s'appuie sur trois arcs de décharge. Éclairé par douze fenêtres, l'intérieur est austère et bien proportionné. Pendant que les moines mangent en silence, depuis la chaire du lecteur, accessible par un escalier encastré dans le mur, on lit des psaumes et des passages de la Bible.

La fontaine octogonale, au centre de la salle, permet le rituel lavement des mains.

À côté du réfectoire se trouve le chauffoir (13e s.), pièce de taille plus réduite qui servait aux moines les plus âgés et à ceux qui revenaient du travail à l'extérieur pour se chauffer à la cheminée et sécher leurs vêtements.

Bibliothèque

C'est une salle longue et étroite en forme de vestibule, à laquelle on accède par l'ancien parloir des jeunes moines. Construite au 13e s., l'actuelle bibliothèque était, jusqu'au 17e s., le « scriptorium », où les copistes reproduisaient des manuscrits anciens. C'est une salle très agréable, divisée en deux parties, dont les voûtes en ogive reposent sur une rangée centrale de colonnes cylindriques.

Des 40 000 volumes qu'elle contenait, seuls sont conservés quelques incunables, le reste étant éparpillé dans des musées, monastères et collections particulières.

Salle capitulaire★★

On y accède depuis le cloître par une porte romane, décorée d'archivoltes et de chapiteaux à ornements végétaux.

Cette salle (13e s.) est l'un des joyaux du monastère, tant sa simplicité et son harmonie sont fascinantes. Quatre colonnes octogonales, très élancées, soutiennent les neuf voûtes en palmiers, fréquentes dans l'architecture cistercienne. Au fond, les grandes fenêtres tamisent la lumière projetée vers le dallage, où sont encastrées onze pierres tombales d'abbés de Poblet. Les chapiteaux, très bien conservés, confèrent à l'ensemble une remarquable touche d'élégance.

Église★★

L'art cistercien atteint une grande perfection avec l'église Santa Maria. La sévérité des murs, l'équilibre des dimensions, et le mariage du roman et du gothique font de cette église un lieu où le visiteur ressentira une inoubliable impression de paix et d'équilibre.

Le plan est basilical, avec trois vaisseaux séparés par des piliers cruciformes aux colonnes adossées. Initiée au temps d'Alfons Ier (1162-1196), la nef de l'Épître fut reconstruite par l'abbé Copons (1316-1348) qui bâtit également la **tour-lanterne** octogonale visible de l'extérieur. L'importance de la communauté nécessitant un plus grand nombre d'autels, on construisit un chevet à deux absides et un élégant déambulatoire à cinq absidioles, fait inhabituel dans les églises cisterciennes.

À l'entrée, on ajouta le narthex (1275), contre le mur duquel on bâtit plus tard la façade baroque. C'est par là que les fidèles accédaient à l'église. Le seul décor conservé est celui de l'**autel du Saint Sépulcre (1)**, œuvre de style Renaissance, en marbre.

Intérieur – Une grande pureté habite cet espace grave et solennel, d'où tout indice d'ostentation a été banni. Les chapiteaux sont dépourvus de toute décoration, même végétale, et la nudité des éléments architecturaux est saisissante.

La nef centrale, voûtée en berceau, s'appuie sur de simples arcs de décharge, et les bas-côtés sont voûtés sur croisées d'ogives. Entre les contreforts du bas-côté droit, sept chapelles furent ouvertes au 14e s. Un escalier relie le bras gauche du transept au dortoir des moines.

Grand retable★★ – Dans l'austérité de Poblet, ce grand retable de style Renaissance, d'inspiration italienne, produit un effet déconcertant. Sculpté en 1527 par Damián Forment dans un marbre très blanc, il se compose de quatre registres horizontaux : le premier et le troisième présentent des scènes de la vie de Jésus, le deuxième est consacré à sainte Marie qu'encadrent d'autres saints et saintes, et le quatrième représente les douze apôtres autour du Christ. Une crucifixion couronne cette magnifique pièce, où moulures, frises et corniches reprennent parfois les mêmes motifs décoratifs.

Panthéon royal★★ – Sa situation est surprenante : deux immenses arcs surbaissés (14e s.) construits entre les piliers de la croisée supportent les tombeaux d'albâtre. Les effigies royales se situent sur la partie supérieure des tombeaux, dont les parties latérales représentent de hauts faits. Les sépultures ont beaucoup souffert du vandalisme en 1835, et c'est le sculpteur **Frederic Marès** (voir p. 122) qui restaura l'ensemble, lui rendant son aspect magnifique.

Un retable problématique

C'est l'abbé Caixal qui passa commande du grand retable en marbre à **Damián Forment**. Cet artiste, originaire de Valence, était le plus célèbre sculpteur du royaume catalano-aragonais et avait de nombreuses commandes. Néanmoins, Forment s'engagea auprès de l'abbé, confiant en la collaboration de ses nombreux ouvriers.

Le contrat stipulait que le retable devait être réalisé « à la romaine », c'est-à-dire tout en marbre de la meilleure qualité et selon l'iconographie retenue par les moines eux-mêmes.

En 1529, une fois l'œuvre terminée, l'abbé de Poblet accusa le sculpteur de ne pas avoir utilisé du bon marbre, de présenter quelques répétitions et déficiences dans la taille et d'avoir confié le travail à ses collaborateurs. Une poursuite fut engagée, et Martí Díaz de Liatzasolo, sculpteur rival de Forment, se prononça également sur la mauvaise qualité du retable.

Le dénouement ne pouvait être que défavorable pour l'artiste valencien : Forment ne perçut ni la mule ni une partie de la somme qui avaient été prévues.

Du côté de la chapelle de l'Épître, dans le premier tombeau repose Jaume Ier le Conquérant, représenté vêtu en roi et en moine ; au centre, Pierre IV le Cérémonieux et ses trois épouses : Marie de Navarre, Eléonore de Portugal et Eléonore de Sicile ; le troisième tombeau, qui était destiné en principe à Martí l'Huma, contenait les restes de Ferdinand Ier et de son épouse Eléonore de Castille, mais ces derniers se trouvent actuellement à Médina del Campo.
Dans le sarcophage le plus proche de l'autel fut enterré Alfons II le Chaste. Dans le suivant reposent Joan Ier et ses deux épouses, Marthe d'Armagnac et Yolande de Bar, et dans le troisième, les parents de Ferdinand le Catholique, Joan II et Jeanne Enriquez. Alfons V le Magnanime et Martí Ier l'Huma sont inhumés dans d'autres endroits de l'église.
Dortoir (**2**) – Cette immense salle de 87 m de long et 10 m de large se trouve au-dessus de la salle capitulaire, du parloir et de la bibliothèque. Dix-neuf grands arcs diaphragmes soutiennent la couverture en bois à double pente. Une partie du dortoir est occupée aujourd'hui par les cellules des moines.

Aux alentours

L'Espluga de Francolí

4 km au nord par la T 700.
Le tracé sinueux de la route de Les Masies traverse de beaux paysages où les suaves volumes des montagnes alternent avec les vastes plaines à l'épaisse végétation.
La ville produit des pâtisseries exceptionnelles : les *carquinyolis* et les gaufres de l'Espluga sont connus dans toute la Catalogne.
Ancienne église Sant Miquel – C'est un sobre bâtiment de transition du roman au gothique (13e s.). La frise du portail est ornée de reliefs avec des créatures fantastiques.
Ancien hôpital – Cet échantillon du gothique civil conserve un magnifique patio (14e s.). Il héberge l'office de tourisme et la bibliothèque municipale.
Museu de la Vida Rural★ (musée de la Vie rurale) – *Carrer Canòs, 16 - ✆ 977 870 576 - www.museuvidarural.com - ♿ - tlj sf lun. mat. et apr.-midi, dim. et j. fériés mat. - 4 € (enf. 2,50 €) ou 8 € billet combiné avec la grotte de Font Major et le musée du Vin.* Le musée sur trois niveaux est consacré au monde rural. Il nous explique la nature des différents travaux des champs, la vie et les coutumes familiales, les travaux domestiques et les métiers traditionnels. À noter la remarquable collection de **sculptures de Josep Traitéa**, qui représente une intéressante page d'ethnographie rurale, et la non moins étonnante collection de crèches.
Cova-Museu de la Font Major – *✆ -977 871 220 - www.covesdelepluga.info - ♿ - tlj sf lun. mat. et apr. midi - 5 € (enf. 3,30 €).* La découverte de la grotte Font Major, explorée sur près de 3 600 m, remonte à 1853. Redécouverte en 1953, elle est l'une des plus grandes du monde et fit l'objet depuis 1990 de fouilles systématiques qui mirent au jour des restes néolithiques témoignant de son éventuelle occupation vers 4660 av. J.-C.
Cellier – *Carrer Josep Maria Rende, 5 - ✆ 977 870 161 - tlj mat. et apr.-midi, w.-end et j. fériés mat. - 2,45 € (-7 ans gratuit).* Ses dimensions expliquent que le dramaturge Ángel Guimerà l'ait surnommé « cathédrale du vin ». L'édifice aux trois vaisseaux fut dessiné par Domènech i Montaner puis construit en 1913 par son fils, Pere Domènech i Roura.

Prades

20 km au sud par la T 700.
On arrive à Prades par une **route★★** sinueuse et pentue, qui offre de spectaculaires **panoramas★** sur la *comarca* de la Conca de Barberà et le ravin de Castellfollit. Le chemin serpente entre les forêts de pins noirs et les châtaigniers, s'enfonçant dans les montagnes qui cernent le village.
Le bourg, ancienne capitale du comté de Prades, est à 950 m d'altitude. Il présente un important ensemble monumental bâti avec la belle et caractéristique pierre rougeâtre qui a valu à la ville le nom de « Vila vermella », la Ville rouge.
Actuellement, Prades est un important centre résidentiel, apprécié pour son climat et son paysage. Elle accueille, en automne, un grand nombre d'amateurs de champignons, qui trouvent dans ces montagnes un véritable et singulier « paradis ».
On peut voir les **portes** de la ville et la place aux Arcades, dont la célèbre **fontaine** sphérique de style Renaissance est reproduite au Poble Espanyol de Barcelone.

Ermitage de L'Abellera – *2 km à l'ouest*. Construit au 16ᵉ s. sous une grotte, c'est un pittoresque **mirador★★** sur ce paisible paysage. D'ici, Prades offre une image exceptionnelle. Le village, caché au cœur des montagnes, n'est plus qu'une tache de couleur rouge. Les nombreux précipices, aux profils verticaux, se dressent en murailles inexpugnables. Les cours d'eau semblent se rétrécir jusqu'à leur disparition dans des gorges insondables.

Monastère de Poblet pratique

Adresses utiles

Office de tourisme du Monastère de Poblet – *Pg Abat Conill, 9 - 43448 Poblet - ℘ 977 871 247 - www.larutadelcister.info - lun.-sam. 10h-13h30, 15h-18h, dim. 10h-14h.*

Office de tourisme de Prades – *Pl. Major, 2 - 43364 Prades - ℘ 977 868 302 - été : 9h-14h, 16h-19h ; dim. 9h-14h ; fermé lun. - hiver : sam. 9h-14h, 16h-18h, dim. 9h-14h, fermé lun.-ven. Nombreux dépliants détaillant le tracé des randonnées et leur niveau de difficulté.*

Se loger

⊜⊜ **Hotel L'Ocell Francolí** – *Passeig Cañellas, 2-3 - L'Espluga de Francolí - 4,5 km au nord-est de Poblet - ℘ 977 871 216 - www.ocellfrancoli.com - fermé de déb. janv. à mi-janv. - 12 ch. : 43/49 € - ⌒ 5,35 € - rest. 15 €.* Petit hôtel central et familial installé dans une ancienne auberge très connue de Poblet. Chambres confortables malgré la taille assez réduite des salles de bains. Sobre restaurant servant des plats catalans.

⊜⊜ **Fonda Espasa** – *Sant Roc, 1 - Poblet - ℘ 977 868 023 - 18 ch. : 64 € - ⌒ 4,30 € - rest. 12/18 €.* Chambres calmes et confortables. Le restaurant a conservé sa patine d'antan et sert une cuisine familiale à base de produits régionaux (menus à 18 et 20 €). Salon convivial avec accès Internet.

Se restaurer

⊜⊜ **L'Estanc** – *Pl. Major, 9 - Prades - ℘ 977 868 167 - fermé merc. et 15 janv.-15 févr. - 20/30 €.* Situé au cœur du village, ce restaurant est apprécié pour sa cuisine élaborée à partir de produits de qualité. Salle de restaurant au décor rustique, sur deux niveaux.

⊜⊜⊜ **Fonoll** – *Pl. Ramón Berenguer IV, 2 - Poblet - ℘ 977 870 333 - miforo@ hotmail.com - fermé jeu., de fin déc. à fin janv. - 30 € env.* Établissement familial situé en face du monastère. Malgré de sobres équipements et une décoration discrète, il n'en demeure pas moins accueillant. Cuisine catalane traditionnelle qui pourra être également savourée sur la terrasse.

Port Aventura★★★

CARTE GÉNÉRALE A3 – CARTE MICHELIN REGIONAL 574 I33
SCHÉMA P. 216-217 : COSTA DAURADA – PROVINCE DE TARRAGONA

Le Resort Universal Mediterranea englobe le parc à thèmes Port Aventura, les hôtels Port Aventura et El Paso, ainsi que le parc aquatique Costa Caribe. Port Aventura est un lieu d'évasion qui permet un amusant voyage dans un monde aventurier. Le visiteur n'aura pas le temps de franchir le portail qu'il sera déjà émerveillé par les incessantes allées et venues des touristes, les attractions fonctionnant à plein régime et toute une infrastructure ludique à son service. Des cow-boys déchargent leurs pistolets, un bateau pirate sillonne une petite mer, des canoës semblent se fracasser contre des rochers... le bruit et la joie deviennent contagieux et il sera difficile de s'ennuyer.

▶ **Se repérer** – Les 115 ha du parc s'étendent sur les communes de Salou et de Vilaseca, en plein cœur de la Costa Daurada. Situé à 10 km de Tarragone et à 113 km de Barcelone, Port Aventura est accessible, en voiture, par l'autoroute A 7 (sortie 35) et par la route N 340. Par le train, les gares les plus proches sont celles du parc même et celles de Salou, Reus et Tarragone, spécialement reliées à Port Aventura. Les aéroports les plus proches sont Reus (15 km) et Barcelone (120 km).

👁 **À ne pas manquer** – Pour les amateurs de sensations fortes, Dragon Khan, les montagnes russes les plus spectaculaires du monde !

🕐 **Organiser son temps** – Les horaires d'ouverture sont fréquemment modifiés en cours d'année, aussi pensez à les consulter via le site Internet. Assurez-vous en outre que les attractions qui vous intéressent le plus sont bien ouvertes. Faites une sélection de celles que vous tenez à voir, car une journée ne sera peut-être pas suffisante pour faire le tour complet du parc.

👥 **Avec les enfants** – L'ensemble du parc devrait enthousiasmer les petits, en particulier les bouées géantes du Grand Canyon Rapids.

🚲 **Pour poursuivre le voyage** – Voir aussi la Costa Daurada, Tarragone (au nord-est), Reus (au nord) et Valls (au nord).

Le grand saut du Tutuki Splash.

Visiter

PORT AVENTURA

Depuis le parking réservé aux visiteurs, vous vous dirigerez vers les guichets où vous seront distribués des guides du parc.
🕿 902 202 220 - www.portaventura.es - ♿ - mai-oct. : tte la journée ; reste de l'année : se renseigner - fermé de mi-janvier à mars - 39 € (-11 ans 31 €) en haute saison, 37 € (-11 ans 29 €) en basse saison.

Le parc comprend cinq « pays » qui sont autant de thèmes : Mediterrània (Méditerranée), Polynesia (Polynésie), China (Chine), México (Mexique) et Far West. Les spectacles se succèdent, dans les rues et dans les locaux, avec une petite prédominance pour les danses typiques, mais n'oublions pas que les différents groupes d'animateurs, avec la collaboration du public, interprètent des numéros musicaux et des saynètes.

La gastronomie n'est pas en reste, et constitue au contraire un autre atout du parc. Ce plat exotique que vous avez toujours voulu goûter, vous le trouverez dans les restaurants et gargotes de chaque pays. Haricots rouges pimentés et succulents repas des empereurs d'Orient peuvent cependant être remplacés par les typiques sandwiches des gens pressés.

Ne partez pas sans faire un détour par les boutiques de souvenirs, vous y trouverez un peu de tout, et surtout les tee-shirts et les casquettes marqués du sympathique logo de Port Aventura.

Le parc compte de nombreuses attractions dont nous ne citerons que les plus intéressantes.

Spectacles

« La plus grande scène de Port Aventura est la rue » : des groupes d'acteurs mettent en scène de courtes pièces, dans les rues du parc. Chaque zone offre également, dans des théâtres et locaux *ad-hoc*, des spectacles d'une durée maximale de vingt minutes. Au total ce sont plus de soixante-dix représentations par jour.

Mediterrània

C'est la porte d'entrée du parc et l'endroit où se trouvent les services proposés à la clientèle (change, location de fauteuils roulants et caméras vidéo, boutiques de souvenirs, etc.). Vous y trouverez aussi l'hôtel Port Aventura, le seul qui soit dans les limites du parc.

Toute la culture et les saveurs de la Méditerranée sont concentrées dans un petit village côtier. Des rues blanches, des maisons éclairées... et l'agitation des barques qui imprègne l'air d'une irrésistible odeur de poisson fraîchement pêché. On découvre ici de fascinants secrets : comment faire un nœud marin, quand se produit la marée haute, et beaucoup d'autres choses.

Sur le port de cette petite baie, les boutiques proposent plus de quarante produits différents aux motifs de Port Aventura (tee-shirts, crayons, maillots de bain, cravates, etc.).

Polynesia★

Depuis la gare du Nord (Estació del Nord), un sentier s'enfonce entre les plantes exubérantes, les oiseaux aux mille couleurs et les petites îles de rêve. Musiciens et danseurs, légèrement vêtus, animent ce chaleureux voyage de leurs mélodies exotiques. Sur une scène en plein air, on donne le singulier spectacle du **Makamanu Bird Show**, où loris, perroquets et cacatoès réalisent des acrobaties invraisemblables en criant de sympathiques phrases.

Tutuki Splash★★ – La barcasse polynésienne pénètre dans les entrailles d'un volcan, puis... se précipite dans une cataracte impressionnante à plus de 55 km à l'heure... Le « splashhhh... » final éclabousse les intrépides marins, qui après de violentes émotions vont se rafraîchir avec les agréables saveurs de jus tropicaux.

China★★

Cœur du parc thématique, on découvre ici toute la magie, le mystère et la fantaisie d'une culture millénaire. Dans le village chinois de **Ximpang** se trouve le temple de **Jing Chou**, où a lieu le spectacle de la **Fantaisie magique de la Chine**. Les apparitions se succèdent : papillons, poissons aux couleurs chatoyantes, ombres se transformant en objets les plus divers... Le **Cobra impérial**, un dragon-tourbillon qui fait la joie des plus petits, et **carrousel des tasses à thé** (Tea Cups) comptent parmi les autres attractions du secteur que la grande muraille isole de la plus impressionnante des attractions de Port Aventura.

Dragon Khan★★★ – C'est la star du parc. Sa silhouette dessine un crochet de fantaisie dans l'air. Il n'y a que les plus audacieux pour oser se lancer sur les montagnes russes les plus spectaculaires du monde, avec leurs huit loopings. Grimper à l'endroit, descendre à l'envers, aller en avant ou en arrière à 110 km/h... est une expérience inoubliable, mais seulement à la portée des plus intrépides.

México★★

Des mythiques ruines mayas au Mexique colonial, du rythme entraînant des mariachis au goût relevé de la cuisine mexicaine... un voyage à travers le temps. La spectaculaire reproduction de la **pyramide de Chichen-Itzá** cache le **Grand Théâtre maya**, où l'on peut apprécier des danses précolombiennes.

Le train du diable★ – Les rires se mêlent aux grincements des wagonnets qui passent entre des précipices, et par ponts et tunnels.

Far West★★

À **Penitence**, un vieux village décoloré, les plus incroyables fantaisies de l'Ouest américain deviennent réalité. Tourner dans un western, devenir un cow-boy accompli, et, entouré de jolies filles et de durs à cuire, danser dans un saloon… tout cela est possible dans cette aventure, où l'on peut aussi se laisser emporter par la vieille **locomotive de l'Union Pacific**, qui emmène les visiteurs dans le parc jusqu'à Mediterrània.

Grand Canyon Rapids★★ – Des bacs, ronds comme des autocuiseurs, participent à un rafting d'enfer, mais les rapides du Colorado font tanguer les petites embarcations. Il ne faut pas avoir peur de l'eau et bien s'accrocher pour goûter pleinement ces intenses émotions.

Stampida★ – Deux wagonnets en compétition le long d'un parcours de montagnes russes en bois. La sensation de vitesse est extraordinaire et le croisement frontal est tout simplement incroyable.

Sea Odyssey – Spectaculaire simulateur sous-marin.

COSTA CARIBE

☎ 902 202 220 - www.portaventura.es - ♿ - tte la journée - fermé de déb. nov. à fin mars - 20 € (-11 ans 16,50 €) en haute saison, 10 € (-11 ans 8,50 €) en basse saison.

Tout proche de Port Aventura, ce magnifique parc aquatique nous transpose dans une île des Caraïbes avec son atmosphère, son architecture et sa végétation.

Ses nombreuses attractions vous permettront de passer une journée dans l'eau, pleine de divertissements : piscine à vagues, toboggans, tunnels, rivière animée de courants, aire de jeux, etc. Le parc est également doté d'un espace intérieur climatisé qui est ouvert en hiver.

Port Aventura pratique

♿ Vous trouverez d'autres adresses dans l'encadré pratique de la **Costa Daurada**.

Adresse utile

Information et réservation – *☎ 902 202 220 (de l'étranger 00 34 977 779 110) - www.portaventura.es*

Parking

Se garer – Une fois sur place, vous trouverez un parking. Voitures : 6 €.

Visite

Location de poussettes – Comptez 6 €/j.

Fauteuils roulants – Comptez 12 €/j. pour un fauteuil mécanique, et 20 €/j. pour un fauteuil électrique.

Billet combiné – Il existe un billet combiné valable trois jours pour Port Aventura Park et Costa Caribe. Adultes : 65 € ; 5-12 ans et plus de 60 ans : 52 €.

Se loger

Vous trouverez de nombreux hôtels bien situés à proximité du parc. La plupart fonctionnent en partenariat avec Port Aventura et Costa Caribe *(liste exhaustive sur le site Internet www.portaventura.es)* et font bénéficier à leurs clients de nombreux services : transfert gratuit vers les parcs d'attractions ou les plages, réservations, gardes d'enfants… Selon la saison, tarifs à partir de 92 € ou 144 €, dégressifs selon la durée du séjour.

Se Restaurer

👁 **Bon à savoir** – Les nombreux restaurants de Port Aventura s'adaptent à la thématique du « pays » où ils se trouvent, comme l'Hacienda pour le Mexique, Marco Polo pour la Chine ou encore Emma's House pour le Far West. Quelque soit la saison, nous vous recommandons de toujours réserver votre table. Enfin des stands d'alimentation bien achalandés ainsi que de nombreux fast-foods sont répartis un peu partout dans le parc.

L'hôtel Port Aventura et sa piscine.

© Port Aventura

Pyrénées catalanes★★★

Pireneos Catalanes

CARTE GÉNÉRALE A-B-C 1 – CARTE MICHELIN REGIONAL 574 D-F 32-37
PROVINCES DE GIRONA ET DE LLEIDA

Les grands sommets, les glaciers, les lacs et étangs, les vastes forêts de sapins, pins, bouleaux, frênes et chênes rouvres, et les prés de type alpin composent les principaux attraits naturels de cette impressionnante chaîne montagneuse. À la beauté de son cadre s'ajoutent l'indéniable charme des villages montagnards, le riche patrimoine artistique, roman pour la plupart, sans oublier une grande offre gastronomique et d'activités de loisirs de premier plan (ski, escalade, chasse, pêche, sports d'aventure, etc.). En réalité, un séjour dans les Pyrénées catalanes, c'est l'assurance de vivre une expérience inoubliable.

▶ **Se repérer** – Les Pyrénées catalanes constituent une large barrière de 230 km de long et de 100 km de large, qui se prolonge, presque sans interruption, depuis la Vall d'Arán – tout proche du massif de la Maladeta – jusqu'à la Méditerranée, avec des altitudes supérieures à 2 500 m (Pica d'Estats, 3 145 m ; Puigmal, 2 910 m). Les monts Albères, derniers chaînons du massif, atteignent le Cap de Creus, plongeant dans la mer du haut de leurs 700 m. Au sud de cette zone axiale et granitique se dressent les serras del Cadí, de Boumort et de Montsec, qui forment les prépyrénées calcaires. La plupart des sites intéressants des Pyrénées catalanes peuvent être rejoints en voiture, par la route ou par des pistes carrossables. Le cadre est aussi fort propice à la marche.

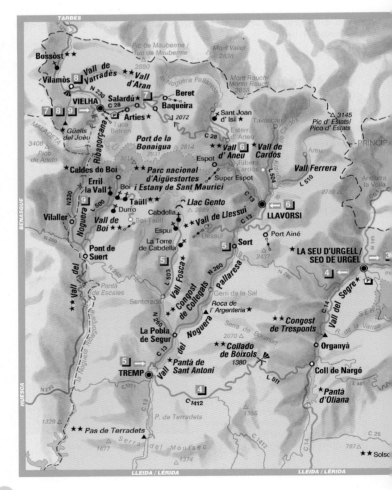

- 👁 **À ne pas manquer** – Une (ou plusieurs) incursions dans les parcs naturels de la Garrotxa, d'Aigüestortes et du Cadí-Moixeró. La découverte du patrimoine architectural roman dans la vall de Boí. Les sports d'hiver à Baqueira-Beret.

- 🕐 **Organiser son temps** – Si vous disposez d'un week-end ou d'une poignée de jours seulement, concentrez-vous sur une zone réduite ou un aspect précis (un parc naturel, une vallée, un sport d'aventure...). Si vous avez une semaine, vous pouvez enchaîner plusieurs vallées ou vous consacrer à un thème (les églises romanes, les grands parcs, etc.). Pour profiter des sports d'hiver, réservez longtemps à l'avance car les stations sont aussi très prisées par les Barcelonais.

- 👪 **Avec les enfants** – En fonction de l'âge et des centres d'intérêts de vos enfants, sachez que les Pyrénées catalanes sont propices, selon la saison, au ski, à la randonnée, au VTT, aux sports d'eaux vives…

Découvrir

PARCS NATURELS ET RÉGIONAUX

Ils sont au nombre de trois et offrent une gamme d'activités de plein air, dont de très belles randonnées.

Parc national d'Aigüestortes★★ *(voir ce nom)*
Plusieurs sentiers de randonnée depuis Escot et Boí pour rejoindre les lacs.

Parc naturel de la zone volcanique de la Garrotxa★ *(voir Olot)*
Quatre itinéraires fléchés au départ du point information de Can Serra permettent de découvrir l'essentiel des beautés du parc.

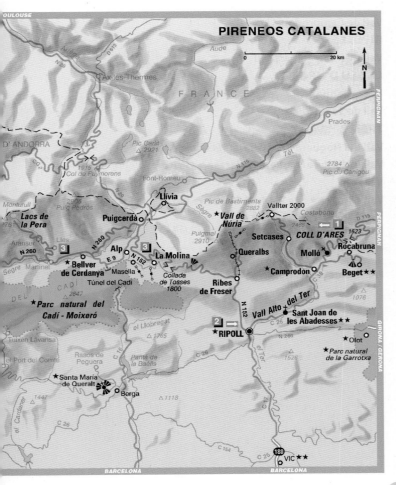

Parc naturel de Cadí-Moixeró★ *(voir Berga)*

🐾 Sillonné par plus de 400 km de sentiers pédestres, le Parc naturel de Cadí-Moixeró est un paradis pour les randonneurs.

Visiter

Architecture romane

Les vallées pyrénéennes sont particulièrement propices à la découverte du patrimoine architectural roman, très riche dans l'ensemble du massif. Il y a connu un fort développement au 11e s. pour lutter contre l'influence arabe dans la péninsule. Depuis le pont fortifié de Besalú jusqu'aux petites églises de village de la Vall de Boí, de nombreux sites ont été classés au Patrimoine de l'humanité par l'Unesco.

🐾 Dans la **Vall de Boí**, la plupart des églises romanes sont reliées entre elles par des sentiers de petite randonnée.

> ### Les vallées pyrénéennes
> La cordillère est coupée par de profondes vallées transversales – Arán, Ribagorça, Pallars, Alt Urgell, Cerdanya, Ripollès, Garrotxa et Empordà –, constituant des régions naturelles ayant leurs propres caractères et histoires.
> Malgré de nombreux éléments communs à toutes les régions, le paysage pyrénéen est assez varié.

Circuits de découverte

Nous proposons 9 circuits traversant les Pyrénées catalanes d'est en ouest. Leur tracé est dessiné sur la carte p. 292-293 et décrit aux chapitres suivants :

CAMPRODON

Vall de Camprodon ☐1 *(30 km)*

RIPOLL

Vall de Ribes★ ☐2 *(22 km)*

LA SEU D'URGELL

La Cerdagne★★ ☐3 *(145 km)*

Vall de Segre★ ☐4 *(73 km)*

TREMP

Vall del Noguera Pallaresa ☐5 *(143 km)*

Vall de l'Alt de Noguera Pallaresa★ ☐6 *(105 km)*

VIELHA

Vall d'Aran★★ : de Vielha à Baqueira Beret ☐7 *(21 km)* **et de Vielha à Bossost** ☐8 *(52 km)*

Vall del Noguera Ribagorçana★★ ☐9 *(54 km)*

AUTRES CIRCUITS

Ne sont pas sur la carte p. 292, mais décrits aux chapitres suivants :
Principauté d'Andorre, **Berga** et **Olot**.

Reus★

99 505 HABITANTS
CARTE GÉNÉRALE A3 – CARTE MICHELIN REGIONAL 574 I33
SCHÉMA P. 216-217 : COSTA DAURADA – PROVINCE DE TARRAGONA

Enclavé dans la plaine du Camp, proche des premiers chaînons des montagnes de Prades, Reus se distingue par son intense activité commerciale et par un réel essor culturel qu'incarne le Centre de Lectura, institution libérale fondée en 1859, qui recèle une précieuse bibliothèque et d'intéressantes œuvres d'art. Malgré la proximité de la mer, la ville réussit à se préserver de l'agitation qui s'est emparée des localités touristiques de la Costa Daurada.

- ▷ **Se repérer** – Reus se signale par son intense activité commerciale due à sa situation au carrefour de toutes les routes allant de l'arrière-pays vers la Méditerranée. La ville se trouve à 12 km au nord de Tarragone via la N 420. Un aéroport (relié à quelques villes européennes), une gare ferroviaire et une gare routière achèvent d'en faire une destination bien desservie.
- 🅿 **Se garer** – Dès votre arrivée, laissez votre véhicule au parking, place de Prim. Dans les rues étroites de la ville, les embouteillages sont redoutables !
- 👁 **À ne pas manquer** – L'itinéraire moderniste proposé par l'office de tourisme.
- 🕐 **Organiser son temps** – Une journée suffira amplement à la visite de Reus, mais tâchez néanmoins d'y passer une soirée pour profiter de l'ambiance vivante dans les rues, en particulier le week-end.
- ⚐ **Pour poursuivre le voyage** – Voir aussi la Costa Daurada, Cambrils (9 km au sud), Tarragone (14 km à l'est), Port Aventura (10 km au sud), Valls (21 km au nord-est), Montblanc (29 km au nord), le monastère de Santes Creus (37 km au nord-est) et le monastère de Poblet (39 km au nord-ouest).

L'intérieur de l'institut Pere Mata, réalisé par l'architecte Domènech I Montaner.

Découvrir

LA VILLE MODERNISTE★

Environ 2h30 de visite.

L'importante croissance économique de Reus, à la fin du 19e s. et au début du 20e s., a favorisé la construction d'un important ensemble de bâtiments modernistes, réalisés, pour la plupart, par l'architecte Domènech i Montaner.

Au centre du noyau urbain se trouve la **Casa Navàs★★** (B2), construite en 1901 et évoquant les palais gothiques vénitiens, dont les éléments les plus intéressants sont le porche, la façade ornée de sculptures de Gaudí (cousin du célèbre architecte), et l'intérieur qui conserve le mobilier d'époque et la riche décoration de mosaïques et de verrières. *Pour la visite, s'adresser à l'office de tourisme.* 📞 *902 360 200 - dans le cadre des visites guidées.*

Les autres réalisations de **Domènech i Montaner** sont la **Casa Rull** (1900 - **A2**) et sa façade ornée de lions ailés, et la **Casa Gasull** (1911 - **A2**), que l'on reconnaît aux mosaïques des fenêtres et à ses sgraffites.

Dans le même goût moderniste, Juan Rubió i Bellver construisit en 1911 les **laboratoires Serra** *(au nord-ouest du centre-ville)* et, en 1924, la **Casa Quadrada** (**B2**), et Pere Caselles réalisa en 1892 la **Casa Punyed** (**B2**) et la **Casa Homdedéu** (**C2**) en 1893.

Hors de la ville *(sortir de Reus à l'ouest par le camí de l'Aleixar)* se trouve l'**Institut Pere Mata**★★ (1897-1912), sanatorium psychiatrique où Domènech i Montaner éprouva le système de pavillons indépendants qu'il appliqua plus tard à l'hôpital Sant Pau de Barcelone *(voir p. 137)*. De style islamique, ils sont décorés de superbes mosaïques florales.

Se promener

Quartier ancien

Les restes du quartier ancien ne sont pas nombreux. Subsistent quelques vestiges de l'ancien quartier juif dans le carreró dels Jueus, et, sur la plaça del Castell, se dresse le seul témoignage du Reus médiéval : une construction fortifiée qui abrite les Archives historiques.

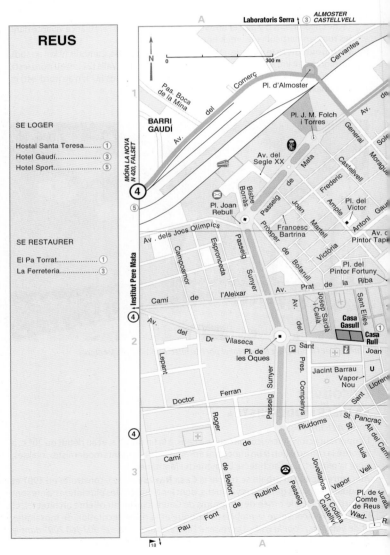

REUS

SE LOGER

Hostal Santa Teresa........ ①
Hotel Gaudí.................... ③
Hotel Sport.................... ⑤

SE RESTAURER

El Pa Torrat.................. ①
La Ferreteria................ ③

L'**église Sant Pere** (**B3**), du 16ᵉ s., présente une svelte nef gothique ; du haut du **clocher** hexagonal (63 m de haut), on voit la Costa Daurada.

Palau Bofarull★ B2

Construit en 1760, il présente une superbe façade dont la porte est entourée d'éléments baroques et rococo (remarquer les atlantes qui soutiennent le blason).

À l'intérieur, la salle néoclassique présente une riche décoration de peintures à fresque, en hommage à Carlos III et à Carlos IV. Signalons également, pour leur mérite artistique, les plafonds, attribués à Flaugier.

Plaça de Prim B2

Dominée par la **statue équestre** (1887) **du général Prim** (1814-1870), enfant illustre de la ville, c'est autour d'elle qu'est organisée l'activité nocturne et culturelle de Reus. Espace dynamique résumant bien le caractère de la ville, c'est ici qu'a lieu tout ce qui se passe d'important à Reus.

Teatre Fortuny★ – Le théâtre fut construit en 1882 à l'initiative des bourgeois de Reus, qui souhaitaient conférer à la ville une aura culturelle à la hauteur des autres villes catalanes. Sa façade affiche un style baroque très prononcé, que les architectes en charge de la rénovation (1981 à 1988) se sont efforcés de conserver. La programmation très variée passe par le théâtre, l'opéra, la musique classique et la danse.

Joan Prim i Prats (1814-1870)

Après s'être illustré très jeune lors de la première guerre carliste (1833-1839) et avoir contribué au renversement du régent Espartero en 1843 (ce qui lui valut de recevoir le gouvernement militaire de Madrid et le titre de comte de Reus), sa soif de pouvoir l'amena tantôt à se ranger du côté de la reine Isabelle II (il participe alors aux expéditions du Maroc en 1859 et du Mexique en 1862), tantôt à s'opposer aux ministères en place et à soulever la Catalogne, tentatives qui l'amenèrent à fuir sa patrie à diverses reprises (il passa même un temps au service de l'Empire ottoman). Choisi comme ministre de la Guerre par le régent Serrano après la révolution de 1868, c'est lui qui suggère alors de remplacer les Bourbons par une dynastie étrangère, lançant notamment la candidature Hohenzollern qui fut à l'origine de la guerre franco-prussienne de 1870, avant de prendre parti pour le duc d'Aoste, Amédée de Savoie.

Il meurt à Madrid, tué lors d'un attentat.

Barri Gaudí A1

En quittant Reus par la N 430, on aperçoit sur la droite le quartier Gaudí, intéressant ensemble urbain sujet à polémique réalisé par l'architecte **Ricardo Bofill**.

Visiter

Museu de Reus B2

Raval de Santa Anna, 59 - ℘ 977 345 418 - http://museus.reus.net/msv - mat. et apr.-midi, dim. et j. fériés mat. - fermé lun., 1er et 6 janv., 29 juin, 25 sept., 25-26 déc. - 2 € (-16 ans gratuit).

Il comporte deux sections, installées dans deux bâtiments différents : le musée d'Art et d'histoire, plaça de la Llibertat, et le musée Salavador Vilaseca, sur le raval de Santa Anna.

Museu d'Art i Història – La section d'Art et Industries populaires expose entre autres les œuvres de peintres natifs de Reus. Influencée par les romantiques français (Delacroix et Géricault), **Marià Fortuny** (1838-1874) manifeste dans ses tableaux et dessins un vif intérêt pour les thèmes exotiques. Les collections de céramique (16e et 17e s.), œuvres des célèbres potiers de Reus, et celles d'art populaire ne manquent pas d'intérêt. Signalons également au rez-de-chaussée une pièce consacrée à l'huile d'olive et ses différentes techniques d'élaboration. La visite se termine à l'étage avec quelques œuvres gothiques.

Museu Salvador Vilaseca – La section d'archéologie présente les collections léguées par le prestigieux archéologue **Salvador Vilaseca** (1896-1975), parmi lesquelles se détachent les statues romaines de Bacchus et Cybèle.

Aux alentours

Falset★

30 km à l'ouest par le nord-ouest, puis prendre la N 420.

Le chemin est fascinant. Les paysages se succèdent, sans cesse changeants à mesure que la **route★** s'approche de Falset. Une fois passé le col de la Teixeta, les vastes plaines du Baix Camp laissent la place aux terres rouges du **Priorat**.

Falset, capitale du pays, est une petite ville calme et agréable qui conserve un noyau ancien, composé de quelques intéressants édifices, tels le **château**, fortifié au 18e s., et le **palais des ducs de Medinaceli** (1630), de style Renaissance, qui héberge aujourd'hui la mairie. Se promener dans ces ruelles silencieuses, s'arrêter devant chaque maison ancienne, modestement blanchie à la chaux, représentent quelques-uns des attraits de ce village dont le vrai charme est son excellente cuisine.

Escaladei

34 km au nord-ouest de Reus. Après avoir parcouru la N 420 sur 18 km, prendre à droite la TP 7401 qui rejoint la TP 7403 vers La Morera de Montsant.

Cartoixa d'Escaladei★ (Chartreuse d'Escaladei) – *℘ 977 827 006 - www.mhcat. net - mat. et apr.-midi - fermé lun., 1er et 6 janv., 26 déc. - 2,40 € (-18 ans gratuit).* Au pied de la serra del Montsant, à 2 km (route non revêtue) de Conreria d'Escaladei, hameau faisant partie de la commune de **La Morera de Montsant**, se trouvent les ruines de la **chartreuse Santa Maria d'Escaladei**, centre spirituel du Priorat. Selon une légende, le monastère tirerait son nom d'une vision : sur le lieu même où se trouve Escaladei, un berger aurait vu, une nuit, un escalier emprunté par les anges pour monter au ciel, d'où le nom « escalier de Dieu ». Il s'agit de la plus ancienne chartreuse de toute la péninsule, fondée en 1167. Malgré la dégradation des ruines, on distingue le portail classiciste desservant la seconde enceinte et l'église Santa Maria. On s'intéressera en particulier à la minutieuse reconstitution d'une **cellule★**, élément clé de toutes les chartreuses puisque les moines effectuaient la plupart de leurs tâches dans les murs du monastère. Chacune est dotée d'un potager individuel cultivé par les chartreux.

Serra del Montsant★★ – Elle permet de nombreuses excursions, depuis l'Escaladei ou la commune de La Morera del Montsant. Le nom de cette montagne – le mont Saint – lui vient de son importante tradition érémitique. Lorsqu'on monte par les chemins qui la parcourent, on observe les grottes qu'occupèrent pendant des siècles les ermites, qui, par leur présence, permirent l'établissement de la chartreuse.

Vu de loin, le **Montsant** forme un massif dénudé, couleur carmin. Sa présence apporte une grande solennité au paysage, mais contribue également à maintenir la qualité des vins en protégeant les vignobles des vents du nord et du froid.

Siurana de Prades★

36 km. Sortir de Reus par le nord-ouest en direction de Falset. Au bout de 8 km, prendre à droite la C 242 jusqu'à Cornudella de Montsant.

Pour arriver jusqu'à Siurana, le visiteur bénéficiera d'un **itinéraire★★** très attrayant. Après avoir emprunté à Cornudella la route de Prades, vous prendrez, à moins d'1 km à droite, la route *(7,3 km)* qui va vers le ravin de l'Estopinyà, avant de grimper vers le sommet de l'éperon rocheux où se trouve le pittoresque village de Siurana.

Il est situé sur un **emplacement★★★** surprenant. Juché à 737 m d'altitude, sur une falaise de roche calcaire, ce village est un extraordinaire mirador sur les terres du Priorat et le lac de retenue du même nom. Ses maisons en pierre sont disposées sur un petit plateau, groupées en pittoresques rues irrégulières autour du vieux clocher rougeâtre de l'église romane. Cette étonnante situation a donné naissance à bien des légendes, dont l'histoire du village est riche.

Les **panoramas★★** que l'on découvre sont impressionnants. Le río Siurana se faufile dans de profonds défilés et la présence humaine semble pratiquement bannie. On a l'impression d'être loin de tout, témoin privilégié du silence saisissant et de la beauté captivante de l'endroit.

Outre le fascinant ensemble formé par le village et son environnement immédiat, le secteur offre quelques beaux sites naturels, tels le refuge du Centre Excursionista de Catalunya et le **Salt de la Reina Mora**, un précipice où, selon la légende, une reine arabe préféra se jeter plutôt que de tomber aux mains des chrétiens, laissant marquées sur les pierres les dernières empreintes de son cheval. À mi-hauteur de ce précipice de 100 m, un étroit sentier signalisé conduit à la Trona, un beau rocher suspendu qui dispense, sous un autre angle, des **vues** également merveilleuses.

Au pied du village se trouve le **Pantà de Siurana**, barrage dont le lac de 86 ha offre aux amateurs d'excursions des coins secrets d'une grande beauté.

Siurana de Prades.

L. Campion / Michelin

Reus pratique

Vous trouverez d'autres adresses dans l'encadré pratique de la **Costa Daurada**.

Adresse utile

Office du tourisme de Reus – *C/Sant Joan 34 - 43202 Reus - ℘ 902 360 200 - http://turisme.reus.net - lun.-sam. 9h30-14h, 16h-20h (19h oct.-juin).*

Visite

Route du modernisme – *Juil.-sept. : lun.-sam. (sf j. fériés) 12h - en français - s'adresser à l'office de tourisme.* Visite guidée permettant entre autres d'entrer dans des monuments normalement fermés au public. Le billet donne accès à la visite guidée de l'institut Pere Mata et offre la gratuité au Museu Salvador Vilaseca et au Museu d'Art i Historia.

Se loger

Hostal Santa Teresa – *Santa Teresa, 1 - entrée au 1er étage -Reus - ℘ 977 316 297 ou 619 245 642 (portable) - -15 ch. : 40 €.* Bien situé en plein centre-ville, à deux pas de l'office de tourisme, l'établissement propose des petites chambres propres et claires disposant toutes d'une salle de douche privée. Accueil souriant.

Hotel Sport – *Miguel Barceló, 6 - Falset - 29 km à l'ouest par la N 420 - ℘ 977 830 078 - info@hostalsport.com - - 32 ch. : 62 € - 8/10 € - rest. environ 25/30 €.* Ancienne hôtellerie totalement rénovée. Chambres exquises. Dans les parties communes très plaisantes, les détails rustiques ponctuent la décoration, conférant à l'ensemble chaleur et intimité.

Hotel Gaudí – *Arrabal Robuster, 49 - Reus - ℘ 977 345 545 - reserve@ gargallo-hotels.com - - 87 ch. : 80/96 € - 10 € - rest. 15 €.* Confortable hôtel au centre de la localité, dans la zone la plus commerçante. Les nombreuses restaurations lui ont finalement conféré son côté pratique et actuel. Les chambres lumineuses ont tout pour vous garantir le repos.

Se restaurer

Spécialités – Vous serez surpris par les saveurs disparates du *llebre amb xocolata* (lièvre au chocolat), mélange de saveurs disparates. Le chocolat entre aussi dans la composition des *cargols dolços i coents* (escargots sucrés et piquants), qui, sans doute, feront le délice des gourmets les plus exigeants. En dessert typique, n'oubliez pas le *mostillo*, sorte de sirop obtenu après la cuisson de noix dans du moût de raisin, ainsi que le pain de figues.

La Ferreteria (Tapas) – *Pl. de la Farinera, 10 - Reus - ℘ 977 340 326 - menu 12,50/14 €.* Des bouteilles de vin, des centaines de tiroirs tapissant les murs : quoi de plus normal pour une ancienne quincaillerie reconvertie en *cervecería* ! On y déguste à toute heure d'excellentes tapas et charcuteries. Les jambons exposés en salle sont découpés devant vous.

El Pa Torrat – *Av. de Reus, 24 - Castellvell - 2 km au nord de Reus par la rte d'Almoster - ℘ 977 855 212 - fermé mar., j. fériés soir, Noël, de mi-août à fin août - - 27/37 €.* Établissement familial spécialisé dans les arômes et les saveurs les plus ancrés dans la cuisine catalane. La salle revêt ses murs de détails rustiques sauvés de l'oubli et, par sa fidélité, la nombreuse clientèle prouve son goût pour les recettes maison.

Faire une pause

Soler Pont – *Pl. de la Llibertat, 4 - Reus - ℘ 977 31 40 50 - tlj sf mar. 8h30-14h, 16h30-21h.* Difficile de choisir tant les pâtisseries et les chocolats maison sont appétissants.

Achats

Spécialités – Les fruits secs de Reus sont réputés, spécialement les noisettes, protégées par un label d'appellation d'origine. Les gourmands goûteront les *panellets*, friandises typiques de Toussaint, et le célèbre *menjar blanc*, dessert aux origines médiévales aux amandes crues, amidon, sucre, farine de riz, lait, cannelle et vanille.

Bon à savoir – Pour faire des achats, Reus est l'endroit idéal : authentique ville-vitrine, ses nombreux commerces vont de la petite boutique aux établissements de grand renom (**carrer Monterols** et **carrer Llovera**). En octobre se déroule **Expo-Reus**, l'une des plus prestigieuses foires commerciales de Catalogne.

Vins du Priorat – La chartreuse d'Escaladei encouragea très tôt la culture de la vigne. La composition des sols et la climatologie confèrent au vin des qualités particulières et très caractéristiques. L'ardoise du Priorat, appelée *llicorella*, réduit considérablement la quantité produite, mais les raisins sont plus gros, ont plus d'arôme et une teneur en alcool plus élevée, allant parfois jusqu'à 22 degrés.

Aguiló Vinateria – *Miquel Barceló, 11 - Falset - 29 km à l'ouest par N 420 - ℘ 977 830 776.* Boutique consacrée corps et âme au monde du vin, avec une attention particulière aux crus catalans et espagnols. L'appellation contrôlée priorat y joue un rôle déterminant avec une forte représentation des petits viticulteurs et de leurs caves. Les robustes vignes de raisin noir Mazuela sont la clé de ces vins de haute tradition.

Ripoll★

10 762 HABITANTS
CARTE GÉNÉRALE B1 – CARTE MICHELIN REGIONAL 574 F36
SCHÉMA P. 292-293 : PYRÉNÉES CATALANES – PROVINCE DE GIRONA

Niché dans une vallée au creux des premiers escarpements pyrénéens, Ripoll tire sa célébrité de son grand monastère bénédictin Santa Maria, fondé au 9ᵉ s. par le comte de Barcelone Wilfred le Poilu. Jusqu'au 12ᵉ s., il servit de nécropole aux comtes de Barcelone, de Besalú et de Cerdagne. La capitale du Ripollès, qui recèle également quelques remarquables exemples d'architecture moderniste (Can Codina, Can Dou et Casa Bonada), est un marché et un centre de services actif dont les commerces traditionnels sont situés entre les places Anselm Clavé et Dama, dans une zone piétonne très fréquentée.

- **Se repérer** – Situé dans la haute vallée du Ter, à l'abri des montagnes, Ripoll se niche dans une vallée au confluent du Ter et du Freser. Cette ville paisible est à 35 km à l'ouest d'Olot par la C 26, à 40 km au nord de Vic par la C 17 et à 110 km au nord de Barcelone, également par la C 17. Des trains relient Ripoll à Barcelone (env. 1h50) et Vic (env. 35mn). Des bus assurent des liaisons quotidiennes avec Camprodon, Olot, Vic, Gérone et Barcelone.

- **À ne pas manquer** – Le monastère Santa Maria à Ripoll ; une excursion dans la vall de Núria.

- **Organiser son temps** – L'office de tourisme de Ripoll édite une très intéressante plaquette comprenant six fiches thématiques assorties de suggestions d'itinéraires.

- **Pour poursuivre le voyage** – Voir aussi les Pyrénées catalanes, Olot et Berga (43 km au sud-ouest).

Comprendre

Un important foyer culturel

La bibliothèque du monastère fut l'une des plus riches de la chrétienté. Outre les textes sacrés et les commentaires théologiques, elle possédait des œuvres d'auteurs païens (Plutarque et Virgile) et nombre de traités scientifiques.

Les Arabes, après avoir récupéré la culture classique perdue en Occident, la diffusèrent au sein de leur empire dont l'Espagne était le dernier maillon. Ripoll, à la frontière des deux civilisations, devint, sous la tutelle de l'abbé Oliba, un important foyer culturel. Érudits de toute l'Europe y vinrent continuer leurs études, tel **Gerbert**, moine d'Aurillac, qui y étudia la musique et les mathématiques avant d'occuper le siège papal (999) sous le nom de **Sylvestre II**.

L'abbé Oliba

Fils du comte de Cerdagne et de Besalú, très cultivé et possédant de sérieuses qualités de politicien, il fut abbé de Ripoll et de Saint-Michel-de-Cuxá *(voir Le Guide Vert Michelin Languedoc Roussillon)*, entre 1008 et 1046. Devenu évêque de Vic dès 1018, c'est lui qui encouragea la construction d'églises à plan basilical, à croisée saillante et coupole *(voir collégiale Sant Vicenç, à Cardona)*.

Découvrir

Ancien monastère Santa Maria★

972 702 351 - mat. et apr.-midi - 2 € (-12 ans 1 €).

Il n'en subsiste plus aujourd'hui que le portail de l'église et le cloître.

Église★ – En 977, l'abbé Oliba consacra ce majestueux édifice roman, élevé sur les ruines d'une église du 9ᵉ s. Ses cinq vaisseaux et le transept à sept absides signifièrent une grande innovation pour l'époque, mais le tremblement de terre de 1428, les différentes transformations subies tout au long des siècles et l'incendie de 1835 détruisirent cette splendide œuvre d'art. Aujourd'hui, elle est entièrement restaurée, et seul le portail occidental est d'origine.

Dans le bras droit du transept se trouve le tombeau de Berenguer III le Grand (12ᵉ s.) et, dans le bras gauche, le superbe **monument funéraire** de Wilfred le Poilu.

Portail★★★ – Construit vers le milieu du 12ᵉ s., c'est l'une des plus importantes œuvres sculptées romanes de la Catalogne. Malgré la pente du toit qui la protégeait, la pierre a été considérablement érodée par les intempéries, aussi est-il difficile d'interpréter les reliefs. Actuellement, est accompli un remarquable travail de restauration.

A. Vision de l'Apocalypse :
1. L'Éternel sur son trône
2. Anges
3. Homme ailé, attribut de saint Jean
5. Les 24 vieillards
6. Lion, attribut de saint Marc
7. Taureau, attribut de saint Luc
B. Exode :
1. Passage de la mer Rouge
2. La manne
3. Vol de cailles guidant le Peuple de Dieu
4. Moïse fait jaillir l'eau du rocher
5. Moïse doit garder les bras levés pour donner la victoire à son peuple
6. Combats de fantassins et cavaliers
C. Livre des Rois :
1. David et ses musiciens
2. Transfert de l'Arche d'Alliance
3. La peste de Sion
4. Gad (debout) parle à David (assis) devant la foule
5. David désigne Salomon comme son héritier
6. Salomon, sur la mule de David, acclamé par le peuple
7. Jugement de Salomon
8. Songe de Salomon
9. Élie monte au ciel dans un char de feu
D. David et ses musiciens

E. Combats de monstres
F. Saint Pierre
G. Saint Paul
H. Vie et martyre de saint Pierre (à gauche) et de saint Paul (à droite)
I. Histoire de Jonas (à gauche) ; histoire de Daniel (à droite)
J. (à l'intrados de l'arc ; se lit simultanément à droite et à gauche). Au centre : le Créateur, deux anges ; au-dessous : offrandes d'Abel et de Caïn ; en bas : meurtre d'Abel, Caïn l'ensevelit
K. (à l'intérieur des montants de la porte). Les mois de l'année

Les registres horizontaux forment une sorte d'arc triomphal dont une grande frise en couronnement relie les deux côtés. La glorification de Dieu et de son peuple vainqueur de ses ennemis (passage de la mer Rouge) illustre l'esprit de la Reconquête.

Les reliefs débordent du portail proprement dit et couvrent la totalité du mur, formant une véritable lecture sculptée des passages les plus importants de la Bible.

Cloître★ – Bien que sa construction ait duré plus de quatre siècles, l'unité de style y est remarquable. De plan trapézoïdal, il se compose de deux étages de galeries. La galerie inférieure adossée à l'église, ornée de beaux chapiteaux aux décors figuratifs et végétaux, date du 12ᵉ s., tandis que les trois autres furent construites au 14ᵉ s. Les galeries supérieures ne furent achevées qu'au début du 15ᵉ s. Dans les murs se trouvent aussi des sépulcres, des pierres tombales et des fragments d'une mosaïque ancienne.

Visiter

Museu Etnogràfic

📞 *972 701 669 - fermé pour travaux de rénovation - expositions temporaires organisées dans le bâtiment de l'Ayuntamiento..*

Situé en face du portail du couvent Ste-Marie, le Musée ethnographique retrace l'histoire du Ripollès. Inauguré en 1920, il recèle plus de 5 000 pièces : remarquez les collections de paléontologie, de vêtements et de céramique mais, surtout, les salles consacrées à l'industrie du fer, qui présentent des forges anciennes et des armes à feu du 16ᵉ au 19ᵉ s.

Aux alentours

SANT JOAN DE LES ABADESSES★

10 km au nord-est par la C 26. À l'entrée du village, on observe le beau **pont médiéval★** qui enjambe le Ter. Cette construction du 15ᵉ s. fut édifiée en remplacement d'un ancien pont romain. Son arc de 33 m en fait, de tous les ponts du Moyen Âge, le plus large de Catalogne par l'ouverture.

Monastère★★

📞 *972 722 353 - mars-oct. : mat. et apr.-midi ; reste de l'année : mat., w.-end et j. fériés mat. et apr.-midi - 1,80 €.*

Ce monastère bénédictin, dont le village tire son nom, fut fondé au 9ᵉ s. par le comte Wilfred le Poilu, père d'Emma, la première abbesse. La communauté féminine, rapidement dissoute, fut remplacée par des ordres masculins. L'église actuelle, consacrée en 1150, est l'œuvre d'une congrégation de frères augustins. Au cours du 18ᵉ s., le monastère connut de nombreuses transformations, mais, entre 1948 et 1963, l'architecte Duran i Reynals accomplit une importante restauration.

Église★ – Le chevet, qui couronnait la nef et le transept, possédait un déambulatoire que surmontait un dôme portant le clocher. Un tremblement de terre détruisit cette construction en 1428, qui fut reconstruite sans le déambulatoire.

Les cinq absides sont décorées de chapiteaux dont les motifs s'inspirent des tissus d'Orient qui faisaient la richesse du monastère. Les murs, divisés en deux registres par des arcatures et des colonnettes, sont ornés de beaux vitraux garnis de lames d'albâtre.

L'abside centrale possède un extraordinaire groupe roman représentant **La Descente de croix★★** (1251), où l'on retrouve sept personnages : le Christ, Joseph d'Arimathie et Nicodème – qui ôtent les clous –, saint Jean, la Vierge et un voleur à chaque extrémité. L'ensemble possède la rigidité caractéristique du roman ; néanmoins, le visage de Jésus annonce déjà, par une belle expression de douleur et de sérénité, les débuts de l'art gothique. Une hostie consacrée, qui avait été placée sur le front du Christ en 1251, a été conservée intacte jusqu'en 1936, ce qui en fit un objet de grande vénération populaire.

Descente de croix, dans l'église du monastère Sant Joan de les Abadesses.

Parmi les autres chefs-d'œuvre de l'église, il faut signaler le **retable** gothique de sainte Marie la Blanche (14e s.), pièce délicate en albâtre d'influence italienne (remarquer l'élégance du traitement des scènes de l'enfance de Jésus). Très intéressants aussi, le tombeau du bienheureux Miró de Tagamanent (1345), au gisant monumental, le retable – gothique lui aussi – de saint Augustin, provenant d'un atelier fondé en ville, et la chapelle baroque des Douleurs, qui possède une très belle coupole du 17e s. et une belle pietà de facture récente, dont l'auteur est Josep Viladomat.

Cloître★ – De style gothique catalan, il remplaça, au 14e s., l'ancien cloître roman. Il fut réalisé selon le modèle adopté par les ordres mendiants : plafond de bois et arcatures élancées, soutenues par de fines colonnettes.

Musée du Monastère – On y accède depuis le cloître. D'intéressants fragments de retables, des pièces d'orfèvrerie, des sculptures et des croix anciennes y sont exposés. Il faut signaler la collection de **tissus brodés** (étoles extrêmement bien travaillées et somptueuses soies arabes).

Palais abbatial

Cet édifice du 14e s. se dresse sur la petite place devant l'église. Il possède un patio intérieur aux chapiteaux sculptés et amples arcades.

Sant Pol

Cette église située dans le noyau urbain présente un extraordinaire tympan sculpté, représentant le Christ, les apôtres Pierre et Paul, et deux anges.

Circuit de découverte

VALL DE RIBES★ ②

De Ripoll au val de Núria – 22 km. Voir le plan p. 292-293 (Pyrénées catalanes).
Prendre la N 152 vers le nord.

Ribes de Freser

Ce village animé, qui possède des endroits très typiques, est réputé pour ses abondantes eaux médicinales provenant des trois rivières – Freser, Rigard et Segadell – qui y confluent et pour ses nombreuses sources.

Une piste forestière, au sud du village, grimpe vers la montagne de Taga (2 000 m), d'où l'on peut contempler un beau **panorama**.

Au départ de Ribes, le **train à crémaillère**, dit encore « carrilet », est le seul moyen d'accès au vall de Núria. Ce train, en service depuis 1931, franchit sur 12,5 km un dénivelé de plus de 1 000 m, offrant d'admirables **vues★★** sur l'ensemble de montagnes, torrents et autres précipices. Pendant le trajet de 45mn, une bande enregistrée en plusieurs langues commente le spectaculaire parcours et permet d'identifier les différents sites naturels. Arrêt prévu à Queralbs. ℘ *972 732 020 - horaire variable, se renseigner - 16 € (- 13 ans 9 €).*

Quitter Ribes par la G IV-5217 vers le nord.

Queralbs

En amont de la rivière Freser, qui coule paisiblement entre les montagnes boisées et d'interminables prés, se trouve Queralbs, village montagnard typique, très résidentiel. De la plaça de la Vila, beau **mirador** sur la vallée, on embrasse le parcours du train à crémaillère qui fait une halte à Queralbs avant de gagner la vall de Núria.

Vall de Núria★

La vall de Núria est entouré par une imposante barrière montagneuse qui s'étend depuis le Puigmal jusqu'à la cordillère de Torreneules. Cuvettes et torrents (Finestrelles, Eina, Noufonts et Noucreus), formés par les chaînons de ces massifs, descendent en éventail sur la plaine de Núria, où la rivière du même nom se fraye un chemin à travers une gorge flanquée des précipices de Totlomón et du Roc del Rui. Les vallées glaciaires de Fontnegra et Fontcalda, de chaque côté du précipice, complètent le cadre des « sept vallées » de Núria.

La vallée compte d'importantes infrastructures hôtelières, dont la **station de ski Vall de Núria** (altitude comprise entre 1 963 et 2 268 m et comportant des pistes spéciales pour débutants). Depuis le sanctuaire, une télécabine moderne dessert l'auberge Pic de l'Aliga, d'où l'on découvre un merveilleux **panorama★** sur toute la vallée.

Sanctuaire de Núria – Le sanctuaire actuel, construit à partir de 1883 sur un ancien ermitage, est situé dans une vaste plaine de la haute vallée de la Núria. C'est un important centre de pèlerinage, où l'on vénère la Vierge de Núria, patronne des bergers pyrénéens, sculptée, selon la tradition, par saint Gilles. On y voit aussi la croix, la marmite et la cloche du saint, trouvées par un pèlerin.

Au centre de cette plaine se trouve un grand lac artificiel, où l'on peut louer de petites barques.

Ripoll pratique

Adresses utiles

Office du tourisme de Ripoll - *Pl. Abat Oliba, 1 - 17500 Ripoll -* ✆ *972 702 351 - www.ajripoll.org - 9h30-13h30, 16h-19h, dim. matin seulement d'oct. à juin.* Vous y trouverez un très bon guide traduit en français (*El Ripollès*, avec de nombreuses suggestions d'itinéraires), la carte des sentiers de randonnée et le Guía de serveis, petit annuaire de la région.

Office du tourisme de Sant Joan de les Abadesses – *Pl. de l'Abadia, 9 (dans le palais abbatial) - 17860 Sant Joan de les Abadesses -* ✆ *972 720 599 - www. santjoandelesabadesses.com -10h-14h, 16h-19h ; juil.-août : 10h-20h.*

Office de tourisme de Ribes de Freser – *Pl. Ajuntament, 3 - 17534 Ribes de Freser -* ✆ *972 72 77 28 - www.vallderibes.com - 10h-14h, 17h-20h, dim. 11h-13h - fermé lun. sept.-juin.*

Se loger

⊖ **Hotel Vall de Núria** – *Station de ski de Vall de Núria - Queralbs -* ✆ *972 732 020 - valldenuria@valldenuria.com - fermé nov. - 65 ch. (prix pour 2 nuits en demi-pension) : 112/164 €).* Établissement dans le sanctuaire de Núria, jouissant d'un cadre naturel privilégié. Service soigné et intéressant restaurant pour ses plats locaux. Séjour minimum de deux nuits.

⊖⊖ **Mas la Casanova** – *Ctra de Ribes de Freser à 3 km du village de Queralbs - 7 km au nord de Ribes de Freser -* ✆ *972 198 077 -* 🍴 *- 6 ch. : 47 € -* ☕ *5 €.* Jolies petites chambres d'hôtes dans un mas, au cœur de la Vall de Ribes. Table d'hôtes sur demande (excellente et copieuse cuisine de pays). Accueil chaleureux.

⊖⊖ **Hostal del Ripollès** – *Pl. Nova, 11 - Ripoll -* ✆ *972 700 215- www.elripolles.com - 8 ch. : 60 € -* ☕ *- rest. menu 8,50 €, carte 17/27 €.* Chambres impeccables et agréable restaurant au rez-de-chaussée, avec une terrasse extérieure. Pizzas, cuisine italienne et catalane.

⊖⊖ **Catalunya Park H.** – *Passeig Mauri, 9 - Ribes de Freser -* ✆ *972 727 198 - Sem. sainte, juin-sept. -* 🍴 *- 55 ch. : 60 € -* ☕ *- rest. 14 €.* Hôtel de montagne confortable sans être luxueux, dont la piscine est le premier atout. Bon point de départ pour partir à la découverte des beaux sites avoisinants et du vall de Núria.

Se restaurer

⊖⊖ **Dachs** – *Carretera de Ripoll a Berga (C 26), km 181,8 - Les Llosses (11 km au sud-ouest d'Olot) -* ✆ *972 714 425 -* 🍴 *- jeu.-dim. pour le déjeuner, vend.-sam. pour le dîner, tlj en août - 20 € env.* Excellente cuisine à base de produits régionaux. Spécialités de charcuteries et viandes grillées au feu de bois.

⊖⊖⊖⊖ **La Fonda Xesc** – *Pl. Roser, 1 - Gombrèn - 4 km au nord de Ripoll par la N 152 puis prendre à gauche la GI 401 (6,5 km) -* ✆ *972 730 404 - xesc@ cconline.es - fermé dim. soir, lun., mar. soir, mer. soir, janv., de fin juin à mi-juil. -* 🍽 *- environ 40/50 €.* Restaurant classique central, avec une salle spacieuse où déguster une cuisine catalane créative, élaborée avec des produits de qualité. Chambres assez confortables également.

Événements

Fête de la laine et mariage paysan – *Ripoll - dim. suivant la fête du saint patron de la ville, Sant Eudald (11 mai).* On y tond les moutons, et l'on célèbre un mariage à l'ancienne, tel qu'on le faisait au 18e s. dans les montagnes.

Festival international de musique de Ripoll – *Ripoll - juil.-août.* Au monastère et dans le cloître.

Marché médiéval – *Ripoll - 11 et 12 août.* Rassemblement de tous les producteurs locaux dans le centre-ville. Habitants et commerçants en costumes médiévaux.

Ball dels Pabordes – *Sant Joan de les Abadesses - 2e dim. de sept.* Pendant la Festa Major, ne manquez pas le Ball dels Pabordes, une danse rituelle au cours de laquelle les *pabordes*, organisateurs de la Fête du Très Saint Mystère, se prodiguent de multiples hommages.

Monastère de **Santes Creus**★★★

CARTE GÉNÉRALE B2 – CARTE MICHELIN REGIONAL 574 H34 – PROVINCE DE LLEIDA

Au cœur d'une luxuriante et profonde vallée, le superbe ensemble cistercien de Santes Creus (Sainte-Croix) s'étale sur la rive gauche du fleuve Gaià. Les anciennes dépendances monastiques, réhabilitées et transformées en logements, forment le petit village du même nom. Ce beau site est planté en alternance de peupliers, de vignes, d'oliviers et d'épais bois.

- **Se repérer** – Les monastères de Santes Creus, Poblet et Vallbona de les Monges composent la route de l'Ordre de Cîteaux, qui parcourt la province de Tarragone. Santes Creus est à 7 km au nord de l'autoroute AP 2 – E 90. Le chemin le plus rapide est de quitter l'autoroute par la sortie n° 10, puis de suivre la C 37 sur 8 km et tourner à droite pour rejoindre la TP 2002, qui mène à Santes Creus, 4 km plus loin.

- **À ne pas manquer** – Flâner dans le grand cloître gothique.

- **Organiser son temps** – Si vous prévoyez de visiter également les monastères de Vallbona de les Monges et de Poblet, il est plus intéressant d'acheter le billet combiné.

- **Pour poursuivre le voyage** – Voir aussi Valls (20 km au sud-ouest), Montblanc (31 km à l'ouest), Tarragone (32 km au sud), le monastère de Poblet (41 km à l'ouest) et la Costa Daurada.

Cloître du monastère de Santes Creus.

© Patronat de Turisme de la Diputació de Tarragona

Comprendre

Le pouvoir politique de Santes Creus

Le monastère fut fondé en l'an 1150 grâce à la donation par les Montcada *(voir p. 141)* de terres situées à Valldaura, dans le Vallès Occidental, près de Sant Cugat del Vallès. Mais la communauté cistercienne, qui fonctionnait dès 1152, rechercha un endroit plus écarté et s'installa à Santes Creus en 1158.

Dès sa fondation, le nouveau monastère manifesta un grand dynamisme, bien que l'élan définitif n'ait été impulsé qu'au 13e s. sous la direction de deux abbés : **saint Bernard Calbó**, conseiller du roi Jaume Ier, qu'il accompagna lors des conquêtes de Majorque et de Valence, et l'**abbé Gener** (1265-1293), qui obtint la protection de Pierre III.

Santes Creus joua un rôle prépondérant dans la fondation (1319) de l'ordre militaire de Montesa, ordre qui se substitua à celui des Templiers sur une partie du territoire catalano-aragonais. Ses abbés participèrent activement à la vie politique catalane : conseillers des souverains ou présidents de la Generalitat, ils furent souvent partie prenante lors de conflits armés. Dans le domaine culturel, le monastère fut au 16e s. un intense foyer d'études humanistes, disposant d'une très riche bibliothèque.

La décadence intervint au début du 19e s. et fut rapide. Fermé pendant le Triennat Constitutionnel (1820-1823), le monastère vit ses biens vendus aux enchères et fut définitivement sécularisé en 1835 avant d'être incendié et saccagé.

En fondant la paroisse de Santes Creus, l'ancien moine Miquel Mestre en engageait la réhabilitation. En 1931 fut constituée l'Association (Patronato) de Santes Creus, puis furent créées en 1947 les Archives bibliographiques (Arxiu Bibliogràfic), et, en 1975, l'Œuvre culturelle Santes Creus, qui lança les Cycles annuels de musique classique et sacrée, le cours international d'été de chant grégorien, des concerts d'orgue, et différentes activités culturelles.

Visite

𝒫 977 638 329 - www.larutadelcister.info - mat. et apr.-midi - fermé lun (sf j. fériés), 1er et 6 janv., 25-26 déc. - 3,61 €, mar. gratuit.

La visite (environ 2h) débute par la projection d'un spectaculaire documentaire sur l'histoire du monastère et la vie quotidienne en son sein, dans l'ancien réfectoire et le scriptorium.

Selon l'activité et les besoins du monastère, les différents bâtiments furent construits du 12e au 18e s., comme au monastère de Poblet *(voir ce nom)*, avec lequel celui de Santes Creus présente certaines analogies, tant du point de vue architectural que du point de vue historique. Comme le monastère de Poblet encore, il possède trois enceintes, autrefois fortifiées, mais il ne reste des murailles, dont la construction fut ordonnée par Pierre IV en 1376 et 1380, que les murs de l'église et la façade est du cloître, surmontés d'une ligne de créneaux.

Par la porte de l'Assomption, œuvre baroque du 18e s. qui se trouve sur la plaça de Sant Bernat, on accède à la plaça Major. C'est là que s'élèvent les anciennes dépendances, aux murs décorés de fines **sgraffites**, occupées actuellement par des commerçants et des particuliers. À droite de la plaça Major se dresse l'ancien palais abbatial, et, au fond, le cloître et l'église (12e et 13e s.), dont l'austère façade n'est ornée que d'un portail en plein cintre et d'une immense baie gothique qui en occupe tout le fronton et accroche le regard.

Grand cloître★★★

Le majestueux cloître gothique est l'un des joyaux du monastère, combinant harmonieusement les idéaux cisterciens et la volupté de la nature.

Sa construction débuta en 1313, à l'emplacement d'un ancien cloître dont subsistent le **lavabo** et la salle capitulaire. Le maître anglais Reginald Fonoll, qui introduisit en Catalogne les formes flamandes, travailla les très délicates sculptures décoratives.

Différemment ornées sur chacun des quatre côtés du cloître, huit baies ogivales découpées à jour telle une dentelle et soutenues au centre par de fines colonnettes ouvrent les grandes galeries quand les petites n'en comptent que sept. Au nord, la décoration adoptée reprend un motif très fréquent en Catalogne : la rose soutenue par des arcatures. Sur les côtés est et sud, on a utilisé des formes réticulées. Sur le côté ouest, les ajours de ligne flamande montrent l'influence du maître Fonoll.

La décoration des chapiteaux et des impostes constitue un bel éventail de l'iconographie gothique : faune, flore, motifs bibliques, sujets satiriques, histoires mythologiques et scènes de mœurs. Les tableaux ont été traités avec une grâce et une imagination admirables, et la qualité du grès permit aux sculpteurs de fournir un authentique travail d'orfèvre. Le récit de la création d'Adam et Ève (à l'angle sud-ouest), celui des vices, représentés par des animaux monstrueux et fantastiques (côté sud), l'allusion au maître sculpteur avec le ciseau et la masse dans les mains (côté est) et les chapiteaux aux décorations végétales du côté nord, en face de l'escalier du dortoir, forment un ensemble particulièrement riche et représentatif.

Le cloître, en outre, est un véritable panthéon de la noblesse catalane. Dans ses murs s'alignent les tombeaux des Montcada, Cervelló, Cervera, Castellet et autres protecteurs du monastère.

Juste à côté de la porte d'entrée de l'église, on peut voir une statue polychrome de la Vierge (14e s.), une autre représentant Jésus, trois anges portant les instruments de la Passion et un moine agenouillé.

Salle capitulaire★★

S'ouvrant sur le cloître par un superbe portail et deux baies romanes, c'est l'une des pièces les mieux conservées. Elle servait aux réunions des moines qui, assis sur les bancs adossés aux murs, révisaient les règles de conduite.

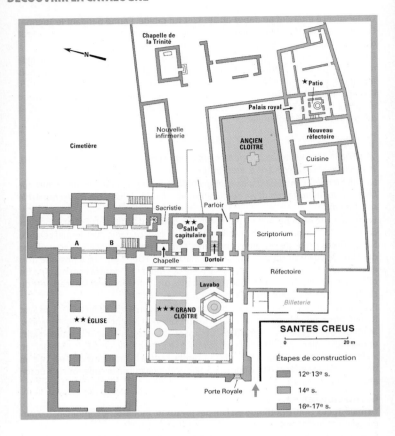

C'est une salle carrée avec des voûtes divisées en neuf tronçons, s'appuyant sur quatre colonnes centrales. Les chapiteaux, tous différents, portent une décoration végétale très simple, en accord avec l'esprit profond de Cîteaux.

L'harmonie entre les murs, les voûtes et les arcs donne à la pièce sa grande pureté architecturale, les différents éléments ayant été travaillés avec un sens aigu des proportions.

Les pierres tombales des abbés de Santes Creus sont insérées dans le pavement.

Dortoir

À côté de la salle capitulaire, un escalier monte au dortoir (12e s.). Cette vaste salle rectangulaire est couverte d'une charpente soutenue par onze arcs diaphragmes, appuyés à leur tour sur des consoles encastrées dans le mur. Le dortoir était relié à l'église par la partie supérieure du cloître, de façon à se rendre directement aux prières de minuit.

Actuellement, il est utilisé comme salle de concert.

Ancien cloître

Il porte ce nom parce qu'il occupe la place du premier cloître (12e s.). Construit au 17e s., il est d'une grande sobriété, formé d'arcs diaphragmes partant très près du sol. La simplicité de l'architecture, la petite fontaine et les huit cyprès caractérisent la sérénité de ce havre de paix.

Cellier

Construit au 17e s., il est éclairé par des baies étroites et élevées. Un soubassement d'*azulejos* (carreaux de faïence émaillée) décore les murs où s'adossaient les convives habillés de blanc.

Palais royal

À Santes Creus comme à Poblet, le monastère incluait un logis royal.

Le palais conserve son magnifique **patio**★ (14e s.) dont il faut signaler la rampe, avec ses deux très beaux groupes sculptés – bien remarquer le lion tenant dans ses griffes une gazelle et un sanglier –, et la galerie supérieure, où onze colonnes, formées de colonnettes adossées, soutiennent des arcs brisés.

Chapelle de la Trinité et cimetière

Cette petite église romane (12ᵉ s.) est l'un des plus anciens bâtiments de Santes Creus. Les voûtes unies reposent sur une moulure de pierre très simple. À l'intérieur se trouve une statue en bois du 16ᵉ s.

Depuis le cimetière, présidé par une croix en pierre, on observe la **rosace★** de l'abside centrale de l'église, une des images les plus singulières du monastère. Son remplage de pierre est formé d'arcs en plein cintre et d'un délicat vitrail du 13ᵉ s. Sa taille (6,30 m de diamètre) et sa situation inhabituelle en font une œuvre exceptionnelle.

Église★★

Sa construction débuta en 1174 selon le schéma cistercien classique : plan en croix latine, trois vaisseaux et cinq chapelles absidiales de plan rectangulaire. La nef centrale présente une voûte sur croisée d'ogives, et les arcs qui la supportent reposent sur d'élégants modillons cannelés. L'austérité est le mot d'ordre de cet ensemble. La tour-lanterne du 14ᵉ s., visible de l'extérieur, les verrières du bas, avec la rosace de l'abside cachée derrière le retable du maître-autel, constituent les seuls écarts ornementaux.

Mausolée de Pierre III le Grand★★ (A) – Situé dans la partie dite de l'Évangile, le tombeau de Pierre III le Grand est le seul qui n'ait pas été pillé. Il est constitué par un petit temple gothique de plan rectangulaire dont la voûte repose sur quatre colonnes composites. La décoration est somptueuse. À travers le remplage des arcs reposant sur des meneaux, on voit la voûte peinte en bleu et constellée d'étoiles de couleur or.

Dans les angles apparaissent les symboles des quatre évangélistes et, sur chacun d'eux, se dresse un svelte pinacle. Ce merveilleux ensemble est complété par dix chapiteaux, délicatement décorés de motifs végétaux et d'êtres fantastiques.

Le petit temple couvre la grande urne, en porphyre rouge, qui contient les restes royaux. Avec les deux lions en pierre blanche qui la soutiennent, elle aurait été rapportée d'Égypte par **Roger de Lauria**. Une lourde dalle en jaspe, ornée de sculptures inspirées de la vie des saints – bien remarquer les expressions des visages et les mouvements des vêtements –, couvre cette pièce singulière.

À côté du tombeau du roi, encastré dans le pavement, se trouve celui du grand amiral Roger de Lauria. Une dalle funéraire signale sa sépulture.

Mausolée de Jaume II et de Blanche d'Anjou (B) – La richesse ornementale est moins opulente que celle du tombeau de Pierre III. Un pavillon d'arcs en ogive couvre l'urne de marbre blanc, où les gisants des monarques sont vêtus de robes cisterciennes. Aux pieds du roi se tient un lion, et à ceux de la reine un chien, symboles respectifs de la force et de la fidélité. On dit qu'il existe une remarquable ressemblance entre ces sculptures et les personnages réels.

Monastère de Santes Creus pratique

Adresse utile

Office du tourisme de Santes Creus – À l'entrée du monastère - 43815 Santes Creus - ℰ 977 638 141 - été : 10h30-13h30, 16h30-19h, dim. et j. fériés 10h-14h, fermé lun. ; hiver : 10h-11h30, 15h30-16h30, dim. et j. fériés 10h-14h.

Se restaurer

◎🍴 **Hostal Grau** – *Pere El Gran, 3 - Santes Creus* - ℰ *977 638 311 - fermé dim. soir, lun., de mi-déc. à mi-janv.* - 🔲 - *environ 25 €.* Restaurant familial avec bar à l'entrée. Salle très soignée où sont servis des plats typiquement catalans comme les *calçotades.* Chambres modestes et tranquilles également, à prix raisonnable.

La Seu d'Urgell★

12 317 HABITANTS
CARTE GÉNÉRALE B1 – CARTE MICHELIN REGIONAL 574 E34
SCHÉMA P. 292 : PYRÉNÉES CATALANES – PROVINCE DE LLEIDA

Capitale de la « comarca », La Seu se trouve au confluent du Segre et de la rivière Valira, entourée d'un agréable et radieux paysage. De beaux pâturages, des sources qui jaillissent de toutes parts et de hauts sommets sont ses principaux attraits naturels. Le centre historique, où s'élève la magnifique cathédrale, conserve une indéniable allure médiévale, avec ses étroites rues à arcades et ses édifices remarquables. Comme pour mieux créer le contraste avec le quartier ancien, des parcs modernes ont été dessinés, qui portent les noms des cours d'eau de la ville.

- **Se repérer** – Neuf petits kilomètres séparent la principauté d'Andorre de la capitale pyrénéenne, qui se trouve à proximité d'un carrefour où se croisent la N 260 (direction est, vers Puigcerdà et la France), la N 145 (direction nord, vers Andorre) et la C 14 (direction sud, vers Lérida). À moins de 30 km de la ville se trouvent des stations de ski de fond, comme Sant Joan de l'Erm.

- **Organiser son temps** – Comme Vielha, la Seu d'Urgell n'est pas une ville très touristique mais elle constitue une base parfaite pour rayonner vers Andorre, le parc du Cadí-Moixeró ou le massif de la Cerdagne.

- **Avec les enfants** – Les activités nautiques du parc Olímpic del Segre.

- **Pour poursuivre le voyage** – Voir aussi Vielha, le Parc national d'Aigüestortes i Estany de Sant Maurici et la principauté d'Andorre.

Comprendre

La Seu d'Urgell au passé et au présent

La ville primitive, citée par Pline et Strabon, s'élevait jusqu'au 9e s. sur la colline de Castellciutat, mais elle fut déplacée dans la plaine du Segre lorsque les évêques d'Urgel fixèrent leur résidence à La Seu. Elle devint la capitale de l'important comté d'Urgel et ainsi naquit le nom de La Seu d'Urgell. Pour de curieuses raisons historiques, jusqu'en 1993, l'évêque de La Seu partageait avec le président de la République française la charge honorifique de souverain de la principauté d'Andorre.

Aujourd'hui, la ville est devenue la capitale des Pyrénées, suite à un important processus de modernisation. Le commerce, l'agriculture, l'élevage et le tourisme font bon ménage avec un important secteur industriel, spécialisé dans l'élaboration de produits laitiers, protégés par un label d'appellation d'origine.

Visiter

Cathédrale Santa Maria★★

☎ 973 353 242 - www.museudiocesaurgell.org - & - mat. et apr.-midi, dim. et j. fériés mat. - fermé 1er janv., 1er Mai, 7 juil., 15 août, 1er nov., 25 déc. - entrée cathédrale, cloître, musée diocésain et église de Sant Miquel : 3 € (-12 ans gratuit).

Située au cœur du quartier ancien, la cathédrale, ou *seu*, est le meilleur exemple du roman lombard de la Catalogne.

Sa construction fut commencée par le chef de chantier, d'origine italienne, Ramón Llombard, en 1175 ; elle fut restaurée par Puig i Cadalfach en 1918. La façade ouest, en pierre bicolore, possède trois parties correspondant aux trois nefs. La partie centrale, décorée d'arcatures, de lisières et d'un petit campanile, est typiquement italienne.

La cathédrale présente un plan basilical à trois vaisseaux et un long transept où s'ouvrent cinq absides. La svelte nef centrale est délimitée par des piliers cruciformes aux colonnes adossées décorées de boules. Les murs orientaux du transept, dont la croisée est couverte d'une tour-lanterne, sont animés par une élégante **galerie** aux ouvertures géminées, qui entoure l'abside centrale en laissant passer la lumière.

Cloître★ – À l'exception de la travée orientale, refaite en 1603, le cloître date du 13e s. Les chapiteaux ont été sculptés par des artistes venus du Roussillon et les thèmes traités (visages humains et animaux fantastiques) font preuve d'une grande imagination. C'est par la **porte Santa Maria**, à l'angle sud-est, que l'on accède à l'église auxiliaire **Sant Miquel★** (11e s.), seul vestige de l'ensemble ecclésiastique, construit par l'évêque saint Ermengol. Sant Miquel est un bâtiment très simple : une nef unique, un transept et trois absides aux décorations lombardes. Il était décoré de fresques romanes, exposées actuellement au musée d'Art de Catalogne à Barcelone.

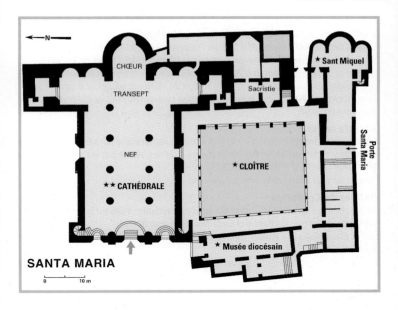

SANTA MARIA

Musée diocésain★

Voir les conditions de visite de la cathédrale.

Il se trouve dans l'ancienne église de la Pietat (14ᵉ s.) et abrite une magnifique collection d'objets d'art du 10ᵉ au 17ᵉ s., provenant de divers villages du diocèse. On remarquera entre autres un intéressant **papyrus★** du pape **Sylvestre II**, grand savant ayant fait ses études à Ripoll et à Vic qui introduisit les chiffres arabes en Europe, un somptueux **crucifix roman** en émail (12ᵉ s.), provenant du monastère de Silos, le beau **retable d'Abella de la Conca★**, œuvre du 14ᵉ s. réalisée par Pedro Serra, influencé par l'école de Sienne et l'iconographie byzantine, le retable en pierre polychrome de Sant Bartomeu (11ᵉ s.), dont les scènes ont été traitées avec un grand réalisme.

Néanmoins, la pièce la plus importante est le **Beatus★★** du 11ᵉ s., l'une des rares copies qui soient conservées du célèbre commentaire de l'Apocalypse rédigé au 8ᵉ s. par Beatus de Liébana. À la différence de celui de Gérone *(voir p. 246)*, le caractère narratif y est plus développé : les personnages ont des attitudes plus dynamiques, les scènes présentent de remarquables détails et les expressions des visages et des mains ont une grande originalité.

Sont exposés également différents objets d'orfèvrerie et l'urne de saint Ermengol, œuvre baroque (1755) de Pedro Llopart, faite en argent repoussé.

Parc olímpic del Segre

Dans ce grand parc furent réalisés des torrents artificiels pour les Jeux olympiques de 1992. Des espaces sont réservés aux compétitions, en dehors desquelles il est possible de pratiquer un grand nombre de sports en eaux vives, mais également du VTT *(voir l'encadré pratique, « Sports et loisirs »)*.

Parc del Valira

Un cloître moderne, réalisé par Luis Racionero, y est édifié. Ses chapiteaux représentent différentes personnalités contemporaines : Marx, Staline, Franco, Marilyn Monroe, Picasso, etc.

Circuits de découverte

LA CERDAGNE★★ ③

De La Seu d'Urgell à La Molina – 145 km – environ 5h. Voir le plan p. 292 (Pyrénées catalanes).

Dans cette région, les Pyrénées forment un paysage aux couleurs vives, où l'on respire une agréable sensation de liberté. Cette immense et haute plaine, d'origine tectonique et sur laquelle s'écoule le Segre, est située entre le massif d'Andorre et la serra del Cadí. Son climat sec et ensoleillé n'est pas étranger à sa longue tradition de station de vacances et de résidences secondaires.

La Cerdagne fut un important comté médiéval que le traité des Pyrénées (1659) coupa ; la partie nord, la haute Cerdagne, passant sous administration française.

L'accès, depuis Manresa, a été facilité par l'ouverture, en 1984, du **tunnel du Cadí**, qui traverse la barrière montagneuse formée par les serras del Cadí et de Moixeró.

Quitter la Seu d'Urgell par la N 260 en direction de Barcelone (via le tunnel de Cadí) puis Puigcerdà. Juste avant l'entrée du village de Martinet, bifurquer à gauche sur la LV 4036 en direction de Lles. Les lacs de la Pera se trouvent au bout de 25 km d'une route forestière sinueuse.

Lacs de la Pera

Cet ensemble lacustre, situé à 2 330 m d'altitude, authentique paradis pour pêcheurs de truites, se trouve en amont de la rivière Arànser, abrité par les montagnes du Monturull (2 761 m) et du Perafita (2 752 m).

Revenir sur la N 260 en direction de Puigcerdà.

Bellver de Cerdanya★

Bellver, bourg accroché à un rocher offrant de formidables **vues** sur la vallée du Segre, est la porte d'entrée du **Parc del Cadí-Moixeró** *(voir Berga)*.

Sur la plaça Major, on trouve de beaux édifices en pierre, ornés de balcons et de porches en bois.

Poursuivre sur la N 260. Entre Bellver et Puigcerdà, la route traverse la verte plaine de Cerdagne.

Puigcerdà

Située sur une terrasse dominant le Segre, la capitale de la Cerdagne est l'un des principaux centres touristiques des Pyrénées.

Dans ses rues, bordées de vieux édifices et de boutiques traditionnelles, on remarquera tout particulièrement le **clocher★**, symbole de la ville et seul vestige de l'église gothique Santa Maria, détruite en 1936, ainsi que l'église gothique **Sant Domènec**, qui abrite de belles peintures murales (14e s.) représentant un enterrement.

> ### Info pratique
>
> 👁 Il est très difficile de se garer en centre-ville à Puigcerdà. Utilisez les parkings municipaux, en général proches du centre, et offrant une première heure gratuite.

Au bout de l'avinguda Pons i Guasch se trouve le **lac artificiel**, qu'entourent de beaux jardins où abondent les saules, les conifères et autres essences. En été, il est possible d'y louer des barques.

En sortant de Puigcerdà, suivre la direction « France - Bourg-Madame - Llívia ». Juste avant l'ancien poste frontière, bifurquer légèrement à gauche sur la N 154 pour rejoindre Llívia.

Llívia

À 6 km de Puigcerdà, cette enclave espagnole (12 km^2) en territoire français résulte d'un caprice administratif. En effet, le traité des Pyrénées stipulait la cession à la France du Roussillon et de 33 villages de Cerdagne ; comme Llívia possédait le titre de ville, elle ne fut pas comprise dans la cession.

Elle possède de pittoresques ruelles, les restes d'un château médiéval, sur une colline qui surplombe la ville, et quelques tours anciennes. Le **Museu Municipal** abrite, parmi d'autres pièces intéressantes, la célèbre **pharmacie de Llivia★** ; l'une des plus anciennes qui soient conservées en Europe. Les pots en céramique et tout le matériel d'apothicaire (flacons, récipients et balances des 17e et 18e s.) méritent un intérêt spécial. 📞 *972 896 313 - fermé pour travaux.*

Dans l'**église fortifiée**, au portail orné de ferronneries typiquement catalanes, beau retable de 1750.

Revenir à Puigcerdà et prendre la N 152 jusqu'à La Molina. En grimpant, vous profiterez d'une vue panoramique de l'immense plaine de Cerdagne.

La Molina

C'est l'un des plus importants complexes de sports d'hiver de Catalogne : trampoline, pistes de compétition, neige artificielle, circuit de ski nordique, etc. Depuis 1967, les installations ont été augmentées de la **station de Masella**, au nord-ouest, dont les pistes se faufilent entre les pinèdes.

La petite localité d'**Alp** est un important centre résidentiel, été comme hiver.

VALL DEL SEGRE★ 4

De La Seu d'Urgell à Tremp – 73 km – environ 3h. Voir le plan p. 292 (Pyrénées catalanes).

Au confluent du Segre et du Valira est formée une vaste dépression encadrée de montagnes. Au nord, les pics de Salòria et de Monturull, avec leurs contreforts, font partie de l'axe central des Pyrénées, tandis que les montagnes du sud, qui offrent le paysage le plus caractéristique, appartiennent aux cordillères intérieures prépyrénéennes. De nombreuses vallées latérales, bien différentes les unes des autres, se trouvent au cœur de ces systèmes montagneux.

Prendre la N 260 en direction d'Organyà.

Congost de Tresponts★★

Dans les **gorges de Tresponts**, le Segre s'écoule entre des roches de couleur foncée (pouzzolane) et des prés verts. En aval, le paysage change : la rivière s'encaisse entre les roches calcaires d'Ares et de Montsec de Tost et l'on découvre une vue typiquement pyrénéenne, qui s'étend jusqu'à un petit bassin vert et bien cultivé où la rivière disparaît.

Organyà

Ce village pittoresque possède un intéressant noyau médiéval, aux ruelles anciennes bordées d'arcades, de porches gothiques et de grandes bâtisses ornées de fleurs. Organyà est connu par les *Homilies*, le plus ancien texte répertorié en langue catalane (fin du 12e s.).

Pantà d'Oliana★

Ce **lac de barrage** ressemble plutôt à une large rivière, encaissée entre des roches grises d'où descendent au printemps un grand nombre de cascades. Depuis la route, la vue de cet attrayant site naturel est surprenante.

J. Malburet / Michelin

Gorges de Tresponts.

Coll de Nargó

Ce petit village pyrénéen typique possède l'une des plus belles églises romanes de Catalogne, **Sant Climent★★** (11e s.). Cet édifice à nef unique, à l'abside ornée de bandes lombardes, est surmonté d'un sobre **clocher★** préroman de plan rectangulaire.

Tourner à droite juste avant la sortie du village.

Route du collado de Bòixols★★

Entre Coll de Nargó et Tremp, la route L 511 s'enfonce d'abord dans une série de canyons que domine, pendant tout le parcours, tantôt un versant couvert de pins et de chênes verts, tantôt un versant dénudé. Elle court à mi-pente entre la rivière et les crêtes jaunes ou roses, ménageant des vues sur un **paysage** fantastique, notamment à partir du col de Bòixols (1 380 m).

On débouche ensuite sur une large vallée en auge, dont le fond, aménagé en terrasses cultivées, s'étale au pied de Bòixols, où quelques maisons groupées autour de l'église s'accrochent à une moraine glaciaire. La route descend, la vallée s'élargit et se noie dans la Conca de Tremp.

La Seu d'Urgell pratique

Adresses utiles

Office du tourisme de La Seu d'Urgell – *Av. Valls d'Andorra, 33 - 25700 La Seu d'Urgell - ☏ 973 351 511 - www.turismeseu. com - juil.-août : lun.-vend. 9h-20h, sam. 10h-14h, 16h-20h, dim. 10h-14h ; janv.-juin : lun.-sam. 10h-14h, 16h-18h.*

Office du tourisme de Bellver de Cerdanya – *Pl. Sant Roc, 9 - 25720 Bellver de Cerdanya - ☏ 973 510 229 - www.bellver. org - août : 9h-13h, 16h-20h (fermé dim. ap.-midi) ; reste de l'année : sam. 11h-13h, 18h-20h, dim. et j. fériés 10h-13h - fermé 25-26 déc., 1ᵉʳ janv.* Bellver de Cerdanya est l'une des portes d'entrée du Parc naturel de Cadí-Moixeró. Faites-y le plein de conseils et de cartes avant de vous lancer sur les sentiers.

Patronato Municipal de Turismo de Puigcerdà – *Querol, 1 - 17520 Puigcerdà - ☏ 972 880 542 - www.puigcerda.com - lun.-vend. 9h-13h, 16h-19h, sam. 10h-13h, 16h30-19h, dim.10h-13h.* Pensez à demander la brochure en français sur Puigcerdà. On y trouve beaucoup d'informations, notamment sur les excursions à faire en voiture et à pied dans les environs.

Oficina Comarcal de Turisme de la Cerdanya – *Intersection de la N 152 et de la N 260 - 17520 Puigcerdà - ☏ 972 140 665 - www.cerdanya.org - 9h-13h, 16h-19h, dim. 10h-13h.*

Se loger

☺ **Casa La Vall de Cadí** – *Cerc-Tuixent, à 1 km de La Seu d'Urgell, près du Parc Olímpic - ☏ 973 350 390 - www.valldelcadi. com -* 🅿 *- 7 ch. : 40/55 € -* ⌧ *3/6 €.* Le bâtiment ancien abrite de jolies chambres rustiques rénovées où le bois se mêle au fer forgé et à la pierre.

☺☺☺ **Hotel Fonda Bianya** – *Sant Roc, 11 - Bellver de Cerdanya - ☏ 973 510 475 - fondabiayna@ctv.es - fermé 25 déc. - 17 ch. : 90/120 € -* ⌧ *- rest. 14/30 €.* Séduisant édifice noble enclavé dans un petit village aux nombreuses maisons de pierre. Les chambres simples et confortables conservent les vieux meubles d'origine. Malgré la toute petite taille des salles de bains, l'ensemble n'en demeure pas moins accueillant.

☺☺☺☺ **Hotel Del Lago** – *Av. Dr. Piguillem, 7 - Puigcerdà - ☏ 972 881 000 - www.hotellago.com -* 🅿 *- 23 ch. : 120 € -* ⌧ *8,50 €.* Petit hôtel familial proche du lac et entouré d'un vaste espace paysager avec piscine. Chambres de style classique, fonctionnelles, avec salles de bains bien équipées ; à noter un plus grand niveau de confort dans les chambres avec salon.

☺☺☺☺ **Hotel Can Boix** – *Peramola (aux abords de la localité) - 17 km au sud-ouest de Coll de Nargó - ☏ 973 470 266 - www.canboix.cat - fermé de mi-janv. à mi-*fév., 2 sem. nov. - 🅿 ⌧ ♿ *- 41 ch. : 119 € -* ⌧ *- rest. 29/49 €.* Niché dans un cadre naturel d'exception, le goût du détail transparaît dans chaque recoin. Les chambres conjuguent la chaleur du bois et les tons doux avec un équipement plus actuel, notamment les salles de bains. Cuisine personnalisée de bon niveau.

☺☺☺☺ **Parador de La Seu d'Urgell** – *Sant Dòmènec, 6 - La Seu d'Urgell - ☏ 973 352 000 - seo@parador.es -* 🅿 ⌧ ⌧ *- 78 ch : 123/134 € -* ⌧ *- rest. 28 € env.* Les origines médiévales du lieu se distinguent derrière les équipement modernes et grâce au design minimaliste. Les chambres sont équipées de salles de bains en marbre. Le vaste restaurant propose une cuisine régionale traditionnelle.

Se restaurer

👁 **Bon à savoir** – À Puigcerdà, les plats typiques sont le *tiró amb naps* (oie aux navets) et le lapin accompagné des célèbres **poires de Puigcerdà.**

☺ **Miscela** – *Av. Pau Claris, 24 - La Seu d'Urgell - ☏ 973 350 104 - 8/15 €.* Des pizzas, des salades, des pâtes et un menu du jour à 12 € dans un cadre à la déco contemporaine, dans les tons orange et violet.

☺☺ **Cal Teo** – *Av. Pau Claris, 38 - La Seu d'Urgell - ☏ 973 351 029 - mesonteo@ hotmail.com - fermé dim. soir, lun. -* ⌧ *20/25 €.* Petit restaurant au cœur de La Seu, qui vous réservera un accueil personnalisé. Décoration rustique et spécialités de viandes à la braise. L'endroit pour marquer une pause après la visite de la cathédrale.

☺☺ **Alàs** – *Zulueta, 10 - Alàs i Cerc - 7 km à l'est de La Seu d'Urgell - ☏ 973 354 192 - fermé lun., de déb. juin à mi-juin - menu dégustation 32/35 € - carte 25/30 €.* Au centre de la localité, restaurant familial doté d'un bar à l'entrée et d'une petite salle. Malgré sa relative simplicité, son succès se fonde sur des recettes maison bien cuisinées et présentées.

☺☺☺ **La Taverna dels Noguers** – *El Pont de Bar - 15 km à l'est de La Seu d'Urgell par la N 260 - ☏ 973 384 020 - fermé jeu., déjeuner seulement sf sam., janv., juil. (sf j. fériés) -* ⌧ *- environ 30 €.* Table conviviale. Dans la salle, la cheminée domine, les plafonds de bois et les nappes à carreaux lui confèrent un style régional accueillant. La cuisine maison affiche un bon rapport qualité/prix.

☺☺☺ **Grau de l'Ós** – *Jaume II de Mallorca, 5 - Bellver de Cerdanya - ☏ 973 510 046 - fermé lun., mar. - 25/40 €.* Restaurant installé dans une ancienne maison de paysans qui a su conserver son style rustique malgré les réhabilitations. Cuisine d'inspiration traditionnelle proposant des plats intéressants comme le poulet aux champignons et la salade de fromages au vinaigre de pomme.

⊜⊜⊜ Can Borrell – *Retorn, 3 - Meranges - 9 km à l'est de Bellver de Cerdanya puis bifurquer à gauche (9 km)* - ☎ *972 880 033 - info@canborrell.com - fermé lun. soir, mar., 2 sem. nov. - 25/39 €.* Restaurant convivial dans un beau et paisible petit village de montagne. Décoration de style rustique, murs en pierre et poutres de bois au plafond. Chambres confortables avec vue sur la vallée.

Faire une pause

Cafeteria Forn de Pa Serafi – *Major, 3 - La Seu d'Urgell* - ☎ *973 350 502.* Juste en face de la cathédrale, un agréable salon de thé pour une petite pause gourmande. On s'y attable volontiers pour déguster une part de *coca* au sucre accompagnée d'un thé.

Sports et loisirs

👥 **Parc olímpic del Segre** – *À l'extrémité sud du quartier historique - La Seu d'Urgell* - ☎ *973 360 092 - www. parcolimpic.com.* Possibilité de pratiquer le VTT et de nombreux sports d'eaux vives : rafting, hydrospeed, canoë-kayak.

Domaine skiable de La Molina – *www. lamolina.com*

Achats

Marché de la Seu – Tous les mardis et samedis, La Seu accueille l'un des plus beaux marchés de la région. Les rues du quartier historique se parent alors de toutes les couleurs des fruits et légumes récoltés dans la vallée ou acheminés depuis les plaines ensoleillées du sud.

Marché de Puigcerdà – Le dimanche, sur la plaça Cabrinety, se tient un marché animé où les habitants viennent acheter leurs légumes, notamment choux, chicorées et scaroles.

Evénements

Festa de l'Estany – *Puigcerdà - été.* Célébrée à grand renfort de cavalcades et de feux d'artifice.

Fira de Sant Lorenç – *Bellver de Cerdanya - 10 août.* La feria de Sant Llorenç se tient chaque année sous la forme d'un grand marché de produits des Pyrénées, qui offre l'occasion unique de déguster les excellentes charcuteries, confitures et marmelades de la région, au rythme des groupes de danse folklorique de la région.

Fira de Sant Ermengol – *La Seu d'Urgell - 3e w.-end d'octobre.* Grande foire d'artisanat des Pyrénées.

Sitges★★

24 470 HABITANTS
CARTE GÉNÉRALE B3 – CARTE MICHELIN REGIONAL 574 I35 – PROVINCE DE BARCELONA

Sitges, l'un des centres touristiques les plus fréquentés de la Catalogne, est une belle ville aux contrastes très marqués. Progressiste, joyeuse et impudente, elle a su résister à plus de 80 ans de fréquentation et ne rien perdre de son charme. Ses larges plages – Sant Sebastià et La Ribera – sont les lieux de rendez-vous des touristes de toutes nationalités. De luxueuses villas coexistent avec des demeures modernistes, un air de fête semble animer les rues ; les gens y sont tolérants et chaleureux. La ville, stimulée par un esprit de progrès, offre une grande diversité de loisirs.

▶ **Se repérer** – Sitges se trouve sur la zone côtière du **Parc naturel du Garraf**, d'origine karstique, à mi-chemin entre Barcelone (45 km au nord-est) et Tarragone (53 km au sud-ouest), auxquelles elle est reliée par l'autoroute ou la route côtière.

👁 **À ne pas manquer** – Le carnaval, fin février.

◉ **Organiser son temps** – Évitez les week-ends si vous voulez visiter la ville au calme. Les vendredi et samedi, tous les Barcelonais, notamment la communauté gay, s'y donnent rendez-vous pour faire la fête. Par conséquent, attendez-vous à ce que les hôtels du centre-ville soient bruyants.

🐾 **Pour poursuivre le voyage** – Voir aussi Vilanova i la Geltrú (9 km au sud-ouest), Vilafranca del Penedés (24 km au nord-ouest), Barcelone (45 km au nord-est) et la Costa Daurada.

Romains et modernistes

Selon la tradition, cette ville occupe l'emplacement de l'ancienne cité romaine de Súbur, mentionnée par Strabon et Pline. Vers la fin du 19e s., elle fut découverte par les modernistes (Santiago Rusiñol, Ramón Casas et Miguel Utrillo), qui la choisirent pour accueillir d'importantes manifestations artistiques.

Sitges à la tombée de la nuit.

Visiter

LA VIEILLE VILLE★★

Une demi-journée de visite.

Massée sur le cap rocheux appelé La Punta, la vieille ville est une véritable mosaïque de bâtiments pittoresques. L'église Sant Bartomeu et Santa Tecla, face au passeig de la Ribera, domine ce magnifique ensemble, où les bâtiments modernistes côtoient de petites maisons blanches, témoignages du passé maritime de la ville.

Poètes et peintres découvrirent dans ces étroites ruelles pavées l'authentique esprit de Sitges et son inépuisable vitalité.

Museu del Cau Ferrat★★ E2

Fonollar, s/n - ℘ 938 940 364 - mat. et apr.-midi, dim. et j. fériés mat. - fermé lun., 1ᵉʳ janv., 24 août, 23 sept., 25-26 déc. - 3,50 € (-12 ans et 1ᵉʳ merc. du mois gratuit), entrée combinée avec le Museu Maricel et la Casa Llopis 6,40 €.

Le **musée du Fer forgé** occupe la maison qui, à partir de 1891, fut la résidence principale du peintre et écrivain **Santiago Rusiñol** (1861-1931). Ce dernier encouragea la pratique d'activités artistiques et culturelles, comme les Fêtes modernistes de Sitges (1892-1899), proposant de nombreux spectacles de théâtre, des expositions, des concerts, etc.

Cette ancienne maison de pêcheurs, du 16ᵉ s., fut remodelée par Francesc Rogent, architecte néo-médiéviste, qui y ajouta quelques éléments gothiques, comme le toit en bois polychrome. Devenue musée en 1933, cette maison expose différentes collections de peinture, d'objets en fer forgé, de sculptures et de céramiques, léguées à la Ville par l'artiste barcelonais. Les salles du rez-de-chaussée sont l'image emblématique du musée. Les murs d'un bleu indigo contrastent avec le soubassement et la multitude d'objets en céramique.

Peinture – Parmi les nombreux tableaux, signalons deux œuvres du Greco (*La Madeleine pénitente* et *Le Repentir de saint Pierre*), que Rusiñol avait achetées à très bas prix à Paris et qu'il avait ramenées à Sitges, accompagné d'une nombreuse suite d'artistes.

Des tableaux de Picasso, Casas, Llimona, Nonell, Zuloaga et de Rusiñol lui-même *(La Poésie, la Musique et la Peinture)* complètent ce précieux ensemble.

Fer forgé – *Étage supérieur.* Cette collection, formée d'objets d'époques et de styles différents, a donné son nom au musée. Le visiteur sera surpris par la profusion de heurtoirs, serrures, clés et autres candélabres. Parmi les pièces les plus intéressantes figurent un ensemble de poignées de porte du 16ᵉ s., dont quelques-unes sont fort curieuses, ainsi qu'un buste reliquaire polychrome de sainte Marthe (17ᵉ s.).

Museu Maricel de Mar★ E2

Fonollar, s/n - ℘ 938 940 364 - mat. et apr.-midi, dim. et j. fériés mat. - fermé lun., 1ᵉʳ janv., 24 août, 23 sept., 25-26 déc. - 3,50 € (-12 ans et 1ᵉʳ merc. du mois gratuit), entrée combinée avec le Museu del Cau Ferrat et la Casa Llopis 6,40 €.

Cet ancien hôpital gothique (14e s.) a été transformé au début du 20e s. par Miguel Utrillo. D'abord destiné à accueillir la collection du milliardaire américain Charles Deering, qui finança sa restauration, il abrite depuis 1970 des pièces léguées par le docteur Jesús Pérez Rosales.

Le **bâtiment**, relié par une passerelle au palau Maricel de Terra, s'est enrichi de mosaïques gothiques authentiques, comme celle de San Miguel de la Torre, ramenée de Castille. D'autres éléments modernes furent ajoutés : chapiteaux, collages aux thèmes humoristiques, reproductions de sculptures Renaissance et peintures murales se rapportant à la Première Guerre mondiale, réalisées par José María Sert.

Dans ce musée sont également exposées des pièces très variées : retables gothiques, sculptures baroques, meubles Renaissance et instruments de musique de différentes époques.

Située dans une petite pièce aux chapiteaux romans, la collection de sculptures de style Art nouveau montre des œuvres aussi importantes que le *Repos* et la *Gitane adolescente* de Rebull.

Casa Llopis★ D1

Sant Gaudenci, 1 - ℘ 938 942 969 - mat. et apr.-midi, dim. et j. fériés mat. - fermé lun., 1er janv., 24 août, 23 sept., 25-26 déc. - 3,50 € (-12 ans et merc. gratuit), entrée combinée avec le Museu Maricel et le Museu del Cau Ferrat 6,40 €.

Avec la Casa Papiol de Vilanova i la Geltrú *(voir ce nom)*, elle constitue le **Museu Romàntic Can Llopis**. Cette demeure seigneuriale, bâtie en 1793, est un témoignage de la prospérité de Sitges au 19e s. Les différentes salles, décorées de meubles anglais et de somptueux rideaux, évoquent la vie de cette époque. Dans cette atmosphère de

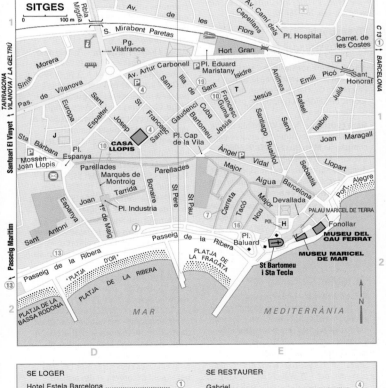

SE LOGER		SE RESTAURER	
Hotel Estela Barcelona	①	Gabriel	④
Hotel Galeón	④	La Nansa	⑦
Hotel Platjador	⑦	La Oca	⑩
		La Pinta	⑬
Hotel Romàntic y La Renaixença	⑩	Maricel	⑯
Hotel Subur Marítim	⑬	Oliver's	⑲

rêve sont exposés des automates, des boîtes à musique et des dioramas qui instruisent sur le développement de la mode.

Au deuxième étage est exposée la **collection Lola Anglada**, intéressant ensemble de poupées des 17e, 18e et 19e s., provenant de toute l'Europe et réalisées en papier mâché, bois et porcelaine.

Passeig Marítim hors plan
Sortir par le passeig de la Ribera.

Cette promenade longe la plage de La Ribera. Longue de trois kilomètres, bordée de villas, de piscines, d'hôtels et d'autres établissements, elle forme l'une des plus importantes promenades de front de mer bordant la côte catalane. Au début se trouve une statue du Greco, érigée grâce à une souscription populaire.

HORS DU CENTRE

Sanctuaire du Vinyet hors plan
Sortir par le passeig de Vilanova.

Ce sanctuaire néoclassique (18e s.) se trouve à l'ouest, près de la route de Vilanova i la Geltrú. Il abrite Notre-Dame du Vinyet, délicate sculpture du 12e s., vénérée dans toute la région.

Sitges pratique

Adresse utile

Office du tourisme de Sitges – *Oasis, C/ Sínia Morera 1 - 08870 Sitges -* ☏ *938 945 004 ou 602 103 428 - www.sitgestur.com - juil.-sept. : 9h-20h ; le reste de l'année : lun.-vend. 9h-14h, 16h-18h30.*

Transports

Gare ferroviaire – *Pl. Eduard Maristany -* ☏ *902 240 202 - www.renfe.es.* Depuis Barcelone, prendre la ligne 2 sur la Pl. de Sants (un arrêt également à la station Passeig de Gracià) en direction de Sant Vicenç de Calders. Compter un peu plus de 30mn de trajet.

Gare routière – *Pg. de Vilafranca, s/n.* La liaison Barcelone-Sitges est assurée par la compagnie **Mon Bus** (☏ *938 937 060 - www.monbus.org).* Départs de Barcelone depuis la Ronda Universitat 33, et arrivée à Sitges, Pg. de Vilafranca. Relie également Sitges à l'aéroport de Barcelone.

Location de voitures – **Sitges** - *Marquès de Montroig, 21 -* ☏ *938 949 926.* **Europcar** - *Artur Carbonnell, 27 -* ☏ *938 110 517.* **Avis** - *España, 24 -* ☏ *938 940 287.* **Crismar** - *Centre commercial Oasis - local 27 -* ☏ *938 102 742.*

Se loger

👁 **Bon à savoir** – Sitges est une ville particulièrement coûteuse. Malgré une abondante offre hôtelière, notre conseil est de réserver, surtout pour la période estivale.

😋🛏 **Hotel Galeón** – *Sant Francesc, 46 - Sitges -* ☏ *938 940 612 - www.hotelsitges. com - avr.-oct. -* 🏊 📺 *- 74 ch. : 77/129 €* 🍽 *- rest. 10,45 €.* Hôtel central installé dans deux bâtiments. Chambres sobres mais très agréables, dotées de salles de bains complètes. Pendant les chauds après-midi d'été, vous serez tenté par un plongeon dans la piscine.

😋🛏🛏 **Hotel Romàntic y La Renaixença** – *Sant Isidre, 33 - Sitges -* ☏ *938 948 375 - romantic@hotelromantic. com - de mi-mars à fin oct. - 74 ch. : 90/114 €* 🍽. L'hôtel occupe deux édifices du 19e s. qui conservent la décoration de l'époque et un certain charme désuet. Les chambres sobres mais accueillantes sont équipées de salles de bains quelque peu vieillottes. Son atout majeur : le ravissant patio arboré.

😋🛏🛏 **Hotel Platjador** – *Passeig de la Ribera, 35 - Sitges -* ☏ *938 945 054 - www. hotelsitges.com - avr.-oct. -* 🏊 📺 *- 59 ch. : 96/157 €* 🍽. Situé en front de mer, cet hôtel est le lieu idéal pour profiter de la plage. Chambres confortables malgré une décoration quelque peu désuète. Salle à manger sobre proposant un menu. Plaisant bar agrémenté d'une jolie terrasse au cinquième étage.

😋🛏🛏 **Hotel Subur Marítim** – *Passeig Marítim - Sitges -* ☏ *938 941 550 - www. hotelsuburmaritim.com -* 🅿 *- 46 ch. : 134/191 €* 🍽 *- rest. 21/27,50 €.* Situé en front de mer, l'hôtel occupe un édifice moderne et une ancienne villa d'été. Les chambres, toutes avec terrasse et salle de bains rénovée, sont très confortables. Demandez la suite dans l'ancienne maison du garde.

😋🛏🛏 **Hotel Estela Barcelona** – *Av. port d'Aiguadolç - Sitges -* ☏ *938 114 545 - www.hotelestela.com -* 🏊 📺 🅿 *- 64 ch. : 155/187 €* 🍽 *- rest. 24 €.* Situé en face du port de plaisance, cet hôtel moderne est dans son ensemble une véritable œuvre d'art. Les chambres sont meublées au goût du jour et dispensent de merveilleuses vues sur la mer. Les plus belles sont décorées par des artistes catalans de renom.

Se restaurer

😋 **La Oca** – *Parellades, 41 - Sitges -* ☏ *938 947 936 - fermé nov. -* 📺 *- 12/21 €.* Sobre restaurant de style moderne, bénéficiant d'un bon emplacement dans une rue centrale commerçante. Il doit son succès à ses formules rapides et à son menu à prix réduit à midi. Goûtez donc ses spécialités : les viandes à la braise et les poulets *a l'ast*.

La Pinta – *Passeig de la Ribera, 58-59 - Sitges - ☎ 938 940 999 - 12/15 €*. Nombreux fruits de mer, mais aussi de belles assiettes de jambon. L'ambiance est plutôt réservée et le service un peu austère, mais les tarifs sont raisonnables pour un restaurant en front de mer.

Oliver's – *Isla de Cuba, 39 - Sitges - ☎ 938 943 516 - fermé lun., de mi-déc. à mi-janv. (seulement le soir sf w.-end et j. fériés) - menus 10,50/40 €, carte 25/40 €*. Petit établissement familial doté d'une salle soignée et d'un bar avec comptoir. Le mobilier et le plafond en bois créent une ambiance chaleureuse et accueillante. Cuisine internationale et service aimable.

Gabriel – *Sant Gaudenci, 9 - Sitges - ☎ 938 943 046 - tlj sf lun. 19h30-0h - formule à 20 € avec buffet en entrée et plat*. Une excellente cuisine franco-catalane à savourer dans un décor coloré, composé d'affiches parisiennes anciennes et éclairé le soir à la bougie. Accueil très sympathique.

La Nansa – *Carreta, 24 - Sitges - ☎ 938 941 927 - fermé mar. et mer., janv., 1 sem. mai - 35/41 €*. Le grand classique à Sitges. Établissement familial orné de motifs marins où vous redécouvrirez la cuisine catalane de toujours. Produits frais, bonne cave et excellents desserts. Bon rapport qualité/prix.

Maricel – *Passeig de la Ribera, 6 - Sitges - ☎ 938 942 054 - restaurante@maricel.es - fermé mar. soir, mer., de mi-nov. à fin nov. - 57/72 €*. Restaurant classique situé sur la promenade de front de mer. Plats méditerranéens et créatifs cuisinés avec soin. De sa carte très variée, on retiendra particulièrement les poissons et les fruits de mer, toujours accompagnés des excellents crus de la cave.

En soirée

Carrer del Primer de Maig – Plusieurs cafés-bars-musicaux sont alignés dans le bas de la rue, vers le passeig Marítim. On passe d'un bar à un autre selon ses goûts musicaux.

Discoteca Ruta 66 – *Bonaire, 12 - Sitges - ☎ 938 945 635 - juil. : jeu.-sam. 24h-6h ; août : tlj 24h-6h ; juin et sept : vend.-sam. 24-6h*. Ambiance latino puis musique pop à partir de 3h.

Événements

Carnaval – *Fév. ou mars selon les années*. Pendant sept jours, les rues de Sitges s'emplissent de personnages masqués, bouffons, lutins, formant des cortèges très osés et bruyants. C'est l'un des carnavals les plus réputés de Catalogne.

Rallye international de voitures anciennes Barcelone-Sitges – *Déb. mars*. Depuis 1958, de très belles voitures du début du 20e s. y participent, avec des conducteurs en costume d'époque.

Festes de Corpus – *Juin, pendant la Fête-Dieu*. À la coutume de couvrir d'herbes odorantes le chemin emprunté par la procession du Corpus Christi s'est substituée celle de créer des tapis de fleurs sur l'ensemble du parcours. Le concours de tapis de fleurs de Sitges est le plus célèbre d'Espagne.

Festival international de théâtre – *Courant juin*. L'une des principales manifestations culturelles de la ville.

Festa de Sant Bartomeu – *24 août*. Cette fête possède un caractère populaire très marqué. Les gens envahissent les rues en dansant la *moixiganga* d'origine baroque. Des géants à grosse tête courent parmi la foule dans les ruelles du quartier ancien et un grand feu d'artifice clôt la fête.

Festival international de cinéma de Catalogne – *Oct*. Un festival prestigieux.

Solsona★★

8 571 HABITANTS
CARTE GÉNÉRALE B2 – CARTE MICHELIN REGIONAL 574 G34 – PROVINCE DE LLEIDA

Chef-lieu de la « comarca » et siège épiscopal depuis 1593, Solsona est une ville aux traditions très enracinées. Dans le vieux quartier, entouré des vestiges des remparts, on découvre la quiétude de la ville. Le silence emplit ses rues solitaires bordées de magnifiques demeures médiévales. Les places Sant Joan et de La Ribera, où se tiennent des marchés, baignent dans une atmosphère indéniablement désuète.

- **Se repérer** – Solsona se trouve au centre de la *comarca* du Solsonès, très riche en forêts. L'accès en voiture est aisé : Solsona est située à 23 km à l'est de la C 14, qui relie Lérida (le chef-lieu de la province) à La Seu d'Urgell (dans les Pyrénées).

- **À ne pas manquer** – Les marchés artisanaux de la plaça de la Ribera ou de la plaça de Sant Joan.

- **Organiser son temps** – Évitez le lundi, jour de fermeture de tous les musées.

👣 **Pour poursuivre le voyage** – Voir aussi Cardona (20 km au sud-est), Manresa (50 km au sud-est) et Berga (51 km au nord-est).

Visiter

Museu Diocesà i Comarcal★★

Pl. del Palau, 1 - ℰ 973 482 101 - tlj sf lun. mat. et apr.-midi, dim. et j. fériés mat. - 2 €.
Installé dans le palais épiscopal, édifice baroque du 18e s., ce musée possède, outre une importante section ethnographique, l'une des **collections de peinture romane et gothique★★** les plus représentatives de l'art catalan. Le palais abrite également le **musée du Sel** *(situé au premier étage du cloître)*, réunissant de curieux mets faits à base de sel gemme de Cardona.

Peintures murales de Sant Quirze★★★ de Pedret – Cet ensemble préroman (10e s.) provenant de l'église Sant Quirze de Pedret, proche de Berga, est une œuvre anonyme et singulière, découverte en 1939 sous les fresques romanes du 12e s. Elle consiste en deux cercles, qui vraisemblablement flanquaient une fenêtre. Dans celui de droite, surmonté d'un phénix, symbole d'immortalité, apparaît Dieu bénissant, et, dans celui de gauche, figure une scène à thème paléochrétien : le paon mangeant une grappe de raisins.

On voit également des fresques du 12e s., où le maître de Pedret a illustré des thèmes religieux dans un style où transparaît l'influence byzantine (sacrifice d'Abraham, Abel offrant un présent à Dieu et le Jugement de saint Cyr et de sainte Julitte). Sur le côté droit de la voûte, il faut remarquer la frise des quatre cavaliers de l'Apocalypse. La couleur des chevaux permet d'identifier les personnages (celui de la guerre en rouge, celui de la victoire en blanc, celui de la mort en gris et celui de la faim en noir). L'ange qui protège le village de ces sinistres cavaliers mérite d'être observé pour ses ailes constellées d'yeux.

Peintures murales de Sant Pau★ de Caserres – Ces fresques (13e s.) possèdent des caractéristiques très particulières : les silhouettes arborent une languide souplesse, l'expression des visages est douce, et le trait est élégant et léger. La scène la mieux conservée est celle du Jugement dernier avec ses deux couples de merveilleux **séraphins★★**.

Frises de la collégiale de Cardona – Elles appartiennent déjà au style gothique linéaire (14e s.). La frise supérieure est d'une grande qualité artistique. Une crucifixion sépare le royaume de la lumière, à gauche, de celui des ténèbres, à droite. Dans la frise inférieure, on voit des épisodes de la vie de saint Étienne.

Sont également exposés de magnifiques **parements d'autel**, parmi lesquels celui de Sagàs (12e s.), réalisé dans un style austère, où les scènes sont très expressives.

Une autre pièce intéressante est la **Cène de sainte Constance★**, œuvre de Jaime Ferrer, provenant de Castelló de Farfanya. Influencé par le style de Borrassà, l'artiste a placé sur un fond doré somptueux des personnages aux expressions et attitudes réalistes.

Cathédrale

Elle fut construite entre les 12e et 18e s. ; du bâtiment d'origine subsistent les trois absides romanes (12e s.), le clocher aux ouvertures finement travaillées ainsi que quelques voûtes du cloître. La monumentale **porte Sant Agustí** (1780) de la façade principale, de style baroque, est dominée par un relief représentant l'extase du saint.

L'intérieur, dont l'unique nef est prolongée par une abside polygonale, est de style gothique. Dans le bras gauche du transept se trouve la **chapelle de la Mercè**, ornée d'un bel autel baroque réalisé par Carlos Moretó.

La **chapelle de la Mare de Déu del Claustre** *(bras droit du transept)*, la plus belle de cette cathédrale, a été construite au 18e s. en style néoclassique ; elle a une forme de croix latine et est décorée d'un baldaquin et d'un *camarín*. Sur un fond doré figurent différentes représentations d'anges et des motifs ornementaux. Elle abrite la célèbre sculpture de la **Vierge du Cloître★**, œuvre romane (12e s.) réalisée par le maître Gilabertus, de l'école de Toulouse. Selon la tradition, elle fut retrouvée dans le puits du cloître, où elle avait été cachée par un moine.

Museu del Ganivet

Travesia San Josep de Calassanç, 9 - ℰ 973 48 15 69 - sept.-juin : sam. mat. et apr.-midi, dim. mat. ; juil.-août : consultez les horaires - 3 €.
Ce musée est consacré à la coutellerie, de longue tradition à Solsona. En sus des couteaux et autres rasoirs, il expose divers instruments et ustensiles de tout genre, comme par exemple du matériel de dentiste ou des outils agricoles.

Ajuntament

Ce bâtiment a été construit au 16e s. par Pedro Puigdepons, pour répondre aux exigences d'une maison de commerçants tout en conservant le goût décoratif de la Renaissance. Sur la façade principale figure le blason des Puigdepons (remarquer les rats qui grimpent sur l'olivier).

Aux alentours

Sant Llorenç de Morunys

34 km au nord. Sortir de Solsona en direction de Lladurs. Après le village et avant d'arriver au Coll de Jou, prendre à droite.

Sant Llorenç se trouve tout au nord du **Vall de Lord**, vallée qui s'étend en amont des rivières Cardener et Aïgua de Llinars. Dans ce fantastique paysage, d'épaisses forêts de chênes et de pins sylvestres côtoient d'abrupts pics rocheux. La beauté naturelle de ces lieux attire les randonneurs.

Sant Llorenç★ – L'église faisait partie d'un ancien monastère bénédictin. Bâtie au 11e s., elle constitue un magnifique exemple du roman lombard. Elle possède trois vaisseaux et abrite deux merveilleuses œuvres baroques : le retable du maître-autel et la chapelle de la Mare de Déu dels Colls.

Les personnages du monumental **retable du maître-autel**, réalisé (1711-1713) par Juan Francisco Moretó, ont été travaillés avec un grand souci des proportions et du détail. Les éléments décoratifs (niches, colonnes et chapiteaux) sont d'une grande beauté.

La **chapelle de la Mare de Déu dels Colls★**, œuvre de Josep Pujol (1733-1784), est décorée de façon exceptionnelle. Les reliefs qui couvrent les murs et la voûte représentent différentes scènes bibliques. C'est une œuvre complexe et exubérante qui retient l'attention du visiteur.

Sant Esteve d'Olius★

6 km au nord-est par la C 26.

La petite **église** romane (11e s.) présente une nef unique coiffée d'une voûte en berceau, elle-même soutenue par des formerets appuyés sur des pilastres. Dans le presbyterium s'ouvre une simple **crypte★** dont les trois vaisseaux voûtés sur croisée d'ogives reposent sur un groupe formé de six colonnes et de six pilastres.

En face de l'église, le **cimetière moderniste** a été réalisé par Bernardí Martorell en 1916. C'est un singulier jeu de formes et de volumes en parfaite communion avec la nature.

Solsona pratique

Adresse utile

Office du tourisme de Solsona – *Cra. de Bassella 1 - 25280 Solsona - ℘ 973 482 310 - www.turismesolsones.com - lun.-vend. 9h-13h, 16h-19h (sam. 10h), dim. et j. fériés 10h-13h.*

Se loger

◛◕ **Hôtel Crisami** – *Rte de Manresa, 52 - Solsona - ℘ 973 480 413 -* 🅿 *- 17 ch. : 51 € -* ⛱ *5,50 € - rest. 9 €.* Petit hôtel situé à la sortie de l'agglomération. Deux catégories de chambres : chambres désuètes et modestes, et catégorie plus moderne et confortable. Le sobre restaurant sert une cuisine catalane.

Se restaurer

◛◕ **Vilaseca Gran Sol** – *1 km au sud-est de Solsona par la C 55 - ℘ 973 481 000 - fermé lun., janv. -* 🍽 *- menu 15 € - 30/35 €.* En bord de route, ce spacieux restaurant de style classique divise en deux sa salle par un rideau afin de délimiter la zone réservée aux banquets et la salle de restauration pure. Sa table vous réservera des plats variés.

Événement

Fête-Dieu – *Solsona - juin.* Les jeunes de Solsona, portant des vêtements typiques, dansent au milieu du vacarme produit par les coups de tromblon ; géants et grosses têtes défilent pendant que les enfants dansent dans les rues le *ball de Bastons*.

Tarragone★★

Tarragona

128 152 HABITANTS
CARTE GÉNÉRALE A3 – CARTE MICHELIN REGIONAL 574 I33
SCHÉMA P. 217 : COSTA DAURADA – PROVINCE DE TARRAGONA

Ville ouverte sur la mer, radieuse et toujours accueillante – selon la légende, Jupiter quitta sa femme, Tiria, une mortelle, car il tomba fou amoureux de Tarragone –, l'ancienne Tarraco, qui devint l'une des cités majeures de l'Empire romain, est actuellement la capitale de la Costa Daurada. Tarragone jouit d'un agréable climat tempéré et ses plages de sable fin sont fréquentées une grande partie de l'année. La richesse de son patrimoine artistique et architectural, dont on remarquera plus particulièrement les vestiges classiques et médiévaux, fait de Tarragone l'un des hauts lieux du tourisme en Catalogne.

▶ **Se repérer** – Tout un réseau d'autoroutes et de routes font de Tarragone l'une des villes les mieux desservies de la Catalogne ainsi que le point de départ privilégié d'excursions sur le littoral de la Costa Daurada ou dans l'arrière-pays, encore inconnu pour beaucoup, qui recèle de magnifiques sites et d'étonnants ensembles monumentaux. La ville se situe à 98 km au sud-ouest de Barcelone.
Pour les liaisons aériennes, les trains et les bus, reportez-vous à la rubrique « Transports » de l'encadré pratique de Tarragone.
Pour vous repérer dans la ville, suivez la Rambla Nova, l'artère principale reliant la plaça Imperial Tàrraco au passeig de les Palmeras surplombant la Méditerranée. Parallèlement, la Rambla Vella prolonge la via Augusta. Elle borde le centre historique, délimité ailleurs par des murailles. De là, la carrer Major escalade la colline jusqu'à la cathédrale.

🅿 **Se garer** – Vous trouverez de nombreux parkings à proximité de la plaça Imperial Tàrraco et sur l'avinguda Prat de la Riba, à 15mn à pied du centre historique. Hors saison, vous pouvez tenter de vous en approcher par l'avinguda de Catalunya ou la Rambla Vella, où le parking est autorisé.

👁 **À ne pas manquer** – El Serrallo, le lieu par excellence où sont regroupés les meilleurs restaurants de poissons et fruits de mer de la ville. Dans ce quartier de bord de mer, créé au milieu du 19ᵉ s., se tient, tous les jours, une criée aux poissons renommée. La nuit tombée, El Serrallo devient un quartier récréatif animé, qui attire beaucoup de visiteurs.

🕐 **Organiser son temps** – Pour bien s'imprégner de l'atmosphère de la vieille ville, il faut monter jusqu'au quartier de la cathédrale où s'entremêlent vestiges romains et médiévaux. Ensuite, il faut se rendre à la Rambla Nova, symbole de la Tarragone moderne, et pousser la promenade jusqu'à l'agréable passeig de les Palmeras, connu sous le nom de « **balcon de la Méditerranée** ». Là, dominant l'immense étendue bleu azur, on a la sensation de flotter sur l'eau. Ne pas oublier de respecter la pittoresque tradition de « toucher le fer » *(tocar ferro)*, qui veut

Le portail de la cathédrale.

J. Malburet / Michelin

que toucher la longue rampe métallique du « balcon de la Méditerranée » porte chance !

- 🕯 **Pour poursuivre le voyage** – Voir aussi Port Aventura (10 km au sud-ouest), Reus (14 km à l'est), Cambrils (18 km au sud-ouest), Valls (19 km au nord), le monastère de Santes Creus (34 km au nord-est), Montblanc (36 km au nord-ouest), le monastère de Poblet (46 km au nord-ouest) et la Costa Daurada.

Comprendre

La cité romaine de Tarraco

L'antique Cesse, précédant la ville romaine de **Tarraco**, était située sur un emplacement caractéristique des villages côtiers ibériques : sur le bord d'une élévation naturelle du terrain, dominant une plate-forme côtière et l'embouchure d'une voie fluviale.

En l'an 218 av. J.-C., les troupes de Publius et Cnæus **Scipion** débarquèrent à Tarraco, fondant un *praesidium* ou base militaire de grande importance. En raison d'une très favorable situation stratégique et d'excellentes conditions climatiques, Tarraco prit de l'ampleur au cours de la deuxième guerre punique et, plus tard, au cours des opérations d'occupation du territoire hispanique (2e et 1er s. av. J.-C.).

Du camp militaire à la grande ville – Dans la deuxième moitié du 1er s. av. J.-C. se sont produits deux faits clés permettant d'appréhender l'importance de Tarraco la Romaine : la concession du statut de colonie de droit romain à la ville, puis, en l'an 27 av. J.-C., son élévation au rang de capitale de la province d'Hispanie citérieure, également appelée Tarraconaise.

Ces nouvelles circonstances amenèrent la ville à abandonner progressivement sa fonction militaire pour des opérations plus ambitieuses et complexes, et son plan se trouva modifié. La partie en amont hérita de l'infrastructure militaire qui était la sienne aux 2e et 1er s. av. J.-C. Les **bâtiments** de cette zone élevée furent construits, dans une optique de gigantisme, sur trois grandes terrasses, ayant chacune une fonction déterminée : la première, où se dressait le temple, formait un périmètre réservé au culte impérial, la deuxième, sur laquelle s'élevait le bâtiment du prétoire, formait le siège des conciles provinciaux, la troisième était occupée par le cirque. Ce dernier marquait la limite entre la ville « officielle » et sa partie basse, vouée aux logements et aux services.

Au cours des quatre siècles de colonisation romaine, Tarraco, qui atteignit 30 000 habitants, devint l'une des villes les plus importantes de tout l'Empire, où séjournèrent fréquemment Jules César et l'empereur Auguste.

La Tarragone médiévale et l'époque moderne

Christianisée par saint Paul, selon la tradition, Tarraco entra dans une période de profonde décadence lors de la chute de l'Empire romain. Au 3e s. de notre ère, les invasions des Francs et des Germains la dévastèrent, et, en l'an 476, l'armée wisigothe d'Euric la rasa complètement. Les Arabes la conquirent en l'an 714, et ce n'est qu'au 12e s., lorsque Tarragone fut repeuplée sous l'impulsion des comtes de Barcelone, que fut restauré l'ancien et important archevêché.

Entre les périodes médiévale et moderne ont alterné de graves crises économiques et sociales, mais au 18e s. Tarragone connut une forte croissance économique, consolidée dans la deuxième moitié du 19e s. par une intense activité industrielle et la reconstruction du port.

Tarragone aujourd'hui

Tarragone a grandi d'une façon vertigineuse au cours de ces dernières décennies. Les vestiges romains et médiévaux coexistent avec de nombreux aménagements, qui assurent au visiteur un séjour calme et confortable.

Dynamique comme elle ne l'a jamais été, Tarragone doit une grande partie de son potentiel économique au développement de l'industrie pétrochimique et aux activités liées au port, l'un des plus importants du bassin méditerranéen. Les équipements culturels de la ville sont nombreux et offrent un choix de premier ordre : musées, salles de concert, bars, discothèques et salles de cinéma.

À l'instar d'autres villes catalanes, Tarragone s'est beaucoup développée, aussi, grâce à son université. De nombreux bâtiments anciens (« Escorxador » – abattoirs –, l'ancienne Cour de Justice, etc.) ont fait l'objet d'importants aménagements pour accueillir les différentes facultés. En leur attribuant une nouvelle vocation, la ville s'est dotée d'un important centre universitaire.

Ses 15 km de côtes arborent souvent le label « Drapeau Bleu », concédé chaque année par l'Union européenne, car Tarragone possède quelques-unes des plus belles plages de sable fin de tout le littoral catalan. Il existe également de petites calanques, telles Tamarit, La Mora ou Els Capellans, sises dans un environnement rocheux d'une grande beauté.

Découvrir

LA TARRAGONE ROMAINE★★

Une demi-journée de visite. Départ de la cathédrale.

Les monuments romains de Tarragone sont mêlés aux constructions ultérieures, formant une véritable mosaïque.

👁 Les amateurs de vestiges romains ne doivent pas manquer de visiter les différents monuments de l'époque qui se trouvent aux abords de Tarragone *(voir « Aux alentours » et le chapitre dédié à la Costa Daurada)* : **Aqueduc romain★★**, **Mausolée de Centcelles★★**, **Tour des Scipions★**, **Villa romaine de Els Munts★**, **Arc de Berà★** et **Carrière de El Mèdol**.

Passeig Arqueològic★★ plan II D1

Passeig Arqueològic - 📞 *977 245 796 - www.museutgn.com - tte la journée, dim. et j. fériés mat. - fermé lun., 1ᵉʳ et 6 janv., 1ᵉʳ Mai, 25 déc. - 2,10 € (-16 ans gratuit).*

L'histoire de Tarragone est liée à ses remparts, qui ont tenu leur fonction défensive jusqu'au début du 19ᵉ s.

Ils furent construits à la fin du 3ᵉ s. av. J.-C., pendant les premières années de l'occupation romaine. Longs de 4 km à l'origine, ils mesurent un peu plus de 1 km actuellement. Les pierres de taille se dressent sur une base cyclopéenne de grands blocs irréguliers, couchés les uns sur les autres sans mortier. C'est au Moyen Âge et au 18ᵉ s. qu'ils furent prolongés.

Au pied de ces murs historiques, le passeig Arqueològic est une promenade qui traverse d'agréables jardins. Ici, on côtoie des vestiges du passé et on jouit de perspectives sur la Tarragone moderne. Le soir, lorsque les jardins et les vieilles pierres s'illuminent, cela vaut la peine d'effectuer une petite promenade nocturne.

Forum provincial plan II D1

L'étude des épigraphes trouvées dans ce secteur a permis de définir les dimensions et l'importance de ce grand forum (1ᵉʳ s.), à partir duquel était administrée la province d'Hispanie citérieure. Cependant, la trame urbaine ayant entièrement recouvert les

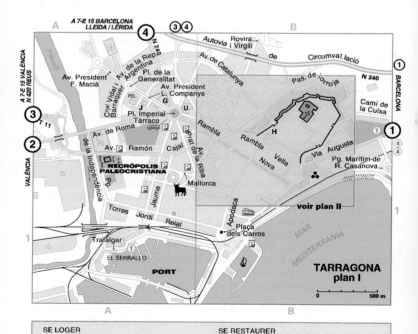

SE LOGER		SE RESTAURER	
Hotel Astari	①	Estació Marítima	①
Hotel Sant Jordi	④	Sol Ric	④

vestiges archéologiques, on ne sait presque rien des caractéristiques de ce centre important dont il ne subsiste qu'un pan de mur sur la plaça del Forum.

Museu Nacional Arqueològic★ plan II D1

Pl. del Rei, 5 - ☏ 977 236 209 - ☝ - juin-sept. : tte la journée, dim. et j. fériés mat. - reste de l'année : mat. et apr.-midi, dim. et j. fériés mat. - fermé lun., 1er janv., 1er Mai, 25-26 déc. - 2,40 € (-18 ans et mar. gratuit), billet combiné avec le Museu i Necròpolis Paleocristiana.

Le bâtiment qui abrite ce musée a été élevé en 1960 sur un pan de muraille, visible depuis le sous-sol. Il accueille une importante collection d'objets trouvés dans la ville et ses environs : des vestiges de statues qui ornaient les monuments et les places publiques, des frises, des corniches et des médaillons sculptés provenant des temples, de très belles mosaïques, des pièces de monnaie et différents objets qui témoignent de l'enracinement de la civilisation romaine dans la région.

Architecture romaine – Dans la salle II *(au rez-de-chaussée)*, vous pourrez admirer quelques vestiges des bâtiments les plus colossaux de Tarraco : le forum provincial, le théâtre, les temples disséminés dans la ville, etc. Ces éléments nous aident à comprendre comment étaient décorés les différents bâtiments, ceux consacrés au culte comme ceux consacrés aux loisirs.

Mosaïques romaines★★ – Le musée possède les plus belles collections de mosaïques romaines de Catalogne. Les salles III *(1er étage)* et VIII *(2e étage)* montrent à quel point les Romains avaient développé cette technique ornementale. Il y en a de toutes sortes et de toutes dimensions : décorées de motifs végétaux ou géométriques, sous forme de grands pans aux couleurs éclatantes ou présentant des détails pratiquement monochromes. Quelques-unes de ces pièces sont d'une extraordinaire beauté, telle la **mosaïque de la Méduse★★**, salle III. Réalisée vers la fin du 2e s. dans un atelier situé hors de la ville et achevée sur place par des artisans qualifiés, cette tête de Méduse est une œuvre magnifique, où la recherche du détail n'amoindrit pas l'expressivité de l'œuvre.

Sculpture romaine★ – Dans les salles VI à X *(2e étage)*, vous pourrez admirer différents types de sculptures trouvées à Tarraco et dans ses environs immédiats. Signalons tout spécialement la salle IX où se trouve la **sculpture funéraire**, présentant des pièces d'une qualité artistique étonnante. L'ensemble est magnifique et dans un excellent état de conservation.

Bien que toutes les sculptures soient intéressantes, les plus significatives sont : le **buste de Lucius Verus★** *(salle VI)*, belle œuvre réalisée au 2e s. de notre ère et formant l'un des exemples les plus aboutis de la sculpture romaine, la petite sculpture votive de **Vénus★** *(salle VI)*, trouvée dans le théâtre de Tarraco, dont les petites dimensions ne nuisent en rien à l'harmonie des formes, enfin la **tête de Minerve** *(salle VII)*, de l'époque d'Hadrien, illustrant la sérénité de la déesse de la guerre.

Recinte Monumental del Pretori i del Circ Romà★ plan II D1

Pl. del Rei, s/n - ☏ 977 241 952 - www.museutgn.com - tte la journée, dim. et j. fériés mat. - fermé lun., 1er et 6 janv., 1er Mai, 25-26 déc. - 2,20 € (-16 ans gratuit).

Il est situé dans le bâtiment du Pretori, ou château du roi, appelé encore Castillo de Pilatos. Cet édifice, qui occupait l'une des extrémités du forum provincial romain, a connu tout au long de sa longue histoire des affectations très diverses : siège administratif au 1er s. av. J.-C., demeure royale au Moyen Âge, caserne après la guerre de Succession et bagne au 19e s. Finalement, il est devenu musée en 1968.

Le prétoire était relié au cirque par des **tunnels voûtés★**, que vous pouvez visiter actuellement. Emprunter ces longs tunnels reliant la ville haute et la ville basse, et chargés d'histoires macabres et inquiétantes, produit un effet saisissant.

Outre la visite des sous-sols de la ville, le musée vous offre la possibilité d'aller au sommet du prétoire, d'où s'offre une **vue★** excellente. Observez les ruines de l'amphithéâtre, le port et, à droite, le profil de Salou, ainsi que la silhouette particulière des montagnes russes du parc d'attractions de Port Aventura.

Sarcophage d'Hippolyte★★ – C'est la plus importante des œuvres exposées dans ce musée. Récupéré au fond de la mer sur la côte tarraconaise en 1948, il présente quatre faces illustrant la légende de Phèdre et d'Hippolyte. On pense qu'il fut réalisé au début du 3e s. apr. J.-C. dans un atelier grec. Le dynamisme et la variété dans le rendu des personnages, la vraisemblance des scènes et le bon état de conservation font de ce sarcophage l'une des plus belles pièces de cette époque trouvées en Catalogne.

L. Campion / Michelin

L'amphithéâtre romain.

Cirque romain – Le cirque de Tarraco fut bâti à l'époque de Domitien, de 81 à 96, et servait aux courses de chevaux. Sa situation insolite, à l'intérieur des remparts, marquait la partition de la ville : le secteur public et officiel dans la partie élevée, le secteur résidentiel dans la partie basse. À partir du 14e s., le cirque subit d'importantes dégradations car on s'en servit pour y aménager des logements. Plus récemment, il fut sérieusement détérioré au cours des attaques françaises (août 1813).

Actuellement, il est difficile de se faire une idée de ses proportions, car de nombreuses constructions modernes le dissimulent presque entièrement. Les dimensions de cet édifice rectangulaire arrondi aux extrémités étaient impressionnantes : l'arène mesurait 325 m de long sur 115 m de large. On a conservé quelques gradins et une grande partie des voûtes qui les soutenaient, de même que certaines parties de la façade extérieure (trois arcs sur les soixante d'origine), du podium et quelques monumentales portes d'accès. À l'une de ses extrémités fut élevée la **tour de los Monges** (14e s.).

Amfiteatre Romà★★ plan II D1

Parque del Miracle - ℘ 977 242 579 - www.museutgn.com - tte la journée, dim. et j. fériés mat. - fermé lun., 1er et 6 janv., 1er Mai, 25 déc. - 2,10 € (-16 ans gratuit).

Tarraco a été l'une des rares villes d'Hispanie où l'on a construit un amphithéâtre (première moitié du 2e s.), ce qui confirme l'importance politique et sociale de cette colonie durant les premières années de notre ère.

Il est situé à l'est de la ville, en dehors de l'enceinte, sur le versant de la colline du *praesidium*, qui était la base militaire des Scipions. Vous accéderez à ces ruines par le **passeig de les Palmeras**, beau jardin reliant la Rambla Nova à la Rambla Vella.

L'amphithéâtre présente un plan elliptique caractéristique de ce type d'édifice, avec, au centre, une arène, où étaient donnés tous les spectacles, entourée de gradins où s'asseyait le public. Il se trouve dans une **enclave★** magnifique, sur le flanc d'une petite colline qui descend vers la mer. La pente naturelle du terrain fut utilisée pour aménager une partie des gradins. On dressa des voûtes et des arcs monumentaux, encore visibles. Sous l'arène furent creusées de nombreuses fosses, consacrées aux dépendances des gladiateurs, dépôts, cages, etc. Là furent brûlés vifs, en 259, saint Fructueux, premier évêque de Tarragone, et les diacres Augure et Euloge. Une basilique wisigothique à trois vaisseaux et abside en fer à cheval fut élevée (6e-7e s.) à l'endroit même de leur supplice. Au 12e s., au-dessus de cette première construction, on bâtit l'**église** romane **Santa Maria del Miracle**, au plan en croix latine, dont les vestiges sont actuellement visibles dans l'arène et sur une partie des gradins.

Forum Romà hors plan

L'entrée principale se trouve dans la carrer de Lleida - ℘ 977 242 501 - www.museutgn. com - tte la journée, dim. et j. fériés mat. - fermé lun., 1er et 6 janv., 1er Mai, 25-26 déc. - 2,20 € (-16 ans gratuit).

Le forum formait l'ensemble architectural le plus caractéristique des villes romaines. Il consistait, habituellement, en une large place entourée d'un portique, autour de laquelle se dressaient toutes sortes de bâtiments (temples, curie, tavernes, etc.), où se déroulait la vie politique, juridique, religieuse et commerciale. Tarraco, en tant que capitale de l'Hispanie citérieure, possédait deux forums : l'un situé dans la ville haute, l'autre consacré aux affaires locales de la colonie, érigé dans la partie basse.

Au nombre des rares vestiges du forum, remarquez les quelques bas-reliefs historiés, des morceaux de frises, des tronçons de voie publique, etc. Quoique l'ensemble offre un aspect fragmentaire, il est facile d'imaginer le temps où marchands, prêtres et orateurs circulaient parmi ces vieilles ruelles.

Museu i Necròpolis Paleocristiana
(Musée et nécropole paléochrétienne) plan I A1

Av. Ramón y Cajal, 80 - ☏ 977 211 175 - tlj sf lun. mat. et apr.-midi, dim. et j. fériés mat. - 2,40 € (-18 ans gratuit ; billet donnant accès au Museu Nacional Arqueològic).

Les vestiges d'une nécropole datant du 3e s. ont été mis au jour en 1923, lors de la construction du bâtiment qui abrite la Régie des Tabacs. Le type de sépulture le plus fréquent est la *tegula*, petit espace protégé par une simple structure de tuiles, sous laquelle étaient déposés le défunt et les amphores.

En attendant la réouverture du musée, une exposition permanente, « Le Monde da la Mort », présente quelques-unes des sépultures les plus représentatives.

Se promener

LA CITÉ MÉDIÉVALE

Au Moyen Âge, Tarragone avait une population très hétérogène : nobles, chevaliers, bourgeois, Juifs, ecclésiastiques, artisans et pêcheurs. La très forte empreinte laissée par la civilisation romaine conditionna l'aspect de la ville, les vestiges romains s'intégrant – surtout dans la « Part Alta » – aux éléments propres à une communauté médiévale (château, cathédrale, marché, etc.).

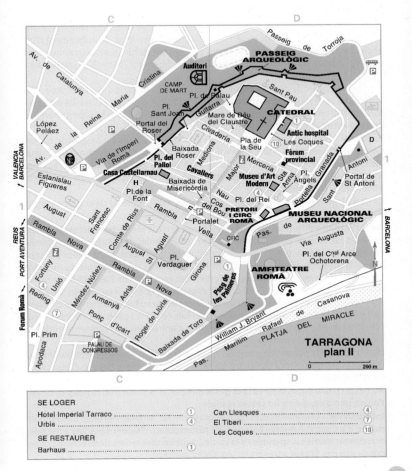

TARRAGONA
plan II

0   200 m

SE LOGER		
Hotel Imperial Tarraco	①	Can Llesques ④
Urbis	④	El Tiberi ⑦
		Les Coques ⑩
SE RESTAURER		
Barhaus	①	

Antic hospital plan II D1

L'ancien hôpital Ste-Thècle (12e-14e s.) est actuellement le siège du conseil comarcal. Le bâtiment surprend par la juxtaposition d'éléments modernes et anciens, comme la façade et le portail roman.

Carrer dels Cavallers plan II C1

Comme la rue Montcada à Barcelone, la **rue des Chevaliers**, ruelle pavée, était l'artère principale de la Tarragone médiévale. Elle est encore bordée de quelques maisons seigneuriales ayant appartenu aux familles les plus aisées de la ville (Casa Castellarnau, Casa Montoliu et ancien palais de la Généralité).

Plaça del Pallol plan II C1

Cette place est l'un des endroits les plus calmes et les plus agréables de la partie haute de la ville. Des vestiges romains sont dissimulés sous les constructions médiévales. À côté du bâtiment de l'**Antiga Audiència★** (ancien prétoire) subsistent des porches et de grandes fenêtres gothiques ainsi que des vestiges de la porte romaine du forum provincial.

Arcades de la carrer Merceria plan II D1

Ce sont les seuls vestiges de l'ancien marché médiéval. Ayant fait l'objet d'importants travaux de réhabilitation, elles sont actuellement dans un excellent état de conservation. L'été, elles sont l'endroit idéal pour se protéger de la chaleur.

Quartier juif

Du quartier juif ne subsistent que les arcades gothiques de la **plaça dels Ángels** (plan II D1) et quelques rues au tracé labyrinthique, comme celle de Santa Anna.

Visiter

Cathédrale★★ plan II D1

Dédiée à la Vierge, c'est le monument médiéval le plus important de Tarragone. À sa mort, l'archevêque Hug de Cervelló légua des biens importants pour faire construire l'édifice, dont le chantier fut ouvert en 1174. Elle fut élevée sur l'emplacement d'un ancien temple de Jupiter, dont des restes sont encore visibles dans les galeries nord et ouest du cloître. L'archevêque Jean d'Aragon, fils du roi Jaume II, la consacra en 1331.

Bien qu'elle possède des chapelles latérales de style platéresque et baroque, elle appartient au style de transition romano-gothique, et c'est cette diversité architecturale qui la rend intéressante, surtout à l'intérieur, où les styles se superposent les uns aux autres, créant une impression d'opulence.

Façade★ – Bien qu'inachevée, la façade principale – à laquelle on accède par un perron monumental – est une œuvre de grandes dimensions et d'une grande valeur artistique. Elle possède trois corps de styles différents : les deux corps latéraux aux murs massifs s'inscrivent dans la tradition romane, tandis que le corps central est entièrement gothique.

Le portail, pourvu d'arcs ogivaux concentriques, est flanqué de deux piliers carrés, surmontés de belles pyramides gothiques bien travaillées.

Sur le **tympan★** du **portail principal★** est représenté le thème du Jugement dernier. Le Christ est entouré de deux anges portant les symboles de la Passion. À ses pieds, les douze bienheureux sortent de leurs sépulcres après avoir été appelés par sept anges. En dessous, les démons traînent les condamnés vers la gueule du monstre Léviathan, qui symbolise l'entrée de l'enfer. Cet ensemble de bas-reliefs est d'une singulière audace et atteint un tel degré d'expressivité que les personnages semblent sortir du cadre purement architectonique. Sur le trumeau figure la Vierge accueillant les fidèles. Cette belle œuvre en marbre fut réalisée (13e s.) par le maître Bartomeu. Elle domine cinq scènes d'Adam et Ève (l'une d'entre elles les représente vêtus au moment de leur expulsion du paradis).

Les ébrasements portent de grandes représentations des apôtres et des prophètes. Toutes ces sculptures sont dues au maître Jaime Cascalls, auteur des sépulcres royaux de Poblet *(voir ce nom)* et l'un des grands artistes de l'art gothique catalan.

Au-dessus d'une importante **rosace gothique** percée au milieu du frontispice devait s'ouvrir une baie, qui ne fut jamais réalisée.

Intérieur★★ – Les nombreuses œuvres qui y sont rassemblées forment un véritable musée d'art sacré. Retables baroques et platéresques, chapelles peintes à fresque, grandes tapisseries suspendues à la voûte... tout un spectacle à demi éclairé par les rais de lumière filtrant à travers les vitraux et la rosace.

En forme de croix latine, la cathédrale comporte trois vaisseaux et un transept. La nef centrale est imposante (17 m de largeur pour 26 m de hauteur). L'abside, pourvue d'arcs en plein cintre, est de tradition romane alors que le vaisseau est gothique. Sur la croisée se dresse une tour-lanterne octogonale sur pendentifs. À l'extrémité des croisillons s'ouvrent deux rosaces encore parées de leurs vitraux du 14e s.

Dans la chapelle de la Vierge-de-Montserrat *(deuxième chapelle à gauche)*, un beau **retable★** (15e s.) retient l'attention. Réalisé par Lluis Borrassà, il est caractéristique du style de son auteur : une préciosité formelle apportant une grande élégance et un dynamisme aux images, des couleurs orangées qui se mêlent aux dorés, etc. L'élégante chapelle du Saint-Sépulcre *(bas-côté gauche au niveau du cor)*, où fut réemployé un sarcophage, mérite aussi le détour.

La **chapelle de los Sastres★★** (des tailleurs) est l'une des plus flamboyantes de toute la cathédrale. Ayant appartenu, pendant un certain temps, à la corporation des tailleurs, elle en a pris le nom. Elle présente une voûte nervurée très complexe et spectaculaire. Cette chapelle forme un ensemble homogène, dominé par le retable du maître Aloi et décoré dans la partie supérieure de peintures et de sculptures.

Néanmoins, le vrai joyau de la cathédrale est le **grand retable de sainte Thècle★★★** (1430), patronne de la ville. La légende veut qu'elle se convertit au christianisme en entendant la prédication de saint Paul. Maintes fois persécutée, même par sa propre mère, elle échappa miraculeusement au supplice grâce à une intervention divine.

Le retable occupe totalement l'abside centrale ; seules deux portes gothiques crénelées, flanquant cet important ouvrage, permettent le passage. L'auteur de cette œuvre magnifique est le grand sculpteur Pere Joan, qui montre la finesse de son art dans la prédelle, où il décrit la vie de sainte Thècle en six scènes. Le goût du détail, de l'ornementation et du pittoresque caractérise puissamment cette œuvre, aussi finement ciselée qu'une pièce d'orfèvrerie. En observant la prédelle de plus près, on découvre les détails : les expressions des visages, les coiffures, les regards, les sourires et, le plus surprenant de tout, les mouches sur la plaie du bœuf.

Détail du retable de sainte Thècle.

En dépassant l'abside, sur la droite, une porte conduit à la sacristie et à la salle du trésor, coiffée d'un élégant **plafond artesonado★** mudéjar (14e s.).

À droite de l'autel se trouve le **tombeau★★** de l'archevêque Jean d'Aragon, l'une des grandes œuvres catalanes du 14e s., vraisemblablement réalisée par un maître italien. À noter aussi dans les chapelles Ste-Lucie et Ste-Hélène *(à l'arrière du cor)* les peintures murales du 14e s.

La chapelle consacrée à sainte Thècle *(troisième chapelle à droite)* recèle différents **retables★** narrant la vie de la sainte. On appréciera la délicatesse et le caractère somptueux de ces ouvrages en marbre (1760-1775) qui relèvent davantage d'un courant romantique que de celui du temps de leur création.

Les tapisseries qui pendent de la voûte accentuent le caractère somptueux de l'intérieur. La plupart d'entre elles ont un caractère allégorique ; en les observant, on peut essayer de deviner le principe moral traité.

Cloître★★ – La **porte romane★** qui relie le cloître à l'intérieur de la cathédrale, réalisée dans un marbre particulièrement blanc, présente au tympan le Christ en majesté ; remarquer aussi le souci du détail dans les sculptures des chapiteaux. Le cloître surprend par ses grandes dimensions (45 m de côté) et par son originalité, empreinte d'harmonie. La construction, commencée vers la fin du 12ᵉ s., s'est achevée au 13ᵉ s. Voûté sur croisée d'ogives, selon le premier style gothique, il a conservé la tradition romane pour les ornements sculptés bien que l'influence arabe soit sensible dans la décoration des arcs polylobés. De plan quadrangulaire, il compte quatre galeries comportant six arcs en lancette ; dans chaque arc s'inscrivent trois arcs en plein cintre soutenus par des colonnes géminées en marbre. Les deux oculi ajourés ouverts dans chaque lancette témoignent également de l'influence arabe, comme la bande d'arcatures polylobées qui borde le toit et la tour, visible depuis l'angle nord-est.

Les chapiteaux décorés de scènes bibliques, de légendes mythologiques et de motifs floraux sont très intéressants, mais, par sa singularité, le chapiteau situé à l'angle nord-est et représentant la « procession des rats » ressort de l'ensemble.

Clocher – Il s'élève dans l'angle formé par le transept et l'aile est de l'édifice. Le premier corps fut réalisé en l'an 1200, le deuxième, en pierre blanche à bossages, fut construit entre 1321 et 1327. En 1330, on ajouta un troisième corps.

Haut de 70 m, il est visible depuis de nombreux points de la ville, et le poids de la cloche principale, appelée « Capona », est de 5 188 kg.

Museu Diocesà★ – ℰ 977 238 685 - de juin à mi-nov. : tte la journée ; de mi-mars à mai : mat. et apr.-midi ; de mi-nov. à mi-mars : mat. - 2,40 €. Les œuvres du musée diocésain sont réparties dans les différentes dépendances capitulaires. L'ensemble est extraordinaire, par la qualité et l'abondance des pièces exposées. Dans les salles, le visiteur pourra contempler des objets liturgiques très variés, des peintures, des retables et d'innombrables bas-reliefs, le tout d'une grande valeur artistique.

L'ancien **dortoir des chanoines** montre un pan de mur romain percé d'une grande fenêtre. Au fond de la salle, une tapisserie relate l'histoire de Samson ébranlant les colonnes du temple des Philistins. Il est amusant d'observer l'expression des personnages, qui, loin d'être apeurés, ont des visages joyeux. Sont également exposés divers objets (poteries, piédestaux et monnaies) datant de l'époque romaine.

La **chapelle du Corpus-Christi** abrite nombre d'objets religieux, notamment la pièce nᵒ 105, un **ostensoir★** d'une grande richesse ornementale, réalisé à partir de pièces d'or. On trouve également le **relief de saint Jérôme**, œuvre du 16ᵉ s. en albâtre polychrome, pièce d'une grande finesse où l'auteur a parfaitement su exprimer la souffrance du saint.

L'ancienne **salle capitulaire** est ornée de la tapisserie **La Bonne Vie★** (15ᵉ s.), probablement réalisée à Arras, capitale de l'Artois, autrefois réputée pour ses tapisseries.

Museu-Casa Castellarnau plan II C1

Cavallers, 14 - ℰ 977 242 220 - www.museutgn.com - tte la journée, dim. et j. fériés mat. - fermé lun., 1ᵉʳ et 6 janv., 1ᵉʳ Mai, 25-26 déc. - 2,20 € (-16 ans gratuit).

Construit entre les 14ᵉ et 15ᵉ s., cet édifice a toutes les caractéristiques des demeures nobles de l'époque. L'empereur Charles Quint y résida pendant son séjour à Tarragone en 1542. Vers la fin du 18ᵉ s., la famille Castellarnau acheta la maison et fit procéder à des travaux sur la façade et à l'intérieur, décoré de peintures de Flaugier.

Le **musée d'Histoire de Tarragone** présente une collection très variée de mobilier d'époque. Grâce aux différents dons, on a réussi à recréer l'atmosphère d'une maison baroque cossue. On y voit un beau patio gothique et quelques détails décoratifs surprenants, comme les objets en marbre de la salle de bains.

Museu d'Art Modern plan II D1

Carrer Santa Anna, 8 - ℰ 977 235 032 - www.altanet.org/MAMT - mar.-vend. tte la journée, sam. mat. et apr.-midi, dim. mat. - fermé lun., 1ᵉʳ et 6 janv., 1ᵉʳ Mai, 11 sept., 25-26 déc. - gratuit.

Ce musée a été inauguré en 1991 à la suite d'une remarquable réhabilitation du bâtiment qui l'abrite. On y trouve une harmonieuse collection d'objets de style Art nouveau. Le sculpteur tarragonais **Julio Antonio** (1889-1919), qui a réalisé le monument aux héros de 1811, sur la Rambla, y est bien représenté.

👁 Il existe à Tarragone bon nombre d'œuvres modernistes (Marché central, 1905, Abattoirs, 1902, maisons résidentielles de la Rambla Nova, etc.), les plus représentatives ayant été réalisées par **Josep M. Pujol** (1897-1939), qui dessina le plan d'agrandissement de la ville en 1922.

Aux alentours

Voir la carte de la Costa Daurada pour localiser les sites décrits.

Aqueduc romain★★

Sortir au nord par la N 240 en direction de Lérida (Lleida).

L'aqueduc romain (1er s.), plus connu sous le nom de pont du Diable ou « Acueducto de les Ferreres » (aqueduc des Forgerons), se trouve à 4 km de Tarragona. Situé dans une épaisse forêt de pins, une agréable promenade *(30mn)* permet d'y accéder. De dimensions considérables – deux niveaux d'arcades, culminant à 27 m et s'étirant sur 217 m –, il est dans un parfait état de conservation. L'utilisation de pierres sans mortier laisse à penser qu'il fut l'un des premiers aqueducs construits par Auguste en Espagne.

Mausolée de Centcelles★★

5 km au nord. Sortir par l'ouest en suivant l'avenue de Roma. Après avoir franchi le rio Francolí, tourner à droite. À Constantí, prendre, à droite, la route de Centcelles, puis un chemin (500 m environ). Juste avant d'arriver à Centcelles, tourner à gauche. La visite prévoit la projection d'un film audiovisuel sur le thème de la coupole. ☏ 977 523 374 - & - mat. et apr.-midi, dim. et j. fériés mat. - fermé lun., 1er janv., 1er Mai, 25-26 déc. - 1,80 € (-16 ans gratuit).

Les conditions climatiques, la situation géographique de la campagne tarragonaise et l'importance de Tarraco favorisèrent la construction de nombreuses villas rurales à caractère résidentiel. L'ensemble archéologique de Centcelles constituait l'une de ces implantations, prospères jusqu'au 4e s. de notre ère, époque à laquelle on construisit le grand mausolée.

On suppose que cette construction monumentale était la tombe de l'empereur Constant, fils de Constantin le Grand, qui mourut en Gaule en l'an 350. Sa fonction de mausolée impérial explique ses dimensions importantes et la qualité des mosaïques, qui constituent les plus anciens exemples d'art funéraire chrétien.

C'est un bâtiment de plan carré aux volumes très marqués. À l'intérieur se trouve une vaste pièce circulaire, surmontée d'une grande coupole de 11 m de diamètre. À la base s'ouvrent quatre niches en demi-cercle et une crypte. Cette construction est reliée à une salle quadrilobée.

Mosaïque de la coupole du mausolée de Centcelles, détail représentant l'Automne.

L. Campion / Michelin

La coupole de mosaïques★★ – Découvertes tout à fait par hasard en 1877, les mosaïques polychromes de Centcelles constituent un fantastique témoignage de l'enracinement du christianisme à la fin de l'Empire romain. Malgré la perte d'une grande partie de l'ensemble, ce qu'il en reste est d'une extraordinaire beauté.

Sur la partie basse apparaît le cycle de la chasse aux cerfs. Outre l'élégance des chevaux et des cavaliers, remarquez la forme des tuniques et la grâce des animaux en mouvement. L'expression du personnage (probablement le défunt) qui regarde vers le ciel, l'air absent, est surprenante.

Différentes bordures géométriques séparent la partie de chasse des scènes de l'Ancien et du Nouveau Testament. Les seize panneaux formant cette belle frise sont d'une qualité nettement supérieure à celle du cycle de la chasse. La technique est beaucoup plus soignée, le dessin est mieux exécuté et les tesselles dorées, symboles d'opulence, sont nombreuses. Admirez le plafond représentant Daniel dans la fosse aux lions : on ne voit qu'une partie du visage du prophète et la tête du lion au regard surpris.

Dans la partie supérieure, huit panneaux représentent les quatre saisons sous la forme de petits amours portant les objets symboliques des activités agricoles.

Tour des Scipions★

Sortir par l'ouest en suivant l'avenue de Roma puis la N 340 en direction de Barcelone, et, après 5 km, tourner à gauche.

Chez les Romains, il était habituel d'enterrer les morts près des voies ou des chemins d'une certaine importance. En Hispanie, le monument mortuaire le plus usuel était la tour funéraire.

La tour des Scipions (1er s.), aux sobres proportions et construite sur plan carré, possède trois corps superposés en ordre décroissant. Le corps supérieur présente un bas-relief représentant deux personnages ; à l'intérieur se trouvait la chambre funéraire contenant les cendres des défunts. Le deuxième corps montre deux personnages symétriques représentant Attis, divinité d'origine phrygienne associée au culte funéraire. Pendant longtemps, on a pensé, de façon erronée, que ces deux bas-reliefs représentaient les frères Scipion, qui avaient participé aux premières campagnes militaires romaines en Hispanie, d'où le nom donné au monument.

Carrière de El Mèdol

7 km au nord. Sortir par l'ouest en suivant l'avenue de Roma puis la N 340. ☎ 977 242 220 - tlj sf lun. tte la journée, dim. mat. - fermé 1er et 6 janv., 1er mai, 25-26 déc. - 2,40 € (-16 ans gratuit).

Aux alentours de Tarraco, il y avait de nombreuses carrières qui approvisionnaient les chantiers de la ville. L'une des plus actives était celle de El Mèdol, située près de la via Augusta. Juste au centre de cette ancienne carrière se dresse une impressionnante aiguille de 16 m de haut, indiquant le niveau initial de la roche avant les opérations d'extraction. On remarque également les nombreuses marques sur les parois, témoignant des manœuvres employées pour déplacer les énormes blocs de pierre. La tour des Scipions, l'aqueduc, la villa de Els Munts et d'autres monuments, non moins importants, furent construits avec des pierres de taille provenant de la carrière de El Mèdol.

Vila romaine dels Munts★ *(voir Costa Daurada)*

Arco de Berà★ *(voir Costa Daurada)*

Tarragone pratique

♿ Vous trouverez d'autres adresses dans l'encadré pratique de la **Costa Daurada**.

Adresses utiles

Office du tourisme de Tarragone – *Major 39 - 43003 Tarragona - ☎ 977 250 795 - www.tarragonaturisme.cat - juil.-sept. : lun.-sam. 9h-21h, dim. 10h-15h ; oct.-juin : lun.-sam. 10h-14h, 16h-19h, dim. 10h-14h.*

Office du tourisme de Catalogne – *Fortuny 4 - 43001 Tarragona - ☎ 977 233 415 - www.catalunyaturisme.com - tlj sf dim. 9h-14h, 16h-18h30, sam. 9h-14h.*

Internet – Le site Internet du musée d'Histoire est très complet sur l'histoire de Tarragone et de ses monuments. Vous y trouverez aussi des informations sur les tarifs et les horaires d'ouverture. *www.museutgn.com*

Visite

Tarragona Card – *☎ 977 250 795 - www.tarragonaturisme.cat - 12 €/24h, 18 €/48h, 24 €/72h.* Cette carte en vente dans les deux offices de tourisme et hôtels de la ville permet l'accès gratuit aux musées, monuments, transports urbains, offre des réductions pour la navette de l'aéroport et dans certains restaurants, bars, commerces et loisirs (comme par exemple Port Aventura).

Transports

Aéroport Reus-Tarragone – *☎ 977 779 800.* Une quatre voies assure la liaison Reus-Tarragone.

Gare ferroviaire – *Pl. de la Pedrera - ☎ 977 240 202 - www.renfe.es.* Chaque jour, plusieurs trains relient Tarragone à Barcelone. Compter 1h par le *Catalunya Expres.* La ligne longeant le bord de mer permet de rejoindre les stations balnéaires de la Costa Daurada ; une autre s'enfonce dans l'arrière-pays vers Lérida.

Gare routière – *Pl. Imperial Tàrraco - ☎ 977 229 126.* La compagnie **Plana** dessert toutes les localités de la Costa Daurada (*☎ 977 214 475 - www.autocarsplana.com*). La compagnie **Hife** dessert Tortosa, Lérida et Valence (*☎ 902 119 814 - www.hife.es*). La compagnie **Vibasa** propose des départs quotidiens pour Poblet et Lérida (*☎ 902 101 363 - www.vibasa.es*). La compagnie **Penedès** relie Tarragone à El Vendrell (*☎ 977 660 821 - www.autocarsdelpenedes.com*).

Location de voitures – **Avis** : *pl. de la Pedrera, 2 - ☎ 977 211 701 -* **Europcar** : *av. Roma, 20 - ☎ 977 233 811 - www.europcar.es -* **Hertz** : *Comerç, 3 bxs - ☎ 977 244 181 - www.hertz.es.*

Se loger

👁 **Bon à savoir** – L'hébergement bon marché est rare à Tarragone et, en été, il est recommandé de réserver sa chambre deux semaines à l'avance. Les campings de bord de mer peuvent constituer une solution alternative, à quelques kilomètres seulement de Tarragone.

🛏 **Hotel Sant Jordi** *(plan I)* – *Vía Augusta, 185 - 2 km à l'est par la rte de Barcelone - Tarragona -* 📞 *977 207 515 - www. hotelsantjordi.info - fermé de mi-déc. à mi-janv. -* 🅿 ▦ *- 39 ch. : 58,85/80,25 € -* 🛏 *4,81 €.* Établissement familial en front de mer. Le personnel vous réservera un accueil convivial. Ses prestations ne sont pas luxueuses mais largement suffisantes pour vous assurer un séjour des plus agréables et paisibles.

🛏 **Urbis** *(plan II)* – *Reding, 20 bis - Tarragona -* 📞 *977 240 116 - urbis@tinet.fut. es -* ▦ *- 44 ch. : 59,40/101,65 €* 🛏. Situé aux abords du palais des Congrès, sobre établissement familial avec des chambres confortables malgré leur petite taille et équipées de salles de bains au goût du jour.

🛏🛏 **Hotel Astari** *(plan I)* – *Via Augusta, 95 - Tarragona -* 📞 *977 236 900 - astari@ tinet.fut.es -* 🅿 ⬛ ▦ *- 81 ch. : 68/90 € -* 🛏 *6,60 €.* Situé à l'entrée de Tarragone, cet hôtel moderne est décoré avec soin jusque dans le détail. Les chambres spacieuses et confortables présentent un ameublement et des salles de bains modernes. Personnel aimable et jeune.

🛏🛏🛏 **Hotel Imperial Tarraco** *(plan II)* – *Passeig de les Palmeres - Tarragona -* 📞 *977 233 040 - hotelimperialtarraco@husa.es -* 🅿 ⬛ ▦ *- 155 ch. : 101,65/159,43 €* 🛏 *- rest. 16,70 €.* Hôtel de luxe relativement accessible. L'édifice moderne en demi-lune qui l'accueille se dresse à côté des ruines romaines et domine l'amphithéâtre. Des chambres décorées avec le plus grand goût, vous bénéficierez d'un splendide panorama sur la mer.

Se restaurer

Spécialités – Tarragone propose une cuisine populaire accommodant des produits de la mer d'excellente qualité. Ne quittez pas la ville sans avoir goûté au *romesco*, sauce typique à base d'amandes, de noisettes, de piments et d'huile d'olive. D'autres plats comme le *rossejat*, composé de riz ou de vermicelle, cuisinés dans un fumet de poisson, le riz noir et la *zarzuela*, sorte de bouillabaisse catalane, méritent aussi le détour. Signalons également les *coques de recapte*, à base de pâte à pain farcie de légumes, de saucisses et de sardines, cuite au four.

Les *vins* du Tarragonais, appréciés déjà au temps des Romains, ont une flatteuse réputation. En plus des vins de table de qualité, Tarragone produit une grande variété de vins vieux et des mistelles à déguster avec les meilleurs desserts.

🍴 **El Tiberi** *(plan II)* – *Martu d'Adenyà, 5 - Tarragona -* 📞 *977 235 403 - fermé dim. soir, lun. - 10,16/71 €.* Belle sélection de spécialités catalanes salées et sucrées présentées sur un grand buffet, dans un décor champêtre. Excellent rapport qualité-prix.

🍴 **Barhaus** *(plan II)* – *Sant Llorenç, 22 - Tarragona -* 📞 *977 244 770 - fermé dim., de mi-août à fin août -* ▦ *- menu 10,20 €, carte 32/37 € env.* Ce restaurant bénéficie d'un très bel emplacement à l'intérieur du collège des Architectes, à un jet de pierre de la cathédrale. La salle affiche néanmoins une décoration curieusement moderne où quelques détails en pierre apparente affleurent. Carte en rapport avec le site.

La Plaça del Foro.

D. Chapuis / Michelin

🍴🍴 **Sol Ric** *(plan I)* – *Via Augusta, 227 - 1,9 km à l'est par la rte de Barcelone - Tarragona -* 📞 *977 232 032 - fermé dim. soir, lun., de fin déc. à fin janv. -* ▦ *- menus 20/35 €, carte 32/43 € env.* Restaurant familial aux salles spacieuses décorées dans un style rustique. L'agréable terrasse arborée est l'endroit idéal pour savourer ses plats par une chaude journée d'été. Bon niveau de service.

🍴🍴 **Can Llesques (Tapas)** *(plan II)* – *Nazaret, 6 - Tarragona -* 📞 *977 222 906 - fermé mar., lun. midi en été -* ▦ *- menu 20,80 €, carte 16/21 € env., tapas 5,90/10,70 €.* Sur une jolie place proche des remparts, ce restaurant accueillant est très prisé des jeunes. Petite salle à la décoration rustique. Son agréable terrasse aux meubles en bois vous invite à la dégustation de ses savoureuses *llesques*.

🍴🍴🍴 **Estació Marítima** *(plan I)* – *Moll de Costa Tinglado, 4 (au port) - Tarragona -* 📞 *977 227 418 - fermé dim. soir, lun. -* ▦ *- 36/47 €.* Restaurant en face du port, installé dans un spacieux pavillon de l'ancienne gare maritime. Spécialités de poissons et de fruits de mer de bonne qualité sans être trop cuisinées.

🍴🍴🍴 **Les Coques** *(plan II)* – *Baixada Nova del Patriarca, 2 bis - Tarragona -* 📞 *977 228 300 - fermé dim., 2 sem. fév., de* *fin juil. à mi-août -* 🖬 *- 53/64 €.* À son cadre accueillant, bien meublé et décoré d'objets anciens, s'ajoute un emplacement privilégié à côté de la cathédrale. Sa table propose des plats méditerranéens préparés avec le plus grand soin et additionnés d'une pointe d'imagination.

Faire une pause

Plaça de la Font – Sans aucun doute, le point de rencontre habituel au cœur de la ville. Cette place piétonne, où abondent terrasses, bars à tapas, cafétérias, glaciers et restaurants, vibre à toute heure de la journée, dès que les habitants ne travaillent plus et aspirent à un moment de détente.

Pla de la Seu – *Pla de la Seu, 5 - Tarragona - ℰ 977 230 407.* De l'établissement, on retiendra en priorité la terrasse qui fait face à la cathédrale. Le parfait endroit pour marquer une pause et prendre un rafraîchissement avant ou après la visite du monument.

Sirvent – *Pl. de la Font, 12 - Tarragona - ℰ 977 245 396.* Un grand choix de glaces en coupe ou en cornet mais aussi des jus de fruits frais.

En soirée

👁 **Bon à savoir** – Au cours de votre séjour, pour profiter pleinement de la riche activité culturelle de Tarragone, procurez-vous le guide *Públics*, édité par la mairie et distribué gratuitement tous les mois.

Marina du port de plaisance – *Port Esportiu.* Voici le quartier nocturne en vogue. La tournée des « grands ducs » est à vous jusqu'au petit matin, vous pourrez écumer endroits et ambiances variés.

Achats

Quartiers commerçants – Entre la Rambla Nova et la Rambla Vella s'étend une vaste zone piétonne, où se côtoient commerces traditionnels, boutiques modernes et grands magasins. Les amateurs d'antiquités trouveront leur bonheur dans la carrer Major.

Cuadras Xarcuteria – *Rbla Nova, 65 - Tarragona - ℰ 977 242 822.* Cette charcuterie est l'une des plus célèbres de Tarragone pour la qualité de ses produits et la vente d'autres spécialités catalanes, comme les fruits secs, les olives, les vins, les liqueurs, les huiles d'olive et le fameux riz du delta. Passage obligé pour les gourmets.

Mosaic – *Major, 19 - Tarragona - ℰ 977 234 246.* Petite boutique située dans la rue la plus commerçante de la ville. Vous y trouverez des céramiques et des biscuits fabriqués par des artisans locaux qui puisent leur inspiration dans l'épique passé romain de Tarragone. Une bonne adresse pour l'achat d'un cadeau original.

Événements

Vendredi saint – Les fêtes de Tarragone débutent en janvier avec les **« Tres Tombs »**, où défilent des chevaux et des voitures. Après le Carnaval commence la Semaine sainte, manifestation religieuse de grande tradition dans la ville. C'est le Vendredi saint qu'a lieu l'une des plus célèbres processions de Catalogne : de nombreux chars portant des statues représentant des scènes de la Passion défilent ainsi qu'une cohorte romaine reconstituée de façon très convaincante.

Saint-Jean – *24 juin.* Kermesse.

Saint-Pierre – *29 juin.* Fêtes du quartier maritime de El Serrallo. C'est alors que commencent les festivals d'été qui se tiennent dans l'Auditori Municipal.

Santa-Tecla – *23 sept.* C'est la grande fête de Tarragone. Pendant les dix jours que durent les festivités, la ville se transforme en une scène débordant de musique et de couleurs. Les habitants se pressent dans les rues pour voir les différents personnages du bestiaire médiéval, les brigands de Serralonga avec leurs espingoles, les « diables », les « turcs et chevaliers » en train de danser… Les spectacles et les concours de *castells*, acrobatiques tours humaines, se succèdent, car Tarragone possède quatre groupes de *castellers* très importants. Tous les deux ans est organisé dans les arènes un concours unique au monde, où sont échafaudés les « châteaux » humains les plus risqués.

Tàrrega

14 810 HABITANTS
CARTE GÉNÉRALE A2 – CARTE MICHELIN REGIONAL 574 H33 – PROVINCE DE LLEIDA

Dominant l'Ondara, la capitale de l'Urgell conserve dans son quartier ancien quelques rues et places à arcades. Ville dynamique et industrielle, Tàrrega est connue pour sa Foire du théâtre de rue qui attire nombre de visiteurs.

▶ **Se repérer** – Tàrrega est située sur l'autoroute A 2 reliant Lérida à Barcelone, et constitue un bon point de départ pour la visite de la région.

👁 **À ne pas manquer** – La Fira de Teatre al Carrer (Foire du théâtre de rue), durant laquelle la ville entière se métamorphose en scène de théâtre.

- 🕐 **Organiser son temps** – Basez-vous à Tàrrega pour visiter les monastères alentours : Vallbona, Santes Creus et Poblet. À l'office de tourisme, vous pourrez acheter un billet combiné valable dans les trois sites.
- 👪 **Avec les enfants** – Une excursion à Verdú, au nouveau Museu de Joguets i Autòmats (Musée des jouets et des automates).
- 🎒 **Pour poursuivre le voyage** – Voir aussi Cervera (12 km à l'est) et Vallbona de les Monges (25 km au sud-ouest).

Visiter

Santa Maria de Alba

Œuvre classique (17e-18e s.) à trois vaisseaux et coupole couvrant la croisée, sa silhouette domine la plaça Major où ont lieu de nombreuses manifestations culturelles : danses populaires, concerts et représentations théâtrales. En son centre se dresse une magnifique **croix★** gothique (15e s.).

Plaça de Sant Antoni

En été, cette belle place bordée d'arcades est l'un des endroits les plus animés de la ville.

Sanctuaire Sant Eloi

Il est situé sur un petit promontoire au nord de la ville. Bâti au 13e s., il fut transformé en fortin au 18e s. pendant la troisième guerre carliste. Au mois de septembre a lieu un *aplec* (rassemblement), où, au milieu des nombreuses compétitions, l'on déguste la pêche au coca et l'on danse la sardane.

Aux alentours

Agramunt

15 km au nord par la C 14. Agramunt est situé sur la rive droite du Sió.

Santa Maria★ – Cette église des 12e et 13e s., à trois vaisseaux et trois absides, est dotée d'un beau clocher (14e s.) rappelant les tours-lanternes de Poblet et de Vallbona de les Monges *(voir ces noms)*. On remarque l'exceptionnel **portail★★** ouest (début du 13e s.), dont la décoration géométrique appartient à l'école de Lérida. Les **chapiteaux** et la dernière archivolte – bien regarder la file de saints et de Vierges – sont d'une excellente facture. L'élément central de l'ensemble, constitué par un groupe sculpté représentant la Vierge du Secours et des scènes de l'Annonciation et de l'Épiphanie, fut, selon une inscription, donné à la ville par la corporation des tisserands (1283). À l'intérieur, les vaisseaux étroits présentent de grands arcs reposant sur des chapiteaux ouvragés ; le retable polychrome du 17e s., dédié à la **Mare del Deu del Roser**, mérite d'être mentionné.

Ajuntament – À proximité de l'église, au milieu de vieilles rues à arcades, se dresse la mairie, remarquable construction baroque (18e s.) dont le porche d'entrée est surmonté de l'écusson de la ville.

J. Malburet / Michelin

Portail de l'église Santa Maria à Agramunt.

Espace Guinovart★ – *Pl. del Mercat, 1 -* 🖉 *973 390 904 - mat. et apr.-midi, dim. matin - fermé lun., 1er et 6 janv., 1er Mai, 24 juin, 25-26 déc. - 2 €.* **José Guinovart** (1927), peintre avant-gardiste dont les œuvres sont exposées dans l'ancien marché municipal, surprend par la technique qu'il emploie dans ses tableaux et par la façon originale qu'il a de traiter les traditions locales.

Château de Montclar

25 km au nord par la C 14. 🖉 *973 402 045 - www.castelldemontclar.com - visite guidée : dim. à 11h, 12h et 13h - 4,50 €.*

Cette fortification datant du 11e s., reconstruite au 17e s., conserve de bien curieux échantillons du mobilier et de la décoration de l'époque.

Verdú

3,5 km au sud par la C 14.

Ce charmant village est surtout connu pour ses céramiques noires utilisées pour la fabrication des cruches qui conservent si bien l'eau fraîche. Jusqu'à l'expropriation de 1835, son histoire fut associée à celle du monastère de Poblet dont il dépendait depuis 1227.

Ne manquez pas d'y visiter l'**église paroissiale Santa Maria**, agrémentée d'un élégant portail roman. À l'intérieur, remarquez le **retable de la Puríssima★** (1619), représentant un arbre de Jessé et les douze tribus d'Israël, que couronne la Vierge enceinte.

À proximité s'élève le **château gothique★** (12e-14e s.) ; en haut de ses murs se détache la silhouette du donjon cylindrique (25 m) classé dans le style des tours dites de Manresa. Signalons, à l'intérieur, les curieuses inscriptions datées du 15e s. 🖉 *973 347 007 - sur demande - 1,50 €.*

🏛🚹 **Museu de Joguets i Autòmats★ (Musée des jouets et des automates)** – 🖉 *973 347 049 - www.mjoguetsautomats.com - mar.-sam. mat. et apr.-midi, dim. et j. fériés mat. - fermé lun., 25-26 déc., 1er janv., 6 janv. - 4,90 €.* Les nostalgiques trouveront ici leur bonheur avec une rétrospective complète de l'univers du jouet depuis le début du 20e s. De nombreuses figurines et jouets articulés provenant d'ateliers français, entre autres Fernand Martin, sont exposés en très bon état et bien mis en valeur. Ne manquez pas l'exhaustive collection de jouets mécaniques sur le thème du football, ainsi que les nombreuses automobiles à pédales.

Amusant, l'étage a été consacré à la fête foraine et aux théâtres de figurines. En sortant, vous pourrez trouver à la boutique les reproductions de pièces exposées au musée.

Guimerà★

15 km au sud. Prendre la C 14 en direction de Montblanc. Avant d'arriver à Ciutadilla, tourner à gauche dans la L 241.

L'admirable vieux quartier médiéval, aux ruelles étroites et aux maisons en pierre, est bâti en terrasses sur le versant d'une montagne. Remarquer les ruines du château, les murailles et, avant tout, l'élégante **façade gothique** (14e s.) de l'église paroissiale.

Bellpuig

10 km par la N II, en direction de Lérida.

Cette importante cité qui domine le plateau irrigué par le canal d'Urgell était le centre de l'ancienne baronnie de Bellpuig appartenant à la lignée des Cardona.

Sant Nicolau – Cet édifice du 16e s. recèle le magnifique **tombeau Renaissance★★★** de Ramón Folc de Cardona, vice-roi de Sicile et de Naples. C'est l'un des plus beaux chefs-d'œuvre de la sculpture catalane du 16e s. Réalisé vers 1525 en marbre de Carrare par Giovanni Merliano de Nola, il représente des épisodes héroïques de la vie du vice-roi.

Couvent Sant Bartomeu★ – *Situé aux abords de la ville.* 🖉 *973 320 292 - mat. et apr.-midi - fermé lun. (sf j. fériés), 1er janv., 25 déc. - 2,40 €.* Quoique l'ambitieux projet initial n'ait jamais vu le jour, il subsiste une grande partie de l'œuvre originale (16e s.). Signalons les deux cloîtres : le premier, le plus simple avec ses arcs en lancette, le second (16e-17e s.) doté de grands arcs tendus entre les contreforts et d'une galerie supérieure rythmée de colonnes richement décorées.

Tàrrega pratique

Adresses utiles

Office du tourisme de Tàrrega – *Agoders, 16 - 25300 Tàrrega - ☎ 973 500 707 - lun-vend. 9h-15h, sam. 9h-14h.*

Office du tourisme de Verdú – *Pl. Major, 1 - 25340 Verdú - ☎ 973 347 007 - ajuntament@verdu.cat - 10h-14h, dim. et j. fériés 11h-14h - fermé lun., 25-26 déc. 1er et 6 janv.* L'office de tourisme organise sur demande des visites guidées de la ville incluant l'église Santa Maria, la casa-sanctuario de San Pedro Clavar et la galerie d'art située sous l'église. L'intérêt réside surtout dans les anecdotes que racontent les guides *(env. 1h, 1,50 €).*

Se loger

⌂ **Kipps** – *Rte de Salou à Artesa de Segre - Tàrrega - ☎ 973 390 825 - reserves@kipps.es - ☐ ☐ ☐ - 25 ch : 40 € - ☐ 5 € - rest. 10 €.* Excellent confort pour cette catégorie d'établissement, chambres sobres dotées de salles de bains spacieuses.

⌂⌂ **Hotel Pintor Marsà** – *Av. Catalunya, 112 - Tàrrega - ☎ 973 501 516 - pintormarsa@hostaldelcame.com - ☐ - 23 ch. : 52/60,65 € - ☐ 5,50 € - rest. 10,10 €.* Coquet hôtel convivial et familial dont l'agréable terrasse en été constitue l'un des premiers attraits. Les chambres au mobilier moderne et aux salles de bains toutes de marbre seront propices à votre détente.

Achats

Spécialités – Les deux spécialités les plus célèbres d'Agramunt sont les tablettes de chocolat « à la pierre » *(a la pedra)* et le *turrón* d'Agramunt : à base de blanc d'œuf, de miel, de noisettes ou d'amandes, ce dernier est fabriqué depuis le 18e s. La Fête du *turrón* et du chocolat se déroule en octobre.

Torrons Vicens – *Ctra. de Tàrrega, 1 - Agramunt - ☎ 973 390 607 - www.vicens.com.* Le secret de la traditionnelle recette du *turrón* d'Agramunt a été jalousement conservé par la famille Vicens depuis 1775. La fabrique moderne est dotée d'une boutique séduisante qui expose son vaste choix de produits, dont le fameux *turrón*.

Casa Pardet – *Bonaire 19 - Verdú - ☎ 973 347 023 - www.casapardet.com.* Production de vin écologique, vente au détail.

Événements

Marché aux monnaies et aux timbres anciens – *Tàrrega - 1er dim. du mois.*

Fira de Teatre al Carrer – *Tàrrega - 2e w.-end de sept. - www.firatarrega.com.* Depuis 1981, année de sa création par le groupe Els Comediants, se tient la populaire Foire du théâtre de rue, qui transforme la ville en une immense scène présentant toutes sortes de spectacles. La Fira de Tàrrega a acquis une réputation internationale, tout en constituant une plate-forme de lancement pour de nombreuses troupes catalanes de théâtre et d'animation : elle attire plus de 800 professionnels et plus de 100 000 spectateurs. Ses quelque 200 représentations illustrent toutes les tendances scéniques actuelles.

Festa del Vi – *Verdú - w.-end le plus proche du 12 oct.* Cette Fête du vin se tient chaque année dans le même esprit que la Fête de la cruche.

Fira de Sillo i ceramica – *Verdú - 1re sem. de juin.* La Fête de la cruche et de la céramique a lieu sur la plaça Major, où les artisans céramistes exposent et vendent leurs travaux.

Terrassa

194 947 HABITANTS
CARTE GÉNÉRALE B2 – CARTE MICHELIN REGIONAL 574 H36 – PROVINCE DE BARCELONA

La ville de Terrassa, dont l'origine remonte au municipium romain d'Egara, est cernée par le cirque de montagnes du Parc naturel de Sant Llorenç del Munt i Serra de l'Obac. Une promenade dans ses rues réserve d'intéressants exemples d'architecture industrielle, reflétant l'essor économique du début du 20e s., ainsi que divers immeubles modernistes, mais le joyau architectural de la ville est le singulier ensemble préroman des églises Sant Pere.

- ◗ **Se repérer** – Cette ville de la grande ceinture industrielle de Barcelone, connue pour son industrie textile, se trouve dans la partie occidentale de sa *comarca*, à proximité de la C 16 qui relie la capitale catalane avec le centre des Pyrénées.
- ◉ **À ne pas manquer** – L'ensemble architectural des églises Sant Pere.
- ◷ **Organiser son temps** – En été, préférez un hébergement hors de la ville. Les bons hôtels sont rares et le climat étouffant.
- ◖ **Pour poursuivre le voyage** – Voir aussi la serra de Montserrat (19 km au nord-ouest) et Barcelone (31 km au sud-est).

La Masía Freixa, un des bâtiments modernistes de Terrassa.

Visiter

Ensemble monumental des églises Sant Pere★★

Pl. del Rector Homs, s/n - ☏ 937 833 702 - mat. et apr.-midi, dim. mat. - fermé lun. et j. fériés - gratuit.

Le remarquable ensemble d'églises Sant Pere, Santa Maria et Sant Miquel, qui relevaient de l'ancien évêché d'Egara au 5ᵉ s., se trouve au centre d'un quartier assez hétérogène. Ces trois édifices (du 9ᵉ au 12ᵉ s.), d'influence pyrénéenne, présentent un intérêt artistique exceptionnel et abritent, en outre, d'importants vestiges romains et wisigothiques.

Sant Miquel★ – Cet ancien baptistère à plan carré et abside heptagonale, construit au 9ᵉ s., présente des éléments romans tardifs. La coupole est soutenue par huit colonnes surmontées, pour quatre d'entre elles, de chapiteaux romans et, pour les quatre autres, de chapiteaux wisigothiques. L'abside est décorée de peintures murales de l'époque préromane (9ᵉ-10ᵉ s.). La crypte possède trois absidioles dotées d'arcs en fer à cheval.

Santa Maria★ – Il s'agit d'un exceptionnel exemple du style roman lombard. À l'entrée, admirez les vestiges d'un pavement en mosaïque provenant de l'ancienne basilique (5ᵉ s.). Cette construction présente un plan en croix latine, une tour-lanterne et une coupole octogonale surmontée d'un clocher à deux niveaux. L'intérieur illustre 500 ans de peinture religieuse. L'abside arbore des restes de peintures murales préromanes (9ᵉ-10ᵉ s.). Dans l'absidiole du transept, contemplez la représentation du **martyre de Thomas de Canterbury** (13ᵉ s.), où un Christ Pantocrator aux couleurs très vives préside différentes scènes de la vie du saint. Néanmoins, le chef-d'œuvre de Santa Maria se trouve dans le bras gauche du transept. Le **retable des saints Abdon et Sennen★★**, de Jaume Huguet, constitue, par sa variété chromatique et sa conception avancée, un magnifique exemple de peinture « moderne » du 15ᵉ s.

Sant Pere – La construction de cette église rustique au plan trapézoïdal, à la croisée romane, a commencé au 6ᵉ s. Elle conserve, encastré dans l'abside, un rare **retable de pierre★**.

Museu de la Ciència i de la Técnic de Catalunya★

Rambla d'Egara, 270 - ☏ 937 368 966 - www.mnactec.cat - juil.-août : mat. - reste de l'année : mat. et apr.-midi, w.-end et j. fériés mat. - fermé lun., 1ᵉʳ et 5-6 janv., 24-26 et 31 déc. - 2,40 € (-18 ans 1,40 €).

Ce musée est installé dans l'ancienne usine Vapor Aymerich, Amat i Jover, construite en 1909 par Lluís Muncunill. Le **bâtiment** est un exemple très intéressant d'architecture industrielle moderniste. Dans la nef centrale, à côté des restes des chaudières et des énormes cheminées – symboles visuels de la ville de Terrassa –, sont exposées de remarquables machines, témoins des progrès scientifiques liés à l'industrialisation.

Masía Freixa★

Cette maison bourgeoise (1907), abritant aujourd'hui le Conservatoire de musique, est située dans le parc Sant Jordi. On peut déceler dans cette œuvre de **Lluís Muncunill**

(1868-1931) les caractéristiques fondamentales de l'architecture moderniste : absence de lignes droites, profusion de détails décoratifs et étirement des formes. Il est très curieux de remarquer l'utilisation répétitive de l'arc parabolique, auquel Muncunill avait fréquemment recours.

Museu de Terrassa
Carrer de Salmeron, 17 - ℘ 937 857 144 - mat. et apr.-midi, dim. mat. - fermé lun. et j. fériés - gratuit.
Le château-chartreuse de Vallparadís (13ᵉ s.) abrite un musée consacré à l'histoire de Terrassa et à ses monuments les plus importants.

Museu Tèxtil
Salmerón, 25 - ℘ 937 315 202 - www.cdmt.es - tte la journée - fermé lun. et j. fériés - 3 €.
Il présente un panorama exhaustif sur l'élaboration du textile et un parcours à travers la mode du 19ᵉ s. Remarquez les belles étoffes orientales, dont quelques-unes de style copte (4ᵉ s.).

Sant Esperit
Située à côté de l'emblématique **tour du château-palais** (12ᵉ s.), au beau milieu du quartier ancien, la basilique abrite un superbe **Christ gisant**, groupe sculpté de style Renaissance dû à Martí Diez de Liatzasolo.

Aux alentours

Caldes de Montbuí
23 km au nord-est par la C 1415ᵃ et la C 1473.
À l'abri de la montagne du Farella, Caldes était, à l'époque romaine, l'une des stations thermales les plus fréquentées de la péninsule, attirant les curistes en raison de la température des eaux (70 °C). La ville est également célèbre pour sa production de **carquinyolis** (croquignoles), petits gâteaux secs très durs aux amandes.
Thermes romains – Les ruines se trouvent à côté de la **Font del Lleó** (source du Lion), sur la place du même nom. L'ensemble est composé d'une piscine entourée de galeries voûtées en plein cintre.
Museu de Caldes de Montbuí (Thermalia) – *Pl. de la Font del Lleó, 20 - ℘ 938 654 140 - mat. et apr.-midi, dim. et j. fériés mat. - fermé lun., 1ᵉʳ et 6 janv., 25 déc. - 2,90 € (-13 ans gratuit).* C'est l'ancien hôpital Santa Susana, situé au cœur de la ville, qui accueille ce musée. On y expose différents objets relatant les origines du thermalisme. La vie quotidienne et l'œuvre du sculpteur **Manolo Hugué** (1872-1945), qui habita la ville, y sont également évoquées.
Santa María – Le beau **portail** baroque, aux six colonnes cannelées et torsadées ornées de grappes de raisins, en est l'élément le plus remarquable. À l'intérieur se trouve la **Majestat de Caldes★** (12ᵉ s.), crucifix de bois où le Christ porte tunique et couronne de roi. Brûlé pendant la guerre civile, on parvint à sauver la tête du Christ et la statue fut entièrement reconstituée par la suite.

Terrassa pratique

Adresses utiles

Office du tourisme de Terrassa – *Raval de Montserrat, 14 - 08221 Terrassa - ℘ 937 397 019 - www.terrassa.org - lun.-vend. 9h-14h, 17h-19h, sam. 10h-14h, 17h-20h, dim. 10h-14h.*

Office du tourisme de Caldes de Montbui – *Pl. de la Font del Lleo, 20 (au rez-de-chaussée du musée) - 08140 Caldes de Montbui - ℘ 938 654 140 - tlj sf lun. 11h-14h, 17h-20h, dim. et fêtes 11h-14h.*

Se loger

⊜⊜ **Tarrega** – *Tàrrega 17-19 - Terrassa - ℘ 937 363 640 - buzon@hotaltarrega.com - ▦ - 12 ch. : 70 € - pas de petit déj.* Établissement doté d'habitations modestes mais bien équipées, avec salles de bains modernes et correctement

fournies. Une très bonne option dans sa catégorie.

Se restaurer

⊝ **El Divino (Tapas)** – *Pl. del Angel, 1 - Caldes de Montbui - ℘ 938 626 787 - tlj 8h-23h30 - tapas 1,80/5,50 €, carte 10/15 € env.* Au centre du village, doté d'une terrasse sur la place, ce bar sert quelques tapas bon marché.

⊝ **La Terrassa del Museu** – *Rambla d'Egara, 270 - Terrassa - ℘ 937 894 446 - tlj sf lun. - 9,90/14 €.* Agréable bar-restaurant avec terrasse au-dessus du Museu de la Ciència, carte variée.

Achats

Rosa Casabayó Pascual – *Pl. Font del Lleó, 6 - Caldes de Montbui - ℘ 938 654 910.* Pâtisserie fondée en 1860. L'arôme qui s'exhale de son four et enveloppe la pièce est la meilleure publicité de ses produits artisanaux, célèbres dans toute la région. Parmi les spécialités les plus prisées figurent les délicieux *crecs* ou les populaires *carquinyolis de Caldes*.

Événements

Fira Modernista – *Terrassa - mai.*
Un plongeon dans les années 1900 avec spectacles, expositions et animations au parc de Sant Jordi, dans le centre et sur le passeig d'Egara.

Festa Major – *Terrassa - 29 juin.*
Concerts, défilés costumés, spectacles, pyramides humaines *(castells)*, sardanes, durant une semaine.

Tortosa ★

33 705 HABITANTS
CARTE GÉNÉRALE A3 – CARTE MICHELIN REGIONAL 574 J31
SCHÉMA P. 217 : COSTA DAURADA
PROVINCE DE TARRAGONA

Tortosa est une paisible petite ville traversée par l'Èbre, et qui n'a cessé, au fil des siècles, d'accumuler un riche patrimoine monumental. En son point culminant, où très probablement était située l'acropole romaine, se trouve la Suda, ancien château arabe aujourd'hui aménagé en parador. Tous ses belvédères offrent une superbe vue panoramique sur la ville et le paysage environnant, avec ses oliviers en terrasses sur les zones les plus élevées, et, dans les secteurs les plus proches du fleuve, ses orangers, ses pêchers, son maïs et ses primeurs, protégés des vents marins par des rangées de cyprès.

▶ **Se repérer** – Au sud de la Costa Daurada, non loin des limites de la province de Castelló, Tortosa domine une terre fertile où le gris des collines contraste avec les tons verdoyants de la vallée. Son emplacement sur les rives de l'Èbre, à proximité de son embouchure, en ont fait durant des siècles la dernière ville avant la mer, chargée de défendre le seul pont de la région.
De Tarragone, prenez la N 340 vers le sud puis la C 42 (90 km) ou l'A7 (87 km). De Lérida, quittez la ville vers le sud et empruntez la C 12 (120 km).

👁 **À ne pas manquer** – La fête de la Renaissance, en juillet.

🕐 **Organiser son temps** – Une journée suffit à la visite de Tortosa. Vous pouvez facilement organiser une excursion depuis le delta de l'Èbre si vous y séjournez.

👪 **Avec les enfants** – N'oubliez pas de leur faire goûter les *pastissets*, des friandises garnies de cheveux d'ange, spécialités de la ville.

🚶 **Pour poursuivre le voyage** – Voir aussi la Costa Daurada, Horta de Sant Joan (36 km au nord-ouest) et Miravet (38 km au nord).

Tortosa vue depuis le château de la Suda.

GC (DICT)

Comprendre

Une cité très belliqueuse

Tortosa intéressa beaucoup les Romains : Jules César lui octroya le rang de municipe et Octave celui de colonie (Julia Augusta Dertosa). Les Arabes, l'ayant conquise en 714, construisirent la Suda. En 1148, Ramón Berenguer IV occupa la ville et y maintint un gros contingent de Juifs et de Maures, population qui dynamisa la ville dans le domaine culturel *(voir ci-dessous le Colegio de Sant Lluís)*.

Le dernier siège subi par Tortosa, et le plus sanguinaire, s'acheva le 24 juillet 1938. Ce fut la bataille de l'Èbre, où tombèrent au moins 150 000 victimes *(voir aussi Gandesa)*.

Visiter

LA VIEILLE VILLE

Une journée.

Cathédrale★★ A2

Ce superbe monument, consacré à la Vierge, se dresse juste au-dessous de la Suda. Il a été construit à partir de 1347 dans le style gothique français sur l'emplacement du forum romain et d'un sanctuaire roman, dont il ne reste aucun vestige. Les travaux se prolongèrent jusqu'aux 16e et 17e s., adoptant alors le style propre au gothique catalan.

Façade★ – La façade baroque (18e s.), divisée en cinq sections par d'énormes pilastres, présente une richesse décorative exceptionnelle : chapiteaux aux motifs végétaux, colonnes galbées et reliefs flamboyants.

Cet ensemble relève pleinement du style baroque, où les formes les plus fantaisistes côtoient des éléments architecturaux d'une grande simplicité.

Intérieur★★ – De lignes sobres, il est formé de trois vaisseaux séparés par des piliers à base polygonale. Les deux étages de la nef centrale sont soutenus par de très hautes arcades, et les collatéraux, très hauts également, se rejoignent autour de l'abside pour former un double déambulatoire. L'aspect du chevet n'est pas sans rappeler celui de la basilique Santa Maria de Manresa *(voir ce nom)*, où les contreforts intérieurs séparant les chapelles absidiales sont ajourés de remplages savamment ouvragés. Les plans prévoyaient cette superbe solution, mais le projet, trop onéreux, fut abandonné après la réalisation, sur le côté gauche, de deux de ces remplages seulement.

De nombreuses œuvres d'art ornent l'intérieur. La plus remarquable est le **grand retable de la Vierge★**, polyptyque en bois polychrome (1351) représentant des scènes de la vie du Christ et de la Vierge. Consacré à la Vierge des Étoiles, patronne de la cathédrale primitive, il comporte cinq panneaux : un au centre, deux sur les côtés et, aux extrémités, deux parties mobiles. Le revers est décoré de peintures polychromes d'influence italienne. Une autre œuvre importante, attribuée à Jaime Huguet, est le **retable de la Transfiguration★** (deuxième moitié du 15e s.), finement décoré.

Dans la nef centrale, deux **chaires★** de pierre du 15e s. sont décorées de magnifiques bas-reliefs, représentant, à gauche, les évangélistes et leurs symboles, et, à droite, les docteurs de l'Église latine : saint Grégoire, saint Jérôme, saint Ambroise et saint Augustin.

Chapelle Nostra Senyora de la Cinta★ – *Deuxième chapelle à droite, accessible depuis le cloître.* La chapelle Notre-Dame-du-Ruban est la plus somptueuse et la plus riche des chapelles de la cathédrale. Bâtie entre 1642 et 1725 dans un style baroque très exubérant, elle est décorée de jaspe, de marbre et de peintures, et abrite le cordon qui, selon la tradition, servit de ceinture à la Vierge. Pendant la première semaine de septembre, les habitants de Tortosa viennent en foule déposer fleurs et fruits devant la statue de la Vierge.

Fonts baptismaux – *Première chapelle à droite.* On dit que ce bassin magnifique provient des jardins du palais de Peñíscola, où vécut **Benoît XIII** jusqu'à la fin de ses jours en 1423. Il est décoré de scènes relatant le schisme d'Occident et porte les armoiries du pape.

Cloître – Ce cloître austère du 14e s. est adossé au collatéral droit de la cathédrale. De plan trapézoïdal et de dimensions réduites, il a toute la simplicité du gothique catalan, comme en témoignent les arcs en lancette de ses galeries sans décoration. Un grand nombre de stèles et de reliefs funéraires sont encastrés dans les murs intérieurs, la pièce la plus ancienne étant la célèbre **pierre trilingue** (6e s.), gravée d'inscriptions en hébreu, latin et grec.

Benoît XIII et le schisme d'Occident

Depuis 1309, la papauté, contrainte et forcée, s'était installée en Avignon, et, en 1378, le peuple romain imposa l'élection du pape Urbain VI afin de ramener la papauté à Rome. Les cardinaux non italiens lui opposèrent un pape d'origine française, **Clément VII**, qui s'établit en Avignon. La chrétienté fut alors partagée, et le schisme d'Occident commençait. En 1394, à la mort de Clément VII, les cardinaux avignonnais choisirent pour lui succéder un Aragonais, **Pedro de Luna**, qui avait promis de mettre fin au schisme en déposant la tiare s'il était élu, engagement qui lui avait valu le soutien du roi de France Charles VI. Mais dès qu'il eut coiffé la tiare sous le nom de **Benoît XIII**, il s'empressa d'oublier sa promesse. Abandonné par Charles VI qui le fit assiéger dans Avignon, déchu en 1409 par le concile de Pise puis en 1414 par celui de Constance, il se retira en pays valencien, à Peñíscola, en compagnie des deux seuls cardinaux qui lui étaient fidèles. Refusant obstinément de se plier aux décisions des conciles, il fit nommer pape par ses deux compagnons, avant sa mort en 1423, un chanoine barcelonais, Gil Muñoz, qui prit le nom de Clément VIII.

Palau Episcopal★ A2

977 440 700 - mat. - fermé w.-end et j. fériés - gratuit.

Ce magnifique édifice gothique fut construit entre les 13e et 14e s. La façade s'ouvre par une porte en plein cintre surhaussée et par deux niveaux de fenêtres. Après être passé sous les deux arcs en plein cintre, vous pénétrez dans le grand patio gothique catalan du 14e s. C'est par un escalier saillant, très caractéristique, que vous accéderez ensuite au premier étage où se trouve une galerie d'arcades et de fines colonnes. À ce niveau, remarquez la **chapelle gothique★**, véritable petit chef-d'œuvre. Le passage du plan carré à la voûte étoilée octogonale est réalisé au moyen de trompes angulaires. À cette structure raffinée s'ajoutent des nervures, dont les supports sont ornés de personnages sculptés. Admirez les motifs ornementaux des fausses fenêtres.

Non loin de là se trouvent d'autres bâtiments gothiques dignes d'intérêt : le **palais Oliver de Boteller**, actuellement siège des services territoriaux de la Culture, dont la façade massive est surmontée de créneaux décoratifs, et le **palais Despuig**, admirable bâtiment qui présente les caractéristiques du gothique civil catalan au 15e s. Signalons, à l'intérieur, le vaste patio rectangulaire pourvu d'un escalier saillant et d'une galerie d'arcs en lancette reposant sur de sveltes colonnes.

À côté du palais Despuig se trouve le **palais Oriol** (A2), qui héberge le Conservatoire de musique. Les deux édifices auraient été reliés, semble-t-il, car, outre les analogies des façades, le mur gauche du palais Oriol comporte une série d'arcs aveugles qui pourraient correspondre à une ancienne galerie.

Reials Col.legis★ (Collèges royaux) B2

977 441 525 - mat. et apr.-midi - fermé w.-end et j. fériés - gratuit.

L'empereur Charles Quint créa en 1564 ce bel ensemble de style Renaissance, qui abrite les établissements scolaires de Sant Lluís, Sant Jordi et Sant Domènec.

Ce faisant, le monarque prétendait ainsi encourager le développement culturel de la ville et, en même temps, former les « nouveaux chrétiens », essentiellement des musulmans convertis.

Colegio de Sant Lluís★ – Dans cet établissement, appelé auparavant Sant Jaume et Sant Maties, on formait de jeunes musulmans convertis. Sa construction débuta en 1564 mais on ignore qui, précisément, dirigea le chantier.

Le **portail** de la façade principale a un caractère nettement symbolique. Il est organisé en trois registres : le registre inférieur est l'entrée proprement dite, le registre central porte le blason impérial

Le modernisme à Tortosa

La ville conserve de remarquables exemples de ce style. Outre l'**Escorxador Municipal** A2 (abattoirs aujourd'hui réhabilités en espace d'expositions artistiques), auquel l'alternance de la pierre, de la brique rouge et de la céramique polychrome donne un caractère bigarré, plusieurs résidences modernistes parsèment l'**Eixample**.

En flânant parmi ces maisons, l e visiteur pourra voyager dans le temps, passer de la période gothique et Renaissance au début du 20e s.

avec l'aigle bicéphale flanqué de deux sphinx symbolisant la connaissance, et le registre supérieur comporte deux niches abritant les statues de saint Jacques et de saint Mathias, patrons de l'institution. L'ensemble fut conçu comme un arc de triomphe, symbolisant l'alliance de la raison et de l'esprit avec les valeurs strictement militaires.

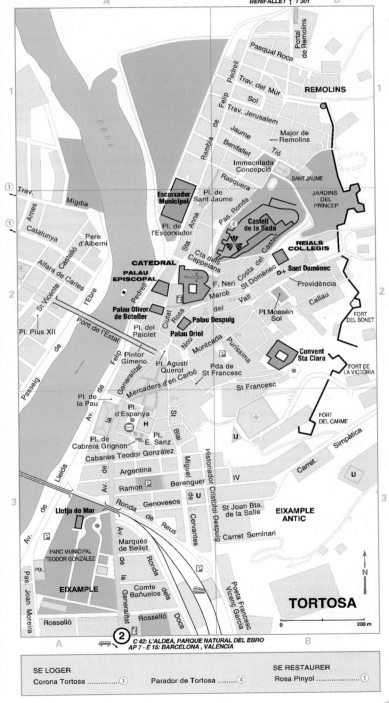

TORTOSA

0   200 m

SE LOGER

Corona Tortosa .... ①   Parador de Tortosa .... ④

SE RESTAURER

Rosa Pinyol .... ①

Le **patio★★**, de plan rectangulaire, est l'une des œuvres les plus attrayantes de la Renaissance catalane. Il comporte trois niveaux : aux deux premiers, les arcades sont en plein cintre ; au dernier, les arcs sont en anse de panier. En dépit de l'équilibre et de l'harmonie du bâtiment, c'est dans la décoration, à base de sculptures en relief, que son originalité est le plus évidente. Les personnages offrent une variété inépuisable d'attitudes et d'expressions. Du centre du patio, appuyé à la fontaine, le visiteur aura l'impression d'être observé par une multitude de personnages inconnus.

Collegi Sant Jordi i Sant Domènec – La façade Renaissance est le seul vestige de l'ancien établissement dominicain. Elle présente deux parties dont la première est structurée comme un arc de triomphe aux colonnes doriques adossées. Une frise, portant l'inscription latine *Domus sapientiae* (Maison de la connaissance), indique le caractère de ce bâtiment.

Sant Domènec B2

Visite sur demande à l'office de tourisme ☎ 977 44 96 48.

Cette église, bâtie au 16ᵉ s., faisait partie des Collèges royaux. La façade est de facture classique, les éléments décoratifs sont typiques de la Renaissance hispanique : bustes dans des médaillons, statues d'anges ornant les archivoltes et motifs héraldiques dans la partie supérieure du portail.

Couvent Santa Clara B2

Édifice du 14ᵉ s., le couvent possède un beau **cloître gothique** présentant des analogies architecturales avec les autres monastères franciscains de Catalogne.

Llotja de Mar A3

Ayant été, pendant un certain temps, le lieu où l'on fixait le prix du blé pour l'ensemble du bassin méditerranéen occidental, la **Bourse de commerce maritime**, témoignage de la puissance commerciale de la ville, est également connue sous le nom de Porxo del Blat (porche du Blé).

C'est un bâtiment, typique du gothique catalan (14ᵉ s.), à deux nefs rectangulaires séparées par trois grandes arcatures en plein cintre qui lui donnent un aspect sobre. Situé auparavant dans la rue de la Llotja, il a été transféré en 1933 à l'emplacement qu'il occupe actuellement.

Quartier de Remolins B1

Ses ruelles labyrinthiques portent des noms qui indiquent l'ancienneté de leurs origines. Les Travessera de Jerusalem, Travessia del Mur, etc., témoignent du passé juif de Tortosa, et, malgré le peu de vestiges, ces ruelles évoquent l'une des périodes historiques les plus importantes de la ville.

Tortosa pratique

♿ Voir aussi l'encadré pratique de la **Costa Daurada**.

Adresse utile

Office du tourisme de Tortosa – *Pl. Carrilet, 1 - 43500 Tortosa - ☎ 977 449 648 - Pâques-oct. : mar.-sam. 10h-13h30, 16h30-18h30, dim. 10h-13h30 ; hiver : mar.-sam. 10h-13h30, 15h30-18h30, dim. 10h-13h30.*

Transports

Gare ferroviaire – *Francesc Vicenç Garcia, 4 - ☎ 977 240 202 - www.renfe.es.* Tortosa est à 2h25 de Barcelone et 1h de Tarragone.

Bus – La compagnie **Hife** relie Tortosa aux principales villes de Catalogne et d'Espagne (*☎ 902 119 814 - www.hife.es*).

Location de voitures – **Ebe-rent** : *Rosselló, 6 - ☎ 977 443 399* ; **VH10** : *Av. Generalitat, 122 - ☎ 977 510 100.*

Se loger

⌂ **Corona Tortosa** – *Pl. Corona d'Arago, s/n - Tortosa - ☎ 977 580 433 -* 🍴 🅿 -

101 ch. : 36,40/84,50 € - ☐ 6,70 €. À 10mn de la vieille ville à pied. Des chambres spacieuses pour un excellent rapport qualité-prix. Accueil compétent.

Parador de Tortosa – *Castell de la Suda - Tortosa - ☎ 977 444 450 - tortosa@parador.es -* 🅿 🍴 📺 *- 72 ch. : 123,05/133,75 € - ☐ 13,91 € - rest. 29,96 €.* Aménagé dans le château de la Suda, sa silhouette se découpe majestueusement sur la ville et la fertile vallée de l'Èbre. Grâce aux récents travaux de réhabilitation, ses dépendances royales de style classique jouissent d'un meilleur niveau de confort. Remarquez la beauté des baies gothiques du restaurant.

Se restaurer

Rosa Pinyol – *Hernán Cortés, 17 - Tortosa - ☎ 977 502 001 - fermé dim., lun. soir, 1 sem. juil., de mi-sept. à fin sept. -* 🍴 *- 31/40 € env.* Restaurant familial installé dans un bâtiment moderne. On y accède par un patio. Établissement accueillant et tout à fait correct malgré la décoration de style classique assez simpliste. Cuisine traditionnelle.

Achats

Spécialités – Tortosa s'enorgueillit de ses pâtisseries d'exception. Vous ne manquerez pas de goûter aux **pastissets** (friandises garnies de cheveux d'ange) ou aux **garrofetes del Papa**, délicieux biscuits qui doivent leur nom au pape Bénédicte XIII, qui résida non loin, à Peñíscola.

Carrer Sant Blai – Rue centrale avec les meilleures pâtisseries de la ville. L'une des plus traditionnelles est **La Inglesa** (au n° 6), ouverte depuis 1870 ; **La Petja** (au n° 39) et **La Pallares** (n° 19) sont également très prisées.

Marché – Lundi, les producteurs installent leurs étals dans l'Av. Cristòfol Colom, sur la rive droite de l'Èbre. Le samedi, Pg Joan Moreira, sur l'autre rive. Pour remplir votre panier de fruits fraîchement cueillis dans les vergers de La Horta !

Événements

Foire de l'huile d'olive – *Février.*

Festival de musique sacrée – *Avril.*

Fête de la Renaissance – *Juillet.* Durant 4 jours, toute la ville s'habille d'époque, les bistrots débordent dans les rues, de nombreux spectacles retracent l'histoire de la ville au 16e s.

Festival de jazz – *Juillet.*

Tremp

5 286 HABITANTS
CARTE GÉNÉRALE A1 – CARTE MICHELIN REGIONAL 574 F32
SCHÉMA P. 292-293 : PYRÉNÉES CATALANES – PROVINCE DE LLEIDA

Chef-lieu de la « comarca » et station de montagne très prisée l'été, Tremp conserve un intéressant quartier ancien, aux maisons romanes ou gothiques. Fortifiée jusqu'au 19e s., elle compte encore trois des six tours défensives qui l'entouraient.

◖ **Se repérer** – La localité est située au milieu de la Conca de Tremp, vaste dépression pré-pyrénéenne traversée par le Noguera Pallaresa et couverte de cultures et de végétation méditerranéenne. Tremp est bien placée au carrefour de plusieurs routes, en particulier la N 260 (direction nord, vers Vielha et la Vall d'Arán), la C 13 (direction sud, vers Lérida).

◷ **Organiser son temps** – Tremp constitue une bonne étape de mi-journée. Prenez le temps de flâner dans le centre historique qui regorge de petites boutiques et de restaurants.

♟ **Avec les enfants** – Les activités nautiques au marais de Sant Antoni.

♨ **Pour poursuivre le voyage** – Voir les Pyrénées catalanes et Balaguer (56 km au sud).

Visiter

Plaça de la Creu

Sur cette vaste place, constituant le cœur de la localité, se dressent l'hôtel de ville, de construction récente, ainsi que le svelte clocher de l'église Santa Maria, élevé en 1638. De l'autre côté de la rue se trouve une croix dont la place tire son nom.

Santa Maria★

Le bâtiment, d'origine gothique, a subi de nombreuses transformations tout au long des siècles. Sur le maître-autel trône l'impressionnante **statue★** gothique (2 m de haut) de **Santa Maria de Valldeflors** (14e s.), réalisée en bois polychrome.

Ancien hôpital

Situé dans la carrer del Forn, l'ancien hôpital des pauvres connut de multiples usages. Ce sobre édifice du 16e s. présente des réminiscences gothiques.

Aux alentours

Marais de Sant Antoni★

♟ Au nord de Tremp, les eaux calmes et tempérées du marais se prêtent à la pratique de la pêche, du canoë-kayak, de la voile, du ski nautique et de la planche à voile.

Château de Mur★

21 km au sud-ouest. Prendre la C 13 en direction de Balaguer, puis tourner à droite vers Guardia de Noguera. À 4 km de là, tourner à droite et monter sur 6 km ☎ *679 775 326 et*

*679 775 336 - visite guidée (1h) - de mi-juil. à déb. sept. : lun.-sam. à 17h, 18h et 19h, dim.
à 11h, 12h et 13h ; reste de l'année : sam.-dim. à 11h, 12h et 13h - 4,50 € (-8 ans 2,25 €).*
Ce château conserve, presque intacte, son enceinte de plan triangulaire et l'une de
ses tours rondes. Occupant une position stratégique à 880 m d'altitude, il offre des
vues panoramiques★★ exceptionnelles.
À côté se dressent les ruines de l'ancien **monastère** augustinien **Santa Maria**, dont
le **cloître**★ roman (12e s.), aux colonnes simples surmontées de chapiteaux grossiè-
rement travaillés, a fait l'objet de nombreuses restaurations.

Circuits de découverte

LA CONCA DELLÀ

Environ 30 km – 2h.
Cet itinéraire emprunte la route C 1412 qui longe le cours du rio Conques. Sur son
parcours, le visiteur rencontrera des sites paléontologiques mettant au jour des restes
de dinosaures ainsi que de belles églises romanes.

Figuerola d'Orcau

Ce petit village d'origine médiévale conserve un intéressant ensemble de rues dont
certaines sont bordées de maisons et d'arcades.
Poursuivre par la C 1412.

Isona

Ancienne cité romaine fondée vers 100 av. J.-C., Isona héberge l'intéressant **musée
de la Conca Dellà**, consacré essentiellement à l'époque romaine et aux gisements
de restes de dinosaures *(le musée organise des visites)* mis au jour dans la région. Son
église paroissiale fut restaurée après la guerre civile de 1936.
Prendre la L 511 puis bifurquer à gauche en direction d'Abella de Conca.

Abella de Conca

Village caméléon que l'on distingue à peine de la route, Abella se profile derrière le
rocher de Sarsús. Ne manquez pas l'**église romane Sant Esteve**★ (11e s.).
Rejoindre à nouveau Isona, puis sur la C 1412, tourner à droite en direction de Covet.

J. Balanya / Michelin

Santa Maria à Covet.

Covet

L'**église Santa Maria**★ possède un bel intérieur. La nef centrale, voûtée en berceau,
est renforcée par des arcs de soutien s'appuyant sur des colonnes surmontées de
chapiteaux sculptés. Au niveau de la rosace s'ouvre une galerie ornée de quatre arcs
en plein cintre. Le **portail**★★ est l'élément le plus remarquable. Il comporte un beau
tympan sculpté et des archivoltes reposant sur des colonnes aux chapiteaux habi-
lement travaillés. Remarquez les sculptures représentent des anges, des musiciens,
des monstres, des baladins, des scènes du livre de la Genèse et les personnages du
groupe de la sainte Famille.

VALL DEL NOGUERA PALLARESA ⑤

De Tremp à Llavorsí – 143 km – une journée. Voir le plan p. 292 (Pyrénées catalanes).

Le **Pallars**, région géographique et historique d'une grande originalité, s'étend sur la partie la plus élevée des Pyrénées catalanes, dont le sommet le plus haut, le Pica d'Estats, culmine à 3 145 m. Il comprend le cours du rio Noguera Pallaresa, et ses limites coïncident avec celles du comté médiéval de Pallars. Le pays se subdivise en deux *comarcas* bien distinctes : le Pallars Sobirà, ou Pallars supérieur au nord, en plein secteur pyrénéen, et le Pallars Jussà, ou Pallars inférieur, au sud, qui inclut l'immense secteur pré-pyrénéen de la Conca de Tremp.

La C 147 suit le cours de la rivière et traverse le marais de Sant Antoni.

La Pobla de Segur

La Pobla est appelée « la porte des Pyrénées », car c'est le point de passage obligé vers la Vall d'Arán, la Haute Ribagorça et le Pallars supérieur. Cette ville touristique est réputée pour sa pittoresque **Festa dels Raiers** (le premier dimanche du mois de juillet), commémorative du flottage jusqu'à la mer des troncs d'arbre *(rais)* qui étaient utilisés dans les anciens chantiers navals.

À La Pobla, prendre d'abord la N 260 vers Senterada, puis la L 503 vers Cabdella.

Vall Fosca★

Cette vallée située sur la partie haute du cours du rio Flamicell est entourée de hauts sommets (Subenuix, Montsent de Pallars). Elle abrite des bourgs charmants ayant chacun leur petite église romane, telles celles de **La Torre de Cabdella**, d'**Espui** et de **Cabdella**. Tout en haut de la vallée, cerné par un beau paysage typiquement pyrénéen, se trouve l'un des ensembles lacustres les plus importants de la région, dont l'attrait principal est le **lac Gento**, accessible par téléphérique.

Revenir à La Pobla de Segur et monter vers le nord par la N 260.

La route remonte le Noguera Pallaresa, traversant un paysage calcaire uniforme.

Congost de Collegats★★ (gorges de Collegats)

Dans le **défilé de Collegats**, les roches calcaires des serras de Peracalç et de Cuberes ont été érodées par les eaux de la rivière, formant de spectaculaires falaises aux tons rouges, ocre et grisâtres, telle la **Roca de l'Argenteria★** à proximité de Gerri de la Sal.

Sort

Devenues l'un des événements les plus courus d'Europe, les courses de canoë sur cette section du Noguera Pallaresa ont fait connaître le nom de Sort. Lors du « Ral-li Internacional de la Noguera Pallaresa » (mi-juillet), des compétitions ont lieu sur l'eau, tandis que, côté terre, une « costellada pallaresa » permet de déguster l'agneau rôti et le *pa amb tomàquet*.

On peut également pratiquer d'autres sports d'aventure : rafting, VTT, parapente, randonnées à cheval et saut à l'élastique *(voir l'encadré pratique).*

À Rialp, tourner à gauche vers Llessui.

Vall de Llessui★★

La route, traversant un paysage abrupt où les précipices granitiques sont légion, remonte vers le nord-est. Sur la commune de Rialp, la station de ski alpin de **Port Ainé**, sous le pic d'Orri, offre des pistes entre 1 650 et 2 240 m.

Rejoindre Llavorsí.

VALL DE L'ALT DEL NOGUERA PALLARESA★ ⑥

De Llavorsí au col de la Bonaigua : 105 km ; circuit dans le prolongement du précédent. Une demi-journée.

Les sommets dominent un paysage sauvage et solitaire.

Llavorsí

Ce petit village est situé sur un éperon rocheux au confluent des trois grandes vallées du haut Noguera Pallaresa : Àneu, Cardós et Ferrera.

Prendre la L 510 vers le nord-est.

Vall Ferrera

C'est la plus orientale et la plus étroite des trois vallées. Elle est encaissée entre de hautes montagnes, tel le **Pica d'Estats** (3 145 m), sommet le plus élevé de Catalogne, traditionnellement connu pour ses randonnées. Le poète **Jacint Verdaguer** escalada ce sommet en 1883, laissant pour témoignage ces quelques lignes : « Le sapin est le cèdre de nos montagnes. Au sommet des serras de Sant Joan de l'Erm, Salòria et

Les gorges de Collegats, dans la vall del Noguera Pallaresa.

Cardós, ils ressemblent à des flèches difformes lancées au ciel par ces colosses de Catalogne. Les clochers de nos villages semblent adopter, aussi, la forme des sapins qui les entourent ».

Depuis la Vall Ferrera, de très belles randonnées peuvent se faire jusqu'en Andorre. *Revenir à Llavorsí et prendre la L 504 vers le nord.*

Vall de Cardós★

L'axe de cette vallée centrale, dominée par de hauts sommets (Mont-roig et Sotllo), est le rio Noguera de Cardós. Dans la localité principale, **Ribera de Cardós**, notez l'église romane (12ᵉ s.), dont le clocher rappelle ceux de la vallée de Boí.
Revenir à Llavorsí et prendre la C 147 en direction de Baqueira.

Vall d'Àneu★★

Le Noguera Pallaresa traverse la vallée, sur laquelle se greffe à gauche la vallée secondaire d'**Espot**. Assis sur les rives d'un torrent, le pittoresque village du même nom présente ses maisons aux toits d'ardoise. **Super Espot** est une station de ski alpin dont la piste la plus élevée culmine à 2 320 m.

Espot est aussi l'entrée du secteur pallarais du **Parc national d'Aigüestortes i Estany de Sant Maurici★★** *(voir ce nom).*

Esterri d'Àneu

Vous pourrez visiter l'**Ecomuseu de les Valls d'Àneu**, à l'intérieur d'une ancienne demeure du 18ᵉ s. La visite guidée explique les modes de vie traditionnels de la région.
℘ *973 626 436 - www.ecomuseu.com - tlj mat. et apr.-midi - 2,50 € (- 9 ans gratuit).*

Après Esterri d'Àneu, la route s'élève en corniche dans un imposant paysage où, cachées entre les hauts sommets, on découvre quelques églises romanes intéressantes, telle celle de **Sant Joan d'Isil★** et de beaux échantillons d'architecture civile – maisons en pierre aux balcons et galeries en bois et toits d'ardoise.

On atteint enfin le **col de la Bonaigua** (2 072 m), entouré de nombreux pics. À gauche, vous pourrez observer une dépression glaciaire.

Tremp pratique

Adresses utiles

Office du tourisme de Tremp – *Pl. de la Creu, 1 - 25620 Tremp - ℘ 973 650 005 - www.ajuntamentdetremp.com - été : lun.-vend. 10h-14h, 17h-19h, sam. 10h-14h - fermé dim. et j. fériés.*

Office du tourisme de Sort – *Av. Comtes de Pallars, 21 - 25560 Sort - ℘ 973 621 002 - www.noguerapallaresa.com - lun.-sam. 10h-14h, 16h-20h, dim. 10h-14h.*

Se loger

⌂ **Hotel Vall d'Assua** – *Altron - 4 km au nord-ouest de Sort par la C 13 et bifurquer à gauche par la rte de Llessui - ℘ 973 621 738 - fermé nov. - ⊟ P - 9 ch. : 26,75 € ⊡ - rest. 15 €.* Modeste petit hôtel tenu par une famille. Chambres confortables mais sans ostentation dotées d'une salle de bains, à deux exceptions près. La spécialité de son petit restaurant est la viande à la braise.

⌂⊟ **Hotel Siglo XX** – *Pl. de la Creu, 8 - Tremp - ℘ 973 650 000 - hotelseglexx@catalunya.com - ⊿ ▤ - 48 ch. : 53,50/85,60 € ⊡ - rest. 8,40 €.* Hôtel central d'allure classique fondé en 1880. Son long parcours est le gage du savoir-faire des propriétaires. Chambres accueillantes et confortables, malgré le style quelque peu désuet de certaines salles de bains.

⌂⊟ **Hotel Vall Ferrera** – *Martí, 1 - Areu - ℘ 973 624 343 - hotelvallferrera@retemail.es - vac. de Noël, de mi- avr. à fin oct., de déb. déc. à mi-déc. - 17 ch. : 51,89/54,57 € - ⊡ 10 € - rest. 21,20/25,40 €.* Situé dans un petit village quasiment inhabité, ce typique hôtel de montagne met à votre disposition son élégant salon et des chambres soignées de styles différents. Sa cuisine suggère un retour aux saveurs éternelles.

⌂⊟ **Hotel Sol i Neu** – *Llimera, 1 - Ribera de Cardós - ℘ 973 623 137 - de mi-mars à mi-déc. - P ⊿ - 27 ch. : 56,71/64,20 € - ⊡ 5,90 € - rest. 11,40 €.* Discret établissement familial, rénové peu à peu afin d'accroître son niveau de confort. Certaines chambres présentent encore un aspect un tantinet désuet. Sobre restaurant servant des plats faits maison.

⌂⊟ **Hotel Roya** – *Mayor, s/n - Espot - ℘ 973 624 040 - fermé nov. - P - 34 ch. : 64,20/74,90 € ⊡ - rest. 12/21,04 €.* Hôtel très bien situé au milieu des pistes de ski, des sentiers de randonnée et bon nombre de boutiques. Chambres très confortables, claires et coquettes, à un prix correct. Certaines donnent sur la belle église du village.

⌂⊟⊟ **Hotel Pessets** – *Ctra. de La Seu d'Urgell - Sort - ℘ 973 620 000 - info@hotelpessets.com - fermé nov. - ⊿ - 76 ch. : 72,76/100,58 € ⊡ - rest. 14 €.* Établissement tenu par une famille, très couru des amateurs de sports de haute montagne. Chambres confortables bien meublées, salles de bains rénovées. Le restaurant lumineux est un atout supplémentaire.

Se restaurer

⌂ **Café Pessets (Tapas)** – *Av. Comtes del Pallars, 29 - Sort - ℘ 973 620 517 - tlj sf mar. 12h-0h - fermé en nov. - ⊟ - tapas : 3/7 €.* Installé dans un bel édifice à la façade moderniste, ce grand café propose une sélection de spécialités catalanes fraîches et savoureuses. La carte varie selon les saisons et l'humeur du chef. À l'étage, les artistes de la région exposent leurs travaux.

⌂⊟ **Llacs de Cardos** – *Ctra. Tavascan s/n - Tavascan - ℘ 973 623 178 179 - www.llacscardos.com - 16 €.* Le restaurant sert une cuisine de montagne copieuse et bien préparée. Spécialité de truites.

⌂⊟ **Els Puis** – *Av. Dr. Morelló, 13 - Esterri d'Àneu - ℘ 973 626 160 - els-puis@mixmail.com - fermé lun. en hiver, mai - ▤ - 25 € env.* Situé à la sortie du village, ce restaurant convivial est aussi bien fréquenté par les touristes que par les autochtones. Service excellent. Cuisine locale de choix et cave bien fournie. Chambres à prix raisonnable.

⌂⊟⊟ **Fogony** – *Av. Generalitat, 45 - Sort - ℘ 973 621 225 - fogony@fogony.com - fermé dim. soir, lun., 2 sem. janv. - ▤ - 80 € env.* Ses recettes catalanes innovantes et osées sont là pour nous surprendre. Le petit volume de la salle contraste avec le mobilier classique très soigné et l'impeccable service de table avec vaisselle de marque. Personnel très prévenant.

Sports et loisirs

Turisnat Pirineus – *Dr. Agustí Muxí, 6 baixos - Sort - ℘ 973 626 513 - www.turisnatpirineus.com.* Un prestataire spécialiste des sports d'aventure. Sur le site Internet, vous trouverez toute l'information sur les activités et les stages, mais aussi sur la région et un petit lexique sur les sports d'aventure.

Rocroi – *Pl. Nostra Senyora de Biuse, 8 - Llavorsí - ℘ 973 622 035 - www.rocroi.com.* Cette école de sports d'aventure pratique, de mi-mars à mi-octobre, des sports d'eau vive sur la Noguera Pallaresa (rafting, kayak, canoë, hydrospeed, canyoning, etc.) et en hiver, des vols en parapente, des sorties en raquettes, à moto-neige et avec des chiens de traîneau. Équipement fourni.

Achats

Marché de Sort – *Mardi.* Pour faire provision de fromages et charcuterie régionale, pour le pique-nique.

Monastère de
Vallbona de Les Monges★★

**CARTE GÉNÉRALE A2 – CARTE MICHELIN REGIONAL 574 H33
PROVINCE DE LLEIDA**

Le ravissant monastère Santa Maria de Vallbona est le plus important monastère cistercien féminin en Catalogne. Avec les monastères de Poblet et de Santes Creus – ils faisaient partie tous trois de l'ancien archidiocèse de Tarragone –, il compose la route de l'Art cistercien. Son excellent état de conservation et sa beauté en font l'un des principaux monuments de la Catalogne méridionale.

- ▷ **Se repérer** – Sur le versant nord de la serra de Tallat se dresse le petit village de Vallbona de les Monges, au milieu de bois et de cultures typiquement méditerranéens, dans une vallée recluse et paisible où abondent les sources. Pour accéder au village (situé à 21 km au nord-ouest de Montblanc), suivez la C 14 puis, à gauche, la T 233.
- ◷ **Organiser son temps** – Si vous comptez visiter les trois monastères, pensez au billet combiné *(voir l'encadré pratique)*. La visite guidée du monastère dure 45mn.
- ♿ **Pour poursuivre le voyage** – À voir dans les environs : Tàrrega (25 km au nord-est), Cervera (37 km au nord-est), Montblanc (21 km au sud-est), le monastère de Poblet (31 km au sud) et le monastère de Santes Creus (50 km au sud-est).

Comprendre

Le couvent

En 1157, l'ermite Ramón de Vallbona et une communauté d'anachorètes fondèrent Santa Maria. Berengère de Cervera, dame de Verdú, y implanta l'ordre de Cîteaux (1175), et la première abbesse, venue de Navarre, en fut Oria Ramírez.

Alfons Ier le Chaste et Jaume Ier le Conquérant accordèrent leur protection au monastère, qui reçut en 1201, du pape Innocent III, le privilège pontifical de ne dépendre que du pape.

Les jeunes filles des principales familles nobles catalanes prononçaient leurs vœux à Vallbona, contribuant par leur dot à accroître les richesses du monastère.

La bibliothèque, le scriptorium, ainsi que l'école monacale, devenue un lieu d'études pour demoiselles nobles, acquirent de l'importance.

À partir de 1573 se constitua autour du monastère le village de Vallbona et, en dépit des changements et des vicissitudes survenus dans la première moitié du 19e s.,

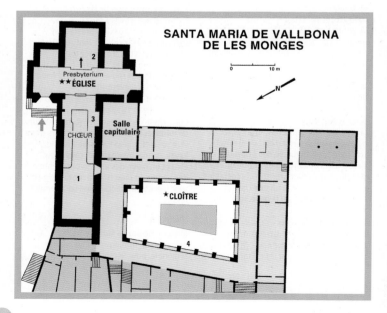

notamment la perte des propriétés et la confiscation des droits seigneuriaux, la vie monacale s'y est maintenue.

Visiter

🕿 973 330 266 - www.larutadelcister.info - mat. et apr.-midi - fermé lun. (sf j. fériés et août), 1ᵉʳ et 6 janv., Vend. saint apr.-midi, 25 déc. - 3 €.

L'ensemble architectural est d'une somptuosité qui le différencie de la plupart des monastères cisterciens féminins. Le monastère fut construit selon le schéma général des monastères de l'ordre, mais les trois enceintes d'origine, entourées de grandes murailles dont il ne subsiste aucun vestige, ont été grandement altérées.

En 1573, lorsque le concile de Trente prohiba l'établissement de couvents de femmes dans des endroits isolés, les gens du village voisin de Montesquiu vinrent vivre à Vallbona dans des dépendances cédées par les religieuses.

Église★★

Bâtie en grande partie aux 13ᵉ et 14ᵉ s., c'est un bel exemple de transition romano-gothique. Le plan en croix latine comporte une seule nef, très allongée, et trois absides rectangulaires ornées de sculptures grotesques (13ᵉ s.). Les voûtes sur croisée d'ogives ont été réalisées au 14ᵉ s. Le transept est coiffé d'une tour-lanterne octogonale sur trompes, voûtée d'ogives et percée de huit baies (13ᵉ s.). D'époque plus tardive (14ᵉ s.), le **clocher (1)**, avec sa lanterne et ses fenêtres moulurées, est situé au centre de la nef.

À l'intérieur, on remarque les dalles funéraires des abbesses du couvent. Le presbyterium accueille le **sépulcre (2)** de la reine Yolande de Hongrie, femme de Jaume Iᵉʳ, et celui de sa fille. Remarquer également dans la chapelle gothique du Corpus-Christi **(4)**, une **statue de la Vierge (3)** en pierre polychrome (15ᵉ s.).

Cloître★

Chacune de ses galeries arbore un style différent. Celle de l'est (13ᵉ s.) est percée d'oculi d'influence arabe, alors que la galerie méridionale est romane (12ᵉ-13ᵉ s.). La galerie nord est gothique (14ᵉ s.) et les chapiteaux y sont ornés d'une fine décoration de motifs végétaux. Dans la galerie ouest, bâtie au 15ᵉ s. selon le modèle roman, se trouve la **chapelle Nostra Senyora del Claustre** (N.-D.-du-Cloître), abritant une belle statue du 12ᵉ s., remaniée au 14ᵉ s.

Salle capitulaire

Cette magnifique salle gothique (14ᵉ s.) surprend par son austérité. Voûtée sur croisée d'ogives, elle conserve, encastrées au sol, d'intéressantes pierres tombales des abbesses du monastère. Remarquer également une **statue de Notre-Dame de la Miséricorde**, en terre cuite, attribuée à Pere Joan (15ᵉ s.).

Vallbona de Les Monges pratique

Adresse utile

Office du tourisme de Vallbona – *Pg Montesquiu, s/n - 25268 Vallbona de Les Monges -* 🕿 *973 33 05 67.*

Visite

👁 **Bon à savoir** – Il existe un billet combiné (7 €) pour les trois grands monastères : Poblet, Vallbona de Les Monges et Santes Creus.

Se loger

⊜⊜ **Hotel Regina** – *Carretera del Balneari, km 13 - Vallfogona de Riucorb -* 🕿 *977 88 00 28 - www.cityhotels.es -* ▤ ✕ ⊠ *- 47 ch. : 50/124 €* ⊡ *- ouv. tlj de Pâques à fin déc. ; jeu.-dim. de janv. à Pâques.* Installées dans une grande bâtisse du début du 20ᵉ s., les chambres et suites sont soigneusement meublées dans un style contemporain. Au sous-sol, magnifique spa avec toute une gamme de soins pour se détendre et piscine intérieure.

Valls ★

22 851 HABITANTS
CARTE GÉNÉRALE A3 – CARTE MICHELIN REGIONAL 574 I33
PROVINCE DE TARRAGONA

Ville ouverte et prospère, Valls est enclavée entre deux torrents affluents du rio Francolí, le Sant Francesc et la Farigola, dans un relief accidenté, où foisonnent chaînons montagneux et vallées, d'où son nom : Valls. Ne possédant pas d'attrait particulier, Valls dispose néanmoins de trois atouts : son folklore, son commerce et ses nombreuses et exceptionnelles spécialités culinaires.

- ▶ **Se repérer** – Situé dans l'arrière-pays de la Costa Daurada, Valls est à une vingtaine de kilomètres des plages via la N 240. La région est parfaitement desservie par le réseau routier (l'autoroute AP-7 et les routes nationales longeant le littoral mènent vers Barcelone ou Tarragone), ce qui explique l'essor commercial de la ville et la fréquentation de ses marchés.
- 👁 **À ne pas manquer** – Les *calçots*, spécialité culinaire de Valls (entre décembre et mars).
- 🕐 **Organiser son temps** – Valls est une étape idéale avant d'attaquer la Route des monastères. Vous trouverez à l'office de tourisme quantité d'informations utiles pour votre périple.
- ⛎ **Pour poursuivre le voyage** – Voir aussi le monastère de Santes Creus (15 km au nord-est), Montblanc (17 km au nord-ouest), Tarragone (20 km au sud), Reus (21 km au sud-ouest) et la Costa Daurada.

Comprendre

Valls, berceau des « castells » – On décerne à la ville ce titre honorifique. Pendant près de 200 ans, Valls a fait vivre la tradition de ce folklore original et unique au monde. Actuellement, on élève des castells aux quatre coins de la Catalogne *(voir p. 94)*.

Le dimanche suivant le 21 octobre, on célèbre la Santa Úrsula, fête *castellera* par excellence, au cours de laquelle s'opposent les deux principales équipes, ou *colles* : la Colla Vella et la Colla Nova. L'énorme rivalité entre ces deux groupes les amène à prendre des risques considérables, notamment à réaliser le « quatre de neuf », c'est-à-dire, neuf étages d'hommes avec quatre hommes par étage.

Ceux qui ne pourraient pas venir pour la Santa Úrsula peuvent être rassurés : Valls organise de nombreuses fêtes et les *castellers* saisissent toutes les occasions pour montrer leur savoir-faire. Le dimanche suivant la Saint-Antoine, a lieu la Fête des Tres Tombs, l'une des plus populaires de toute la Catalogne.

La « calçotada de Valls » – Si les *castells* sont la fierté de la ville, il en est de même pour ses *calçots*. De décembre à mars, dans la plupart des restaurants de Valls et de la région, a lieu le célèbre rituel de la *calçotada*.

Le menu est délicieux et original. On commence par les *calçots a la brasa*, sorte d'oignons tendres et doux, grillés au feu de sarments et servis sur des tuiles, qu'on accompagne de *salvitxada*, sauce préparée à base d'amandes effilées, de tomates, d'ail, de piments forts de Murcie et d'autres ingrédients. Mais attention ! Avant de goûter ce mets succulent, observez la façon d'émonder les *calçots* : ce n'est pas si facile !

Ensuite viennent les côtes d'agneau, la *botifarra* et la *longaniza* de Valls (des saucisses à la viande de porc) avec le traditionnel aïoli et le pain paysan, le tout arrosé d'un bon vin rouge du pays. Au dessert, on propose des oranges, des pâtisseries ou de la crème catalane, ainsi que le *cava*, le café et les liqueurs.

Le secret de cette spécialité unique, qui attire des milliers de gourmets, est très simple : une bonne *calçotada* doit se savourer à Valls, selon le rite et dans les règles. Avec la serra de Miramar en arrière-plan et devant le fin clocher de l'église Saint-Jean-Baptiste, les *calçots* seront beaucoup plus appétissants.

Se promener

LE QUARTIER ANCIEN ★

Il garde son caractère médiéval, et si les murailles ont disparu, les rues tracées à leur emplacement en rappellent les noms : Muralla del Castell, de Sant Francesc, del Carme et de Sant Antoni.

L'un des principaux axes du quartier ancien est la **carrer de la Cort**, qui relie la petite plaça de l'Esglèsia à celle du Blat (blé), où ont lieu les plus remarquables défis des *castellers*. Remarquez également les vestiges de l'ancien quartier juif, visibles dans la carrer del Call.

Sant Joan Baptista

Cette église de style gothique tardif à façade Renaissance fut reconstruite après 1936. Elle abrite un grand retable baroque et l'**autel de Sant Aleix** (1769), œuvre du sculpteur Lluis Bonifaç (1730-1786), enfant de la ville.

Capilla del Roser (chapelle du Rosaire)

Située sur la carrer de la Cort, elle possède deux merveilleux **plafonds d'azulejos vernissés★** de 1605, où sont représentées des scènes de la bataille de Lépante. L'un montre le pape Pie V octroyant la bannière de la chrétienté à Don Juan d'Autriche ; l'autre relate une scène de la bataille navale (observez les voiles des bateaux et la couleur rougeâtre de la mer).

Teatre Principal★

Édifié dans la carrer Jaume Huguet en 1884 selon les plans d'Ignasi Jordà, il présente un grand intérêt artistique et compte au nombre des théâtres classiques les plus originaux de Catalogne.

Sur la plaça del Quarter se dresse le monument dédié à l'écrivain vallesain **Narcís Oller** (1846-1930), considéré comme le créateur du genre romanesque catalan et auteur de *Pilar Prim* et *La Fièvre d'or*.

Valls pratique

Adresse utile

Office du tourisme de Valls – Cort, 61 - 43800 Valls - ℘ 977 612 530 - www.valls.altanet.org - mai-sept. : 10h-14h, fermé dim. et j. fériés ; oct.-avr. : 10h30-13h30, 17h-20h, dim. 10h-14h, fermé lun.

Se loger et se restaurer

🛏️🍽️ **Hotel Félix** – 1,5 km au sud par la N 240 - Valls - ℘ 977 609 090 - www.felixhotel.net - 🖥️ - 58,85/81,32 € - 🍽️ 8 €. Plusieurs types de chambres, de la single au bungalow. Restaurant spacieux proposant des salles pour le service de restauration et l'organisation de banquets. Il combine à merveille les spécialités catalanes et la gastronomie internationale. Votre attention sera attirée par ces grands tonneaux qui abritent des salles privées. À goûter absolument : les fameux *calçots*.

Se restaurer

🍽️🍽️ **Masía Bou** – 1,8 km au nord-ouest par l'ancienne N 240 - Valls - ℘ 977 600 427 - restaurant@masiabou.com - fermé mar. en été - 🖥️ - 35/40 € env. Table réputée dans la région. Organisation de banquets. Salle à la décoration soignée. Cuisine catalane. On y savoure les célèbres *calçotadas* sur l'agréable terrasse arborée.

Événements

Firagost – *Valls - déb. août.* L'une des plus importantes foires commerciales de Catalogne.

Fête de Les Tres Tombs – *Valls - 1er dim. suivant le 13 juin.* Fête traditionnelle au cours de laquelle est lancée dans les rues de la ville une cavalcade de chevaux. Celle de Valls est l'une des plus réputées de Catalogne.

Santa Ursula – *Valls - 1er dim. suivant le 21 oct.* Fête *castellera* par excellence au cours de laquelle s'opposent les deux principales équipes de *castells* de la ville.

Vic★★

37 825 HABITANTS
CARTE GÉNÉRALE B2 – CARTE MICHELIN REGIONAL 574 G36 – PROVINCE DE BARCELONA

À mi-chemin entre mer et Pyrénées, l'ancienne capitale de la tribu ibérique des Ausetanos est aujourd'hui une dynamique ville commerciale et industrielle, célèbre pour sa charcuterie. Elle dissimule un magnifique quartier où abondent les exemples d'architecture du Moyen Âge, les maisons seigneuriales, tout comme les meilleurs musées de peinture et de sculpture médiévales de la Catalogne.

▶ **Se repérer** – Située au centre de la plaine de Vic, à 66 km au nord de Barcelone, la ville est entourée de montagnes dans un beau site naturel. Elle est un excellent point de départ pour la découverte de la serra del Montseny, au sud-est de la localité *(voir les « Circuits de découverte »)*.

👁 **À ne pas manquer** – Le centre historique de Vic, comme un secret presque trop bien gardé ; et puis si vous êtes ici un samedi, il vous faudra goûter au *llonganissa*, un saucisson très renommé, à découvrir sur le marché.

🕐 **Organiser son temps** – L'offre d'hébergement à Vic est rare et chère. Il est plus avantageux de loger dans les environs et de visiter la ville dans la journée.

🐾 **Pour poursuivre le voyage** – Voir aussi Ripoll (36 km au nord), Manresa (52 km au sud-ouest) et Barcelone.

Vic et la culture

Le Cercle littéraire et la Troupe (Esbart) de Vic ont donné d'éminentes figures de la « Renaixença » catalane (Verdaguer, Collell et Martí Genís).

Rappelons également que Vic est la ville natale du grand penseur **Jaume Balmes** (1810-1848).

Se promener

LE VIEUX QUARTIER

Le centre historique de Vic, composé de tout un réseau de rues étroites (piétonnes ou à la circulation réduite), conserve un charme indéniable, et recèle, en sus de sa magnifique plaça Major, les monuments les plus remarquables de la localité.

Plaça Major★ A1

Cette belle place à arcades, dont l'ampleur attire l'attention, constitue le centre névralgique de la ville. Malgré la différence de toutes les maisons – on remarquera notamment les maisons modernistes ou celles ornées d'éléments gothiques et baroques –, l'ensemble présente clairement une unité de lieu. Sous ses arcades s'alignent terrasses et boutiques. Connue sous le nom de Mercadal, du fait de sa vocation commerciale de tout temps, chaque samedi s'y déroule un **marché** particulièrement fréquenté ; celui du samedi précédant le dimanche des Rameaux est le plus significatif.

Ajuntament★ A1

Visite guidée sur demande à l'office de tourisme ✆ 938 862 091.

Le noyau ancien de l'hôtel de ville se compose d'un bâtiment gothique (14ᵉ s.), entièrement remanié au 17ᵉ s. (Bourse de commerce dotée d'arcs en lancette au rez-de-chaussée et, à l'étage supérieur, salle connue sous le nom de « salle de la Colonne »). Actuellement, on remarquera le salon de Plenos (à l'étage) de style baroque, auquel on accède par un beau portail.

Museu Episcopal★★★ *(voir « Visiter »)*

Cathédrale★ A2

Tlj mat. et apr.-midi - gratuit sf cloître et crypte 2 €.

L'actuelle cathédrale néoclassique fut construite entre 1781 et 1803 pour remplacer un bâtiment du 11ᵉ s. élevé par l'abbé Oliba *(voir p. 273 et 301)*, dont il ne subsiste que l'élégante tour-clocher – exemple typique du roman lombard – et la crypte.

Intérieur★ – Entièrement décoré par **Josep Maria Sert** (1874-1945) en 1930, il fut ravagé six ans plus tard, pendant la guerre civile, par un incendie qui détruisit totalement la décoration des murs. Plus tard, l'artiste reprit son œuvre de 1939 à 1945, et c'est cette décoration que l'on peut encore voir actuellement.

Ces impressionnantes **peintures★★**, caractérisées par une fougue et une impétuosité dignes de Michel-Ange, sont très symboliques. Les scènes gigantesques illustrent un programme iconographique complet, depuis le péché originel (transept) jusqu'à la Passion du Christ (abside) en passant par les évangélistes et le martyre des apôtres (nef). Au-dessus du portail d'entrée, trois scènes illustrent l'injustice humaine dans la vie de Jésus : l'expulsion des marchands du Temple (à droite), la condamnation du Christ à mourir sur la croix (au centre) et le Calvaire (à gauche). L'emploi appuyé du clair-obscur, du tracé sépia sur fond or, produit une singulière impression de relief et accroît la monumentalité de l'œuvre. L'ensemble s'harmonise bien avec les grandes dimensions de la nef et ses piliers cannelés. Remarquez dans le déambulatoire l'ancien **retable★★** du maître-autel, en albâtre, sculpté au 15ᵉ s. Il est consacré à la Vierge et à saint Pierre, représentés au centre. En face, dans un tombeau gothique, repose le chanoine Bernat Despujol, qui ordonna la réalisation du retable.

Cloître★ – Les galeries s'ouvrent par de grands arcs du 14ᵉ s., garnis de beaux remplages gothiques, sur le patio où se dresse, surmonté de sa statue, le mausolée de Jaume Balmes, le brillant philosophe né à Vic. Remarquez, dans l'une des galeries, le sarcophage contenant les restes de J. M. Sert ainsi que sa dernière œuvre, une crucifixion qui devait remplacer celle se trouvant dans l'église.

Palau Episcopal A2

Il est constitué d'une série de bâtiments construits autour d'un patio. *Emprunter l'escalier extérieur et sonner à la porte.* La décoration murale de la remarquable **salle des Synodes** fut restaurée en 1845. Les portraits des évêques du diocèse de Vic, l'un des diocèses les plus anciens d'Espagne, y sont représentés.

Temple Romà A2

On ignore à quelle divinité ce temple romain était consacré. Bâti au 2e s., il se compose d'une petite *cella* de 10 m de long sur 12 m de haut et d'un atrium dont les colonnes lisses à base ionique sont surmontées de chapiteaux corinthiens. Une grande partie de l'ensemble a été restaurée. Autour, sont encore visibles quelques vestiges du palais des Montcada (11e s.) qui dissimula le temple durant des siècles.

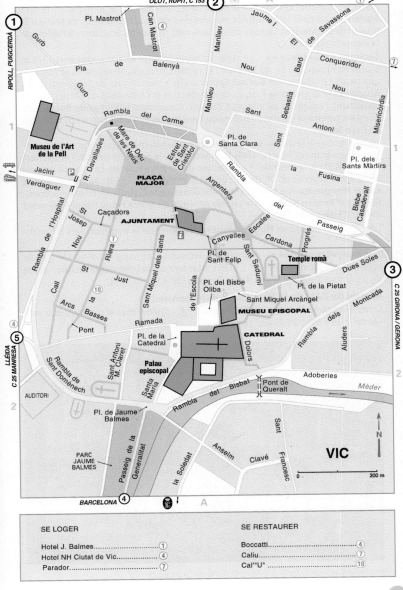

SE LOGER		SE RESTAURER	
Hotel J. Balmes	①	Boccatti	④
Hotel NH Ciutat de Vic	④	Caliu	⑦
Parador	⑦	Cal"U"	⑩

Visiter

Museu Episcopal★★★ A2

Pl. Bisbe Oliba, 3 - ℘ 938 869 360 - www.museuepiscopalvic.com - ⛆ - avr.-sept. : tte la journée, dim. et j. fériés mat. ; reste de l'année : mat. et apr.-midi, dim. et j. fériés mat. - fermé lun., 1ᵉʳ et 6 janv., Pâques, 25-26 déc. - 4 € (-18 ans 2 €).

Installé dans un édifice moderne inauguré en 2002, ce splendide musée, fondé en 1891, présente une très riche collection d'œuvres romanes et gothiques provenant du diocèse de Vic et Solsona, ainsi qu'un précieux ensemble d'étoffes et de vêtements. D'autres intéressantes sections consacrées à l'archéologie, au lapidaire, au verre, au cuir, à l'orfèvrerie, à la forge et à la céramique complètent les collections de l'un des musées majeurs de la Catalogne.

Section romane★★★ – Au nombre des splendides œuvres exposées, on s'attardera plus particulièrement sur la **Descente de croix d'Erill la Vall**, ensemble de sculptures représentant cinq personnages, le tableau du **Baldaquin de Ribes de Freser**, ainsi que sur un remarquable ensemble de **parements d'autel**. On appréciera l'évolution de ces derniers, depuis un grand hiératisme jusqu'au souci plus marqué des aspects narratifs ; l'*autel de Lluça* marque le début de la transition vers le gothique. On pourra également admirer les peintures murales de l'abside de l'église Santa Maria d'El Brull et de l'église Sant Sadurní d'Osomort, sans oublier les sculptures à l'effigie de la Vierge et du Christ.

Sections gothiques★★★ – Le style gothique pénètre en Catalogne vers 1275 et y demeure jusqu'à la fin du 15ᵉ s. De la première période, on retiendra le magnifique retable d'albâtre que **Bernat Saulet** sculpta pour l'église de Sant Joan de les Abadesses et qui relate la Passion, la Résurrection et l'Ascension du Christ ; à noter également, l'ensemble de Vierges à l'Enfant, notamment la **Vierge de Boixadors**, l'élégant parement d'autel de Bellver de Cerdanya et certaines parties d'un retable de **Pere Serra**.

Le 15ᵉ s. entraîne l'introduction du gothique international en Espagne avec notamment deux grandes figures : **Lluís Borrassà** (dans la première période) et **Bernart Martorell** (dans la seconde). La collection de retables issue de ce courant est tout à fait impressionnante. On doit au génial Borrassà le retable de **saint Antoine et sainte Marguerite** et le monumental retable de **sainte Claire**. Le retable de Guimerà, réalisé par **Ramón de Mur**, et le retable de Verdú de Jaume Ferrer II sont également dignes d'intérêt.

Les peintures de **Jaume Huguet** signalent l'amorce de la transition vers la Renaissance.

Tissus et vêtements★★ – Magnifique exposition de tissus du 3ᵉ au 18ᵉ s. et de vêtements liturgiques (14ᵉ-19ᵉ s.). On s'attardera sur la belle étoffe hispano-arabe du parement d'autel du **Drap de les Bruixes** (12ᵉ s.).

Museu de l'Art de la Pell (musée de la Tannerie) A1

Carrer Arquebisbe Alemany, 5 - ℘ 938 833 279 - ⛆ - tlj sf lun. mat. et apr.-midi, dim. mat. - fermé 1ᵉʳ et 6 janv., 25-26 déc. - gratuit.

Parement d'autel de la Mare de Déu del Coll (Museu Episcopal de Vic).

La précieuse collection léguée par le tanneur Andreu Colomer Munmany servit à la création de ce singulier musée de la Tannerie. Sont exposés des objets de différents styles, époques et origines et sont commentées les différentes techniques du travail du cuir.

Aux alentours

Monastère de Sant Pere de Casserres★

17 km au nord-est. Quitter Vic au nord-est et prendre la C 153 avant de tourner immé-diatement à droite en suivant la direction « Tavernoles y Parador ». Au niveau du parador, prendre à gauche une petite route goudronnée (3,5 km). ℘ 937 447 118 - www.santperedecasserres.cat - tte la journée - fermé de mi-janv à fin janvier, 25 déc. - 3 € (-7 ans gratuit).

Juste avant d'atteindre le parador, garez-vous donc sur la droite pour bénéficier d'une belle **vue★★** du lac de Sau qu'encadrent des escarpements élevés.

Le petit monastère roman de Sant Pere de Casserres jouit d'un **emplacement★★** privilégié à l'extrémité d'une longue et étroite péninsule qui plonge dans les eaux du lac de Sau. La visite de ses dépendances nous révèle la vie monastique d'une petite communauté au 11ᵉ s. Un documentaire donne des explications sur la légende et l'histoire du monastère.

Rupit★

34 km au nord-est. Quitter Vic au nord-est et suivre la C 153.

Ce pittoresque village s'inscrit dans un cadre de grandes chênaies alternant avec des prés. On y voit la spectaculaire cascade du **Salt de Sallent**. Dans la rue del Fossar, se trouve la forge *(ferreria)*, maison typique reproduite au Poble Espanyol de Barcelone.

Circuits de découverte

SERRAS DU SUD-OUEST

76 km. Quitter Vic par l'ouest puis prendre la C 25.

La C 25 traverse un beau paysage boisé au milieu des montagnes.

Au km 164, bifurquer en direction d'Oristà.

Oristà

La route d'Oristà descend le versant nord de la montagne, offrant des panoramas de la plaine. Dans cette petite localité de la partie médiane de la vallée de la Riera Gavarresa, on remarquera l'**église Sant Andreu** (18ᵉ s.), au centre du village, qui possède une curieuse crypte préromane.

Revenir sur ses pas jusqu'au croisement avec la C 25 et poursuivre jusqu'à L'Estany.

L'Estany★

C'est par une agréable route secondaire au milieu des bois que l'on accède à cette petite bourgade qui doit son nom à un étang asséché au 16ᵉ s.

Monastère Santa Maria★ – *℘ 938 303 040 - mat., sam. mat. et apr.-midi - fermé lun., 1ᵉʳ janv., 25 déc. - 3 €.* Ce monastère en plein centre du village fut l'un des hauts lieux de la réforme augustinienne du 11ᵉ s. Construit au 11ᵉ s. et converti en collégiale séculière au 18ᵉ s., il reste autour du cloître un remarquable ensemble de bâtiments des 14ᵉ et 17ᵉ s., anciennes dépendances canoniales.

L'**église** est une œuvre romane (12ᵉ s.) comprenant une seule nef et trois absides, qui présente au transept une jolie **tour** reconstruite au 15ᵉ s. Attenante à l'église, la chapelle du Saint-Sacrement est l'ancienne salle capitulaire.

Le **cloître★** est la partie la plus remarquable du monastère. Chaque galerie se compose de dix arcs reposant sur neuf paires de colonnes et portant 72 élégants **chapiteaux★★**. Ceux de la galerie nord, de style roman, représentent Adam et Ève ainsi que des scènes de la vie du Christ, de l'Annonciation à la Crucifixion. Des motifs décoratifs (palmes, feuilles d'acanthe et griffons), taillés avec un grand souci des proportions, abondent sur ceux de l'aile occidentale. L'exécution parfaite des entrelacs et la géométrie du corridor sud attestent d'une réalisation ultérieure. La partie orientale s'égaye de scènes profanes (mariages, musiciens, etc.) tirées du répertoire des céramiques de Paterna.

Au **musée du monastère** *(entrée par le cloître)* sont exposés de nombreux éléments architecturaux découverts durant sa restauration, quelques sculptures et pièces d'orfèvrerie ainsi qu'une collection de faïences et de céramiques.

Poursuivre par la C 59 vers le sud.

J. Malburet / Michelin

Église romane d'El Brull, dans la Serra de Montseny.

Moià

La **route**★★ serpente à travers un paysage boisé, avant d'amorcer sa descente sur Moià. Cette ville connaît une longue tradition de station d'été. En hiver a lieu la fête populaire du « **pollu** », curieux personnage masqué qui sème la panique dans la ville. Moià est la patrie de **Rafael de Casanova**, héros du 11 septembre 1714 *(voir p. 97)*. *Retourner à Vic par la N 141 et la C 17.*

SERRA DE MONTSENY★

170 km environ – 4h.

Ce grand massif granitique, appartenant à la chaîne pré-littorale catalane, couvert d'un épais tapis végétal où l'on trouve hêtres et chênes-lièges à profusion, est parcouru par de nombreuses sources.

Au sud-ouest se trouve le **Parc natural del Montseny**, qui s'étend sur 17 372 ha, avec le Matagalls (1 695 m), les Agudes (1 644 m) et le Turó de l'Home (1 707 m) comme points culminants.

De Vic à Sant Celoni

60 km environ (1h30). Quitter Vic par le sud et 6 km plus loin prendre à gauche la B 520. Après la forêt de pins et de hêtres, la route traverse le charmant petit village de **Viladrau**, réputé pour ses eaux riches, puis redescend, laissant sur la droite un horizon montagneux. Plus loin, la descente par la corniche (GI 543) offre un large panorama des versants du Montseny. À partir d'**Arbúcies**, la route (GI 552) court parallèlement au lit rocailleux de la rivière et arrive à une bifurcation.

En prenant la GI 553 sur la gauche, apparaît **Hostalric** au sommet d'une petite colline volcanique. Le village conserve une partie de ses monumentales **murailles**★ médiévales (13e-15e s.) et un ancien château fort.

En poursuivant votre chemin par la GI 552, vous passerez par **Breda**, important centre de poterie qui doit sa renommée au remarquable **monastère Sant Salvador**★ dont subsiste l'église gothique, aux dimensions très équilibrées, le patio et le monumental **clocher**★★ roman à cinq étages.

Sant Celoni

Sant Celoni se trouve dans la vallée du fleuve Tordera, dans une zone accidentée par les versants du massif du Montnegre. Le vieux quartier est axé sur la carrer Major où sont situés les commerces traditionnels. L'élément le plus remarquable de la localité est la magnifique **façade**★ baroque (18e s.) de l'**église Sant Martí**, avec des sgraffites en forme de retable (allégories, les saints Celoni et Ermenter et une sorte de balustrade décorative).

De Sant Celoni à l'ermitage Sant Marçal★★

29 km au nord, aller 45mn environ.

La route grimpe en lacet à partir de Campins, offrant de belles **vues** sur la plaine côtière et la Méditerranée.

Les deux kilomètres du **parcours** précédant le barrage de Santa Fé (1 130 m d'altitude) s'effectuent en corniche et, à 7 km, adossé aux escarpements du Matagalls, se trouve l'**ermitage Sant Marçal** (1 260 m).

Retourner à Sant Celoni.

De Sant Celoni à Tona par Montseny★

43 km, 1h environ.

Cet **itinéraire** donne une idée d'ensemble de la cordillère. Après la riche plaine de Tordera et celle de Montseny, la route grimpe au milieu de paysages agrestes pour redescendre vers Tona, en passant devant l'église romane de **El Brull** et la **tour Santa Maria de Seva**.

Vic pratique

Adresse utile

Office du tourisme de Vic – *C/de la Ciutat, 4 - 08500 Vic -* ☎ *938 862 091 - www.victurisme.net - lun.-sam.10h-14h, 16h-20h, dim. et j. fériés 10h-13h.*

Transports

Gare routière – *Pare Gallisà -* ☎ *938 891 917.* Vous y trouverez notamment les bus de la compagnie **Sagalés**, assurant de nombreuses liaisons quotidiennes avec Barcelone (☎ *902 130 014 - www.sagales.com).*

Gare ferroviaire – *Pl. de l'Estació, 4 -* ☎ *902 240 202 - www.renfe.es.* Liaisons quotidiennes avec Barcelone et Puigcerdà (Pyrénées).

Se loger

⊜⊜⊜ **Hotel NH Ciutat de Vic** – *Pg Can Mastrot - Vic -* ☎ *938 892 551 - nhcvic@nhhoteles.es -* 🍽 *- 36 ch. : 74,90/122 € -* ☕ *11 € - rest. 19 €.* Proche de la grand-place, ce bâtiment à la façade discrète est le rendez-vous des habitants de Vic. Doté du niveau de confort que l'on retrouve dans les hôtels de la même chaîne, il offre à ses clients un service attentif et un équipement complet.

⊜⊜⊜ **Hotel J. Balmes** – *Francesc Pla « el Vigatà », 6 - Vic -* ☎ *938 891 272 - www.hoteljbalmes.com -* 🍽 🅿 *- 50 ch. : 96,30 € -* ☕. À 10mn à pied du centre-ville, un grand hôtel moderne et sobre, sans charme particulier, mais tout confort.

⊜⊜⊜⊜ **Parador** – *Vic -* ☎ *938 122 323 - vic@parador.es -* 🍽 ⛱ *- 39 ch : 130/140 € -* ☕ *13 € - rest. 28 €.* Avec son allure de mas catalan, son architecture massive en pierres apparentes domine le paysage. Les chambres sont spacieuses et confortables, suffisamment bien équipées et décorées pour rendre le séjour mémorable. Ne manquez pas le restaurant où la cuisine de chef est servie dans un décor tout aussi soigné.

Se restaurer

Spécialités – Vic propose un grand choix de spécialités gastronomiques, surtout dans le domaine de la **charcuterie** artisanale. À Vic, on décerne le label « Denominación de Calidad Llonganissa » aux saucissons, aux diverses saucisses (crue, aux œufs, blanche ou noire), et aux *somalla, fuet et bulls.* Le *pa de pessic* est une sorte de pain d'épices très mou et rond. Dans toute la région, vous pourrez demander l'*aigua-naf*, sorte d'eau-de-vie.

⊜ **Caliu** – *La Riera, 13 - Vic -* ☎ *938 895 271 - fermé dim. soir, lun. et mar. soir - 10 €.* Dans une belle salle ornée d'anciennes photos et de tableaux, une cuisine traditionnelle catalane.

⊜⊜ **Cal' «U »** – *La Riera, 25 - Vic -* ☎ *938 863 504 - fermé dim. soir, lun. et mar. soir - menu à 18 € en sem. uniquement, carte le w.-end.* Restaurant à l'étage d'une ancienne demeure du 18e s., avec des fresques et des lustres extraordinaires. Le décor est superbe et la cuisine excellente. L'une des salles peut accueillir 90 personnes.

⊜⊜⊜ **Boccatti** – *Mossèn Josep Gudiol, 21 - Vic -* ☎ *938 895 644 - fermé dim. soir, merc. soir, jeu., de mi-avr. à fin avr., de mi-août à fin août -* 🍽 *- 29/52 €.* Ce petit restaurant s'enorgueillit d'une excellente carte de poissons et de fruits de mer. La salle conserve le comptoir de l'ancien bar qui confère à l'ensemble un côté informel. Son seul inconvénient : ses prix plutôt élevés.

Achats

Marché – *Mar. et sam. sur la pl. Major.* Celui du samedi est particulièrement animé et permet de goûter les spécialités de charcuterie locale.

Événement

Mercat del Ram – *Sam. précédant le dim. des Rameaux.* Marché aux fleurs et vente d'animaux.

Vielha
Viella (en aranais)

5 020 HABITANTS
CARTE GÉNÉRALE A1 – CARTE MICHELIN REGIONAL 574 D32
SCHÉMA P. 292-293 : PYRÉNÉES CATALANES – PROVINCE DE LLEIDA

Capitale de la Vall d'Arán et important centre touristique de montagne, la ville possède un splendide secteur ancien, où il faut signaler le barri del Cap de la Vila (la Tête de ville), quartier rassemblant des demeures seigneuriales des 16e et 17e s. Au-dessus de Vielha, le parador bénéficie d'une vue privilégiée : à l'arrière-plan se profile le cirque qui ferme la vallée au sud, et, à droite, se dresse la redoutable barrière de la Maladeta.

- **Se repérer** – Vielha est situé au centre de la Vall d'Arán, sur le cours de la Garonne. Le très vaste territoire de la commune, dénommé « Vielha e Mijaran », est parsemé de petits villages et de belles églises romanes et gothiques (Gausac, Arrós, etc.). Depuis 1948, la ville est reliée au reste de la Catalogne par un tunnel de 6 km de long.

- **À ne pas manquer** – La représentation du Jugement dernier et de la Résurrection sur les archivoltes du portail de l'église Sant Esteve, à la sortie de la ville.

- **Organiser son temps** – Avec ses nombreux hôtels et sa bonne desserte routière, Vielha est un point de départ idéal pour rayonner dans la Vall d'Arán.

- **Avec les enfants** – Selon la saison, ski ou randonnée : les activités sportives pour tous niveaux ne manquent pas autour de Vielha.

- **Pour poursuivre le voyage** – Voir aussi le Parc national d'Aigüestortes i Estany de Sant Maurici, la principauté d'Andorre et La Seu d'Urgell.

Fresques de l'église Sant Andreu, à Salardú.

J. Malburet / Michelin

Visiter

Sant Miquèu

Ce bel édifice de transition romano-gothique (12e-13e s.) comporte une seule nef voûtée en berceau et renforcée d'arcs doubleaux. Sur le portail, caractéristique du roman aranais, est représenté le thème du Jugement dernier à travers de subtiles allégories. Le clocher octogonal a été construit au 14e s.

Il abrite le remarquable **retable** gothique de Sant Miquèu (15e s.), attribué à Pere Despallargues, et le célèbre buste du **Christ de Mijaran★**, en bois délicatement sculpté, qui devait certainement faire partie d'une Descente de croix du 12e s.

Musèu de la Vall d'Arán

Major, 26 - ℰ 973 641 815 - tlj sf lun. mat. et apr.-midi, j. fériés mat. - 2 € (-16 ans 1 €).
Installé dans une élégante maison seigneuriale du 16e s., appelée Torre deth Generau Martinhon (tour du général Martinhon), il initie le visiteur à la géologie, à la glaciologie, à l'histoire et à la langue aranaises.

Circuits de découverte

VALL D'ARÁN★★

La Vall d'Arán, à l'extrémité nord-est des Pyrénées, se trouve sur la partie haute de la Garonne. Il s'agit d'une vallée atlantique au climat humide et moins ensoleillé que celui des vallées pyrénéennes, orientées vers le Midi.

Bien que sous administration espagnole depuis le 13ᵉ s., son isolement a permis de conserver intactes la langue (l'aranais, variante de l'occitan) et les coutumes. Cerné de sommets de près de 3 000 m, il n'a eu de rapports avec les pays voisins que par de difficiles passages de montagne, tels le col de la Bonaigua ou le portillon de Bòssost. L'ouverture du tunnel de Vielha mit fin, en 1948, à cette situation d'isolement.

Aujourd'hui, les cultures ont remplacé les pâturages et l'on prête un grand intérêt à l'exploitation du bois, des mines et aux ressources hydrauliques.

Mais rien n'altère la beauté naturelle du paysage, dont le vert des prés paraît moucheté par le gris des toits en ardoise des 39 villages de la vallée, souvent groupés autour d'une église romane. Ces dernières années, on a créé plusieurs stations de ski qui, grâce aux excellentes conditions climatiques de la vallée, attirent nombre de touristes.

De Vielha à Baqueira Beret 7

21 km – une demi-journée. Voir le schéma p. 292 (Pyrénées catalanes).

Betrén

1,3 km de Vielha par l'ouest.

Importante cité médiévale, Betrén se distingue aujourd'hui par son attrait touristique. Le visiteur ne manquera pas de découvrir l'**église Sant Esteve★**, dont le style transitoire du roman au gothique est illustré par les absides, les baies vitrées ou encore le **portail★★**. Les quatre archivoltes de ce dernier hébergent soixante représentations humaines d'un grand réalisme qui illustrent le Jugement dernier et la Résurrection. Au-dessus de l'arc de la porte, la Vierge Marie porte d'une main son enfant et de l'autre une fleur.

Reprendre la C 28 jusqu'à Escunhau (1,3 km).

Escunhau

Escunhau est une station de ski à échelle humaine, ayant conservé des allures de petit bourg de montagne avec ses maisons de pierres apparentes aux beaux toits d'ardoises.

Le village recèle l'un des meilleurs exemples de l'architecture aranaise, l'**église Sant Pedro★**, dont le vaisseau étroit est d'origine romane (11ᵉ s.). L'élément le plus remarquable est son **portail★★** (12ᵉ s.) : à noter sur le tympan la grande expressivité du Christ (les pieds cloués sont une caractéristique de l'art roman) ainsi que d'étranges chapiteaux où sont représentés des visages humains.

Reprendre la C 28 jusqu'à Arties, à 3 km.

Arties★

Situé au confluent de la Garonne et du río Valarties, ce village possède un parador *(voir l'encadré pratique)* et offre un important choix touristique. L'abside de l'église romane Santa Maria est décorée de peintures représentant le Jugement dernier, le Ciel et l'Enfer.

Ce pittoresque village propose un intéressant éventail de recettes à base de gibier (perdrix, sangliers, isards), et l'*aigua de nodes*, une liqueur de noix.

Reprendre la C 28 jusqu'à Salardú (3 km).

Salardú★

Sa position stratégique à l'entrée de la vallée en venant du col de la Bonaigua en fit, au Moyen Âge, une ville fortifiée. Actuellement, Salardú est un beau petit village aux maisons en granit et schiste.

Église Sant Andreu★ – Cet édifice roman (12ᵉ et 13ᵉ s.) à trois vaisseaux et trois absides possède à l'intérieur d'intéressantes **peintures gothiques★★** (16ᵉ s.), restaurées à la fin des années 1990. La sacristie abrite une petite exposition retraçant ces travaux de rénovation : son intérêt est surtout d'en détailler toute la symbolique *(accès gratuit)*.

Notez également la remarquable sculpture du Christ, la **Majestat de Salardú★★** (12ᵉ s.), haute de 65 cm, très stylisée mais d'un grand réalisme anatomique. Et en sortant, ne manquez pas enfin d'admirer le svelte clocher de base octogonale (15ᵉ s.), séparé de l'ensemble.

J. Malburet / Michelin

La station de Baqueira Beret.

Unha

Située à 1,5 km au nord de Salardú, cette petite localité héberge l'**église** romane **Santa Eulalia** (12e s.) : à l'extérieur, on remarquera les modillons qui soutiennent le toit. À l'intérieur, on a retrouvé des restes de peintures romanes (12e s.).
Revenir sur la C 28 puis continuer jusqu'à Baqueira Beret, à 9 km à l'ouest.

Baqueira Beret

Située près de la source de la Garonne, dans un **paysage** de hauts sommets, cette station de ski alpin offre une excellente infrastructure, aussi bien en piste – 1 010 m de dénivelé – qu'en hôtellerie et autres services.

De Vielha à Bossòst 8

52 km – une demi-journée. Voir le schéma p. 292 (Pyrénées catalanes).
Quitter Vielha par la N 230 vers la frontière. À Pont d'Arròs, tourner à droite et suivre le cours du Varradès.

Vall de Varradès

Dans l'une des gorges du rio dévale une célèbre cascade, le **Sauth deth Pish**.
Revenir à Pont d'Arròs. À la sortie du village, suivre la direction de Vilamòs sur la droite.

Vilamòs

Cet ancien village agricole et forestier, suspendu sur une plate-forme à 400 m au-dessus de la vallée, a conservé son architecture traditionnelle (solides maisons de pierre aux toits d'ardoise).
Depuis Vilamòs s'ouvre une magnifique **vue**★★ sur la vallée de la Garonne, obstruée, au fond, par les sommets de la Maladeta.
Au bout du village se trouve un petit **écomusée** (℘ 973 64 07 39 - de mi-juin à mi-sept. : mat. et apr.-midi ; de mi-sept.-mi-juin : mat.).

L'art roman aranais

La Vall d'Arán se caractérise par son art roman plus tardif que celui des autres régions catalanes. En effet, la plupart des églises remontent aux 11e, 12e et 13e s. De plan basilical, elles présentent trois vaisseaux voûtés en berceau qui se prolongent en absidioles. Les matériaux de construction employés sont la pierre, l'ardoise (utilisée surtout pour la couverture des toits) et le bois. Les portails en sont l'élément le plus remarquable : habituellement orientés au sud, ils se composent de plusieurs archivoltes reposant sur des chapiteaux ouvragés surmontant des colonnes de pierre. Alors que certains présentent des tympans travaillés, d'autres en sont totalement dépourvus. Les décors sculptés se distinguent par leur simplicité et leur aspect très primitif, tandis que le chrisme, monogramme du Christ, constitue l'élément le plus abondant.

Revenir sur la N 230 et et prendre la direction de Bossóst. À Es Bordes, prendre la rue Artiga de Lin depuis la place du village. Parcourir environ 200 m et prendre à gauche vers le sanctuaire de l'Artiga de Lin.

Vall de la Artiga de Lin

Le rio Joèu traverse de magnifiques bois de sapins et de hêtres. Au bout de l'itinéraire apparaissent les **Uelhs deth Joèu★** (Güells del Joèu, ou Vagissements du Joèu), spectaculaires résurgences en provenance de la Maladeta, qui jaillissent après un long parcours souterrain. Tous les ans, le 9 septembre, un pélerinage a lieu à l'église Mare de Diu dera Artiga.

Revenir sur la N 230 et prendre la direction de Bossóst.

Bossóst

L'**église de la Purification de Marie★★** est le plus remarquable exemple d'église romane (12ᵉ s.) de la Vall d'Arán. L'édifice possède trois vaisseaux, séparés par de gros piliers ronds soutenant une voûte en berceau. Les trois absides sont décorées de bandes lombardes et le très beau **portail** nord est orné d'un tympan aux sculptures archaïques représentant le Créateur entouré du Soleil, de la Lune et des symboles des évangélistes. *Des travaux de rénovation sont prévus. Renseignez-vous pour être sûr de trouver porte ouverte.*

VALL DEL NOGUERA RIBAGORÇANA★★ 9

De Vielha à Caldes de Boí – 54 km – environ 3h. Voir le schéma p. 292 (Pyrénées catalanes).

La *comarca* de l'Alta Ribagorça occupe le territoire de l'ancien comté médiéval de Ripagorce, sur la rive gauche du Noguera Ribagorçana. On y trouve un relief abrupt aux sommets supérieurs à 3 000 m, de grandes dépressions glaciaires, de belles zones lacustres et des vallées encaissées, au fond desquelles s'élèvent de petits villages.

Vilaller

Juché sur un éperon rocheux, ce village conserve les raides et étroites ruelles de son quartier ancien. L'église baroque (18ᵉ s.) Sant Climent possède un intéressant **clocher** octogonal. À l'époque médiévale, le village était ceint de murailles dont une partie, datant du 11ᵉ s., reste visible au bout de la rue Mgr. Francesc Ferra.

El Pont de Suert

Chef-lieu de la *comarca* et important centre de services, on y trouve de beaux exemples d'architecture populaire mêlés aux constructions modernes, fruit du développement de l'industrie hydro-électrique.

Sur le territoire communal sont disséminés de petits villages pleins de charme : **Castelló de Tort**, **Casòs**, **Malpàs**, qui, environnés d'un paysage solitaire et boisé, conservent leur aspect rural.

Prendre la route qui monte vers Caldes de Boí.

Vall de Boí★★

Drainée par les rivières Noguera de Tor et Sant Nicolau, cette vallée est célèbre pour receler le plus bel ensemble d'**églises romanes** (11ᵉ et 12ᵉ s.) des Pyrénées. Construites en petit appareil irrégulier, elles se signalent par la pureté de leurs lignes, leur unité de style et les fresques qui décoraient les murs et les absides. Ces fresques sont pour la plupart des reproductions, les originales ayant été transférées au musée national d'Art de Catalogne à Barcelone *(voir p. 155)*, où elle sont conservées. La silhouette de leurs

Info pratique

🥾 La plupart des églises de la Vall de Boí sont reliées entre elles par des sentiers particulièrement agréables pour les amateurs de marche à pied. Voici quelques propositions de circuits parmi les plus intéressants :

Caldes de Boí - Erill la Vall – *5 km, env. 2h15*. Ce sentier forestier de niveau moyen coupe les torrents qui alimentent la Noguera.

Boí - Barruera – *3 km, env. 1h30*. Un itinéraire parfait pour une vue d'ensemble sur la région.

Boí - Erill la Vall – *1 km, env. 45mn*. Si vous ne disposez pas de beaucoup de temps, cette rapide promenade vous permettra de relier deux des plus belles églises de la vall de Boí.

clochers, adossés à la nef mais néanmoins indépendants, est unique. Presque toujours de plan carré, ils sont ornés de bandes lombardes et d'arcatures doubles ou triples.

Il ne faut pas manquer d'admirer les églises **Santa Eulàlia** à **Erill la Vall**, de la **Nativité** à **Durro**, **Sant Joan** à **Boí** et **Sant Feliu** à **Berruera**. Erill la Vall vaut également le détour pour son **Centro d'Interpretació del Romànic** *(voir l'encadré pratique)*.

Après Erill la Vall, tourner à droite sur une route étroite vers Boí.

Taüll★

Ce typique village montagnard est célèbre pour les fresques de ses deux églises, véritables joyaux romans, exposées au musée d'Art de Catalogne, à Barcelone. L'**église Sant Climent★★**, à la sortie du village, fut consacrée le 10 décembre 1123, précédant d'un jour la consécration de Santa Maria. À l'angle sud-est du bâtiment se dresse la svelte tour à six corps, de style roman lombard, dont l'intérieur est décoré de fresques de la même époque. Une copie du célèbre Pantocrator de Taüll est placée dans l'abside.

Le dédale des ruelles et les maisons de pierre aux balcons en bois sont concentrés autour de l'**église Santa Maria★**, édifice roman restauré, à trois vaisseaux séparés par des piliers cylindriques.

Revenir sur la route de Caldes de Boí.

Parc national d'Aigüestortes i Estany de Sant Maurici★★ *(voir ce nom)*

Caldes de Boí★

À 1 550 m d'altitude se trouve cette station thermale connue pour ses 37 sources où l'eau jaillit à de hautes températures (entre 24 et 56 °C).

À proximité, la station de ski de **Boí-Taüll** déroule ses pistes entre 2 457 et 2 038 m.

Au départ de Boí, vaste choix d'itinéraires balisés *(voir p. 172).*

Vielha pratique

Adresses utiles

Office du tourisme de Vielha – *Sarriulera, 10 - 25530 Vielha -* 𝄞 *973 640 110 - www.torismearan.org - toute l'année : 9h-21h.* La Vall d'Arán offre des dizaines de possibilités de randonnées à pied et à VTT. Pour vous faciliter la tâche, l'office de tourisme édite deux documents très pratiques « Vive la randonnée » présentant en détail 9 itinéraires et « Vive le VTT » (5 itinéraires). Illustrés par des cartes au 1/50 000 et de belles photos, ils sont une excellente source d'information sur la géographie et l'histoire de la région. Le tout en français !

Office du tourisme de Salardu – *Balmes, 2 - 25598 Salardú -* 𝄞 *973 645 726-15 juil.-15 sept. : 9h30-13h, 16h-19h30 ; 16 sept.-14 juil. : 10h-13h, 16h-19h, fermé dim.*

Office du tourisme de Bossòst – *Pg. Eduard Aunòs, s/n - 25550 Bossòst -* 𝄞 *973 647 279.*

Casa del Parc Nacional d'Aigüestortes - Ca de Simamet – *Les Graieres, 2 - 25528 Boí -* 𝄞 *973 696 189 - www.parcsdecatalunya.net - juin-sept. : 9h-13h, 15h30-19h ; oct.-mai : 9h-14h, 15h30-18h - fermé 1ᵉʳ et 6 janv., 25-26 déc.* Conseils, cartes, itinéraires en français… Toutes les infos sur le Parc national d'Aigüestortes.

Visiter

👁 **Bon à savoir** – Procurez-vous le dépliant « **Route de l'art roman par l'Alta Ribagorça** ». Il propose un itinéraire très complet reliant les 8 églises romanes classées et un ermitage, ainsi que d'autres monuments intéressants dans l'ensemble de la vallée.

Centre d'Interpretació del Romànic – *Batalló 5 - 25528 Erill la Vall (sur la L 500,*

Vall de Boí) - 𝄞 *973 696 715 - centreromanic@vallboi.com - 10h-14h, 16h-19h (jusqu'à 20h l'été et durant la Semaine sainte).* Vous y trouverez de précieuses informations sur l'art roman. Les églises sont toutes ouvertes de 10h à 14h et de 16h à 19h avec un guide sur place *(entrée par église : 1,20 €, un ticket pour toutes les églises : 5 €).* Le centre propose également des visites guidées des églises de la Vall de Boí (été et Sem. sainte). Enfin le centre organise un jeu pour tous les visiteurs qui consiste à découvrir dans quelle église se trouve telle sculpture ou fresque. À gagner : un week-end dans la vallée.

Se loger

🛏🍴 **La Bonaigua** – *Castèth 9 -* 𝄞 *973 640 144 - hotellbonaigua.com -* 🅿 *- 23 ch. : 42/68 € -* ⧑ *3,90 €.* Hôtel familial constituant une bonne solution de repli. Chambres simplement fonctionnelles d'un bon rapport qualité-prix, petit-déjeuner servi dans la cafétéria.

🛏🍴 **El Ciervo** – *Pl. de Sant Orènci 3 -* 𝄞 *973 640 165 - www.hotelelciervo.net -* 🅿 *- 18 ch. : 57,78/104,86 € -* ⧑ *- fermé mai-juin et oct.-nov.* Des cerfs sur la façade, un parfum de cannelle et une ambiance de *cottage* anglais : dans cet hôtel vert sapin tout en bois, c'est Noël toute l'année ! Chambres douillettes, soigneusement décorées, avec plaids et coussins sur les lits. L'endroit idéal pour se reposer et se faire dorloter.

🛏🍴 **Hotel Casa Peyró** – *Coll - 13 km au sud de Caldes de Boí par la L 500 -* 𝄞 *973 297 002 -* 🅿 *- 8 ch. : 60 € -* ⧑ *- rest. : menu 18 €, carte 33,70/42 €.* Grande maison en pierre dont les chambres sont peintes dans des tons pastel. À noter un détail d'importance : la qualité du linge et des serviettes de bain. Au premier étage, sauna en service l'hiver uniquement. La

J. Malburet / Michelin

Parador de Vielha.

nuit, rien ne vient perturber la paix régnant dans ce village niché au cœur d'une vallée.

Hostal rural Santa Maria – *Cap del riu 3 - Taüll - ℰ 973 696 170 - www.taull. com - 4 ch. : 81,32/94,16 € - fermé 15 j. en mai et oct.-nov.* Jolies chambres mansardées avec salles de bains modernes dans une ancienne maison rénovée. Un salon convivial avec cheminée et une salle à manger dotés tous deux de meubles anciens de la région, un jardin charmant pour prendre le frais. Bon accueil.

Parador de Arties – *Rte de Baqueira - Arties - ℰ 973 640 801 - arties@ parador.es - 🅿 🎿 ♿ - 57 ch. : 123,05/144,45 € - 14,98 € - rest. 23,41 €.* Élégant édifice qui insère dans ses murs les vestiges architecturaux de la famille Portalà, comme la tour fortifiée du 16e s. ou la chapelle. À l'extérieur, c'est le mariage de la pierre, du bois et de l'ardoise, recréant l'harmonie avec le paysage pyrénéen.

Parador de Vielha – *Vielha - 2,5 km au sud par la N 230 - ℰ 973 640 100 - viella@parador.es - 🅿 🎿 - 118 ch. : 133,75/1 155,15 € - 14,98 € - rest. 23,41 €.* Le parador offre un cadre unique pour profiter de la montagne, en bénéficiant de splendides vues sur la Vall d'Arán. Une rénovation récente a doté ses spacieuses chambres d'un niveau de confort remarquable. La vue panoramique que dispense le salon circulaire avec cheminée est spectaculaire.

Se restaurer

👁 **Bon à savoir** – Il faudra goûter la **olha aranesa**, succulent pot-au-feu fait de viande d'agneau, de veau, de lard, de *botifarra* noire et de légumes.

Café Sedona – *Av. de les Feixes 2 - Taüll - ℰ 973 696 254 - 8/17 € - fermé en oct.-nov. et de déb. mai à mi-juin.* Des fauteuils cosy à l'intérieur pour l'hiver, une terrasse accueillante l'été avec une vue superbe sur les montagnes. Des salades, des spécialités mexicaines, des *bocadillos* et des plats variés régionaux. En prime : location DVD et poste Internet.

Événement

Pessebre Vivent (crèche vivante) – *24 déc. - www.vielha-mijaran.org.* Restée très vivace chez les Catalans, la tradition des crèches à la maison a suscité une coutume plus récente : les crèches vivantes où les santons sont remplacés par des habitants du village. Celle de Vielha est l'une des plus connues.

Vilafranca del Penedès★

35 864 HABITANTS
CARTE GÉNÉRALE B2 – CARTE MICHELIN REGIONAL 574 H35 – PROVINCE DE BARCELONA

Le nom de Vilafranca del Penedès demeure à jamais associé au vin, auquel il doit sa renommée et son essor. Outre ses excellents vins protégés par un label d'appellation d'origine, ce chef-lieu de la « comarca » recèle également un intéressant patrimoine monumental. Le samedi précédant Noël a lieu la Fira del Gall (Foire du coq), marché très fréquenté où l'on trouve toutes sortes de volailles et les fameux œufs blonds de Vilafranca.

- **Se repérer** – La ville est située dans la plaine du Penedès, au milieu d'un agréable paysage campagnard de vignes et de champs de céréales. Elle est desservie à proximité par l'autoroute AP 7, reliant Barcelone (à 54 km au nord-est) et Tarragone (à 54 km au sud-ouest) à l'intérieur des terres.

- **À ne pas manquer** – Le splendide retable gothique du couvent Sant Francesc, œuvre majeure de Lluís Borrassà.

- **Organiser son temps** – Une journée suffit pour effectuer un circuit dégustatif et quelques pauses dans les nombreuses caves du Penedès. L'été, passez la matinée à visiter la ville puis réfugiez-vous dans les caves dès que survient la chaleur.

- **Pour poursuivre le voyage** – Voir aussi Vilanova y la Geltrú (20 km au sud-est), Sitges (24 km au sud-est), le monastère de Santes Creus (38 km à l'ouest), Barcelone et Tarragone.

Caves Cordoniu (salle Puig i Cadalfach), à Sant Sadurní d'Anoia.

J. Balanya / Michelin

Visiter

Couvent Sant Francesc★

☎ 938 172 868 - visite guidée sur demande uniquement.

Cet ancien couvent franciscain, aujourd'hui siège de l'hôpital comarcal et du Musée lapidaire (fragments d'architecture et pierres tombales romaines), se dresse à l'ouest de la **Rambla de Sant Francesc**.

L'église, qui conserve son portail roman, abrite le précieux **retable gothique de Sant Jordi★★** (14ᵉ s.), l'une des plus importantes œuvres de Lluís Borrassà. Son style très raffiné met en scène un saint Georges d'une grande élégance ; à ses côtés figure une curieuse représentation de la Vierge enfant.

Signalons, dans le **cloître** gothique (14ᵉ s.), les deux fontaines de style rococo montrant le sermon de saint François aux oiseaux et celui de saint Antoine aux poissons ; la diversité des bateaux naviguant sur la mer ne manque pas d'étonner.

Santa Maria

La majestueuse silhouette de cette basilique domine le quartier ancien. De style gothique (14ᵉ s.), elle possède une seule nef aux proportions élégantes. La crypte

(16ᵉ s.) est voûtée sur croisée d'ogives, très surbaissée. À l'intérieur, remarquer un groupe de sculptures de style moderniste représentant la Descente de croix et réalisé par Josep Llimona.

Palau Reial
Pl. Jaume I, 1 - ☎ 938 900 582 - juin-août : tte la journée, dim. et j. fériés mat. ; reste de l'année : mat. et apr.-midi, dim. et j. fériés mat. - fermé lun., 1ᵉʳ et 6 janv., 1ᵉʳ Mai, 25-26 déc. - 3 € (-18 ans 0,90 €).

C'est un bel exemple d'architecture militaire gothique édifié à la fin du 13ᵉ s. Il fut la demeure des rois de la couronne catalano-aragonaise ; c'est là, paraît-il, que mourut Pierre III le Grand (1285).

Musée★ – Créé en 1934, il comporte six sections. La collection Pladellorens *(premier étage)* est composée de vingt-cinq peintures à l'huile, formant un bel échantillon de la peinture catalane du 19ᵉ s., et de différents objets décoratifs. La collection Bonet *(deuxième étage)* réunit un millier de céramiques du 16ᵉ au 19ᵉ s. Le legs Manuel Trenchs *(troisième étage)* compte un important fonds pictural, essentiellement des peintures d'artistes catalans, une intéressante collection de sculptures illustrant des thèmes religieux et divers objets liturgiques.

Signalons également la collection ornithologique comarcale, présentation très exhaustive de la faune ornithologique autochtone et migratoire.

Musée du Vin★ – Situé au rez-de-chaussée et en sous-sol, il présente l'histoire du vin depuis l'Antiquité jusqu'au 19ᵉ s. Remarquez la collection Toby-Jug, composée de verres anthropomorphes et de bouteilles reproduisant des bâtiments célèbres. Les dioramas, dont les scènes illustrent les vendanges, l'élaboration et la dégustation du vin, sont très curieux.

Sant Joan
Cette église, située sur la plaça de la Vila, est un bel exemple d'architecture romane de transition. L'abside est percée de grandes fenêtres de style gothique primitif et surprend par la pureté exceptionnelle de ses lignes.

Aux alentours

Caves Torres, à Pacs
3 km à l'ouest. ☎ 938 177 487 - tte la journée, dim. et j. fériés mat. - fermé 1ᵉʳ et 6 janv., 25-26 déc. - 4 € (dégustation incluse).

Au cours d'un parcours touristique est expliqué le processus de fabrication des célèbres vins et cognacs de Miguel Torres.

Sant Sadurní d'Anoia
12 km au nord par la C 243.

Située au nord du ravin de Lavernó, près du rio Anoia, Sant Sadurní d'Anoia est la ville du *cava* (vin mousseux) par excellence. Actuellement, plus de soixante entreprises, parmi lesquelles on trouve Codorniu et Freixenet, élaborent ce produit exporté aux quatre coins du monde.

Caves Codorniu★ – *☎ 938 913 342 - visite sur demande : tte la journée, w-end et j. fériés mat. - 2 €.* La *masía* Codorniu appartenait à la famille Raventós, qui introduisit en Catalogne la technique champenoise d'élaboration des vins mousseux. L'ancienne *masía* fut modernisée entre 1896 et 1906 par l'architecte Puig i Cadafalch *(voir p. 74 et 107),* qui y adjoignit des bâtiments modernistes très intéressants, notamment un pavillon des Expéditions (aujourd'hui salle de réception) éclairé par des verrières

---

Sant Sadurní d'Anoia, le pays du « cava »
Le vin champagnisé catalan s'élabore à partir du vin du Penedès, idéal en raison de sa douceur et de son arôme. Le vin, auquel on ajoute un peu de sucre et de levure, est mis en bouteilles dans les classiques « ampoules » à *cava,* où se produit une deuxième fermentation. Les bouteilles sont rangées dans les caves, empilées d'abord, puis disposées dans les pupitres, où on les change fréquemment de place pour éviter que la lie ne s'accumule sur le bouchon. Après avoir extrait tous les résidus, on bouche définitivement les bouteilles avec les muselets, si caractéristiques. La préparation exige, néanmoins, quelques mois de vieillissement dans l'obscurité de la cave. C'est le Conseil régulateur de l'appellation *cava* qui garantit la qualité du produit.

en cristal coloré, dont la voûte typiquement catalane est cloisonnée de grands arcs paraboliques. Dans les complexes structures souterraines vieillissent les *cavas*.

Caves Freixenet – 🖉 *938 917 096 - visite sur demande : tte la journée, w.-end et j. fériés mat. - 5 €.* Dans cet ensemble industriel de style Art nouveau, construit entre 1918 et 1929 par l'architecte noucentiste Josep Ros, on découvre les différents moments d'élaboration du prestigieux *cava*.

Capellades
22 km au nord par la C 15.

Dans cet important centre de papeterie, le **Museu-Molí Paperer** (musée-moulin papetier) permet de voir fabriquer du papier selon les anciennes techniques. *Pau Casals, s/n -* 🖉 *938 012 850 - www.mmp-capellades.net - visite guidée (1h) mat. et apr.- midi, w.-end et j. fériés mat. - fermé 1er et 6 janv., 25-26 déc. - 6 € (-18 ans 3,40 €).*

Vilafranca del Penedès pratique

Adresse utile

Office du tourisme de Vilafranca del Penedès – *Cort 14 - 08720 Vilafranca del Penedès -* 🖉 *938 181 254 - www. turismevilafranca.com - tlj sf dim. et lun. matin 9h-13h, 16h-19h.*

Se loger

😋🍴🛏️ **Hotel Sol i Vi** – *Can Bas - Lavern - 4 km au sud-ouest de Sant Sadurní d'Anoia par la C 243 A, puis bifurquer à gauche -* 🖉 *938 993 204 - restaurant@solivi.com - fermé 2 sem. janv. -* 🅿️ 🏊 🍽️ *- 25 ch. : 80,25 € -* 🛏️ *8 € - rest. 20 €.* Motel familial bien géré. La tranquillité du cadre et les rangs de vignes bien alignés qui l'entourent sont ses principaux attraits. Bon rapport qualité/prix, réservation conseillée pour un séjour en haute saison.

Se restaurer

😋🍴🛏️ **La Cava d'en Sergi** – *València 17 - 08770 Sant Sadurní d'Anoia -* 🖉 *938 911 616 - lacavadensergi@hotmail.com - fermé lun., 1er-20 août, Sem. sainte-* 🍽️ *- 27/33 €.* Bien tenu par son jeune propriétaire, cet établissement propose une cuisine du marché agrémentée de touches créatives réussies. La salle est moderne et le service attentionné.

😋🍴🛏️ **Cal Ton** – *Casal 8 - Vilafranca del Penedès -* 🖉 *938 903 741 - restaurant@ cal-ton.com - fermé j. fériés le soir, lun., Sem. sainte, août -* 🍽️ *- 44 € env.* Ce restaurant central puise dans le livre de recettes traditionnelles de la région. Une agréable véranda faisant office de terrasse l'hiver complète la capacité d'accueil des salles. Menu gastronomique digne d'intérêt.

Événement

Carnaval de Vilafranca – *Vilafranca del Penedès - févr. (ou mars selon les années).* L'un des plus réputés de la région.

Festa major de Sant Feliu – *Vilafranca del Penedès - fin août-début sept.* L'une des plus représentatives fêtes patronales de Catalogne, avec ses *castellers*, ses diables, ses géants, ses nains et la sardane.

Fira del Gall – *Vilafranca del Penedès - le sam. précédant Noël.* La foire du coq est un marché traditionnel très fréquenté. La « Missa del Gall » (messe du coq), le 24 déc., est une ancienne tradition catalane encore pratiquée dans de nombreux villages. L'une des plus pittoresques se tient à Sant Pere de Riudebitlles, dans le Penedès.

Vilanova i la Geltrú ★

61 427 HABITANTS
CARTE GÉNÉRALE B3 – CARTE MICHELIN REGIONAL 574 I35 – PROVINCE DE BARCELONA

Le chef-lieu de la région du Garraf, de longue tradition maritime, est établi dans une petite baie. Vilanova possède un important port de pêche et de plaisance. Plus calme et plus familiale que sa célèbre voisine Sitges, ses plages de sable fin aux eaux peu profondes sont ses principaux atouts touristiques, sans compter son centre-ville qui recèle plusieurs musées. Prospère ville commerciale, elle devint célèbre au 18e s., grâce aux exportations et aux industries du coton. Sur la Rambla, longue artère qui traverse toute la ville, se trouvent les principaux commerces. Le passeig Marítim, bordé de villas de style Art nouveau, est une zone de distraction fréquentée.

- ⏵ **Se repérer** – Voisine de Sitges (à 12 km au sud-ouest), cette ville côtière est proche de l'autoroute reliant Barcelone à Tarragone. Elle tire son origine et son nom de deux localités réunies à la fin du 18e s. La rue La Unió (La Réunit, en français) parcourt les anciennes limites. Vilanova est facilement accessible en train depuis Sitges, le trajet ne prenant que quelques minutes (départ toutes les 20mn). Barcelone se trouve à 50 km au nord-est, Tarragone à 46 km au sud-ouest.

- 👁 **À ne pas manquer** – Pour les amateurs, la plus grande collection de locomotives à vapeur d'Europe au musée du Chemin de fer.

- 🕐 **Organiser son temps** – Commencez votre journée aux heures fraîches pour déambuler sur la Rambla, plus vivante en matinée qu'en soirée.

- 👫 **Avec les enfants** – Le musée du Chemin de fer, ainsi que le musée des Curiosités maritimes, ce dernier rassemblant des merveilles inattendues dans un décor digne de la caverne d'Ali Baba.

- ♿ **Pour poursuivre le voyage** – Voir aussi Sitges, Vilafranca del Penedès (20 km au nord-ouest), Tarragone, Barcelone et la Costa Daurada (au sud-est).

Visiter

Casa Papiol ★

Major, 32 - ℘ 938 930 382 - fermé pour travaux.

Cette élégante demeure forme, avec la Casa Llopis de Sitges *(voir Sitges)*, le **Musée romantique**. Construite entre 1790 et 1801 par la famille Papiol, elle reflète bien l'esprit de la bourgeoisie industrielle du 19e s., dévote et éprise de luxe.

L'austérité règne dans la bibliothèque, riche tout de même de plus de 5 000 volumes datant du 16e au 19e s., dans la chapelle privée, qui abrite les reliques de sainte Constance, et dans la salle de réception, décorée de grisailles illustrant des thèmes religieux.

Dans les chambres, en revanche, on apprécie les très beaux meubles, choisis avec un extrême raffinement. Pendant la guerre d'indépendance, le **général Suchet** (1770-1826), commandant en chef de l'armée napoléonienne, auquel la victoire à Lérida puis la prise de Tortosa, de Tarragone et celle de Montserrat vaudront le bâton de maréchal de France, logea dans la chambre meublée en style Louis XVI qui présente

---

Gastronomie

La réputation gastronomique de Vilanova n'est plus à faire. Le poisson, accommodé avec les excellents produits de l'intérieur du pays, donne des plats succulents, comme la **soupe blanche**, composée de daurade, de mie de pain et d'aïoli, ainsi que le *all cremat* (ail brûlé), ragoût incluant différentes sortes de poissons, une grande quantité d'ail, des tomates et des pommes de terre. Cependant, la grande spécialité culinaire de Vilanova est le *xató*, mets composé de scarole, de morue dessalée et émiettée, de thon, d'anchois frais, accompagné d'une délicieuse sauce à base de piment fort, d'amandes, de noisettes, d'ail et de vinaigre.

Pendant le Carnaval, on procède à la populaire *xatonada*, où le *xató* est servi avec plusieurs sortes d'omelettes (à la *botifarra*, aux artichauts et aux haricots secs) et l'on termine par le dessert traditionnel : la **meringue**.

des détails d'une grande élégance (remarquer la décoration du lit). La cuisine, ornée de carreaux de faïence du 19ᵉ s., est l'un des endroits les plus intéressants.

À l'entresol et au rez-de-chaussée se trouvent les différentes dépendances : four, économat, cuisine de service et écuries pour les chevaux de selle et de trait.

Bibliothèque-musée Balaguer★

Av. Víctor Balaguer, s/n - ☏ 938 154 202 - www.victorbalaguer-bmb.org - ♿ - mat. et apr.-midi, dim. et j. fériés mat. - fermé lun., 1ᵉʳ, 6 et 17 janv., 1ᵉʳ Mai, 5 août, 25-26 déc. - 2,50 €, 1ᵉʳ dim. du mois et jeu. apr.-midi gratuit.

Ce musée, créé en 1884 à l'initiative du poète, historien et homme politique progressiste **Víctor Balaguer** (1824-1901), est installé dans un éclectique bâtiment d'inspiration gréco-égyptienne décoré de fresques en façade.

Au-dessus de la porte d'entrée apparaît l'inscription latine *Surge et ambula* (Lève-toi et marche), tandis qu'en pénétrant, sur la gauche se trouve la bibliothèque riche de 40 000 ouvrages.

La première salle à droite présente le noyau de la collection de Balaguer, composée essentiellement de peintures et de sculptures du 19ᵉ s. réalisées entre autres par Alsina, Rusinyol, Casas et Fortuny. Au même niveau sont exposés de curieux exemples d'**art philippin**, issus de l'Exposition universelle de 1888, quelques pièces archéologiques locales et la première collection d'**art égyptien** que la Catalogne reçut du diplomate Eduardo Todà i Güell *(voir p. 283)*.

À l'étage, la **collection d'art contemporain** est constituée d'œuvres d'artistes catalans de renom des années 1950 et 1960 (Ràfols Casamada, Hernández Pijuan, Guinovart et Tharrats), et le **legs 56** réunit d'intéressants tableaux de petit format des 19ᵉ et 20ᵉ s. Est encore exposée une intéressante collection de peintures des 16ᵉ et 17ᵉ s. (le Greco, Murillo, Carducho, Maino, Carreño et Orente) provenant pour l'essentiel des monastères castillans supprimés par la loi d'expropriation.

Museu del Ferrocarril★

Installé dans un bâtiment proche de la gare - pl. Eduard Maristany, s/n - ☏ 938 158 491 - www.museodelferrocarril-ffe.com - mat. et apr.-midi - fermé lun. (sf j. fériés et août), 1ᵉʳ et 6-7 janv., lun. Pâques, 1 sem. en juin, 24-31 déc. - 4,50 € (-12 ans 3,50 €).

Le **musée du Chemin de fer** présente la collection de locomotives la plus complète d'Espagne. Locomotives à vapeur aussi illustres que la *Mikado 141-F-2348* et la *Santa Fe*, anciens équipements ferroviaires et une grande plaque tournante forment les principales curiosités.

Le musée propose une visite culturelle de Vilanova à bord du **train touristique**, train d'époque effectuant un parcours amusant à travers la ville.

Château de la Geltrú

Restauré au début du siècle par Font i Gumà, cet édifice médiéval, qui abrite aujourd'hui les archives municipales, comporte des éléments datant du 12ᵉ au 15ᵉ s. Les parties les plus anciennes sont les murs extérieurs, le donjon et quelques curieuses baies décorées de céramique vernissée.

Musée du Chemin de fer.

J. Malburet / Michelin

Museu de Curiositats Marineres Roig Toqués
(Musée des curiosités maritimes)

Alexandre de Cabanyes, 2 - ℰ 938 154 263 - www.carpajuanita.com - mat. et apr.-midi - gratuit.

Créé en 1948 par Francesc Roig Toqués, on trouve ici les objets les plus insolites relatifs à la marine. Parmi les nombreuses pièces entassées dans les vitrines et sur les étagères, signalons les plus exotiques : la cloche du destroyer *Sánchez Barcáiztegui* (1926), une carte dessinée par Christophe Colomb, une barque sculptée dans un grain de blé de 2 mm et une magnifique figure de proue du 19e s.

Masia Can Cabanyes

Pl. Beatriu de Claramunt, 7 - ℰ 938 115 715 - de mi-juil. à mi-sept. : jeu. et w.-end mat. et apr.-midi ; reste de l'année : jeu. et w.-end mat. - 2,80 €.

Cette élégante maison seigneuriale du 18e s. de style néoclassique a été aménagée en centre culturel et musée. On y expose différents objets personnels du poète romantique **Manuel de Cabanyes**.

Vilanova i la Geltrú pratique

Adresse utile

Office de tourisme – *Pg. del Carme, s/n, en bas de la Rambla de Joan Baptista Pirelli - ℰ 938 154 517 - www.vilanovaturisme.net - Juil.-août : mar.-sam.10h-20h, dim. 10h-14h, 17h-20h ; le reste de l'année, mar.-vend. 10h-13h, sam. 10h-14h, 17h-20h, dim. et j. fériés 10h-14h.*

Se loger

⊖🛢🛢🛢 **Hotel Ribes Roges** – *Joan d'Austria 7 - ℰ 938 150 361 - ▦ - 12 ch. : 69,55/77,5 € 🛏.* Coquet hôtel familial qui tire son nom de la grande plage de Vilanova, toute proche. Les chambres dotées d'un mobilier moderne sont confortables. L'agréable terrasse-patio offre un endroit calme, propice à la conversation.

Se restaurer

⊖🛢🛢🛢 **La Fitorra** – *Isaac Peral 4 (Hotel César) - ℰ 938 151 125 - vilanova@ hotelcesar.net - fermé dim. soir, lun., de déb. janv.à mi-janv., 2 sem. nov. - ▦ - 37 € env.* Table très prisée des touristes. Ce restaurant compte plusieurs salles très accueillantes grâce à leur taille réduite. On retrouve des éléments modernistes dans la décoration. Cuisine méditerranéenne.

Événements

Tres Tombs – *Janv.* L'une des fêtes les plus populaires de Catalogne. Le défilé de géants, de diables, de nains et de dragons est accompagné par une foule bruyante. Les rues s'emplissent de gens, qui dansent au rythme des trompettes et des tambours.

Carnaval – *Févr.* L'événement le plus attendu : *Carnestoltes*, souverain de ces fêtes, règne sur la ville prise d'assaut par les gens masqués ou déguisés en bouffons ou en lutins. Le dimanche du Carnaval a lieu la fameuse « guerre des caramels », à laquelle participe toute la population.

Festa Major – *Déb. août.* L'occasion d'observer d'intéressantes manifestations folkloriques : danses traditionnelles, *castells* et théâtre en plein air.

NOTES

Barcelone : villes, curiosités et régions touristiques.
Dalí, Salvador : noms historiques et termes faisant l'objet d'une explication.
Les sites isolés (monastères, parcs naturels…) sont répertoriés à leur propre nom.

A

Abella de Conca 346
Achats 32
Adresses utiles 24
Adrià Acosta, Ferran 86, 206
Agences de voyages 17
Àger 180
Agramunt 335
Aigüamolls de l'Empordà,
    parc naturel 193
Aigüestortes, plaine 172
Aigüestortes i Estany de Sant Maurici,
    parc national 170
Albinyana 218
Alella 225
Alfacs, port naturel 221
Almadrava 220
Alp 312
Alpinisme 36
Altafulla 219
Alt del Noguera Pallaresa, vall 347
Ambassades et consulats 17, 24
L'Ametlla de Mar 221
L'Ampolla 221
Andorra la Vella (Andorre) 176
Andorre, principauté 46, 173
Àneu, vall 348
Ángeles, Victoria de los 127
Aragall, Jaume 127
Arán, vall 360, 361
Arbúcies 358
Arenys de Mar 226
Ares, col 189
Argent 22, 33
Argentona 225
Aribau, Bonaventura Carles 84
Arties 361
La Artiga de Lin, vall 363
Art roman 364
Autocar 22, 26
Les Avellanes 180
Avion 19, 25

B

Balaguer 179
Balaguer, Víctor 134, 370
Balmes, Jaume 354
Banyoles 250
Banyoles, lac 251
Baqueira Beret 362
Barberà del Vallès 167
Barça 88, 161
Barcelone 14, 16, 44, 46, 47, 103
    Ajuntament 120
    Anella Olímpica 154
    Aquàrium 151

Arc de Triomf 144
Auditori 138
Avinguda de Miramar 154
Avinguda de Gaudí 137
Avinguda del Paral.lel 153
Avinguda del Portal de l'Àngel 123
Avinguda Diagonal 136
La Barceloneta 150
Barri Chino 129
Barri Gòtic 116
La Boqueria 126, 131
Call (quartier juif) 120
Camp Nou 160
Capella de Santa Águeda 121
Carrer Banys Nous 123
Carrer d'Avinyó 128
Carrer de Ferran 128
Carrer de la Palla 123
Carrer del Bisbe Irurita 120
Carrer del Pi 131
Carrer dels Escudellers 128
Carrer de Montcada 140, 145
Carrer Paradís 120
Carrer Petritxol 131
Casa Amatller 134
Casa Batlló 134
Casa Cervelló-Giudice 141
Casa de l'Ardiaca
    (maison de l'Archidiacre) 119
Casa de la Canonja 117
Casa dels Canonges
    (maison des Chanoines) 120
Casa Lleó i Morera 134
Casa Milà 135
Casa Quadras 136
Casa Terrades 136
Castell dels Tres Dragons 144
Catedral Santa Eulalia 117
Centre d'Art Santa Mònica 128
Centre d'Estudis
    i de Recursos Culturals 129
Centre de Cultura Contemporània
    de Barcelona (Cccb) 129
Château de Montjuïc 154
CosmoCaixa 162
Les Drassanes 147
Duana Nova 150
Église de Betlem 126
Église La Mercè 151
Église Santa Anna 130
Église Santa Maria del Mar 142
Église Santa Maria del Pi 126
Église Sant Miquel del Port 150
Église Sant Pau del Camp 130
L'Eixample 132
Espai Gaudí 135
Estació de França 150
Estadi Olímpic (stade olympique) 154
La façade maritime 147
Fossar de les Moreres 143
Fundació Antoni Tàpies 133
Fundació Arqueològic Clos 137
Fundació Joan Miró 156

INDEX

Gran Teatre del Liceu 127
Gran Vía de les Corts Catalanes 133
Hospital de la Santa Creu 126
Hospital de Sant Pau 137
IMAX 148
Jardí de Costa i Llobera 154
Jardí de Pedralbes 160
Laberint d'Horta 163
La Llotja 148
La Manzana de la Discordia 134
Maremagnum 148, 152
Mercat de la Concepció 139
Mercat del Born 143
Mercat de Santa Catarina 140
Mercat Els Encants Vells 139
Mercat Sant Antoni 131
Mercat Sant Josep 126
Monastère Santa Maria de Pedralbes . . . 159
Montjuïc 153
Monument de Colomb 148
Museu Barbier-Mueller
   d'Art precolombí 145
Museu capitular (de la Cathédrale) 119
Museu d'Arqueològia de Catalunya 157
Museu d'Art Contemporàni
   de Barcelona (MACBA) 129
Museu d'Art de Catalunya 155
Museu d'Història de Catalunya 151
Museu d'Història de la Ciutat 122
Museu de Cera (de Cire) 130
Museu de Geologia 145
Museu de la Ceràmica 160
Museu de la Ciència (de la Science) 162
Museu de la Xocolata (du Chocolat) 145
Museu del Calçat (de la Chaussure) 120
Museu de les Artes Decoratives 160
Museu de les Automates 162
Museu de Zoologia 144
Museu Diocesà de la Pia Almoina
   (du Diocèse) 117
Museu du Barça 160
Museu Egipci de Barcelona 137
Museu Etnològic 158
Museu Frederic Marès 122
Museu Gaudí 137
Museu Marítim 150
Museu Militar 158
Museu Picasso 145
Museu Tèxtil i de la Indumentària 145
Palau Berenguer d'Aguilara 141
Palau Dalmases 141
Palau de la Generalitat 120
Palau de la Música Catalana 138
Palau de la Virreina 126
Palau del Lloctinent 121
Palau del Marquès de Llió 141
Palau de Mar 150
Palau de Pedralbes 160
Palau Güell 127, 128
Palau Marc 128
Palau Meca 141
Palau Moja 125
Palau Nadal 141
Palau Reial Major 121, 122
Palau de Sant Jordi 154
Parc Botànic 154
Parc Cervantes i Roserar 161

Parc d'attractions du Tibidabo 162
Parc de Collserola 163
Parc de l'Espanya Industrial 158
Parc de la Ciutadella 143
Parc de la Creueta del Coll 138
Parc de la Estació Nord 146
Parc Güell 137
Parc Joan Miró 158
Parc Zoològic 145
Passeig Bacardí 127
Passeig de Gràcia 134
Passeig de Sant Joan 144
Pavelló Mies van der Rohe 154
Pavillons Güell 160
Pedralbes 159
La Pedrera 135
Pia Almoina 117
Plaça d'Espanya 153
Plaça de Armes 144
Plaça de Catalunya 133
Plaça de Garriga i Bachs 120
Plaça de la Catedral 123
Plaça del Pi 126
Plaça del Rei 121
Plaça de Ramón Berenguer el Gran 121
Plaça de Sant Felip Neri 120
Plaça de Sant Iu 121
Plaça de Sant Jordi 154
Plaça de Sant Josep Oriol 123, 127
Plaça Nova 116
Plaça Reial 127, 131
Plaça Sant Jaume 120
Pla de la Boqueria 126
Pla de la Seu 116
Pla del Palau 152
Pla del Teatre 128
Plages 113
Poble espanyol 157
Poble Sec 153
Port Vell 148
Porxos d'en Xifré 149
Promenade du Modernisme 132
Rambla de Canalete 124
Rambla de Catalunya 133
Rambla del Centre 126
Rambla de les Flors 126
Rambla dels Caputxins 126
Rambla dels Estudis 124
Rambla dels Ocells 124
Rambla de Mar 148
Rambla de Santa Mònica 128
Rambla de Sant Josep 126
La Ribera 140
Sagrada Familia 136
Teatre del Liceu 113
Teatre Grec 155
Teatre Nacional de Catalunya 138
Templo del Sagrado Corazón
   (temple du Sacré-Cœur) 162
Le Tibidabo 162
Torre de la Collserola 162
Torre de Sant Sebastià 150
Torre Mapfre 150
Via Laietana 148
Vila Olímpica 150

La Baronia de Sant Oïsme 180
Els Barrancs, tranchées 241

Beatus 246
Beget 189
Begur 203
Bellpuig 336
Bellver de Cerdanya 46, 312
Benoît XIII, antipape 341
Berà, arc romain 218
Berga 46, 181
Berruera 363
Besalú 9, 251
Betrén 361
Beuda 252
Bibliographie 48
La Bisbal d'Empordà 203
Blanes 199
Bofill, Ricardo 86, 298
Boí 363
Boí, vall 363
Bois, artisanat 43
Bòixols, col. 313
Bona, calanque 200
Bonaigua, col 348
Bons, hameau (Andorre) 175
Borrassà, Lluís 248, 356
Bossóst 363
Bourbon, dynastie 66
Bourgogne, Jean de 249
Breda 358
El Brull 359
Buda, presqu'île 231

C

Caballé, Montserrat 86, 127
Cabanyes, Manuel de 371
Cabdella 347
Cadaqués 44, 183
Cadí, serra 9
Cadí, tunnel 312
Cadí-Moixeró, parc naturel 182
Calafat, circuit 220
Calafell 218
Calçotada 352
Caldea, centre aquatique (Andorre) . 179
Caldes d'Estrac 226
Caldes de Boí 364
Caldes de Malavella 252
Caldes de Montbuí 339
Caldetes 226
Calella 227
Calella de Palafrugell 46, 203
Cambrils 186
Camprodon 46, 188
Camprodon, vall 189
Canet de Mar 227
Canillo (Andorre) 175
Canoë-kayak 36
Cap de Creus, parc naturel 185
Capellades 368
Cardona 46, 190
Cardós, vall 348

Carnaval 95
Carreras, José 127
Casa-Museu Castell Gala Dalí
   (à Pubol) 250
Casa-Museu de Domènech i Montaner
   (à Canet de Mar) 227
Casa-Museu Salvador Dalí
   (à Portlligat) 184
Casals, Pau 86, 218
Casanova, Rafael de 97, 358
Casas, Ramón 74, 266
Cascalls, Jaime 328
Casòs 363
Caspe, compromis 65
Castellfollit de la Roca 252
Castelló d'Empúries 46, 192
Castelló de Tort 363
Castells 94, 352
Català, Victor 85, 205
Cava 99, 367
Centcelles, mausolée 331
Centres et institutions culturels 17
Céramique 43
Cercs 181
Cerdà, Ildefons 133
La Cerdagne 311
Cervera 44, 46, 194
Charles Quint 63
Clavé, Josep Anselm 138
Codolar, plage 200
El Cogul, peintures rupestres 261
Collado de Bòixols 313
Coll de Nargó 313
Collegats, défilé 347
Colònia Güell (à Sant Joan Despi) . . . 165
Coma-ruga 218
Comarca 90
La Conca Dellà 346
Consolat de Mar 148
Corbeil, traité 62
Corbera d'Ebre 241
Correbou 192
La Cortinada (Andorre) 177
Corts Catalanes 63
Costa Brava 16, 37, 197
Costa Daurada 16, 37, 215
Costa del Garraf 37
Costa del Maresme 37, 224
Cova d'en Daina 202
Covet 346
La Creu d'en Cobertella, dolmen 206
Croisières 36
El Croscat, volcan 279
Cuir, artisanat 43
Cyclotourisme 36

D

Dalí, Salvador 184, 235
Danse de la Mort 95
Delta de l'Èbre, parc naturel 229

Design catalan 43
Diada 97
Domènech, Lluís 73, 106, 296
Douanes 19
Durro 363

E

Électricité 33
Empuriabrava 206
Empúries 232
Encamp (Andorre) 175
Enfants 42
Engolasters, estany (Andorre) 177
Envalira, port (Andorre) 176
Erill la Vall 363
L'Escala 47, 205
Escaladei, chartreuse 298
Escaldes-Engordany (Andorre) 174
Escolania 273
Escunhau 361
L'Espluga de Francolí 287
Espot 348
Espriu, Salvador 48, 227, 253
Espui 347
L'Estany 357
Esterri d'Àneu 348
Événements, fêtes, festivals 44

F

Fabra, Pompeu 84
La Fageda d'en Jordà 279
Falset 298
La Fatarella 241
Ferrater, Gabriel 85
Ferrera, vall 347
Fête-Dieu 96
Figueres 44, 46, 234
Figuerola d'Orcau 346
Filmographie 49
La Fontcalda 242
Formalités d'entrée 19
Forment, Damián 286
Fortuny, Marià 298
Fosca, vall 347
Franco, général 66
Fredes 257

G

Gandesa 239
Garraf 369
Garrotxa, parc naturel 278
Gastronomie 97
Gaudí, Antoni 73, 105
Géants 94
Generalitat 63, 89
Gento, estany 347
Gerbert, moine 301
Gérone 12, 16, 44, 47, 243
Gironella, José María 48
Givarola, calanque 200

Golf 36
Gran, estany 171
Grau Roig, domaine skiable
    (Andorre) 178
Güell, Eusebi 106, 127
Guimerà 336
Guimerà, Àngel 84, 127
Guinovart, José 336

H

Habsbourg, dynastie 66
Handicap 33
Hébergement 22, 29
Hôpitaux 32
Horaires 33
Horta de Sant Joan 256
L'Hospitalet de l'Infant 220
Hostalric 358
Huguet, Jaume 356

I

Ignace de Loyola, saint 264
Igualada 44, 266
Indépendance, guerre 66
Internet 18, 33
Isona 346

J

Jaume Ier, roi d'Aragon 62, 84, 220
Jeux olympiques 1992 75
Journaux 34
Jours fériés 34
Jules II, pape 273

L

Laporta, Joan 86
Lérida 13, 44, 46, 258
Librairies spécialisées 17
Liscano, Carlos 48
Llach, Lluís 86
Llafranc 203
Llançà 207
Llavorsí 347
Llessui, vall 347
Llevado, calanque 200
Llívia 312
Lloret de Mar 46, 200
Llull, Ramón 48, 84
Lord, vall 321

M

Macià, Francesc 64, 89
Malpàs 363
Mancomunitat catalana 66
Manresa 12, 44, 263
Maragall, Joan 84
Maragall, Pasqual 86
Marc, Ausiàs 84
Marche d'Espagne 61
Marès, Frederic 122, 286

Mariscal, Xavier 86
Marsé, Juan 48
Martorell, Bernardí 186
Mas d'en Grau, tranchées 241
Masella 312
Masía 93
El Masnou 225
Masó, Rafael 247
Mataró 225
Meda Gran, île 205
Meda Petita, île 205
Médecins 32
Medes, îles 205
El Mèdol, carrière 332
Mendoza, Eduardo 48, 85
Météo 8
Metge, Bernat 84
Miami Platja 220
Mir, Joaquim 187
Miravet, château 267
Miró, Joan 74, 156, 187
Mode 43
Modernisme 73, 105, 132
Moià 358
Mola de Colldejou 187
La Molina 312
Molló 189
Moncada, Jesús 48
Mones 96
Mont-roig del Camp 187
Montblanc 44, 268
Montcada, famille 141
Montclar, château 336
Montsant, serra 299
Montseny, serra 358
Montserrat, serra et monastère . 44, 272
Móra d'Ebre 268
La Morera de Montsant 298
Muntaner, Ramón 84, 281
Mur, château 345
Mur, Ramón de 356
Musicographie 48

N
Negre, estany 172
Noël 95
Noguera Pallaresa, vall 347
Noguera Ribagorçana, vall 363
Notre-Dame-de-Meritxell,
    chapelle (Andorre) 175
Noucentisme 74
Núria, vall 304

O
Offices de tourisme 17
Oliana, lac et barrage 313
Oliba, abbé 273, 301
Oller, Narcís 353
Olot 47, 276
Ordino (Andorre) 176

Organyà 313
Oristà 357
Ors, Eugeni d' 74, 84

P
Pacs 367
Palafoll 227
Palafrugell 202
Palamós 201
Palau-sator 204
Pallarés, Manuel 257
Pallars 347
Pals 203
Paradors 29
Parapente 41
Parc olímpic del Segre 311
Parcs aquatiques 41
Pascua Florida 96
Pas de la Casa (Andorre) 176
Patrimoine mondial de l'Unesco 36
Patum, fête 182
Pêche en eau douce 37
Pêche sous-marine 38
Pedraforca, site naturel 182
Pedralta 201
Pera, lacs 312
Perafita, route 183
Peralada 46, 280
Peratallada 204
Perucho, Joan 48
Pharmacies 32
Pica d'Estats 347
Picasso, Pablo 184, 256
Pierre III le Grand, roi d'Aragon 309
Pierre IV le Cérémonieux,
    roi d'Aragon 65, 179, 284
El Pinell de Brai 242
Pla, Josep 85, 202
Plages 37
Plaisance 38
Platja d'Aro 201
Platja Gran, plage 200
Plongée 38
La Pobla de Segur 347
Poblet, monastère 282
Poitiers, bataille 60
Pola, calanque 200
El Pont de Suert 363
Porcel, Baltazar 48
Porqueres 251
Port-Bou 208
Port Ainé 347
Portarró d'Espot 171
Port Aventura 289
El Port de la Selva 206
El Port de Llançà 208
Portlligat 184
Portolà, Gaspar de 179
Ports, parc naturel 257
Ports de Beseit 257

Poste 34
Poterie............................. 43
Pourboire.......................... 34
Prades 287
Première République catalane 64
Primo de Rivera, Miguel 66
Priorat 298
Púbol 250
Puigcerdà...................... 46, 312
Puig i Cadafalch, Josep 73, 107
Pujol, Jordi........................ 86
Pyrénées, traité 63
Pyrénées catalanes................ 292

Q - R

Queralbs.......................... 304
Ramón Berenguer IV,
    comte de Barcelone 61, 65
Randonnée pédestre 38
Renaixença 66, 73, 84
Reus 13, 295
Riba, Carles 85
Ribera de Cardós 348
Ribes, vall........................ 304
Ribes de Freser.................... 304
Ripoll 44, 46, 301
Riudecanyes 187
Rocabruna 189
Roca de l'Argenteria, falaises........ 347
Rodoreda, Mercè 48, 85
Roig, cap.......................... 221
Romanya de la Selva 202
Roques d'en Benet 257
Roses............................ 206
Route de l'Art cistercien 350
Route de l'Art roman 364
Route de la Paix 241
Ruiz Zafón, Carlos 48
Rupit 357
Rusiñol, Santiago............... 74, 316
Ruyra, Joaquim 200

S

S'Agaró 201
Sabadell 167
Salardú 361
Sales, Joan.................... 48, 85
Salou 220
Salt de Sallent, cascade............ 357
Samà, parc........................ 186
Santa Coloma de Farners 253
Santa Margarida, volcan 278
Santa Maria de Bellpuig, monastère . 180
Santa Maria de Queralt, sanctuaire.. 181
Sant Antoni, gorges (Andorre) 176
Sant Antoni, île.................... 231
Sant Antoni, marais 345
Sant Antoni Abad, fêtes 95
Santa Pau......................... 278
Sant Benet de Bages, monastère 266

Sant Carles de la Ràpita.......... 14, 221
Sant Celoni 358
Sant Cugat del Vallès,
    monastère 46, 166
Sant Esteve d'Olius................. 321
Sant Feliu de Guíxols 46, 201
Sant Fruitós de Bages.............. 266
Sant Hilari Sacalm................. 253
Sant Jaume d'Enveja 231
Sant Joan, nuit 96
Sant Joan d'Isil 348
Sant Joan de Caselles,
    église (Andorre) 175
Sant Joan de les Abadesses 47, 302
Sant Joan Despí.................... 164
Sant Jordi, fête 96
Sant Julià de Boada............... 204
Sant Llorenç de Morunys 321
Sant Llorenç de Munt i Serra de l'Obac,
    parc naturel 337
Sant Marçal, ermitage 359
Sant Martí, fête.................... 95
Sant Maurici, estany 171
Sant Miquel, église (Andorre) 177
Sant Pere Cercada 253
Sant Pere de Casserres, monastère .. 357
Sant Pere de Riudebitlles 47
Sant Pere de Rodes, monastère 207
Sant Pol de Mar 227
Sant Quirze de Pedret 181
Sant Sadurní d'Anoia 367
Sant Salvador 218
Sant Salvador de Verdera, château .. 207
Santé 19, 32
Santes Creus, monastère........... 306
Sardane.......................... 94
Segre, vall 313
Semaine sainte.................... 96
Senyera.......................... 89
Serinyà 251
Sert, Josep Maria.................. 354
Setcases 189
La Seu d'Urgell........... 9, 47, 310
Seva............................. 359
Sindicatura de Comptes 89
Síndic de Greuges 89
Sispony.......................... 176
Sitges.................. 44, 46, 47, 315
Siurana de Prades 299
Soldeu El Tarter (Andorre) 178
Solsona...................... 46, 319
Sort 46, 347
Spécialités catalanes 32
Sports d'hiver..................... 40
Sports nautiques................... 41
Succession, guerre 63, 104
Suchet, général 369
Super Espot....................... 348
Sylvestre II, pape 301, 311

T

Tabac.............................. 34
Tamariu........................... 203
Tapas............................. 30
Tàpies, Antoni.................. 86, 133
Tarragone........... 16, 44, 46, 47, 322
Tàrrega........................ 47, 334
Taüll............................. 364
Teatre-Museu Dalí (à Figueres)...... 235
Téléphone.......................... 34
Télévision......................... 34
Ter, haute vallée.................. 189
Els Terradets, défilé............... 180
Terrassa.................... 44, 46, 337
Thermalisme........................ 41
Todà i Güell, Eduardo.......... 187, 283
Todos los Santos (Toussaint)........ 95
Toilettes.......................... 34
Tona............................. 359
Tornabous, site archéologique...... 261
La Torre de Cabdella............... 347
Torredembarra..................... 219
Torre Llauder,
      ensemble archéologique........ 226
Torroella de Montgrí.............. 205
Tortosa....................... 46, 340
Tossa de Mar...................... 200
Tourisme équestre................. 41
Train........................ 20, 25
Trains touristiques................. 41
Transports................... 19, 25
Transtamare, dynastie.............. 62
Tremp......................... 8, 345
Tresponts, gorges................. 313

U

Ullastret......................... 204
Unha............................. 362
Urgences.......................... 25

V

Valira del Nord,
      vall (Andorre)................. 176
Valira d'Orient,
      vall (Andorre)................. 174
Vallbona de Les Monges,
      monastère..................... 350
Valls....................... 46, 47, 352
Vallter 2000...................... 189
Varradès, vall.................... 362
Vayreda, Joaquin.................. 276
Vázquez Montalbán,
      Manuel....................... 48, 85
El Vendrell....................... 217
Verdaguer, Jacint.......... 84, 125, 347
Verdú...................... 47, 336
Verges........................... 44
Vic....................... 44, 353
Vielha.................... 47, 360
Vilabertran................... 47, 237
Viladrau......................... 358
Vilafranca del Penedès..... 46, 47, 366
Vilalba dels Arcs................. 241
Vilaller......................... 363
Vilamòs.......................... 362
Vilanova i la Geltrú.......... 44, 46, 369
Vilassar de Mar.................. 225
Vins............................. 98
Vinyoli, Joan..................... 48
Voies vertes...................... 36
Voiture..................... 22, 25
Vol libre......................... 41

W

Wilfred le Poilu,
      comte de Barcelone ... 61, 65, 89, 301

X

Xifré i Cases, Josep.............. 149

CARTES ET PLANS

CARTES THÉMATIQUES

Les plus beaux sites. . . . .
. . . . 1er rabat de couverture
Barcelone : transports en commun . .
. . . . 2e rabat de couverture
Propositions d'itinéraires 10
Relief 57
Les comtés catalans
aux 9e et 10e s. 61
Expansion de la maison de
Barcelone en Méditerranée. . . . 62
Comarcas 90
Les vins 99

PLANS DE BARCELONE ET DE SES QUARTIERS

Barcelone 114
Barri Gòtic 117
La Rambla 125
L'Eixample 135
La Ribera. 142
La façade maritime 149
Montjuïc. 153
Pedralbes 160
Le Tibidabo 163

PLANS DE VILLES

Figueres 236
Gérone 248
Lérida. 260
Manresa 264
Montblanc 270
Olot 277
Reus 296
Sitges. 317
Tarragone. 324
Tarragone centre ville. 327
Tortosa 343
Vic. 355

CARTES DES CIRCUITS

Parc national d'Aigüestortes
i Estany de Sant Maurici 170
Principauté d'Andorre 175
Costa Brava 202
Costa Daurada 216
Costa del Maresme 226
Serra de Montserrat 274
Pyrénées catalanes 292

PLANS DE MONUMENTS

Cathédrale de Barcelone 118
Monastère de Sant Cugat
del Vallès. 166
Empúries 233
Monastère de Poblet 284
Monastère de Santes Creus 308
Cathédrale de La Seu d'Urgell . . . 311
Monastère de Vallbona
de Les Monges 350

Manufacture française des pneumatiques Michelin
Société en commandite par actions au capital de 304 000 000 EUR
Place des Carmes-Déchaux - 63000 Clermont-Ferrand (France)
R.C.S. Clermont-Fd B 855 200 507

© Michelin, Propriétaires-éditeurs.
Compogravure : Maury, Malesherbes
Impression et brochage : CANALE
Dépôt légal : 01 2008 – ISSN 0293-9436
Imprimé en Romanie : 05 2008